OTTOBEUERN
Dirlewang
Kongetried
Frechenried
Unt. Eck
Röttenbach
Warmsried
Lauchdorf
Baisweil
Pforzen
Engetried
Eggenthal
Irsee
Germaringen
Ronsberg
Ollarzried
KAUFBEUERN
Mauerstetten
Friesenried
Frankenried
Osterzell
Hirschzell
Hopferbach
Ebersbach
Aichholz
OBER GÜNZBURG
Immenthal
Apfeldrang
Biessenhofen
Bidingen
Ruderatshofen
Aitrang
Altdorf
Berenbach
Ingenried
SCHONGAU
Schwabbruck
Altenstadt
Schwabsoyen
Niederhofen
Hohenfurth
Kinsau
Dienhausen
Denklingen
Leeder
Blonhofen
Dössingen
Ostendorf
Erishofen
Kettershausen
Rieden
Jengen
Lindenberg
Wörishofen
Schlingen
Apfeltrah
Erisried
Sontheim
Erpfting
Binenhausen
Waal
Haldenwang
Bärwang
Wintenried
OBERDORF
Bertolshofen
Burken
Unter Thingau
Ob. Thingau
Wildpoldsried
Geisenried
Thalhofen
Rettenbach
Rematsried
Hochgereith
Leutenschach
Bernbaiern
Betzigau
Kempner Wald
Lenzfried
Görisried
Wald
Sulzschneid
Stötten
Steinbach
Escherwang
Lechbruck
Steingaden
Durach
Wimberg
Lengenwang
Kirchthal
Wildberg
Schwarzenberg
Sulzberg
Rosshaupten
Ried
Bachtel
Mittelberg
Petersthal
Martinszell
NESSELWANG
Speiden
Hopfen
Dietringen
Rieden
Niederhofen
Buchingen
Trauchgau
Wertach
Zell
Pfronten
Weissensee
FÜSSEN
Schwangau
Hohenschwangau
VILS
Schattwald
Oberdorf
Hindelang
Tannheim
Reute
Sänling
Plan See
Weissenbach
Rieden
Heiterwang
Bichlbach
Lahn
Lermos
Forchach
Stanzach
Elmen
Namlos
Nassereit
Hochvogel
Hornbach
Elbigenalp
Holzgau
Tarenz
IMST
Oberstdorf
Fischen
Sonthofen
Immenstadt
Imberg

Euregio
via salina

Wolfgang Haberl

Allgäu
Außerfern
Kleinwalsertal
Bregenzerwald

Lexikon der

Euregio
via salina

TD

Verlag Tobias Dannheimer Kempten

Die Deutsche Bibliothek – CIP-Einheitsaufnahme

Haberl, Wolfgang:
Allgäu, Außerfern, Kleinwalsertal, Bregenzerwald : Lexikon der Euregio via salina /
Wolfgang Haberl. [Hrsg.: Euregio via salina]. – Kempten : Dannheimer, 2002
ISBN 3-88881-038-8

Der Verlag dankt der „Euregio via salina" für die finanzielle Beteiligung, die das Erscheinen des Werkes ermöglicht hat. Ebenso gilt dem Allgäuer Zeitungsverlag GmbH Kempten Dank für die geleistete Unterstützung.

Das Werk wird gefördert mit Mitteln der Europäischen Union.

Schutzumschlag und Vorsatzpapier entstanden unter Verwendung einer lithographierten Karte von 1847, erschienen bei Tobias Dannheimer.

Herausgeber: Euregio via salina
Herstellung: AZ Druck und Datentechnik GmbH, Kempten
ISBN 3-88881-038-8

Dieses Buch wurde auf chlorfrei gebleichtem Papier gedruckt.
Die Einschrumpffolie (zum Schutz vor Verschmutzung) ist aus umweltschonender und recyclingfähiger PE-Folie.

Zum Geleit

Innerhalb einer knappen Frist kann ein Einzelner ein Lexikon nur schreiben, wenn eine ausreichende private Bibliothek zur Verfügung steht und ihm so mancher hilft.

So danke ich zunächst meiner lieben Frau, die den gesamten Text in allen Varianten mit dem Computer geschrieben und vielen Beiträgen ihre leichtere Verständlichkeit gegeben hat.

Sodann danke ich Herrn Gerhard Brock in der Stadtbibliothek Kempten, der unermüdlich, schnell und über viele sonst übliche Hürden hinweg geholfen hat. – Ich danke auch Herrn Dr. Franz-Rasso Böck und Frau Anita Mayr im Stadtarchiv Kempten für mancherlei kollegiale Hilfe. – Musikgeschichtlich gilt mein besonderer Dank Herrn Andreas Haas, Cellist beim Philharmonischen Orchester der Stad Ulm. – Schließlich danke ich dem Verleger, Herrn Herbert Edele, der in vielen Gesprächen tolerant und ohne Drängen das Entstehen dieses Lexikons begleitet und gefördert hat.

Vorbild war das „Tirol Lexikon“ von Gertrud Pfaundler, das ich seit Jahren für Veröffentlichungen mit Bezug zu Tirol dankbar benutze. Analog wollte ich ein „Allgäu-Lexikon“ schreiben, dessen Finanzierung aber nicht zustande kam. Schon 1950 war dies auch Erich Günther nicht gelungen.

Nach längerer Pause öffnete sich dann ein Weg über Brüssel. Das Ergebnis ist nun ein Kultur-Lexikon der „Euregio via salina“. Es dürfte ein Pilot-Projekt sein. – Geographisch wird ein Raum erfaßt, der sich zwischen zwei einstigen Salzstraßen erstreckt, im Norden bis Buxheim, im Süden bis zum Fernpaß, im Osten bis zum Lech reicht und im Westen ein wenig die Grenze zu Württemberg überschreitet.

Es geht um Gemeinden und Persönlichkeiten, wobei manches mitanklingt, was auch anderen Aspekten zugeordnet werden könnte.

Bedenkt man die einzelnen Schicksale, so ergeben sich nahezu ausnahmslos Wege, die südlich der Donau bleiben und in vielfacher Weise nach Tirol, Salzburg, Oberösterreich und Wien führten. Erst nach dem Ende des Alten Reiches erfüllte sich manche künstlerische Begabung aus dem Allgäu in der neuen bayerischen Hauptstadt München.

Eine grenzüberschreitende Haltung war dem Verfasser durch seine Herkunft und einen langen und vielseitigen Weg der Ausbildung vorgegeben. Auch wurde ihm erneut bewußt, daß seine Urgroßmutter ihre Kindheit in Brüssel verbracht hat.

In solch europäischer Erfahrung möge denn ein Handschlag über alle Grenzen hinweg diesen Band begleiten.

Kempten, im Juli 2002 Dr. Wolfgang Haberl

Ein Brückenschlag

Die „Euregio via salina“ ist, wie auch dieses Lexikon, ein Handschlag, hinweg über Grenzen, die nicht trennen, sondern verbinden. Nur so kann einer dem anderen näher kommen und ihn verstehen. Dieses Nehmen und Geben erweist sich bereits in der Bezeichnung „via salina“. Ist doch diese „Euregio“ umspannt von zwei Salzstraßen, auf denen gewiß nicht nur gezahlt und wirtschaftlich gehandelt wurde. Im Norden ist es die Salzstraße von Reichenhall über den Lech nach Memmingen. Und im Süden ist es der Weg von Hall innaufwärts bis Telfs und dann über den Fernpaß durch das Tannheimer Tal hinab nach Hindelang und hinaus ins Westallgäu bzw. über Vils nach Kempten. Ziel der Salzstraßen waren der salzlose Raum um das Schwäbische Meer und letztlich die vorderösterreichischen Lande im Breisgau und im Elsaß. Die verschiedenen Salzstadel waren nicht allein Umschlag- und Umspannplätze, sondern auch ein Ort des Austausches und des Gesprächs. Wohl wurden territoriale und politische Grenzen überschritten, die es aber bei näherem Zusehen nur in handels- und staatsrechtlicher Weise gab. Auch die Bistumsgrenzen zwischen Augsburg und Brixen waren nie ein unüberwindbares Hindernis. Und auch sprachlich konnten sich die Menschen verständigen und verstehen. Den Menschen im Kleinen Walsertal begegnet in Oberstdorf noch heute eine Sprache, die ihnen heimatlich klingt.

So mag sich der Leser denn auf den Weg von Buxheim bis zum Fernpaß und lechaufwärts bis zum Arlberg und von Oberjoch bis hinaus ins Westallgäu begeben. An jedem Haltepunkt werden sich die Hände nachbarschaftlich treffen. Dabei mag die „Euregio via salina“ bisweilen fast ein wenig eng erscheinen. Aber sie ist ja auch nur ein kleiner Teil eines großen Raumes, den es heute mehr denn je auszuweiten und mit dem Geist des Miteinander zu erfüllen gilt. Der verbindende Weg mag nahe der klassischen Nordgrenze des Allgäus beginnen. Gerade hier treffen wir auf eine „Tirolensie“ besonderer Art, das Chorgestühl der einstigen Kartause Buxheim, das Ignaz Waibl aus Grins im Stanzertal bei Landeck in Tirol geschaffen hat, der von 1684 bis 1699 in Buxheim gelebt hat und im nahen Heimertingen gestorben ist. Auftraggeber dieses Chorgestühls war ein Prior der Kartause im Südtiroler Schnalstal.

Eine „Tirolensie“ sind auch die Deckenbilder der Zeiller im schwäbischen „Escorial“ zu Ottobeuren, die dessen Monumentalität eher noch steigern. Und aufschauen lassen im Kaisersaal die hochbarocken, lebensgroßen, vergoldeten Figuren von 16 Kaisern des Hauses Habsburg von Anton Sturm aus dem

Weiler Faggen bei Prutz im Oberinntal, die er in den Jahren 1724 bis 1727 geschnitzt hat.

Zwischen Buxheim und Ottobeuren aber liegt Memmingen, von wo die Gedanken die „Euregio via salina“ sogar verlassen müßten, denn die Reliefs des 1494/96 vollendeten „Goldenen Dachl“ in Innsbruck stammen von dem wohl aus Memmingen kommenden Niklas Türing d. Ä. und haben diesem den Titel eines „obristen Werkmeisters“ gebracht. Aus Memmingen stammt auch der Maler Bernhard Strigel (1460–1528), der Kaiser Maximilian I. und dessen zweite Frau Bianca Maria Sforza portraitiert hat – Bilder, die im Tiroler Landesmuseum Ferdinandeum hängen.

Von Bernhard Strigel stammt auch ein Portrait des Johann Caspar von Laubenberg (1452–1522), der einem Allgäuer Geschlecht entstammte, 1504 oberster Feldzeugmeister von Tirol wurde und aus dessen Burg Wagegg wahrscheinlich ein Geweihlüster mit der Doppelbüste Maximilians I. und Karls V. stammt. Dieses Werk des Kaufbeurer Bildhauers Jörg Lederer hängt heute in der Pfarrkirche von Wildpoldsried. In diesem Kaiserleuchter von 1519 verdichtet sich das Beziehungsgeflecht „Allgäu und Tirol“ in besonderer Weise. – Eine Memmingen-Tirol-Beziehung ist auch der Memminger Stadtarzt Ulrich Ellenbog (um 1435–1499), der wahrscheinlich der Verfasser von Herzog Siegmunds Büchlein von den Harnleiden war.

Der Weg von Wildpoldsried nach Kempten mündet hier in die einstige Illervorstadt, deren südliche Ausfallstraße auf der Ansicht von Johann Hain und Friedrich Raidel (1628) noch „Straß nach Innsbruck“ hieß, eine damals selbstverständliche Nähe unterstreichend, die erst die Zeit nationalstaatlicher Trennung und Verzerrung in den Hintergrund treten ließ. – Nach Tirol könnte die Säule des Kemptener Rathausbrunnens weisen, wollte man sie dem flämischen Bildhauer Alexander Colin (1526–1612) zuschreiben, der seit 1564 an den Reliefs für das Grabmal Maximilians I. in der Innsbrucker Hofkirche gearbeitet hat. – Erinnern mag man sich an das erste Tuch-Geleitprivileg für ausländische Händler, das in Kempten die Motz bzw. Weiß 1295 von Graf Meinhard II. von Tirol bekamen. – Daß auf der Iller ab Kempten Tiroler Wein geflößt wurde, ist sicher keine Überraschung. – Daß Kempten in napoleonischer Zeit als Hauptstadt des Illerkreises auch Regierungssitz für das Außerfern war, ist dort wohl eher unbekannt. – Ein künstlerischer Beziehungsfaden zu Tirol ist das Bild der in der Reichsstadt Kempten seit 1510 geprägten Münzen mit einem Kranz der habsburgischen Länderwappen. Ohne die Tätigkeit der Haller Münzmeister und den Bergsegen der reichen Silberlieferungen aus den Unterinntaler Bergwerken wäre die umfangreiche Kemptener Münzprägung gar nicht möglich gewesen. Es kam also nicht nur Salz aus Tirol ins Allgäu, sondern auch Silber. – Eine Brücke zu Tirol ist vielleicht das aus der Erbauungszeit der einstigen Kemptener Stiftskirche stammende Chorgestühl, das man nach einer Notiz der Hofkammerprotokolle vom 7. Oktober 1669 dem Tiroler Bildhauer Peter Pfaudler zuschreiben mag. – Sodann hielt sich in Kempten bei Fürstabt Rupert von Neuenstein (1785–1793) der Tiroler Handschuhmacher Peter Prosch aus Ried im Zillertal für einige Tage auf, dessen kuriose Selbstbiographie zuletzt 1964 bei Kösel in Kempten nachgedruckt wurde. – „Aus Tirol" stammen auch Teile des Altars der Keck-Kapelle in Kempten, doch kennen wir vorerst keine genauere Herkunft. – Eine für das Allgäu wohl einzigartige Beziehung zu Tirol sind die Rankenmalereien im Ausstellungsraum des Stadtarchivs Kempten aus dem Herbst des Mittelalters" (Huizinga, 1919), der Zeit um 1480. Sie erinnern an den Innsbrucker Hofmaler Jörg Kölderer (gest. 1540), der 1507 den Auftrag bekam, in der Hofburg „die stuben auf dem wappenhaus gruen zu malen mit pamen (Bäumen), voglen und klainen jägerlein und in kn. Maj. capellen zu hof die wandseulen mit hayligen und gruen in gruen und mit pluemem zu male".

Die erste Station auf dem Weg ins Außerfern ist Vils, wo der einzige alemannisch geprägte Lebensraum Tirols ganz unmerklich beginnt. Die „Obere Straße" durchzieht hier ein Längstal, dessen Begrenzung einem weitgespannten Torbogen gleicht, wie ihn ein Stich von Anton Falger (1791–1846), dem Chronisten des Lechtals, zeigt.

Vils ist die „schwäbische Stadt" Tirols, deren Wappen daher 1969 durchaus bewußt in den heraldischen Kreis auf dem Umschlag des ersten Bandes der „Allgäuer Chronik" von Alfred Weitnauer einbezogen wurde. Die Verbindung zum Allgäu beginnt zeitlich mit einem Einkommensverzeichnis des Klosters Füssen aus der Zeit um 1200. Spätestens im 13. Jh. kam Vils an das Reichsstift Kempten, das Vils den Herren von Hohenegg zu Lehen gab. Diese gehörten zu den herausragenden Vertretern habsburgischer Reichspolitik. Ihr Lehen wurde zwar 1401 auf Herzog Friedrich IV. „Mit der leeren Tasche" übertragen, der es aber in zweiter Hand den Hoheneggern überließ. Als diese dann 1671 ausstarben, fielen Herrschaft und Stadt Vils, 1327 im Streit zwischen Ludwig dem Bayer und Friedrich dem Schönen zur Stadt erhoben und mit dem Recht der Stadt Kaufbeuren gewidmet, an Tirol. Die formale Lehenshoheit des Stiftes Kempten aber blieb bestehen. – Kirchlich gehörte Vils, das schon 1393 eine vom Kloster Füssen unabhängige Pfarre geworden war, bis 1818 zum Bistum

Augsburg. Das gilt für das ganze Außerfern. – Die Pfarrkirche wurde 1709 nach Plänen Johann Jakob Herkomers aus Sameister bei Füssen vollendet. – Aus Vils kamen 1699/1701 für den barocken Bau der Füssener Magnus-Kirche 2500 Fichtenstämme und 338 Föhren. Und der Füssener „Totentanz" von Jakob Hiebeler hat durchaus die „Totentänze" in Breitenwang, Elbigenalp, Elmen und Schattwald beeinflußt.

Eine Brücke zu Kempten besteht im Hochaltarbild der Annenkirche, unterhalb der Ruine Vilseck, von Balthasar Riepp. Hier war es auch, wo Marie von Preußen, die Mutter Ludwigs II. von Bayern, auf ihren vielen Wegen von Schwangau in das benachbarte Tirol erstmals in ihrem Leben, wie sie selbst berichtet, geackert, gebuttert und Holz gehackt hat. Sehr verbunden war sie mit dem „Residenzdorf" Elbigenalp und mit Anton Falger. Im Außerfern hat sie auch konvertiert, geleitet von dem aus Tannen bei Lenzfried stammenden Bischof Daniel von Haneberg. Ihre letzten Worte waren: „Gott segne Bayern, Preußen und mein liebes Tirol." – 1803 versuchte das Haus Öttingen-Wallerstein, dem die Benediktinerabtei Füssen zugefallen war, das Präsentationsrecht auf die Pfarre Vils an sich zu bringen, was ihm aber nicht gelang. – Wohl aber kam vor einigen Jahren mit der Bibliothek auf der Harburg auch eine „Stift-Kemptische Kronik von ihrem Ursprung bis auf den Fürsten und Abbt Honor., d. i. vom Jahre 777–1770" an die Universitätsbibliothek Augsburg. Gemeint ist hier Fürstabt Honorius Roth von Schreckenstein (1760–1785). Diese Chronik ist geschrieben „durch Lucas Gech Pfarrer und Decan zu Viels bey füßen". Auf 109 Blättern wird hier eine deutsch geschriebene Geschichte des Stiftes Kempten gebracht, reich garniert mit meist bekannten Legenden, mehrfachen Zusammenfassungen und auch nicht wenigen falschen Abtnamen. Auf Blatt 71 spricht Gech von „unserem Allgäu". Dies unterstreicht die landschaftliche „Identität" zu einem Zeitpunkt, als die Erinnerung an das Stift Kempten in Vils wohl schon eher verblaßt war. – Wirtschaftsgeschichtlich sei an den aus Vils stammenden Balthasar Springert erinnert, der 1505/06 im Auftrag der Memminger Vöhlin und der Augsburger Welser eine Seereise nach Ostindien unternahm.

Sodann kommen wir nach Pinswang. Die dortige Pfarrkirche wurde nach Plänen Johann Georg Fischers errichtet. Das Fresko der Lechfeldschlacht stammt von Johann Heel aus Pfronten, das Hochaltarbild von Riepp. – Aus Unterpinswang stammt Franz Kleinhans, der Parlier von Johann Georg Fischer. – Reich sind die Allgäu-Tirol-Beziehungen in und um Reutte, wo in der Pfarr- und Klosterkirche eine thronende Anna-Selbdritt von Jörg Lederer aus Kaufbeuren steht und vor allem an die Malerfamilie Zeiller erinnert werden muß. – Erinnert sei auch an die letzte Bärenjagd in Reutte, die der aus Nesselwang stammende spätere Bischof von Augsburg, Maximilian von Lingg (1842–1930), in einem Gedicht festgehalten hat. – Angesichts der Ruine Ehrenberg mag man sich daran erinnern, daß es Ehrenberger Untertanen auch in Oberstdorf, Gerstruben, Spielmannsau und im Traufbachtal gab. Vor allem aber wurde in der bis 1782 erhaltenen Festung von 1628 bis 1630 der Kemptener evangelische Pfarrer Dr. Georg Zäemann festgehalten, wobei es vor allem um sein Verhältnis zu dem Florentiner Genealogen Antonius Albizius ging, der aus konfessionellen Gründen in der Reichsstadt an der Iller seine Zuflucht gesucht hatte.

Allgäu-Spuren finden wir sodann in Heiterwang, wo von Josef Anton Walch aus Kaufbeuren die Fresken, von Josef Keller aus Pfronten das Hochaltarbild und von Maximilian Hitzelberger, gleichfalls aus Pfronten, die Figuren der beiden Apostelfürsten stammen.

In Bichlbach hat Josef Stapf die Rokoko-Kanzel der Pfarrkirche geschaffen, und die Pläne der Zunftkirche gehen wohl auf Herkomer zurück.

Bei Lähn überschreiten wir die Wasserscheide zwischen Loisach und Lech und vor allem die bis 1816 gültige Diözesangrenze zwischen Augsburg und Brixen. – Lermoos ist der südlichste Punkt des geschlossenen schwäbischen Kunstraumes im Rokoko. Hier hat Franz Kleinhans die Pfarrkirche erbaut, die ein Fremdkörper im tirolischen Spätbarock ist.

Am Fernpaß endet der vergleichende Nord-Süd-Weg durch die „Euregio via salina“. Noch um 1500 stand hier eine Säule mit dem Wappen der Schwangauer, die beidseits des Passes Herrschaftsrechte hatten, 1481 aber um 2000 Gulden das halbe Gericht Bichlbach, das Gericht zu Pflach, den Wildbann außer dem Fern sowie das Geleitrecht durch das Gericht Ehrenberg an Herzog Siegmund veräußerten. – Das Stichwort „Schwangauer“ erinnert daran, daß der Minnesänger Hiltbolt bis zu seinem Tod Gefolgsmann des Grafen Albert III. von Tirol war und daß vor allem in Sommer 1417 Oswald von Wolkenstein Margareta von Schwangau geheiratet hat. – Sodann spielt der Fernpaß seit 1843 eine bisweilen aktuelle Allgäu-Tirol-Rolle, der freilich bislang nur der Reiz des Projekts blieb. Es ist die sog. „Fernbahn“, von der Otto Merkt, Oberbürgermeister von Kempten, 1942 in seinem „Politischen Testament“ schrieb: „Kommt sie, so hat Kempten eine große Zukunft. Kommt sie nicht, so bleibt Kempten das Stiefkind des Verkehrs“.

Gemessen an der Nord-Süd-Achse ist der Weg von West nach Ost an verbindenden Beziehungsfäden ärmer.
Das Westallgäu gehörte bis in das 19. Jh. zu Vorarlberg und war eher mit dem Bodenseeraum, der Schweiz, besonders St. Gallen, und Vorderösterreich verbunden. Und ob und wie weit sich das Westallgäu und Oberschwaben berühren oder gar decken, ist sicher nicht immer auszumachen.
Dichter wird das Geflecht erst wieder im Lechtal, wobei der Lech selbst verbindet. – Aus Elbigenalp kamen noch bis ins 20. Jh. „Schwabenkinder" zu Fuß durch das Trettachtal nach Oberstdorf, Fischen, Sonthofen und Immenstadt, denn die Bahnlinie von Reutte nach Kempten gibt es erst seit 1906. Wesentlicher Umschlagplatz dieser Form menschlicher Arbeitskraft war Kempten. Joseph Rohrers Hinweis auf den Kemptener Kindermarkt in seiner Schrift „Uiber die Tiroler", Wien 1796, ist der älteste bayerische Beleg für einen Gesindemarkt. Es war jedenfalls ein harter Weg und auch nicht immer eine gewinnende Bleibe. Doch vielen dieser Kinder ging es auch gut. Manche erzählen davon noch heute. – Erschlossen und kartiert wurden die Lechtaler Alpen durch den Memminger Realschullehrer Anton Spiehler und durch die Errichtung der Memminger Hütte an der Nordseite der Parseiergruppe. Und wer auf dem höchsten Gipfel der Allgäuer Alpen, dem 2675 m hohen Krottenkopf, steht und erfährt, daß sich dieser Berg im Außerfern befindet, dem ist die verbindende Liebe zu den Bergen sicher entscheidender als eine unsichtbare und unwirksame Grenze. Diese überwanden erstmals wieder nach 200 Jahren Wallfahrer aus Holzgau, die 1990 über das Mädelejoch nach Oberstdorf kamen und in einer der Loretto-Kapellen Einkehr hielten. – Nahe dem obersten Lech schlug im 14. Jh. das Herz des Heinrich Findelkind aus Kempten für in Not geratene Wanderer.
Hier nun schließt sich der Reigen ungezählter Beziehungen und Schicksale, die unterstreichen, daß auch die „Euregio via salina" unserer Tage eine nur vorläufige Heimat ist und alle Brückenschläge noch immer zu wenig sind.

Haberl, Wolfgang: Das Allgäu und Tirol. In: AGF, 1995, 5–18

A

Aach (Markt Oberstaufen, Lkr. Oberallgäu). – In der kleinen Ortschaft an der Grenze zum Bregenzerwald errichteten 1702 die Bauern eine erste Kapelle „Maria Schnee“, die sich bald zu einer blühenden Wallfahrtsstätte entwickelte. Bereits 1719 wurde eine neue Kapelle gebaut. – 1825 übernahmen die österreichischen Kirchenbesucher die Kosten für eine Verlängerung der Kirche. – Der Hochaltar wurde 1779 aufgestellt. In dessen Mitte stehen eine Schutzmantelmadonna aus der Zeit um 1460 und zwischen den Säulen Figuren der Hlg. Joachim und Anna. – Die Blätter der Seitenaltäre von 1757/58 stammen von Ludwig Caspar → Weiß, 1843. – Gegenüber der Kanzel steht eine Pietà aus der Mitte des 15.Jh.

Achberg Lkr. Ravensburg, 1405 E. – Hoch über der Argenschlucht erhebt sich das Schloß, das nach mehrfachem Besitzerwechsel 1691 an den Deutschordens-Landkomtur Franz Benedikt Freiherr von Baden verkauft wurde. Durch ihn erhielt das Schloß, vollendet 1700, seine heutige Gestalt mit Rittersaal, Hauskapelle und reicher Barockstuckierung. – 1805 wurde das zum Ritterkanton Hegau steuerbare A. zunächst Bayern, durch den Rheinbundvertrag Hohenzollern-Sigmaringen zugesprochen. Ab 1849/50 war A. der südlichste Teil Preußens. Bis 1854 bildete A. ein eigenes fürstliches, dann preußisches Obervogteiamt. Der Oberamtmann von A. besorgte auch die Verwaltung des Amtes Ellhofen (→ Weiler im Allgäu) und damit des zweiten Deutschordens-Besitzes im allgäu-oberschwäbischen Ambiente. – Bis 1982 blieb Schloß A. im Besitz des Hauses Hohenzollern. Nach dem Verkauf wird das Schloß Spekulationsobjekt, bis schließlich der Landkreis Ravensburg eine Mustersanierung durchführt und das Schloß wiederbelebt. Seit 1995 ist A. der Öffentlichkeit zugänglich. – Höhepunkt der Raumfolge ist der Rittersaal mit einer 30 000 kg schweren Stuckdecke des Wangener Stukkators Balthasar Krimmer. Das Bildprogramm spiegelt Macht und Pracht des Deutschen Ordens wider. Hauptthema ist die Verherrlichung der Türkenkriege und das Hochgefühl jener Siegerjahre. – Das Schloß wird für Ausstellungen genutzt, und im Rittersaal finden Konzerte statt. – Neben dem Schloß steht das Amtshaus aus dem 17. Jh., und vor dem Schloß der Kameralhof mit großen Fachwerkbauten von 1693.

Schloß Achberg. Annäherung an ein barokkes Kleinod Oberschwabens. Hrsg. v. Irene Pill-Rademacher im Auftrag des Landkreises Ravensburg. Ravensburg: Oberschwäbische Verlagsanstalt, 1999

Adamer, Adolf Lehrer und Zeichner, geb. 1904 in Mühl am Inn, gest. 1963 in Obermaiselstein. – Der Vater war Grenzvisitationsführer. Ihn verlor A. bereits als dreijähriger Bub. Die Mutter blieb mit drei Kindern in großer Not zurück. Sie bekam eine Pension von monatlich 35 Mark und zog nun nach Oberstaufen in die Nähe ihres Vaters, der in Aach wohnte. So oft er konnte, floh der Bub zum Großvater und begann sehr bald zu zeichnen. Der Großvater bestimmte A. zum Lehrberuf und ließ ihn in Laugingen studieren. Doch schon im dritten Jahr des Studiums starb der Großvater, und A. wuchs einsam und verschlossen heran. Zeichnen und Malen aber wurden zur Freude seines Lebens. Der Zeichenunterricht im Lehrerseminar vermittelte allerdings keine lebendige Anregung. Wohl aber begegnete A. eines Tages dem großen Impressionisten Max Liebermann (1847–1935), der A. beim Zeichnen zusah und bald feststellte: „Junger Mann, Sie kommen zu mir und bringen mir Ihre Arbeiten. Aus Ihnen wird etwas.“ Doch A. traute sich nicht, dieser Aufforderung zu folgen. – Um die Zeit seiner Abschlußprüfung ergriff A. die Gelbsucht, die schließlich zu seinem frühen Tod führte. – Not und Verzicht blieben A. weiterhin treu. In Aach, wo er praktizierte, spielte er ohne Bezahlung die Orgel. Mit 60 Mark Gehalt, wovon er die Hälfte für die Wohnung ausgeben mußte, schlug sich A. auf seinen Aushilfsposten in Oberstdorf, Markt Wald und Berghofen durch. Ein glückliches Geschick führte ihn schließlich in die Familie des Berghofener Schloßbauern, wo er mit Verständnis und Wärme angenommen wurde und auch seine spätere Frau fand. – Als er nach Druisheim im Mittelschwäbischen versetzt wurde, packte ihn das Heimweh nach den Bergen, und er ließ sich nach Balderschwang versetzen. Hier wirkte er ab 1927 durch fünf Jahre und erzog seine Schüler zu lebendigem Zeichnen und Malen. Von Balderschwang ging A. schließlich nach Obermaiselstein. Angeregt durch seinen Kollegen Oberlehrer Johann Pletzer in Genhofen entwickelte A. eine Zeichenmethode, die zu staunenswerten Leistungen führte. – 1940 heiratete A. Sophie Schraudolph aus Fluhenstein. Aber schon nach drei Jahren mußte A. an die Front, wo ihn nur die Flucht in die Kunst rettete. Er wurde Stabszeichner und blieb dies bis zum bitteren Weg in die Gefangenschaft im Mai 1945. 900 km mußten A. und seine Kameraden marschieren. Pro Tag erhielten sie vier Kartoffeln und ein Stück Brot. Sobald sein Können im Portraitieren bekannt wurde, erhielt A. Aufträge, selbst für Darstellungen von Lenin und Tito. – Am zweiten Weihnachtsfeiertag 1947 war er wieder in Obermaiselstein daheim.

Doch 1963 meldete sich die ein Leben lang schlummernde Gelbsucht wieder, und A. mußte seinen Abschied nehmen. Seine hervorragenden Arbeiten hatte er bisher nur seinen Freunden gezeigt. Erst 18 Jahre später hat sein Leben und seine Leistung der mit ihm in Freundschaft verbundene Arthur Maximilian → Miller in Erinnerung gerufen.

Miller, Arthur Maximilian: Adolf Adamer 1904–1963. Lehrer und Zeichner. (= Kleine Kostbarkeiten im Allgäu, 7. Band). Kempten: Verlag für Heimatpflege, 1981

Agathazell (Burgberg im Allgäu, Lkr. Oberallgäu), vor der Kulisse des Grünten, ist eine der ältesten Gründungen des Allgäus. – Im Chor der Kirche hat man Wandmalereien freigelegt, die noch aus der ersten Hälfte des 15. Jh. stammen. – Das Hochaltarbild von Franz Anton → Weiß, 1765, zeigt eine Ansicht des Dorfes. – 1829 stieß im Agathazeller Moor der Landgerichtsphysikus Dr. Bernhard → Zör auf einen von Torfstechern freigelegten in einer Tiefe von 2 m verlaufenden vorgeschichtlichen Bohlenweg, der in die Zeit um 1360 v. Chr. datiert werden konnte. Das Pollenrelief belegt bronzezeitlichen Ackerbau. Dieser Knüppeldamm ist noch heute vorhanden.

Ahegg (Markt Buchenberg, Lkr. Oberallgäu). – An der Straße von Kempten nach Ermengerst steht die schönste einstige Mühle des Altlandkreises Kempten, ein zweigeschossiger Bau von 1722. Das Untergeschoß besteht aus Bachsteinmauerwerk, das Obergeschoß aus reichem Fachwerk. – Etwa 300 m nordwestlich steht der Rest eines spätrömischen Burgus, erbaut um 260, zerstört zu Beginn des 5. Jh., freigelegt 1932, durch unsachgemäße Konservierungsversuche aber stark angegriffen und schwer in seiner Originalsubstanz zu erkennen.

Akams (Immenstadt, Lkr. Oberallgäu). – Die Pfarrkirche ist ein spätgotischer Bau des 15. Jh., der wohl um 1782 umgestaltet wurde. Über dem Chorbogen befindet sich das stuckierte Wappen der Königsegg-Rothenfels, um 1782. – Das Deckengemälde zeigt eine Ortsansicht von A. aus dem Jahr 1876.

Ákos, Andor Architekt, geb. 1893 in Nagybecskerek (Ungarn), gest. 1940 in Wien. – Á. hat an der Technischen Hochschule in München bei Friedrich von Thiersch und Theodor Fischer studiert und war im Ersten Weltkrieg als Oberleutnant in einem Kaiserjägerregiment an der Front. – 1923 trat der Diplom-Ingenieur in die Dienste der Kemptener Firma Heydecker für Innenraumgestaltung, ehe er sich als freischaffender Architekt selbständig machte. – Á. entwarf in Kempten Siedlungen und Wohnhäuser am Haubenschloß und an der Lindauer Straße, baute den „Bayerischen Hof“, die Unteren Stiftshallen und das „Hotel Post“. In Oy-Mittelberg errichtete er eine Gaststätte. – Seine Landhäuser hatten eine stilbildende Ausstrahlung. Die rustikale Formgebung war geprägt von Holz und Schmiedeeisen, was ja für so manche Bauten und Innenräume dieser Jahre gilt. – Á. entwarf auch die frühere Stadtpfarrkirche Christi Himmelfahrt an der Illerbrücke in Kempten, die Filialkirche in der Eich und das Kriegerdenkmal auf dem Mariaberg. – Auf dem katholischen Friedhof betreute Á. den Umbau der Kapelle, plante den Marienbrunnen und errichtete die Kriegergedächtniskapelle. – Á. war auch ein hervorragender Zeichner. Er portraitierte Max → Förderreuther, Rechtsrat Kellenberger und Stadtarchivar Hacker. – Bei Kriegsbeginn 1939 ging Á. freiwillig zur Wehrmacht. Seine Einheit beantragte, Á. zum Hauptmann zu befördern. Aber nun kam auf, daß Á. jüdischer Abstammung war. Und da er nach dem Tod seiner ersten Frau nichtjüdisch wieder geheiratet hatte, war dies ein Verstoß gegen die Nürnberger Rassengesetze. Er wurde nach Wien zitiert und vor die Wahl gestellt, entweder ins KZ zu gehen oder einen „ehrenvollen“ Freitod zu wählen. Á. entschloß sich zu letzterem. Er erschoß sich in einem Hotelzimmer, die hohen Kriegsauszeichnungen vor sich gelegt, mit seiner Dienstwaffe. – Der Kalender des Hauses der Bayerischen Geschichte für das Jahr 2001 erinnert im Rahmen der tausendjährigen Beziehungen zwischen Bayern und Ungarn auf einer ganzen Seite an Ákos. – In Kempten, in der Eich, ist ein Weg nach Á. benannt.

Alatsee, Johann Generalvikar, geb. vor 1466 in Waltenhofen bei Füssen, gest. 1520 in Augsburg. – A. studierte 1466 in Erfurt und trat dann in den Dienst der Kirche von Augsburg. Um 1480 wurde er Kanonikus von St. Moritz, dann Kanonikus von St. Peter, Propst von St. Gertrud (seit 1508) und schließlich Generalvikar in Augsburg (seit 1505). – Lange war er nominell Pfarrer von Füssen, wo er sich aber von einem Vikar vertreten ließ. – Seine Bibliothek vermachte er den Klöstern Kempten, Füssen, Irsee, Ottobeuren, Rottenburg und Hl. Kreuz in Augsburg.

Albisried (Lengenwang, Lkr. Ostallgäu). – Die Marienkapelle von 1863 hat einen gemalten Flügelaltar aus der Zeit um 1490, auf dessen Mitteltafel eine Muttergottes mit Stiftern, auf den Flügeln innen: links eine Hlg. Katharina, rechts eine Hlg.

Dorothea und außen eine Verkündigung Mariä dargestellt sind.

Alletsee, Johann Paul Hoflauten- und Hofgeigenmacher, geb. 1684 in der Pfarrei Waltenhofen am Forggensee, gest. 1733 in München. – A. war ein Sohn des Hohenschwangauer Hoffischers Paul A. – Die Kunst des Lauten- und Geigenbaus lernte er wohl in seiner Heimat. Bald nach 1700 ließ er sich in München nieder, wo er um 1710 kurfürstlicher Hoflauten- und Hofgeigenmacher wurde. Einige seiner Arbeiten sind noch erhalten. Nachgewiesen sind seine Instrumente in öffentlichen Sammlungen in Berlin, Genf, Innsbruck, Kopenhagen, St. Petersburg, Linz, Los Angeles, München, Nürnberg, Salzburg, Sigmaringen und Stuttgart. Seine Instrumente zeichnen sich aus durch gutes Material, sorgfältige handwerkliche Arbeit und ausgezeichneten Lack. – Der Füssener Geigenbautradition verpflichtet, war A. einer der besten bayerischen Könner seines Fachs in der Barockzeit.

Allgäu Landschaft an der oberen Iller. Die frühesten Nennungen fallen in die karolingisch/althochdeutsche Zeit der Jahre 817 bis 905. Damals dürfte A. die Bedeutung „Alp/Alm" gehabt haben. – Im Bauernkrieg von 1515/26 erreichte die Bezeichnung A. jene Ausdehnung, die sie noch heute besitzt. Der „Allgäuer Haufen" kam aus einem Gebiet, das im Osten fast bis zum Lech, im Nordosten bis Buchloe und im Nordwesten bis Waldsee reichte. Im Mittelalter wurde der Landschaftsname von unterschiedlichen Institutionen und Gruppen in Anspruch genommen: 1. die → Eglofer „Freien im Allgäu", 2. das „Archidiakonat Allgäu" (1275–1508/25) als Verwaltungseinheit des Bistums Konstanz, das den nördlichen Bodenseeraum sowie den größten Teil des heutigen Vorarlberg umfaßte und im Osten bis zur Iller ging, 3. die „Reichsritterschaft im Allgäu", ein Ritterbund, der von 1408 bis 1806 bestand, und schließlich 4. der „Allgäuische Gebrauch", eine Rechtsauffassung, die am Personalprinzip im Gegensatz zum Territorialprinzip festhielt. – Seit dem 16. Jh. wurde mit A. ein Gebiet bezeichnet, das im Norden durch eine Linie Wangen-Kißlegg-Memmingen-Kaufbeuren, im Osten vom Lech und im Süden durch das Gebirge begrenzt wird. – Bezeichnend ist der Umfang der → Vereinödung, die auch auf die Grafschaft Waldburg und die Reichsstädte Wangen und Leutkirch übergriff. – Sehr ausgedehnt wurde der Begriff A. in der Zeit des Alpinismus und Historismus im 19. Jh. und erst recht im Gebrauch der Milchwirtschaft des 20. Jh. und der heutigen Werbung. – Am ehesten gültig sind noch immer die Definitionen von → Baumann und → Merkt. – Auch heute noch mag gelten, was der seinerzeitige General-Commissar im Illerkreis Josef Edler von Stichaner 1815 schrieb: „Nicht leicht sind in und über einen District so mancherley Begriffe im Umlaufe, als man über das Allgäu, selbst unter seinen Bewohnern, findet."

König, Werner: Art. Allgäu. In: Lex. d. MA I, 1980, Sp. 429 – Jahn, Walter: Der Landschaftsname Allgäu im Wandel der Zeit: Reichweiten-Ambivalenz als Folge sich ändernden Sinngehaltes. In: Mitteilungen der Geographischen Gesellschaft in München 74, 1989, 107–162

Alt, Paulus O. S. B. Abt, geb. 1760 in Wangen, gest. 1807 in Maria-Thann. – A. war der Sohn eines Weißgerbers. Nach dem Besuch der Lateinschule trat er in das Benediktinerkloster Ottobeuren ein, wo sein Landsmann Rupert → Neß damals Abt war. – 1784 wurde A. zum Priester geweiht und war dann in zeitlicher Abfolge Novizenmeister, Professor für Kirchenrecht, Schulpräfekt und Prior. – Im Juli 1802 wählte ihn der Konvent zum Abt. Aber schon vier Monate später, am 1. Dezember, wurde das Reichsstift Ottobeuren aufgehoben, aller Besitz verstaatlicht und der Abt abgesetzt. Auf seine Bitte hin durften die Mönche zwar bleiben, doch bald verbot man ihnen sogar das Chorgebet. – A. starb fünf Jahre später, als er gerade seinen geistlichen Bruder im Pfarrhaus Maria-Thann besuchte. A. wurde unter großer Beteiligung der Wangener auf dem heimatlichen Friedhof beerdigt. Erst 1917 wurden seine Gebeine in die Ottobeurer Gruft überführt.

Altdorf (Biessenhofen, Lkr. Ostallgäu). – In der südlichen Langhauswand der mehrfach umgebauten Pfarrkirche ist noch ein zugesetztes spätgotisches Portal zu erkennen. – Die reichen Stukkaturen, um 1747/48, werden Joseph → Fischer zugeschrieben. – Über dem Chorbogen sind die Wappen des Augsburger Domkapitels und des Fürstbischofs Joseph, Landgraf von Hessen-Darmstadt, angebracht. – Großfigurige Fresken, 1748, hat Matthäus → Günther gemalt. – Die Figuren über den Seitenaltären stammen von dem Landsberger Bildhauer Lorenz Luidl, 1710, eine Anna Selbdritt noch aus der Zeit um 1490/1500. – An der Westmauer des Vorzeichens steht ein wohl romanischer Löwe aus rotem Marmor.

Altenstadt (Stadt Schongau, Lkr. Weilheim-Schongau), 3197 E., liegt noch westlich des Lech, doch bereits im Pfaffenwinkel, wird aber von → Baumann, → Merkt, → Weitnauer, → Schädler und selbst vom Polyglott-Reiseführer durchaus zum Allgäu gerechnet und daher auch in den Raum der „Euregio via salina“ einbezogen. – Die Kirche zum Hlg. Michael, seit 1966 eine „basilica minor“, ganz aus Tuffquadern errichtet, ist die einzige erhaltene romanische Gewölbe-Basilika Bayerns, vermutlich eine Stiftung Herzog Welfs VI., der 1147 das Kloster Steingaden gegründet hat. – Der Klarheit der beiden massigen Türme und der drei Apsiden entspricht die Gestaltung und die mathematisch ausgewogene Dimensionierung des dreischiffigen Innenraumes. – Mittel- und Höhepunkt ist ein romanischer Kruzifixus aus dem frühen 13. Jh., ca. 3,20 m hoch, an einem neuen 7 Ztr. schweren Eichenkreuz. Es ist ein Christkönig der späten Stauferzeit, mit einem Goldreif und geöffneten Augen, die auf die Betenden herabschauen. Die beiden Assistenzfiguren sind Kopien. Die Originale wurden 1868 an den bayerischen Staat verkauft und befinden sich im Bayerischen Nationalmuseum in München. – 1938 hat man wertvolle Fresken des 14. Jh. gefunden. – Eine Besonderheit ist der Taufstein im südlichen Seitenschiff aus der Zeit um 1200. Es ist einer der bedeutendsten romanischen Taufsteine Deutschlands, bemerkenswert wegen der künstlerisch und theologisch wertvollen Reliefs, welche die Sandsteinschale schmücken. – Hinter dem Altar der Marienkapelle steht eine Madonna aus dem frühen 14. Jh., eine Leihgabe des Bayerischen Nationalmuseums. – Doch wesentlich und bestimmend bleibt der „Große Gott von Altenstadt“, von dem es am Ende eines Gedichtes (DSA, Sept. 1974, 103) heißt: „Überall sein Blick“.

Pörnbacher, Karl: Pfarrkirche – Päpstliche Basilika Altenstadt (= Schnell, Kunstführer Nr. 31). München und Zürich: Schnell & Steiner, 10. Aufl., 1991

Altstätten (Sonthofen, Lkr. Oberallgäu). – 1887 wurde hier ein frühmittelalterliches Gräberfeld entdeckt. Bis 1970/71 konnten 80 Gräber aufgedeckt werden. – Die Fresken der Pfarrkirche stammen von Johann Balthasar → Riepp, die Altarfiguren von Anton → Sturm. – Der Altar der Rosenkranzbruderschaft zeigt 15 versilberte Reliefs mit einer Darstellung der Rosenkranzgeheimnisse. – Eine Besonderheit im Chor sind zierliche Lindenholzreliefs mit Halbfiguren Gottvaters und der 14 Nothelfer aus dem Umkreis Jörg → Lederers, um 1510/15. Der die Pestpfeile versendende Gottvater ist eine Reminiszenz an Homers „Ilias“.

Alt-Trauchburg s. Wengen

Altusried Markt, Lkr. Oberallgäu, 9685 E., erstmals 1190 genannt. Die beiden Kirchenpatrone Blasius und Alexander lassen vielleicht auf eine

Gründung durch das Kloster Ottobeuren schließen. – Nach einem Einsturz der Langhauspfeiler wurde die Kirche 1670 bis 1681 wieder aufgebaut. – Der Stuck von 1728 stammt von Anton Rauch, und Johann → Bader, die zuvor in den Prunkräumen der Kemptener Residenz tätig waren. – Die Fresken im Chor hat 1842 Alois → Keller, die im Langhaus sein Sohn Karl → Keller 1888/91 gemalt. – Die Gemälde des linken Seitenaltars stammen von Michael → Koneberg, 1774. – In der nunmehr evangelischen Kapelle St. Magnus an der Straße nach Krugzell stammt das Altargemälde von Franz Benedikt → Hermann. – Nahezu berühmt ist A. durch die seit 1879 bestehenden und 1949 wieder aufgenommenen Freilichtspiele, an denen fast jeder Altusrieder teilnimmt. Schon 1849 wurden beim Rößlewirt Schillers „Räuber" aufgeführt. – In der zu Beginn des 19. Jh. abgebrochenen Kapelle in Ottenstall stand ein Palmesel aus den Jahren 1470/80, der 1890 an das Bayerische Nationalmuseum verkauft wurde.

Riedmiller, Kornelius: Allgäuer Palmesel. In: DSA, März 1975, 9

Amman, Josef Pfarrer und Käferforscher, geb. 6. Aug. 1873 in Tannheim, gest. 25. Mai 1940 in Innsbruck. 1912/13 veröffentlichte er „Die Käferfauna des Ötztales", 1922/23 „Die Käfer des nordwestlichen Tirol". – A. war einer der Mitarbeiter an dem Werk „Die Käfer von Nordtirol" von Alois Wörndle, das 1950 als Schlern-Schrift Nr. 64 erschien. Ein kleiner Käfer wurde nach A. benannt.

Amtzell Lkr. Ravensburg, 3373 E. – A. ist eine St. Galler Gründung des 7./8. Jh., die nach vielfachem Besitzerwechsel – welfisch, montfortisch, Kloster Weingarten, Kloster Weißenau, Syrg von Syrgenstein, Humpiß von Waltrams, v. Altmannshausen – 1749 an die Reichlin von Meldegg kam. – Den Chor der 1236 erstmals erwähnten Pfarrkirche hat Johann Georg → Specht 1752 neu gebaut. Specht hat auch das Schloß erweitert. – Die Marientod-Gruppe, Ende 15. Jh., erinnert an → Rohrdorf. – Zu A. gehörte die 360 Jahre alte Pappenmühle in Karbach, die 1964 abgebrochen werden sollte. Die Einrichtung konnte gerettet werden und befindet sich im „Freilichtmuseum Technischer Kulturdenkmale" in Hagen-Maeckingerbach/Westfalen. – Aus A. stammt der Maler Benedikt → Gambs.

Maier, Eckart: Vom Karbach zum Mäckingerbach – Allgäuer Papiergeschichte in Westfalen. In: Im Oberland, Heft 1/2001, 23–31

Anger, M. Violantia I. Äbtissin, geb. um 1660 in Kaufbeuren, gest.

1731 in Kirchheim/ Ries. – A. trat in das Zisterzienserinnenkloster Kirchheim am Ries ein und wurde dort 1706 zur Äbtissin gewählt.

Angerer, Michael Handelsmann, geb. in Rückholz, gest. 1642 in Mailand. – A. stammte aus einem alten, unternehmungsfreudigen Geschlecht in Rückholz, das sich dort bis in die Mitte des 15. Jh. zurückverfolgen läßt. Um 1600 stand A. in Genua bei den Fuggern im Dienst und erhielt durch deren Vermittlung 1602 von Kaiser Rudolf II. für sich und seine vier Brüder ein Wappen verliehen. Später stand er an der Spitze eines Handelshauses, das in großen Mengen süddeutsche Leinwand nach Genua exportierte, bis dies wegen des Dreißigjährigen Krieges nicht mehr möglich war. – Auch als Lautenmacher lebten Angehörige der Rückholzer A.-Sippe in Mailand, Turin und Genua.

Apfeltrang (Ruderatshofen, Lkr. Ostallgäu). – Die Pfarrkirche ist im Kern eine spätgotische Anlage, die 1701/02 vielleicht nach einem Entwurf von Johann Jakob → Herkomer überarbeitet und vergrößert wurde. – Stuck und Fresken stammen aus der Zeit um 1923. – Am nordöstlichen Vierungspfeiler befindet sich eine Figur der Hlg. Barbara, um 1460/70. – Das Pfarrhaus östlich der Kirche ist ein zweigeschossiger Satteldachbau, um 1744/46.

Attenhausen s. Sontheim

Aufkirch (Markt Kaltental, Lkr. Ostallgäu). – Nach dem Abbruch der Pfarrkirche folgte ein Neubau bis 1626 durch Hans Alberthal (1575/80–1657) aus Roveredo und dann mehrfach Umbauten bis in das 19. Jh. – Das Langhausbild stammt von Alois → Keller, 1826. – Das Chorfresko von 1905/06 hat das Münsterschwarzacher Altarblatt von Giovanni Battista Tiepolo in der Alten Pinakothek in München zum Vorbild. – Der Taufstein stammt aus dem Jahr 1625. – Das Kruzifix der Kreuzigungsgruppe des 18. Jh. am Hochaltar kam aus Südtirol, die Assistenzfiguren wurden aus Donauwörth erworben.

Aufsberg, Lala Photographenmeisterin, geb. 1907 in Sonthofen, dort gest. 1976. – Sie war eine Enkelin des Pioniers der Landschaftsphotographie Joseph Heimhuber. – Auf zahlreichen Reisen durch ganz Europa, Ägypten, Indien, Kambodscha und Thailand fand sie ihre Motive, ganz zu schweigen von ihrem unermüdlichen Schaffen in ihrer ureigensten Heimat. – Annähernd 500 Werke bekannter Autoren deutscher und ausländischer Verlage verzeichnen A. als

Bildautorin. Rd. 30 Werke wurden von ihr allein illustriert. – Zunächst war A. Photohändlerin. Erst nach ihrer Ausbildung an der Kunstschule in Weimar und nach Gesellen- und Meisterprüfung machte sie sich selbständig. – Über 100 000 Negative umfaßt ihr Archiv. – Ein Großteil ihrer Aufnahmen wurde vom Bildarchiv Foto Marburg im Institut für Kunstgeschichte der Universität Marburg übernommen und in den „Marburger Index" der Bilddokumentation zur Kunst in Deutschland eingebaut. Damit ist ihr Lebenswerk erhalten und weltweit zugänglich. – Für das 1959 im Deutschen Kunstverlag erschienene Allgäu-Buch von Alfred → Schädler hat A. über zehn Jahre das Bildmaterial gesammelt. – Als noch Otto → Merkt lebte, hat A. als erste Frau vor dem damals fast 70 Jahre bestehenden Heimatdienst Allgäu einen Vortrag gehalten. – Für ihre künstlerische und technische Leistung erhielt A. das Bundesverdienstkreuz. – A. hat einmal gesagt: „Erst dann ist ein Bild gut, wenn es gelang, die Seele festzuhalten, die in allen Dingen lebt."

Außerfern der Bezirk Reutte mit den Teillandschaften Lechtal, Reuttener Becken, Tannheimertal und Zwischentoren umfaßt eine Fläche von 1237 km. In 37 Gemeinden wohnen 26 000 Menschen, die Bevölkerungsdichte beträgt 21 E/km. – Die alte Gerichtsbezeichnung „iudicium extra Vern" begegnet erstmals in einer Urkunde des Jahres 1269. – Mit dem übrigen Tirol verbinden nur die Straße über den Fernpaß und die landschaftlich reizvolle Eisenbahnstrecke von Kempten über Reutte und Ehrwald nach Garmisch mit Anschluß nach Seefeld und Innsbruck. – Besiedlung und Kultivierung erfolgten erst spät und von Schwaben aus. Daher ist das Außerfern der einzige von Alemannen geprägte Lebensraum Tirols mit vielen grenzüberschreitenden Beziehungsfäden. Politisch gehört das Außerfern seit dem Ende des 13. Jh. zur gefürsteten Grafschaft Tirol, kirchlich bis 1816 zum Bistum Augsburg. – Wirtschaftlich abgeschnitten wurde das Außerfern seit der Verlagerung der Hauptverkehrslinie vom Fernpaß zum Arlberg und dem Verlust der vorderösterreichischen Lande. – Auf Spuren der Realteilung und damit einer starken Besitzzersplitterung stößt man gelegentlich noch heute. – Der landschaftliche Wechsel vom noch unangetasteten Lechtal bis zu den nördlichen Kalkalpen, die reiche vielfältige Geschichte und eine in die Nachbarschaft ausstrahlende Kunst machen das Außerfern zu einer „Euregio" in sich.

Lipp, Richard: Außerfern. Der Bezirk Reutte. Innsbruck – Wien: Tyrolia, 1994

B

Baad s. Kleines Walsertal

Babel, Johann Baptist Bildhauer, geb. 1716 in Pfronten, gest. 1799 in Einsiedeln (Schweiz). – B. war der Sohn des Gerichtsschreibers Hans B. in Pfronten-Ried. Die erste künstlerische Ausbildung erhielt er wohl bei seinem Vetter Johann Peter → Heel, später arbeitete er vielleicht bei Josef → Babel in St. Pölten. 1746 ließ er sich in Einsiedeln nieder und entfaltete hier für ein halbes Jahrhundert eine ungemein rege Tätigkeit. Zunächst war er im Dienst des Klosters tätig, schuf die Chorplastiken der Stiftskirche und den figürlichen Schmuck des neuangelegten Klosterplatzes. Nach der Jahrhundertmitte wurde B. der meistbeschäftigte Bildhauer der Innerschweiz. Sein Schaffen läßt sich in elf schweizerischen Kantonen nachweisen und umfaßt weit über 200 Skulpturen.

Babel, Josef Bildhauer, geb. 1683 in Pfronten, gest. 1742 in Wien. – Sein Vater Johann war ein tüchtiger Kunstschreiner, der u. a. 1715 für die Wallfahrtskirche Maria Hilf in → Speiden neue Beichtstühle anfertigte. – B. verließ im frühen 18. Jh. als bereits ausgebildeter Bildhauer seine Heimat und zog nach Wien, wo er das Bürgerrecht erhielt. In St. Pölten hatte er seine Werkstatt. Er arbeitete in Dürnstein, Zwettl, Melk, Herzogenburg und Wien.

Bach Bezirk Reutte, Gemeinde im oberen Lechtal auf der Schattseite zwischen Elbigenalp und Holzgau mit 708 E. – Zwischen den Weilern Seesumpf und Bengler lag die alte Gerichtsstätte. Im 15. und 16. Jh. wurden Bleiglanz, Galmei und Zinkblende abgebaut. 1472 wird ein Eisenwerk genannt. – In der Pfarrkirche erfreuen sich großer Beachtung bei Kennern der mit Originalteilen rekonstruierte Barockaltar und die Deckenfresken von Wolfram Köberl (geb. 1927), Innsbruck. – Zu B. gehört die Ortschaft Stockach. Bis 1854 hieß die Gemeinde „Stockach“. – Das Hochaltarbild der Expositurkirche in Oberstockach hat Johann Jakob → Zeiller 1776 gemalt.

Bach, Walter s. Oy

Bachmann, Nikolaus SOCist, Abt, geb. um 1540 in Weißensee bei Füssen, gest. 1601 in Stams, Tirol. – B. trat in jungen Jahren in den Zisterzienserorden ein und legte in Stams seine Profeß ab. Von 1569 bis 1590 war er Pfarrer der Klosterpfarrei in Mais in Südtirol. – 1590 wählten ihn seine Mitbrüder zum Abt von Stams, der er bis zu seinem Tod blieb. Er bemühte sich in besonderer Weise um die Hebung der Ordenszucht. – Während seiner Abtjahre brannte 1593 das erste Holzkloster Stams ab, das 1284 fertiggestellt worden war.

Bader weit verzweigte Stukkatoren- und Baumeisterfamilie des 18. Jh. aus Wessobrunn, deren Lebensdaten nur unvollständig bekannt sind. Im Bereich der „Euregio via salina“ wirkten: **Abraham B.**, geb. 1694 in Wessobrunn, gest. nach 1746, in Heiligkreuz bei Kempten, in Kempten: St. Lorenz, Residenz, Landhaus, Wohnhaus des Franz Georg → Hermann, in Leuterschach (Marktoberdorf), Ottobeuren, Stötten am Auerberg, Unteregg (Lkr. Unterallgäu) und Hergensweiler (Lkr. Lindau (Bodensee)), – **Anton B.**, Heirat 1682 und 1696 in Kempten, St. Lorenz, seit 1680 in der Stiftskirche tätig, 1688 von Fürstabt Rupert von → Bodman zum Hofstukkator ernannt, blieb bis 1733 in der Stiftsstadt, – **Christoph B.** in Füssen und Lehenbühl (Legau, Lkr. Unterallgäu), – **Franz B.** in Füssen und Lehenbühl (Legau, Lkr. Unterallgäu), – **Johann B.** in Altusried, Füssen, Kempten: Residenz und in Lehenbühl (Legau, Lkr. Unterallgäu).

Bad Grönenbach Lkr. Unterallgäu, Markt und seit 1954 Kneippkurort mit 5091 E., erstmals 1099 urkundlich genannt. – Nach dem Aussterben der Herren von G. kam die Herrschaft an das Stift Kempten, 1384 an die Ritter von Pappenheim, 1482 an die Marschälle von Pappenheim, 1612 an die Fugger, 1695 erneut an das Stift Kempten, das hier ein Pflegamt einrichtete, und 1803 an Bayern. Bis 1878 war G. Sitz eines Landgerichts. – Von der 1136 geweihten romanischen Kirche blieben nur die Tuffsteinsäulen der Krypta erhalten. – 1479 wurde das Gotteshaus in eine gotische Hallenkirche umgewandelt. – Sehenswert ist der rechte Seitenaltar mit Büsten der 14 Nothelfer. – Von den Grabdenkmälern des 15. bis 17. Jh. gilt das des Ludwig von Rothenstein, gest. 1482, als das kunstvollste des Allgäus. Es wird Niklas → Thüring zugeschrieben. – Das Epitaph für Alexander von Pappenheim, gest. 1511, wird Lux → Maurus zugewiesen. – Die ehemalige Spitalkirche ist seit 1808 ev. Pfarrkirche. Die Mauern des einschiffigen, flachgedeckten Langhauses gehen auf die Gründung von 1479 zurück. – Das Schloß steht auf hohem steilem Bergrücken. Von der mittelalterlichen Burg ist noch der nordwestliche Teil der Anlage erhalten. Besonders beeindruckt die über bewachsenen Felsen mächtig aufragende aus Bossenquadern errichtet Westfront. – G. war eine protestantisch-reformierte Enklave. Und als die Grönenbacher im 18. Jh. an der Ausübung ihres Bekenntnisses gehindert werden sollten, setzte sich Friedrich d. Gr. für sie ein. – Im ehemaligen Wirtschaftsgebäude ist eine Schule der Ursberger St.-Josephs-Kongregation untergebracht, der das Schloß seit 1901 gehört. – Aus G. stammt der Maler und Freskant Johann Michael → Holzhey. – Auf dem Weg von Falkenhof nach Ittelsburg erinnert eine Gedenktafel an den Geologen Albrecht Penck (1858–1945), der hier Anregungen für seine Eiszeitforschung erhielt. – Zu G. gehört auch das schon vor dem Dreißigjährigen Krieg besuchte Bad Clevers, das 1937 zu einem Kneippkurheim umgebaut wurde.

Bad Kreckelmoos s. Breitenwang

Bad Oberdorf (Markt Hindelang, Lkr. Oberallgäu). – In der 1937/38 durch Thomas → Wechs errichteten Filialkirche überraschen den Besucher drei künstlerische Besonderheiten: der Hochaltar von Jörg → Lederer, datiert 1519, der ursprünglich in der alten Pfarrkirche von Hindelang stand, 1742 einem neuen Choraltar aus Stuckmarmor weichen mußte, auf den Dachboden eines Bauernhauses kam und schließlich in der Pestgottesackerkapelle bei Hindelang aufgestellt wurde. Der Lederer-Altar mit einer Darstellung der Krönung der Gottesmutter ist ein Hauptwerk der Allgäuer Plastik der Spätgotik. Flügel und Gesprenge sind verlorengegangen. – Sodann befindet sich im nördlichen Seitenschiff ein Tafelbild der Muttergottes von Hans Holbein d. Ä., datiert 1493, das vermutlich durch die Augsburger Fürstbischöfe, die hier Landesherren waren, in das entlegene Bergtal kam. Der strenge Typus des byzantinischen Gnadenbildes der Kirche Sta. Maria del Popolo in Rom ist durch die Lebendigkeit des portraithaft dargestellten Christuskindes aufgelockert. – Die dritte Besonderheit ist der um 1470 entstandene Christus auf dem Palmesel, der stilistisch in der Nachfolge von Hans → Multscher steht. – Zu Bad Oberdorf gehören auch einige Hammerschmieden.

Bad Siebers s. Weiler-Simmerberg

Bad Wurzach Stadt, Lkr. Ravensburg, 14 135 E., vermutlich schon 819 erstmals erwähnt. – 1333 verlieh Kaiser Ludwig der Bayer das Memminger Stadtrecht mit Markt, Schranne und Waaghaus. – Das Rathaus stammt aus dem 14. Jh., wurde aber im 17. Jh. verändert. – Die Pfarrkirche, erwähnt 1275, wurde im Klassizismus neu erbaut. – Von den drei Stadttoren steht noch das Mühltor. – In den Jahren 1723 bis 1728 entstand ein repräsentatives Schloß mit einer bemerkenswerten Treppenanlage. – Aus der zweiten. Hälfte des 18. Jh. stammt die Herrenstraße mit typischen Beamtenhäusern dieser Zeit und einem Wachhäusle. – 1806 kamen Stadt und Herrschaft W. an Württemberg. – 1948 wurden ein

Moorbad und ein Kurzentrum eingerichtet.

Baisweil Lkr. Ostallgäu, 1296 E., liegt an der einstigen Römerstraße von Kempten nach Augsburg. Im dortigen Römischen Museum befindet sich ein bei B. gefundener ca. 1,80 m hoher Meilenstein. – Im Jahr 1900 hat Kurat Christian → Frank die Grundmauern eines römischen Villenbades freigelegt. – Nach dem Einsturz des Turmes der Pfarrkirche, 1886, hat man die gotische Vorgängerkirche abgebrochen und einen Neubau errichtet. – Neben dem Hochaltar hängt ein Gemälde der Himmelfahrt Mariä, um 1700, aus dem Umkreis von Johann Friedrich → Sichelbein III. – In der Vorhalle der Kirche steht ein Sandsteinrelief der Muttergottes von 1500. – Im Eingangsraum des Pfarrhauses befindet sich ein Wappenrelief des Irseer Abtes Placidus Lindenbauer, 1665. – Im Friedhof steht eine Sandsteinsäule von 1758, bekrönt mit einer Anna Selbdritt.

Balderschwang Lkr. Oberallgäu, 213 E., mit 1044 m die höchstgelegene Gemeinde Deutschlands. Der sehr schneereiche Ort hieß früher „Bayerisches Sibirien". Seit 1684 besiedelt gehörten Teile des Tales dem Kloster Weingarten und später dem Kloster Rot an der Rot. 1795 wurde B. von Hittisau getrennt und zu einer selbständigen Pfarrei erhoben. – Die Pfarrkirche stammt aus dem Jahr 1934.

Barth, Hermann von Alpinist, geb. 1845 auf Schloß Eurasburg, Lkr. Wolfratshausen, gest. 1876 in Luanda (Angola). – Der Vater war kgl. bayer. Kämmerer. – B. war 1867 Rechtspraktikant in Regensburg, 1868 am Landgericht in Berchtesgaden, kurze Zeit in Traunstein und dann in München. Im Mai 1869 kam B. an das Bezirksamt Sonthofen und erstieg, meist im Alleingang, in den folgenden Jahren 44 Gipfel in den Allgäuer Bergen. – 1870 durchwanderte er das Karwendel, 1871 die Miemingergruppe und das Wettersteingebirge. – 1873 schied B. aus dem Staatsdienst aus und widmete sich ausschließlich seinen wissenschaftlichen Interessen. – 1874 erschien sein Buch „Aus den Nördlichen Kalkalpen", das 1984 als Reprint herausgegeben wurde. – B. fuhr als einer der ersten mit dem neuen Hochrad. – Im Juni 1875 wurde B. nach seinen Studien der Paläontologie, Geologie und Mineralogie summa cum laude zum Dr. phil. promoviert. – Im Januar 1876 begab sich B. auf eine Schiffsreise nach Angola, wo er, erschöpft durch eine Tropenkrankheit, Selbstmord beging. – Nach B. sind in den Allgäuer Alpen eine Hütte und in Kempten eine Straße benannt.

Baudrexel, Dr. Philipp Jakob Hof- und Domkapellmeister und Komponist, geb. 1627 in Füssen, gest. 1691 in Mainz. – Sein Vater war Kantor und Lateinischer Schulmeister, der bereits 1633 starb. Nach der zweiten Heirat der Mutter kam B., vermittelt durch Johann Rudolf von Rechberg, nach Rom, wo er 1644 in das Collegium Germanicum aufgenommen und schließlich zum Dr. theol. promoviert wurde. In Musik und Komposition war der berühmte Oratorienkomponist Giacomo Carissimi, der „Händel des 17. Jahrhunderts“, sein Lehrer. – Rechberg wurde 1646 weltlicher Administrator des Hochstiftes Augsburg, berief 1651 B. aus Rom zurück und übertrug ihm die Stelle eines Domkapellmeisters in Augsburg. – 1654 übernahm B. die Pfarrei St. Martin in Kaufbeuren. Nach anfänglichen Schwierigkeiten mit dem vorwiegend evangelischen Rat konnte er 1655 seinen Pfarrhof beziehen. Durch fast 20 Jahre hat B. die Geschicke der katholischen Restgemeinde geleitet. – 1655 wählte ihn das Landkapitel Kaufbeuren zum Dekan. – 1664 brachte B. in Innsbruck bei Michael Wagner seine „Primitiae“ heraus, eine Sammlung des kirchenmusikalischen Repertoires, das er für den Gottesdienst bei St. Martin geschaffen hatte. Diese „Primitiae“ hat 1993 der Biessenhofener Schulrektor Leopold Fendt auf 910 Partiturseiten übertragen, so daß sie heute wieder aufgeführt werden können. – 1672 trat B. in die Dienste des Kardinals und Fürstabtes Bernhard Gustav von Baden-Durlach, der die Abteien in Fulda und Kempten leitete. – 1668 erschienen in Kempten bei Rudolph Dreher in der „Typographia Ducalis“ die „Psalmi vespertini“ von B. – Nach dem frühen Tod des Kardinals, 1677, ging B. nach Mainz und übernahm hier die Leitung der Hof- und Dommusik des Kurfürsten Karl Heinrich von Metternich, der in der Hierarchie des Alten Reiches nach dem Kaiser an der ersten Stelle der Fürsten stand. – B. war vermutlich der Übersetzer der „Ars cantandi“ des Giacomo Carissimi (Augsburg 1689). Eine Augsburger Auflage von 1753 fand man im Nachlaß von Joseph Haydn unter den musiktheoretischen Werken, die Haydn schon als junger Mensch benützt hat. So hat B.s Übersetzung bis in die Jahre der Wiener Klassik nachgewirkt.

Schmid, Ernst Fritz: Philipp Jakob Baudrexel. In: Lebensbilder aus dem Bayerischen Schwaben 2, 1953, 269–290 – Layer, Adolf: Musikgeschichte der Fürstabtei Kempten (= Allgäuer Heimatbücher, 76. Band). Kempten: Verlag für Heimatpflege. 1975, 23–25

Bauer, Benedikt O. S. B. Abtpräses, geb. 1631 in Füssen, dort gest. 1696. – Sein Vater war Bierbrauer in Füssen. – Seine Studien begann B. bei seinem Onkel Placidius → Hieber, Abt des Klosters Lambach in Oberösterreich.

Sodann studierte B. in Linz und Salzburg. – 1649 trat er in das Benediktinerkloster St. Mang in Füssen ein, 1655 feierte er seine Primiz. Schon 1661 wählten den damals Dreißigjährigen seine Mitbrüder zum Abt. Er baute die Klosterbibliothek aus und legte eine Münzsammlung an. – 1694 erwarb er für sein Kloster Weingüter in Lana, Gagers und Nals in Südtirol. – B. förderte in besonderer Weise das religiöse Leben in seinem Stift und die Ordenszucht. Die schwäbische Benediktinerkongregation wählte B. 1687 zu ihrem Präses.

Baumann, Dr. Franz Ludwig von Reichsarchivdirektor, geb. 1846 in Leutkirch, gest. 1915 in Adelholzen. B. besuchte von 1861 bis 1866 das Humanistische Gymnasium Kempten, das er mit der Note 1 absolvierte. – In die Kemptener Jahre reicht die bald entscheidende Freundschaft mit Ludwig → Huber, dem späteren Besitzer des Kösel-Verlages. – An der Universität München studierte B. Geschichte und Rechtsgeschichte. 1871 wurde er mit einer Dissertation über „Die oberschwäbischen Bauern im März 1525 und die 12 Artikel" promoviert. Auch sein Inauguralvortrag galt einem Detail der Bauernkriege, der „Charakteristik des Schwarzwälder Bauernaufstandes 1524". – Die Hoffnung auf einen Lehrstuhl zerschlug sich zeitlebens. B. galt als zu kirchengebunden, und sein Schwager war Führer der Opposition im bayrischen Landtag. – So wurde B. zunächst Hilfskraft bei der Historischen Kommission der Akademie der Wissenschaften. Sodann aber ging B. als wiss. Registrator an das Fürstenbergische Hauptarchiv in Donaueschingen, wo er bis 1895 blieb. Ab 1883 war er hier Vorstand des Archivs, der Bibliothek und der reichen Kunstsammlungen. In diesen Jahren brachte B. über 70 Veröffentlichungen heraus. Vor allem erschien in den Jahren 1883 bis 1894 seine dreibändige „Geschichte des Allgäus", zu der ihn sein Mitschüler und Freund Ludwig Huber gedrängt hatte. Dieser hatte schon in kurzer Zeit ca. 900 Subskribenten zusammengebracht. – 1895 wurde B. schließlich an das Allgemeine Reichsarchiv in München berufen, wo er sich zunächst mit einer Gehaltsminderung um 2000 Mark pro Jahr abfinden mußte. – Die praktische Archivarbeit begann B. mit der Anlegung von Regesten zu 6292 stiftkemptischen Urkunden. – 1903 wurde B. dann Direktor des Allgemeinen Reichsarchivs. 1908 wurde ihm der persönliche Adel verliehen, nachdem er bereits viele Auszeichnungen erhalten hatte und Mitglied vieler wiss. Gesellschaften geworden war. – Seine „Geschichte des Allgäus" ist ohne Fußnoten erschienen, was schon Josef → Rottenkolber 1934 im AGF bedauerte. Doch B. hatte seinen Handapparat verbrannt. Ihn zu veröffentlichen wäre ihm so vorgekommen, wie wenn ein Baumeister nach Vollendung des Werkes das Gerüst hätte stehen lassen. Das mag unverständlich erscheinen. Aber noch unbegreiflicher ist, daß ein Wiederabdruck ohne biographische Skizze und ohne jeden Hinweis auf die Forschung seit 1894 erfolgte. – An dem Haus, in dem B. während seiner Gymnasialjahre wohnte, erinnert in Kempten eine Tafel in der Herbststraße.

Haberl, Wolfgang: Franz Ludwig von Baumann. 1846–1915. In: DSA, Sept.1975, 106–108. – Mössle, Wilhelm: Dr. Franz Ludwig von Baumann und der bayerische Kulturkampf. Zum 60. Todestag des „Geschichtsschreibers des Allgäus". In: AGF 1975, 5–20

Bayerniederhofen (Halblech, Lkr. Ostallgäu). – Die Pfarrkirche wurde zunächst nach Entwürfen von Johann Jakob → Herkomer geplant. – An den Seitenwänden und über der Empore befinden sich die Wappen des bayrischen Kurfürsten Karl Albrecht und des Augsburger Fürstbischofs Alexander Sigismund von Pfalz-Neuburg. – Das Hochaltarbild hat Paul → Zeiller 1714 gemalt. – Am nordöstlichen Seitenaltar steht eine elegant geschwungene Ulmer Muttergottesfigur aus der Zeit um 1490. – Am Chorbogen befindet sich ein Grabstein für Stephan von Schwangau, gest. 1465.

Bechteler, Eduard Maler und Bildhauer, geb. 1890 in München, gest. 1983 in Mindelheim. – B. ist zwar in München geboren, wo sein Vater, Zinngießer und Drechsler, damals lebte, aber mit dem fünf Monate alten Säugling zog die Familie wieder zurück nach Immenstadt. Hier richtete der Vater eine Drechslerwerkstatt ein. An dieser kam der nur am Malen interessierte Bub zwar nicht vorbei, aber unter dem Dach richtete er sich eine Malerstube ein. Hier kopierte er Defregger und Murillo. – In den Jahren bis 1916 entstanden viele Gemälde und vor allem Portraits, darunter ein Bildnis des „Adlerkönigs" Leo → Dorn aus Hindelang. Dorn war königlich-bayerischer Jagdaufseher und Oberjäger des Prinzregenten Luitpold. – 1916 wurde B. nach Lindau zum Militärdienst eingezogen. – Nach dem Krieg kam der 29jährige endlich an die Akademie in München, an der er auch seine Anlagen zur Bildhauerei vervollkommnet hat. Zu seinem eigenen Stil fand B. auf vielen Reisen über die Tschechoslowakei und Ungarn auf den Balkan, nach Albanien und Serbien, aber auch nach Brandenburg, an die Ostsee und nach Holland. – 1924 fuhr er nach Süditalien und 1932 nach Paris, wo er vor allem die Plastiken Rodins studierte. – 1932 heiratete er eine schwedische Verlegerstochter und zog mit ihr auch nach Schweden. Hier lebte er ganz den neuen Eindrücken und deren Spiegelung in seiner Kunst. – 1943 erwarb B. die schwedische Staatsangehörigkeit. – Auf Capri lernte er den schwedischen Arzt und Schriftsteller Axel Munthe kennen. – 1975 kehrte B. nach Deutschland zurück und ließ sich in Mindelheim nieder. – 1984 wurde sein Werk erstmals in Türkheim vorgestellt, 1986 in Schweden und 1991 in seiner Heimatstadt Immenstadt. Nun hatte sich ein weiter Kreis geschlossen.

Styra, Günther: Eduard Bechteler. In: Immenstadt im Allgäu. Landschaft, Geschichte, Wirtschaft, kulturelles und religiöses Leben im Lauf der Jahrhunderte. Hrsg. von Rudolf Vogel. Immenstadt: J. Eberl KG, 1996, 595–599

Bechteler, Theo Bildhauer und Maler, ein jüngerer Bruder des Eduard B., geb. 1903 in Immenstadt, gest. 1993 in Augsburg. – Sein Vater starb, als der Bub erst sieben Jahre alt war. – Nach dem Besuch der Volksschule ging B. für zwei Jahre an die Fachhochschule für Schnitzhandwerk in Oberammergau. – 1926 bildete B. sich an den Vereinigten Staatsschulen für freie und angewandte Kunst in Berlin-Charlottenburg weiter. – 1929 erhielt B. für ein Vierteljahr einen Stipendien-Aufenthalt in Paris. – 1932 stellte er erstmals aus, zog sich aber die Feindschaft der Nationalsozialisten zu. – 1943 wurde er dienstverpflichtet als Versehrtenbetreuer in Frankreich und Finnland. Das Kriegsende verbrachte er in Dresden. – Nach dem Krieg zog B. nach Immenstadt und blieb hier bis zu seinem Umzug nach Augsburg 1955. – 1951 erhielt B. seinen ersten öffentlichen Auftrag, den Franziskus-Brunnen in Augsburg. – Für Immenstadt schuf er das große Steinrelief an der Südwand der Staatlichen Berufsschule in den Hofgartenanlagen. – Erst mit 50 Jahren erreichte B. das Ziel, ausschließlich als Künstler arbeiten zu können. Er begann, aus Zinn und Bronze im Wachsausschmelzverfahren vegetative Formen zu schaffen. – 1958 wurde B. Mitglied des Deutschen Künstlerbundes, 1959 Preisträger der Villa Romana mit einem neunmonatigen Aufenthalt in Florenz, 1963 Mitglied der Neuen Sezession in Darmstadt. – 1969 erhielt er den Kunstpreis der Diözese Augsburg. – 1963 wurde durch sein Engagement der seit 1944 nicht mehr bestehende Kunstverein neu gegründet. Dieser dankte B. mit zwei Ausstellungen zu seinem 65. und 75. Geburtstag 1968 und 1978. – Auch außerhalb kam es zu Einzelausstellungen in Hagen, Hannover und Worms.

Krämer. Gode: Theo Bechteler. In: Immenstadt im Allgäu. Landschaft, Geschichte, Wirtschaft, kulturelles und religiöses Leben im Lauf der Jahrhunderte. Hrsg. von Rudolf Vogel. Immenstadt: J. Eberl KG, 1996, 599–601

Beck, Matthias Friedrich Orientalist, geb. 1649 in Kaufbeuren, gest. 1701 in Augsburg. – 1668 bezog B. die Universität Jena, an der er vor allem Geschichte und orientalische Literatur studierte. Bereits nach zwei Jahren erreichte er den Magistergrad. – Bei einem Aufenthalt in Augsburg 1672 konnte er finanzkräftige Gönner finden, die ihn für weitere Studien in Jena mit einem Stipendium ausgerüstet haben. – 1677 kam B. nach Augsburg zurück. Hier wurde er ein Jahr später zum Prediger und ersten Diakon an der evangelischen Barfüßerkirche gewählt. Er hatte nun eine geachtete Stellung, die ihm die Fortführung seiner wissenschaftlichen Studien ermöglichte. – B. befaßte sich mit hebräischer, samaritanischer, chaldäischer, syrischer, äthiopischer, persischer, arabischer und türkischer Philologie. Er schrieb einige Abhandlungen und gab Quellentexte heraus, behandelte ausgewählte Abschnitte des Koran sowie die chaldäische Chronistik und kommentierte vor allem hebräische Texte. Es konnten aber nicht alle seine Arbeiten gedruckt werden. Unter den ungedruckten befindet sich eine Studie über die althochdeutsche Evangelienharmonie des Otfried von Weißenburg. – Zum sprachlich-literarischen Interesse kam auch seine historische Aufgeschlossenheit. B. hat z. B. eine erbeutete türkische Kriegsfahne beschrieben. – Für sein Werk „Ephemerides Persarum per totum annum Arabice, Turcise et Persice, cum lat. versione et commentar“ erhielt B. von Friedrich I. von Preußen eine jährliche Pension.

Stumpf, Gerhard: Matthias Friedrich Beck. In: Gelehrtes Schwaben, 148 f.

Beer, Michael Baumeister, geb. um 1605 in Au-Argenau im Bregenzerwald, ertrunken 1666 in der Bregenzer Ache. B. war der Begründer der „Auer Zunft“, der Keimzelle der Vorarlberger Bauschule. – 1652 begann B. mit dem Neubau der Stiftsanlage und Stiftskirche der Benediktiner-Fürstabtei Kempten. Dies war der damals großartigste Bau-Auftrag in Süddeutschland. B. mußte zwar schon nach zwei Jahren Giovanni → Serro aus Roveredo weichen, die Kemptener Gesamtanlage ist aber dennoch Beers Werk, eine Zusammenfassung von Elementen aus dem schwäbischen Schloßbau und der Sakralarchitektur von Salzburg und Innsbruck. Den Konflikt mit Fürstabt Roman → Giel von Gielsberg (1639–1673) hat B. vielleicht in seinem Selbstbewußtsein selbst heraufbeschworen. – Im Allgäu hinterließ B. auch sein letztes Werk, die Frauenkapelle in Fischen, eine ländliche Variante von St. Lorenz in Kempten. – B. steht im Mittelpunkt des Romans „Jubel der Steine“ von Natalie Beer, 1964, aus dem die Dichterin 1970 im Kemptener Rathaus gelesen hat. – Nach Michael Beer ist in Kempten eine Straße benannt.

Lieb, Norbert/Dieth, Franz. Die Vorarlberger Barockbaumeister. München – Zürich: Schnell & Steiner, 2. Aufl. 1967

Benningen Lkr. Unterallgäu, 2090 E., erstmals in einer Ottobeurer Chronik 961 erwähnt. – Die Pfarrkirche hat 1725 P. Christoph → Vogt geplant. Ausgeführt hat den Bau Simpert → Kraemer. – Die zentralen Deckengemälde stammen wohl von Johann Friedrich → Sichelbein III. – Über dem Chorbogen ist das Wappen des Ottobeurer Abtes Honorat → Goehl angebracht. – Bemerkenswert sind 15 Bruderschaftsstangen mit beidseitig bemalten Blechschildchen. – Zu B. gehört auch die sogen. Riedkapelle, deren Bau ausgelöst wurde durch ein Hostienwunder. Dessen Geschichte schildern acht Tafelbilder von Johann Friedrich Sichelbein, um 1600. – Sehenswert sind in der Riedkapelle die 48 Felder der bemalten flachen Holzdecke. Die Originaltafeln befinden sich im Kloster Ottobeuren. – Eine Besonderheit ist das ca. 11 ha große Benninger Ried, das 1939 zum Naturschutzgebiet erklärt wurde. Die hier blühende Riednelke ist in der Bundesrepublik eine Seltenheit.

Bentele, Fidelis Bildhauer, geb. 1905 in dem Weiler Buchenegg bei Oberstaufen, gest. 1987 in Oberstaufen. – Unter seinen Vorfahren begegnen Jodokus B., 1455 Abt des Reichsklosters Weingarten, Jodok B., Bildhauer und Professor an der Kgl. Akademie in Parma, Jakob Bentelin, um 1496 Bildhauer in Kaufbeuren, Johannes B., fürstbischöflicher Großuhrmacher in Salzburg, Sohn eines Bauern in Genhofen, dessen Bruder seit 1742 das berühmte Salzburger Glockenspiel betreute, Emil B., Kupferstecher in Bern, Maximilian → B., Kunstmaler in Lindenberg, Fidelis B., Kunstmaler in Tettnang und Professor an der Baugewerkschule in Stuttgart. Hinweisen ließe sich auch auf Franz Joseph von B., Senator und Kanzleivorsteher der Stadt Ravensburg und Landrichter von Schwaben zu Ursberg, den Maria Theresia in den erblichen Reichsstand erhoben hat. – Die Jugend des Fidelis B. war schwer und einsam. Mit acht Jahren war B. zeitweilig völlig gelähmt. – Nach dem Ersten Weltkrieg erwarb der Vater ein Bauernanwesen in der Kemptener Gegend. Da kommt es zu einer Wende: Luise Dumont, Schauspielerin und Intendantin in Düsseldorf, machte auf dem Hof der B. Ferien und nahm den begabten Buben einfach mit nach Düsseldorf. Hier ging er bei einem Bildhauer in die Lehre, besuchte eine Schnitzschule und lernte bei bekannten Professoren in München. – Als die Mutter starb, heiratete der Vater wieder und zog ins Westallgäu. B. war nun heimatlos und eröffnete eine Bildhauerwerkstatt in Kempten. 1930 zog er nach Oberstaufen, und dort ist er dann auch geblieben. – Nun wurde er als Portraitist entdeckt. In Münster modellierte er die Büste des Kardinals Graf von Galen. Danach fuhr B. eiligst und wie von Ahnungen gejagt noch vor dem schweren Luftangriff auf Münster zurück nach Oberstaufen. – Nun folgten viele Portraitaufträge: Der Dichter Gustav Frenssen, der Kemptener Oberbürgermeister Dr. Otto → Merkt, der Memminger Maler Josef → Madlener, der Dichter Hermann Stahl, der Komponist Paul Lincke, der Dichter Börries von Münchhausen, die Dichterin Gertrud von → le Fort, die Dichterin Ricarda Huch, der Dichter Wilhelm von Scholz, die Pianistin Elly Ney, der Dichter Wilhelm Schäfer, der Stratosphärenforscher Erich Regener, Papst Pius XII., der Sänger Benjamino Gigli, der Augsburger Bischof Josef Freundorfer, Albert Schweizer, der Cellist Pablo Casals, der Dirigent Carl Schuricht, Anselm Feuerbach, der Neffe des großen Malers, und schließlich der Geiger und Dirigent Yehudi Menuhin. – In diesen Jahren war B. viel auf Reisen. – B. war aber nicht nur Portraitist, sondern schuf auch viele thematische Figuren und Gruppen, nicht zuletzt religiösen Inhalts. Seine Werke wurden durch viele Auszeichnungen anerkannt und auf vielen Ausstellungen gezeigt. – Durch die Presse ging 1952 die Nachricht von dem vorübergehenden Verlust einer für Chicago bestimmten Krippe, die auf dem Transport mit der Flying Enterprise im Atlantik unterging, 1957 an die dänische Insel Röm gespült und von einem Fischerbuben gefunden wurde. Die Dichterin Zenta Maurina schrieb damals über diese Odyssee das Märchen „Das Christkind auf dem Meeresgrund", und die Vorarlberger Dichterin Natalie Beer schrieb die Geschichte „Und der Ozean trug sie an Land". – Seinen internationalen Rang mußte B. bei aller Berühmtheit in zäher Unermüdlichkeit und in harter Disziplin erringen.

Fidelis Bentele. Aus der Werkstatt eines Bildhauers. Mit einem Essay von Arthur Maximilian Miller. o. O. (Memmingen): Maximilian Dietrich Verlag, o. J. (1964) – Der Bildhauer Fidelis Bentele. Mit einer Einführung von Rudolf Musik. Alzey: Verlag Rheinhessische Druckwerkstätte. o. J. (1975) – Musik, Rudolf: Der Allgäuer Bildhauer Fidelis Bentele. In: DSA, März 1975, 34–37

Bentele, Maximilian Maler, geb. 1825 in Lindenberg, dort gest. 1893. – Der Vater war Zimmerer, die Mutter beschäftigte sich als Kunstgewerblerin. – Der Bub erhielt schon früh

Zeichen- und auch Lateinunterricht. – 1841 zog B. nach München und war hier zunächst Hospitant am Polytechnikum, wo er Freihandzeichnen lernte. – Im Jahr darauf wurde er in die Kunstakademie aufgenommen und studierte Genre- und Historienmalerei. Gefördert wurde B. durch seinen Allgäuer Landsmann Johann → Schraudolph. Ein Stipendium von König Ludwig I. war finanzielle Hilfe und zugleich Anerkennung. – Die letzten Studienjahre verbrachte B. bei Moritz von Schwind. – Wohl eine der ersten Auftragsarbeiten im Jahr 1849 galt Freskogemälden in der Wallfahrtskirche Vierzehnheiligen bei Bamberg. – Ein Jahr später war B. Mitarbeiter seines Lehrers Schraudolph bei der Ausmalung des Speyrer Doms. – 1851 kehrte B. ins Westallgäu zurück. – 1853/54 schuf B. für die Pfarrkirche in Scheidegg 14 Kreuzwegstationen. – 1855/56 arbeitete er in Bruchsal und Baden-Baden. – 1861/63 war B. Assistent von Edward Steinle bei der Anfertigung von Wandgemälden im Treppenhaus des Wallraf-Richartz-Museums in Köln. – 1874 schuf B. einen Entwurf für das Deckenbild der Kirche in Ruderatshofen. – 1881 entstanden zwei Deckenbilder im Schiff der Kirche in Grünenbach. – 1882 folgte der Entwurf für das Deckengemälde der Pfarrkirche in Maierhöfen. – Außerhalb des Landkreises Lindau befinden sich Werke von B. in den Kirchen in Bolsternang, Wengen, Weitnau, Christazhofen, Merazhofen, Siggen, Hohenweiler, Ingenried bei Schongau, Ruderatshofen, Lauchdorf bei Kaufbeuren, Denklingen, Westendorf, Stockheim bei Türkheim, Apfeltrang und Seifriedsberg. – 1933 wurde in Lindenberg zum 40. Todestag des Künstlers eine Ausstellung von 54 Kirchenbildern, zehn Ölgemälden, 18 Portraits, acht Farbskizzen und 32 Zeichnungen gezeigt. – Eine Tafel an seinem Haus in Lindenberg schnitze Paul → Keck. – In Lindenberg ist eine Straße nach B. benannt.

Dobras, Werner: Der Westallgäuer Kunstmaler Maximilian Bentele 1825–1893. In: Lebensbilder aus dem Bayerischen Schwaben 16, in Vorbereitung

Benzinger, Johann Baptist O. S. B. Abt, geb. in Füssen, dort gest. 1537. – Bereits 1480 war B. Kaplan, und so läßt sich annehmen, daß er nach der Mitte des 15. Jh. geboren wurde. – 1524 wählten ihn seine Mitbrüder zum Abt von St. Mang in Füssen. Seine Regierungszeit begann während des Bauernkrieges.

Berg (Pfronten, Lkr. Ostallgäu), eine der 13 Ortschaften, die alle den „Vornamen“ Pfronten tragen. – Der das Tal weithin sichtbar beherrschende hohe und anmutig gegliederte

Turm der Pfarrkirche wurde 1746/49 von Franz → Kleinhans errichtet. – Der breite Kirchenraum erhielt sein frühklassizistisches Gepräge durch den Pfrontener Baumeister Johann Anton → Geisenhof. – Das Deckenfresko von Joseph → Keller ist noch vom Spätbarock geprägt. – Der Hochaltar stammt nach einem Modell von Joseph → Stapf von Johann Sigmund → Hitzelberger, das rechte Seitenaltarbild vielleicht von dem Venezianer Giovanni Antonio Pellegrini, 1724, die Kanzel von Nikolaus Babel, 1705/06, der Kreuzweg von Johann → Heel, Mitte 18. Jh.

Berghofen (Sonthofen, Lkr. Oberallgäu). – Die Filialkirche St. Leonhard steht in malerischer Lage auf einem ringsum abfallenden Hügel. – Das Langhaus stammt im Kern aus dem 14. Jh. – Der Chor wurde vor 1438 neu errichtet. – 1760 wurde die Kapelle umgebaut und nach Westen verlängert. – Der Hochaltar, bez. 1438, wird Hans → Strigel d. Ä. zugeschrieben. Für die Schreinplastik zog Strigel einen Bildhauer heran, der bei Hans → Multscher in Ulm gelernt hat. – Die Figuren an der Predella auf goldenem Grund sind ein ungewöhnlich frühes Beispiel rein zeichnerischer Darstellungsweise. – Volkskundlich bemerkenswert sind zwei Reliquienpyramiden aus der Zeit um 1760 und eine Votivtafel von 1666 mit einer „Maria lactans“, einer Landschaft mit Mühle und einem Mann, der von einer Brücke in den Fluß fällt. – Das ehemalige Benefiziatenhaus unterhalb der Kapelle ist ein an der Süd- und Nordseite unverkleideter, an der Westseite verschindelter Blockbau des 18. Jh. – An der Decke der getäfelten Stube befindet sich ein geschnitztes „Auge Gottes“ in klassizistischer Umrahmung, um 1800.

Bergmann, Joseph Ritter von Historiker und Numismatiker, geb. 1796 in Hittisau im Vorderen Bregenzerwald, gest. 1872 in Graz. – Der Vater war Stukkaturarbeiter und dann in Lingenau Gerichtsgeschworener. – 1808 kam B. an das Gymnasium in Feldkirch und später an das Gymnasium in Kempten, an dem er 1815 sein Abitur machte. Anschließend ging er zunächst nach Innsbruck, bald aber nach Wien. Hier nahm er 1819 die Stelle eines Hofmeisters an und begegnete in den folgenden Jahren Moritz von Schwind, Edward von Steinle, Friedrich Wilhelm Schlegel, P. Zacharias Werner, Clemens Maria Hofbauer und Ludwig Ritter von Köchel. – 1822 schloß er sein Jusstudium ab, supplierte dann Prof. Stein in Griechisch, gab aber weiterhin Privatunterricht, so auch einem Neffen Beethovens. – 1826 bekam er die Stelle eines Gymnasialprofessors in Cilli. Dort erhielt er die Ernennung zum 3. Custos am Münz- und Antikenkabinett in Wien, wo er mit seiner jungen Frau im Belvedere wohnte. – 1831 wurde B. als Lehrer für Geschichte und Latein zu den Söhnen Erzherzogs Karl gerufen. – 1848 wurde B. das erste gewählte Mitglied der kaiserlichen Akademie der Wissenschaften. – 1863 wurde er Direktor des Münz- und Antikenkabinetts und zwei Jahre später zum Dr. phil. h. c. promoviert. – 1864 erhielt B. den Orden der Eisernen Krone III. Kl. und den Adelstitel. – Zur Pensionierung bekam er das Komturkreuz des Franz-Josef-Ordens. – Von seinen Veröffentlichungen steht an erster Stelle seine „Landeskunde von Vorarlberg", Innsbruck – Feldkirch, 1868. – Sein wohl frühestes Werk sind die „Untersuchungen über die freyen Walliser oder Walser in Graubünden und Vorarlberg", Wien 1844. – Drei Jahre später folgte seine „Früheste Kunde über den Bregenzerwald und die Stiftung des Klosters Mehrerau so wie auch über das Erlöschen der alten Grafen von Bregenz im zwölften Jahrhunderte", Wien 1847. – Dem Numismatiker B. sind die „Medaillen auf berühmte und ausgezeichnete Männer des Oesterreichischen Kaiserstaates vom XVI. bis zum XIX. Jahrhunderte", Wien 1857, zu danken. – Bis zum letzten Lebensjahr beschäftigte B. seine „Bitte um Mitwirkung zur Sammlung des vorarlbergischen Sprachschatzes", ein Rundschreiben aus dem Jahr 1863, das an die Sprachatlanten unserer Tage erinnert.

Joseph Ritter v. Bergmann zum 100. Todestag am 29. Juli 1972 – Vorarlberger Landesmuseum Bregenz. – Festschrift zur Feier am 29. Oktober 1972 in Hittisau – Katalog der Ausstellung in Bregenz und Hittisau vom 16. Oktober – bis 5. November 1972

Bernhard, Konrad Heimathistoriker, geb. 1801 in Füssen, gest. 1861 in Ingenried. – Der Sohn eines Schmieds und einer Füssener Flößerstochter studierte Theologie und wirkte zuletzt als Pfarrer von Ingenried bei Kaufbeuren. – B. sammelte mit großem Fleiß die geschichtlichen Quellen seiner Vaterstadt und verarbeitete sie in einem sechsbändigen handschriftlichen Werk „Das kgl. Landgericht Füssen" (im Pfarrarchiv St. Mang in Füssen).

Bernhard, Magnus (Konrad) O. S. B. Bibliothekar, geb. 1825 in Füssen, gest. 1882 in Ottobeuren. – B. studierte Theologie, trat in den Benediktinerorden ein und erhielt den Ordensnamen Magnus. – Zunächst war er bei St. Stephan in Augsburg als Lehrer, dann kam er als Vikar und Bibliothekar nach Ottobeuren. Dort erwarb er sich Verdienste um die Bibliothek, um die Rückgabe entfremdeten Säkularisationsgutes und um die Gründung des Museums, 1854. – Neben anderen wissenschaftlichen Arbeiten verfaßte er eine Beschreibung von Kirche und Kloster Ottobeuren.

Bernhardt, Franz Xaver Maler, geb. 1726 in Eggenthal, dort gest. 1780. – B. entstammte einer Murnauer Malersippe. Der Vater ließ sich im frühen 18. Jh. im Irseer Stiftsgebiet nieder und freskierte in einigen schwäbischen Kirchen. Sein Sohn erhielt im Gebiet des Reichsstiftes Irsee, aber auch darüber hinaus als Fresko-, Tafel- und Faßmaler viele Aufträge. Er arbeitete für Rieden, Schlingen, Ingenried, Maria Seelenberg in Eggenthal, Leinau, Warmisried, Apfeltrach, die Kalvarienbergkapelle Weiler bei Bidingen, Geislatsried, Irsingen, die heutige Friedhofskapelle in Irsee, Tannenberg bei Schongau, Bernbeuren, Haselbach bei Neuburg a. d. Donau und in Burggen bei Schongau. – Seine vielen Fresken sind von durchschnittlicher, ländlicher Qualität. – B. versuchte sich auch in der Portraitmalerei: Abt Ämilian Mock von Irsee im Pfarrhof Pforzen (signiert), wahrscheinlich auch das Gemälde des Abtes Bernhard Beck unter der Westempore der Klosterkirche Irsee.

Bertoldshofen (Stadt Marktoberdorf, Lkr. Ostallgäu), am Schnittpunkt der Altstraße Füssen-Kaufbeuren und der Salzstraße Schongau-Marktoberdorf-Kempten. – Die 1680/85 neu erbaute Kirche wurde 1727 bis 1731 durch Johann Georg → Fischer nach dem Vorbild der Antoniuskirche in Padua umgebaut und 1738 geweiht. – Vorzüglich sind die Stukkaturen von dem Wessobrunner Ignaz Finsterwalder, 1730/33, und die Fresken von Anton Wenzeslaus Haffe und Matthias Wolcker. – Ungewöhnlich ist eine Darstellung der Kirche in Gestalt eines Papstes als Bezwinger der „Irrlehrer“ Luther, Zwingli, Calvin und Hus. – Ungewöhnlich für eine Dorfkirche sind auch die fünf Kuppeln. – Einzigartig ist das Durchhaltevermögen des Bauherren, Pfarrer Johann Ulrich Lutz, der unter größten Schwierigkeiten Traum und Ziel erreicht hat. Sein Portrait zeigt ein Fresko im Oratorium.

Berwang Bezirk Reutte, Gemeinde im Rotlechtal, 1336 m hoch gelegen mit 636 E. – Ursprünglich bestand das Tal nur aus Almböden und wurde von Imst aus besiedelt. – Schon im späten 19. Jh. war B. eine beliebte Sommerfrische. 1900 kamen die ersten Ausländer. 1914 fanden die ersten Skikurse statt. – Das frühere Hochaltarbild von Paul → Zeiller (1735) hängt jetzt an der linken Chorwand. – Aus B. stammt der Gründer der Imster Textilindustrie Anton Strele (1728–1794).

Besemfelder, Oskar Sänger und Lautenist, geb. 1893 in Memmingen, gest. 1965 in München. – Der Vater war Privatier, und die gutbürgerliche Lebenshaltung prägte B.s Jugend und Schulzeit. – Nach der Volksschule in Memmingen ging er 1907 an das Landschulheim Schondorf am Ammersee, dem er zeitlebens verbunden blieb. Hier erkannte Leonore von Staudt die musikalische Begabung und gab B. die Laute in die Hand und damit jenes Instrument, mit dem er sein ganzes Leben gestaltet hat. Ein gewisser Einfluß der Wandervogel-Bewegung ist nicht ganz auszuschließen. – In Schondorf machte B. sein Abitur und begann dann eine Bankausbildung in Kempten. – 1914 wurde B. als Sanitäter eingezogen und schenkte so manchem Kameraden durch sein Spiel noch ein wenig Freude. – Nach dem Krieg begann er ein Sängerstudium bei Kammersänger Jean Stückgold in München. – Die Hinwendung zur Laute ergab sich durch die Bekanntschaft mit dem Kammervirtuosen Heinrich Scherrer, dem Ersten Flötisten im Bayerischen Staatsorchester. Er hat die Kunst des Lautenspiels wieder konzertfähig gemacht. – Einen wesentlichen Grundstein legte auch der Lautenbauer Hermann Hauser in München. B. spielte in allen Konzerten mit Hauser-Lauten. – Sein erstes Konzert 1921 im „Bayerischen Hof“ war ein großer Erfolg. Mit diesem Konzert begann eine Laufbahn, die B. in über 4000 Konzerten durch die ganze Welt geführt hat. – Sein Repertoire reichte vom Volkslied und von Minneliedern und Landsknechtsgesängen bis zu Nachtwächterrufen und Mundartliedern. Auch komponierte B. neue Lautenlieder nach Gedichten von Claudius und Eichendorff. Zwei seiner Liederzyklen waren dem französischen Vaganten und Dichter des 15. Jh. François Villon und dem schwedischen Lyriker Carl Michael Bellman (1740–1794) gewidmet. – Der nachschöpfende einfühlsame Künstler erwies sich auch in seiner Schwabenkantate aus dem Jahr 1938 und in einer Eichendorffkantate. – B. blieb unverheiratet und lebte ganz seiner Kunst. – Auf der Karte, die seinen Freunden den Abschied vom Leben anzeigte, standen die Worte „Ein Leben für das Lied“.

Braun, Uli: Oskar Besemfelder. In: Lebensbilder aus dem Bayerischen Schwaben 11, 1976, 415–422

Betzigau Lkr. Oberallgäu, 2778 E., 1238 erstmals genannt. – Die Pfarrkirche St. Afra wurde um 1498 errichtet und 1690 bzw. 1777 umgestaltet. – Das Deckenbild im Langhaus von Johann Michael → Koneberg zeigt den aus Minderbetzigau stammenden Abt Bartholomäus Christa mit seinem Wappen, Abt des Augustiner-Chorherren-Stiftes Heiligkreuz in Augsburg (1760–1778). (Geiss, Rudolf: Ein Allgäuer, den Mozart „den besten Mann der Welt" nannte. In: DSA, Juni 1978, 79–81). – Neben dem Eingang zum Friedhof steht ein Sühnekreuz aus Sandstein, 1677. – Südöstlich von B. stehen auf einem großen erratischen Block Mauerreste der einstigen Burg Baltenstein. – Von B. mag man auch zum Dengelstein im Kemptener Wald wandern, einem Nagelfluhblock, 8,5 m hoch und mit einem Umfang von 60 m, abgegrenzt mit Wall und Graben, den man als vorgeschichtliche Kultstätte angesehen hat. – Beim Hof Schönberg steht die mächtige Hildegardis-Eiche (Umfang ca. 9 m), die an eine wunderbare Errettung der Königin Hildegard, der zweiten Gemahlin Karls d. Gr., erinnern soll. – In dem nahen Weiler **Leiterberg** steht ein Kleinbauernhaus, wohl aus dem 18. Jh. stammend, mit Hakenschopf, Fachwerk und flach geneigtem Dach, das vorbildlich restauriert wurde und 1993 den Denkmalpreis des Heimatbundes Allgäu erhielt. – In dem Weiler **Unterhalden** steht eingewachsen und verborgen die sogenannte Schwedenkapelle von 1634. In ihr befinden sich noch ein Bild des Hlg. Wendelin und eine Votivtafel.

Hingerl, Hubert: Betzigau anno dazumal. Betzigau: Waldow, o. J. (1997)

Beyrer, Josef Bildhauer und Schnitzer, geb. 1839 in Obergarten bei Lermoos, gest. 1924 in Imst. 1862 gründete er mit seinem Schwiegervater Johann Schwarz in Kaufbeuren ein „Atelier für Altarbau und Kirchenrestaurationsarbeiten". B. arbeitete im Stil der Neugotik. B. schuf auch die Stationen für den Augsburger Dom (um 1880).

Biberwier Bezirk Reutte, Gemeinde an der Fernpaßstraße am Südwestrand des Ehrwalder Beckens mit 613 E., erstmals genannt 1287. – 1952 fand man hier nahe der vorbeiziehenden Via Claudia Augusta fünf Eisenbarren und eine bronzene Fibelgarnitur aus der Früh-La-Tène-Zeit. – Um 1500 begann der Bergbau (Blei, Zink und Silber), der erst 1880 eingestellt wurde. Es war das größte Bergbaugebiet im Außerfern. Das Blei wurde bis nach Augsburg und Stuttgart, das Zink bis nach Böhmen und Schlesien verkauft. Im 19. Jh. wurden die Schmelzöfen statt mit Holz mit dem aus dem Lermooser Moor gewonnenen Torf geheizt. – Aus B. stammt der spätere Chordirektor und Komponist Karl → Koch (1887–1991). – Großartig ist der Blick auf die hoch aufragende Zugspitze. – Zu Biberwier gehören die drei Fernpaßseen: der Weißensee, der Blindsee und der Mittersee.

Bichlbach Bezirk Reutte, Gemeinde zwischen Lermoos und Heiterwang mit 887 E. – Um 1300 wird der „Puechelbach“ als Alm der Marktgenossenschaft Imst erstmals erwähnt. Am 6. April 1552 verbrachte Kaiser Karl V. hier eine Nacht, als er von Innsbruck nach Flandern flüchten wollte, schließlich aber doch wieder umkehren mußte, weil Kurfürst Moritz von Sachsen schon bei Füssen stand. – Für die Pfarrkirche malte Paul → Zeiller die Kreuzwegbilder, Johann Jakob → Zeiller die Fresken im Langhaus und Franz Anton → Zeiller die Fresken im Chor. – Das Hochaltarbild malte Johann Balthasar → Riepp (1742). – Im 17. Jh. zogen viele Bichlbacher als Maurer, Stukkateure und Zimmerleute ins benachbarte Schwaben. Bevor sie als Saisonarbeiter fortzogen, trafen sie sich in der St. Josefs-Kirche. 1694 wurde eine Handwerkerzunft für das ganze Außerfern gegründet, deren Ordnung von Kaiser Leopold I. bestätigt wurde. 1710–18 wurde statt der alten Holzkapelle eine barocke Zunftkirche nach Plänen von Johann Jakob → Herkomer aus Sameister bei Füssen errichtet, die einzige Zunftkirche Österreichs. Eine Kostbarkeit ist der Wundheiland am Chorbogen, um 1710. 1742 gehörten der Zunft 1042 Maurer und 142 andere Gewerbetreibende an. 1849 wurden die Zünfte aufgehoben, und die Kirche verfiel. Erst 1973 begann man mit der Renovierung, die 1974 abgeschlossen werden konnte. – 1977 wurde unter der Schirmherrschaft des Tiroler Landeshauptmanns Eduard Wallnöfer eine neue Bruderschaft gegründet. – Eine Besonderheit ist der Mähberg bei B., der bis zum Gipfel gemäht wird.

Festschrift zur Wiedergeburtsfeier der einzigen Zunftkirche Österreichs, der Zunftkirche St. Josef zu Bichlbach am 12. und 13. Oktober 1974

Bidingen Lkr. Ostallgäu, 1620 E. – Die gotische Anlage der Kirche, um 1426, wurde 1738 umgebaut. – Die Bandelwerkstukkaturen kommen aus der Werkstatt von Joseph → Schmuzer. – Die einheitliche Ausstattung der Jahre 1907/09 erfolgte in den Formen des Neurokoko.

Biessenhofen Lkr. Ostallgäu, 4036 E. – Die Kirche ist ein Neubau von 1928 mit neubarocker Ausstattung dieser Jahre. – An der Ostwand hängt das ehemalige Hochaltarbild mit einer Darstellung des Hlg. Georg auf den Wolken von Johann Nepomuk → Eberle, 1787/88.

Blaichach Lkr. Oberallgäu, 5542 E. – Schon 1877 dachte man, bedingt durch das Aufkommen der Industrie, an den Bau einer neuen und größeren Kirche, die man schließlich 1906 nördlich der alten errichtete. Es ist ein bemerkenswertes ländliches Beispiel des Historismus. – Aus der Zeit um 1500 stammen eine Ölberggruppe und der Taufstein mit dem Wappen der Herrschaft Montfort-Rothenfels. Das Hochaltarbild hat Franz Anton → Weiß 1779 gemalt. Eine Mutter Anna mit Maria, um 1670/80 wird Hans Ludwig → Ertinger zugeschrieben. – In B. befindet sich eine Niederlassung der Robert Bosch GmbH.

Bocksdorfer, Sebald Bildhauer, geb. in Memmingen, gest. 1519 wohl in Innsbruck. – 1496 wird B. erstmals in Innsbruck erwähnt und hier 1498 als Bürger aufgenommen. – Sein Werk wird der Frührenaissance zugerechnet. – Erhalten ist der Totenschild des Oswald von Schrofenstein und dessen Grabmal in der Pfarrkirche von Landeck, 1497. – Von dem Schrofensteiner Altar, für den B. die Bildhauerarbeiten schuf, existieren noch Schrein und Predella. – Grabsteine von B. gibt es in Wilten, im Kloster Neustift und in Gestratz im Allgäu. – Bekannt sind auch zwei weitere Altäre von B.: in der Schloßkapelle Tratzberg und der Georgsaltar im Schloß Ambras bei Innsbruck.

Bodelsberg s. Durach

Bodman, Rupert von Fürstabt von Kempten, geb. 1646 in Neuß/Schlesien, gest. 1728 in Kempten. – Mit 12 Jahren kam B. an das Gymnasium der Jesuiten in Konstanz und studierte dann in Straßburg, Salzburg und Padua. Er beherrschte die lateinische, französische, italienische und spanische Sprache. – 1661 legte er seine Profeß in Kempten ab. Seit 1671 hatte er Sitz und Stimme im Kapitel. 1678 wurde er zum Fürstabt gewählt. – Ein besonderes Kennzeichen seiner Regierungszeit war seine rege Bautätigkeit. In der Stiftskirche ließ er Hochaltar, Benediktus-Altar und Kanzel errichten. Durch Johann Jakob → Herkomer ließ er an das Langhaus Rund- und Flachkapellen anbauen. – In das Ambiente um die Kirche fügte er das Kornhaus und das Alte Brauhaus. In der um das Stift wachsenden Siedlung ließ er eine Apotheke, die Seelenkapelle für den Friedhof und ein Spital errichten. – Eine besondere wirtschaftliche und technische Leistung ist die Fernwasserversorgung vom Eschacher Weiher zur Rottach. – Bei Martinszell und Schwarzenbach ließ B. zwei neue Brücken über die Iller bauen. – 1684 ließ er den Waltenhofener Weiher anlegen und 1697 den Wagegger Weiher fertigstellen. 1715 entstand in der Nähe als „stiftkemptisches Versailles“ das Schloß „Fürstenlust“. – Wie viele süddeutsche Prälaten erwarb auch B. in Südtirol, bei Lana, ein Weingut. – Für die sog. Stiftsstadt beantragte B. 1712 das Stadtrecht, das aber erst 1728 bestätigt wurde. – Zweimal war B. für Kaiser und Reich tätig: 1681 wurde er in die Besitzungen der Grafen von Hohenems gerufen, um den schauerlichen Hexenprozessen ein Ende zu setzen, die hohe Verschuldung in den Griff zu bekommen und den Verkauf der Herrschaft Schellenberg und der Grafschaft Vaduz an das Haus Liechtenstein durchzuführen. Die Bewohner wurden 1693 auf B. vereidigt, der so an der Wiege eines europäischen Staates stand und für etliche Jahre dessen Landesherr war. Sodann visitierte B. 1704 bis 1708 als Principalkommissär das Reichskammergericht in Wetzlar. – Eine Berufung nach Wien als Reichshofratspräsident lehnte B. ab. – 1683 besuchte ihn der große Geschichtsforscher und Paläograph Jean Mabillon. – Die vielfältigen Spannungen zwischen landeshoheitlichen Ansprüchen und den Rechten der „Landschaft", d.h. der stiftischen Untertanen, konnten erst nach seinem Tod, 1732, beigelegt werden. – Als B. starb und in der Schutzengelkapelle bestattet wurde, versandte das Kapitel 138 „Notifikationsschreiben" an die Könige von England, Polen und Preußen, an Kurfürsten, Kardinäle, Erzbischöfe und auch an vier Reichsstädte. – B. regierte als einziger der Kemptener Fürstäbte durch ein halbes Jahrhundert. – Ein Porträt von B., gemalt von Franz Georg → Hermann, hängt im Fürstensaal der Residenz. – Nach B. ist eine Straße in Kempten benannt.

Haberl, Wolfgang: Fürstabt Rupert von Bodman (1678–1728) als Bauherr. In: DSA, Juni 1978. 61–63

Böhen Lkr. Unterallgäu, 717 E., mit 845 m die höchstgelegene Gemeinde im Landkreis, durch Jahrhunderte im Spannungsfeld der Klöster Ottobeuren und Kempten. Dies zeigte sich auch in der grundherrschaftlichen Zersplitterung. So gehörten z. B. drei Teile eines Ackers in dem zu B. eingemeindeten Günzegg dem Fürststift Kempten, einer Ottobeuren. – Der spätgotische Bau der Pfarrkirche aus unverputztem Nagelfluh wirkt auf dem steilen Hang fast wehrhaft. – Der 1738 geweihte Hochaltar stand bis 1807 in der abgebrochenen Wallfahrtskirche von Eldern. Das Altarblatt stammt von Franz Anton → Zeiller, 1783.

Börwang (Haldenwang, Lkr. Oberallgäu), an der Straße von Kempten nach Haldenwang, 1552 erstmals genannt. In der dem Hlg. Leonhard geweihten Kapelle sind sehenswert der Hochaltar von 1695, die Kanzel, um 1680/90, sowie die beiden Renaissance-Grabsteine des Hans Leopold und des Hans-Wilhelm von Laubenberg zu Wagegg. – In B. begann die von dem Augsburger Fürstbischof

Clemens Wenzeslaus angelegte Salzstraße, die über Wildpoldsried, Marktoberdorf und Schongau nach Rosenheim führte und von 1774 bis 1852 genutzt wurde. In B. gab es auch einen Salzstadel. – Am nördlichen Ortsausgang an der Straße nach Haldenwang steht ein Sandstein-Sühnekreuz, 15./16. Jh. – In der 1949 geweihten und 2001 ausgewogen erweiterten Klosterkirche der bis 1983 hier tätigen Salvatorianerinnen steht die Holzfigur eines Christus im Kerker aus der zweiten Hälfte des 18. Jh. Die Kreuzigungsgruppe in der Apsis und die Figuren der Muttergottes und des Hlg. Josef hat Otto Kobel aus Waal 1954/55 geschaffen.

Flach, Franz: Kirchenführer St. Leonhard in Börwang, Kempten: Kösel, o.J. (1973)

Bolsterlang Lkr. Oberallgäu, 1012 E. – Der Bau der Kapelle St. Maria Magdalena und Ottilia stammt aus dem Anfang des 16. Jh. – Im Altar von etwa 1700 sind die Figuren dem Meister des Imberger Altars (→ Imberg) zuzuschreiben, um 1480/90.

Boos, Johann Martin Theologe, geb. 1762 in Huttenried bei Schwabbruck, gest. 1825 in Sayn bei Neuwied am Rhein. – Seine Eltern waren Bauersleute. Nach ihrem frühen Tod nahm sich ein geistlicher Onkel um B. an und schickte ihn in die Augsburger Domschule und das Gymnasium St. Salvator. Schon hier zeigte sich das tiefreligiöse Wesen des Buben in asketischen Exzessen und in der Neigung zu Skrupeln. Immer überwog das Herz den Verstand. Nach Studienjahren in Dillingen und der Primiz in Schwabbruck führten ihn Kaplansjahre nach Unterthingau, ins Stift Kempten und nach Seeg, nachdem er ein Kanonikat im Stift Grönenbach aufgegeben hatte. Vor allem geriet B. in den Bannkreis Johann Michael Sailers und zur Allgäuer Erweckungsbewegung. Evangelischen Gedanken nahestehend predigte B. die Rechfertigung allein aus dem Glauben. Der Zulauf zu seinen Predigten war so groß, daß das Ordinariat in Augsburg einschritt und B. suspendierte. Sailer vermittelte zwar eine Aufnahme in die Diözese Linz a. d. Donau, wo er aber schließlich auch die Pfarre Gallneukirchen verlor. Weitere Stationen seines unsteten Lebens und Suchens waren ein Hofmeisteramt, eine Religionslehrerstelle am Gymnasium in Düsseldorf und schließlich eine Pfarrei in dem zur Diözese Trier-Ehrenbreitstein gehörenden Sayn. B. war die wohl bedeutendste Gestalt des süddeutschen katholischen Pietismus, die in schwerem Ringen am Katholizismus festgehalten hat.

Boos, Roman Anton Hofbildhauer, geb. 1733 in Bischofswang (Pfarrei

Roßhaupten), gest. 1810 in München. – Die Eltern des bedeutenden klassizistischen Bildhauers waren Bauern. – Nach Lehrjahren bei Anton → Sturm in Füssen ging B. auf Wanderschaft und kam 1754 zu dem Hofbildhauer Johann Baptist Straub in München. In dessen Werkstatt arbeitete B. bis 1762 und besuchte später noch die Wiener und die Augsburger Akademie. In Augsburg war er auch in der Werkstatt der → Verhelst tätig. – Obwohl sich B. in Wien günstige Aussichten für eine baldige Versorgung boten, bat B. 1765 in München um eine Aufenthaltsgenehmigung. Im Jahr darauf gründete B. zusammen mit drei Malern eine private Zeichenkunst- und Bildhauerschule. Diese wurde zur Vorläuferin der 1770 vom Kurfürsten ins Leben gerufenen Akademie der Bildenden Künste, an der B. bis 1806 als Professor lehrte. 1775 erreichte B. die Ernennung zum „würkl. churfürstl. Hofstatuarius“ mit einem Jahresgehalt von 300 Gulden. Nunmehr verheiratete er sich mit einer Tochter seines einstigen Meisters Straub und erlebte in der vom Schwiegervater übernommenen Werkstatt die produktivste Phase seines Lebens. Er wurde zum führenden Bildhauer des frühen Klassizismus in München. B. arbeitete für den Nymphenburger Hofgarten, die Klosterkirche Fürstenfeld, die Fassade der Theatiner-Hofkirche in München, den Schleißheimer Hofgarten, die Hofgartenarkaden in München, die Frauenkirche, die Klosterkirche Ettal, die Klosterkirche Benediktbeuren und die Stiftskirche Altötting. – Mitarbeiter und Schüler von B. waren der Eichstätter Bildhauer Ignaz Franz Breitenauer, Franz Jakob Schwanthaler und die Brüder Konrad und Franz → Eberhard in Hindelang.

Schädler, Uta: Roman Anton Boos. Bildhauer zwischen Rokoko und Klassizismus. Regensburg: Schnell & Steiner, 1985

Braun, Walter Heimatpfleger und Oberstudiendirektor, geb. 1905 in Kempten, gest. 1977 in Memmingen. – Bereits 1910 übersiedelte B. mit seinen aus Oettingen im Ries stammenden Eltern nach Memmingen, wo sein Vater zum rechtskundigen Bürgermeister gewählt wurde. Seitdem war Memmingen der Mittelpunkt seines Lebens. – In Stuttgart studierte B. Maschinenbau und anschließend in Marburg, Erlangen und München klassische Philologie, Deutsch, Geschichte und Erdkunde. 1934 kam B. wieder nach Memmingen zurück. – Durch mehr als 20 Jahre leitete er das Vöhlin-Gymnasium. Seit 1949 war er Stadtrat und konnte vieles für Memmingen erreichen, aber auch abwenden. Die Ortssatzung von Memmingen war das Ergebnis seiner Initiative. – Durch fast 40 Jahre war er 1. Vorsitzender der „Heimatpflege Memmingen e. V." – Mit vielen Veröffentlichungen war seine Inschriftensammlung auf rd. 18 000 Karteikarten eine Leistung besonderer Art. – B. hielt ungezählte Vorträge und Stadtführungen, war von Anbeginn Mitglied der „Schwäbischen Forschungsgemeinschaft", erhielt das Bundesverdienstkreuz am Band und den Goldenen Ehrenring der Stadt Memmingen. – Sein Leben war ein Leben für Memmingen und Schwaben.

Braunsberger, P. Otto SJ Ordenshistoriker, geb. 1850 in Füssen, gest. 1926 in Exaten bei Roermond, Niederlande. – Nach Studienjahren in Metten, Rom und München wurde B. 1874 zum Priester geweiht. 1876 wurde er in München zum Dr. theol. promoviert, und 1878 trat er in den Jesuitenorden ein. Zu seinem Lebenswerk wählte er das Studium des Lebens des Hlg. Petrus Canisius und die Herausgabe seiner Briefe in acht Bänden (1896/1923). – B. schrieb auch über „Pius V. und die deutschen Katholiken". – Wenn B. nicht auf einer seiner vielen Reisen war, lebte er meist in Exaten, einem deutschen Ordenshaus der Jesuiten, und in Luxemburg.

Breinlinger, Hans Journalist, Schriftsteller und Komponist, geb. 1912 in Sonthofen, gest. 1985 in München. – B. besuchte das Humanistische Gymnasium in Kempten und studierte dann an der Universität München Germanistik und Theater- und Musikwissenschaft. – Seit 1962 war er in München beim Bayerischen Rundfunk, der ihm 1982 die seltene Verdienstmedaille verlieh. – Sehr vielseitig waren seine Kompositionen, mochte es sich nun um Kinderoperette, Singspiel, Orchestersuiten, Tänze oder Unterhaltungsmusik handeln. – B. drehte auch einen Kurzfilm „Venedig und ich", in dessen Mittelpunkt sein italienisches Tusculum in Bodighera steht. – 1971 brachte er seinen ersten Roman heraus: „Spielzeit", eine autobiographische Liebesgeschichte, die in Italien, England und zu einem großen Teil im Allgäu spielt. – B. drückte sich in allen Formen der Medien aus. Er führte Regie, moderierte und schrieb Reportagen für Funk und Fernsehen. – Die Kunst des Vortrags und des humorvollen Plauderns vor einem Publikum war ihm in besonderem Maße gegeben. Dies belegt seine köstliche Schallplatte „Heiteres Allgäu", eine Aufnahme aus einer öffentlichen Veranstaltung in München. – Sein Wesen verrät sein Streichquartett „Der liebe Augustin". – 1977 erhielt B. den Goldenen Ehrenring der Stadt Immenstadt. Hier ist er auch begraben. – Posthum bekam er den Poetentaler der Münchner Turmschreiber.

Breitenwang Bezirk Reutte, Gemeinde östlich des Marktes Reutte und mit diesem zusammengewachsen, mit 1600 E., erstmals urkundlich 1094 erwähnt. Kaiser Lothar III. ist dort auf dem Rückweg von Italien am 4. Dez. 1137 gestorben. Seine sächsische Heimat hat er nicht mehr erreicht. 1867 wurde für ihn an der Außenmauer der Kirche eine Tafel angebracht. – Kaiser Maximilian I. ging hier oft auf die Jagd. Auch der bayerische König Ludwig II. liebte die romantische Gegend. Noch heute heißt hier ein Weg von Füssen nach B. „Königsweg". Am Plansee wollte er ein chinesisches Lustschloß errichten. – Das Fresko im Schiff der Pfarrkirche malte 1975 Wolfram Köberl (geb. 1927) aus Innsbruck. In der Sakristei stehen vier prachtvolle Rokoko-Silberreliquienbüsten, welche die Apostelfürsten Petrus und Paulus sowie die beiden Pestpatrone Sebastian und Rochus darstellen. – An den Turm angebaut ist die Auferstehungskapelle mit Totentanzdarstellungen in Stuckmedaillons (um 1725). – Im Friedhof steht ein bemaltes Holzepitaph für Christoph Zeiller, den Stammvater der Reuttener Malerfamilie. – Zu B. gehört auch das 1783 beschriebene einstige **Bad Kreckelmoos**, das schon 1450 urkundlich erwähnt wird und erst 1820 aufgelöst wurde. Eine Beschreibung des Bades (Innsbruck 1783) enthält einen zeitgleichen Kupferstich von Franz Anton → Zeiller. Eine Ansicht aus dem Jahr 1901 zeigt ein Ölbild des norwegischen Malers Marcus Frederic Grönvold (1845–1929) im „Grünen Haus" in Reutte. – Der künstlich angelegte Kreckelmooser See ist ein wichtiger Laichbiotop für die in Tirol gefährdete Erdkröte.

900 Jahre Breitenwang 1094–1995. Hrsg.: Gemeinde Breitenwang. o. O. (Innsbruck): o. J. (1994)

Brentano, Dominikus von Publizist, Aufklärer und Bibelübersetzer, geb. 1740 in Rapperswil am Zürichsee, gest. 1797 in Gebrazhofen (Leutkirch). – B. studierte am Schweizerischen Kolleg in Mailand, der damaligen Hauptstadt der österreichischen Lombardei und Zentrum der Aufklärung in Italien. Brentanos geistiger Weg war hier bereits vorgezeichnet. 1763 wurde der junge Dr. theol. zum Priester geweiht. Nach Aufenthalten in Rapperswil, Konstanz, Freiburg und Velden bei Landshut trat er 1768 eine Stelle als Hofkaplan und Lehrer am Hof zu Wurzach in Oberschwaben an. 1772 wurde er als Hofkaplan und Geistlicher Sekretär nach Kempten berufen, wo er im geistigen Leben des Fürststiftes, aber auch der nahen Reichsstadt eine bedeutende Rolle spielte. Er war Mitbegründer der

Freimaurerloge „Zur aufgehenden Sonne“, und seine Bibelausgaben wurden schon 1791 in den Vorlesungen an den Universitäten Salzburg und Würzburg benützt. Er war ein gemäßigter Aufklärer und schrieb einen geradezu modernen Stil. – 1837 lag sein Werk bereits in 17 Bänden vor. – Abgebildet ist B. vermutlich auf dem Portrait des Kemptener Fürstabtes Honorius Roth von Schreckenstein (1760–1785) von Franz Georg → Hermann im Fürstensaal der Residenz.

Brandmüller, Walter: Aufklärung im Fürststift Kempten. In: ZBLG, 54, Heft 1, 1991, 239–252 – Dominikus von Brentano 1740–1797. Publizist, Aufklärungstheologe, Bibelübersetzer. Hrsg. von Reinhold Bohlen, o. O. (Trier): Paulinus Verlag, o. J.: (1997) – Bürgerfleiß und Fürstenglanz, 228 f.

Brinz, Dr. Alois von Rechtsgelehrter, geb. 1820 in Weiler, gest. 1887 in München. – Durch die Versetzung des Vaters als Protokollant an das Kreis- und Amtsgericht Kempten verließ B. schon als Zweijähriger das Westallgäu. In Kempten machte er sein Abitur am Humanistischen Gymnasium und studierte dann an der Universität München ab 1837 zunächst Rechtswissenschaft, dann Philologie. 1841 legte er die Prüfung für das Lehramt an Gymnasien ab. Da ihm diese Tätigkeit aber nicht sonderlich gefiel, nahm er das Studium der Rechtswissenschaft wieder auf, bestand 1844 die juristische Schlußprüfung und praktizierte jeweils ein Jahr in München und Kempten. 1846 legte er die „Concoursprüfung“ zum Eintritt in den Staatsdienst ab. Bereits in diesen Jahren begann B. sich intensiv mit dem römischen Zivilrecht zu beschäftigen. 1849 wurde er promoviert, und ein Jahr später bereits hat sich B. habilitiert. Er hatte sich also für die Hochschullaufbahn entschieden. – Erste Rufe erreichten ihn aus Basel und Erlangen. 1852 übernahm er in Erlangen ein Extraordinariat. Zwei Jahre später wurde er hier Ordinarius für römisches Recht. – 1857 wechselte B. an die Universität Prag, wo er sich auch politisch zu engagieren begann. 1861 wurde er in den böhmischen Landtag gewählt und durch diesen in die österreichische Abgeordnetenkammer nach Wien entsandt. Aus altösterreichischer Familie stammend, lebte er sich schnell in Prag ein. Wie bereits als akademischer Lehrer war er auch im Parlament ein überzeugender und vorzüglicher Redner. Doch der erstrebte Wechsel auf ein Ordinariat in Wien wurde ihm versagt. So nahm er 1866 einen Ruf nach Tübingen an und fünf Jahre später kehrte er an die Universität München zurück. Hier stieg die Zahl seiner Hörer von Jahr zu Jahr. Zweimal, 1876 und 1882, wurde er zum Rektor magnificus gewählt.

– Für die „Kritische Vierteljahresschrift für Gesetzgebung und Rechtswissenschaft“ war B. Herausgeber und regelmäßiger Autor. – 1872 erhielt er den Verdienstorden der bayerischen Krone. – 1883 wählte ihn die Bayerische Akademie der Wissenschaften in ihre historische Klasse, und 1886 wurde ihm der Titel Geheimrat verliehen. Ein Jahr später starb B. während des mittäglichen Klavierspiels. – Seinen fachlichen Ruhm begründete sein Hauptwerk, das vierbändige „Lehrbuch der Pandekten“, das gelegentlich als das originellste juristische Werk des 19. Jahrhunderts bezeichnet wurde. – An dem Haus Fürstenstraße 1 in Kempten erinnert eine Tafel an B.

Meyer, Hans-Burkard: Alois von Brinz. In: Gelehrtes Schwaben, 82 f.

Buchenberg Markt, Lkr. Oberallgäu, 3966 E., 896 m hoch gelegen, 1275 erstmals erwähnt. – 1485 gestattet Kaiser Friedrich III. dem Fürstabt von Kempten die Abhaltung von zwei Jahrmärkten und die Errichtung von Stock und Galgen in B. – Die dem Hlg. Magnus geweihte Pfarrkirche ist ein Neubau, der 1793 in Anwesenheit des Fürstabtes Rupert von Neuenstein geweiht wurde, dessen Wappen sich am Chorbogen befindet. Der Raum ist stilrein und einheitlich ausgestattet, ein Hauptwerk des Klassizismus im Kemptener Raum. – Die am westlichen Ortsrand stehende Georgskapelle erinnert an eine Schlacht, die am 17. März 1460 auf der angrenzenden Wiese stattfand. Anlaß war ein Fuder Wein. 334 Schweizer Söldner besiegten 1300 stiftkemptische Soldaten. Fürstabt Gerwig von Sulmentingen mußte acht Tage später abdanken; er wurde Wirt. Eine farbige Darstellung dieser Schlacht befindet sich in Diebold Schillings Eidgenössischer Chronik 1509, Zentralbibliothek Luzern. – Unweit der Georgskapelle zweigt die römische Straßentrasse von der alten B 12 ab und führt über die „Klamm“ auf die Paßhöhe. Der verschüttete und teilweise wasserführende Hohlweg ist am Rand begehbar und führt zu einem 1981 wieder aufgedeckten Teil der Geleisestraße im anstehenden Fels. Ca. 1 km nach der Paßhöhe, der Wasserscheide zwischen Donau und Rhein, verweist ein Gedenkstein auf den 1787 abgebrochenen Burgus Kenels. – Zu B. gehört auch der Eschacher Weiher, 1000 m hoch gelegen, künstlich angelegt, dessen Wasser z. T. zum Rhein, z. T. zur Donau abfließt. Für Stiftsstadt und Reichsstadt Kempten ist der Eschacher Weiher der Beginn einer barocken Fernwasserversorgung. Deren Verlauf zeigt eine Tafel an der „Bavaria“ in Kempten (Text: Wolfgang Haberl).

Die Marktgemeinde Buchenberg im Wandel der Geschichte. Mit Eschach, Kreuzthal, Masers und Wirlings. Buchenberg: Diet, 1985 – Scharrer, Werner: Zur Bedeutung der Markterhebung in Buchenberg Anno 1485. In: AGF 1986, 22–36.

Buchenberg, Matthäus Lautenmacher, geb. um 1650 in Füssen oder Roßhaupten, gest. um 1628 in Rom. – B. war im frühen 17. Jh. einer der berühmten Lautenmacher in Rom. Mit seinem Schwiegervater Peter Albert gehörte er 1594 zu den Gründungsmitgliedern der St. Kiliansbruderschaft in Rom. Er wohnte dort in der Lautenmachergasse (Via dei Leutari). – Von B. konnten Musikinstrumente in Museen in London, Florenz und Brüssel sowie in Privatbesitz in Lissabon nachgewiesen werden.

Buchloe Stadt, Lkr. Ostallgäu, 11 057 E. – Die Pfarrkirche ist ein unverputzter Backsteinbau mit Chor und Mittelschiff, wohl aus der Zeit um 1400. 1729/30 wurde die Kirche durch Johann Georg → Fischer umgebaut und barockisiert. – 1937 fügte Thomas → Wechs die Sakristei und den Chorumgang hinzu. – Über dem Chorbogen befindet sich das Wappen des Augsburger Fürstbischof Alexander Sigismund von Pfalz-Neuburg. – Die Fresken von Johann Georg Bergmüller sind im 19. Jh. erneuert worden. – Das ehemalige fürstbischöflich-augsburgische Amtshaus, später Amtsgericht, heute Polizei, wurde 1728/29 von Johann Georg → Fischer erbaut. Es ist ein breitgelagertes zweigeschossiges Gebäude mit Walmdach und übergiebelten Eingangsrisaliten.

Buck, Joseph Maler und Heimatforscher, geb. 1820 in Kempten, dort gest. 1897. – Seine Lehrer waren Roman Weiß aus Rettenberg, Franz Sales → Lochbihler und an der Akademie in München Peter Cornelius. – Kurze Zeit war B. Zeichenlehrer an der Kemptener Lateinschule, doch sein Auskommen war sehr bescheiden. – Durch zehn Jahre bewirtschaftete er ein kleines Gut auf dem Reichelsberg, und kurzfristig führte er auch den „Bayerischen Hof“ an der Illerbrücke. – 1884 war B. Mitbegründer des „Altertumsvereins Kempten“, dessen Zeitschrift „Allgäuer Geschichtsfreund“ er lange Jahre illustrierte. – An die Empore der Hauptorgel in St. Lorenz malte B. einen König David und eine Hlg. Cäcilie, in die Kuppel einen Hlg. Magnus. – 1856 veröffentlichte B. bei Dannheimer in Kempten ein „Handbuch für Reisende im Algäu, Lechtal und Bregenzerwald“. 1983 erschien ein Reprint. – Bucks Zeichnungen und Aquarelle spiegeln das Allgäu im 19. Jh.

Joseph Buck. 1820–1897. Maler und Heimatforscher. Zusammengestellt von Kornelius Riedmiller (= Kleine Kostbarkeiten im Allgäu, 5). Kempten: Verlag für Heimatpflege, 1979

Bühl am Alpsee (Immenstadt, Lkr. Oberallgäu). – Die Pfarrkirche in weithin sichtbarer Hanglage zwischen den beiden Alpseen ist mit der darunter liegenden Heiliggrabkapelle eine ungewöhnliche Doppelanlage. – Ein Holzkruzifix und eine kniende Maria Magdalena auf der Mensa der Heiliggrabkapelle, um 1667, werden Hans Ludwig → Ertinger zugeschrieben. – Unmittelbar nördlich der Pfarrkirche stehen die Wallfahrtskapelle Maria Loretto und die Kapelle St. Anna. An den Wänden der Lorettokapelle befinden sich Wandmalereien, die ein unbekannter Künstler in der zweiten Hälfte des 17. Jh. genau nach dem Vorbild der Casa Santa von Loreto bei Ancona gemalt hat. Nach der Legende haben Engel das Haus der Hlg. Familie in Nazareth dorthin gebracht. Da aber die originale Innenausstattung dieser Kapelle in Italien zerstört wurde, bewahrt die Kapelle in Bühl den äußerst seltenen Nachweis einer ursprünglichen Ausmalung. – Aus der Zeit um 1666 stammt das Gnadenbild, eine Nachbildung der Madonna von Loreto. – An die Bedrohung des Abendlandes durch die Türken erinnern eine Fahne, die bei der Eroberung der Festung Kaschau 1694 erbeutet wurde, und ein türkischer Roßschweif auf einer von einem Halbmond gekrönten Stange, die Graf Sigismund Wilhelm von Königsegg-Rothenfels in der Schlacht bei Griechisch-Weißenburg (Belgrad) am 22. August 1684 erbeutet hat. – In den Jahren 1993 bis 1996 wurde die Loretto-Kapelle in B. restauriert. – Zu B. gehört der Weiler **Zaumberg** mit der Kapelle St. Leonhard. Deren spätgotische Heiligenfiguren stammen wohl von einem Schreinaltar, der 1474 geweiht wurde, als Zaumberg noch Lehen des Klosters Weingarten war, dessen Ammann hier die Niedere Gerichtsbarkeit ausübte und den klösterlichen Landbesitz verwaltete, zu dem auch der Alpsee gehörte. – Albrecht Miller vermutet, daß der in Ulm geschulte „Meister der Zaumberger Schreinfiguren für kurze Zeit eine Werkstatt in Isny unterhielt. – Zu B. gehört auch die Kapelle St. Martin in **Ratholz**, in der die Figur eines Hlg. Sebastian aus Bühl, um 1600, steht. – Eine „Verkündigung“ über dem westlichen Eingang, die der aus See bei Bühl stammende Georg → Grimm (1846–1887) gemalt hat, ist der Zeit zum Opfer gefallen.

Burgberg im Allgäu Lkr. Oberallgäu, 3222 E., am Fuß des Grünten gelegen. Die Pfarrkirche St. Ulrich wurde 1754 ff wohl nach einem Plan von Franz → Kleinhans erbaut. Das

Deckenbild zeigt eine Darstellung der Schlacht auf dem Lechfeld. – Die Bilder der zwölf Apostel stammen von Ludwig Caspar → Weiß. Das Hochaltarbild zeigt das Dankgebet des Hlg. Ulrich und Otto d. Gr. nach dem Sieg über die Ungarn. – Mit B. ist vor allem der Bergbau am Grünten verbunden, beginnend mit einem Bergwerksregal Kaiser Friedrichs III. an Graf Haug zu Montfort-Rothenfels, 1471. Erst 1859 wurde der Bergbau hier eingestellt. Auf diese wirtschaftlichen Zusammenhänge macht heute ein Erzlehrpfad aufmerksam. – Von der Burg Burgberg, die einmal Sitz eines fürstbischöflichen Pflegamtes war, sind noch Reste der nördlichen und südlichen Umfassungsmauer geblieben. – 1633 hat man eine Schanze gegen die Schweden angelegt, die sich vom Westabhang des Grünten bis zum östlichen Illerufer in ca. 1100 m Länge erstreckt hat. Erst 1886 wurde das Burgberger Schanzhaus abgebrochen. – Von B. aus bestieg im Sommer 1858 König Maximilian II. den Grünten.

Merbeler, Josef: Erzbergbau und Verhüttung im Starzlachtal. In: Führer zu archäologischen Denkmälern in Deutschland. Band 30, Kempten und Allgäu. o.O. (Stuttgart): Theiss, o.J. (1955), 149–152

Burk (Seeg, Lkr. Ostallgäu). – Die Seitenfiguren am Altar der Sebastiankapelle, eine Mondsichelmadonna und ein Papst Silvester, stammen aus der Zeit um 1460/70.

Burk (Stadt Marktoberdorf, Lkr. Ostallgäu). – Die Filialkirche, um 1500 errichtet, wurde 1744 barockisiert. Aus dieser Zeit stammen auch die Stukkaturen. – Die Fresken werden dem Umkreis Johann Georg Bergmüllers zugeordnet. – Eine Pietà des späten 17. Jh. wird Hans Ludwig → Ertinger zugeschrieben.

Buxheim Lkr. Unterallgäu, 2879 E. – Ein 1238 erstmals erwähntes Chorherrenstift wurde 1402 an die Kartäuser von Christgarten bei Nördlingen übergeben, blieb bis 1548 unter dem Schutz der Reichsstadt Memmingen, wurde dann reichsunmittelbar, 1803 säkularisiert und schließlich 1810 bis 1916 Schloß der Grafen Waldbott-Bassenheim. Seit 1910 sind Kirche, Kreuzgang und Bibliotheksbau in Staatsbesitz. Der Rest der Anlage ist seit 1926 im Besitz der Salesianer. – B. ist die einzige im wesentlichen erhaltene Gesamtanlage eines Kartäuserklosters in Deutschland. – Die Kirche wird in der Mitte vom Kreuzgang durchschnitten, der in der Art eines Lettner den einschiffigen Raum in einen Mönchs- und einen Brüderchor teilt. – In den Jahren von 1710 bis 1712 wurde die Kirche von Johann Baptist Zimmermann barockisiert. – Von dem 1883 nach England verkauften zweireihigen Chorgestühl, aus Eichenholz 1684 bis 1689 von dem Tiroler Bildhauer Ignaz → Waibel geschnitzt, verblieb in B. zunächst nur der Priorenstuhl mit den Statuen der Hlg. Laurentius und Stephanus. Erst 1980 konnte das Chorgestühl durch den Bezirk Schwaben zurückerworben und wieder aufgestellt werden. 1883 verlor B. auch seine bedeutende Bibliothek mit einem großen Bestand an Handschriften und Wiegendrukken. Zu den Besonderheiten dieser Bibliothek gehörte der sog. „Buxheimer Christoffel", ein Einblatt-Holzschnitt, datiert 1423, der sich heute in Oxford befindet. – In der Nordwestecke des Kreuzgangs steht die von Dominikus → Zimmermann ausgestaltete Annakapelle, eine Besonderheit des süddeutschen Rokoko. – Die einstigen Zellenbauten enthielten einen Vorraum, Wohn- und Schlafzimmer, eine Werkstatt und einen ummauerten Garten, wie bei den Kartäusern üblich, streng getrennt. 1975 hat man zwei Gebäude als Kartausenmuseum bzw. als historische Mönchszelle eingerichtet. – Die Buxheimer Pfarrkirche ist ein Frühwerk von Dominikus Zimmermann. In einem der Seitenaltäre steht die lebensgroße Terracottafigur einer Muttergottes aus der Zeit um 1420.

Das Buxheimer Chorgestühl. Beiträge zur Bau- und Kunstgeschichte der ehemaligen Reichskartause Buxheim und zur Restaurierung des Chorgestühls. Arbeitsheft 66. Bayerisches Landesamt für Denkmalpflege, o. J. (1994)

C

Christa, Bartholomäus s. Betzigau

Christa, Emanuel Spitalverwalter und Chronist, geb. 1794 in Kaufbeuren, dort gest. 1858. – Sein Vater war Bortenmacher. – 1813 wurde er zum Militärdienst einberufen. Von 1820 bis 1825 war er Oberschreiber beim Landgericht. 1825 wurde er Stadtschreiber, 1836 Spitalverwalter und 1849 Vorstand des Bürgervereins, der aus der 1820 gegründeten „Lesegesellschaft zur blauen Ente" entstanden war. – Ch. beschreibt als Fortsetzer der Chronik des Wolfgang Ludwig → Hörmann von und zu Gutenberg die Ereignisse der Jahre 1801 bis 1875, die er selbst miterlebt hat. Die Zäsur dieser Zeit war das Jahr 1803, als die Reichsstadt Kaufbeuren ihre Sonderstellung verlor. – Ausgearbeitet sind die Jahre 1801 bis 1850, nur im Entwurf vorhanden ist die Zeit von 1851 bis 1875.

Die Christa-Chronik 1801–1875. Herausgegeben und bearbeitet von Jürgen Kraus unter Mitarbeit von Kristina Rundt, Armella Wagner und Helga Schwaiger. o. O. (Thalhofen): Bauer, o. J. (1999) (= Kaufbeurer Schriftenreihe. Hrsg. von Stadtarchiv und Heimatverein Kaufbeuren e. V., Band 1)

D

Dannheimer, Tobias Verleger und Redakteur, geb. 1769 in Kempten, dort gest. 1861. – D. war der Sohn eines armen Schusters mit acht Kindern. Seine Lehrzeit verbrachte der begabte Bub in der reichsstädtischen Typographischen Gesellschaft. Wanderjahre führten ihn in die Trattnersche Buchdruckerei in Wien und nach Preßburg. Johann Thomas Edler von Trattner war Drucker, Verleger und Buchhändler, ein Großunternehmer im Theresianischen Wien, der vor allem durch seine vielen Nachdrucke des deutschen Schrifttums bekannt geworden war. Die Verbindung zwischen Trattner und dem jungen D. hatte wohl dessen Förderer, der reichsstädtische Syndikus Dr. Johann Martin von Abele hergestellt. – 1794 kaufte D. von Joseph → Kösel die reichsstädtische Buchdruckerei und Buchhandlung für 7055 Gulden mit einem Eigenkapital von nur 50 Gulden. – D. übernahm auch die älteste Kemptener Zeitung, die seit 1783 erscheinenden „Neuesten Weltbegebenheiten“, die 1841 in „Kempter Zeitung“ umbenannt wurden und erst 1891 ihr Erscheinen einstellten. – 1837 erschien bei D. auch für ein Jahr ein unterhaltendes Sonntagsblatt mit dem Titel „Allgäuer Biene“. – In den Jahren der französischen Besatzung wurde D. wiederholt verhaftet und eingesperrt. – Noch vor 1802 saß D. im Großen Rat der Stadt. – 1816 errichtete D. eine „Lithographische Anstalt“ und damit die erste Steindruckerei in Kempten. – 1828 beschäftigte D. bereits 13 Angestellte. – 1829 bot er 265 Titel an. – 1844, zum 50jährigen Geschäftsjubiläum, stellte er eine mechanische Schnellpresse auf. – 1840/47 erschien bei D. die erste Geschichte der beiden Kempten von Johann Baptist → Haggenmüller. – 1861 werden im Verlagskatalog bereits ca. 400 Titel angezeigt. Diese spiegeln nicht nur die damalige Zeit, sondern vor allem die ersten Anfänge der Erforschung der Geschichte Kemptens: Erneuerte Feuerordnung der Reichsstadt Kempten, 1798; Hauptschluß der hohen Reichsdeputation über die deutschen Entschädigungen. Dictatum Regensburg den 26. Nov. 1802; Dürr: Eine Predigt nach der feyerlichen Besitznahme unserer Stadt im Namen Sr. kurf.-Durchl. von Bayern den 5. Dec. 1802; Gesindeordnung für die Kurpfalzbayerische Provinz in Schwaben, 1804; Behandlung, vorteilhafte u. nützliche, der Baurengüter im Algöw, oder die Consolidation, Arrondierung oder Vereinödung, 1804; Schmeller: Soll es eine allgemeine europäische Verhandlungs-Sprache geben?, 1815; Holer: Kurze Beschreibung des Heilbades zu Schattwald im Kaiserlich-Königlichen Landgerichte Ehrenberg, 1816; Geiger: Physikalisch-medizinische Topographie des k.baier. Landgerichts-Bezirkes Immenstadt im Ober-Donaukreise, 1819; Zorn: Sammlung der merkwürdigsten Ereignisse in der ehemaligen Reichsstadt Kempten, seit deren Entstehung bis zur Auflösung der Reichsunmittelbarkeit im Jahre 1802, 1820; Karrer: Reformations-Geschichte der Altstadt Kempten, 1822; Karrer: Getreue und vollständige Beschreibung und Geschichte der Altstadt Kempten, seit ihrer Entstehung bis auf den Tod des Königs Maximilian I., 1818; Geiger: Beschreibung des Heilbades Obertiefenbach im Landgerichte Immenstadt, 1832; Kinkelin: Heinrich der Kempter, Ballade, 1845; Buck: Handbuch für Reisende im Algäu, Lechtal und Bregenzerwald, 1856, Nachdruck 1983; Endres: Geschichte der Pfarrei Grünenbach, k. b. Landgerichts Weiler mit Adels-Geschlechtern von Laubenberg zu Alt-Laubenberg und von Heimenhofen, 1860. – Unter den vielen Lithographien seien genannt: Ansichten von Immenstadt, dem Oberillerthal mit Fischen, Schöllang und Oberstdorf, Laubenbergstein, von der Trettachspitze, dem Osterachthal, von Hindelang, dem Niedersonthofer See, von Balderschwang, Reutte, Weißensee, der Eisenbahnbrücke über die Iller bei Kempten, von Hohenschwangau und Staufen, ferner Ansichten von Kempten mit Rathausplatz, Residenzplatz, der St. Mang-Kirche, der Burghalde, von Kottern, dem Reichelsberg und Heiligkreuz, Panoramen vom Mariaberg bei Kempten und vom Grünten sowie eine Ansicht des Bades und Gasthauses zur Traube in Schattwald. – D. war ein Pionier des Buchdrucks in Kempten und im Allgäu und zugleich Wegbereiter früher historischer Veröffentlichungen. Mit seinen Lithographien hat er als einer der ersten für seine Heimat und über diese hinaus geworben. Sein Verlag besteht bis heute.

Cloeter, Hermine: Johann Thomas Trattner. Ein Großunternehmer im Theresianischen Wien. Graz – Köln: Böhlau, 1952 – Rohlfels-Vock, Ingrid: Tobias Dannheimer und sein Verlag. Aus dem Leben des Kemptner Bürgers und Druckereibesitzers (*17. 10. 1769, † 27. 7. 1861). In: AGF, 1955, 1–23

Danzer, P. Jakob O. S. B. Moraltheologe, geb. 1743 in Lengenfeld (Oberostendorf), gest. 1796 in Buchau (Württemberg). – Seine Eltern waren Bauern. – D. trat in das Benediktinerkloster Isny ein, wurde 1767 Priester, dann Stiftsbibliothekar, 1777 Lektor für Dogmatik. – 1785 wurde D. an die Universität Salzburg berufen, wo er zuerst Dogmatik, dann Moral- und Pastoraltheologie lehrte und mehrfach Dekan der theologischen Fakultät war. In seiner „Anleitung zur christlichen Moral“ und seinen sonstigen Schriften war D. ein typischer Anhänger der Aufklärung. Daher wurde er schließlich von seinem Lehramt suspendiert, trat in den Weltpriesterstand über und starb als Kanonikus in Buchau am Federsee.

Dengel, Dr. Anna Gründerin der Kongregation missionsärztlicher Schwestern, geb. 1892 in Steeg im Lechtal, gest. 1980 in Rom, begraben im „Campo Santo Teutonico“, ganz in der Nähe von Joseph Anton → Koch. – Mit mehr als 700 Mitgliedern betreut die Kongregation heute etwa 50 Krankenhäuser in Indien, Pakistan, Vietnam, auf den Philippinen, in Südamerika und Afrika. D. brachte 1936 das kirchenrechtliche Verbot zu Fall, nach dem die Ausübung von Geburtshilfe und Chirurgie für Frauen untersagt war. Sie setzte sich vor allem für notleidende und entrechtete Frauen in der Dritten Welt und für die gynäkologische Versorgung in den islamisch geprägten Gesellschaften ein.

Dengel, Ignaz Philipp Historiker, geb. 1872 in Elbigenalp, gest. 1974 in Innsbruck. Nach Studienjahren in Berlin und Innsbruck und der Promotion im Jahre 1899 bekam er ein Stipendium für das Österreichische Historische Institut in Rom, wo er vor allem an den Nuntiaturberichten des 16. Jh. arbeitete. – 1905 habilitierte er sich in Innsbruck. 1909 wurde er a. o. Professor, 1917 Ordinarius für Allgemeine Geschichte der Neuzeit. – 1929 ging er als Direktor des Österreichischen Historischen Instituts nach Rom, das 1935 in das Österreichische Kulturinstitut umgewandelt wurde. Dengels Hauptwerk sind die drei 1930, 1939 und 1952 von der Akademie der Wissenschaften herausgegebenen Nuntiaturberichte aus Deutschland (1560–1572).

Dengelstein s. Betzigau

Denklinger, Ulrich O. S. B. Abt, geb. um 1300 in Füssen, dort gest. 1347. – Sein Vater war der Füssener Bürger Heinrich Denklinger. Der Sohn trat in das Kloster St. Mang ein und wurde um 1336 dessen Abt. – Johann Herzog von Kärnten und Graf von Tirol und Görz ernannte D. zu seinem Hofkaplan und nahm das Füssener Kloster unter seinen Schutz. – 1342 erwarb D. den Kirchensatz zu Oberostendorf und die Vogtei über die dortige Kirche.

Dertsch, Dr. Richard Archiv und Bibliotheksdirektor, geb. 1894 in Ob-Bernbach bei Marktoberdorf, gest. 1981 in Kaufbeuren-Neugablonz. – D. besuchte die Gymnasien in Kempten und Dillingen und wurde an der

Universität München mit einer bei Michael Döberl angefertigten Dissertation über die deutsche Besiedlung des östlichen bayerischen Mittelschwaben promoviert. Damit war ein erster wesentlicher Akzent späterer Forschung gesetzt. Nach Zwischenstationen am Fugger-Archiv in Augsburg, an der Alpenvereinsbücherei und der Staatsbibliothek in München erhielt D. 1925 einen Ruf nach Mainz, wo er bis 1943 Archiv und Bibliothek der Stadt geleitet hat. Dann aber stand D. mit noch nicht 50 Jahren auf der Straße. – Der so ganz anderen Geschichtslandschaft am Rhein galten nahezu 40 Veröffentlichungen, darunter vier Teile der Regesten der Mainzer Urkunden bis 1400, erschienen in den Jahren 1962 bis 1967, als D. schon lange wieder in seiner Allgäuer Heimat war. – Sein ganzes Forscherleben galt der Erschließung von Quellen bis zu den Historischen Ortsnamenbüchern von Marktoberdorf (1953), Kaufbeuren (1960), Kempten (1966) und Sonthofen (1974). Letzteres erschien im 80. Lebensjahr des Verfassers! Gerade seine Ortsnamenbücher haben D. so bekannt gemacht, daß man nunmehr durchaus sagen kann, etwas steht „im Dertsch". – Von 1963 bis 1970 und damit bis zu seinem 76. Lebensjahr war D. Schriftleiter der Kaufbeurer Geschichtsblätter. – Mancherlei Ehrungen (Verleihung der Medaille „Bene merenti" der Bayerischen Akademie der Wissenschaften, 1963, Verleihung des Allgäuer Ehrentalers durch den Heimatbund Allgäu, 1965, Ehrenbürger der Gemeinde Ob-Bernbach) erreichten das Mitglied der Schwäbischen Forschungsgemeinschaft (seit 1949) und der Kommission für Bayerische Landesgeschichte. D. erhielt auch das Bundesverdienstkreuz 1. Klasse und die Aventinus-Medaille. Doch der Mensch und Wissenschaftler D. blieb in der Stille und Zurückhaltung. – Mit 86 Jahren schrieb er noch eine Richtigstellung zum Kaufbeurer Tänzelfest. So war sein Leben bis zuletzt der Unbestechlichkeit und Wahrheit verpflichtet.

Haberl, Wolfgang: Der Wahrheit verpflichtet. Dr. Richard Dertsch zum Gedenken. In: DSA, März 1982, 40

Deuchelried (Wangen, Lkr. Ravensburg), erstmals 1307 genannter Ort, in dem das Kloster St. Gallen Besitz hatte. – Vom 14. bis 18. Jh. brachte Wangen das Gebiet durch Kauf und Tausch an sich. – 1806 kam D. an Bayern, 1810 an Württemberg. 1972 wurde D. nach Wangen eingemeindet. – Im Choraltar der Pfarrkirche steht eine lebensgroße zart und leidenschaftlich bewegte Maria Immaculata aus der Zeit um 1740/50, stilistisch verwandt mit Werken des Bildhauers Ägid → Verhelst d. Ä.

Diepolz (Immenstadt, Lkr. Oberallgäu). – Die Turmuntergeschosse der Pfarrkirche stammen vielleicht aus dem 13./14. Jh., der Neubau ist von 1513/17. – Aus dieser Zeit stammt auch das spitzbogige Westportal. – Die Ausstattung ist neugotisch. – Das Taufbecken stammt aus dem Jahr 1490. – Die Figuren der Hlg. Blasius und Maria Magdalena, um 1525, werden Jakob → Maurus zugeschrieben. – In der Chorwand befindet sich noch eine gotische Sakramentsnische. – Ein spätromanisches Vortragkreuz stammt aus der ersten Hälfte des 13. Jh. – Zu D. gehören die Marienkapelle in Reute mit einem Altar aus der Zeit um 1708 und das renovierte Bauernhaus Nr. 1, ein verschindelter Blockbau des 17. Jh. auf hohem Bruchsteingeschoß mit altem Webkeller. – Köstlich ist die getäfelte Stube mit Schnitzwerk und Malereien in Spätrocailleformen, bez. 1791.

Dietmannsried Markt, Lkr. Oberallgäu, 7406 E., wird 1175 erstmals genannt und ist seit 1586 Markt. – Nach einigen Besitzerwechseln kam D. 1512 an das Stift Kempten, das hier das Pflegamt Falken einrichtete. – Dic im Kcrn spätgotischc Pfarrkirche wurde 1756 von Franz Georg und Franz Josef → Hermann ausgemalt, brannte aber am 16. Oktober 1811 aus. – 1859 begann man mit einer neuen Ausmalung, wofür man zunächst den aus Oberschwaben stammenden Münchner Historien- und Bildnismaler Fidelis Schabet (1813–1874) gewann, einen Schüler von Peter von Cornelius. Da sich aber der damalige Pfarrer von D. und Schabet überwarfen, wurde die Arbeit Andreas Merkle (1822–1896) aus Hameln bei Augsburg angetragen, der das Werk in den Jahren 1860 bis 1863 vollendet hat. – Als man fast ein Jahrhundert später mit der Kunst der Nazarener nichts mehr anfangen konnte, wurden Merkles Bilder 1956/57 mit Kalk und dünnem Putz überdeckt. Doch nur 30 Jahre später entdeckte man die Nazarener neu und beauftragte Joseph → Schugg mit der Freilegung und Rekonstruktion, 1985/86. Statt der vier Evangelisten malte Schugg nun die Kardinaltugenden, eine hier bewußte Anlehnung an Moritz von Schwind (1804–1871). – Stimmungswechsel und Rückbesinnung solcher Art sind freilich nicht nur für D. bezeichnend. – Eine Besonderheit in D. ist der Inselweiher südlich des Friedhofs, eine noch heute ringsum von Wasser umgebene Burgstelle einer mittelalterlichen Wasserburg.

Pfeifer, Johann: Chronik Markt Dietmannsried mit Probstried, Reicholzried, Schrattenbach und Überbach. Kempten AZ-Verlag, Bd.1, o.J. (1986) – Bd. 2: Bauliche Entwicklung eines Allgäu-Schwäbischen Marktortes. o.J. (1992) – Scharrer, Werner: Die

Ausmalung der Pfarrkirche St. Blasius und Quirinus in Dietmannsried durch den Nazarenermaler Andreas Merkle aus Hameln bei Augsburg. In: Festschrift für Walter Pötzl zum 60. Geburtstag. Augsburg – Gersthofen, 1999, 231–319

Dietratsried s. Wolfertschwenden

Dillishausen (Lamerdingen, Lkr. Ostallgäu). – Die Pfarrkirche ist schon seit 1311 bezeugt. – 1629 erfolgte ein Neubau, der 1766/67 durchgreifend verändert wurde. – Der zarte Stuck stammt von dem Wessobrunner Ignaz Finsterwalder, 1766. – Aus dem Jahr 1766 stammen auch die Fresken. – Den Seitenaltären und der Kanzel liegen Entwürfe von Placidus → Verhelst zugrunde, der auch Statuen der Muttergottes und des Johann Ev. geschaffen hat.

Dobler, Eugen O. S. B. Naturwissenschaftler, geb. 1714 in Mindelheim, gest. 1796 in Irsee. – Seine Schulzeit im Benediktinerkloster Irsee hat D. stark geprägt. – 1733 legte er in Irsee seine Profeß ab. – Vermutlich beim anschließenden Besuch der Benediktiner-Universität Salzburg wurde sein Interesse für die Naturwissenschaften geweckt. Wieder zurück in Irsee begann er zusammen mit einem Mitbruder eine Sammlung von Naturalien und physikalischen Instrumenten anzulegen. – Ende 1746 wurde D. an die neue 1743 eröffnete Benediktinerakademie in Kremsmünster (Oberösterreich) berufen, wo er Mathematik und experimentelle Physik lehrte. Gleichzeitig erhielt er den Auftrag, eine „Mathematische Stube“ mit einer Fachbibliothek und Instrumenten aus allen Bereichen der Naturwissenschaften einzurichten. Seine Hauptaufgabe sah D. im Aufbau des sogenannten „Mathematischen Turms“, dessen Kustos und späterer Direktor er wurde. Das mehr als 50 Meter hohe Gebäude, heute das älteste Hochhaus Europas, wurde im Jahre 1748 bis 1758 in Kremsmünster errichtet, um Studien- und Sammlungsräume zu zahlreichen Disziplinen von der Geographie und der Naturgeschichte bis zur Meteorologie und Astronomie zu beherbergen. Das Dach des Turmes bekrönte eine Sternwarte, ausgestattet mit modernsten Präzisionsinstrumenten, die sich D. vor allem von seinem Freund, dem berühmten Augsburger Mechaniker Georg Friedrich Brander geholt hatte. – Auf einer Studienreise nach Paris, 1755 bis 1757, konnte D. seine Kenntnisse noch vertiefen. – 1759 wurde D. in die neu gegründete Bayerische Akademie der Wissenschaften aufgenommen. – Ende 1761 wurde D. nach Irsee zurückbeordert, um in der dortigen Klosterschule zu unterrichten. Der Abschied von Kremsmünster fiel ihm schwer. – Zeitweilig lehrte D. auch als Professor für Mathematik und Philosophie an der Benediktinerabtei Ettal. – Im oberpfälzischen Kloster Ensdorf bereitete er die physikalischen Schriften seines Förderers und Freundes, des Abtes Anselm Desing, für die Veröffentlichung vor. – 1779 wurde er aber endgültig nach Irsee zurückgerufen. – Maßgeblich leistete D. Grundlagenarbeit für den Fortschritt der Naturwissenschaften im 18. Jahrhundert. – Sein Portrait, um 1780, befindet sich im Schwäbischen Tagungs- und Bildungszentrum Irsee.

Ritter, Michael: Eugen Dobler (1714–1796). In: Lebensbilder. Geschichte und Kunst in Bildnissen aus Schwaben, 220 f. und 413

Dömling, Martin Heimatforscher, geb. 1892 in Marktoberdorf, gest. 1984 in Freising. – Er studierte Germanistik, Geschichte und Erdkunde, war an verschiedenen bayerischen höheren Schulen tätig, zuletzt als Oberstudiendirektor, und verwandte seine Freizeit auf die Erforschung der Geschichte seiner Heimatstadt. 1952 erschien sein „Oberdorfer Heimatbuch", 1961 seine Biographie des Baumeisters Johann Georg → Fischer.

Dörfler, Dr. Peter Priester, Dichter und Erzieher, geb. 1878 in Untergermaringen, gest. 1955 in München. – Der Allgäuer Bauernbub verbrachte seine Kindheit auf dem elterlichen Hof in Waalhaupten, absolvierte das Gymnasium zu St. Stephan in Augsburg und studierte dann in München Philosophie und Theologie. 1903 wurde er zum Priester geweiht und war dann Kaplan in Steingaden und in Lindenberg im Westallgäu. – 1906/07 war D. Stipendiat am Campo Santo Teutonico in Rom, wo er christliche Archäologie studierte. – 1909 wurde er mit einer Dissertation über die Anfänge der Heiligenverehrung an der Universität München zum Dr. theol. promoviert. Anschließend war er Religionlehrer und Benefiziat in Landsberg am Lech und in Mindelheim, wo ihn sein Pfarrer mit den Worten empfing: „Wir brauchen keine Doktoren, wir brauchen Seelsorger." – Schließlich leitete D. seit 1915 ein Waisenhaus in München. – Die Gesamtauflage seines literarischen Schaffens überschritt eine Million. – Dem Herzstück der „Euregio via salina" gilt die Allgäu-Trilogie „Der Notwender", 1934, „Der Zwingherr", 1935, und „Der Alpkönig", 1936 – insgesamt ein Hohes Lied auf Carl → Hirnbein. – Durch Jahrzehnte schrieb D. in der bei → Kösel in Kempten erscheinenden Zeitschrift „Hochland" und stand so in dem zunächst schwierigen Aufbruch der katholischen Dichtung. – Verfehlt wäre es, in D. nur einen „Heimatdichter" sehen zu wollen. Bestehen bleiben mag nach wie vor die Frage von Arthur Maximilian → Miller: „Weiß Schwaben, was es an ihm (Dörfler) besaß, was es an ihm besitzt?“ (Die Vorausgegangenen. 1973, 60).

Bernhart, Joseph: Peter Dörfler. In: Lebensbilder aus dem Bayerischen Schwaben 7, 1959, 406–454

Dösingen (Westendorf, Lkr. Ostallgäu). – Turmunterbau und Langhaus stammen noch aus der Zeit um 1400. Ab 1694 erfolgte dann die Barockisierung. – Beachtenswert sind die virtuosen ungefaßten Schnitzarbeiten aus Kirschbaum und Lindenholz von dem Einheimischen Sebastian Fickler, um 1790, vor allem an der Kanzel.

Dopfer, Nikolaus Hofgeigenmacher, geb. 1714 in Füssen, gest. 1788 in Mainz. – Nach seiner Lehre in der Heimat zog D. in die Residenzstadt Mainz, wo er 1756 zum Hofgeigenmacher aufstieg. Er galt als einer der hervorragenden deutschen Geigenbauer des 18. Jh. und wurde zum Begründer der Mainzer Geigenbauschule. Seine Schwiegersöhne, Enkel und Schüler bildeten Zweigschulen in Aschaffenburg, Frankfurt a. M., Darmstadt, Hamburg und St. Petersburg.

Dorn, Leo kgl. bayerischer Landjäger, geb. 1836 in Oberstdorf, gest. 1925 in Hindelang. – Schon in ganz jungen Jahren trat D. in die Dienste des Landrichters Krumm, der damals die Jagden um Oberstdorf gepachtet hatte. Durch mehrere Adlerfänge hatte sich D. bereits einen Namen im Oberallgäu gemacht, als er 1857 als Jagdgehilfe in die Dienste des Prinzregenten Luitpold trat, der ab 1851 die Oberstdorfer und Hintersteiner Jagd übernommen hatte. – Ohne die steigende Perfektion der Jagdwaffen wären im Oberallgäu die zahlreichen Adlerabschüsse D.s freilich nicht möglich gewesen. D. hat an vielen überregionalen Schützenfesten teilgenommen und konnte sich über die neuesten waffentechnischen Entwicklungen informieren. – Wie bekannt D. war, zeigen mancherlei an ihn gerichtete Karten, die einfach an „Leo Dorn, Adlerjäger, Hindelang“ oder gar „An den größten Adlerjäger“ adressiert waren. Eine der bemerkenswertesten Zuschriften erreichte ihn 1904 aus Nicaragua, als sein Portrait als Titelbild der „Münchner Jugend“ erschien. – Den Titel „Adlerkönig“ erhielt D. um 1891. In diesem Jahr schoß er seinen 50. Adler. – Eher ungewollt trug er im Oberallgäu zur Verbreitung der „oberbayerischen Gebirgstracht“ bei, die er in Anlehnung an die Jäger seines Dienstherren stets trug. – Um 1910 wurde in den Revieren des Prinzregenten die Adlerjagd eingestellt. – Bis dahin hatte D. die Steinadler im Allgäu fast ausgerottet. Man muß aber auch bedenken, daß die damals große Zahl von Steinadlern den Besitz der Bauern, vor allem an Lämmern und Schafen, bedrohlich dezimiert hat und der heute unverständliche Abschuß ein Stück wirtschaftlicher Notwehr war. – 1906 überreichte D. seiner Frau zu Weihnachten den 75. von ihm erlegten Adler, der eine Flügelspannweite von fast 2 $^1/_2$ Metern hatte. – D. war natürlich ein „Original", das es sich leisten konnte, dem Prinzregenten, bezogen auf das zunehmende Alter und das Nachlassen der geistigen Kräfte, zu sagen: „Ja, mir merket's it, aber onder Lit".

Felle, Manfred: Adlerfang und Adlerjagd im Oberalllgäu. Ein Beitrag zur Jagdgeschichte des 19. Jahrhunderts. In: Dona Ethnologica Monacensia. Leopold Kretzenbacher zum 70. Geburtstag. Hrsg. von Helge Gerndt, Klaus Roth und Georg R. Schroubek. Bayerisches Nationalmuseum. Institut für deutsche und vergleichende Volkskunde. München 1983, 45–65

Dorn, Ludwig Geistlicher Rat, geb. 1900 in Bodenwals bei Kimratshofen, gest. 1986 in Legau. – D. entstammte cincr Baucrnfamilic, absolvicrtc das Humanistische Gymnasium Kempten, studierte an der Universität München Theologie und wurde hier 1925 zum Priester geweiht. Er war Kaplan in Rain am Lech, Neu-Ulm und Augsburg. – 1930 kam er als Benefiziat erneut nach Rain. Als 1933 seine priesterliche Aufgabe immer schwieriger wurde, begann er zu schreiben und zu veröffentlichen. – 1937 kehrte er ins Allgäu zurück, war bis 1942 Benefiziat und Expositus an der Wallfahrtskirche Maria Schnee in Lehenbühl und dann bis 1949 Pfarrer in Frauenzell und ab 1955 in Wohmbrechts. Seit 1969 lebte er in Legau. – D. erhielt das Bundesverdienstkreuz am Band, die Bürgermedaille der Stadt Rain, war Ehrenbürger von Rain und Mitglied der „Schwäbischen Forschungsgemeinschaft". – Schwerpunkte seiner Veröffentlichungen waren Pfarreigeschichten, Untersuchungen zu Visitationsprotokollen, Geschichte der Wallfahrten und Themen der Kunstgeschichte. – Vor allem ist es D. gelungen, den Architekten von → Maria Steinbach, P. Benedikt Stadelhofer, zu entdecken. Und die Erhellung der acht katholischen Jahrhunderte der evangelischen Pfarrei St. Mang in Kempten ist D. in besonderer Weise zu danken. – Seine Bibliographie umfaßt 155 Veröffentlichungen.

Haberl, Wolfgang: „Ein Wölklein, das vorüberzieht" – In memoriam Ludwig Dorn. In: AGF 1987, 5–15

Dornier, Claude Honoré Desiré Luftfahrtpionier, geb. 1884 in Kempten, gest. 1969 in Zug (Schweiz). –

Sein Vater kam 1869 aus einem Dorf bei Grenoble als Französischlehrer nach Kempten an das damalige private Jakobi-Institut. Er betrieb dann später einen Weinhandel und kaufte schließlich das Jodbad Sulzbrunn, doch ein wirtschaftlicher Erfolg blieb ihm versagt. – In zweiter Ehe war er mit einer Tochter des Zeichners und Heimatforschers Joseph → Buck verheiratet. Als Buck an der West- (Orgel-) Empore in der Lorenzkirche in Kempten eine Hlg. Cäcilia darstellte, saß die spätere Mutter von D. Modell. – Geboren wurde D. in einem Haus an der Immenstädter Straße, das 1976 samt der Gedenktafel abgebrochen wurde. – Von 1895 bis 1901 besuchte D. die sechsklassige Realschule, an der auch Max → Förderreuther unterrichtete. – D. studierte dann an der Technischen Hochschule in München und machte 1907 sein Examen als Diplom-Ingenieur. – 1910 wurde er von Graf Zeppelin in die Versuchsabteilung der „Luftschiffbau Zeppelin" geholt. – 1913 übernahm D. selbständig die Leitung des Zeppelin-Zweigwerkes Lindau. – 1914 führte er in Friedrichshafen den Metallflugzeugbau anstelle der bisherigen Holzbauweise ein. – Seine Zielrichtung galt dem Flugboot. Das Riesenflugboot Do X beförderte 1927 schon 170 Passagiere und überquerte zweimal den Atlantik. – Nach dem Ersten Weltkrieg verlegte D. seinen Betrieb nach Rohrschach in die Schweiz, bis der Flugzeugbau in Deutschland wieder erlaubt wurde. – 1937 stellte er auf dem internationalen Flugmeeting in Zürich sein zweimotoriges Kampfflugzeug vom Typ Do 17 vor, mit dem er die Geschwindigkeitsmarke auf die doppelte Höhe schraubte. – Nach dem Zweiten Weltkrieg gelang es D., die Teilwerke in Lindau und Pfronten für eine neue Produktion frei zu bekommen. Er baute Webmaschinen und wurde der größte Webmaschinenproduzent der Bundesrepublik. Der Flugzeugbau konnte erst 1955 wieder aufgenommen werden. – In jüngster Zeit kam die Firma D. mit der Do 128 und der Do 228 im Bereich der Mehrzweck- und Zubringerflugzeuge auf dem Weltmarkt gut ins Geschäft. – Zu seinem 50. Geburtstag wurde in Kempten eine Straße nach D. benannt. An das Eckhaus Ellharter Straße / Dornierstraße malte Josef → Hengge das Portrait D.s. – Als aber der Leiter der damaligen Oberrealschule den Antrag stellte, die Schule nach D. zu benennen, lehnte das Kultusministerium den Antrag ab, weil D. ja noch lebte. – Mit Messerschmitt, Heinkel und Junkers war D. jener Konstrukteur und Pionier, der die größten und mutigsten Flugzeugentwürfe seiner Zeit wagte und damit zum Wegbereiter der heutigen Großflugzeuge wurde.

Dreer, Johannes Musiker. – Er stammte aus Füssen und trat in das Benediktinerkloster St. Ulrich und Afra in Augsburg ein. Nach dem Studium in Dillingen kam es durch D. im Augsburger Reichsstift zu einer Blütezeit der Kirchenmusik. Seine handschriftlichen Chorbücher in der Stadtbibliothek Augsburg und der Staatsbibliothek Berlin sind Kostbarkeiten der Notenkalligraphie. – D. stand mit Orlando di Lasso, dem berühmten Münchner Hofkapellmeister und Komponisten, in freundschaftlichen Beziehungen. – Als Subprior feierte D. 1614 sein Profeßjubiläum.

Dreer, Mang Bau- und Werkmeister. – Vor 1550 war er als Steinmetz für den Pfalzgrafen Ottheinrich am Schloß in Neuburg an der Donau und auch am Hohen Schloß seiner Heimatstadt Füssen tätig. – Um 1550 vollendete D. als letzter gotischer Baumeister Eichstätts die Marienpfarrkirche auf dem Markt in Eichstätt, die 1818 abgebrochen wurde.

Driendl, Thomas Maler und Lithograph, geb. 1805 in Pfronten-Dorf, gest. 1859 in München. – Der Sohn eines Müllers besuchte in München die Akademie der Bildenden Künste und wandte sich zunächst der religiösen Malerei zu. Später verlegte er sich auf die Lithographie und gründete in München, Müllerstraße 8, eine lithographische Kunstanstalt. Auch erfand er das Verfahren, lebensgroße Bilder zu lithographieren und dann im Farbendruck auszuführen. Seine Erzeugnisse wurden allgemein bewundert. Von König Max II. erhielt D. die goldene Civil-Verdienstmedaille und von Kaiser Franz Joseph von Österreich die große goldene Medaille für Kunst und Wissenschaft. – Sein Sohn wurde wie der Vater Kunstmaler, wanderte nach Südamerika aus und verheiratete sich in Rio de Janeiro, wo er auch starb. Er bezog viele Kirchendekorationen, Altäre und sakrale Gegenstände aus seiner Allgäuer Heimat und verkaufte sie in Brasilien.

Durach Lkr. Oberallgäu, 6323 E., 1373 erstmals genannt, an der Straße von Kempten zum Fernpaß gelegen. – 1894 fand man beim Bau der Eisenbahn am Südende von D. die Grundmauern römischer Gebäude und 1930 einen vergoldeten Pferdehuf. – Der Turm der Pfarrkirche mit dem Bild des Hlg. Christophorus von Josef → Hengge stammt noch aus gotischer Zeit. – Die Seitenaltäre haben Gemälde von Franz Joseph → Hermann, die spätgotischen Figuren werden dem Meister des Imberger Altars (→ Imberg) zugeschrieben. – Unter der Empore ist der Totenschild des Reichstruchsessen Johann von Waldburg angebracht, der 1577 von einem Bauern bei D. erstochen wurde, ein hervorragendes Zeugnis der Renaissance-Heraldik. – Vor dem Pfarrhof steht eine mächtige Linde, davor seit 1928 ein Findlingsblock zum Gedächtnis an die 1525 hier enthaupteten 17 Allgäuer Bauern. – Zur Gemeinde D. gehört auch Bodelsberg. Der dortige Pfarrhof, erbaut 1740, wurde 1999 saniert und restauriert. – Im Jahr 1943 wurde in D. durch sechs Monate der Film „Quax in Afrika“ mit Heinz Rühmann, Beppo Brehm, Adrian Hoven und Bruni Löbl gedreht. – Von D. entfernte sich Rühmann für mehrere Tage, als ihn die Nachricht erreichte, sein gerade fertig gestellter Film „Die Feuerzangenbowle“ solle auf Eis gelegt werden. Rühmann fuhr mit den Filmrollen im Zug ins Führerhauptquartier nach Rastenburg. Hier setzte Göring bei Hitler durch, daß der Film anlaufen durfte. – „Quax in Afrika“ kam aber erst 1953 in die Kinos.

Weixler-Schürger, Maria Anna und Leitner, Johann (Hrsg.): Geschichte der Gemeinde Durach. Kempten: AVA-Agrarverlag 1995

E

Eberhard Bildhauerfamilie aus Hindelang. – Die Lebensspanne von Großvater Melchior (geb. 1701 in Hindelang, dort gest. 1777), Vater Johann Richard (geb. 1739 in Hindelang, dort gest. 1813) und den beiden Enkeln bzw. Söhnen Franz Xaver (geb. 1767 in Hindelang, gest. in München 1836) und Johann Konrad (geb. 1768 in Hindelang, gest. 1859 in München) umfaßt die Stilepochen des späten Barock und des Rokoko, des Klassizismus, der Nazarener und der Romantiker. – **Melchior E.** hielt sich von 1717 bis 1723 in Österreich, vor allem in dem oberösterreichischen Stift St. Florian auf. Hier war schon Leonhard → Sattler aus Altstätten tätig. – Im Allgäu arbeitete er für Fischen, Immenstadt, Tiefenbach, Schöllang und Weiler. – **Johann Richard E.** lernte in den Jahren 1764/65 in Wien und Graz, als es fast obligatorisch wurde, die Wiener Akademie zu besuchen. – Im Allgäu arbeitete er für Hindelang, Lindenberg, Scheidegg, Eglofs, Stein (Immenstadt), Vorderburg bei Rettenberg, Riezlern (Kleinwalsertal), Dietmannsried und Sonthofen. – Von J. R. stammt auch die Mariensäule in Immenstadt (1783), die mehrfach beschädigt, 1948 aber gründlich erneuert wurde. – Seine Werkstatt in Hindelang wurde nach seinem Tod aufgelöst. – **Franz Xaver E.** schuf vor allem minuziös ausgearbeitete Alabaster-Kleinplastiken, teils selbständig, teils für Arbeiten seines Bruders. – **Johann Konrad E.** wandte sich wegen seiner Ausbildung zunächst an den in München tätigen Akademieprofessor Josef → Hauber aus Geratsried bei Missen und studierte dann bei Roman Anton → Boos. 1806 wurde er von dem bayerischen Kronprinzen Ludwig nach Rom geschickt, wo Canova sein Lehrer war. 1814 wurde er mit der Begleitung der kostbaren Antiken, die der Kronprinz für seine Sammlungen in München erworben hatte, betraut. Das glänzendste Stück der späteren Glyptothek ist der „barberinische Faun", ein noch griechisches Originalwerk. – J. K. hat als erster die Grundsätze der Nazarener auf die Skulptur übertragen. – In der profanen Bildhauerei schloß er sich der durch Thorwaldsen eingeführten antikisierenden Richtung an. – Zu seinen Hauptwerken gehört das Grabmal für die Prinzessin Maximiliane in der Theatinerkirche, die Grabmäler der Bischöfe Sailer und Wittmann im Regensburger Dom, eine Büste des Salzburger Fürstbischofs Paris Lodron für die neue Walhalla und eine „Leda mit Schwan" im Nymphenburger Park. – Im Widerpart zu dem jugendlichen Rivalen Schwanthaler mag sein bizarrer Gedanke stehen, den Felsgipfel des Ettaler Mandl zu einer gigantischen „Patrona Bavaria“ im Stil der Nazarener umzugestalten. Dies blieb aber „der Menschheit erspart“ (Weitnauer: Allgäuer Chronik, III, 349). – 1817 wurde J. K. zum Nachfolger seines einstigen Lehrers Roman Anton Boos ernannt. – 1833 trugen sich die beiden Brüder E. mit dem Gedanken, als Künstler-Laienbrüder in das Tiroler Zisterzienserkloster Stams einzutreten. Der Abt hatte auch schon seine Zustimmung gegeben, doch König Ludwig I. hat dies wohl verhindert. – Eine Ansicht der beiden Brüder zeigt eine Lithographie von Johann Anton Ramboux, 1820, die sich im Kölner Wallraf-Richartz-Museum befindet. – Als J. K. 1859 im Alter von 91 Jahren starb, bestattete ihn sein Landsmann und Freund, der aus Lenzfried bei Kempten stammende Daniel Bonifatius → Haneberg des Münchner Benediktinerklosters St. Bonifaz.

Arnold, Christian: Konrad Eberhard 1768–1859. Bildhauer und Maler. Leben und Werk eines Allgäuer Künstlergeschlechts. (= Studien zur Geschichte des Bayerischen Schwabens, Band 8). Augsburg: Verlag der Schwäbischen Forschungsgemeinschaft, 1964

Eberl, Dr. Barthel Benefiziat und Bezirksheimatpfleger, geb. 1883 in Benediktbeuren, gest. 1960 in Gröbenzell bei München. – 1904 absolvierte E. das Gymnasium Dillingen, 1908 wurde er zum Priester geweiht und nach kurzer Kaplanstätigkeit 1911 Benefiziat in Obergünzburg. Im Ersten Weltkrieg tat E. seinen Dienst als Feldgeistlicher. – 1928 wurde er an der Universität München mit einer Dissertation über „Die diluvialen Ablagerungen auf der Lech-Iller-Platte und die Chronologie des Eiszeitalters“ zum Dr. rer. nat. promoviert. – 1931 führte er in Obergünzburg den Martinsritt ein. – 1934 wurde er zum hauptamtlichen Heimatpfleger für den Bezirk Schwaben ernannt – dem ersten Heimatpfleger in Deutschland. Nach 23 Jahren nahm er seinen Abschied in Obergünzburg und zog nach Augsburg. – 1935 wurde DDr. Alfred → Weitnauer sein Assistent. 1938 wurde die Zuständigkeit der beiden Heimatpfleger örtlich und sachlich aufgeteilt. E. übernahm den nördlichen Teil des Regierungsbezirks und betreute die Bereiche der Erdgeschichte, Naturkunde, Sprache, Volkskunde und Baukultur. E. gab auch die Zeitschrift „Schwabenland“ heraus und schuf die sog. Schwabenkartei. – 1945 wurde E. zwar im Rahmen der sog. Entnazifizierung nur als „Mitläufer“ eingestuft, aber nicht mehr angestellt. – 1955 veröffentlichte er noch eine Darstellung der Lechfeldschlacht auf der Grundlage geologischer und geomorphologischer Untersuchungen.

Frei, Hans: Aus der Geschichte der Heimatpflege in Schwaben. In: 50 Jahre Heimatpflege in Schwaben 1929–1979. Augsburg, 1979, 13–26 – Koch, Alfred: Benefiziat und Gelehrter dazu. In: DSA, Jan. 1984, 39–42

Eberle, Johann Nepomuk Hofmaler, geb. 1752 in Marktoberdorf. – E. war der Sohn eines Schreiners. Er lernte die Malerei wohl in seiner Heimat und wurde dann von Kurfürst Clemens Wenzeslaus zur weiteren Ausbildung nach Rom geschickt. Dort heiratete er eine Italienerin und kehrte mit seinem Sohn Camillo nach Marktoberdorf zurück. Hier malte er zwei Altarblätter für den Chor der Pfarrkirche sowie die klassizistischen Fresken in der Pfarrkirche in Lechbruck, 1788. In ihnen erweist sich E. als ein Vorläufer der Nazarener. – Zum kurfürstlichen Hofmaler ernannt, zog E. vermutlich in das Erzbistum Trier, wo Clemens Wenzeslaus in Ehrenbreitstein bei Koblenz residierte.

Eberle, Ludwig Bildhauer, geb. 1883 in Grönenbach, dort gest. 1956. – E. war zunächst Lehrling bei seinem Vater, der Steinmetzmeister und Krippenschnitzer war. 1900 ging er dann an die Kunstgewerbeschule und 1906 an die Akademie der Bildenden Künste in München. – 1944 wurde er ausgebombt. – Auf dem Grüntengipfel steht sein Relief „Jäger und Tod“. – In Kempten schuf er die Bronzebüste des jugendlichen Monarchen für das Denkmal König Ludwigs II. (1933), und den fast angriffslustigen Allgäuer Stier für die Tierzuchthalle (1930). – Von E. stammen auch die Kriegerdenkmale in Attenhausen (→ Sontheim) (1922), Böhen (1924), Grönenbach (1924) sowie der Entwurf für Ottobeuren. – E. war Ehrenbürger von Grönenbach.

Eberle, Syrius Bildhauer, geb. 1844 in Pfronten-Dorf, gest. 1903 in Bozen. – Zunächst lernte E. bei seinem Vater das Schreinerhandwerk und bei dem Maler Engelbert Geisenhof in Pfronten-Heitlern Zeichnen und Modellieren. Mit 18 Jahren ging er nach München, wurde ein Schüler des angesehenen Bildhauers Jakob Bradl aus Höchstädt an der Donau und studierte bei Max Wiedemann an der Akademie der Bildenden Künste. – 1870 löste er eine Preisaufgabe der Akademie, die Darstellung eines verwundeten Kriegers, dem eine Barmherzige Schwester die erste Pflege angedeihen läßt. Die Gruppe eines siegverkündenden Soldaten erwarb ihm ein Reisestipendium nach Norddeutschland. Nun bekam E. laufend Aufträge, teilweise auch aus überseeischen Ländern wie Brasilien und Peru. – 1882 wurde er Hilfslehrer, 1884 kgl. Professor an der Münchner Akademie. König Ludwig II. übertrug E. Aufträge für einen zierlichen

Tafelaufsatz sowie Prunkwagen und Prunkschlitten. Für die Aula des Polytechnikums schuf E. eine lebensgroße Statue des Monarchen. – Großen Beifall errang sein Kriegerdenkmal für Kempten, das einen sterbenden Soldaten darstellt, über den die Siegesgöttin einen Kranz hält. Das Denkmal wurde im Zweiten Weltkrieg eingeschmolzen, die Anlage später beseitigt. – Unter 17 Bewerbern erhielt E. den Auftrag für das Gabelsberger-Denkmal in der Münchner Ottostraße. – 1897 schuf E. das Denkmal für die Gebrüder Grimm in Hanau und später die allegorischen Kalksteinfiguren auf der Ludwigsbrücke in München. Es folgten eine St. Georg-Statue an der Südostecke des Münchener Rathauses und drei Figuren für das Reichstagsgebäude in Berlin. – Erschöpft von der Fülle der Arbeiten suchte E. in Südtirol Erholung, ist aber dort gestorben. – Die Ausstellung seiner Entwürfe und Skizzen füllte bei der Münchner Jahresausstellung 1903 einen ganzen Saal. – Verheiratet war E. mit einer Tochter das Lithographen Thomas → Driendl.

Ebratshofen (Grünenbach, Lkr. Lindau (Bodensee)) – Der Turmunterbau der Pfarrkirche stammt noch aus dem 13./14. Jh., Chor und Langhaus aus dem 15. Jh., 1732 verändert. – Die Stuckausstattung entstammt dem Neurokoko, 1908–1922. – Im linken Seitenaltar befindet sich ein Gemälde der Hlg. Elisabeth aus der Mitte des 18. Jh., bez. B. G. f. (vielleicht Benedikt → Gambs). – Im Pfarrhof steht ein graviertes Zinnepitaph für Johann von Schellenberg, gest. 1769. – Nördlich der Straße nach Harbatshofen steht ein romanisches Kruzifix, um 1200, im Barock stark überformt.

Mader, Herbert: Ebratshofer Chronik. 100 Kapitel Heimatgeschichte. Ebratshofen, 1996

Eckarts (Immenstadt, Lkr. Oberallgäu). – Das Langhaus der Pfarrkirche wurde wohl im 14./15. Jh., der Chor um 1475/80 errichtet. Mitte des 18. Jh. wurde die Kirche umgestaltet. – Am Netzripppengewölbe sind die Wappen der Familien Werdenstein und Freyberg aufgemalt. – Die Rankenmalerei des Chorgewölbes stammt aus der Zeit um 1480/90. – Ein Bild der Apostelfürsten hat Franz Sales → Lochbihler gemalt. – Der Taufstein mit reichem Maßwerk stammt aus der Zeit um 1500, ein Holzkruzifix aus den Jahren um 1530/40. – Der Pfarrer Johann Jakob Türtscher gab um 1771 den Anstoß für den „Neuen Schreib-Kalender", der noch heute bei Steinhauser in Kempten erscheint.

Egenberger, Rupert Heilpädagoge und Fachschriftsteller, geb. 1877 in Obergermaringen, gest. 1959 in Bad

Tölz. – Er war ein Lehrerssohn und besuchte das Lehrerseminar in Lauingen. Später studierte er in München bei dem Philosophen Theodor Lipps Psychologie und bei Georg Kerschensteiner Pädagogik sowie in Leipzig bei Wilhelm Max Wundt Physiologie. So bildete er sich zu einem führenden Heilpädagogen aus. Seine grundlegenden Schriften „Das lernbehinderte und leistungsschwache Kind“ oder „Psychische Fehlleistung“ erregten in Fachkreisen Aufsehen. – Seit den gemeinsamen Jahren in Lauingen blieb E. dem Komponisten Joseph Haas freundschaftlich verbunden.

Eggenthal Lkr. Ostallgäu, 1284 E., an der Römerstraße von Augsburg nach Kempten. Die Umfassungsmauern des Turmunterbaus der Pfarrkirche stammen noch aus der Zeit um 1200. – Die heutige Ausstattung ist neuromanisch, 1877. – In beherrschender Lage auf der Höhe südlich über dem Ort steht die Kapelle Maria Seelenberg, deren Rotunde 1697 zunächst als selbständiger Bau errichtet wurde. – Die sparsamen Stukkaturen hat Franz → Schmuzer um 1702/10 angebracht. – Das Fresko im Langhaus zeigt eine Ansicht von E. – In der illusionistischen Sockelzone der Rotunde befindet sich das Wappen des Irseer Abtes Bernhard Beck, darüber ein „Initium vitae Christi“ nach Amigonis Deckenbild von 1725 im Vorsaal zur Abteikapelle in Ottobeuren. Das ehemalige **Pfarrhaus** ist ein zweigeschossiger Satteldachbau von 1714, an dessen Ostseite ein Holzrelief des Hlg. Benedikt und das Wappen des Irseer Abtes Willibald Grindl angebracht ist. – Der einstige eingeschossige **Zehentstadel** mit steilem Satteldach und einem Terrakotta-Wappen des Irseer Abtes Karl Andreä von 1617 stammt noch aus der ersten Hälfte des 16. Jh. – Aus E. stammen die Maler Franz Xaver → Bernhardt, Johann Baptist → Krenner (Krämer), Joseph → Leitkrath und Joseph → Schwarz.

Eglofs (Argenbühl, Lkr. Ravensburg). – 1234 wurde E. an Kaiser Friedrich II. verkauft. Dabei werden erstmals freie Bauern bezeugt. Sie waren frei von Leib- und Grundhörigkeit, hatten ihre eigene Gerichtsbarkeit, wurden seit 1275 mehrfach als „cives“ bezeichnet und erhielten 1282 von Rudolf von Habsburg das städtische Recht von Lindau, ohne daß E. eine Stadt geworden wäre. – Die Freien wählten ihren Ammann selbst. – Die 1243 gewonnene Reichsunmittelbarkeit der Freien ging seit 1318 durch ständige Verpfändungen verloren. Dennoch bewahrten die Freien ihre persönliche Freiheit und ein gewisses Maß von autonomer Verwaltung und Gerichtsbarkeit bis ins 19. Jh. – 1805 wurde E. zu einem

Reichsfürstentum erhoben, 1806 fiel es an Württemberg. – 1765/66 wurde die Pfarrkirche St. Martin südlich des stehengebliebenen Turmes von Johann Georg → Specht neu erbaut. In dem weiträumigen Chor hat Specht das Rokoko bereits verlassen. Der kommende Klassizismus äußert sich auch in einem sehr breiten Choreingang mit einem flachen, sanft geschwungenen Triumphbogen. E. ist der erste frühklassizistische Kirchenbau Spechts. – Die Fresken stammen von Johann Jakob → Spieler aus Lindenberg, der 1778 auch die Kirche in Au im Bregenzerwald, dem so bedeutenden Vorarlberger Zunftort, freskiert hat.

Ehenbichl Bezirk Reutte, Gemeinde südwestlich des Marktes Reutte am rechten Lechufer mit 729 E., erstmals 1404 urkundlich erwähnt. – Im frühen Mittelalter wurden hier die am Säuling abgebauten Eisenerze verhüttet. – Südlich von E. liegt die Ruine der Festung → Ehrenberg, die bis 1649 Sitz eines selbständigen Landgerichts war. – In E. befindet sich seit 1968 das Bezirkskrankenhaus. Daher ist E. die „geburtenreichste" Gemeinde im Außerfern. – Die mütterlichen Vorfahren des Reichsmarschalls Hermann Göring, der beim Nürnberger Kriegsverbrecherprozeß Selbstmord beging, kamen aus E. – 1976 wurde eine Fußgängerbrücke zwischen E. und Höfen gebaut, die eine verkürzte Fußgängerverbindung zur Talstation der Reuttener Bergbahn darstellt.

Ehinger, Johann Georg Orgelbauer, geb. wohl in Aitrang, gest. 1744. – E. lernte zunächst bei seinem Vater, der den Buben zu seinen Orgelbauten, vor allem für St. Georg in Augsburg, mitnahm. – Daß E. Orgelmacher im Füssener Magnus-Kloster war, ergibt sich aus einem Eintrag in den Rechnungsbüchern von 1715. – Als 1725 in Füssen eine dritte Orgel angeschafft wurde, war der „Orgelmacher a. Aytrang" beteiligt. – 1727 erhielt E. den Auftrag für eine Orgel der Pfarrkirche im benachbarten Vils. Am Bau dieser Orgel hat wohl auch der Geselle Andreas → Jäger mitgewirkt. – Von E. stammt auch die liegende Chororgel in Füssen, deren Balgkammer noch heute vorhanden ist. Erhalten blieb auch eine Inschrift mit zehn Buchstaben, die auf die Register schließen lassen. – Die größte und schönste Orgel von E. steht in Bertoldshofen und stammt aus dem Jahr 1737. – Nach E.s Tod übernahm Balthasar → Freiwiß die Werkstätte. – Der Einfluß E.s auf Andreas Jäger ergibt sich aus der liegenden Chororgel im Tiroler Zisterzienserkloster Stams.

Thalheimer, Matthias: Johann Georg Ehinger (gest. 1744) – der Lehrmeister des Füssener Orgelmachers Andreas Jäger. In: Alt Füssen, 1992, 108–116

Ehinger, Markus Orgelbauer. Er war der Sohn eines Tischlers in Aitrang und arbeitete 1669 in Bozen an der Orgel der Pfarrkirche. – Nach dem Tod des Vaters (um 1672) ging E. in der Heimat seinem Kunsthandwerk nach und lieferte Orgeln für die Pfarrkirche in Dillingen (1672/73), nach St. Urban bei Rieden (1681), in die Klosterkirche St. Stephan in Habstal bei Sigmaringen (1681), in die Pfarrkirche Nesselwang (1685) und in die Stiftskirche St. Georg in Augsburg (1696/97). – Sein Sohn Georg E. schuf die Orgel der Wallfahrtskirche Bertoldshofen (1736/37).

Ehleuter, Franz Josef Landwirt und Heimatkundler, geb. 1862 in Lachen (Lkr. Unterallgäu), dort gest. 1937. – Um die alten Bräuche nicht in Vergessenheit geraten zu lassen, schrieb E. 1911 „Drei bäuerliche Feste Sichelhenke, Kirchweih und Pflegelhenke", letzteres 1923 als Heimatspiel in Mundart. – 1922 verfaßte er „Theinselberg, eine Heimatgeschichte". – 1932 erschien im Volkswirtschaftlichen Verlag in Kempten „Das Allgäuer Volkstheater in alter und neuer Zeit". – Heimatkundliche Beiträge schrieb E. für das „Allgäuer Bauernblatt", für die Zeitschrift „Schwabenland" und für die Heimatbeilage „Lug ins Land". – Lange Zeit war E. Mitglied des Hauptausschusses im Milchwirtschaftlichen Verein im Allgäu und Aufsichtsratsmitglied des Landwirtschaftlichen Verbandes in Schwaben. – Für seine großen Verdienste verlieh ihm der Landwirtschaftliche Verein in Bayern die große silberne Gedenkmünze.

Ehrenberg Burgruine südlich des Marktes Reutte. – Um 1290 wurde die Festung mit einer Straßensperre zur Verteidigung des Grenzgebietes von Meinhard II. von Tirol errichtet. Die Ehrenberger Klause hatte neben der militärischen Funktion auch die Aufgabe einer Zollstätte und des Gerichts. – Im 16. Jh. wurde das Schloß erweitert. Im 17. Jh. wurden in der weiteren Umgebung Schanzen und Vorwerke angelegt. Das Fort Claudia, Teil der Befestigung des Falkenberges, ist benannt nach der Tiroler Regentin Erzherzogin Claudia von Medici. – 1546 haben die schmalkaldischen Truppen kurze Zeit die Klause besetzt. Sechs Jahre später wurde die Klause erobert, und Moritz von Sachsen stand der Weg nach Innsbruck frei. – 1628 wurde der evangelische Pfarrer von St. Mang in Kempten, Dr. Georg → Zäemann, nach E. gebracht. Zu einem ersten Verhör kam es aber erst nach einem halben Jahr. Zäemann konnte E. schließlich am 25. Febr. 1630 verlassen. Die Reichsstadt Kempten verweigerte ihm die Besoldung für die Zeit im

Gefängnis. Z. verließ die Stadt und wurde schließlich von Gustav Adolf nach Stralsund berufen. – Bei den Einfällen der Schweden 1632 schlugen die Tiroler die Feinde an der Klause zurück und bewahrten so ihre Heimat vor den Greueln des 30 jährigen Krieges. – 1782 wurde die Feste aufgelassen und auf Abbruch versteigert. – 1970 wurde ein Komitee zur Rettung von E. gegründet. – Neuerdings soll in der Klause ein Europäisches Burgenmuseum eingerichtet werden.

Haberl, Wolfgang: Die Feste Ehrenberg und das Allgäu. In: DSA, Dez.1978, 147–149

Ehrhart, Dr. (Johann) Balthasar Stadtphysikus, Botaniker und Paläontologe, geb. 1700 in Kaufbeuren, gest. 1756 in Memmingen. – Wie fünf Angehörige seiner Familie ist auch E. als Mediziner ausgebildet worden. 1726 trat er als Stadtphysikus von Memmingen die Nachfolge seines Vaters Dr. Johann David E. an. Wie dieser, der sehr sprachkundig und ein ausgezeichneter Chemiker war, betätigte sich auch E. neben der Medizin wissenschaftlich auf anderen Gebieten. – Er hatte bei seinem Onkel in Göppingen und später als Provisor der öffentlichen Apotheke in Tübingen gründliche pharmazeutische Kenntnisse erworben. – Nach dem Medizinstudium in Halle wurde er 1724 in Leiden promoviert und begab sich dann auf eine Bildungsreise, u. a. zu Albrecht von Haller in die Schweiz. – Seine Beziehungen zu namhaften Gelehrten pflegte er in Briefen. Auch legte er ein reichhaltiges Naturalienkabinett an, das vor allem eine mustergültige Fossiliensammlung enthielt. – Seine Dissertation „De belemnitis suevicis“, also über schwäbische Donnerkeile, erregte Aufsehen. E. fand in den Donnerkeilen den Alveolus und gründete darauf seine These einer Verwandtschaft dieser Fossilien mit dem Nautilus und anderen Kopffüßlern. – Auch erkannte er einen Zusammenhang zwischen erratischen alpinen Gesteinen in Oberschwaben und dem Material der Zentralalpen. – Auch als Botaniker war E. angesehen. Für die Neuausgabe des 1540 erstmals erschienenen Kräuterbuchs von Adam Lonitzer verfaßte E. einen wissenschaftlich bedeutsamen Anhang mit Ergänzungen zu Pflanzen, die erst im 17. und 18. Jh. in Gebrauch kamen, wie Kaffee, Kakao, Ananas und Chinarinde. – 1752 erschien von E. ein naturhistorisches Lehrbuch für den Schulunterricht und 1753 seine „Oekonomische Pflanzenhistorie nebst dem Kern der Landwirthschafts= Garten= und Arzneykunst“ in 12 Bänden, E.s wichtigstes Werk. Es ist dies die erste größere Darstellung der Flora Süddeutschlands und vor allem Oberschwabens, verbunden mit praktischen Hinweisen zur Landwirtschaft und Pharmazie. – Sein Sohn **Jodokus** war gleichfalls ein bekannter Gelehrter, der eine Professur in Göttingen ausschlug und wie sein Sohn **Gottlieb** als Arzt in Memmingen praktizierte.

Stumpf, Gerhard: Balthasar Ehrhart. In: Gelehrtes Schwaben, 105 f.

Ehrwald Bezirk Reutte, Gemeinde am Fuß der Zugspitze mit 2563 E. Hier treffen sich vier Täler: die Fernpaßfurche, das Loisachtal, über der Ehrwalder Alm das Gaistal und nach Westen das zum Lechtal hin flach ansteigende → „Zwischentoren“. Der Name E. wird als „geschützter Wald = Bannwald“ erklärt. – Guten Verdienst verschafften sich die Ehrwalder durch Roddienste an der Salzstraße nach Bregenz und durch die Anfertigung von Dauben für die Salzfässer der Saline in Hall. Im 16. Jh. wurden jährlich bis zu 300 000 Dauben nach Hall geliefert. – Im späten 18. und 19. Jh. war E. dann für seine Schmiedekunst bekannt. Die Grabkreuze des Schlossermeisters Franz Guem gehören zu den schönsten in Tirol. – Um 1850 gab es hier über hundert Pfeifenspitzdreher und fast ebenso viele Tuchweber. Das Ehrwalder Heimatmuseum dokumentiert die einstige Herstellung von Pfeifenspitzen und Hornkämmen. – Dokumentiert wird hier auch der ehemals heidnische Brauch des „Scheibenschlagens“ zur Vertreibung des Winters, das heute von der Ehrwalder Schützenkompanie wieder gepflegt wird. – Im Ehrwalder Heimatmuseum hängt auch ein Bild des ersten geprüften österreichischen Skilehrers Reinhard Spielmann aus E., dargestellt mit seinen Schülern Erzherzog Karl und seiner Gemahlin Zita, dem späteren letzten Kaiserpaar der Donaumonarchie. – In der Pfarrkirche stammt das Gemälde an der Südwand von Otto van Veen (1558–1629), dem Lehrer von Peter Paul Rubens. – Der Schriftsteller Ludwig → Ganghofer (1855–1920) besaß im nahen Gaistal ein Jagdhaus, und auf dem Friedhof liegen der berühmte Dirigent Clemens Krauss (1893–1954) und der bekannte Historiker Heinrich von Srbik (1878–1951), der in E. sein zweibändiges Alterswerk „Geist und Geschichte vom deutschen Humanismus bis zur Gegenwart“ schrieb. In E. beheimatet ist auch sein Enkel Dr. Hans Heinrich Ritter von Srbik, der seit 1988 die Messerschmitt-Stiftung leitet, die in Tirol bisher 46 Restaurierungsprojekte mit einem Gesamtvolumen von 151 Millionen Schilling finanziert hat. Zu den im Außerfern betreuten Objekten gehören das „Grüne Haus“ in Reutte und die Ruine Ehrenberg. – Die Zugspitzbahn, eine der ersten Seilbahnen

Österreichs, wurde 1926 gebaut. Über nur drei Stützen überwindet sie eine Höhendifferenz von 1715 m. Zum Jubiläum „60 Jahre Tiroler Zugspitzbahn" wurde 1986 im Gipfelgebäude ein Schauraum eingerichtet, in dem der Bahnbau dokumentiert wird. Schon damals setzten sich verwegene Reporter in die Materialseilbahn und filmten die erste Bahn mit der Prominenz. Eine Ecke der Ausstellung ist der neuen Bahn gewidmet, die in den Jahren 1989 bis 1991 errichtet wurde.

Eiberg (Markt Irsee, Lkr. Ostallgäu). – Um 1180 wurde von Einsiedlern nordöstlich von Irsee eine erste Kapelle errichtet. Aus dieser ging das Kloster → Irsee hervor, das 1182 von Markgraf Heinrich von Ursin-Ronsberg gestiftet wurde. – Mehrmals wurde die Kapelle umgebaut, zuletzt 1741. – Am Hochaltar mit gestaffeltem Säulenaufbau steht zwischen durchbrochener Schnitzerei das Gnadenbild, eine aus dem Bistum Salzburg stammende und 1689 eingesetzte Muttergottesfigur, umgeben von einem Rosenstrauch, der aus einer von Putten gehaltenen Vase wächst. – Über dem Chorbogen befindet sich das geschnitzte Wappen des Irseer Abtes Bernhard Beck, um 1746.

Einödsbach (Markt Oberstdorf, Lkr. Oberallgäu), im Tal der Stillach, der südlichste, ständig bewohnte Ort Deutschlands, 1142 m hoch gelegen, mit herrlichem Blick auf Trettachspitze und Mädelegabel. Im Talschluß steht eine oft gezeichnete Kapelle, die bereits 1695 mit einer Meßerlaubnis erwähnt wird. In dem kleinen Innenraum stehen zwei Altäre des 17. Jh.

Eisenbach s. Kreuzthal

Eisenberg Lkr. Ostallgäu, 1173 E. – Von der Burgruine hoch über der Ortschaft Zell, steht heute nur noch eine sehr hohe zinnenbekrönte Wandscheibe. – Urkundlich gesichert war E. 1340 im Besitz der Herren von Hohenegg, die Burg und Herrschaft 1382 an Herzog Leopold III. von Österreich verkauften. – Um 1390 wurde Friedrich von Freyberg mit E. belehnt. Seine Nachkommen blieben bis 1980 Besitzer der Burg; seitdem gehört E. der Gemeinde. – 1525 wurde E. im Bauernkrieg kurzfristig besetzt und beschädigt. – 1646 wurde E. wie auch → Hohenfreyberg und → Falkenstein auf Anordnung der Tiroler Landesregierung niedergebrannt. – In den 1980er Jahren wurde E. durch den örtlichen Burgenverein vor dem gänzlichen Verfall gerettet.

Eistobel s. Grünenbach

Elbigenalp Bezirk Reutte, Gemeinde mit 845 E. im oberen Lechtal auf einer Höhe von 1040 m. E. ist die erste Siedlung im Lechtal und die älteste Pfarrei, erstmals 1312 genannt. In der Kapelle auf dem Friedhof befindet sich ein Beinhaus, im Obergeschoß ein Holzbalkentonnengewölbe mit der Jahreszahl 1607. Den Totentanz malte um 1830 der Chronist und Graveur Anton → Falger, der zu Beginn des 19. Jh. eine Zeichenschule gründete, aus der später eine Stukkateurschule und schließlich 1951 eine Schnitzschule wurde, die einzige in Österreich. In fünf Wintersemestern kann hier das Schnitzhandwerk erlernt und mit der Gesellenprüfung abgeschlossen werden. – Das wohl berühmteste Gemeindekind ist der Maler Joseph Anton → Koch. Seine Großnichte war Anna Rosa Knittel (→ Stainer-Knittel), die „Geier-Wally". Deren Bruder Johann → Knittel baute das erste Fahrrad in Tirol. Aus E. stammt auch der Historiker Ignaz Philipp → Dengel. – Ein Spezialbetrieb ist die CD-Firma Koch, die 1989 die erste CD-ROM mit einer Sammlung des Zivilrechts des Österreichischen Gerichtshofes herausgebracht hat. (→ Höfen) – In der romantischen Bernhardsschlucht finden die Lechtaler Geierwally-Freilichtspiele statt, die nunmehr auch in dem Stück „Marie, die Alpenkönigin" an die Mutter Ludwigs II. von Bayern erinnern, die durch so manchen Sommer im heutigen „Gasthof Post" in E. gewohnt hat. – Das von Anton Falger initiierte und nach ihm benannte Museum ist das älteste Museum des Bezirks Reutte. Es beinhaltet einen Ausstellungsraum der Schnitzschule E. und eine Lechtaler Bauernstube.

Eldern (Markt Ottobeuren, Lkr. Unterallgäu), erstmals 1466 genannt, als man hier ein Gnadenbild fand. – Zwischen 1535 und 1537 fanden die aus Memmingen geflohenen „Grauen Schwestern", Franziskanerinnen des Klosters Mariengarten, in einem an die Kapelle angebauten Kloster Zuflucht. – Der Plan der 1710 geweihten Kirche stammt von P. Christoph → Vogt aus Ottobeuren. – Schnell wurde E. zum meistbesuchten Wallfahrtsort im Bistum Augsburg. Doch schon 1803 wurden die Wallfahrt verboten und 1806 die kirchlichen Geräte versteigert. Sieben Ottobeurer haben schließlich für 3900 Gulden die Kirche mit dem Prioratsgebäude erworben. – 1812 wurde das Gnadenbild dem Landrichter überstellt, der es in das Ordinariat nach Augsburg bringen ließ. – 1840 kam das Gnadenbild, eine kleine spätgotische farbig gefaßte Muttergottes aus dem dritten Viertel des 15. Jh. nach Ottobeuren zurück. Seitdem steht das Gnadenbild in der Tabernakelnische des Alexanderaltares im Querschiff der Basilika. – Aus E. stammt der Orgelbaumeister Karl Joseph → Riepp.

Ellenbog, Nikolaus Klosterhumanist, geb. 1481 in Biberach, gest. 1543 in Ottobeuren. – Sein Vater war der Memminger Stadtarzt Dr. Ulrich E. – Der Sohn besuchte die Lateinschule in Memmingen, immatrikulierte sich dann 1497 in Heidelberg, studierte 1501 in Krakau Mathematik und Astronomie und 1503 in Montpellier Medizin. – 1504 trat er in das Benediktinerkloster Ottobeuren ein, 1506 wurde er zum Priester geweiht und 1508 zum Prior gewählt. – E. stand mit zahlreichen Gelehrten wie Peutinger, Reuchlin, Erasmus und Eck in literarischem Austausch. Johannes Reuchlin zählte E. zu den „Clari viri". Und nach Conrad Peutinger war E. der wohl bedeutendste schwäbische Humanist. – E. leitete in Ottobeuren die dort 1509 begründete Klosterdruckerei, ausgestattet mit einem Inventar aus der wohl ältesten Druckerei im Allgäu, der des Albert → Kunne in Memmingen. – E. betreute wohl auch die 1516 in einem Neubau aufgestellte Bibliothek. – In besonderer Weise begrüßte E. die 1543 in Ottobeuren errichtete Ordensakademie, Vorläuferin der 1622 gegründeten Benediktineruniversität Salzburg. – E. schrieb lateinische Carmina zu Ehren der Gottesmutter und seines Ordensvaters Benedikt. – In seinen Briefen beschreibt E. auch die Schönheit der Umgebung von Ottobeuren und der Gebirgswelt.

Zoepfl, Friedrich: Kloster Ottobeuren und der Humanismus. In: Ottobeuren. Festschrift zur 1200-Jahrfeier der Abtei, hrsg. von Aegidius Kolb und Hermann Tüchle, 1964, 187–267

Ellenbog, Dr. Ulrich Arzt im Frühhumanismus, geb. um 1435 in Feldkirch (Vorarlberg), gest. 1499 in Memmingen. – Seine Studienorte waren Wien, Heidelberg, wo er 1455 zum Magister artium promoviert wurde, und Pavia. Von dort kehrte er 1459 als Doktor der Medizin in die Heimat zurück. Gesichert ist sein Aufenthalt erst wieder für die Jahre 1464 bis 1470 als Stadtarzt in Memmingen. Bald danach übersiedelte er nach Augsburg und war hier Arzt des Bischofs und Domkapitels. – 1472/73 lehrte er als einer der ersten Mediziner an der neugegründeten Universität Ingolstadt. – Um 1478 zog er nach Biberach. Dort kam sein Sohn Nikolaus → E. zur Welt, der spätere gelehrte Ottobeurer Benediktiner und Klosterhumanist. – Bis 1499 war E. hochbezahlter Leibarzt des Erzherzogs Siegmund von Tirol. – E. war ein fest im Leben stehender Humanist, tief religiös und kirchengebunden. – E. verfaßte zahlreiche medizinische Traktate und Gutachten, in die seit 1464 alchimistisches Lehrgut einfloß, was sonst erst bei Medizinern des 16. Jh. der Fall ist. – 1482 schrieb E. eine Pestordnung, gedruckt bei Albert → Kunne in Memmingen, 1494, faksimiliert in: Weitnauer: Allgäuer Chronik. Bilder und Dokumente, 151–163. – Seine Werke liegen fast nur handschriftlich vor. – Neuartig ist das 1473 verfaßte und nur in einem nicht vor 1524 erschienenen Druck überlieferte Flugblatt „Von den gifftigen Besen Temmpfen unn Reüchen der Metal / als Silber / Quecksilber Bley und anders So die Edlen handtwerck des Goltschmidens / und ander arbaiter in des feür sich gebrauchen müssen. Wie die sich damit halten und die gift vertreiben sollen". Dieser für die Augsburger Goldschmiede verfaßte Kurztraktat gilt als die wohl älteste gewerbehygienische Druckschrift der Weltliteratur. – Metallvergiftungen waren in den folgenden Jahrhunderten immer wieder Thema der Medizin, aber keiner der Autoren, von Paracelsus über Georg Agricola bis weit ins 18. Jh., erwähnt E. und sein Flugblatt. Wohl aber fand es als gewerbemedizinischer Anhang Eingang in die „Berg-, Probier- und Kunstbüchlein" seit 1533 bis zu den „Kunst- und Werk-Schulen" des 18. Jh. – ein Zeichen, für wie wichtig man E. und sein Flugblatt hielt.

Stumpf, Gerhard: Ulrich Ellenbog. In: Gelehrtes Schwaben, 35 f.

Ellhofen s. Weiler-Simmerberg

Elmen Bezirk Reutte, Gemeinde im mittleren Lechtal mit 399 E. Eine Besonderheit sind die auf Holz gemalten Totentanzdarstellungen in Lechtaler Tracht von Anton → Falger aus Elbigenalp in den Nischen der Friedhofsmauer. Den Hochaltar hat Wolfram Köberl (geb. 1927) 1966 entworfen. – Der Kruzifixus an der rechten Langhauswand, um 1620, stammt von Bartlme Steinle, dem Schöpfer des Hochaltars in Stams. Eine 2001 restaurierte Maria Immaculata aus dem Jahr 1784 stammt von dem Hindelanger Schreiner und Bildhauer Johann Richard → Eberhard (1739–1813). - In E. zweigt die Straße über das Hahntennjoch nach Imst ab.

Haberl, Wolfgang: „Sagt Ja. Sagt Nein – Getanzt muess sein". In: DSA, Febr. 1985, 18–20

Emmereis (Rettenberg, Lkr. Oberallgäu), mit einer ehemaligen Chorturmkirche des 12./13. Jh., die an eine Wehrkirche erinnert, mit ursprünglich doppelgeschossigem Langhaus, ein kleiner romanischer Bau mit unverputztem Bruch- und Rollsteinmauerwerk. Die Figuren der Hlg. Nikolaus und Stephan, um 1480, sind dem Umkreis von Ivo → Strigel zuzuordnen. Die freigelegten Wandmalereien sind fragmentarisch erhalten.

Engel zu Wagrain, Alexander Franz Joseph Graf von Bischof, geb. 1722 in Füssen, gest. 1800 in Göß

(Steiermark). – Sein Vater war bischöflicher Pfleger. – Nach seiner Gymnasialausbildung studierte er von 1739 bis 1743 am Germanikum in Rom Theologie und kehrte dann nach Deutschland zurück. Bald darauf trat er in die Dienste der Diözese Passau und wurde 1758 Stadtpfarrer von Enns. 1762 errichtete er dort auf seine Kosten die erste Ausbildungsstätte für Priester in Oberösterreich. – 1783 hob Kaiser Joseph II. das Priesterhaus auf und ernannte seinen Gründer zum ersten Bischof von Leoben in der Steiermark. E. residierte in dem 1782 aufgehobenen adeligen benediktinischen Damenstift Göß. Mit großer Tatkraft übernahm E. den Auf- und Ausbau der neuen Diözese Leoben-Göß, deren erster und einziger Bischof er war.

Enzensperger, Bernhard Geigenmacher und Erfinder, geb. 1788 in Füssen, gest. um 1855 in Wien. – E. eröffnete 1812 eine eigene Werkstatt in Wien, beschäftigte sich viel mit akustischen Studien und erhielt 1831 ein Patent für eine von ihm erfundene „Akustikgitarre". Sein gleichnamiger Sohn (1828–1896) übernahm das Instrumentenbaugeschäft des Vaters, das bis ins 20. Jh. bestand.

Erdt (Erd) Bildhauerfamilie. – **Ignaz E.**, Sohn des Johannes E. von Wertach, trat 1701 bei dem Bürger und Bildhauer Martin Beichel in Türkheim in die Lehre, nachdem er vorher siebeneinhalb Jahre Kistlergeselle gewesen war. – Später lebte in Wertach-Vorderreute **Johann E.** als Bildhauer, der für die Pfarrkirche in Wertach große Apostelfiguren und für die Kirche in Vorderburg eine Täufergruppe für den Taufstein schnitzte. – In Seeg lieferte der Steinhauer **Josef E.** von Pfronten-Kappel 1726 einen neuen Taufstein. – **Johann Kaspar E.**, Bildhauer in Pfronten, wanderte 1784 nach Ebenries in Oberungarn aus.

Erhart, Bruder Jörg (Andreas Erhart) Kapuzinerbruder, geb. 1696 in Pfronten-Kreuzegg, gest. 1762 in Frascati. – Die Eltern waren Bauern. Als der Vater 1712 starb, betete der Bub so erbaulich und tröstlich vor, daß er im Ort künftig in Ermangelung des Pfarrers zu den Sterbenden gerufen wurde. – 1715 begann er in Immenstadt eine Bäckerlehre. 1717 bestand E. seine Gesellenprüfung. Dann aber zog es ihn nach Rom, wo sich neben Schustern, Goldschmieden, Lautenmachern und Schreinern vor allem Bäcker aus Deutschland niederließen. Diese hatten in Rom eine eigene Bruderschaft und besaßen eine eigene Kirche mit einem Hospiz. – Für seine Romfahrt schnitzte sich E. den im Allgäu üblichen Hirtenstab von einer Haselstaude, die sich oben in eine Astgabel verzweigt, worin der Daumen ruhen kann, einen sogenannten Gäbelstecken. Mit einem solchen wird er immer dargestellt. – 1718 erreichte E. zu Fuß Rom. Hier traf er einen Kollegen aus Kronburg bei Memmingen, der als Klostergärtner bei den Kapuzinern mit E. unter einem Dach wohnte. – Schon seit der Zeit in Immenstadt wollte E. Kapuziner werden. Schließlich erhielt er in Paranzano bei Viterbo den Kapuzinerhabit. 1726 legte Andreas, der nunmehr Fra Giorgio hieß, seine Gelübde ab. – Er arbeitete in der Küche, in einer Walkerei, als Krankenwärter und als Helfer eines Almosensammlers. – In den kommenden Jahren wurden ihm mancherlei Wundertaten nachgesagt. Bald hieß er in Rom „il Santo". – 1762 ist E. heiligmäßig in der Villa seines fürstlichen Gönners in Frascati bei Rom gestorben. – 1922 wurden seine Gebeine in die Kapuzinerkirche nach Kempten überführt und schließlich 1952 in einem neuen Eichenschrein in der Wandnische vor dem Muttergottesaltar beigesetzt. – So ist Bruder Georg wieder in seine Allgäuer Heimat zurückgekehrt.

Dussler, P. Hildebrand: Bruder Jörg Erhart von Pfronten. In: Lebensbilder aus dem Bayerischen Schwaben 11, 1976, 125–139

Erler, Franz Anton Maler, geb. um 1695 (Geburtsort nicht gesichert), gest. 1745 in Ottobeuren. – E. war in Ottobeuren Schüler des Venezianers Jacopo Amigoni und malte in der Reichsabtei so viel, daß ihn Abt Rupert II. → Neß in seinen Tagebüchern als einen „allhiesigen Maler" festhielt. – E. malte auch im Pfarrhof in Attenhausen (→ Sontheim) und in Eldern. – Vor allem werden E. die Deckenmalereien im Treppenhaus des Klosters Irsee zugeschrieben.

Ermengerst (Markt Wiggensbach, Lkr. Oberallgäu), 1276 erstmals genannt. – Die Filialkirche sollte bei der Säkularisation auf Abbruch versteigert werden, aber einige Bauern haben die Kirche dem bayerischen Staat um 500 Gulden abgekauft. – Als einziges Gotteshaus im Altlandkreis Kempten enthält E. 1970 freigelegte spätgotische Wandmalereien aus der Zeit um 1500, qualitativ vergleichbar mit den Wandmalereien der Kemptener Keckkapelle.

Geiss, Rudolf: Barg die Kirche in Ermengerst einen Passionzyklus? In: DSA, März 1974, 24–27

Ertinger Kemptener Künstlerfamilie. – Nahezu gleichzeitig mit der Malerfamilie → Hermann tauchen in Kempten auch die Ertinger auf. Als erster begegnet der spätere stiftkemptische Hofmaler **Johann Ludwig E.** (um 1600–1673). Sein Vater war vermutlich Verwalter des Gutes Schwabelsberg bei Kempten. Johann Ludwig war schon 1630 bis 1632 im Stift Kempten tätig, ging aber nach der Zerstörung des Stifts von Kempten weg. 1650 wurde er zurückberufen und gab seine ganze Kraft dem Wiederaufbau. – Sein zweitältester Sohn **Johann Ludwig (2) E.**, (geb. um 1638, gest. 1722) wurde Bildhauer. Er arbeitete für Blaichach, Ermengerst, die Frauenkapelle in Fischen, Oberthingau, Stötten am Auerberg, Untrasried, Wirlings, Heiligkreuz und die Annenkapelle in Schwabelsberg bei Kempten. Vor allem schuf er 1686 für Maria Rain eine Pietà und für St. Lorenz in Kempten die Schnitzarbeiten am Chorgestühl, den Kruzifixus der Kreuzigungsgruppe gegenüber der Kanzel und den schwarz-goldenen „Ablösealtar", den einzigen erhaltenen Altar aus der Erbauungszeit der Stiftskirche. – Von den Söhnen Johann Ludwigs II ist vor allem **Franz Ferdinand E.** bekannt geworden (geb. 1669, gest. 1747 in Kempten), nicht zuletzt durch sein Tagebuch, das er anfertigte, als er mit kaum 13 Jahren zu seinen Verwandten nach Saalfelden im Salzburgischen zog. Im Allgäu arbeitete er für Ebenhofen (Biessenhofen), Obergünzburg, Wirlings und in der Burgkirche in Schöllang.

Schmid, Rudolf: Die Künstlerfamilie Ertinger, Kempten. In: AGF 1965/66, 52–54 – Der Bildhauergeselle Ferdinand Ertinger, 1682 und 1690. In: Reisen und Reisende in Bayerisch-Schwaben (= Reiseberichte aus Bayerisch-Schwaben, Band 1). Hrsg. v. Hildebrand Dussler OSB, Weißenhorn: Konrad, o. J. (1980), 187–192

F

Falger, (Johann) Anton Zeichner, Radierer und Lithograph, geb. 1791 in Elbigenalp, dort gest. 1876. – Sein zeichnerisches Talent veranlaßte den Vater, den Buben zu dem Maler Karl → Selb in Stockach in die Lehre zu geben. – 1808 zogen Selb und F. nach München, wo F. in die königliche Akademie aufgenommen wurde. 1809 wurde F. zum Landsturm eingezogen. – 1810 ging F. wieder nach München, wo er schließlich in der königlichen Steuerkataster-Kommission angestellt wurde. – Im April 1813 wird der Korporal F. erneut einberufen, erlebt den siegreichen Einmarsch in Paris am 2. April 1814 und erhält das königlich bayerische Verdienstkreuz. – Nach seiner Entlassung arbeitete F. wieder in der Steuerkataster-Kommission. – 1816 fuhr F. mit einem Floß nach Wien, wo er seinen Onkel Josef Anton → Lumpert besuchte, der durch 14 Jahre Bürgermeister von Wien war. – Nach siebentägigem Fußmarsch kam F. wieder nach München zurück. Hier war er mit Aloys Senefelder, dem Erfinder der Lithographie, befreundet. Begabte Lithographen waren bald sehr gefragt. F. bekam Anträge aus Hamburg, Düsseldorf, Straßburg, London und St. Petersburg, entschied sich aber für Weimar, wo er zwei Jahre blieb und auch mit Goethe verkehrte. Zu seinen Arbeiten dieser Jahre zählen ein großer und ein kleiner historischer Handatlas, eine Reihe von Landkarten sowie Illustrationen zu Polybius, Horaz und Vergil. – Im Herbst 1821 wurde F. wieder nach München zurückbeordert und erhielt ein ehrenvolles Dienstzeugnis. – 1822 hat F. in Elbigenalp geheiratet. – 1831 wich F. einer Choleraepidemie in München aus und zog endgültig ins Lechtal. Hier schrieb er vor allem seine Chronik des Lechtales. – Berühmt sind seine Totentanz-Darstellungen an der Friedhofsmauer in Elbigenalp, in der Totenkapelle in Elmen und in Schattwald. Diese Totentänze müssen im Zusammenhang mit dem Füssener Totentanz in der Anna-Kapelle von Jakob → Hiebeler aus Obergünzburg sowie den Darstellungen in Oberstdorf, Pfronten und Breitenwang gesehen werden. – In seinem Haus in Elbigenalp empfing F. illustre Gäste wie König Friedrich August von Sachsen, König Ludwig II. von Bayern und Königin Marie von Bayern, der F. sein Haus testamentarisch vermachte. – 1865 erhielt F. das Goldene Verdienstkreuz des Kaiser-Franz-Joseph-Ordens. Vor allem erhielt F. den Ehrennamen „Vater des Lechtals“. – 1855 brachte er eine Broschüre mit Lithographien der Bronzestatuen in der Innsbrucker Hofkirche heraus. – F. schuf auch einen Fonds zum Unterhalt eines Wundarztes und eines Tierarztes sowie zur Errichtung einer Zeichenschule, die er durch 30 Jahre geleitet hat. Hier unterrichtete er mehr als hundert Schüler, u. a. die „Geierwally" Anna → Knittel. – Die Schnitzschule in Elbigenalp bleibt mit Falgers Namen verbunden. – Sein Vermögen vermachte F. den Armen, Stiftungen, Schulen und Kirchen. – Ein Portrait Falgers mit einer Ansicht von Elbigenalp von Anna Knittel 1863, hängt im Tiroler Landesmuseum Ferdinandeum.

Bauer, Franz: Johann Anton Falger 1791–1876. In: Katalog der Tiroler Landesausstellung Reutte 1989, 324–334

Falkenstein (Pfronten, Lkr. Ostallgäu), höchstgelegene deutsche Burgruine (1277 m) auf einem steilen, bewaldeten und weithin sichtbaren Felskopf über dem Vilstal. – Um 1280 wurde F. von Graf Meinhard II. von Tirol erbaut. Um 1290 ging F. in den Besitz des Hochstifts Augsburg über. Ab 1310 saßen hier augsburgische Vögte bzw. Pfleger, deren Amtshaus 1582 nach Pfronten-Ried verlegt wurde. – 1646 wurde F. wie auch → Eisenberg und → Hohenfreyberg auf Anordnung der Tiroler Landesregierung niedergebrannt. – 1884 kaufte König Ludwig II. von Bayern die Ruine und plante ein neugotisches Gegenstück zu Neuschwanstein. – 1885 wurden die Fahrstraße und eine Wasserleitung angelegt, doch der Tod des Königs 1886 verhinderte das letzte große Schloßprojekt in Bayern. – Von der mittelalterlichen Burg blieb nur ein längs-rechteckiges dreigeschossiges Geviert aus Bruchsteinmauerwerk. – 1987 plante eine Interessentengruppe, F. doch noch nach den Plänen Ludwigs II. zu bauen, aber es blieb beim Projekt.

Des Märchenkönigs letzter Traum Schloß Falkenstein. Pläne und Skizzen. Geschichte und Geschichten der Burgruine Falkenstein-Pfronten von Adolf und Annemarie Schröppel und Manfred Einsiedler, Pfronten: Eberle, o.J. (1985) – Desing, Julius: Schloß Falkenstein. Der letzte Traum eines Königs. Bruck/Obpf., 1996

Fehr, Dr. Anton Landwirtschaftsexperte, geb. 1881 in Lindenberg, dort gest. 1951. – F. studierte in Weihenstephan und München, war 1904 Assistent am Milchwirtschaftlichen Institut in Weihenstephan und 13 Jahre später dort Ordinarius. – In seinen prägenden Lehrjahren war er von 1905 bis 1908 Wanderlehrer des Milchwirtschaftlichen Vereins im Allgäu, von 1909 bis 1912 Kreis-Molkereiinspektor für Oberbayern, von 1915 bis 1916 Vorstand der kriegswichtigen Verteilungsstelle für Erzeugnisse der Milchwirtschaft beim Generalkommando des 1. Bayerischen Armeekorps und schließlich ab

1916 Vorstand der Bayerischen Landwirtschaftsstelle in München. – 1921 übernahm F. den Vorsitz des von ihm mitbegründeten Milchwirtschaftlichen Landesverbandes Bayern. Damals zog er auch für den Bayerischen Bauern- und Mittelstandsbund in den Berliner Reichstag ein. In diesen schwierigen Jahren amtierte F. von März bis November 1922 in der Regierung des Zentrumspolitikers Joseph Wirt und neben dem Außenminister Rathenau als Reichsernährungsminister. Zwei Jahre später saß er dann in der bayerischen Landesregierung Heinrich Held als Landwirtschaftsminister. – Für die Neubauten der milchwirtschaftlichen Lehranstalten in Boos (1925) und Weiler (1929/30) und das neue „Haus der Milchwirtschaft" in Kempten (1924/25), den Ankauf des Spitalhofs durch den Milchwirtschaftlichen Verein im Allgäu (1917) sowie die Errichtung der Allgäuhalle für Auktionen in Kempten (1928) war F. anregend, unterstützend und fördernd. Auch die Neufassung der bayerischen Körgesetze (1930) und die Gründung des Allgäuer Emmentalerkäse-Verbandes gehen auf F. zurück. – 1936 zog sich F. auf sein Gut Lindenhof zurück. 1945 aber war er als Mann der ersten Stunde wieder zur Stelle. Zuerst war er Beauftragter des damaligen Staatsministeriums für Landwirtschaft für die Neuordnung der Milchwirtschaft in Bayern und im Allgäu. Dann übernahm er 1946 den Vorsitz des Milchwirtschaftlichen Vereins im Allgäu und der Allgäuer Herdebuch-Gesellschaft. Ohne F. wäre auch die süddeutsche Butter- und Käsebörse nicht wieder nach Kempten gebracht worden. – F. steuerte auch das Kemptener Familienunternehmen Hoefelmayr durch die Klippen der Nachkriegszeit, fungierte beim Allgäuer Brauhaus als Aufsichtsratsvorsitzender und war schließlich noch verlegerisch tätig bei der „Süddeutschen Molkereizeitung" und beim „Allgäuer Bauernblatt". – Fehrs Portrait von Paul Roloff hängt im Sitzungssaal des „Hauses der Milchwirtschaft" an der Hirnbeinstraße in Kempten. – 1947 hat Karl → Hoefelmayr ein Bronzeportrait von F. angefertigt.

Feichtmay(e)r
Eine weitverzweigte und mit den → Zimmermann und → Schmuzer bedeutende Wessobrunner Stukkatorengruppe, erstmals feststellbar mit Caspar F. d.Ä. – Im Bereich der „Euregio via salina" waren tätig: **Caspar F. d.Ä.** (1639–1704) in Oberostendorf, Wertach, Lindenberg (Lkr. Ostallgäu) und Asch (Lkr. Ostallgäu), **Franz Xaver F. d.Ä.** (1698–1763) in Kronburg (Filialkirche), Stöttwang und Oberostendorf, **Franz Xaver F. d.J.** (1735–1803)

in Maria Steinbach, Bad Wurzach und Reicholzried, **Johann Michael (3) F.** (1696–1772) in Ottobeuren und **Joseph Anton F.** (1696–1770) in Kißlegg, Rimpach, Tettnang und Schloß Zeil (Schloßkirche).

Felle, Eugen Postkartenmacher, geb. 1869 in Isny, dort gest. 1934. – Bis zu seinem Abitur besuchte F. die Oberrealschule in Ravensburg. 1888 begann er sein Studium an der Münchner Akademie. Zunächst studierte er Bildhauerei bei Syrius → Eberle und hat auch an dessen Kemptener Kriegerdenkmal mitgearbeitet. Nach dem Abschlußdiplom wandte er sich dem Studium der Malerei zu. – Als F. 1895 als akademischer Bildhauer und Maler ins Allgäu zurückkehrte, bekam er vom Kösel-Verlag seinen ersten großen Illustrationsauftrag. Damals erschien das bis heute nicht überholte Standardwerk „Sagen, Gebräuche, und Sprichwörter des Allgäus“ von Karl August → Reiser. – Nach der Vollendung dieses Auftrags wandte sich F. jenem Gebiet zu, das ihn ein Leben lang nicht mehr losließ, der künstlerischen Postkarte, an deren Entwicklung er maßgeblich beteiligt war. – F. durchstand ein reiches Leben und blieb auch zuversichtlich in den schweren Jahren des Niedergangs. – Die „Correspondenzkarte“ wurde zum Werbeträger für den aufkommenden Fremdenverkehr. Die bildliche Darstellung nahm immer größeren Raum ein. Bis etwa 1900 wurde die ganze Vorderseite zum Bild. – Die wohl früheste seiner Karten stammt aus dem Jahr 1887. – Um 1910 beschäftigte F. bis zu zehn Zeichner. – Grundlage mancher Darstellung war eine photographische Vorlage, die aber mit Tusche und Deckfarben überarbeitet wurde, so daß sie von einer Freihandzeichnung kaum mehr zu unterscheiden war. – Nach dem Ende des Ersten Weltkrieges gelang F. noch eine neue Städteserie, aber die Weltwirtschaftskrise machte alle Hoffnungen zunichte. – Eine Besonderheit sind die Kartenbriefe und die Vogelschaukarten. – Den Wert dieser Karten erkannte als einer der ersten Dr. Otto → Merkt, der schon in den Dreißigerjahren eine Sammlung anlegte, die heute im Stadtarchiv Kempten aufbewahrt wird. – Insgesamt reichen sich sorgfältige Dokumentation und gewinnende Ästhetik die Hand.

Felle, Manfred: Postkarten von Eugen Felle 1869–1934. Gedanken, Erläuterungen und Betrachtungen zu einem wiederentdeckten Sammelobjekt (= Kleine Kostbarkeiten im Allgäu, Bd. 6). Kempten: Verlag für Heimatpflege, 1980

Fellner, Maria Barbara O. F. M. Äbtissin, geb. 1688 in Füssen, gest. 1765 in Speyer. – F. legte 1706 bei den Franziskanerinnen von St. Klara in Speyer die Profeß ab und war von

1736 bis 1740 und erneut von 1746 bis 1749 Äbtissin. – 1739 ließ sie durch den Bildhauer Anton → Sturm in Füssen, ihren Schwager, den Hochaltar des Klarissenklosters in Speyer errichten.

Feltle, Magnus Hoflautenmacher, geb. um 1624 in Hohenschwangau, gest. 1678 in Wien. – F. heiratete 1645 in Wien eine Tochter des kaiserlichen Hoflautenmachers Thomas Epp, eines Allgäuer Landsmannes, und wurde sein Nachfolger in der kaiserlichen Hofmusik. Die Wiener Musikinstrumentensammlung besitzt von F. eine Viola di Bordone (Baryton) aus dem Jahr 1656.

Fendt, Joachim O. S. B. Abt, geb. um 1513 in Füssen, gest. 1553 in Thierhaupten. – Sein Vater war wohl der Schuhmacher Hans F., der in Füssen 1503 das Bürgerrecht erwarb. – F. trat in das Benediktinerkloster St. Ulrich und Afra in Augsburg ein und kam mit 34 Jahren in das Kloster Thierhaupten, wo er Abt wurde, nach wenigen Jahren aber als ein „Mann von seltener Frömmigkeit“ starb.

Feneberg, Johann Michael Theologe und Pädagoge, geb. 1751 in Marktoberdorf, gest. 1812 in Vöhringen. – F. war ein Herzensfreund von Johann Michael Sailer (1751–1832), dem Lehrer des Kronprinzen Ludwig, und im Allgäu Führer der religiösen Erweckungsbewegung. – Sailer schrieb in der Einleitung zu seinem Buch „Aus Fenebergs Leben“: „Ich war mit Feneberg auf eine Weise verbunden, die alle Scheidewände zwischen Herz und Herz niederwarf. In Landsberg sein Mitnovize, in Ingolstadt sein Mitschüler in der Philosophie, bei dem Antritt der Pfarrei Seeg sein Begleiter, in Seeg und Vöhringen oft und oft sein Hausgenosse, in seiner ersten Leidensgeschichte sein Mitleidender, in der zweiten eine Art Mitgekreuzigter, im ganzen Leben sein Freund.“ Diese Lebensstationen sind zu ergänzen durch Regensburg, wo F. am Gymnasium St. Paul unterrichtete, seine Heimat Marktoberdorf, wo er als Frühmeßbenefiziat eine private Lateinschule errichtete, und schließlich durch Dillingen, wo F. am Gymnasium Professor für Poesie und Rhetorik war und einen fortschrittlichen Lehrplan einführte. – Welch großartiger Seelsorger F. in Seeg war, hat einer seiner Kapläne, der spätere Jugendschriftsteller Christoph von Schmid, geschildert. – Beim Heimritt von einem Gottesdienst in seiner ausgedehnten Pfarrei stürzte F. vom Pferd und mußte sich den rechten Fuß amputieren lassen. Später zog F. dann nach Vöhringen. – F. gab eine ausgezeichnete Übersetzung des Neuen Testaments heraus. – Sein Portrait von Konrad Huber aus Weißenhorn, 1808, hängt im Stadtmuseum Marktoberdorf.

Dussler, P. Hildebrand: Johann Michael Feneberg. In: Lebensbilder aus dem Bayerischen Schwaben 8, 1961, 328–348 – Pötzl, Walter: Johann Michal Feneberg (1751–1812). In: Lebensbilder. Geschichte und Kunst in Bildnissen aus Schwaben, 306 f. und 414

Fernpaß 1210 m hoher Übergang vom Außerfern nach Nassereith. Über ihn führte die Via Claudia Augusta nach Augsburg, und im Mittelalter zogen die römisch-deutschen Kaiser über ihn nach Rom. – 1543 wurden die Straße über den Fern und die Nebenstraßen von Lermoos und Ehrwald nach Hohenschwangau neu trassiert. Daran erinnert das Modell einer Erztafel von Veit Arnberger, ein Guß von Gregor Löffler, 1543, im Tiroler Landesmuseum Ferdinandeum. – Durch den Bau der Arlbergstraße, 1824 eröffnet, und der Arlbergbahn, fertiggestellt 1884, nahm der Verkehr über die Fernpaßstraße stark ab. – Landschaftlich reizvoll sind die vielen kleinen Seen beiderseits des Passes. Zahlreich sind die Projekte einer Eisenbahn über den Fernpaß zum und über den Reschen. Neuerdings spricht man auch von einer Untertunnelung des Fernpasses.

Rothkegel, Joachim: Die Reschenscheideckbahn. Augsburg: Rösler + Zimmer o.J. [1976]

Feuchtmayer, Joseph Anton s. Feichtmay(e)r

Feyerabend, P. Maurus O. S. B. Prior, geb. 1754 in Schwabmünchen, gest. 1818 in Ottobeuren. – F. verlor mit sechs Jahren seinen Vater, wurde 1764 als Singknabe in Ottobeuren aufgenommen und begann 1770 sein Noviziat. 1771 legte er seine Ordensgelübde ab, 1777 wurde er zum Priester geweiht. Sehr bald erhielt er den Lehrstuhl für Kirchenrecht an der häuslichen Hochschule. – 1784 erlebte F. den ersten Ballonstart auf deutschem Boden durch P. Ulrich → Schiegg. – Ein Jahr später wurde F. an das Stiftsgymnasium berufen, an dem er Rhetorik und Poesie lehrte und als Präfekt dem Internat vorstand. – 1802 wurde er Prior und 1807 Oberer der verwaisten im Kloster noch verbliebenen Mönche. – F. war aber wissenschaftlich nicht untätig. 1806 erschienen in sechs Bänden die Briefe Papst Gregors d. Gr. und 1810 dessen Homilien und Pastoral. Damit hat F. den Grund gelegt für die spätere Kirchenväter-Ausgabe des → Kösel-Verlages in Kempten. – 1810 begann F. mit der Abfassung einer Ottobeurer Chronik, deren erster Band 1813 erschien. 1814 kam der zweite Band dieser Jahrbücher heraus. – 1814 richtete F. im Namen seiner Mitbrüder durch den Fürsten Anselm Maria Fugger an den Wiener Kongreß eine Eingabe, bei der

Neugestaltung des Reiches nicht auf Ottobeuren zu vergessen. – 1815 erschien der dritte Band der Jahrbücher, 1816 der vierte, nachdem im Oktober dieses Jahres aus München, besorgt von dem ehemaligen Schüler Franz Gabelsberger, die Druckblätter einer Ansicht von Kirche und Kloster und auch die Territorialkarte nach P. Ulrich Schiegg gekommen waren. In diesem Jahr hielt der unermüdliche Prior im benachbarten Benningen zur 600-Jahrfeier des dort verehrten „Wunderbaren Gutes" die Festpredigt, die dann auch im Druck erschien. – Als F. starb, durfte er nicht in der Gruft des Klosters beigesetzt werden, sondern mußte auf Befehl des klosterfeindlichen bayerischen Staates auf dem Ottobeurer Gemeindefriedhof beerdigt werden. – F.s letztes literarisches Vermächtnis war die vierbändige Übersetzung der Werke des Märtyrerbischofs Cyprian. – Den Wiederbeginn Ottobeurens konnte F. nicht mehr erleben, aber sein Wirken und Schreiben war nicht umsonst. – Sein Portrait, von einem unbekannten Maler, Anfang des 19. Jh., hängt im Museum der Benediktinerabtei Ottobeuren.

Kolb, Aegidius OSB †: P. Maurus Feyerabend OSB 1754–1818. Prior des ehemaligen Reichsstifts Ottobeuren. In: Lebensbilder aus dem Bayerischen Schwaben 14, 1993, 199–210 – Faust, Ulrich: Maurus Feyerabend (1754–1818). In: Lebensbilder. Geschichte und Kunst in Bildnissen aus Schwaben, 234f. und 414

Findelkind, Heinrich Gründer des Hospizes in St. Christoph auf dem Arlberg, geb. um 1360 in Kempten, zu bereits neun Kindern angenommen, um 1376 aber weggeschickt und auf der Burg Arlen als Hirte und Schwertträger in Dienst genommen. Jahr um Jahr fand H. F. aus den Lawinen ausgeaperte Leichen, und so begann er mit 15 ersparten Gulden 1386 auf der Paßhöhe des Arlberg eine Zuflucht für Wanderer zu errichten. Bereits in den ersten sieben Jahren konnten 50 Menschen gerettet werden. 1385 hatte H. F. einen Schutzbrief des Tiroler Landesherren Erzherzog Leopold III. erhalten und bereits drei Jahre zuvor die St. Christophorus-Bruderschaft gegründet. – In den Sommermonaten zog H. F. mit seinem Gefährten Ulrich Nossekh aus St. Gallen durch weite Teile Europas, um Gelder zu sammeln. Wappen, Namen und erhaltene Beträge der Spender trug er in Botenbücher ein. So entstand eine Sammlung von 7244 Wappen in fünf Büchern. Das einzige im Originalzustand erhaltene Botenbuch befindet sich seit 1973 im Tiroler Landesarchiv, wo auch ein Faksimiledruck erschien. Zur heraldischen Bedeutung fügt sich hier der Einblick in die Buchmalerei und Volkssprache dieser Zeit. – Die Arlbergbruderschaft wurde 1517 ein Opfer der neuen religiösen Strömungen, nach einer Blütezeit im 17. Jh. von Kaiser Joseph II. aufgehoben, 1961 aber wieder ins Leben gerufen. – Im Allgäu sei an Förderreuthers „Geschichten aus dem Allgäu" (1924) erinnert, deren erste H. F. gilt. – Noch heute kommt die Bruderschaft für Unglücksfälle auf, und so lebt die grenzüberschreitende soziale Leistung des H. F. fort.

Botenbuch der Bruderschaft St. Christoph auf dem Arlberg (Tiroler Handschrift, „Codex Figdor"). Vollständige farbige Faksimile-Ausgabe, hrsg. vom Tiroler Landesarchiv. Innsbruck – München: Südtirol-Verlag, 1976

Fischen im Allgäu Lkr. Oberallgäu, 2854 E., bereits 907 erwähnt. – Pfarrkirche St. Verena, wohl 1126 geweiht, war bis 1391 die einzige Pfarrkirche im oberen Allgäu. – Das Hochaltarbild stammt von Claudius → Schraudolph. – Eine stilistische Besonderheit ist die Frauenkapelle, der letzte Bau von Michael → Beer, dem Begründer der Vorarlberger Schule, 1664. Die Verbindung von Langhaus mit kreuzförmig erweitertem Zentralbau ist eine ländliche Variante der ein Jahrzehnt früher geplanten Stiftskirche St. Lorenz in Kempten. – Ein umfangreicher Bestand von Votivtafeln nimmt Bezug zum Gnadenbild, einer Pietà, um 1440/50.

Fischer, Franz Carl Kurfürstlich-Augsburgischer Landbaumeister und Bildhauer, geb. 1710 in Füssen, dort gest. 1772. – F. war der Großneffe des Baumeisters Johann Jakob → Herkomer und ein Sohn des Baumeisters Johann Georg → Fischer. In Berg (Pfronten) hat F. den Plan von Franz → Kleinhans für den Pfarrhof, 1757, überarbeitet. – In Fischhaus (Roßhaupten) hat er die Kapelle St. Ulrich errichtet. – In Geisenhofen (Stötten am Auerberg) hat F. vielleicht 1760 die Kapelle St. Joseph gebaut. – Zugeschrieben wird ihm der Neubau der Kapelle in Heggen (Stötten am Auerberg), 1748. – Von F. stammt das Taufbecken der Stiftskirche in Lindau, 1756. – In Petersthal (Oy-Mittelberg) wurden 1755 Langhaus und Turm der Pfarrkirche nach Plänen von F. umgebaut. – In Rieder (Stadt Marktoberdorf) geht der Neubau der Filialkirche, 1763, wohl auf F. zurück. – Und der Pfarrhof in Weißensee (Stadt Füssen) wurde 1766 unter der Leitung von F. umgestaltet. – Vor allem aber hat F. 1748/49 in Füssen die Spitalkirche an der Lechbrücke nach dem Vorbild der von seinem Vater Johann Georg F. errichteten Klosterkirche der Franziskanerinnen in Dillingen gebaut. – Auch kann aus dem Planentwurf, den F. 1760 für die Franziskanerkirche St. Stephan in Füssen gefertigt hat, sein Einfluß auf den heutigen Bau angenommen werden. –

Und schließlich hat F. „auf den Spuren" seines Großonkels für die Pfarrkirche in Wilten (Innsbruck) 1755 den Hochaltar geschaffen, ein Ziboriumsbau mit vier Säulen aus Untersberger Marmor und einem in Rocaille aufgelösten Stuckmarmorgebälk. Auch stammen von F. Mensa und Marmortabernakel.

Fischer, Johannes O. S. B. Abt., geb. in Gschwend (Immenstadt-Bühl), gest. 1460 in Füssen. – 1430 legte F. die Gelübde im Kloster St. Ägidien in Nürnberg ab. Weil er aber hier zu frei leben durfte, ging er nach Füssen, wo er die Gelübde nochmals ablegte. – 1433 wurde F. in Füssen zum Abt gewählt. – Auf der Kirchenversammlung in Basel 1436 wirkte F. für die Reform des Benediktinerordens. – 1439 wurde er zum Präses der Benediktineräbte gewählt. – Ein Erfolg seiner Bestrebungen war der Beschluß, alle drei Jahre ein General- und Provinzialkapitel abzuhalten. Dieser Beschluß wurde bis 1521 durchgeführt. – 1440 verfaßte F. ein Handbuch für Beichtväter. – Mehrfache Visitationen in Füssen schärften eine Reihe von Verbesserungen ein. Zu diesen gehörte die fleißige Teilnahme am Chorgebet, die Ablieferung der Meßstipendien an die gemeinschaftliche Klosterkasse, die Einhaltung des Armutsgelübdes, dieselbe Mönchsgewandung für alle und auch das Stillschweigen während der Mahlzeiten. – Zu den damaligen Zwistigkeiten in Füssen gehörte auch das Bestreben, das Kloster vom Bischof in Augsburg unabhängig zu machen und unter den Schutz des Herzogs Sigmund von Tirol zu stellen. – Die Lockerung der Ordenszucht und der fortschreitende Niedergang des klösterlichen Geistes in Füssen führten schließlich dazu, daß F. 1458 seine Abtwürde niederlegte.

Leistle, David: Johannes Fischer OSB. In: Immenstadt im Allgäu. Landschaft, Geschichte, Wirtschaft, kulturelles und religiöses Leben im Lauf der Jahrhunderte. Hrsg. von Rudolf Vogel. Immenstadt: J. Eberl KG, 1996, 545 f.

Fischer, Johann Georg Baumeister, geb. 1673 in Marktoberdorf, gest. 1747 in Füssen. – Seine Mutter, die ältere Schwester des Baumeisters Johann Jakob → Herkomer, hat Johann Georg als einzigem ihrer sieben Kinder die künstlerische Begabung vererbt. – 1695 wurde der Lehrling ein Jahr vor Ende der Lehrzeit ledig gesprochen. – Zu Beginn der Bauarbeiten an St. Mang in Füssen zog Herkomer seinen Neffen als Palier hinzu. – 1710 wurde F. zum Vorgesetzten des Füssener Maurerhandwerks gewählt. Dies blieb er bis etwa 1720. – 1707 hat F. in Füssen geheiratet. Von seinen acht Kindern sind nur drei herangewachsen. Dem Vater im Beruf aber folgte nur Franz Carl → Fischer – F. wurde auch in den Rat der Stadt aufgenommen, und gegen Ende seines Lebens erhielt er den Titel eines Landschaftsbaumeisters des Hochstifts Augsburg. – 1718 wurde F. als Baumeister der Innsbrucker Stadtpfarrkirche St. Jakob bestellt. Dies war seine größte Aufgabe und zugleich seine erste selbständige Leistung, wenn auch die Pläne noch von seinem Onkel stammten. Einen in der Servitenkirche in Rattenberg im Unterinntal vorgeprägten Kompositionsgedanken übertrug F. auf den Entwurf seines Onkels von 1712, indem er eine Tambourkuppel über dem Chor schuf und sich so von den Bauten Herkomers absetzte. – Mit St. Jakob beginnt zugleich der Tiroler Spätbarock. – F.s wichtigste spätere Bauherren waren die Grafen von Waldburg zu Wolfegg und zu Trauchburg, die Benediktiner in Füssen, Fultenbach und Oberelchingen, die Franziskanerinnen in Dillingen und vielleicht auch die Franziskaner auf dem Lechfeld. – Sein eigentlicher Schaffensbereich war das Hochstift Augsburg, wo F. zahlreiche Pfarrkirchen, Pfarrhöfe und Amtshäuser baute und wo ihn Fürstbischof Alexander Sigismund, Pfalzgraf von Neuburg, zum Schloßbau in Oberdorf heranzog. – Seine wichtigsten Bauten waren die Pfarrkirche in Bernbeuren (1721), das Waldburg-Zeilsche Schloß in Kißleg (1721 ff), das fürstbischöfliche Schloß in Marktoberdorf (1722), die Pfarrkirche in Unterpinswang im Außerfern (1725), die Wallfahrtskirche Bertoldshofen (1728), die Pfarrkirche in Marktoberdorf (1732), die Stifts- und Schloßkirche Wolfegg (1733), der Chor der Pfarrkirche in Kißlegg (1734), die Franziskanerinnenkirche in Dillingen (1736) und die Pfarrkirche in Sulzschneid (Marktoberdorf) (1739). – In F.s Fußstapfen traten sein Schüler und Palier Franz → Kleinhans aus Pinswang und sein Sohn Franz Carl Fischer, der die Spitalkirche an der Lechbrücke in Füssen gebaut hat.

Sauermost, Heinz Jürgen: Der Allgäuer Barockbaumeister Johann Georg Fischer. Veröffentlichungen der Schwäbischen Forschungsgemeinschaft bei der Kommission für bayerische Landesgeschichte. Reihe 1, Studien zur Geschichte des bayerischen Schwabens, Band 14. Augsburg: Verlag der Schwäbischen Forschungsgemeinschaft, 1969

Fischer, Johann Martin Bildhauer, geb. 1740 in Bebele bei Hopfen, gest. 1820 in Wien. – Die Vorfahren waren Bauern und Fischer am Hopfensee bei Füssen. – Die Eltern schickten den Buben, der Neigungen zum Schnitzen zeigte, zu dem Bildhauer Franz Joseph Schweiger in Hopfen, einem Schüler des Tiroler Anton → Sturm. – Nach seiner Freisprechung ging F. nach Wien, wo er sich gute Kenntnisse in der neuen Kunstrichtung des Klassizismus erwarb. – Für ein Jahr holte ihn Bischof Klimo nach Fünfkirchen in Ungarn. – 1785 wurde er Mitglied der Akademie der Bildenden Künste und 1786 Professor der Anatomie. 1806 übertrug man ihm endlich die Bildhauerklasse und 1815 sogar die Direktion der Akademie. – In Wien sind etliche Arbeiten F.s in Metallguß und Carraramarmor erhalten, darunter auch eine Büste des Kaisers Franz (1797). – Noch lange klingt die barocke Ausbildung und Tradition nach, erst in seinen späteren Jahren wandte sich F. dem ideal-klassizistischen Portrait zu.

Fischer, Josef Lehrer und Mundartdichter, geb. 1836 in Ziemetshausen, gest. 1896 in Lauingen. – Er schrieb unter dem Pseudonym Hyazinth Wäckerle bzw. nach Jean Paul unter Quintus Fixlein II. – Nach der Absolvierung des Lehrerseminars in Lauingen 1855 erhielt F. seine erste Stelle mit dem Titel eines „Schuladstanten“ in Waltenhofen bei Kempten. Aus dieser Zeit stammen drei Gedichte „Aus'm Kemptischa“. Das erste knüpft an eine Allgäuer Redensart an: Laß's allat gau, / 's hat's allat tau, / Der Grünta fallt it ei', / Und hat er au a Kappa auf, / Es kommt vielleicht a Rega d'rauf / Und z'letztes Sonnaschei'. – 1858 wurde F. nach Lauingen versetzt, 1865 kam er nach Kaufbeuren, wo er auch Chorregent an der Stadtpfarrkirche St. Martin war. In Kaufbeuren blieb F. bis 1872. Diese Jahre gehören zu den glücklichsten in seinem Leben. – 1868 heiratete er die Rosenwirtstochter Anna Philomena Schmid. – Im selben Jahr führte F. mit dem Liederkranz Kaufbeuren die Symphoniekantate von Mendelssohn auf. – Vor allem schrieb F. sein überschwengliches fünfstrophiges Mundartgedicht „ O guldigs Kaufbeura“ – bis heute der Inbegriff eines Heimatliedes. – Kurios und schier aktuell ist seine satirische Geschichte von der kostspieligen Heiligsprechungskommission für Crescentia → Höß, deren Aktivität die Ordensgemeinschaft beinahe in den finanziellen Ruin gebracht hätte.

Layer, Adolf: Josef Fischer (Hyazinth Wäckerle) 1836–1896. Lehrer und Mundartdichter. In: Lebensbilder aus dem Bayerischen Schwaben 13, 1986, 251–280

Fischer, Joseph Stukkateur und Altarbauer, geb. 1704 in Faulenbach bei Füssen, gest. 1771 in Fichtenfeld, Ungarn. – Als Sohn eines Klosterdieners kam F. wohl bei der Ausstattung der Klosterkirche und des Klosters St. Mang in Füssen mit den Wessobrunnern in Verbindung. Dominikus → Zimmermann wurde sein Schwager. – Die Gipsbrüche in Faulenbach lieferten das erforderliche Material für das Stuckieren und Marmorieren. – 1731 schloß F. mit Franz Xaver → Feichtmayr einen Vertrag über die Herstellung von Stuckarbeiten für das Tiroler Zisterzienserstift Stams, außerdem arbeitete er in Tirol für die Pfarrkirchen in Heiterwang und Reutte. – Im Allgäu schuf F. Stukkaturen und Stuckmarmoraltäre in Füssen, im Amtshaus Nesselwang (1732), in Bernbeuren (1735), Rückholz (1741), Seeg (1743/44), Oberostendorf (1747), Geisenried (1747 – 1748), Hohenfurch, Unterostendorf (1753), Jengen (1755/56) und Ketterschwang (1758). – Die Arbeiten Fischers gehören mit zum Besten, was in seiner Art im Ostallgäu aus der Zeit des Rokoko überliefert ist.

Fischer, Joseph Anton Maler, geb. 1814 in Oberstdorf, gest. 1859 in München. – Der Vater war Krämer und Landwirt und nicht unvermögend. – An Sonn- und Feiertagen besuchte der Bub die Zeichenschule, die der Vater des späteren Akademieprofessors Johannes von Schraudolph leitete. Mit 16 Jahren kam F. an die Münchener Kunstschule, in die mit ihm auch Claudius → Schraudolph eingetreten war. Beide blieben ein Leben lang Freunde. – In diesen frühen Münchner Jahren wurde F. für eine Neuausgabe der Holzschnittfolge des Holbein'schen „Totentanz“ herangezogen. Zeitgeschichtlicher Anlaß war der Ausbruch der asiatischen Cholera. – Die gemalten Totentänze im Allgäu und im benachbarten Tirol dürften F. bekannt gewesen sein. Jedenfalls war dieser Auftrag für F. der erste bedeutende Schritt in seiner Künstlerlaufbahn. – 1832 begab sich F. mit Claudius Schraudolph auf seine erste Fußreise nach Italien. Die beiden sollten im Auftrag des Kronprinzen Maximilian die bedeutendsten Werke der altitalienischen Kunst in getreuen Kopien sammeln. F. kam damals nicht bis Rom, sondern blieb in Ober- und Mittelitalien. – 1833 wieder in München entwarf F. die großen Kartons der Fenster für die Maria-Hilf-Kirche in der Au und führte sie auch aus. Mit diesem Auftrag vollzog F. die Wende zur Romantik und zur Kunst der Nazarener. – 1843 zog F. nochmals nach Italien, allein und für fast ein Jahr. Und diesmal kam er auch nach Rom und Neapel. – Nach seiner Rückkehr erhielt F. einen Auftrag für die Fenster des Kölner Doms. Sein Name wurde freilich verschwiegen. – Ein Ölbild, eine „Grablegung Christi“, erwarb König Ludwig 1848 für die Pinakothek um 2000 Gulden. – 1852 erhielt F. durch die Fürstin von Narischkin den Auftrag für ein Altarbild für die Kirche in Odessa. Nun nahm die Akademie F. in die Zahl ihrer Ehrenmitglieder auf. Eine Kopie dieses Bildes kam nach F.s Tod nach Oberstdorf. – Doch bald kam die

Wende seines Ruhms. Nur zu gern wäre er jetzt wieder nach Oberstdorf gezogen. – Versagt blieb ihm eine Berufung an die Akademie. – Hilfe in der Not aber brachte ihm der Ankauf von drei Bildern durch den Passauer Bischof Heinrich von Hofstätter, der während seines früheren juristischen Studiums mit F. im selben Haus gewohnt hatte. – Aus gesundheitlichen Gründen mußte F. einen Auftrag für die Bilder des neuen Hochaltars der Frauenkirche ablehnen. Diesen Auftrag übernahm dann Moritz von Schwind. – 1865 vernichtete der große Brand in Oberstdorf F.s Nachlaß bis auf wenige Reste. Zu diesen gehört auch die Büste F.s, deren Künstler unbekannt ist. – Zu seinen schönsten Bildern zählt das Portrait eines entzückenden italienischen Knaben in Oberstdorfer Privatbesitz.

Arnold, Christian: Joseph Anton Fischer 1814–1859. Leistung und Schicksal eines Allgäuer Künstlers (= Allgäuer Heimatbücher, 64. Bändchen), Kempten: Verlag für Heimatpflege, 1961

Fischer, Richard Politiker, geb. 1855 in Kaufbeuren, gest. 1926 in Berlin. – Nach der Lateinschule erlernte F. den Beruf eines Schriftsetzers, kam 1876 in eine Redaktion und ging 1878 zur „Berliner Freien Presse“, dem Vorläuferblatt des „Vorwärts“. Im Kampf gegen Bismarcks Sozialistengesetze stand er in vorderster Linie und mußte schließlich in die Schweiz flüchten. Seit 1880 war F. in Zürich Redakteur des verbotenen „Sozialdemokrat“. Zuletzt war er Reichstagsabgeordneter.

Fischhaus (Roßhaupten, Lkr. Ostallgäu). – Bemerkenswert ist an der Kapelle die Verbindung von neugotischem Äußeren und barockem Inneren. – Über dem Chorbogen ist eine stuckierte Kartusche mit dem Wappen des Augsburger Fürstbischof Joseph, Landgraf von Hessen-Darmstadt (1740–1768) angebracht. – Um die Mitte des 15. Jh. hat Fürstbischof Peter von Schaumburg am wichtigsten Fischwasser im Amt Roßhaupten ein Fischgut anlegen lassen, das als „Wassserhaus im Weyer“ bezeichnet wurde. Es war der Sitz eines hochstiftischen Fischmeisters, ein zweigeschossiger Mansardwalmdachbau mit östlich vorkragendem Obergeschoß.

Förderreuther, Max Oberstudiendirektor und Museumspfleger, geb. 1857 in Bamberg, gest. 1933 in Kempten. – Der Vater war Bahningenieur und später Generaldirektionsrat. – Von 1861 bis 1863 lebten die Eltern in Würzburg. Dann wurde der Vater nach München versetzt. Hier besuchte F. das Maxgymnasium und studierte dann an der Technischen Hochschule. – 1881 suchte Kommerzienrat Probst in Immenstadt einen Hauslehrer. Diesen fand er in F., der so erstmals ins Allgäu kam. – Für die Anstellungsprüfung im Jahr 1884 schrieb F. über „Die Augsburger Kaufmannschaft in den bayerischen Herzogtümern während der ersten Hälfte des 15. Jahrhunderts", veröffentlicht als Programm der Realschule zu Kempten für das Schuljahr 1891/92. – Nach den üblichen Wanderjahren als Aushilfslehrer und Assistent kam er 1886 nach Ludwigshafen und 1891 an die Realschule in Kempten. Hier wurde er 1898 Professor und 1909 Rektor. An dieser Schule blieb er bis 1911. – 1897 brachte F. seine „Geologische Plaudereien über die Allgäuer Alpen" heraus, 1901 seinen Führer „Die Stadt Kempten und ihre Umgebung" und schließlich 1907 sein großes Werk „Die Allgäuer Alpen. Land und Leute". – 1911 wurde F. an die Rupprechts-Kreisrealschule nach München und 1916 nach Bayreuth berufen. In dieser Zeit wurde er auch zum korrespondierenden Mitglied der Geographischen Gesellschaft in München ernannt. – 1913 ernannte ihn der Historische Verein Allgäu zum Ehrenmitglied. – Im Ruhestand zog F. dann wieder nach Kempten und erklärte sich bereit, hier das Amt eines Pflegers des Heimatmuseums zu übernehmen, das im Mai 1925 eröffnet wurde. – Im selben Jahr wurde F. schließlich in die Zahl der Kemptener Ehrenbürger aufgenommen und von Otto → Keck gemalt. – Oberbürgermeister Dr. Otto → Merkt nannte F. „Heimatpfleger des Allgäus". – Groß ist die Zahl seiner Veröffentlichungen. Abgesehen von den „Allgäuer Alpen. Land und Leute" ist auch heute noch das Bändchen „Aus dem Allgäu. Geschichten für jung und alt" (Kempten: Kösel, 1924) lesenswert. Die erste dieser Geschichten gilt Heinrich → Findelkind. – Das gemeinsam mit Martin Kellenberger verfaßte „Kemptner Heimatbuch", 1927, wurde durch Jahre den Schülern der Stadt zum Abschied von ihrer Schulzeit überreicht. – F. wurde auch von dem Architekten Andor → Ákos gezeichnet, 1932. – F. ist im Allgäuer Heimatmuseum gestorben – an einem fast symbolischen Ort. Noch am Vormittag seines Sterbetages hatte er dem Oberbürgermeister das Manuskript eines einstweiligen Museumskataloges übergeben. – Nach Förderreuther ist in Kempten ein Weg benannt.

Hacker, Friedrich H.: Max Förderreuther – sein Leben und sein Schaffen für die Allgäuer Heimat. In: AGF 36, 1934, 126–140

Forchach Bezirk Reutte, Fraktion von Bach, Straßendorf mit 292 E., am rechten Lechufer an der Mündung des Schwarzwassertales gelegen, seit 1786 Expositur der Pfarrei Weißenbach. – Durch die Lechuferverbauung sind Wiesen entstanden, so daß die Forchacher nicht mehr wie früher unter gefährlichen Wildwassern zu leiden haben. – Bei F. überquert ein 75 m langer Hängesteg, 1924 errichtet, den Lech. Es ist dies die einzige Hängebrücke im Lechtal. – In F. steht ein Naturdenkmal, ein 15 Meter hoher Wacholderbaum.

Franck, Hans Ulrich Maler, Zeichner und Radierer, geb. 1603 in Kaufbeuren, gest. 1675 in Augsburg. – Sein Vater war der Maler, Kirchenpfleger und Stadtbaumeister Daniel Erbe, genannt Franck. – Zunächst arbeitete F. in seiner Ostallgäuer Heimat. Auf einem Altarblatt in Kaufbeuren-Oberbeuren signierte er 1630 als „Mahler und Organist in Kaufbeuren“. – 1637 zog er als Witwer mit sieben Kindern nach Augsburg, wo er trotz Protest der Malerzunft als Bürger und „guet Katholischer Meister“ aufgenommen wurde. – Berühmt gemacht haben ihn seine zwischen 1643 und 1656 entstandenen 28 Radierungen über die Schrecken des Dreißigjährigen Krieges. – Arbeiten von F. in Kaufbeuren befinden sich in der St. Cosmas- und Damian-Kirche und in der Dreifaltigkeitskirche. – Ein Selbstbildnis des 60jährigen F. ist in den Bildband der „Allgäuer Chronik“ (1962), S. 313, aufgenommen.

Frank, Christian Dr. h. c. Priester, Kulturhistoriker und Heimatforscher, geb. 1867 in Günzburg, gest. 1942 in Kaufbeuren. – 1891 wurde F. in München zum Priester geweiht, doch den Hörer des Kulturhistorikers Wilhelm Heinrich Riehl (1823–1897) drängte es zu einer weitumspannenden Form der Seelsorge. Um für diese selbstgesetzte Aufgabe mehr freie Zeit zu haben, bewarb sich F. um die Stelle des Hausgeistlichen an der Heil- und Pflegeanstalt Kaufbeuren mit dem Zweigkrankenhaus in Irsee. – In Band 3 der von ihm gegründeten Zeitschrift „Deutsche Gaue“ sprach F. erstmals den Wunsch nach ehrenamtlich tätigen Heimatpflegern in unseren Städten und Landkreisen aus. Es dauerte freilich noch 30 Jahre, bis sein Programm in die Tat umgesetzt wurde. Doch F. wurde der bahnbrechende Wegbereiter der bayerischen Heimatbewegung. – Die Universität Würzburg verlieh ihm 1927 die Ehrendoktorwürde, die Bayerische Akademie der Wissenschaften 1932 die Verdienstmedaille.

Simnacher, Georg: Christian Frank. Priester, Kulturhistoriker, Heimatforscher. 1867–1942. In: Lebensbilder aus dem Bayerischen Schwaben 13, 1986, 309–332

Frankenhofen (Markt Kaltental, Lkr. Ostallgäu). – Eine Besonderheit an der Langhauswand der Pfarrkirche sind Malereien von 1613 mit Themen aus der Leidensgeschichte. – Das

Langhausfresko zeigt Legende und Martyrium des Hlg. Laurentius in stilistischer Anlehnung an Matthäus Günther. – Die neubarocke Ausstattung stammt aus dem Jahr 1940.

Frauenzell (Markt Altusried Lkr. Oberallgäu), 855 erstmals erwähnt. – Die Pfarrkirche wurde 1709/10 erbaut. – Die Wallfahrt ins Gschnaidt, südöstlich von F., wird seit 1665 genannt. Die neue Kapelle von 1856 birgt viele Votivbilder. – Zu F. gehört auch die Walkenberger Schanze, die als römische Signalstation gedeutet wurde.

Freiwiß, Balthasar Orgelbauer, gest. 1783 in Aitrang. – Vermutlich lernte F. bei Joseph Gabler in Weingarten und übernahm dann in Aitrang die Werkstatt der → Ehinger. Seine Orgel in Rottenbuch (1748), sein erstes bekanntes Werk, bewog P. Meinrad → Spieß in Irsee, ihn Meistern mit bekannteren Namen beim Bau der Chororgel vorzuziehen. Mit diesem Werk, 1752–57, errang F. einen der ersten Plätze unter den schwäbischen Orgelbauern der Barockzeit. Die Orgel in Irsee ist das einzige im Allgäu noch fast unverändert erhaltene Werk von F. Handwerkliches Können und feiner Klang wurden hier zu gewinnender Einheit. – Weitere Orgeln schuf F. in Oberammergau (1759) und Ebenhofen (1774). Eine große Reparatur nahm F. an der Orgel der Stadtpfarrkirche Schongau vor (1772). – Franz Thoma, wohl ein Schüler, setzte die Orgelbautradition in Aitrang fort. Er lieferte 1783 ein Werk nach Schlehdorf bei Kochel und eine Chororgel nach Ettal.

Frey, Dr. med. Dr. rer. nat. h. c. Emil Karl Chirurg, geb. 1888 in Kaufbeuren, gest. 1977 in Bad Wiessee. – F. war einer der bedeutendsten Sauerbruch-Schüler, begann seine Hochschullaufbahn als Privatdozent 1924 in München und kam dann über Berlin und Düsseldorf wieder nach München zurück, wo er von 1943 bis 1958 die Chirurgische Universitätsklinik leitete. – Unter seinen vielen Publikationen seien hervorgehoben seine „Chirurgie des Herzens“ (1939) und „Vom Kampf mit dem Krebs“ (1961). – F. erhielt das Große Verdienstkreuz der Bundesrepublik Deutschland, den Bayerischen Verdienstorden, die Bergmannmedaille in Gold und den Orden pour le mérite (1975).

Freyberg-Eisenberg, Christoph von Fürstpropst, geb. um 1513 auf Schloß Hopferau, gest. 1584 in Ellwangen. – 1538 erhielt F. am Dom zu Augsburg ein Kanonikat, 1555 wurde er Domdekan (bis 1573). – In der Fürstpropstei Ellwangen hatte er seit 1531 ein Kanonikat und wurde 1573 zum Fürstpropst gewählt. – Bis 1579 war er Kirchherr von Löpsingen im Ries. – Sein Grab mit lebensgroßem Standbild befindet sich in der Ellwanger Stiftskirche. – Ein Epitaph mit Wappen blieb im Augsburger-Domkreuzgang erhalten, ein weiteres Epitaph in der Pfarrkirche Hopferau beim linken Nebenaltar.

Freyberger, P. Ulrich O. S. B. Theologieprofessor, geb. 1617 in Füssen, gest. 1681 in St. Georgen. – F. war ein Sohn des Füssener Bürgermeisters Hans Freyberger. – Nach seinem Eintritt in das Kloster St. Peter in Salzburg, 1638, wirkte er seit 1643 als Professor der Philosophie. 1651 übernahm er an der Benediktineruniversität die Lehrkanzel für Moral, 1659 die der Apologetik und Polemik, 1684 die der Exegese. Gleichzeitig war F. Prior. – Von 1666 bis zu seinem Tod diente er seinem Stift als Seelsorger.

Frölich, Dr. med. Dr. phil. Josef Alois von Arzt und Naturforscher, geb. 1766 in Marktoberdorf, gest. 1841 in Ellwangen. – Er war der Sohn eines Gastwirts. – Sein 15 Jahre älterer Stiefbruder Johann Michael → Feneberg nahm sich als Benefiziat von Marktoberdorf und als Professor in Dillingen der Ausbildung und geistigen Entwicklung des hochbegabten Buben an. Dieser besuchte das Gymnasium St. Salvator in Augsburg und das kurfürstliche Gymnasium in München und studierte dann an den Universitäten Dillingen, Ingolstadt, Erlangen und Wien Medizin und Naturwissenschaften. Seine lateinische Dissertation über den Enzian widmete F. Fürstbischof Clemens Wenzeslaus, der dem jungen Arzt und Chirurgen 1796 in Sonthofen eine Praxis als Landschaftsphysikus und zugleich die Inspektion der Berg- und Eisenwerke übertrug. – 1797 wurde F. fürstlicher Hof-, Stadt- und Landschaftsphysikus in Ellwangen, wo ihm auch die Beaufsichtigung des Gesundheitswesens, d. h. der Apotheken, Chirurgen und Hebammen, im Stiftsgebiet von Ellwangen anvertraut wurde. Bald wurde F. zum Hofrat ernannt. Nach der Einverleibung des Stifts durch Württemberg rückte F. an die Spitze des Medizinalwesens der neuwürttembergischen Lande. Als königlicher Hofmedikus kam F. auch in Beziehung zu einem Teil des Königshauses, das ihm 1816 den Zivildienstorden und damit den persönlichen Adel verlieh. – Seine wissenschaftliche Bedeutung lag vor allem auf dem Gebiet der Botanik. Zahlreiche Pflanzenarten tragen noch heute seinen Namen. Im Herbar der bayerischen Staatssammlungen befinden sich noch heute Pflanzen aus Krain und Kärnten, die F. gesammelt hat. F. galt auch als versierter Mineraloge. – F. war Ehrenmitglied der Botanischen Gesellschaft Regensburg, der Mineralogischen Gesellschaft in Jena, der kaiserlich Leopoldino-Carolinischen Akademie der Naturforscher in Erlangen und korrespondierendes Mitglied der Akademie der Wissenschaften und Künste in Turin.

Dussler, Hildebrand: Alois von Frölich Arzt Naturforscher, 1766–1841. In: Lebensbilder aus dem Bayerischen Schwaben 7, 1959, 351–368

Füssen Stadt, Lkr. Ostallgäu, 13 674 E., am Lech und an der Via Claudia gelegen, die im Jahre 46 römische Staatsstraße wurde. – Das Kastcll dcs römischen foetibus konnte 1955 auf dem Sporn des Schloßberges lokalisiert werden. – Der Stapel- und Umschlagplatz bewirkte einen raschen Aufstieg der Siedlung. – Um 746 errichtete der St. Galler Mönch Magnus hier eine erste christliche Zelle. – Eine erste Ummauerung wurde im späten 13. Jh. begonnen und 1338 erneuert – 1313 kam F. an das Hochstift Augsburg, 1803 an Bayern. – Über dem Lech erstrecken sich die barocken Trakte des einstigen Benediktinerklosters und der zugehörigen Kirche. Ein Gegenakzent im Stadtbild ist die Klosterkirche St. Stephan auf einer Anhöhe über der Floßergasse. – Das **Hohe Schloß** bekrönt den Umriß der Stadt. Zur Zeit Bischofs Friedrich II. von Zollern (1486–1505) erhielt das Schloß sein heutiges Erscheinungsbild. Damals bekam der Schloßhof auch seine originelle Fassadenbemalung. Im Obergeschoß des Fürstenbaues wurde der Rittersaal eingerichtet, der die ganze Breite des Flügels einnimmt und von beiden Längsseiten Licht erhält. Sein hervorragender Schmuck ist eine prunkvolle spätgotische Schnitzdecke. Es ist wohl ein Frühwerk des Bildhauers Jörg → Lederer, der 1499 in das Bürgerrecht der Stadt F. aufgenommen wurde. – Im Hohen Schloß befindet sich eine Staatsgalerie mit Gemälden und Skulpturen schwäbischer und vor allem Allgäuer Künstler des 15./16. Jh. – Aus der Zeit der Spätgotik stammt auch ein großer Teil der Bürgerhäuser. – Eine zweite Blütezeit erlebte F. zu Beginn des 18. Jh. – Bestimmender Baumeister war Johann Jakob → Herkomer. Damals wurden das **Benediktinerkloster** und die **Magnus-Kirche** neu errichtet. 1701 wurde der Grundstein für die Kirche gelegt. – Um 1720 malte Franz Georg → Hermann die Fresken der Langhauskuppeln. – Der bedeutendste Bildhauer im Umkreis Herkomers war Anton → Sturm. Er schuf die Figuren der Magnus-Kapelle und des Choraltars. – Unter dem Ostchor befindet sich die Magnus-Krypta mit 1950 aufgedeckten einzigartigen Malereifragmenten des späten 10. Jh. Lebhaft gestikulierend und fast schwebend nähern sich Magnus und

Gallus einer nur mehr teilweise erhaltenen thronenden Figur, die wohl den Hlg. Columban darstellte. Diese ottonischen Wandmalereien erinnern an gleichzeitige Buchmalereien auf der Reichenau. Hier schlägt das christliche Herz des Allgäus. – Die Westwand der Anna-Kapelle nimmt der Totentanz von Hans → Hiebeler, um 1600, ein. – Im einstigen Kloster wurde für den Ausbau des Festsaales 1721 der Architekt und Stukkator Andrea Maini aus Lugano berufen. Die Deckenbilder dieses Raumes stammen von Franz Georg → Hermann. Im Museum kann in zwei Kreuzgangflügeln die Baugeschichte des Klosters nachvollzogen werden. – In besonderer Weise wird an die Wiege des europäischen Lauten- und Geigenbaus erinnert. – In den anderen Kirchen der Stadt begegnen wir immer wieder Künstlern aus dem Kreis um Herkomer, aus Pfronten und Tirol und auch aus Wessobrunn. – An der Lechbrücke steht die **Spitalkiche**, deren Neubau, 1748/49, von Franz Karl → Fischer stammt. Bemerkenswert ist die reiche Fassadenmalerei von volkstümlichem Charakter. – Die **Krippkirche** an der Reichenstraße wurde 1717 von Johann Jakob Herkomer begonnen und 1718 von seinem Neffen Johann Georg → Fischer vollendet. Den Hochaltar hat Dominikus → Zimmermann 1719 geschaffen. – Die **Filialkirche St. Sebastian** ist eine 1507 erbaute spätgotische Anlage, deren Langhaus nach Plänen von Johann Georg Fischer 1721 ff. erneuert und die 1725 geweiht worden ist. Die Chorfresken stammen von Herkomer, 1688, die Deckenbilder im Langhaus von Bartholomäus → Stapf, um 1746. – Das einstige **Kornhaus** an der Schrannengasse ist 1483 erbaut worden. Im Erdgeschoß befindet sich eine zweischiffige, kreuzgratgewölbte Pfeilerhalle zu vier Jochen. – Am Wohnhaus von Anton Sturm, Brunnengasse 18, befindet sich über dem Eingang ein von Sturm angefertigtes Sandsteinrelief der Muttergottes mit den Hlg. Johann Nepomuk und Antonius von Padua, 1724. – Beim Lechfall an der Tiroler Straße ist noch heute der sogenannte **Magnustritt** zu sehen, zwei schuhförmige Vertiefungen im Felsen. Daneben steht ein eisernes Kreuz von 1730. – In F. erschien 1886 die „Fangkommission“, um König Ludwig II. die Abdankung mitzuteilen. Der König ließ die Kommission verhaften. – Von allen Städten im Allgäu hat F. sein Stadtbild wohl am reinsten bewahrt. – Zu F. gehören die Gemeindeteile Hopfen am See, Oberkirch und Weißensee.

Ettelt, Rudibert: Geschichte der Stadt Füssen. o.O. (Füssen): Im Selbstverlag der Stadt Füssen, 1971 – Ettelt, Rudibert: Geschichte der Stadt Füssen. Vom ausgehenden 19. Jahrhundert bis zum Jahre 1945. o.O. (Füssen): Im Selbstverlag der Stadt Füssen, 1979

Furtenbach, Benedikt O. S. B. Abt, geb. 1454 in Füssen, gest. 1531 in Rückholz. – F. stammte aus einer angesehenen Füssener Bürgerfamilie und wurde bereits mit 26 Jahren Abt seines Heimatklosters St. Mang. Er war tatkräftig und hochgebildet, dem Konvent gegenüber aber zu streng. Seine humanistischen Neigungen fanden in eigener wissenschaftlicher Tätigkeit und in der Bereicherung der Klosterbibliothek ihren Niederschlag. – Fürstbischof Friedrich von Zollern war oft sein Gast, auch Kaiser Maximilian I., der ihm den Titel eines kaiserlichen Hofkaplans verlieh. – 1497 gründete F. das Wildbad Faulenbach. – Ein Zerwürfnis zwischen ihm und der Regierung des Hochstifts Augsburg schadeten ihm und auch seinem Kloster. Schließlich wurde er 1515 suspendiert, blieb aber nominell Abt.

Furtenbach, Burkard O. S. B. Abt, geb. 1544 in Füssen, gest. 1599 in Wien. – Bereits in jungen Jahren kam F. in das Augsburger Reichsstift St. Ulrich und Afra. – Mit 41 Jahren, 1585, wurde er Abt des oberösterreichischen Benediktinerklosters Lambach. Er vermehrte den Konvent, förderte die Musikpflege, ließ die Pfarrkirche erneuern und errichtete im Markt Lambach ein Spital. Gegenüber den Klosteruntertanen wirkte er streng im Geist der Gegenreformation. In der Geschichte seines Stiftes erhielt F. den ehrenvollen Namen eines zweiten Gründers der Abtei.

Furtenbach, Martin Chronist. F. heiratete 1515 die Tochter eines Füssener Bürgers und erwarb 1520 das Bürgerrecht. – Als Stadtschreiber hielt er 1525 die Ereignisse des Bauernkrieges in und um Füssen fest.

G

Gaicht s. Weißenbach

Gaichtpaß Bezirk Reutte, 1147 m hoch gelegene Engstelle zwischen dem Lechtal und dem zu Weißenbach gehörenden Weiler Gaicht. – Richtiger müßte man „Gach" schreiben, denn die Felsen fallen an dieser Stelle „gach", d.h. jäh zum tief eingeschnittenen Weißenbach ab. – 1550 wurde hier zur Erleichterung des Transportverkehrs eine neue Straße über den Paß gebaut, die dann bald eine Straßensperre mit einem Fort bekam, das im 17. Jh. weitergebaut wurde. An diese Zusammenhänge erinnert der Text einer Tafel, die der Kemptener Oberbürgermeister Dr. Otto → Merkt 1937 in richtiger Schreibweise anbringen ließ: „Hier war ehemals die Gachpaß-Sperre Österreichs gegen das Hindelanger Tal. Straße erbaut 1550 zum Salz- und Weintransport zwischen Tirol und Allgäu". Dies dürfte die topographisch südlichste Tafel sein, die Merkt je anbringen ließ. – 1744 und 1796 wurde die Sperre verstärkt, obwohl Kaiser Joseph II. bereits 1782 den Verkauf aller Befestigungsanlagen in Tirol, ausgenommen Kufstein, angeordnet hatte. – 1902/12 wurde die Straßentrasse neu verlegt, 1957 die Straße erweitert. Die 1912 errichtete Brücke wurde 1945 in den letzten Kriegstagen gesprengt und 1979 durch eine neue Brücke ersetzt.

Gailenberg s. Hindelang

Gambs, Benedikt Maler der Barockzeit aus Amtzell. – G. malte in Appenweier (Kreis Kehl) und Hilzingen (Kreis Konstanz) die Deckenbilder der jeweiligen Pfarrkirche in St. Ulrich (Kreis Freiburg i. Br.), dem ehemaligen Priorat der Abtei St. Peter, das Hochaltarblatt der Pfarrkirche und vor allem in der ehemaligen Benediktinerabtei St. Peter (Kreis Freiburg i. Br.) die Deckenbilder der Bibliothek, 1751.

Ganghofer, Ludwig Albert Schriftsteller, geb. 1855 in Kaufbeuren, gest. 1920 in Tegernsee. – G. war der Sohn eines Forstbeamten und ging in Welden, Neuburg a. d. Donau, Augsburg und Regensburg zur Schule. Da er Techniker werden wollte, volontierte er 1872 in einer Augsburger Maschinenfabrik. Dann studierte er zunächst Maschinentechnik, wechselte in München aber bald zum Studium der Literaturgeschichte und Philosophie. 1879 wurde er in Leipzig zum Dr. phil. promoviert. – Als er in Berlin mit einer Münchner Volksschauspieltruppe in Verbindung kam, schrieb er für sie sein erstes Schauspiel „Der Herrgottsschnitzer von Ammergau“, das ein großer Erfolg wurde. Seit 1880 lebte er in Wien, wo er ein Jahr später Dramaturg des Ringtheaters wurde und von 1886 bis 1892 Feuilletonredakteur am „Neuen Wiener Tagblatt“ war. 1895 übersiedelte er nach München und lebte teilweise in Tegernsee. Treue Freundschaft verband ihn mit Ludwig Thoma, der auf dem Friedhof von Rottach-Egern an seiner Seite begraben liegt. – Während des Ersten Weltkrieges war G. Kriegsberichterstatter. Die Offiziere witzelten damals mit dem spöttischen Satz: „Die Schlacht kann beginnen, Ganghofer ist eingetroffen.“ Er erreichte große Publikumserfolge in beachtlichen Auflagenhöhen und mit über 30 Verfilmungen seiner Bücher. Eine dreibändige Autobiographie nannte G. „Lebenslauf eines Optimisten“. – Am Anfang stand G. unter dem Einfluß Anzengrubers. – Seine Romane und Erzählungen spielen in einer idealisierten, romantisierten und bisweilen auch sentimentalen Gebirgswelt in routinierten Klischees und flachem Optimismus. Doch stand er bei den zeitgenössischen Schriftstellern des wilhelminischen Zeitalters, aber auch noch bei Thomas Mann in hohem Ansehen. – 1928 fügte man in das Kaufbeurer Stadtmuseum Ganghofers Arbeitszimmer ein. Dort hängt auch ein Portrait G.s von Konstantin Korzendörfer, 1900.

Pörnbacher, Karl: Ludwig Ganghofer (1855–1920). In: Lebensbilder. Geschichte und Kunst in Bildnissen aus Schwaben, 244 f. und 415

Gastel, Georg O. S. B. Musiker und Dichter, geb. 1537 in Irsee, gest. 1616 in Augsburg. – G. trat 1561 in das Kloster St. Ulrich und Afra in Augsburg ein und wurde 1588 Prior. – Die Staats- und Stadtbibliothek Augsburg besitzt von G. wertvolle, mit der Hand geschriebene Musikalienbände. Auch gibt es von G. selbst geschriebene Kompositionen.

Gebrazhofen (Leutkirch, Lkr. Ravensburg), 1290 erstmals erwähnt, Hauptort der freien oberen Landvogtei in Schwaben, die auch Amt G. hieß und das Gebiet der Freien auf der → Leutkircher Heide umschloß, Sitz eines österr. Obermautamtes. – 1716 erhielt G. Marktrecht. 1770–1781 wurde die → Vereinödung durchgeführt. – 1806 kam G. an Bayern, 1810 an Württemberg, 1972 wurde G. nach Leutkirch eingemeindet. – 1797 starb in G. als Pfarrer der stiftkemptische Hofkaplan und Aufklärer Dominikus von → Brentano. – 1994 wurden in einem kleinen Eckzimmer eines 1733 vom damaligen Inhaber des österreichischen Oberzollamtes in Auftrag gegebenen Amtshauses Stuckaturen mit der Jahreszahl 1734 und den Initialen J. S. entdeckt. Es handelt sich hier um Johann → Schütz, der in G. noch während seiner Tätigkeit in der Kemptener Residenz gearbeitet hat. – Die personifizierte Austria weist mit der rechten Hand auf den österreichischen Bindenschild. Auf dessen Rand sind die Datierung 1734 und die fünf Vokale des Alphabets eingelassen: „A. E. I. O. U." – Das hier nachwirkende Zeichen Kaiser Friedrichs III. (1415–1493) ist vielfach gedeutet worden und besagt wohl „Alles Erdreich ist Österreich untertan" oder „Austriae est imperare orbi universo" = Österreichs Bestimmung ist die Herrschaft über den ganzen Erdkreis. Das ist das Motto dieser Stuckdecke. Zu diesem Thema passen auch Putten als Symbole herrscherlicher Tugenden der Gerechtigkeit, des Friedens, der Tapferkeit und der Mäßigkeit.

Fesseler, Alexandra: Die Stuckdekorationen des Johann Schütz in Gebrazhofen und Leutkirch. In: Im Oberland, Heft 1, 2002, 14–19

Geierwally s. Stainer-Knittel

Geisenhof, Johann Anton Baumeister und Stukkateur, geb. 1737 in Pfronten-Meilingen, gest. 1797 in Guntersblum bei Worms. – G. kam aus der Tradition der Allgäuer Wanderhandwerker, die als Bauleute in die Fremde zogen. 1786 schuf er mit dem Bau und wohl auch der Stuckierung der Pfarrkirche Lechbruck ein vorzügliches Werk des Klassizismus. Zuvor war er viele Jahre als Maurerpolier in Mannheim tätig. – 1779/80 leitete er den Umbau der Pfrontener Pfarrkirche und stuckierte sie auch. 1781 erweiterte er die Kapelle in Pfronten-Steinach. – 1783 erfolgte wohl unter seiner Leitung die Renovierung der Wallfahrtskirche Maria Hilf in Speiden. Auch stuckierte er dort mit seinem Sohn das Langhaus. – 1787 lieferte G. Pläne für einen Neubau der Pfarrkirche in Hindelang und 1792 erneuerte er den oberen Teil des Turmes der Pfarrkirche in Petersthal.

Geißenhof, Franz Geigenbauer, geb. 1753 in Füssen, gest. 1821 in Wien. – G. war der Sohn eines Füssener Fleischhackers und ein Enkel des Lauten- und Geigenmachers Andreas Resle in Füssen. 1780 erwarb er in Wien das Bürgerrecht und wurde der beste Wiener Geigenbauer seiner Zeit. Seine Vorbilder waren klassische italienische Modelle, besonders von Stradivari.

Genhofen (Stiefenhofen, Lkr. Lindau (Bodensee)), auf einer kleinen Anhöhe gelegen, umgeben von der alten Feldsteinmauer eines aufgelassenen Friedhofs. Einzigartig sind die zwischen 1567 und 1605 entstandenen Wandmalereien in regellosem Nebeneinander, vermischt mit heidnischen Motiven, Pflanzen, Wappenschilden und einer Hirschjagd, die an frühzeitliche Darstellungen erinnert. – Vorzüglich sind die spätgotischen Altäre. Der Hochaltar stammt von dem Kemptener Maler Adam Schlanz, die Schreinfiguren stehen stilistisch in der Nachfolge des Jörg Syrlin d. J. – Die Sakristeitüre, 1566, ist in zehn Reihen übereinander mit Hufeisen beschlagen, vermutlich Votivgaben zu Ehren des Pferdepatrons St. Stephanus, dem die Kirche geweiht ist. Hier spielt sicher die alte und lange gefürchtete Salzstraße von Immenstadt nach Simmerberg eine Rolle. G. war wohl ein Heiligtum der Fuhrleute.

Georgenberg (Germaringen, Lkr. Ostallgäu). – Langhaus und Chor der einstigen Pfarrkirche St. Georg wurden um 1180 in unverputzten, glatt behauenen Tuffquadern errichtet. – Der spätgotische Backsteinturm stammt aus dem 15. Jh. – Bei der Restaurierung 1966 und in den folgenden Jahren wurden die barocken Veränderungen des späten 17. Jh. weitgehend beseitigt und die um 1700 angebaute Kreuzkapelle abgebrochen. – G. ist die einzige noch erhaltene romanische Kirche in weitem Umkreis, 60 Meter über dem Dorf, ein beherrschender Blickpunkt. – Beachtlich sind vor allem die Wandmalereien des mittleren 13. Jh. in der Apsis: Christus in der Mandorla, umgeben von den Symbolen der Evangelisten sowie Engeln und Heiligen. In den Rundbogenarkaden sind die klugen und törichten Jungfrauen abgebildet, an der Chorwand das Martyrium des Hlg. Georg, um 1250, an der Langhausnordwand ein großer Hlg. Christophorus, um 1420, daneben ein Passionszyklus des 16. Jh. – Das mächtige überlebensgroße Kruzifix im Langhaus ist eine Kopie des romanischen Originals, um 1170, das sich im Bayerischen Nationalmuseum befindet. – Unter der Empore überraschen romanische Reliefs mit Basilisken. – In der fast ausschließlichen Barock-Landschaft der „Euregio via salina“ ist die Kirche auf dem Georgenberg eine Besonderheit und zugleich Ausnahme.

Gerle, Georg Lauten- und Instrumentenmacher, geb. um 1520 in Immenthal (Günzach), gest. 1591 in Innsbruck. – Die Gerle lassen sich als Lautenmacher u. a. in Nürnberg und Salzburg seit dem 15. Jh. nachweisen. – G. wurde 1548 Bürger in Füssen, wo er für Kardinal Otto Truchseß von Waldburg und das Kloster St. Mang arbeitete. – 1562 gründete er mit anderen Meistern die Füssener Lautenmacherzunft. – 1567 trat er als Orgel-Instrumenten- und Lautenmacher in den Dienst des Erzherzogs von Tirol. Aus der berühmten Ambraser Sammlung stammt eine prachtvolle elfenbeinerne Laute von G., die sich heute in der Sammlung alter Musikinstrumente des Kunsthistorischen Museums in Wien befindet. Vielleicht diente dieses Instrument dem persönlichen Gebrauch des Erzherzogs Ferdinand II. oder seiner Gemahlin Philippine Welser.

Gerstruben (Markt Oberstdorf, Lkr. Oberallgäu), schon 1361 erwähnte Höhensiedlung, im Mittelalter von Auswanderern aus dem Lechtal begründet, bis 1892 Dauersiedlung, mit einer kleinen Marienkapelle und vier wenig veränderten Holzhäusern und vor allem einem herrlichen Blick auf Höfats und Rauheck.

Berktold, Anton/Huber, Leo/Kappeler, Matthias: Gerstruben und das Traufberger- und Spielmannsauer Tal. Oberstdorf: Hofmann, 1977

Gestratz Lkr. Lindau (Bodensee), 1160 E. – Die Pfarrkirche ist ein gotischer Bau von 1435/37 mit bedeutenden Wandmalereien im Chor und im Langhaus aus der Zeit des Übergangs vom Weichen Stil zur Spätgotik, um 1443, die Hans → Strigel d. Ä. zugeschrieben werden. Dieser Zyklus ist in nahezu quadratische Felder nach Art der Biblia pauperum unterteilt und in vier Streifen angeordnet. – Die Kreuzwegstationen werden Johann Michael → Holzhey zugewiesen. – An der nördlichen Chorwand steht ein prächtiges Wappenepitaph für Rudolf, gest. 1506, und Heinrich von Horben zu Ringenberg, gest. 1509, von Sebald → Bocksdorfer. – Aus Thalendorf bei G. stammt der Verleger und Kupferstecher Joseph → Wagner.

Giel von Gielsberg, Roman Fürstabt von Kempten, geb. 1612 in Arbon, Kanton Thurgau, gest. 1673 in Rom. – 1630 legte G. in Kempten seine Profeß ab und nahm dann sein Studium an der Jesuitenuniversität Dillingen auf. Nach der Zerstörung des Stiftes Kempten setzte G. sein Studium an der Benediktinerabtei Muri-Gries in der Schweiz fort. 1635 war er Alumnus im Collegium Germanicum in Rom, wo er 1636 zum Priester geweiht wurde. 1639 wurde G., der erst seit neun Monaten im Kapitel stimmfähig war, mit 27 Jahren in Unterthingau durch Kompromiß zum Fürstabt gewählt. Als erster der Kemptener Fürstäbte gab sich G. einen Ordensnamen. „Romanus“ erwies sich fast als Fügung, denn G. war viermal in der Ewigen Stadt, in der er auch starb und in der er vor dem Marienaltar der deutschen Nationalkirche Santa Maria dell' Anima „magna pompa“ bestattet wurde. Zwei Ziele hatte sich G. gesetzt: den Wiederaufbau von Kirche und Stift und die Reform des monastischen Lebens in Kempten. 1652 legte er den

Grundstein zu Kirche und Residenz. Als Baumeister berief er Michael → Beer aus Au im Bregenzerwald, der nach zwei Jahren bereits Johann → Serro weichen mußte. Giels Nachfolger Bernhard Gustav von Baden-Durlach und sein Biograph Bonifaz von Danketschweil nahmen an der Grundsteinlegung teil. Das Bauziel hat G. erreicht. Doch sein Versuch, die bisherige Adelsexklusivität zu durchbrechen und den Konvent mit frischem Leben zu erneuern, scheiterte an den eigenen Konventualen und am Einspruch der Reichsritterschaft. – Das Verhalten Giels wurde schließlich als so belastend empfunden, daß ihm 1668 ein Koadjutor beigegeben wurde. Damit war G. entmachtet. – Genialität und Unbeirrbarkeit erfüllten ein ungestümes und spannungsreiches Leben. G. blieb in vielfacher Weise unverstanden. Doch es bleibt der erste repräsentative barocke Neubau nach dem Dreißigjährigen Krieg. Dieser Aufbruch bestimmt bis heute das Gesicht der historischen Doppelstadt an der Iller. – Portraits des Fürstabtes befinden sich im Fürstensaal der Kemptener Residenz und in der Ahnengalerie der Reisensburg bei Günzburg, die den Giel von 1660 bis 1763 gehörte. Das Bild auf der Reisensburg ist erheblich aussagekräftiger als das von Franz Georg → Hermann nachempfundene im Fürstensaal. Durch lange Jahre hing im Collegium Germanicum in Rom ein Portrait des Fürstabtes (abgebildet in: Kempten aktuell = Heimatteil der Kirchenzeitung für die Diözese Augsburg, Nr. 30, 28./29. 7. 1973). – Nach G. ist in Kempten eine kaum zu findende Nebenstraße benannt.

Laube, Volker/Naumann, Markus: Fürstabt Roman Giel von Gielsberg (1639–1673) im Urteil der Geschichtsschreibung. In: AGF 2000, 19–42

Glötzle, Ludwig Historienmaler und Illustrator, geb. 1847 in Immenstadt, gest. 1929 in München. – G. stammte aus einer Familie, in der Handwerk und Kunst daheim waren. Der Vater war Lithograph, Maler und Buchdrucker, der 1859 mit dem Landgerichtsrat Franz Offner eine im Steindruck hergestellte vierseitige kleine Zeitung, das „Wochenblatt für die Landgerichtsbezirke Immenstadt und Sonthofen“, herausbrachte. – Schon mit 13 Jahren half G. seinem Vater, indem er Bildnisse auf Stein übertrug. Gleichzeitig führte ihn der vom Stil der Nazarener geprägte Ludwig Kaspar → Weiß in die Grundbegriffe des Zeichnens ein. – Mit 15 Jahren war G. bereits an der Akademie in München. Zwei seiner Lehrer, Johann Georg → Hiltensperger und Johann → Schraudolph, waren Allgäuer. Bis 1868 blieb G. an der Akademie. – Sein erstes größeres Bild, ein Altarblatt für die Pfarrkirche in Reimlingen im

Ries, ist verschollen. Erhalten aber blieb sein Fresko, die „Ausgießung des Heiligen Geistes“ von 1875 in der Pfarrkirche in Durach. – Beachtung fand seine „Schlüsselübergabe an Petrus“ für den Hochaltar der Pfarrkirche in Immenstadt. – Bis zur Jahrhundertwende entstanden für sakrale Räume in Immenstadt über 20 Bilder. – Für die Seitenschiffkapellen des Salzburger Domes erhielt G. einen Auftrag. Heute lagern diese Bilder zum Teil im Depot. – Ein Auftrag für die Heilig Geist-Kirche in München mußte fast mit den Malereien von Cosmas Damian Asam „konkurrieren“. 1907 hieß es dazu in der „Christlichen Kunst“: G.s Bilder wirken „so leicht und luftig, als wären sie aus der Hand eines Zeitgenossen Asams entstanden“! – Viel Zeit widmete G. der „Deutschen Gesellschaft für christliche Kunst“. – Im Allgäu wirkte G. in der Kemptener Marienkapelle, im Waisenhaus in Pfronten, in den Pfarrkirchen von Waltenhofen, Ellhofen und Scheidegg. – Noch mit 80 Jahren malte G. die Pfarrkirche in Bezau im Bregenzerwald aus. Schließlich aber war die Zeit über ihn hinweggegangen. Auch in der christlichen Malerei war eine neue Ära angebrochen. – In Immenstadt gibt es eine nach G. benannte Straße.

Flad, Max: Ludwig Glötzle. In: Immenstadt im Allgäu. Landschaft, Geschichte, Wirtschaft, kulturelles und religiöses Leben im Lauf der Jahrhunderte. Hrsg. von Rudolf Vogel. Immenstadt: J. Eberl KG, 1996, 589–591

Goehl, Honorat O. S. B. Abt., geb. 1733 in Immenstadt, gest. 1802 in Ottobeuren. – G. war der Sohn des Kreuzwirtes in Immenstadt, der den begabten Buben in die Klosterschule nach Ottobeuren brachte. Zum weiteren Studium kam G. dann an das Lyzeum in Freising. – 1750 begann er sein Noviziat in Ottobeuren, 1751 legte er die Ordensgelübde ab, 1757 empfing er die Priesterweihe. – Zunächst war G. Lehrer der Syntax und unterrichtete dann Latein und Griechisch und in den Oberklassen Philosophie. – Bald wurde G. Novizenmeister, Director Clericorum und Professor der Theologie an der eigenen Ordenshochschule. – 1767 wurde G. zum Abt gewählt. – 1772 ließ G. bei Erkheim eine Mineralquelle erschließen und zu einem Heilbad ausbauen. Doch in Dankelsried hatte die Reichsstadt Memmingen das Gleiche unternommen und das Ottobeurer Konkurrenzunternehmen zerstört. Das Reichskammergericht verurteilte Memmingen zum Schadenersatz. In den Jahren 1774 und 1775 ließ G. fast alle Straßen bauen, die noch heute Ottobeuren mit den umliegenden Städten verbinden. – Ab 1785 wurde das Priorat in Feldkirch, in dem G. in jungen Jahren Kooperator war, um 30 000 Gulden neu errichtet und die Kirche von Jakob → Zeiller ausgemalt. – 1783 führte G. als einer der ersten den Anbau von Klee als Futtermittel ein. – Auch ließ er das Land vermessen und geographische Karten anfertigen, mit deren Hilfe die Grundbücher angelegt werden konnten. – 1792 verteilte G. die ersten Saatkartoffeln und bezog aus Mailand Samen zum Anbau verschiedener Flachssorten. Auch Raps ließ er anbauen. – Zur Gewinnung von Kunstdünger ließ G. Steinmühlen bauen. – Die Klosterbrauerei erhielt die erste Kupferausstattung. – 1792 ergriff G. auch forstwirtschaftliche Maßnahmen, nachdem die großen Bauten seiner beiden Vorgänger den Waldbestand stark reduziert hatten. – 1794 vergrößerte G. das Klosterland durch den Ankauf der Orte Ober- und Unteregg. – Die Zahl der Schüler in Ottobeuren stieg in diesen Jahren von 50 auf 200. – 1799 mußte G. vor den Franzosen nach Tirol fliehen, wo er durch vier Monate blieb. – Gegen Ende seines Lebens bedrückte ihn die Sorge um die bereits beschlossenen Klosteraufhebungen. – Auf der Grabplatte in der Stiftskirche stehen die vier Buchstaben H. I. H. P. = hic iacet Honoratus peccator = Hier liegt der Sünder Honoratus.

Kolb, P. Aegidius OSB: Honorat Goehl OSB. In: Immenstadt im Allgäu. Landschaft, Geschichte, Wirtschaft, kulturelles und religiöses Leben im Lauf der Jahrhunderte. Hrsg. von Rudolf Vogel. Immenstadt: J. Eberl KG, 1996, 560–563

Goldmann, Alfred Verwaltungsbeamter und Musikforscher, geb. 1918 in Kaufbeuren, gest. 2001 in Ottobeuren. – Der Sohn eines Photographenmeisters trat im Herbst 1945 in den Verwaltungsdienst der Stadt Kaufbeuren und wurde 1952 mit der Leitung des Stadtjugendamtes betraut. Durch 28 Jahre erfüllte er diese Aufgabe bis zur Versetzung in den Ruhestand. – Sein besonderes Verdienst besteht in seinem Bemühen, die Leistung des spätbarocken Irseer Komponisten und Musiktheoretikers Meinrad → Spieß O. S. B. in Erinnerung zu rufen. Dies hat G. vor allem in den „Lebensbildern aus dem Bayerischen Schwaben“, Bd. 3, 1954, Sp. 1043 f. und in der Monographie „Meinrad Spieß – Der Musikerprior von Irsee“ (=Schwäbische Heimatkunde, Bd. 5) o. O. (Weißenhorn): o. J. (1987) getan.

Folwaczny, Werner: Zum Gedenken an Herrn Alfred Goldmann * 7. 4. 1918 † 21. 9. 2001. In: Kaufbeurer Geschichtsblätter, Bd. 15, Nr. 12, Dezember 2001

Gracklauer, Oscar Bibliograph, geb. 1834 in Immenstadt, gest. 1883 in Leipzig. – G. war der Sohn eines von 1830 bis 1840 in Immenstadt ansässigen Advokaten. Von 1850 bis 1856 und von 1862 bis 1874 war G. Mitarbeiter der Jenisch & Stageschen Buchhandlung Wilhelm Geiss in Augsburg und dann Buchhalter bei Ludwig → Huber, dem Besitzer des Kösel-Verlages in Kempten. – 1875 übernahm G. in Leipzig das Literarische Auskunftsbureau von Gustav Wuttig. – G. veröffentlichte etwa 38 Fachkataloge und das zu einem Zeitpunkt, als das Auskunftswesen der Bibliotheken noch in den Anfängen steckte. Dem Buchhandel erschloß G. ungenaue oder entlegene Titel, Verlage und Verlagswechsel sowie die Abgabe von Restbeständen. – Nach seinem Tod führte die Witwe Verlag und Antiquariat für ein Jahr weiter, das Literarische Auskunftsbureau aber verkaufte sie. Der Name der Firma wurde durch die Nachfolger weitergetragen. 1901 übernahm Richard Goldacker (1872–1916) die Firma, die für jeden Buchhändler ein fester Begriff wurde.

Monath, Wolfgang: Oscar Gracklauer. In: Immenstadt im Allgäu. Landschaft, Geschichte, Wirtschaft, kulturelles und religiöses Leben im Lauf der Jahrhunderte. Hrsg. von Rudolf Vogel. Immenstadt: J. Eberl KG, 1996, 578

Grän Bezirk Reutte, ein Haufendorf im Tannheimer Tal zwischen Nesselwängle und Tannheim mit 583 E. – Mit dem Allgäu ist G. seit 1975 über das Engetal und die Fallmühle durch eine Straße nach Pfronten-Steinach verbunden. – Zu G. gehört auch der $1^1/_2$ km lange und über $^1/_2$ km breite Haldensee, der den ganzen Talboden ausfüllt. – Die Deckenbilder der Wendelinkapelle stammen von Josef → Keller aus Pfronten. – Volkskundlich bedeutsam sind die Votivbilder mit Darstellungen ganzer Wallfahrtszüge. Noch im späten 18. Jh. wurde bei einer Viehseuche ein gesundes Tier stellvertretend in der Kirche gesegnet. – Bis zu seiner Stillegung 1952 hat man in einem Metallwerk Reißzeuge hergestellt. – In den letzten Tagen des Zweiten Weltkrieges wurde G. durch amerikanische Artillerie zu einem Drittel zerstört. Der Wiederaufbau dauerte bis 1950. – Nach dem Ungarn-Aufstand 1956 gab es in G. für eine kurze Zeit eine ungarische Mittelschule.

Gramais Bezirk Reutte, Gemeinde in dem rechten Seitental des Lech, 1321 m hoch gelegen, mit 59 E. die kleinste Gemeinde Österreichs, aus Holzhäusern bestehend, eine über 600 Jahre alte Siedlung, die um 1350 erstmals erwähnt wird. 1859 wurde der letzte Braunbär erlegt. 1930 kam hier das erste Auto herauf, und seit 1930 gibt es hier auch elektrischen Strom. – Aus G. stammt Kaspar Gramaiser, genannt Lechtaler, der unter

Maximilian I. 1497 „Obrister Pirgmeister“ in Tirol, ab 1503 „Obrister Pirg- und Jägermeister der niederösterreichischen Lande“ war. Mit ihm stieg Maximilian I. 1514 letztmals zu einer Gamsjagd in die Hohen Tauern. Gramaiser stürzte in Gegenwart des Kaisers 300 m über eine Felswand. Maximilian I. nahm persönlich am Begräbnis teil.

Gratz, Dr. Lorenz Klemens von Generalvikar und Domdekan, geb. 1806 in Stötten am Auerberg, gest. 1884 in Augsburg. – G. besuchte das Gymnasium in Augsburg und studierte dann an der Universität Landshut Philosophie und in München Theologie. Nach Promotion und Priesterweihe kam G. als Kaplan nach Kempten und als Präfekt des Studienseminars St. Stephan nach Augsburg. – 1832 wurde er Professor der biblischen Hermeneutik, Exegese und Pädagogik am Lyceum in Dillingen. 1850 wurde er zum Domkapitular ernannt. Von 1856 bis 1882 war G. Generalvikar. 1869 wurde er Domdekan. Schließlich erhielt G. den persönlichen Adel. – Unter seinen lateinischen und deutschen Schriften wurde sein „Schauplatz der hl. Schrift“ (1858) zweimal aufgelegt. – Durch Jahrzehnte sammelte G. Material zu einer Geschichte der Stadt Füssen und ihrer Umgebung sowie zu einer Geschichte des Benediktinerklosters St. Mang in Füssen.

Gratz, Peter Alois Theologe und Schulrat, geb. 1769 in Stötten am Auerberg, gest. 1849 in Darmstadt. – Der Vater war Lehrer und gab den Buben zunächst in das Benediktinerkloster Füssen. – 1788 trat G. in das Dillinger Priesterseminar ein, wo er den Organistendienst versah und Schüler von Johann Michael Sailer war, der G. dem Freiherrn von Raßler als Hausgeistlichen und Hofmeister auf Schloß Weitenburg am Neckar empfahl. – 1792 war G. zum Priester geweiht worden, 1796 wurde er Pfarrer und Schulinspektor in Untertalheim. Hier entstanden seine ersten Schulbücher. – 1809 wurde er Schulinspektor des Kreises Horb. – 1812 erhielt G. einen Ruf an die Universitäts-Neugründung Ellwangen als Professor für griechische Sprache und Hermeneutik. – 1813 erhielten die ersten fünf Ellwanger Professoren von der Universität Freiburg i. Br. die Doktorwürde. – 1817 wurde die Ellwanger Fakultät an die Universität Tübingen verlegt. – 1817 veröffentlichte G. eine Schrift mit dem Titel „Über die Grenzen der Freiheit, die einem Katholiken in der Erklärung der Schrift zusteht“. – 1819 begründete G. die noch heute bestehende Tübinger „Theologische Quartalschrift“, deren erster Schriftleiter er war. Zuletzt war G. Dekan der katholisch-theologischen Fakultät. – Im selben Jahr, 1819, wurde G. nach Bonn berufen, wo er erster Dekan der neuen theologischen Fakultät und 1822/23 Rektor war. – Er las hier über fast alle Aspekte des Neuen Testaments und über den Lehrauftrag hinaus über Patrologie und Pastoraltheologie. – Zu Spannungen führte in Bonn eine fast allein von G. bestrittene Zeitschrift „Der Apologet“. – Sein Hauptwerk war ein Matthäus-Kommentar, der 1820/23 in zwei Bänden herauskam und letztlich zum Verlust des Bonner Lehrstuhls führte. – Mit dem Wintersemester 1823 mußte G. seine Lehrtätigkeit in Bonn einstellen. – 1828 trat G. sein neues Amt als Schulrat in Trier an. In dieser Aufgabe war er auch glücklich und erfolgreich. – 1838 beantragte G. seine Pensionierung. Es wurde ihm ein Ruhegehalt von 1000 Talern gewährt. Und der König verlieh G. den Roten Adlerorden III. Klasse. – G. zog nach Bensheim an der Bergstraße und dann nach Darmstadt, wo er 1849 starb. – G. war, wie 1968 festgestellt wurde, „unserer Zeit ein Jahrhundert voraus“.

Dertsch, Richard: Peter Alois Gratz. In: Lebensbilder aus dem Bayerischen Schwaben 10, 1973, 191–216

Greggenhofen (Untermaiselstein, Lkr. Oberallgäu). – Das Altarblatt der Magdalena-Kapelle ist Nikolaus → Weiß nahestehend. – Von den Holzfiguren ist eine Mutter Anna, um 1520, hervorzuheben. – 600 Meter nördlich von G. an der Straße nach Untermaiselstein liegt die „Schanze am Stein“, ein enger Felsdurchbruch durch den westlichen Ausläufer des Rottachberges, der schon 1632 gegen die Schweden befestigt wurde. Die Anlage erstreckt sich, zum Teil durch einen Wall aus groben Nagelfluhbrocken befestigt, über 100 Meter hin. – Die unter Naturschutz gestellten Gletscherschliffe von G. sind eine geologische Besonderheit.

Grimm, Georg Maler, geb. 1846 in See bei Bühl am Alpsee, gest. 1887 in Palermo. – Der Vater war Schreinermeister. Seine beiden Altarentwürfe im Immenstädter Heimatmuseum bezeugen jene Begabung, die der Sohn geerbt hat. – Nach der Volksschule besuchte G. die Zeichnungsschule in Immenstadt. 1868 wurde er in die Akademie der Bildenden Künste in München aufgenommen, die damals Wilhelm von Kaulbach leitete. – Nach dem Deutsch-Französischen Krieg, an dem G. als Soldat teilnahm, ging er 1875 an die Akademie in Berlin. In einem Brief jener Jahre schreibt G.: „Die Kunst muß herunter und wenn sie mit Ketten an den Himmel geschmiedet wäre, ich habe sie mir zur Braut erkoren“. Noch in den 70er Jahren hielt sich G. im Süden auf, vor allem in Rom und auf Capri. Vielleicht litt er schon damals an einer Lungenentzündung. Er sehnte sich nach Licht und Sonne, entzog sich als Katholik aber auch bewußt Bismarcks Kulturkampf. – 1877 wanderte er nach Brasilien aus. Ein Gemälde mit Blick auf Rio de Janeiro hängt in der dortigen Kunstgalerie. 1882 fand in der brasilianischen Hauptstadt eine Ausstellung statt. 105 Bilder stammten von G. – Durch zwei Jahre leitete er eine Klasse der Landschaftsmalerei an der Akademie in Rio. – Einen größeren Auftrag erhielt G. für das Karmeliterkloster in Rio, doch seine besten Bilder sind den Aufträgen von Plantagenbesitzern zu verdanken. – 1887 verließ G. Brasilien. Ein Arzt in München stellte fortgeschrittene Lungentuberkulose fest. – G. fuhr wieder in den Süden. In Palermo ist er dann gestorben und auch begraben worden. – 1980 erschien in Brasilien ein Buch mit den Titel „O Crupo Grimm“ und dem Untertitel „Brasilianische Landschaftsmalerei im 19. Jahrhundert“. Leider sind drei Viertel der 170 von G. stammenden Bilder im Revolutionsjahr 1889 verlorengegangen. – G. war eine starke und eigenwillige Persönlichkeit. Aus seiner Schule gingen bedeutende Künstler Brasiliens hervor.

Flad, Max: Georg Grimm. In: Immenstadt im Allgäu. Landschaft, Geschichte, Wirtschaft, kulturelles und religiöses Leben im Lauf der Jahrhunderte. Hrsg. von Rudolf Vogel. Immenstadt: J. Eberl KG, 1996, 585–588

Grönenbach s. Bad Grönenbach

Gröschel, Julius Architekt, Ministerialrat, geb. 1859 in Irsee, gest. 1924. – Nach kurzem Dienst im Hochbauwesen der Bayer. Staatsbahnen war G. zwei Jahre Herzoglicher Hofbaumeister in Meiningen. Dann kehrte er in den bayerischen Staatsdienst zurück und war zuletzt Ministerialrat an der Spitze des Hochbauwesens der Verkehrsverwaltung.

Großdorf (Rettenberg, Lkr. Oberallgäu). – Hier steht ein ehemaliges fürstbischöfliches Amtshaus, seit 1521 Sitz des Landschreibers, des Niedergerichts und eines Notariats. Es wurde 1537 umgebaut in einen zweigeschossigen Bau mit mächtigem Krüppelwalmdach. Im Obergeschoß befinden sich Stukkaturen von Joseph → Fischer, 1735.

Großholzleute, (Isny, Lkr. Ravensburg), an der Straße von Kempten nach Isny, am Fuß des Schwarzen Grates gelegen. Wer heute hier durchfährt, dürfte das schmiedeeiserne Aushängeschild mit dem Reichsadler kaum beachten. Und doch ist hier Geschichte gegenwärtig. 1409 wurde eine Syrgenstein'sche Wasserburg errichtet. – 1525 erfuhren hier die aufständischen Allgäuer Bauern, daß die Seebauern den „Weingartner Vertrag“ angenommen hatten. – 1683 eröffnete in G. die Thurn- und Taxis'-sche Reichspost eine Verbindung von Wangen nach Kempten, die 1692 nach Memmingen und Ulm weitergeführt wurde. – 1714 wurde die Wirtschaft „Zum Adler“ eingerichtet. – Am 11. Mai 1770 übernachtet hier die junge Marie Antoinette, Tochter Maria Theresias, auf ihrer Reise nach Straßburg, wo sie von dem Dauphin erwartet wurde. – Die Einrichtung des „Adlers“ erinnert teilweise noch heute an das Alte Reich. – In G. hat der Schriftsteller Günter Grass 1958 der „Gruppe 47“ erstmals Teile seiner „Blechtrommel“ vorgestellt.

Grünenbach Lkr. Lindau (Bodensee), 1285 E., war zuerst laubenbergisch, dann montfortisch, später gehörte der Ort zu Vorarlberg und kam schließlich 1805 an Bayern. – Im Erdgeschoß der Pfarrkirche befindet sich die ehemalige Grabstätte der Herren von Laubenberg. – Die Langhausbilder stammen von Max → Bentele, 1881. – Im Hochaltar steht eine spätgotische Kreuzigungsgruppe, um 1510. – Die Wirtschaft zum „Adler“ vor der Kirche war einst ein Meierhof des Klosters Mehrerau und später ein österreichisches Amtshaus. – Nordöstlich von G. steht der sog. „Stein“, ein mit Eschen bepflanzter mächtiger erratischer Block, drei Meter lang und zwei Meter breit. Graben und Wall trennen den Stein vom übrigen Gelände. Vielleicht handelt es sich hier um einen mittelalterlichen Thingplatz. – Von der einstigen Burg Laubenberg sind nur noch Mauerreste mit einem Rundturm erhalten. – Ein Naturerlebnis ist der nahe Eistobel, eine beachtliche Eintiefung der Oberen Argen auf einer Strecke von gut drei Kilometern mit 12 Wasserfällen und 14 Gletschertöpfen. – Eine technische Besonderheit ist die seit der ersten Erschließung 1884 nunmehr dritte Argentobelbrücke des Jahres 1982 mit einer Länge von 230 m und einer lichten Höhe von 52,5 m. – In G. gründete 1909 der Textilkaufmann Anton Zumstein (1875–1973) den „Allgäu Verlag Zumstein“, aus dem später „Zumstein's Landkartenhaus, Grünenbach“ wurde. Noch heute gibt es Wander- und Radkarten aus dem Zumstein Verlag für das Gebiet der „Euregio via salina“.

Mader, Herbert: Grünenbacher Chronik von den Anfängen bis zur Gegenwart. o.O. (Grünenbach): o.J. (2000)

Günther, Erich Kurdirektor, geb. 1905 in Kempten, gest. 1987 in Hindelang. – G. besuchte die erste Klasse der Oberrealschule in Kempten zusammen mit Alfred → Weitnauer. Ihre Wege haben sich später noch oft gekreuzt. – Im Mai 1975 feierte G.

mit fünf alteingesessenen Kemptener Bürgern das 50. Abiturjubiläum. – Sein großer Lehrmeister war Max → Förderreuther. Ihm half G. auch bei der Einrichtung des Allgäuer Heimatmuseums. – Dankbar erinnerte sich G. auch stets an Martin Kellenberger, der vor allem kunsthistorisch interessiert war. – 1932 nahm Eugen Schraudy, Kemptens Zweiter Bürgermeister, G. in den neu gegründeten Verkehrsverein auf. – 1953 wurde G. mit der Leitung der Kurverwaltung in Hindelang betraut. – 1949 brachte G. ein schmales, aber heute erst recht gesuchtes Nachschlagebüchlein heraus mit dem lapidaren Titel „Allgäuer Leut' – Allgäuer und Nichtallgäuer, die man kennen soll." – Damals entstand auch die Idee, ein „Allgäu-Lexikon" zu schreiben. Aber dies gelang G. so wenig wie viele Jahre später dem Verfasser des vorliegenden Lexikons. – Im Touristikverlag Grieben schrieb G. die Bändchen „Allgäu", „Bodensee", „Oberschwaben" und „Kärnten". Auch einen Pässeführer schrieb G. damals. – Weit verbreitet war sein Führer „Rund um Hindelang", erschienen im Bergverlag Rudolf Rother in München. – Bei Eberl in Immenstadt brachte G. sein Buch „Hindelang – Volkstum, Landschaft und Kunst im Ostrachtal" heraus. – Beim Polyglott-Verlag erschienen G.s Führer durch Vorarlberg und Liechtenstein. Auch schrieb er ein Heimatbuch über das Kleine Walsertal und im Umschau-Verlag einen liebevoll gestalteten Band „Allgäu". – G. wollte den Gästen Heimat schenken, und das ist ihm auch vorbildlich gelungen. – Schon früh bekam Hindelang die Prädikate „Kneippkurort" und „heilklimatischer Kurort". – 1948 gründete G. den Heimatdienst Ostrachtal. – Sein „Haus der verlorengegangen Gewerbe" überliefert, wie eine alte Nagelschmiede und eine heimische Sennerei ausgesehen haben. – Für die gesammelten Gemälde aus dem alten Hindelang fand er einen ständigen Ausstellungsraum in der ehemaligen fürstbischöflichen Hauskapelle im Hindelanger Rathaus, dem einstigen Jagdschloß der Augsburger Fürstbischöfe. – 1957 erhielt G. das Bundesverdienstkreuz am Band. – G. hat in hervorragender Weise erreicht, daß das Land zwischen Bodensee und Lech zu den bevorzugten Urlaubsräumen der Bundesrepublik gehört.

Landes, B. Jörg: Erich Günther wurde 70 – Dem Gast die Allgäuer Heimat erschlossen. – Ein Werben für das Land zwischen Hochvogel und Grünten. In: DSA, September 1975, 98 f.

Günzach Lkr. Ostallgäu, 1432 E. – Der Ort entstand durch den Kemptener Fürstabt Anselm von Reichlin-Meldegg, der 1730 hier ein Jagdschloß und ein Brauhaus errichten ließ. Daran erinnert noch das Wappen des Fürstabtes über dem Westportal. – Seit 1809 befindet sich der Komplex in Privatbesitz. – Es ist eine dreiflügelige Anlage mit Satteldächern. Hofseitig steht in der Mittelachse risalitartig die Giebelfront eines Querbaus. – Fürstabt Engelbert von Syrgenstein ergänzte das Anwesen 1760 durch einen Bauhof, der 1781 erweitert wurde.

Guggemos, Georg Jugendamtsdirektor und Heimathistoriker, geb. 1890 in Hummel (Weißensee), gest. 1979 in Füssen. – Nach dem Besuch der Gymnasien in Dillingen und Kempten studierte G. an den Universitäten München und Frankfurt a. M. – Seine Ausbildung schloß er mit dem Dr. oec. publ. „summa cum laude" ab. Beruflich war G. in Düsseldorf, Berlin, Frankfurt, München und ab 1934 als Jugendamtsdirektor in Freising tätig. Seit 1955 lebte er im Ruhestand in Füssen. Er schrieb 62 Abhandlungen aus dem Gebiet der Sozialpolitik, des Wohlfahrts- und besonders des Jugendwohlfahrtswesens. – Seit dem Eintritt in den Ruhestand veröffentlichte G. 70 Aufsätze, Broschüren und Bücher zur Heimatgeschichte des Ostallgäus, darunter Ortsgeschichten von Rückholz (1963) und Weißensee (1976). – Die Gemeinde Rückholz verlieh G. das Ehrenbürgerrecht. Sodann erhielt G. das Bundesverdienstkreuz, das Kriegsehrenzeichen 1914/18 und das Deutsche Caritasabzeichen.

Gulielminetti, DDr. Anton Religionspädagoge, geb. 1872 in Marktoberdorf, gest. 1940 in München-Thalkirchen. – Seine väterlichen Vorfahren waren Kaufleute aus Oberitalien, die im frühen 19. Jh. ins Allgäu eingewandert waren. Nach dem Besuch der höheren Schulen in Kaufbeuren und Dillingen studierte G. von 1893 bis 1897 an der Philosophisch-Theologischen Hochschule Dillingen Philosophie und Theologie. Dann war er durch neun Jahre Kaplan in Kempten und durch sechs Jahre Prediger in Neuburg a. d. Donau. – „Nebenbei" wurde er mit einer Arbeit über Clemens Wenzeslaus, der letzte Fürstbischof von Augsburg, und die religiös-kirchliche Reformbewegung" 1910 zum Dr. theol. und 1917 mit einer Dissertation über „Das Volksschulwesen im Hochstift und Bistum Augsburg unter dem letzten Fürstbischof Clemens Wenzeslaus" zum Dr. phil. promoviert. – 1913 wurde G. hauptamtlicher Religionslehrer an der Ruprecht-Realschule in München und 1920 Studienprofessor an der Luitpold-Oberrealschule. 1925 wurde er zum Oberstudienrat befördert. – Das Vertrauen seiner Kollegen berief G. zum Leiter des „Verbandes bayerischer Religionslehrer".

H

Haag, Johannes Fabrikant, geb. 1819 in Kaufbeuren, gest. 1887 in Augsburg. – H. ist der Begründer der deutschen Zentralheizungsindustrie und der nach ihm benannten Röhrenwerke in Augsburg. Diese hatten Filialen in Berlin und Wien sowie Vertretungen in der Schweiz, in Italien, Rußland und Skandinavien. Augsburg und Kaufbeuren verdanken ihm Wohltätigkeitsstiftungen. In beiden Städten sind nach H. Straßen benannt.

Haas, Johann Christof Rokoko-Maler, geb. 1753 in Reutte, gest. dort 1829, Schüler von Franz Anton → Zeiller. Sein Selbstportrait hängt im Reuttener Heimatmuseum.

Häselgehr Bezirk Reutte, ein 8 km langes Straßendorf im Lechtal zwischen Elmen und Elbigenalp mit 684 E., erstmals erwähnt 1315. Von ca. 1660 bis 1905 gab es hier eine Bierbrauerei. Eine 1786 gegr. Glockengießerei und eine Schellenschmiede bestehen noch heute. Im Ortsteil Unterhöfen stand schon 1482 eine Salzstation. – Nach einer schweren Lawinenkatastrophe im Jahre 1951 hat man große Schutzbauten am Heuberg errichtet. – Im Jagdbuch Maximilians I. wird die Hirschjagd in H. genannt. – Aus H. stammt der später in Salzburg berühmt gewordene Franziskanerpater Peter → Singer (1810–1882), Komponist und Erfinder des Pansymphonikon. – Am 4. Dezember 1992 wurde in H. eine internationale Resolution gefaßt, um den Lech als einen der letzten Wildflüsse der Alpen unter Schutz zu stellen

Haf, Theodor Bildhauer, geb. 1848 in Pfronten-Ried, dort gest. 1898. – Zunächst erlernt H. das Schreinerhandwerk, ging aber dann nach München an die Kunstakademie. Meist schuf er kirchliche Dekorationen und Grabdenkmäler. Von H. stammt das Denkmal für den Chirurgen v. Nußbaum in den Anlagen vor dem Krankenhaus links der Isar. – In seiner Heimat stammen von H. eine Darstellung Christi am Kreuz und der Schmerzhaften Muttergottes gegenüber der Kanzel in der Pfrontener Pfarrkirche sowie die Lourdes-Madonna auf dem Falkenstein. – In seinen letzten Lebensjahren zog. H. von München auf den Falkenstein und errichtete dort das Burghotel.

Haff, Dr. Karl Rechtshistoriker, geb. 1879 in Pfronten, gest. 1955 in Hamburg. – H. entstammte väterlicherseits einer alten Allgäuer Industriellenfamilie, mütterlicherseits einem holsteinischen Geschlecht auf

Fehmarn. Auf diese Ahnen sind auch seine juristischen Neigungen zurückzuführen. – Von 1888 bis 1897 besuchte er das Humanistische Gymnasium in Kempten. Von 1897 bis 1899 studierte er an der Universität München, wo er auch mit Reichsarchivdirektor Franz Ludwig → Baumann zusammenkam. Von 1899 bis 1901 studierte er in Berlin. 1901 war H. Rechtspraktikant am Amtsgericht Füssen. 1902 wurde er an der Universität Würzburg mit einer Dissertation über die Geschichte einer ostalemannischen Gemeinlandsverfassung auf Grund von Archivstudien im Allgäu, in Oberbayern und in Tirol zum Dr. jur. promoviert. 1904 legte er seine Große juristische Staatsprüfung in München ab. 1905 bis 1907 war er Assessor bei der Regierung in München und der dortigen Reichsratskammer. 1907/08 verbrachte er, einer Familientradition folgend, einen Studienaufenthalt in Kopenhagen. 1908 war er Privatdozent für deutsches Recht in Würzburg, 1910 ao. Professor in Lausanne, bald dort o. Professor. 1918 war H. o. Honorarprofessor in Rostock, 1919 o. Professor erst in Königsberg, dann o. Professor in Hamburg. Hier blieb er bis zu seiner Emeritierung. 1949 war er auch Leiter des deutschen Instituts für Jugendhilfe in Hildesheim. – Gastvorlesungen hielt H. u. a. in Neapel, Bergen, Oslo, Löwen und Innsbruck. – Insgesamt veröffentlichte H. 17 selbständig erschienene Werke und 87 Aufsätze und Miszellen in Zeitschriften und Sammelwerken. – Schwaben betreffen drei Beiträge: Rott- und Zollordnung des Fürstbischofs Peter von Augsburg. Zwei Pergamenthandschriften vom Jahre 1428 aus dem Füssener Stadtarchiv, ferner: Vollstreckungsordnung für das Augsburgische Pflegamt Füssen vom Jahre 1583 mit Kommentar, und schließlich: Neue Alprechtsstudien (in: AGF 1942). – 1950 erschien in Innsbruck (bei Wagner) zum 70. Geburtstag von H. eine Festschrift. In ihr schrieb Otto → Merkt über die Letzen im Allgäu, meist eilig hergestellte Sperren zum vorübergehenden Verbarrikadieren von Wegen und Straßen.

Haff, Thomas Feinmechaniker, geb. 1775, gest. 1859 in Pfronten. – H. ist der Gründer eines Familienunternehmens, das sich auf Feinmechanik, Meßinstrumente und Reißzeuge verlegte, und somit der Begründer der feinmechanischen Industrie in Pfronten. Die hohe Qualität der Erzeugnisse beweist die Tatsache der vielen ersten Preise auf elf Weltausstellungen seit 1840. Die Pfrontener Reißzeuge waren nicht zuletzt den Allgäuer Gymnasiasten ein Begriff.

Haggenmüller, Johann Baptist Politiker und Historiker, geb. 1792 in

Kempten, dort gest. 1862. – Seitdem der zehnjährige H. das Ende des Stiftes und der benachbarten Reichsstadt erlebte, ließ ihn die Geschichte der beiden Kempten nicht mehr los. – 1804 kam er in das Gymnasium seiner Vaterstadt, das er 1809 als Bester seiner Klasse absolvierte. – Dann ging er an die Universität Landshut und studierte Geschichte, Philosophie und Rechtswissenschaft, vor allem aber alte Sprachen. 1812 legte er mit bestem Erfolg seine Lehramtsprüfung ab. Nach kurzer Unterrichtsaushilfe am Gymnasium Kempten ging er nach Landshut zurück, um seine juristischen Studien abzuschließen. 1813 meldete er sich freiwillig für den Freiheitskampf gegen Napoleon, wurde 1815 zum Oberleutnant befördert und lernte in dieser Zeit den aus Südtirol stammenden Orientalisten Jakob Philipp Fallmerayer kennen. – Nach Anstellungen in Dillingen, Würzburg und Kaiserslautern kam H. schließlich als Gymnasialprofessor nach Landshut, wo er nebenbei am Lyzeum Vorlesungen über Geschichte hielt und Fallmerayer vertrat. – H. war ein sehr geschätzter Vortragender, der sich freilich zum Liberalismus bekannte und daher bald seines Lehramtes enthoben wurde. Nun konnte er endlich seinen alten Plan verwirklichen: 1840 brachte er im Verlag → Dannheimer in Kempten den ersten Band seiner „Geschichte der Stadt und der gefürsteten Grafschaft Kempten von den ältesten Zeiten bis zu ihrer Vereinigung mit dem baierischen Staat“ heraus. 1847 folgte der zweite Band. Bis 1954 blieb dies die einzige Geschichte der beiden Kempten. – Doch der politisch stets regsame H. konnte und wollte nicht untätig zusehen und ließ sich daher für die Verfassunggebende Nationalversammlung in Frankfurt aufstellen. Hier schloß er sich dem linken Zentrum an und schickte 40 Berichte an die „Kempter Zeitung“. – Im Mai 1849 aber ging man in Frankfurt ohne Ergebnis auseinander und verlegte den Sitz der Versammlung nach Stuttgart. Diesem Rumpfparlament machte der württembergische Staat aber schnell ein Ende. – H. ging wieder nach Kempten, wo er freilich bald verhaftet wurde. Der ihm nahegelegten Flucht entzog er sich mit dem Bekenntnis: „Ich werde mich meiner Verhaftung nicht entziehen; das Volk soll sehen, daß es Männer gibt, die alles, Freiheit und Leben, für dasselbe einzusetzen entschlossen sind“. Erst kurz vor Weihnachten wurde H. durch ein Amnestiegesetz freigelassen. In aller Stille wollte er heimkehren, aber die Bürgerschaft kam ihm mit 50 Schlitten bis Börwang entgegen und bereitete ihm einen Empfang, wie er weder früher noch später je einem Menschen in Kempten zuteil wurde. – 1988 erschien, wiederum bei Dannheimer, ein Reprint der beiden Bände von 1840 und 1847, diesmal in einem Band. – In Kempten ist eine Straße nach H. benannt. Hier und an seinem Wohn- und Sterbehaus hat man Gedenktafeln angebracht. – Sein Portrait im Allgäu-Museum hat Franz Sales → Lochbihler 1848 gemalt.

Rottenkolber, Josef: Johann Baptist Haggenmüller. In: Lebensbilder aus dem Bayerischen Schwaben 1, 1952, 365–370 – Beck, Barbara: Johann Baptist Haggenmüller (1792–1862). In: Lebensbilder. Geschichte und Kunst in Bildnissen aus Schwaben, 328 f. und 416

Hahn, Ludwig Chordirigent und Komponist, geb. 1905 in Neumarkt in der Oberpfalz, gest. 1973 in Kaufbeuren. – Sein Vater war Finanzbeamter und zugleich ein gesuchter Sänger, der seine Musikalität seinem Sohn vererbte. – H. besuchte das Gymnasium in Eichstätt. Der dortige Domkapellmeister wurde für H. s Werdegang als Mensch und Musiker bestimmend. H. spielte Orgel, Klavier, Geige, Fagott, Kontrabaß, Posaune und Horn. – Von 1923 bis 1926 studierte er am Staatlichen Konservatorium in Würzburg. Hier spielte er Kontrabaß im Orchester, gab bei den Augustinern täglich zwei Stunden Musikunterricht für freien Mittags- und Abendtisch und hatte zwei Chöre und eine Organistenstelle. – 1929 wurde H. mit 24 Jahren Chorregent in Kaufbeuren. Hier leitete er auch den Sängerbund und wurde in der Singschule aktiv. – Bereits 1930 führte er Händels Oratorium „Israel in Ägypten“ auf, begann mit der Pflege des Gregorianischen Chorals und machte seine Chorsänger mit Stimmbildung bekannt – damals etwas ganz Neues. – Sechs seiner zwölf Kinder wählten die Musik zu ihrem Beruf. – Für seine Vertonungen wählte H. Texte von Ringelnatz, Morgenstern, Angelus Silesius, Peter Dörfler und vor allem Arthur Maximilian Miller. – In der Kunst der Improvisation war H. unvergleichlich. – Der Chor der Kaufbeurer Pfarrkirche trägt nach dem damaligen Pfarrer Fink den Namen „Martinsfinken“. Sie wurden ein Inhalt seines Lebens. – Für das Tänzelfest baute H. eine Knabenkapelle auf. – Kaufbeuren hielt H. stets die Treue. Berufungen an das Richard-Strauß-Konservatorium in München, als Domkapellmeister in Eichstätt, als Leiter der Kirchenmusikschule in Rottenburg oder an die Singschule in Augsburg schlug H. aus. – Er erhielt das Bundesverdienstkreuz und den päpstlichen Sylvesterorden.

Schlierf, Dr. Herbert: Ludwig Hahn – Vater der Kaufbeurer Martinsfinken. In: DSA, Dez. 1975, 173–177

Haldenwang Lkr. Oberallgäu, 3467 E., 1152 erstmals genannt. – Die bereits 1168 bestehende Pfarrkirche ist vielleicht eine Gründung des Ottobeurer Klosters. – Prachtvoll ist die Ausstattung der Altäre. Im Annenaltar befindet sich ein spätgotisches Holzrelief der Hlg. Sippe, 1515, darunter eine Anna Selbdritt, um 1440, aus dem Umkreis von Hans → Strigel d. Ä. – Zu H. gehören Reste der einstigen Burg Wagegg, dargestellt auf dem Bild des Fürstabtes Eberhard von Stein (1571–1584) im Fürstensaal der Kemptener Residenz, und auch Reste des Schlosses „Fürstenlust", das als stiftkemptisches Versailles geplant war, 1715 von Fürstabt Rupert von → Bodman (1678–1728) errichtet. Den dort geplanten Lustgarten zeigt eine kolorierte Zeichnung von Joseph → Buck im Stadtarchiv Kempten sowie ein Gemälde am Aufgang zum Fürstensaal der Kemptener Residenz. – Unterhalb des Schlosses hat Fürstabt Rupert von Bodman einen großen See anlegen lassen, in dem bis zu Beginn des 19. Jh. Fische für die fürstäbtliche Tafel gehalten wurden. Dieser See wurde später abgelassen und trokkengelegt. Die zum Schloß führende Auffahrtsallee mit 120 großen Ahornbäumen wurde leider gefällt. – Aus H. stammt der Historienmaler Johann → Hiltensperger.

Flach, Franz und Welle, Josef: Chronik der Gemeinde Haldenwang. Kempten: Allgäuer Zeitungsverlag, 1990

Haneberg, Daniel Bonifatius von
Professor, Abt und Bischof, geb. 1816 in Lenzfried bei Kempten, gest. 1876 in Speyer. – Die H. sind ein altes Allgäuer Bauerngeschlecht, das 1339 erstmals urkundlich genannt wird. – Der Großvater war durch viele Jahre weltlicher Verwalter des Lenzfrieder Franziskanerklosters. – H. kam auf dem Bauernhof „Obere Tanne" zur Welt. Als er neun Jahre alt war, starb seine Mutter. Der Vater erzog seine vier Buben allein. – Ab dem Schuljahr 1827/28 ging H. ins Gymnasium in Kempten. Ab der vierten Klasse war er Klassenerster. Am Ende der siebten Klasse schickten ihn seine Lehrer an das spätere Wilhelms-Gymnasium in München. Schon damals war er Hörer an der Universität. H. war ungemein sprachbegabt. Er beherrschte schließlich Latein und Griechisch, Englisch, Französisch, Italienisch und Portugiesisch, Hebräisch, Syro-Chaldäisch, Neugriechisch, Koptisch, Äthiopisch, Persisch, Sanskrit, Russisch und Türkisch. – 1835 begann er seine Studien an der Universität, trat 1837 in das Georgianum ein und wurde bereits 1839 zum Dr. theol. promoviert. Im selben Jahr wurde er in Augsburg zum Priester geweiht. Seine Primiz feierte er in seiner Heimatgemeinde Lenzfried. – 1839 habilitierte sich H. auch in München als Privatdozent für alttestamentliche Exegese und Hebräisch. – 1841 wurde er außer-

ordentlicher Professor, 1844 bis 1872 war er Ordinarius. Auch war er ein gesuchter Prediger und beliebter Beichtvater. – 1850 trat er in das neugegründete Benediktinerkloster St. Bonifaz ein. Schon 1854 wurde er einstimmig zum Abt gewählt. – In Andechs ließ er ein Heim für verwahrloste Buben und Waisenkinder errichten. – Trotz vieler Belastungen hielt er seinem Lehrstuhl an der Universität die Treue. – Die Verkündigung des Dogmas von der Unfehlbarkeit des Papstes hielt H. für verfrüht und fiel dadurch zeitweilig in Ungnade. – Mehrfach wurden ihm Bischofsstühle angeboten, aber erst 1872 konnte er nicht mehr nein sagen und ging nach Speyer. Hier ist H. schon 1876 gestorben. – Mehrere Jahre wohnte er mit dem Dichter Clemens von Brentano zusammen. – In mancherlei Schwierigkeiten brachte ihn die Freundschaft zu seinem 1871 exkommunizierten Lehrer Joseph Ignaz von Döllinger. – Auch Kulturkampf und altkatholische Bewegung brachte viel Unruhe in sein mehr als erfülltes Leben. – Auf dem Deckengemälde im Schiff der Pfarrkirche Lenzfried ist H. rechts im Vordergrund abgebildet.

Böck, Franz-Rasso: Daniel Bonifatius von Haneberg 1816–1879. Abt von München St. Bonifaz und Bischof von Speyer. In: Lebensbilder aus dem Bayerischen Schwaben 15, 1997, 219–229

Haslach (Oy-Mittelberg, Landkr. Oberallgäu). – Die Filialkirche ist ein flachgedeckter Saalbau um 1744. – Aus dieser Zeit stammt auch der Stuck mit Rocaillen und farbig gefaßten Blütengehängen. – Das Bild des Hochaltars, eine Fürbitte des Hlg. Wolfgang vor der Gottesmutter, hat Franz Anton → Zeiller gemalt. – Eine Madonna des „Weichen Stils“ stammt noch aus der Zeit um 1430/40.

Hauber, Johann Michael Priester und Schriftsteller, geb. 1778 in Irsee, gest. 1843 in München. – Sein Vater war Klosterschreiner. – Nach theologischen Studien wurde H. 1801 Seelsorger in München, 1818 Hofprediger und 1841 Stiftspropst zu St. Cajetan. Er verfaßte weitverbreitete Gebets- und Erbauungsbücher, setzte sich für die Wiederbelebung der Kirchenmusik ein und sammelte historische Musikhandschriften. Auch wirkte er für die Einführung der Barmherzigen Schwestern in Bayern.

Hauber, Josef Maler, geb. 1766 in Geratsried (Gemeinde Missen), gest. 1834 in München. – H. war der Sohn eines Schreiners, der den Buben zunächst zu dem Maler (Franz) Anton → Weiß in Rettenberg in die Lehre schickte. Dann kam er an die Wiener Akademie und nach München. Hier beriet ihn vor allem Roman Anton → Boos. Zunächst kopierte er die niederländischen Maler, und bald hieß es in München, keiner könne die alten Meister besser wiedergeben. – Kurfürst Karl Theodor bewilligte H. ein Jahresstipendium von 200 Gulden. Als im Jahr 1800 die Stelle eines Zeichenlehrers an der kurfürstlichen Kunstschule frei wurde, erhielt H. vor zahlreichen Bewerbern den Vorzug. Acht Jahre später wurde H. an die neugegründete Akademie der Bildenden Künste als Professor berufen. – In den nächsten drei Jahrzehnten schuf er an die 50 Bilder mit religiösem Inhalt, die freilich in der zweiten Hälfte des 19. Jh. meist entfernt, verschleppt, zerstört und vergessen wurden. – Bedeutenderes leistete H. als Portraitist. Mit Josef Stieler war H. in München der beliebteste Gesellschaftsmaler seiner Zeit. Es galt als Ehrensache, von H. gemalt zu werden. – Sein frühestes Portrait ist ein Bild der seligen Creszentia von Kaufbeuren (→ Höß), Öl auf Kupfer, 1878. – Aus der illustren Gesellschaft von damals portraitierte H. den Kurfürsten Karl Theodor, dessen Frau Erzherzogin Leopoldine von Österreich-Este, Ernestine Gräfin Montgelas, den Bildhauer Roman Anton → Boos mit seiner Familie, den Landschaftsmaler Ferdinand Kobell, den Komponisten und Musiktheoretiker Joseph Georg Vogler, Joseph von Kirschbaum, den Erzieher des Kronprinzen Ludwig, und den Erfinder und Lithographen Alois Sennefelder. – Erst durch die Berufung Joseph Stielers 1812 verlor H. in der Folgezeit seinen adeligen Auftraggeberkreis. – So spannt sich das Werk H.s vom spätbarocken Altarbild über klassizistisch strenge Portraits und Figurenkompositionen bis zum detailfreudigen Biedermeierportrait. – H. war ein wacher, kunstgeschichtlich versierter Künstler, in dessen Werk jede Stilkategorie bis zu den Nazarenern und zum Historismus begegnet.

Rottenkolber, Josef: Josef Hauber. In: Lebensbilder aus dem Bayerischen Schwaben 2, 1953, 326–328 – Schneider, Angela: Josef Hauber (1766–1834) – sein Leben und sein Werk (= Miscellanea Bavarica Monacensia, Heft 44). Neue Schriftenreihe des Stadtarchivs München 1974

Hawangen Lkr. Unterallgäu, 1222 E. – Die Geschichte von H. beginnt mit der Gründung des Klosterstaates Ottobeuren im Jahr 764, als H. bereits zum Urbesitz des Klosters gehörte. – Die ursprünglich spätgotische Pfarrkirche wurde 1722 von Simpert → Kraemer barockisiert. – Das Hochaltarbild ist eine Murillo-Kopie, deren Original in der National-Gallery in London hängt. – Das Bild des linken Seitenaltars stammt von Franz → Hermann, 1666. – Ein altes Beinhaus, wohl eine Seltenheit im Unterallgäu, wurde 1955 zugemauert. – Aus Privatbesitz stammt die „Hawanger Madonna“ von Ivo → Strigel, um

1500, die seit 1967 in der Frauenkirche in Memmingen steht.

Hayl, Daniel Orgelbauer, geb. um 1560 in Irsee, gest. um 1620. – Er war der bedeutendste Allgäuer Orgelbauer der Renaissancezeit. Nach 1590 trat er in Oberschwaben und im Bodenseeraum mit Orgelbauten hervor: im Konstanzer Münster und in den Klöstern Rheinau und Ochsenhausen, im Stift Stams in Tirol, in der evangelischen Dreifaltigkeitskirche in Kaufbeuren und wohl auch in der Irseer Klosterkirche. – Der gleichnamige Sohn arbeitete um 1620 im Salzburgischen und läßt sich mit Orgelreparaturen in St. Peter in Salzburg und in Mondsee nachweisen. – Dessen Bruder Simon baute in Bozen, Polling und Wessobrunn neue Orgeln.

Heel, Johann s. Heel, Johann Baptist

Heel, Johann Baptist Maler, geb. 1685 in Pfronten, gest. 1748 in Göggingen bei Augsburg. – H. war ein Stiefbruder des Bildhauers Peter → Heel. Die Malerei lernte er von 1700 bis 1704 bei seinem Landsmann Johann Georg → Knappich in Augsburg. Nach seiner Verheiratung ließ er sich 1717 in Göggingen nieder. In der Pfrontener Pfarrkirche malte H. die Kreuzwegstationen, in Roßhaupten, Weißensee, Pinswang, Füssen (Spitalkirche) und Mauerstetten verschiedene Fresken. Auch malte er ein Portait des Augsburger Fürstbischofs Alexander Sigmund von Pfalz-Neuburg, 1723. – Aus seiner Ehe gingen neun Kinder hervor, darunter der Maler **Johann Baptist Heel der Jüngere** (1722–1797), der an der Augsburger Akademie ausgebildet wurde und Fresken in Kleinaitingen, Leinau, Hohenfurch und Bernbeuren malte.

Heel, Johann Nepomuk Hochschulprofessor, geb. 1832 in Marktoberdorf, gest. 1911 in Freising. – Der Sohn eines Schneidermeisters absolvierte das Gymnasium Kempten und bestand 1854 an der Universität München das Staatsexamen für Mathematik und Physik mit Auszeichnung. Danach war er einige Jahre Hauslehrer und Erzieher bei Baron Eichthal, sodann Assistent am Gymnasium Zweibrücken, Gymnasialprofessor in Speyer und schließlich durch 26 Jahre Professor für Physik und Höhere Mathematik an der Philosophisch-theologischen Hochschule (Lyzeum) Freising. – Prinzregent Luitpold ehrte H. mit der Verleihung des Verdienstordens vom hl. Michael, IV. Klasse. – Der Bruder **Xaver Heel** war durch fast ein Vierteljahrhundert Bürgermeister von Marktoberdorf.

Heel, Johann Peter s. Heel, Peter

Heel, Magnus O. S. B. Abt, geb. 1654 in Füssen, gest. 1711 in Neresheim. – Sein Vater war Bäcker. – Er trat in das Benediktinerkloster Neresheim ein und erhielt 1677 die Priesterweihe. Unter Abt Simpert → Niggl, seinem Landsmann, war H. durch 27 Jahre Großkämmerer und Großkeller, ehe er zum Abt gewählt wurde. Wegen Krankheit und der Nöte des Spanischen Erbfolgekrieges war es H. nicht möglich, größere Initiativen zu ergreifen. – Nach einem Klosterchronisten war Abt Magnus „ein sanfter, redlicher und frommer Mann“.

Heel, Peter Bildhauer und Pfarrhauptmann, geb. 1696 in Pfronten-Ried, gest. 1767 in Pfronten-Röfleuten. – Gelernt hat H. wohl in Augsburg, vielleicht bei Ehrgott Bernhard Bendl. – 1739 hat er geheiratet und sich in Röfleuten niedergelassen. Er erwarb sich hohes Ansehen und war sechsmal Pfarrhauptmann (Bürgermeister). – Sein Erbe belief sich 1773 auf einen Streitwert von 2416 Gulden. H. war auch der größte Grundbesitzer in Pfronten. – In den Jahren 1718 bis 1721 arbeitete H. in der Feuchtmayer-Werkstatt (→ Feuchtmayer, Joseph Anton) am Chorgestühl in Weingarten. – Sein wohl erstes eigenständiges Werk ist ein Taufsteindeckel von 1725 in der Pfarrkirche in Seeg. – Um 1730 entstanden die drei Altäre der Marienkapelle in Kranzegg mit den jeweiligen Figuren. – Um diese Zeit schnitzte H. auch Nischenfiguren im Chor und Putten an der Kanzel in Pinswang. – Zwischen 1730 und 1735 war er in Rettenberg tätig. Die Figuren in der dortigen Pfarrkirche berechnete H. nach der Größe: je Schuh zwei Gulden und 30 Kreuzer. – Von H. datiert, 1732, und signiert ist der Hochaltar der Wallfahrtskirche Maria Hilf in Speiden. – Ca. 1735 schuf er für die Pfarrkirche in Breitenwang bei Reutte in Tirol den Tabernakel und eine Kreuzigungsgruppe. – 1737 lieferte er eine Figur des Hlg. Johann Nepomuk für die Klosterkirche der Franziskanerinnen in Dillingen und schnitzte Figuren für die Altäre der Pfarrkirche in Wolfegg. – Im selben Jahr, 1737, wird H. auch erstmals für das heutige Pfronten faßbar: er schuf für die Filialkirche in Heitlern den Hochaltar. – Um 1740 schnitzte H. den Tabernakel für einen Kreuzpartikel in der Kapelle Heiligkreuz von Kreuzegg und zwei Putten für die Kapelle in Pfronten-Weißbach. – Ca. 1741 schuf er die Hochaltarfiguren in der Pfarrkirche in Schöllang. – In den Jahren 1746 bis 1749 leitete H. mit den Brüdern → Stapf den Turmbau der Pfarrkirche St. Nikolaus in Pfronten-Berg. Hier war H. Bausachverständiger, der auch den Vorentwurf geliefert hat. Detailplanungen und die Bauaufsicht oblagen Franz Xaver → Kleinhans. – Als Steinbildhauer erwies sich H. mit der Magnus-Säule am östlichen Ortseingang von Halden. – Für die neue Orgel der Klosterkirche St. Mang in Füssen schuf er 1751/52 die Bildhauerarbeiten am Orgelprospekt. – Wesentlichen Anteil hatte er an der spätbarocken Umgestaltung der Wallfahrtskirche in Maria Rain ab 1760. – 1765 schuf er für die Pfarrkirche in Weißensee Reliquiare in Pyramidenform. – Wahrscheinlich hat H. auch die Figuren für die Pfarrkirche in Oberostendorf geschaffen.

Hauser, Ulrike: Peter Heel (1696–1767) – Bildhauer und Pfarrhauptmann in Pfronten. Hausarbeit zur Erlangung des Magistergrades der Philosophischen Fakultät der Westfälischen Wilhelms-Universität zu Münster (Westf.). 1987 – Wittmann, Herbert: Johann Peter Heel (1696–1767), der vornehme Bildhauer zu Pfronten. In: Alt Füssen 1992, 175–179

Hegenauer, Konrad Bildhauer, geb. 1734 in Pfullendorf, gest. 1808 in Friesenhofen (Leutkirch). – Die Heimat der Familie H. liegt nicht im Schwäbischen, sondern im oberösterreichischen Innviertel. Von dort wanderte der Vater nach Pfullendorf aus. – Über H.s Ausbildung und den Werkstattbetrieb ist nichts bekannt. Im Eheregister der Pfarrei Friesenhofen wird H. als „Statuarius de Pfullendorf" genannt. – H. war zu seiner Zeit einer der meistbeschäftigten Bildhauer Oberschwabens. – Zugeschrieben wird H. der Hochaltar der Marienkapelle des einstigen Benediktinerklosters in Isny. Es ist einer der reizvollsten Altäre des späten Rokokko, um 1760/70, im schwäbischen Voralpengebiet. – Für die Kapelle in Rimpach schuf H. eine Himmelskönigin und einen Kruzifixus, für den Sechsecksaal des dortigen Jagdschlößchen einen prächtigen zwölfarmigen Leuchter mit vier weiblichen allegorischen Figuren, heute auf Schloß Zeil. – Für die Jahre 1774 und 1783 wird H. auch in den Zeiler Akten genannt. Für die einstige Stiftskirche in Zeil hat H. die Kanzel geschaffen, 1783. – Einer seiner ersten großen Aufträge war der Emporenaltar für die Wallfahrtskirche Maria Schnee in Lehenbühl (Markt Legau). Dieser Altar wiederholt in allen wesentlichen Punkten ein zierliches Altarmodell aus Memminger Privatbesitz im Berliner Deutschen Museum. Vielleicht war dieses Modell eine Art Vorschlag für Auftraggeber. – Gearbeitet hat H. auch für die Pfarrkirchen in Altusried und Hellengerst. – Von H. stammt auch die Kanzel der Pfarrkirche in Friesenhofen. – Sieben Aufträge für Grenzsteine des Fürststiftes Kempten erhielt H. von Fürstabt Honorius Roth von Schreckenstein (1760–1785). Es sind dies ein Steinkreuz auf dem Büchelestein zwischen Bodelsberg und Untergassen, eine Schmerzhafte Muttergottes auf einem Grenzstein westlich von Kaufbeuren, der Sockel eines Grenzsteines zwischen dem Stift Kempten und der Reichsstadt Kaufbeuren, ein Hlg. Honorius auf einem Grenzstein zwischen Ittelsburg und Wolfertschwenden, eine Königin Hildegard auf dem Wegweiser Memmingen-Leutkirch nördlich von Krugzell, ein Hlg. Ferdinandus auf dem Wegweiser Memmingen-Kaufbeuren westlich von Leubas und schließlich der Sokkel eines Wegweisers bei Leubas. – Für die Stadtpfarrkirche St. Jakobus und Georg in Isny schuf H. den Taufstein. – Und für die kleine Kapelle des stiftkemptischen Hofgutes in Unterkürnach zwischen Leutkirch und Kempten besorgte H. die figürliche Ausstattung, die, weil diebstahlgefährdet, vor einigen Jahren zwischen den Städten Kempten, Wangen und Leutkirch aufgeteilt wurde.

Konrad Hegenauer – ein Rokokobildhauer in Oberschwaben. Katalog einer Ausstellung im Torhaus Leutkirch vom 11. bis 26. April 1981. Text: Dr. Manfred Thierer

Hegge s. Waltenhofen

Heiland, Edmund, O. S. B. Universitätsprofessor, geb. 1713 in Füssen, gest. 1789 in Neresheim. – H. war der Sohn eines Schusters. Mit 16 Jahren trat er in das Benediktinerkloster Neresheim ein. Nach seiner Priesterweihe war er am Klostergymnasium tätig, seit 1746 an der Universität Salzburg. Von 1750 an übernahm er in Neresheim vor allem wirtschaftliche Aufgaben und half wesentlich bei der Finanzierung des Baus der Klosterkirche durch Balthasar Neumann. – Durch einige Jahre verwaltete er die stark verschuldete Abtei Fultenbach bei Dillingen. – Sein älterer Bruder wirkte im Kloster St. Gallen als Professor und später als Pfarrer in Wil in der Schweiz.

Heiligkreuz gehört seit 1972 zur Stadt Kempten (Allgäu), ist aber bewußt ein Dorf geblieben. – Am Beginn der Baugeschichte der Kirche steht das Blutwunder vom 24. Juli 1691, eine Einladung, die fünf Wundmale des Gekreuzigten in besonderer Weise zu verehren. 1694 wurde eine Holzkapelle errichtet, 1711 wohl nach Plänen von Johann Jakob → Herkomer der Zentralbau, 1730/33 das Langhaus. – Kirche und Wallfahrt wurden zunächst von den Franziskanern aus → Lenzfried betreut, später von Augustinern, deren Memminger Kloster aufgelöst wurde. Seit 1948 ist H. selbständige Pfarrei. – Der Stuck im Chor stammt wohl von Abraham → Bader, die Chorfresken von Johann Michael → Koneberg, das Holzkreuz am Choraltar aus der Kapelle des Schlosses Liebenthann bei Obergünzburg, die Gemälde der Altäre im Langhaus von Franz Georg → Hermann. – Eine Besonderheit ist die 1780 im Mittelgang des Langhauses aufgestellte Blutsäule. – Am Eingang zum Chor stehen große Figuren der Hlg. Isidor und Nothburga, um 1770. – Noch nach dem Zweiten Weltkrieg zogen Wallfahrer zu Fuß nach H.

Geiss, Rudolf: Kath. Pfarr- und Wallfahrtskirche Heiligkreuz (= Schnell, Kunstführer Nr. 1827), München und Zürich: Schnell & Steiner, 1990

Heimenkirch s. Syrgenstein

Heinzelmann, Christoph Friedrich Großhändler und Abgeordneter, Begründer der Kaufbeurer Baumwollindustrie, geb. 1786 in Kaufbeuren, dort gest. 1847. – H. entstammt einem über 400 Jahre in Kaufbeuren ansässigen Handels- und Kaufmannsgeschlecht, das seiner Vaterstadt viele Ratsmitglieder, Stadtammänner und Bürgermeister stellte und nach dem in Kaufbeuren eine Straße benannt ist. Die 1780 errichtete Heinzelmann'sche Aussteuerstiftung war eine der bedeutendsten städtischen Stiftungen in Kaufbeuren. – Seine Lehre verbrachte H. zunächst in Triest, dem Haupteinfuhrhafen für Baumwolle und Seide und Umschlagplatz für den Export aus Süddeutschland. – Vermutlich war H. später auch in Venedig, wo es noch heute einen „Palazzo Heinzelmann" gibt. – 1807 trat er in das Kaufbeurer Textilhandelshaus ein. – 1839 legte H. den Grundstein der „Mechanischen Baumwollspinnerei und Weberei" und wurde dadurch zum Begründer der Kaufbeurer Baumwollindustrie. Schon 1841 erhielt das Unternehmen auf der Nürnberger Industrieausstellung eine Silbermedaille. – Seit 1842 lieferte Kaufbeuren Garnprodukte bis nach Elberfeld, stand also im Wettbewerb mit der englischen Konkurrenz. – Bereits 1857 waren bei H. rd. 600 Arbeiter beschäftigt. – Er gehörte auch zu den vier Abgeordneten des Oberdonaukreises mit Sitz in Augsburg. 1825 begann er seine zehnjährige parlamentarische Tätigkeit. Es ging ihm vor allem um Wettbewerbsfähigkeit und den Abbau der Zollschranken. 1832 überreichten ihm die Stadt Augsburg und auch seine Vaterstadt Ehrenpokale. – Im Spannungsfeld zwischen Kritik und Loyalität kann das Kaufbeurer Konstitutionsfest aber nicht mit den Feiern im pfälzischen Hambach und im fränkischen Gaibach verglichen werden. – Einer nicht auszuschließenden Verhaftung entzog er sich durch eine ausgedehnte Reise. – 1843 wurde er vom Regierungspräsidenten als Mitglied der Handelskammer vorgeschlagen und auch ernannt. – Auf seinem Grabstein stehen die Worte: „Er kämpfte für Wahrheit, Licht und Recht". – Sein Leben ist beispielhaft für die Kraft der ehemaligen Freien Reichsstadt und dies auch noch im Zeichen der beginnenden Industrialisierung und des frühen Parlamentarismus.

Pache, Walter: Christoph Friedrich Heinzelmann. 1786–1847. Bürger, Unternehmer, Politiker. In: Lebensbilder aus dem Bayerischen Schwaben 14, 1993, 229–267 – Fleischer, Wolfgang: Christoph Friedrich Heinzelmann (1786–1847). In: Lebensbilder. Geschichte und Kunst in Bildnissen aus Schwaben, 272 f.

Heiss, Johann Maler, geb. 1640 in Memmingen, gest. 1704 in Augsburg. – Der Vater war kaiserlicher Notar und städtischer Gerichtsschreiber. Wahrscheinlich besuchte H. die Lateinschule. In die Lehre ging er bei den Memminger Malern Hans Conrad und Johann → Sichelbein. – Wahrscheinlich war H. nach seiner 1659 beendeten Lehre in Venedig. Dafür sprechen die Einflüsse Tizians, Tintorettos, Veroneses und auch der Bassano. – Vielleicht war H. auch in Rom und in Flandern. Beeinflußt haben H. sicherlich die Gemälde von Nicolas Poussin (1593–1665), dem neben Claude Lorrain größten französischen Maler im 17. Jh. – 1663/64 stand H. im Dienst des württembergischen Herzogs Eberhard III. in Stuttgart. – 1670 erhielt H. die letzte Zahlung für einen Passionszyklus im Kloster Ochsenhausen. Dies war auch der erste Auftrag eines schwäbischen Klosters an den evangelischen Künstler. Ochsenhausen war auch in späteren Jahren ein treuer Auftraggeber. – 1677 beantragte H. die Beisitzeraufnahme beim Rat der Reichsstadt Augsburg. Dorthin zog H. wahrscheinlich auch die Gründung einer Kunstakademie, die 1684 in den Schutz des evangelischen Rates übernommen wurde. – Vielfach wurde H. als „pictor celebris“ bezeichnet. – Wie weit seine Gemälde kamen, belegen Arbeiten in Prag, Krumau und Olmütz. – Obwohl evangelischer Konfession, war H. wesentlich beteiligt an der ersten Modernisierungswelle in Klöstern und katholischen Kirchen in Schwaben und Österreich nach dem Dreißigjährigen Krieg. – Seine Stoffe nahm H. aus der antiken Mythologie und Sage und aus dem Alten und Neuen Testament. Bestimmend ist die Darstellung des menschlichen Körpers, vor allem des weiblichen in der ganzen Schönheit seiner Nacktheit, während die Gesichter eher herb ausfallen. Es ist eine akademisch gelehrte Kunst und vor allem ein großes Sinnenerlebnis.

Königsfeld, Peter: Der Maler Johann Heiss Memmingen und Augsburg 1640–1704. o.O. (Weißenhorn): Anton H. Konrad, o.J. (2001)

Heiterwang Bezirk Reutte, Straßendorf am Westufer des Heiterwanger Sees mit 547 E., erstmals genannt

1286. H. verdankt sein Entstehen dem Handelsverkehr auf der Straße von Augsburg nach Verona bzw. der Salzstraße von Hall nach Bregenz. Es gab hier eine Waage, ein Ballhaus und eine Pferdewechselstation und seit 1592 auch einen Postmeister. Die Poststationen im Außerfern hatten durch die Lage an der Straße von den Niederlanden nach Venedig eine besondere Aufgabe. Maximilian I. lud an den Heiterwanger See sogar einmal eine türkische Gesandtschaft zu Jagd und Fischfang. Sehenswert ist der alte „Gasthof Post“ mit einem barocken Stiegenhaus und eingelegten Türen und Kachelöfen aus der Zeit um 1710. – Die Deckengemälde der Pfarrkirche stammen von Anton Joseph → Walch aus Kaufbeuren. – 1945 hielt sich hier in den letzten Kriegstagen die damalige kroatische Regierung auf, die vor den Tito-Partisanen weichen mußte. Der Staatschef Dr. Ante Pavelić, Führer der faschistisch ausgerichteten und gefürchteten „Ustascha“, konnte sich als einziger der Gefangennahme durch die Amerikaner entziehen und nach Südamerika absetzen. – An der Heiterwanger Fastnacht dürfen nur Frauen, die über 20 Jahre alt sind, teilnehmen. – Zu H. gehört auch der 139 ha große Heiterwanger See, durch einen Kanal mit dem Plansee verbunden.

Moser, Heinz: Heiterwang (=Ortschroniken Nr. 48, hrsg. vom Tiroler Landesarchiv). Innsbruck, 1988

Heitlern (Pfronten, Lkr. Ostallgäu). – H. war einst Sitz des Gemeindehospitals und wohl der erste Schulort im Pfrontener Tal. – Die Filialkirche wurde 1642 errichtet. Der Neubau von 1726 fußt vielleicht auf einem Entwurf von Johann Georg → Fischer. – Ausgestattet wurde die Kirche von Pfrontener Künstlern: die Laub- und Bandelwerkstukkaturen von Peter → Heel, um 1730/40, die Fresken von Johann → Heel, der Hochaltar 1737/38 von Johann Peter → Heel, die Seitenaltäre von Maximilian → Hitzelberger, um 1750, die Kanzel 1778 von Joseph → Stapf. – In der ev. Auferstehungskirche befindet sich eine Kreuzigungsgruppe aus der Zeit um 1500.

Hellengerst (Markt Weitnau, Lkr. Oberallgäu), lag an der einstigen Bahnlinie Kempten-Isny. Die Pfarrkirche St. Stephan ist im Kern noch spätgotisch, 1773 erneuert. Über dem Chorbogen befindet sich das Wappen des Kemptener Fürstabtes Honorius Roth von Schreckenstein. Einige der Figuren sind dem Umkreis von Konrad → Hegenauer zuzurechnen.

Hengeler, Adolf Zeichner und Maler, geb. 1863 in Kempten, gest. 1927 in München. – Schon als Fünfzehnjähriger kam er zu einem Lithographen in die Lehre. – 1881 trat er in die Kunstgewerbeschule in München ein, 1885 in die Akademie der Bildenden Künste. – Als einer der eifrigsten Mitarbeiter der „Fliegenden Blätter“ hat H. im Lauf der Jahre über 5000 Zeichnungen angefertigt. Er wurde ein unerreichbarer Spezialist einer verträumt-gemütlichen Zecher- und Gespensterromantik. – Erst gegen 1900 begann H. zu malen. Einflüsse von Lenbach, Böcklin, Spitzweg und Stuck bestimmen seine künstlerische Ausdrucksweise. In immer neuen Varianten erzählte H. seine anmutigen Idyllcn vom Leben der Menschen in der Natur und vom Treiben der Putten und allegorischen Fabelwesen. – Mit 39 Jahren wurde H. Titularprofessor, 1912 dann Professor an der Akademie. – Seit 1893 beschickte er die Ausstellungen der Münchner Sezession und im Glaspalast, aber auch Ausstellungen in Dresden und Düsseldorf. – 1912 ließ die Stadt Kempten ihren vielfachen Wohltäter Christian Marco Calgèer durch H. portraitieren. – H. selbst wurde vor allem von Franz von Lenbach gemalt. – Bekannt wurde H. auch durch seine „Fibel“ für Kinder. – 1980 kam sein gesamter Nachlaß an die Stadt Kempten. – In Kempten ist eine Straße nach H. benannt. An H. erinnert auch eine Tafel in der Sängerstraße. – In seinen gelegentlichen Landschaftsbildern malte H. vor allem seine Allgäuer Heimat. – Die Gegenwart ging fast spurlos an H. vorüber.

Hengge, Josef Maler, geb. 1890 in Kempten, dort gest. 1970. – Durch drei Jahre lernte er bei den Gebrüdern Haugg in Sontheim und ging dann an die städtische Gewerbe-Malschule und an die Kunstgewerbeschule in München. Schließlich studierte er an der Akademie der Bildenden Künste. Hier war er vor allem Schüler von Franz von Stuck. – H. blieb sehr lange an der Akademie, erhielt eine Reihe von Preisen und wurde in noch jungen Jahren in die Jury für die große Glaspalast-Ausstellung gewählt. Hier stellte er auch seine „Deutsche Pietà“ aus. – H. wurde so bekannt, daß er den letzten bayerischen König Ludwig III. und dessen Gattin malen durfte. Ludwig III. nahm sich seiner auch persönlich an, als H. im Ersten Weltkrieg vor Arras schwer verwundet wurde. – Fast freundschaftlich verbunden war H. mit Kronprinz Rupprecht, den er portraitierte und der ihm den Auftrag für die großen Schloßplatzfresken in Berchtesgaden verschaffte. – 1932 erhielt H. durch die Stadt München einen Stipendienaufenthalt in Florenz. – 1945 wurde H. in München ausgebombt und zog in seine Allgäuer Heimat. Hoch über Wertach ließ er sich eine Werkbarakke zu einem Atelier und zu einer gemütlichen Wohnstätte ausbauen. Doch so ganz behagte ihm diese Weltabgeschiedenheit nicht, und so zog er 1950 wieder nach Kempten. – H. malte mit Vorliebe Männer und Frauen bei der Arbeit, Holzhauer, Heuer, Schnitter und Erdarbeiter. Aber er sagte einmal im Scherz, Ölmalerei sei ihm eigentlich nur eine Nebenbeschäftigung. – Viel stärker zog es ihn zu großen Formaten, zur Flächigkeit, zum Monumentalen, zum Fresko. – Ein Vorbild sah er in dem verehrten Schweizer Maler Ferdinand Hodler (1853–1918). – Er schmückte die Pfarrkirche in Frauenzell und die Wendelin-Kapelle in Weidach (Durach), die Rathäuser in Passau und Reichenhall, das Weberhaus in Augsburg und so manches Privathaus. – In Durach malte H. einen Hlg. Christophorus an den Turm der Pfarrkirche. Ganz in der Nähe hat der Maler seine letzte Bleibe gefunden. – In Kempten malte H. einen kräftigen Freskenstreifen an das Lyzeum als Hintergrund für das Kriegerdenkmal von Syrius → Eberle zur Erinnerung an die Gefallenen im Krieg von 1870/71, und drei große Wandbilder für den Wartesaal des alten Bahnhofs. – H. schmückte auch die Fassade der Sparkasse am einstigen Bahnhofsplatz und die Front des seinerzeitigen Arbeitsamtes an der Königstraße. – Beachtung fanden auch seine Wandbilder im Meier-Helmbrechtsaal in Burghausen. – In Kempten sind wohl alle Wandgemälde von H., abgesehen von der Darstellung des Claude → Dornier, einem inzwischen veränderten Geschmack zum Opfer gefallen. Zu seinem 70. Geburtstag wurde noch im Kornhaus eine Ausstellung von über 100 Werken des Künstlers gezeigt. – Im „Allgäuer" hat 1965 ein Rezensent festgestellt, daß H. für das Allgäu das gewesen sei, was Segantini für das Engadin und Egger-Lienz für Tirol war.

Herbishofen s. Lachen

Hergatz s. Maria-Thann

Hergensweiler Lkr. Lindau (Bodensee), 1660 E. – Die Pfarrkirche ist ein Neubau von 1712. Die Fresken hat Gebhard Fugel 1897 gemalt. Die Altäre und die Kanzel werden Franz → Schmuzer zugeschrieben, die Seitenaltäre Abraham → Bader, das nördliche Altarblatt Franz Georg → Hermann. – Südwestlich von H. steht in dem ummauerten ehemaligen Pestfriedhof eine Kapelle aus dem Jahr 1682. – Das Heimatmuseum befindet sich seit 1985 im ehemaligen Pfarrhaus, einem Gebäude aus dem 14. Jh., das ursprünglich eine Salzfaktorei war. Eine Besonderheit der Sammlungen sind 1400 Bände mit dem thematischen Schwerpunkt Gebets- und Andachtsbücher, aber auch mit einer

Luther-Bibel von 1582 und einer Weltchronik des Memminger Drukkers Albert → Kunne von 1484.

Hering, Loy Bildhauer, geb. um 1485/86 in Kaufbeuren, gest. 1554 in Eichstätt. – Er war einer der konsequentesten Vorreiter des Renaissancestils in unserem Kulturraum. – Sein Vater war Goldschmied. – Gelernt hat H. bei dem Augsburger Bildhauer Hans Peuerlin d. Mittl., frei gesprochen wurde er um 1504/05. In seinen Anfangsjahren arbeitete H. in der Werkstatt Gregor Erharts. Als er 1514 in Eichstätt einer eigenen Werkstatt vorstand, muß er den Meistertitel gehabt haben. – Italien hat H. nie gesehen, wohl aber könnte er über Nürnberg nach Würzburg gekommen sein. – Kurz nach der Fertigstellung des Willibald-Denkmals für den Eichstätter Dom dürfte H. nach Eichstätt übersiedelt sein. Dort war Fürstbischof Gabriel von Eyb sein Gönner. – Sein größtes Epitaph schuf H. für den Würzburger Fürstbischof Konrad III. von Thüngen, in den Jahren 1541 bis 1543. – Aufträge erhielt H. auch auf dem Augsburger Reichstag 1518. – Als Vorlage dienten H. u. a. Holzschnitte Dürers. – Gegen Ende seines Schaffens ist H. vom Donaustil beeinflußt. Von den Folgen der Reformation war H. kaum betroffen. – Insgesamt ist sein Werk ungewöhnlich umfangreich. Die Zahl seiner gesicherten Arbeiten beträgt mehr als hundert. – Den Ruf des Renaissance-Bildhauers trugen ihm nicht zuletzt seine architektonischen Epitaphien-Umrahmungen ein. – Sein Hauptwerk ist die große Sitzfigur des Hlg. Willibald im Eichstätter Dom, 1514.

Gantner, Benno: Loy Hering um 1485/86–1554. Ein Schwäbischer Bildhauer in Eichstätt. In: Lebensbilder aus dem Bayerischen Schwaben 15, 1997, 27–68

Herkomer, Hubert Ritter von Maler, Graphiker, Komponist und Kunstschriftsteller, geb. 1849 in Waal, gest. 1914 in Budleigh-Saltertin, England. – Der Vater war Holzschnitzer, wanderte 1851 nach Nordamerika aus, kehrte aber 1857 nach Europa zurück und ließ sich in Southampton nieder, wo sein Sohn Hubert die Kunstschule besuchte. 1865 bot sich diesem, der eine auffallende Begabung zeigte, für ein halbes Jahr die Möglichkeit zu Studien an der Münchner Kunstakademie. Als freischaffender Künstler erlebte er dann in London Jahre bitterer Not, bis er in den 1870er Jahren bei Austellungen in der Royal Academy mit einigen Gemälden Aufsehen erregte. Allmählich gelang es H., als Portraitist in den vornehmsten Gesellschaftskreisen Londons Auftraggeber zu finden. Den Gipfel seines Ruhmes erreichte er mit dem Bildnis der „Dame in Weiß“ und 1886 mit der „Dame in Schwarz“.

Unter anderen ließen sich Königin Viktoria, Cecil Rhodes, Lord Kitchener und Richard Wagner von H. portraitieren. Nebenbei malte er in Genrebildern Motive aus Bayern. 1885 wurde H. Professor an der Universität Oxford. In Bushey, nahe London, wo seine Familie lebte, ließ sich H. ein schloßartiges Wohnhaus errichten und gründete eine private Malschule, die bald über 100 Schüler zählte. – Als dilettantisch werden seine Kompositionen bewertet, darunter Lieder für Zither und sogar Opern, für die er selbst die Textbücher schrieb. – Für den noch jungen Automobilsport organisierte er die ersten Rallyes und stiftete für den Sieger den Herkomer-Pokal. – In Waal ließ H. nach seinem Entwurf und großenteils auf eigene Kosten ein Kriegerdenkmal errichten. – In Landsberg am Lech, wo H. gerne seinen Sommerurlaub verbrachte, erinnern an ihn eine Sammlung von Gemälden im Rathaus und der sogenannte Mutterturm, den H. zum Gedenken an seine Mutter, eine schwäbische Lehrerstochter, im normannischen Stil errichten ließ.

Herkomer, Johann Jakob Baumeister, geb. 1652 in Sameister bei Füssen, gest. 1717 in Füssen. – H. war auch Maler und Marmorierer. – Drei Italienreisen führten H. nach Rom und Venedig, wo er auch Bauten Palladios kennenlernte. An Palladio erinnert die als Familienkapelle 1685 gestiftete und im selben Jahr errichtete Kapelle in → Sameister. – Vor allem aber baute H. 1701 bis 1717 Kirche und Magnuskloster in Füssen. Sodann baute er in Augsburg 1714 bis 1715 St. Moritz (ausgebrannt 1944) und barockisierte 1716/17 die Augustiner-Chorherren-Kirche Heiligkreuz. – Auf einem Plan von H. beruht der Bau des Chores der Pfarrkirche in Seeg, 1725. – Für die Klosteranlage in Ottobeuren reichte H. neben Franz Beer und Christian Thumb Pläne ein, vorgezogen aber wurde der Entwurf des Klosterarchitekten P. Christoph → Vogt. – Ein Höhepunkt seines Planens, in Konkurrenz zu Georg Anton Gumpp (1682–1754), war der Dom von St. Jakob in Innsbruck, für den 1717 der Grundstein gelegt wurde. Der Werkstattnachfolger und Neffe Johann Georg → Fischer hat dann 1722 St. Jakob nach veränderten Plänen vollendet und damit den Tiroler Spätbarock eingeleitet. – In Tirol ist auf Pläne von H. auch die Pfarrkirche in Vils zurückzuführen. – In Kempten hat, nach dendrochronologischer Altersbestimmung im Jahre 1998 H. in den Jahren 1697 bis 1701 das Kornhaus errichtet. – 1706/23 hat H. die Seitenschiffkapellen an die Stiftskirche St. Lorenz gefügt. – Beim Kirchenbau in Weingarten wurde H. zu Rate gezogen. – Als reifes Spätwerk gilt die 1716 begonnene Kirche der

Benediktinerabtei Fultenbach (Lkr. Dillingen), die freilich der Säkularisation zum Opfer fiel. – Von H. stammt auch der Entwurf von 1712/13 für das Grabmahl des Fürstbischofs Johann Christoph von Freyberg († 1690) im Augsburger Dom. – H. gliederte die Innenräume seiner Wandpfeilerkirchen durch eine rhythmische Abfolge von Flachkuppeln, die bis in den Chor durchgeführt wird. – Sein Tagebuch erschließt eine Menge biographischer Zusammenhänge und nennt auch so manche späteren Auftraggeber.

Das Tagebuch des Allgäuer Barockbaumeisters Johann Jakob Herkomer an der Kapelle zu Sameister, hrsg. und eingeleitet von Ingo Seufert. München, 1992 – Seufert, Ingo: Johann Jakob Herkomer. Das architektonische Gesamtwerk. Diss. (Mikrofiche), München, 2002

Hermann „stiftkemptische Hof- und Cabinetsmaler“. – Abgesehen von Franz Georg (2) → Hermann, dem wohl am meisten beschäftigten, wenn auch nicht begabtesten Mitglied dieser Familie wirkten im Bereich der „Euregio via salina“: **Franz H.** (1640–1689) in Fischen (Altarblätter in der Frauenkapelle), Hawangen (Seitenaltarblätter in der Pfarrkirche, 1666), Hopferbach (ein einstiges Altarblatt im Chor, 1681), Kempten (Gemälde des Ablösealtars im Oktogon der einstigen Stiftskirche, 1669), Martinszell (Bild für den rechten Seitenaltar der Pfarrkirche im Pfarrhof, 1687) und Petersthal (Schutzengelbild in der Pfarrkirche, 1664); **Franz Benedikt H.** (1664–1735) in Altusried (Altarbild in der heute evangelischen Kapelle St. Magnus, 1694), Kempten (Seitenaltarbilder in der Seelenkapelle, um 1700), Lehenbühl (Bilder der Seitenaltäre in der Wallfahrtskirche) und Ottobeuren (Altarbilder in der Benediktuskapelle); **Franz Joseph Bernhard H.** (1738–1806) in Durach (Gemälde der Seitenaltäre in der Pfarrkirche, 1771/72), Heiligkreuz (Kempten) (Gemälde der Altäre im Langhaus der Pfarr- und Wallfahrtskirche, 1756), Kempten (Deckenbilder der Hofkanzlei in der ehemaligen Residenz, 1791), Lindenberg (Gemälde für den linken Seitenaltar in der alten Pfarrkirche), Reicholzried (Fresken im Chor und Langhaus der Pfarrkirche, 1789), Unterkürnach (Fresken in der Kapelle) und Wiggensbach (Fresken in der Pfarrkirche, in der Art des barocken theatrum sacrum, die bedeutendste Arbeit von F. J. B.); **Franz Ludwig H.** (1723–1791), Hofmaler in Konstanz, mit Arbeiten in Stöttwang (Mithilfe bei der Freskierung der Pfarrkirche), Kempten (Selbstbildnis, Öl auf Blech, 1745, Allgäu-Museum), Schloß Wolfegg (Ölbild auf Kupfer: Anbetung der Könige, 1746 – Tafelbilder: David = Selbstbildnis und Esther vor Ahasver, Zuschreibung, 1746/48) – Lautrach (in der Pfarrkirche: Deckenbild: Marthyrium der Apostel Petrus und Paulus, Zuschreibung; Hochaltarbild: Kreuztragender Christus mit Veronika; Seitenaltarbild: St. Nepomuk – beide zugeschrieben).

Scharrer, Werner: „Gemalt im 23. Jahr seines Lebens". Zu einem Selbstbildnis von Franz Ludwig Hermann (1723–1791) (Mit Werkverzeichnis). In: AGF 2001, 15–31

Hermann, Franz Georg (2) Hofmaler, geb. 1692 in Kempten, hier gest. 1768 auf dem Weg zu seiner Hauskapelle an der heutigen Memmingerstraße. – H. lernte zunächst bei seinem Vater Franz Georg I, ging aber schon 1707/08 nach Rom, wo er seine praktische Ausbildung bei Sebastiano Conca erhielt. – 1713 gewann er neben Cosmas Damian Asam den ersten Preis an der Accademia di San Luca. – Sein erstes Werk in der Heimat war die „Heilige Sippe" in Rauhenzell, 1717. Ein Jahr später hat H. in Kempten geheiratet. – 1719 bis 1729 arbeitete H. in Ottobeuren und im Kloster St. Mang in Füssen. Hier lernte er den venezianischen Maler Giovanni Antonio Pellegrini kennen, mit dem er sich auf eine Reise nach Venedig begab. Nach seiner Rückkehr malte H. mit seinem Sohn Franz Joseph für das Benediktinerkloster Ettal einen großformatigen Benedikt-Zyklus von 50 Bildern, der sich seit 1803 im Tiroler Zisterzienserstift Stams befindet. – 1727 erhielt H. von Kurfürst Karl Albrecht von Bayern den Auftrag, eine „gambsjacht zu Hohenschwangau" zu malen, an der er auch selbst teilnahm. 1725 wurde H. stiftkemptischer Hofmaler. Fürstabt Anselm von Reichlin-Meldegg übertrug H. die Ausmalung der Prunkräume der Residenz. – 1736 bewarb sich H. um die Ausmalung der Klosterkirche in Münsterschwarzach. In dem aus Burgeis im oberen Vinschgau stammenden Johann Evangelist Holzer aber erhielt H. einen Konkurrenten, und so reiste er bald gekränkt nach Kempten zurück, nahm aber die Entwurfsskizze Holzers als Pfand für seine Reiseunkosten mit. Sein Sohn Franz Ludwig verwendete diese Skizze später für seine Fresken in der Pfarrkirche in Kreuzlingen. – 1752 malte H. für den einstigen Rittersaal der Residenz in Kempten die Portraits der Fürstäbte, abgesehen von den beiden letzten, die → Koneberg malte. – In der benachbarten Reichsstadt malte H. die beiden Deckenbilder im Jenisch-Haus am Rathausplatz. – Sein Selbstbildnis und das Bild seiner Frau befinden sich im Museum in Ulm. – Insgesamt weist das Werkverzeichnis 44 Nummern aus. – H. war sehr erfolgreich, und seine vielen Figuren und Engel in prachtvoll bewegten Gewändern wirken noch heute, mag seinen Bildern auch meist eine neue Idee fehlen.

Feulner-Kaboth, Michaela: Franz Georg Hermann Hofmaler zu Kempten 1692–1768 „Bilder sind der Laien Schrift und Buch“. In: AGF 1992, 5–69 – Bauer, Hermann: Franz Georg Hermann 1692–1768. Festschrift der Stadt Kempten (Allgäu) zum 300. Geburtstag am 29. Dezember 1992. Kempten: Dannheimer (= Bd. 8 der Reihe „Kataloge und Schriften der Museen der Stadt Kempten (Allgäu)“) – Der Stamser Benedikt-Zyklus. Ausstellungskatalog. Museum Stift Stams 23. Juni – 30. September 2000 – Luda, Margot / Jäkel-Scheglmann, Sylvia: Franz Georg Hermann (1692–1768). In: Lebensbilder. Geschichte und Kunst in Bildnissen aus Schwaben, 358 f. und 416

Her(t)z, Johann Baptist Maler, geb. 1684 in Fischen, gest. 1744 in Immenstadt. – Sein Vater war Barbier, seine Vorfahren Maurer. Über seine Ausbildung ist wenig bekannt. Sechs Jahre seines Lebens verbrachte er in dem südbadischen Städtchen Markdorf, ehe er 1720 wieder ins Allgäu heimkam. In Immenstadt erwarb er durch Heirat das Bürgerrecht und kaufte 1724 vom Spital ein Haus, in dem sehr viel später der 1914 gegründete Verein „Oberallgäuer Museum“ das erste Heimatmuseum in Immenstadt eingerichtet hat. – H. begründete eine bis ins 19. Jh. im Allgäu tätige Malerfamilie. – Er selbst war an vielen Orten tätig: in der Pfarrkirche in Bühl malte er neun Tafelbilder mit Szenen aus dem Leben Christi, um 1720/30, in der Bühler Heiliggrabkapelle die Bilder in den Arkaden und für die Brüstungen des Gestühls vier Gemälde. – Für die Annakapelle in Bühl schuf er die Seitenaltarbilder. – Für die Frauenkirche in Fischen malte er eine sehr seltene Darstellung der Hlg. Kümmernis, 1711, für die Antonius-Kapelle in Margarethen (Sonthofen) ein Bild mit der Schlüsselübergabe an Petrus, für die Pfarrkirche in Oberstdorf sieben Passionsbilder, 1710. – In der Schöllanger Burgkirche wird H. ein Bild der Hlg. Familie zugeschrieben. – Für die Pfarrkirche in Rauhenzell malte H. eine Schmerzensmutter und einen Schmerzensmann, 1738, für Sigishofen (Ofterschwang) ein Bild des Hlg. Franz von Assisi, für die Frauenkapelle in Sonthofen eine Darstellung des Hlg. Wendelin als Viehpatron, 1724/25, für die Kapelle in Spielmannsau ein Altarblatt mit einer Geburt Christi. – Im Museum Hofmühle in Immenstadt hängt ein Selbstbildnis des Malers, dessen Eleganz und Inszenierung sich fast einem diva-artigen Auftritt nähert.

Luda, Margot / Vogel, Rudolf: Johann Hertz (1684–1767). In: Lebensbilder. Geschichte und Kunst in Bildnissen aus Schwaben, 352 f. und 416

Heydecker, Otto Diplom-Ingenieur und Architekt, geb. 1895 in Kempten, gest. 1960 in Meersburg. – Seit dem voreiligen Abbruch der Möbelfabrik H. am Freudenberg in

Kempten, einem von ihm selbst entworfenen, stilistisch unverwechselbaren Bau, ist es um H. erst recht still geworden. Er hat aber durch Jahrzehnte in doppelter Weise den Wohnstil in Kempten und darüber hinaus geprägt. Seine Möbel waren gefragt und sind dies heute noch viel mehr. Und wenn man bedenkt, daß H. mit → Ákos, → Hengge und → Unterseher zusammengearbeitet hat, dann weiß man, was diese „Symbiose" bedeutet. – Das Blättern in den ausgezeichneten Werkkatalogen H.s ist ein Gang durch ein Stück Geschmacks- und Kulturgeschichte. Dieses Kapitel der Wohnkultur muß für das Allgäu erst noch geschrieben werden. – Doch es sind nicht nur seine Räume und deren Einrichtung, die Beachtung und Detailbeschreibung verdienen, sondern auch eine beachtliche Reihe von Bauten, die inzwischen unter Denkmalschutz gestellt wurden. So stehen in Kempten noch die einstige Oberrealschule an der Salzstraße, die Tierzuchthalle, das Haus der Milchwirtschaft an der Hirnbeinstraße, das Allgäuer Brauhaus an der Königstraße, das Keller-Haus am Rathausplatz, die Neuapostolische Kirche an der Immenstädter Straße und die evangelische Christuskirche in Sankt Mang an der Magnusstraße. – Sie mögen zunächst unauffällig wirken, sind aber sorgsam gegliedert und inzwischen ein Stück Architekturgeschichte.

Hiebeler, Jakob Maler, geb. um 1560 in Obergünzburg, gest. zwischen 1618 und 1620. – Sein Vater war wohl Schreiner. Der Sohn erwarb in Füssen das Bürgerrecht. Sein Name erscheint ab 1596 bis 1618 fortlaufend in den Klosterarchivalien im Zusammenhang mit Arbeiten am Orgelprospekt, am Chorgestühl, am Gestühl der Annakapelle, am Kreuzaltar, am Turmknopf, in der Bibliothek und an der Kirche St. Mang selbst. Sein berühmtestes Werk ist der Füssener Totentanz von 1603 an der Westwand der Annakapelle im Verbindungstrakt von der Kirche zum einstigen Kloster. Ohne den Stuckrahmen beansprucht der Totentanz eine Fläche von 516 cm x 344 cm. Auf 20 rechteckigen Holztafeln sind mit Temperafarben Vertreter aller Stände dargestellt, die durch den Tod an die Vergänglicheit des irdischen Daseins erinnert werden. Im letzten Bild rechts unten stellt sich der Maler selbst vor, im Text und durch sein Wappen. In der einen Hand hält er seine Palette, mit der anderen wehrt er das Gerippe ab. Auf einem ovalen Schild oberhalb des Stuckrahmens steht das Motto „Sagt Ja Sagt Nein – Getanzt Muess Sein". – Im 18. Jh. wurde der Totentanz einmal ausgebessert. – Um 1913 wurde der Totentanz, entsprechend den Verfügungen der Säkularisation, nach Osterberg, dem Besitztum der Freiherren von

Malsen-Ponickau verbracht, schließlich aber durch die Stadt Füssen erworben, die so eine mitteleuropäische Kostbarkeit erhalten hat. – Der Füssener Totentanz steht in einer langen Entwicklungsreihe und wirkt fort in den Totentänzen von Breitenwang, Elbigenalp, Elmen, Schattwald und Oberstdorf, ja bis in das 20. Jh. (hap grieshaber, 1968).

Böhm, Reinhold: Der Füssener Totentanz und die Lechtaler Totentänze in Breitenwang, Elbigenalp und Elmen. Hrsg.: Historischer Verein Alt Füssen e. V., Füssen, 2. Aufl. 1984

Hieber, Plazidus O. S. B. Abt, geb. 1615 in Füssen, gest. 1678 in Lambach (Oberösterreich). – Sein Vater war Zinngießer und Weinwirt. – 1631 trat H. als Novize in das Kloster Lambach ein, studierte in Graz und Salzburg und wurde bereits 1640, mit 25 Jahren, zum Abt gewählt. Durch größte Sparsamkeit brachte er die Finanzen seines Stiftes in Ordnung und ermöglichte die Erweiterung der Klostergebäude sowie den barocken Neubau der Stiftskirche, deren Hochaltar von Johann Bernhard Fischer von Erlach entworfen wurde. Außerdem vergrößerte H. das von Abt Burkard → Furtenbach errichtete Spital. In der Geschichte des Stiftes Lambach gilt Abt Plazidus als dritter Gründer des Klosters. – H. förderte die Universität Salzburg, an der er 1664 für Füssener Bürgersöhne ein Stipendium stiftete. – 1676 gewährte er der Stadt Füssen ein Darlehen. Dem Kloster St. Mang ließ er Stiftungen zukommen. Kaiser Leopold I. ernannte H. zum Kaiserlichen Rat. – Ein Giftmordanschlag des Küchenmeisters setzte dem Leben des Abtes ein vorzeitiges Ende.

Hiltensperger, Johann (Georg) Historienmaler, geb. 1806 in Haldenwang bei Kempten, gest. 1890 in München. – Zunächst wurde H. in Kempten durch den Zeichenlehrer Ludwig → Weiß vorbereitet, ging dann 1821 an die Akademie in München und schließlich an die Akademie in Düsseldorf, von wo er mit seinem Lehrer Peter Cornelius 1825 nach München zurückkam. – Als erste größere Arbeit erhielt H. den Auftrag für ein Fresko der Arkaden des Münchener Hofgartens. – Im Ankleideraum König Ludwigs I. führte er nach Entwürfen Schwanthalers 27 Szenen aus den Lustspielen des Aristophanes aus. – Ludwig I. schickte H. nach Pompei und Neapel. – Nachdem H. wieder in München war, malte er vor allem Fresken mit Szenen aus der Odyssee in sechs Sälen des Erdgeschosses des Festsaalbaues. Weitere Arbeiten waren Fresken der Rossebändiger in der Säulenhalle der Münchner Hauptpost, Fresken in der Alten Pinakothek und in den Giebelfeldern des Hoftheaters. – Ein besonderer Auftrag galt den Loggien einer Galerie der Eremitage in St. Petersburg. – Herangezogen wurde H. auch für Gemälde im Maximilianeum und in der kgl. Villa auf der Roseninsel im Starnberger See. Für die Klosterkirche in Andechs malte H. ein Altarblatt, für die Dominikuskirche in Rotterdam die Kreuzwegbilder. – Mit Josef → Hauber, Franz Sales → Lochbihler, Johann Georg → Schilling und Johann Baptist → Schraudolph gehörte H. zu jenen Allgäuer Malern, die in der Hauptstadt des neuen Königreichs Bayern zu Rang und Namen kamen.

Hinang (Sonthofen, Lkr. Oberallgäu). – Die Kapelle St. Martin wurde 1686 bis 1688 erbaut. Im Langhaus befindet sich eine Holzdecke mit schweren kreuzförmigen und quadratischen Kassetten. – Im linken Seitenaltar von etwa 1690 steht der ehemalige Mittelschrein eines spätgotischen Flügelaltars, 1511, aus der Werkstatt von Ivo → Strigel.

Hindelang Markt, Lkr. Oberallgäu, 4847 E., Marktgemeinde und Hauptort im Ostrachtal, 825 m hoch gelegen. Der Name H. begegnet erstmals um 1170. – 1564 kam H. an das Hochstift Augsburg. Daran erinnert noch heute das einstige fürstbischöfliche Schloß, 1660 errichtet durch Fürstbischof Sigismund Franz Erzherzog von Österreich, das 1921 durch Thomas → Wechs zum Rathaus umgebaut wurde. Die Lage an der Salzstraße und die vielen Transporte über das Oberjoch, die Verhüttung der Eisenerzvorkommen und deren Verarbeitung zu Spießen und Hellebarden für Reichsarmee und Schweizer Söldnerheere bewirkten einen beachtlichen wirtschaftlichen Aufschwung. Noch heute erinnern einige Hammerschmieden an der Ostrach an das einstige Allgäuer „Ruhrgebiet“ (Weitnauer). 1907 gab es in H. noch über 40 Nagelschmieden. Und an die ehemalige Salzstraße erinnert das 1671 errichtete „Dreikugelhaus“, das dem Salzfaktor diente. – Die heutige Jochstraße wurde in den Jahren 1923–1926 angelegt. – Seit 2001 ist H. „Kneipp-Heilbad“. – H. und seinem Jagdgebiet sehr zugetan war der letzte Augsburger Fürstbischof Kurfürst Clemens Wenzeslaus, Prinz von Sachsen und Polen, der seit 1798 bis zu seinem Tod 1812 Jahr um Jahr mehrere Wochen in H. verbrachte und auch den Grünten bestieg. – Das Hindelanger Jagdrevier war auch ein Lieblingsaufenthalt des Prinzregenten Luitpold von Bayern (1821–1912). – Ein wenig oberhalb von H. stehen die Häuser von **Gailenberg** und eine Kapelle aus dem Jahr 1623. Vor allem aber befindet sich hier das Modersohn-Haus, ein schlichtes Bauernhaus, das 1930 **Otto Moder-**

sohn (1865–1943) erwarb, der sich seit 1926 oft im Allgäu aufhielt und hier schließlich ein Stück Heimat fand. Sein Name ist mit der von ihm gegründeten Künstlerkolonie Worpswede bei Bremen verbunden, über die Rilke 1903 eine Monographie schrieb. In Gailenberg aber schuf Otto Modersohn eine Galerie mit Gasträumen, die manchem Museum Anregung sein könnte. – In H. lebte seit Kriegsende der Postexpressionist **Walter Jacob**, geb. 1893 in Altenburg in Thüringen. Er war Meisterschüler an der Dresdner Akademie und hatte hier ein eigenes Atelier. Seine Nachbarn waren Otto Dix und Oscar Kokoschka. – Er hat mit Gabriele Münter ausgestellt und war Mitbegründer der „Blauen Reiter". – 1930 hat Jacob im Münchner Glaspalast ausgestellt. – Erst in H. kam die Familie nach dem Zweiten Weltkrieg zur Ruhe. Hier blieb der Künstler bis zu seinem Tod im Jahr 1964. – Aus H. stammte auch **Sepp Rist**, bekannt geworden durch die Filme „Stürme über dem Montblanc", „Der Tiger von Eschnapur", „Die Geierwally" und „Der König vom Montblanc". Nie ließ er sich in seinen über 70 Rollen doubeln. – Aus der Partnerin in dem Film „Der rettende Engel", Carla Rust, wurde 1939 auch die Partnerin fürs Leben. – 1974 übernahm Rist noch Rollen in „Schloß Hubertus„ und „Der Jäger vom Fall", aber an Filmerfolge der Vorkriegszeit konnte Rist nicht mehr anknüpfen. 1980 ist er in Maierhöfen gestorben und in Hindelang bestattet worden.

Hinterhornbach Bezirk Reutte, zweitkleinste Gemeinde Tirols in einem Seitental des Lechtales am Fuß des Hochvogels auf 1107 m Höhe mit 90 E. Das Dorf wird durch den tief liegenden Bach geteilt, die schmale alte Brücke aus dem 17. Jh. steht unter Denkmalschutz. – H. soll von Oberstdorf im Allgäu aus gegründet worden sein. In einer Urkunde von 1315 wird erwähnt, daß die Herren von Rettenberg dem Kloster Stams die Höfe in H. mit Wald und Weiden übergeben haben. – Die Armut im Tal war groß, und bis ins 19. Jh. sind jeden Sommer besonders viele → Schwabenkinder ins Allgäu gezogen. Noch zwischen 1950 und 1965 kam es zu einer dramatischen Abwanderungswelle, die aber gestoppt werden konnte. – Die Fresken in der Pfarrkirche stammen von Wolfram Köberl (geb. 1927) aus Innsbruck (1962), der im Außerfern in vielen Kirchen gearbeitet hat. – Aus H. kommt der Maler Johann → Kärle (1835–1913), der fast 200 Kirchen mit Fresken geschmückt hat. – H. ist noch immer eine arme Gemeinde, und es droht die Gefahr der Entsiedlung. – Von Mitte November bis Ende Januar kommt keine Sonne ins Dorf.

Hinterstein (Markt Hindelang, Lkr. Oberallgäu), eine aus Alphütten entstandene Siedlung an der oberen Ostrach. – In der Filialkirche St. Anton finden sich Bildhauerarbeiten von Franz Xaver → Eberhard. – In der Kapelle St. Antonius von Padua ist das Hochaltarbild eine Kopie des Gnadenbildes von Maria Plain bei Salzburg. – Noch im 19. Jh. war H. ein Dorf der Nagelschmiede. – Charakteristisch für das Hintersteiner Tal sind die Umzäunungen aus aufeinander geschichteten Bruchsteinen. – Neben dem Jagdhaus des Prinzregenten Luitpold steht die „Villa", in der durch viele Jahre ein Urenkel des Prinzregenten, Prinz Eugen von Bayern (gest. 1997) die Sommermonate verbrachte. – 1945 kam Konrad Zuse (1910–1995), der 1941 den ersten voll arbeitsfähigen programmgesteuerten elektronischen Digitalrechner der Welt geschaffen hatte, aus Berlin über Göttingen und Oberjoch nach H. Er kam mit einem zwölfköpfigen Forscherteam und vor allem mit der einzigen Rechenmaschine „Z 4", die den Bombenkrieg in Berlin unbeschadet überstanden hatte und in H. versteckt werden mußte. – Bis Oktober 1946 blieb Zuse in H., dann ging er nach Hopferau im Ostallgäu.

Hirnbein, Carl Wegbereiter der Allgäuer Milchwirtschaft, geb. 1807 in Wilhams (Missen), gest. 1871 in Weitnau. – H. wurde in ein Elternhaus geboren, in dem man um die Zeichen der Zeit und die wirtschaftliche Not im Allgäu zu Beginn des 19. Jh. wußte. Der Vater erlernte das Glaserhandwerk, wurde Lehrer in Sibratshofen und Schreiber am hoheneggischen Gericht in Weitnau. 1806 kaufte er das Hüttenwerk in Schüttentobel. 1807 wurde er Deputierter in Bregenz, 1810 Gemeindevorsteher in Wilhams, 1814 Chef des Landwehrbataillons 32 in Weitnau. 1829 wurde er in den Landrat des Oberdonaukreises berufen. Vor allem aber kaufte er Alpweiden im Gebirge, gründete 1830 eine Käsehandlung in Wilhams und stiftete eine weibliche Internatsschule. – Sein Sohn **Carl H.** besuchte nach der Elementarschule in Wilhams die Höhere Bürgerschule in Kempten. Und da die Geschäftsbeziehungen der Allgäuer Viehhändler vor allem nach Italien gingen, bestand der Vater darauf, daß der Bub Italienisch lernte und zu einem Geschäftsfreund in Rovereto in die Lehre ging. – 1829 begab sich H. auf seine erste Reise nach Belgien, wo er im Limburgischen eine erheblich bessere Weichkäserei vorfand, als er sie von daheim kannte. Diese war auch billiger als die Emmentaler-Herstellung, um die sich Aurel Stadler und Johann Althaus bemühten. – H. kam mit zwei belgischen Käsern wieder zurück ins Allgäu, aber es dauerte fast ein Jahrzehnt, bis im Allgäu gleichwertiger Limburger und Romadur hergestellt werden konnten. – 1840 unternahm H. eine Reise in die Niederlande und nach London. – Zeitweilig beschäftigte H. weit über 200 Mitarbeiter. – 1842 fuhr H. in das Schweizer Emmental. In diese Zeit fallen auch seine Anstrengungen, neue Düngemittel zu erproben, Wiesengründe zu entwässern und neue Gülle-Methoden einzuführen. – 1846 ging H. daran, eine Sennerei in Vils in Tirol zu kaufen. – Wohl schon um diese Zeit begann sich H. für die Politik zu interessieren. 1848 wurde er Wahlmann zum bayerischen Landtag, doch ein Jahr später wurde er zu einer knienden Huldigung gegenüber dem König gezwungen. – 1851 fuhr H. zur ersten Weltausstellung nach London, wo er auch die Bedeutung der Eisenbahn kennenlernte. – Auch gelang ihm eine geschäftliche Verbindung nach Amerika. – 1851 eröffnete H. das Grüntenhotel. – 1858 wurde er in den Landtag gewählt, in dem er sich für den Bau der Bahnlinie Kempten-Ulm einsetzte. – In Wien nahm H. an einer Reichsratssitzung teil. – Seit 1859 war H. auch Eigentümer der Brauerei in Weitnau. Auch regte er meteorologische Beobachtungen auf dem Grünten an. – H. lebt in der „Allgäu-Trilogie“ von Peter Dörfler als „Notwender“ fort. – In Missen gibt es ein Hirnbein-Museum. – Sein Portrait von David Heinemann, 1848, hängt im Sitzungssaal des „Milchwirtschaftlichen Verein“ in Kempten an der Hirnbeinstraße.

Andrian-Werburg, Klaus Frh. von: Carl Hirnbein. In: Lebensbilder aus dem Bayerischen Schwaben 9, 1966, 308–329 – Ritter, Michael: Carl Hirnbein (1807–1871). In: Lebensbilder. Geschichte und Kunst in Bildnissen aus Schwaben, 274 f. und 417

Hirschdorf (Stadt Kempten). – Die Kapelle St. Magdalena wurde 1774 errichtet. Eine Besonderheit ist ein an der Ostwand der Sakristei eingefügter Christuskopf, der vielleicht noch aus der erstmals 1394 erwähnten Kapelle stammt, wenn er nicht gar noch älter ist. – Den Innenraum beherrscht eine dramatisch bewegte Kreuzigungsgruppe, die Ignaz Wilhelm → Verhelst (1729–1792) zugeschrieben wird.

Geiss, Rudolf: Festschrift zur 600. Wiederkehr der ersten Erwähnung einer Kapelle in Hirschdorf im Jahre 1394. Hrsg. von der Filialgemeinde Hirschdorf in Zusammenarbeit mit dem Ortsgeschichtlichen Arbeitskreis Heiligkreuz, 1994.

Hirschegg s. Kleines Walsertal

Hittisau BH Bregenz, 1823 E., Gemeinde im Vorderen Bregenzerwald, bestehend aus zahlreichen Weilern, Einzelhöfen und dem Kirchort Platz, ein locker um die Pfarrkirche konzentriertes Haufendorf mit 1823 E. –

Die Pfarrkirche ist in den Jahren 1842 bis 1845 errichtet worden. Aus dieser Zeit stammt auch die Ausstattung. – Der Hauptaltar der Michaelskapelle im Weiler Reute stammt aus der Zeit um 1660. – Die um 1700 errichtete Kommabrücke über die Bolgenach nördlich von H. ist eine gedeckte Holzbrücke mit verstärktem Hängewerk. Das alte Sägewerk an der Bolgenach ist ein Holzständerbau des 18./19. Jh. mit einfachem Sägeblattantrieb durch oberschlächtiges Wasserrad und hölzernem Zahnradgetriebe. Der Blockwagen wird automatisch verschoben, ein sogenanntes Venezianer Gatter, das in dieser Form seit dem 15. Jh. in den Alpenländern verwendet wird. – Aus H. stammt der Historiker und Numismatiker Joseph Ritter von → Bergmann (1796–1872). – H. gehörte zu den drei Vorarlberger Gemeinden, die am 11. Mai 1919 gegen den Anschluß des Landes an die Schweiz gestimmt haben. – In H. befindet sich ein Alpensennerei-Museum.

Hitzelberger, Johann Sigismund (Sigmund) Bildhauer und Pfarrmesner, geb. 1745 in Pfronten-Berg, gest. 1829 in Pfronten. – H. war der Sohn des Bildhauers → Maximilian H. und bildete sich ab 1769 an der Akademie der Bildenden Künste Wien und bei dem Hofbildhauer Anton Tabot(t)a (1724–1776) aus. – Von H. stammen der Hochaltar der Pfarrkirche in Pfronten-Berg, Figuren der Muttergottes und des Hlg. Joseph in der Filialkirche in Pfronten-Kappel, eine Figur der Schmerzhaften Muttergottes in der Kapelle in Pfronten-Ösch sowie der sparsame Rocaille-Stuck der Filialkirche in Pfronten-Steinach. – Im Außerfern werden H. je ein Geiselsäulchristus in Grän, Tannheim und Zöblen zugeschrieben.

Hitzelberger, Maximilian Bildhauer und Pfarrmesner, geb. 1704 in Pfronten-Berg, gest. 1784 in Pfronten, Vater des → Johann Sigismund H. – Ende 1720 kam er zu dem Bildhauer Christoph Bammer in Augsburg in die Lehre und wurde 1725 freigesprochen. Ein Mitschüler war sein Vetter Joseph → Stapf. – Seit 1743 wohnte H. im Mesnerhaus in Pfronten. Er schnitzte ein zierliches Modell für den Hochaltar der Pfrontener Pfarrkirche und führte auch die Schnitzarbeiten an den Altären dieses Gotteshauses aus. – Für die Klosterkirche St. Stephan in Füssen schuf H. die Skulpturen, für die Filialkirche in Heitlern die Seitenaltäre, um 1750, für die Filialkirche in Kappel einen Kerkerheiland, um 1775, für den linken Seitenaltar der Kapelle in Meilingen eine Figur des Hlg. Joseph, für die Kapelle in Schwarzenbach (Seeg) den Altar. – Im Außerfern schuf H. die Hochaltarfiguren für die Annenkirche in Vils, für Wängle eine Tabernakelkreuzigungsgruppe, für die Pfarrkirche in Elbigenalp die beiden Seitenaltäre, für die Kapelle „Christus im Kerker" zwischen Pfarrkirche und Totenkapelle in Breitenwang eine Figur der Maria dolorosa, für die Pfarrkirche in Heiterwang Figuren der Hlg. Petrus und Paulus am Hochaltar und für die Kapelle in Innergschwend (Tannheim) eine kniende Immaculata. – Die Figuren von H. erinnern stark an die spätgotische Phase eines Lux → Maurus.

Hoefelmayr, Karl Bildhauer, geb. 1907 in dcr Eich bei Kempten, gest. 1989 in Niederteufen bei St. Gallen. – Aufgewachsen auf einem stattlichen Bauernhof verbrachte H. eine glückliche Kinderzeit. Der Vater übersiedelte 1894 in die Eich und gründete hier ein Camembert-Werk, dessen Qualität es schließlich zu Weltruhm brachte. – Dem ältesten Sohn war der berufliche Weg zwar vorgezeichnet, seine Liebe aber galt der Bildenden Kunst. Zunächst aber leitete H. seit 1940 nach dem Tod des Vaters durch 30 Jahre den überkommenen Betrieb. Doch als er 1930 heiratete, hatte er eine Frau gefunden, die in vielfacher Weise dem Traum ihres Mannes aufgeschlossen war. Und als sich H. mit 62 Jahren von der Leitung des Edelweiß-Werkes zurückzog und mit seiner Frau in die Schweiz übersiedelte, begann ein neues Leben, das ganz der Kunst galt. „Das schöne Ebenmaß des menschlichen Körpers hatte es Karl Hoefelmayr angetan", schrieb Georg Thürer in seinem Bildband von 1988. Der griechischen Antike verpflichtet, hat H. schon 1934 die Statue „Schicksal" geschaffen, 1935 eine „Eris", 1939 eine „Alkmene". Viele Anregungen holte sich der Künstler auf seinen weiten Reisen in den fernen Osten, nach Afrika und in die Vereinigten Staaten von Nordamerika. Aber auch der hohe Norden brachte Begegnungen, die in seinem Werk wiedererstanden. – An der Kemptener Illerbrücke halten seit 1951 St. Magnus und St. Lorenz Wache. Und die beiden Bodensee-Nixen in Goldach singen ihre Lebenslust über das Schwäbische Meer. – Ob eine Kniende oder eine Sitzende, eine in sich Ruhende oder eine beschwingte Tänzerin aus Ostasien entstanden, stets ist das Figürliche beseelt und in eine höhere Sphäre gerückt. Es ist die Kunst, die wieder schön sein darf. Es bleibt der Zauber dieser Harmonie.

Meditationen in Formen und Farben von Karl Hoefelmayr. Einführung von Walter von Molo. Nachwort von Dr. Bruno Kroll. Stuttgart: Schuler, MCMIL – Skulpturen von Karl Hoefelmayr. Rorschach/Schweiz: Löpfe-Benz AG, o. J. (1988) – Engler, Carola: Ein Leben zwischen Beruf und Berufung. In: DSA, März 1989, 50–52 – Auf entlegenen Pfaden. Zeichnungen aus vier Kontinenten von Karl Hoefelmayr. Einführung von Prof. Dr. Georg Thürer. Rorschach/Schweiz: E. Löpfe-Benz AG, o.J. (1991)

Höfen Bezirk Reutte, Haufendorf, erstmals genannt 1427, südwestlich des Marktes Reutte mit 1244 E. – Aus H. stammt der Maler Josef Anton → Köpfle (1757–1843). Sein Haus hat er 1816 mit Fresken geschmückt, die 1966 restauriert wurden. – Früher gab es in H. Ziegelbrennereien. – Die 1957 eröffnete Bergbahn auf den Hahnenkamm beginnt in H. – 1953 wurde ein Segelflughafen errichtet, der 1965 für Motorflugzeuge ausgebaut wurde. Es ist der einzige Flughafen im Außerfern. – In Höfen steht die Zentrale des Koch-Medienkonzerns mit über 850 Mitarbeitern und einem Jahresumsatz von mehr als 3 Mrd. Schilling. 1975 hervorgegangen aus einem kleinen Tonstudio in Elbigenalp, ist Koch-International heute mit 15 Niederlassungen in 10 Ländern, verteilt über drei Kontinente, einer der wichtigsten Arbeitgeber des Landes Tirol. Anfang 2002 hat Koch das Herzstück seines Unternehmens, die Volksmusik- und Schlagersparte, verkauft. – Ein Anziehungspunkt im Sommer ist der Alpenblumengarten am Hahnenkamm auf einer Fläche von 6 ha.

Hoefler, Konstantin von Historiker, geb. 1811 in Memmingen, gest. 1897 in Prag. – Der Sohn eines Juristen war an der Universität München Schüler von Fallmerayer und Doellinger und vor allem von Görres und Schelling. – Nach Studien in Göttingen und Rom wurde H. 1836 Redaktor der „Münchener politischen Zeitung“, 1838 Privatdozent und 1841 Ordinarius der Geschichte in München. – Wegen seiner Polemik gegen Lola Montez wurde er 1847 pensioniert und als Kreisarchivar nach Bamberg versetzt. Hier machte er sich um die Herausgabe fränkischer Geschichtsquellen verdient. – 1851 wurde er als Professor für Geschichte nach Prag berufen, um gegen Palacky, mit dem er zunächst freundschaftlich verbunden war, die deutsche Überlieferung in der Geschichte Böhmens herauszustellen. – 1862 gründete er den Verein für Geschichte der Deutschen in Böhmen und wurde der Vater der deutschen Geschichtswissenschaft in Böhmen. – 1865 wurde H. Mitglied des böhmischen Landtags und 1882 Mitglied des Herrenhauses. Ursprünglich katholisch-konservativer Romantiker, der sich in Bayern zum Anwalt ultramontaner Politik gemacht hatte, wurde er in Böhmen einer der Führer des Deutschtums, der in seiner politischen Stellungnahme mit der Verfassungspartei zusammenging. – Auf seinen Antrag erfolgte 1868 die Aufspaltung der Technischen Hochschule und 1879 die der

Prager Karlsuniversität in zwei nationale Hochschulen.

Hemmerle, Josef: Constantin von Höfler. In: Lebensbilder aus dem Bayerischen Schwaben, 2, 1953, 376–395

Hörmann, Josef Maler, geb. 1776 in Obergünzburg, gest. 1820. – In München ausgebildet arbeitete er hauptsächlich in Augsburg. Vorzügliches leistete er auf dem Gebiet der Landschaftsmalerei und besonders in der Pflanzen- und Käferzeichnung. Von 1815 bis 1820 nahm er die meisten Ortschaften in der Umgebung von Augsburg getreu auf. Auch für die Karikatur besaß er einen feinen Sinn. In seinen letzten Lebensjahren wirkte H. als Zeichenlehrer an der Augsburger Kunstschule.

Hörmannshofen (Biessenhofen, Lkr. Ostallgäu). – Südlich des Ortes auf dem steil nach Osten abfallenden Ottilienberg steht eine Wallfahrtskirche, deren Vorgängerbau 1443 erstmals erwähnt wird. 1455 entstand dann im Auftrag des Kaufbeurer Patriziers Ulrich Weißirherr ein erweiterter Neubau, der 1631 von den Schweden niedergebrannt wurde, 1659 aber wiederhergestellt werden konnte. Die Altäre stammen aus dem Jahr 1699, die Kanzel aus der Zeit um 1700. – Eine Statue der Hlg. Ottilia, um 1730/40, ist dem Umkreis von Anton → Sturm zuzuweisen. – Eine überlebensgroße Kreuzigungsgruppe von 1700 wird Hans Ludwig → Ertinger zugeschrieben. – Über einer heilenden Quelle wurde am Ende des 17. Jh. die Fünf-Wunden-Kapelle errichtet, die im Volksmund „Brünnele“ genannt wird. Der Fünf-Wunden-Brunnen ist eine Sandsteinfigur Christi, aus deren Wunden das Wasser fließt, bez. 1768.

Hörmann von und zu Gutenberg, Georg Kaiserlicher Rat, Humanist, geb. 1491 in Kaufbeuren, dort gest. 1552. – Schon in jungen Jahren versuchte sich H. in lateinischen Gedichten. – Jakob Fugger berief ihn nach Antwerpen und dann später zum Oberverwalter seiner Bergwerke nach Schwaz (Tirol). In dieser Stellung gelangte er zu Einfluß und Reichtum. H. wird als Mentor von Raimund und Anton Fugger gerühmt. – Kaiser Karl V. erhob ihn in den Reichsadelsstand, 1528. Kaiser Ferdinand I. ernannte ihn zu seinem Rat. – H. zeichnete sich durch Gelehrsamkeit aus und stand mit Erasmus von Rotterdam, Philipp Melanchthon und Konrad Peutinger in Korrespondenz. – H. förderte die Wissenschaften und auch die Künste. H. war als großer Auftraggeber die zentrale Persönlichkeit der Frührenaissance in Kaufbeuren. – In der Staatsgalerie Stuttgart befindet sich eine Bildnismedaille H.s von Christoph Amberger. – Im Germanischen

Nationalmuseum in Nürnberg hängt ein Votivbild H.s und seiner Frau mit einer Darstellung des Fischzugs Petri. Sein Portrait befindet sich im Stadtmuseum Kaufbeuren. – Der Reformation stand H. eher zurückhaltend gegenüber. Als im Bildersturm katholische Familien die von ihnen gestifteten Werke rechtzeitig nach Hause holten, ist dies auch für den an sich protestantischen H. belegt. – Eine Gedenktafel befindet sich im Durchgang des ehemaligen Hörmannhauses in der Kaiser-Max-Straße. – Ein Portrait des H., das Ölbild eines unbekannten Malers um 1544, hängt im Stadtmuseum Kaufbeuren.

Hamm, Margot: Georg Hörmann von und zu Gutenberg (1491–1552). In: Lebensbilder. Geschichte und Kunst in Bildnissen aus Schwaben, 164 f. und 415

Hörmann von und zu Gutenberg, Wolfgang Ludwig Staatskanzleidirektor und Chronist, geb. 1713 in Kaufbeuren, dort gest. 1795. – H. wurde als Sohn des Bürgermeisters Ernst Tobias Hörmann geboren und stand ab 1737 im Dienst seiner Vaterstadt, zunächst als Gerichtsaktuar und Substitut an der Ratskanzlei, seit 1742 als deren Direktor. 1769/70 war er Verweser des Stadtsyndikats, 1793 wurde er wegen zunehmender Erblindung pensioniert. H. legte den Grund zu einem besseren Archiv- und Registraturwesen. Er schrieb eine dreibändige Chronik der Stadt Kaufbeuren, eine „Geschichte des Religionswesens bis 1758“, „Gesammelte Nachrichten vom gelehrten Kaufbeuren“ sowie ein „Ehren-Danckmal und Stammen-Register des Adelichen Geschlechtes derer Hoermann von und zu Gutenberg“, 1770. – Der sehr kritische H. war der wohl bedeutendste Chronist der Stadt Kaufbeuren.

Pfundner, Thomas: Wolfgang Ludwig Hörmann von und zu Gutenberg. 1713–1795. Stadtkanzleidirektor und bedeutendster Chronist Kaufbeurens. In: Lebensbilder aus dem Bayerischen Schwaben 16, in Vorb.

Hoess, Eugen Ludwig Maler und Graphiker, geb. 1866 in Immenstadt, gest. 1955 in Langenwang. – Nach dem Besuch einer Realschule und einem Praktikum am Militärpferde-Depot in Fürstenfeldbruck zog es H. nicht an die Landwirtschaftliche Hochschule Weihenstephan, sondern zum Zeichnen, Malen und Jagen. – An der Akademie in München war er durch vier Jahre. – 1889 wechselte er an das Städelsche Kunstinstitut in Frankfurt am Main. 1893 zeigte er erstmals im Glaspalast in München Jagd- und Wildbilder mit Landschaften aus dem Allgäu. – Die Jahre 1898 bis 1908 verbrachte H. in Immenstadt. – 1917 entwarf er den Notgeldschein der Stadtverwaltung im Wert von 50 Pfennigen. 1933 gestaltete er die Urkunde für den Ehrenbürger Paul von

Hindenburg. – 1936 zog H. in sein neuerbautes Heim bei Langenwang und heiratete die um 33 Jahre jüngere Schriftstellerin Adele Ude. – 1939 brachte er einen die Schwächen der Immenstädter Damen karikierenden Roman unter dem Titel „Frau zwischen zwei Welten" heraus, der in Immenstadt bald nicht mehr verkauft werden durfte. Trotz Lokalposse und Skandal erschien 1942 eine zweite Auflage. – Eine Ausstellung zu seinem 86. Geburtstag versöhnte H. wieder mit Immenstadt. – Sein Können trug ihm den Ruf ein, der beste Jagdmaler seiner Zeit zu sein. – H. war auch Mitarbeiter an den Zeitschriften „Jugend" und „Wild und Hund". – 1907 erhielt H. die österreichische Silberne Staatsmedaille für Graphik, 1913 eine Goldene Medaille der Internationalen Kunstausstellung. – 1938 wurden für die Reichskanzlei drei Ölbilder von H. angekauft. – 1939 erwarb Hitler im „Haus der Deutschen Kunst" das große Ölgemälde „Winterdämmerung". – Nach dem Zweiten Weltkrieg veranstalteten die Gemeinde Oberstdorf 1951 und ein Jahr später die Städte Kempten und Immenstadt Ausstellungen.

Vogel, Rudolf: Eugen Ludwig Hoess. In: Immenstadt im Allgäu. Landschaft, Geschichte, Wirtschaft, kulturelles und religiöses Leben im Lauf der Jahrhunderte. Hrsg. von Rudolf Vogel. Immenstadt: J. Eberl KG, 1996, 593–595

Höß, Crescentia Franziskanerin, geb. 1682 in Kaufbeuren, dort gest. 1744. – Sie wurde als sechstes Kind eines Wollwebers geboren, wuchs in einer frommen Familie auf und trat 1703 in das Kloster der Franziskaner-Terziarinnen in Kaufbeuren ein. Durch 16 Jahre war sie Pförtnerin, seit 1716 Novizenmeisterin und schließlich durch drei Jahre Oberin. Der Ruf ihrer Begnadung drang über die Klostermauern hinaus, als der Franziskanerpater Kilian Katzenberger in einem Buch ohne Wissen Crescentias über die besonderen Offenbarungen, Ekstasen und Wunder Crescentias berichtete. Dadurch wuchs die Zahl der Rat und Hilfe Suchenden rasch an. Vor allem waren es viele Angehörige der höheren Stände, die sich brieflich an C. wandten: Fürstbischöfe, die bayerische Kurfürstin Maria Amalie, ja sogar Maria Theresia. C. diktierte ihre Antworten meist einer Mitschwester. Ihre barocke Frömmigkeit, ihre Versenkung in Gebet und Betrachtung und ihre Intelligenz ließen sie als außergewöhnliche Frau erscheinen. C. starb im Ruf der Heiligkeit. Berichte von Gebetserhörungen an ihrem Grab führten zu einer Wallfahrtsbewegung, die in der zweiten Hälfte des 18. Jh. ihren Höhepunkt erreichte. 1779 sollen 70 000 Pilger gekommen sein. Im Jahr 1900 wurde C. selig gesprochen, im Jahr 2001 heilig. – Ein Portrait, das Ölbild eines unbekannten Malers von 1744, hängt im Crescentiakloster Kaufbeuren.

Briefe von, an und über Crescentia von Kaufbeuren aus der Zeit 1714–1750. Gesammelt und herausgegeben von Johannes Gatz. Kaufbeuren: Vicepostulatur, o.J. (1961) – Pörnbacher, Karl: Crescentia Höß von Kaufbeuren. Lindenberg: Fink, 2000 – Pörnbacher, Karl: Maria Crescentia Höß (1682–1744). In: Lebensbilder. Geschichte und Kunst in Bildnissen aus Schwaben, 140 f. und 417

Höß, Franz Anton Munizipalrat, geb. 1784 in Immenstadt, dort gest. 1864. – H. war der Sohn des gräflich königsegg'schen Braumeisters Jacob H. – Er war der größte Immenstädter Grundbesitzer und mit Abstand der reichste Bürger. Er hatte 1807 eine Braumeisterswitwe geheiratet, die ein beachtliches Vermögen und das stattliche ehemalige gräfliche Amtshaus am Immenstädter Marktplatz in die Ehe brachte. Schon drei Monate später kaufte H. die vom bayerischen Staat angebotene gewinnbringende Brauerei der bis 1804 in Immenstadt residierenden Grafen zu Königsegg-Rothenfels. – Patriotismus und Mut zeigte H. im Jahr 1808 beim Einfall der aufständischen Tiroler und Vorarlberger. Er versteckte den Landgerichtsarzt in seinem Haus und verhalf inhaftierten Beamten zur Flucht. – Er wurde in die Zweite Kammer (Landtag) und in den Landrath des Kreises Schwaben und Neuburg gewählt. Und die Immenstädter wählten H. in den Munizipalrat (Stadtverwaltung). Seit 1828 wurde H. wiederholt zum Gemeindevorsteher berufen. – In enger Beziehung stand H. zur Landwehr. Hier stellte er aus seinem Vermögen mehr als 1000 Gulden zur Verfügung. – In Anerkennung seiner Verdienste um Land und Gemeinde verlieh ihm 1846 König Ludwig I. die Goldene Zivilverdienstmedaille der Bayerischen Krone. – Von 1827 bis 1856 verwaltete H. die Kasse der Weberzunft, deren Kapital er geschickt vermehrte. – H. führte auch durch Jahre das Rechnungswesen der Schulkasse und überließ ihr seine Einkünfte als Magistratsrat und ab 1827 als Gemeindevorsteher. – Sein Portrait von Josef → Hauber aus dem Jahr 1822 hängt im Museum Hofmühle in Immenstadt.

Vogel, Rudolf: Franz Anton Höß (1784–1864). In: Lebensbilder. Geschichte und Kunst in Bildnissen aus Schwaben, 270 f. und 417

Hofmann, Thomas O. S. B. Abt, geb. 1520 in Bickenried bei Irsee, gest. 1596 in Irsee. – H. trat in sein Heimatkloster ein, legte 1536 die Profeß ab und feierte um 1545 seine Primiz. 1565 oder 1566 zum Abt gewählt, regierte er rund drei Jahrzehnte. Ein Zeitgenosse rühmte die Gelehrsamkeit des Abtes Thomas. Da die Disziplin des Konvents gegen Ende seiner milden Amtsführung litt, bewog man den greisen Abt nach zwei Visitationen im Frühjahr 1596 zur Resignation. Zuvor hatte er noch seine 60jährige Ordensprofeß feiern können.

Hofmiller, Josef Kunstkritiker, Essayist und Pädagoge, geb. 1872 in Kranzegg am Fuße des Grünten, gest. 1933 in Rosenheim. – Der Vater war Lehrer und Chorregent, seine Familie stammte aus dem Schwäbischen. 1876 wurde der Vater nach München-Haidhausen versetzt. – Der Bub besuchte zunächst das Gymnasium der Benediktiner in Scheyern, ab 1887 das erzbischöfliche Internat in Freising und schließlich die letzte Klasse am Wilhelmsgymnasium in München. 1890 macht H. sein Abitur. Der Vater schenkte ihm das Geld für einen Ferienaufenthalt in Tirol. In Innsbruck sollte er bei den Jesuiten Exerzitien mitmachen und ein Reisetagebuch führen. – H. begann ein Theologiestudium und trat in das Georgianum ein, verließ das Seminar aber bald wieder und wandte sich der Philologie zu. 1894 machte er sein Staatsexamen in Französisch, 1896 in Englisch. 1901 wurde H. promoviert. Damals schrieb er Joseph Bernhart: „Ein Doctor ist wie ein Regenschirm: man weiß nie, ob man ihn nicht brauchen kann.“ – Schon sehr früh schrieb H. Theater- und Musikkritiken. – Im Lehrberuf erwies H. eine außergewöhnliche Begabung. – Durch seine „12 Artikel über den Ausbau der bayerischen Realschulen“ hatte H. wesentlichen Anteil an der Einführung der Oberrealschulen. – 1904 wurde er Gymnasialprofessor am Humanistischen Gymnasium Freising. 1912 wurde er nach München versetzt, wo er wieder bei seiner Mutter lebte. – 1916 heiratete H. in Ottobeuren eine um 18 Jahre jüngere Lehrerin aus Memmingen. – Trotz Schuldienst blieb er Mitarbeiter der „Münchner Neuesten Nachrichten“, des „Miesbacher Anzeigers“, des „Bayerischen Haus- und Volkskalenders“ und des „Kunstwart“. – Ab Herbst 1919 las H. als Gastdozent der Technischen Hochschule durch zwei Semester über französische und englische Literatur. Aber das Angebot, an die Universität Köln zu gehen, lehnte H. ab. – 1922 wurde er als Konrektor an das Humanistische Gymnasium in Rosenheim versetzt. – H. war ein glänzender Stilist. Seine Essayistik machte er zu einem Instrument, das dem Verstehen und der Wertung des literarischen Kunstwerkes diente, voll Verständnis für das Bodenständige und offen für die Werke der Weltliteratur.

Pörnbacher, Karl: Josef Hofmiller. In: Lebensbilder aus dem Bayerischen Schwaben 12, 1980, 258–281 - Josef Hofmiller – Übersetzer – Essayist. Bearbeitet von Werner

Volke in Verbindung mit Heidrun Güttinger (= Marbacher Magazin 38), 1986

Hohenfreyberg (Eisenberg, Lkr. Ostallgäu), Burgruine westlich der nahen Ruine Eisenberg, eine der malerischsten und größten Burgruinen in Bayern und auch eine der letzten Burgen, die überhaupt neu gebaut wurden. – H. wurde erst 1418–1432 von Friedrich von Freyberg, dem ältesten Sohn des Besitzers der Burg Eisenberg, anachronistisch im Stil einer staufischen Burg errichtet. – Um 1480 wurde H. an Erzherzog Sigmund den Münzreichen von Österreich-Tirol verkauft. – Noch 1607/09 rüstete die Tiroler Landesregierung auf moderne Artilleriewaffen um. – Als 1646 ein neuer Einfall der Schweden drohte, wurde H. wie auch Eisenberg und → Falkenstein auf Befehl der Regierung in Innsbruck niedergebrannt. – Seit 1995 wird H. sorgfältig erforscht und behutsam konserviert.

Hohenschwangau (Schwangau, Lkr. Ostallgäu), ursprünglich Sitz der Herren von Schwangau, 1397 erstmals erwähnt, seit 1567 in bayerischem Besitz. – Die 1809 beschädigte Burg wurde 1832 von Kronprinz Max erworben, bis 1838 instandgesetzt und durch Domenico Quaglio zu einem Schloß ausgebaut. Es ist ein Stück Historismus in romantischer Berglandschaft, weit in das Vorland hinauswirkend. – Ein Flügelaltar aus der Zeit um 1460 in der Kapelle dürfte das einzige Detail sein, das hier nicht aus dem 19. Jh. stammt. – Bis zu ihrem Tod, 1889, lebte die Mutter Ludwigs II. hier. – Erst recht ganz der Romantik zugewandt, oberhalb von H. hoch über den steil aufragenden Felsen der Pöllatschlucht, in landschaftsprägender und fast bizarrer Lage steht das Schloß **Neuschwanstein**, der wohl berühmteste Bau Ludwigs II., zu dem den König eine Reise zur Wartburg, 1867, angeregt haben dürfte. Den heutigen Namen erhielt das Schloß erst nach dem Tod seines Bauherren, 1886. – Arkadenfenster, Balkone, Zinnen, Erker und Türme formen ein Märchenschloß. – 1869 begann man mit dem Bau, der erst 1892 eingestellt wurde. – Im Inneren spiegelt so manches Detail Richard Wagners Opern und deren Bühnenbilder. – Hier wurde der König 1886 von einer Absetzungskommission aus München abgeholt und in Begleitung des Arztes Dr. Gudden nach Schloß Berg am Starnberger See gebracht. – Schon ab August 1886 kann Neuschwanstein als Museum besichtigt werden. – Heute ist das Schloß ein Anziehungspunkt für Besucher aus aller Welt. – Den schönsten Blick auf die Anlage hat man von der Marienbrücke über die beinahe hundert Meter tiefe Pöllatschlucht. – Am fast östlichsten Punkt der „Euregio via salina“ gelangt der späte Historismus zu einzigartiger Ausprägung.

Hohenthann s. Muthmannshofen

Holzer, Fridolin Verleger, Bürgermeister und Mundartdichter, geb. 1876 in Weiler, dort gest. 1939. – Als H. zur Welt kam, war der Vater noch Lehrer. – Der Bub absolvierte die Oberrealschule in Ravensburg, verbrachte ein Volontärjahr in einem Ravensburger Zeitungsverlag und diente im bayerischen Infanterie-Leibregiment. – 1902 übernahm er die Buchdruckerei und den Zeitungsverlag des Vaters. – Mit 28 Jahren wurde H. zum Ersten Beigeordneten gewählt. – Aus dem Ersten Weltkrieg kam H. unversehrt in die Heimat zurück. – 1919 wurde er ehrenamtlicher Bürgermeister und blieb dies durch 17 Jahre. Es gab in Weiler nichts, was nicht durch H.s Initiative geworden wäre. Zurecht hieß es „Weiler, das ist Fridolin Holzer“. – Ausgebaut wurde durch H. die Lehranstalt für Emmentalerkäserei, die spätere Anton-Fehr-Schule. – Das historische Gasthaus „Zum Lamm“ ließ H. zum künftigen Rathaus umgestalten, ein Glücksfall für das Ortsbild. – Auch gründete H. einen Verein für Heimatkunde und mit seinem Freund Ignaz Dornach das erste Westallgäuer Heimatmuseum. Und in seiner Druckerei erschien das „Anzeigenblatt für das westliche Allgäu“. – 1929 kamen seine ersten Mundart-Gedichte unter dem Titel „D’ Schnäddrbäs vo Wilar“ heraus. Ihm folgten „Dr Boschejohler“, „D’ Krotebluma“ und schließlich „Nommas Luschtegs“. – 1931 wurde H. Ehrenbürger und schließlich Ehrenbürgermeister. – Ein rechtes Verhältnis zur Weimarer Republik hat H. nie gefunden. Noch weniger konnte er sich mit dem Dritten Reich anfreunden. H. wurde unter Hausarrest gestellt. Zwei SA-Wachposten standen vor seiner Tür. – Abgewandelt ließe sich auch jetzt noch sagen: „Westallgäu – das ist Fridolin Holzer“.

Mors, Hermann: Fridolin Holzer. In: Lebensbilder aus dem Bayerischen Schwaben 12, 1980, 298–310

Holzgau Bezirk Reutte, Straßendorf im oberen Lechtal mit 462 E., eine mittelalterliche Rodungsinsel, im 13. Jh. von Schwaben aus besiedelt. – Manche Holzgauer sind weit in der Welt herumgekommen und haben es im Ausland zu Wohlstand gebracht. Ein Holzgauer Kaufmann, der 1821 in Amsterdam starb, hat der Kirche in Holzgau kostbare holländische Paramente vermacht. Auf dem Altartisch steht der Reliquienschrein des Hlg. Eugenius aus der Kalixtuskatakombe in Rom, den 1734 der Augsburger Handelsmann Gregor Deschler nach H. geschenkt hat. – Die Sebastianskapelle auf dem Friedhof ist neben der Martinskapelle in Elbigenalp das einzige erhaltene spätgotische Gotteshaus im Lechtal. Da der Bischof von Augsburg nur selten nach H. kam, wanderten die Firmlinge mit ihren Paten ins Allgäu, eine wenn auch beschwerliche Frühform des heutigen Firmausflugs. – Bekannte Holzgauer sind der Volkskundler Christian → Schneller (1831–1908) und der Augsburger Generalvikar Joseph Inges Heinrich Lumpert (1751–1826), der die Loslösung seiner Heimat vom Bistum Augsburg zu vollziehen hatte. – Die Kapelle am Pilgerweg nach Holzgau ist im Sommer 1999 renoviert worden. – Seit 1986 gibt es in H. ein Oberlechtaler Heimatmuseum, untergebracht in einem Haus, dessen weitum beachtete Fassadenmalereien aus dem Jahr 1786 auf ein Fresko in Augsburg von Johann Ev. Holzer aus Burgeis im oberen Vinschgau (1709–1740) zurückgehen. – Die Exponate spiegeln das karge Leben von Menschen, die noch nicht vom Fremdenverkehr leben konnten, sondern als Maurer und Stukkateure durch ganz Europa zogen.

Holzhey, Franz Anton Orgelbauer, geb. 1758 in Angelberg bei Türkheim, gest. 1821 in Kaufbeuren. – Wahrscheinlich zählt er zu den Söhnen des Orgelbauers Alexander H. – In die Lehre dürfte er bei seinem Vater gegangen sein. 1781 hat er in Kaufbeuren geheiratet. – Arbeiten sind von ihm bisher nicht bekannt. Da seine Hauptschaffenszeit in eine durch die Säkularisation verursachte Periode des Niedergangs der Orgelbaukunst fiel, hatte er wohl wenig Gelegenheit, größere Orgelwerke zu bauen. Wahrscheinlich reparierte er vor allem Orgeln.

Holzhey, Johann Michael Maler und Freskant, getauft 1729 in Grönenbach, gest. 1762 in Riedlingen. – H. hat sich wohl selbst auf der Flachdekke im Refektorium der ehemaligen Benediktinerabtei Isny sowie im östlichen Mittelschiff-Fresko der Isnyer Klosterkirche abgebildet, als er 1757 dort tätig war. – Vermutlich kam er schon in jungen Jahren nach Kempten, wo er sich Franz Ludwig → Hermann anschloß, als dieser 1752 in St. Peter im Schwarzwald zu malen begann. Beide kehrten schließlich nach Konstanz zurück, wo Hermann seit etwa 1750 wohnte. – Wenig später traf H. mit Franz Joseph → Spiegler zusammen. – 1754 immatrikulierte sich H. an der Wiener Akademie, als Paul Troger dort Michelangelo Unterberger als Direktor ablöste. – H. wird auch eine Folge von 14 Kreuzwegstationen in der Isny benachbarten Pfarrkirche in Gestratz zugewiesen. – 1757/58 hat H. dann in Riedlingen das Bürgerrecht erhalten und geheiratet.

Seine Frau hatte freilich ein Verhältnis mit einem Fähnrich der in Riedlingen stationierten preußischen Truppen. Ob diese Umstände zu H.s frühem Tod im Alter von nicht ganz 33 Jahren führten oder ob H. gar beseitigt wurde, wir wissen es nicht.

Paula, Georg: Johann Michael Holzhey (1729–1762) – Maler und Freskant. In: Lebensbilder aus dem Bayerischen Schwaben 16 (im Druck).

Holzhey, Johann Nepomuk Orgelbauer, geb. 1741 in Rappen (Unteregg), gest. 1809 in Ottobeuren. – Seine Lehr- und Gesellenjahre verbrachtc H. bei seinem Onkel Alexander und bei Karl Joseph → Riepp in Ottobeuren. – In seinem Schaffen vollzieht sich der Übergang vom Orgelbau des Rokoko zu dem des Klassizismus. – Beeinflußt wurde H. auch durch Josef Gabler in Weingarten. – Insgesamt hat H. an die 40 Orgeln gebaut, im Bereich der „Euregio via salina“ in Memmingen (Oberspital), Ottobeuren, Eldern, Zell bei Memmingen, Wiggensbach, Heiligkreuz bei Kempten und Grönenbach. – In Neresheim wurde H. 1792 als „der in Schwaben berühmteste Orgelmacher“ bezeichnet. – Keines seiner Instrumente hat das 19. Jh. ohne Veränderungen überdauert. Durch die Renovierungen in Weißenau und Rot sind mit der Neresheimer Orgel drei seiner großen Instrumente in den Zustand versetzt worden, den sich H. klanglich vorgestellt haben mag. – Es dürfte H. schwer getroffen haben, daß er den Niedergang noch erlebt hat, als in der Zeit der Säkularisation die Hochblüte des oberschwäbischen Orgelbaus zerstört wurde. – Sein Portrait, um 1790, hängt im Klostermuseum Ottobeuren.

Höflacher, Ulrich: Johann Nepomuk Holzhey 1741–1809. Schwabens „Berühmtester Orgelmacher“. In: Lebensbilder aus dem Bayerischen Schwaben 14, 1993, 173–197 – Faust, Ulrich: Johann Nepomuk Holzhey (1741–1809). In: Lebensbilder. Geschichte und Kunst in Bildnissen aus Schwaben, 300 f. und 417

Honold vom Luchs und Honold von der Taube Patriziergeschlechter. – Die beiden Zweige der H. waren in der Reichsstadt Kaufbeuren und deren Umgebung reich begütert und mit öffentlichen Ämtern betraut. Ein H. erscheint bereits 1405 als Bürgermeister. **Dominikus H.** (1514–1574) heiratete eine Herwarth aus Augsburg, baute auf der Burgstelle zu Koneberg ein Schloß und vermehrte seinen Besitz durch Ummenhofen und Linden an der Gennach. 1538 wurde er unter die Herrengeschlechter der Reichsstadt Augsburg aufgenommen und war 1548 Strafherr des neuen Rats. **Hans H.** war als Student in Wittenberg Tischgenosse von Martin Luther, heiratete Jakobine Welser, saß 1549 im Großen Rat und besaß Emmenhausen, Mittelstetten, Bronnen und Lengenfeld. Als Letzter der H. vom Luchs starb Hans H. – Aus der Linie H. von der Taube erhielten 1447 die Brüder **Laurenz**, **Conrad** und **Josef H.** von Kaiser Friedrich III. zu Augsburg ein Wappen. 1480 erwarb **Lorenz H.** mit einer Reihe von Gütern von Otto von Benzenau das Dorfgericht zu Westendorf. In der ersten Hälfte des 16. Jh. waren zwei H. Bürgermeister von Kaufbeuren, 1632 nahm Gustav Adolf von Schweden **Johann Friedrich H.** unter die Geschlechter der Stadt Augsburg auf. – Mit dessen Sohn **Hans H.** erlosch das Geschlecht.

Honsolgen (Stadt Buchloe, Lkr. Ostallgäu). – Die Pfarrkirche wurde wohl 1421 neu erbaut und 1716 umgestaltet. – Stuck und Fresken stammen aus dem Jahr 1905. – Den Bruderschaftsaltar von 1767/68 hat Ignaz Wilhelm → Verhelst entworfen. – In der Kriegergedenkkapelle befindet sich ein Lindenholzrelief-Vesperbild von Jörg → Lederer, um 1525, nahestehend der Marientodgruppe im Tiroler Landesmuseum Ferdinandeum in Innsbruck. – Aus H. stammt der Irseer Klosterkomponist P. Meinrad → Spieß (1683–1761).

Hopfen am See (Stadt Füssen, Lkr. Ostallgäu). – Die zarten Stukkaturen der Pfarrkirche, um 1731, stammen wohl von Joseph → Fischer. – An den Langhauswänden sind Reste gotischer Wandmalereien des frühen 15. Jh. zu sehen. – Die Deckenbilder, noch in der Tradition des 18. Jh., hat Alois → Keller 1828 gemalt. – Die Gemälde der Altäre stammen von Claudius → Schraudolph. – Die Figuren der beiden Kirchenpatrone, um 1490/1500, werden dem Spätwerk des Meisters des Imberger Altares (→ Imberg) zugerechnet.

Hopfer, Daniel Maler, Ätzer und Kleinplastiker, geb. um 1470 in Kaufbeuren, gest. 1536 vermutlich in Augsburg. – Schon sein Vater war Maler. Bei ihm dürfte er in die Lehre gegangen sein. 1493 erwarb er das Bürgerrecht der Stadt Augsburg und ist auch in das Malerbuch der Stadt Augsburg eingetragen. 1524 erhielt H. einen kaiserlichen Wappenbrief. Zuerst trat er als kunstreicher Waffenätzer in Erscheinung. Das Ätzverfahren übertrug er auf den Bilddruck und wurde so wohl zum Erfinder der Radierkunst. Bekannt ist vor allem seine Radierung eines bäuerlichen Festes im Allgäu, um 1525. – Zeugnisse seiner Waffenätzkunst können in der Real-Armeria in Madrid, im Victoria-and-Albert-Museum in London und im Germanischen Nationalmuseum in Nürnberg bewundert werden. – Von der Malerzunft wurde H. zum Rat der Stadt abgeordnet, dem er von 1532 bis zu seinem Tod 1536 angehörte. – H. hinterließ 230 Platten, von denen jedoch nur noch 27 Stück erhalten sind. Eine Platte befindet sich im Stadtmuseum Kaufbeuren. Seine Technik der Eisenradierung wurde von Dürer und Altdorfer übernommen.

Hopferau Lkr. Ostallgäu, 1062 E. – Den Rahmen des Hochaltarbildes der Pfarrkirche krönt ein Schnitzwappen des Augsburger Fürstbischofs Johann Christoph von Freyberg (1665–1690). – An der Langhauswand steht ein Grabdenkmal für Christoph von Freyberg-Eisenberg. – Die Madonna am linken Seitenaltar, um 1510, wird Jörg → Lederer zugeschrieben. – Das **Schloß** wurde 1468 für Sigmund von Freyberg-Eisenberg errichtet und um 1830/40 neugotisch verändert. – Im zweiten Obergeschoß des Hauptgebäudes befindet sich ein getäfelter Saal mit spätgotischer Holzdecke. – 1999 übernahm die Kultur-Stiftung Füssen e. V. das Schloß, um dessen Erhalt langfristig zu sichern. – Seit 2001 ist das Schloß nach einer Renovierung wieder zugänglich.

Hopferbach (Untrasried, Lkr. Ostallgäu). – Die Pfarrkirche wurde 1870 unter Beibehaltung des Turmes der 1508 geweihten Vorgängerkirche neu errichtet. Es ist ein neugotischer Backsteinbau, um 1870. – Die ehemaligen Altarblätter im Chor stammen von Franz → Hermann, 1681, und Johann → Kaspar, Mitte des 19. Jh.

Hops, Johannes Bildhauer, geb. 1681 in Eggenthal, gest. vermutlich in Mietingen bei Laupheim. – Sein Vater war Schuster. Er schickte den Buben 1696 zu dem Bildhauer Martin Beichel in Türkheim für fünf Jahre in die Lehre. Danach war H. Geselle bei Ignaz → Waibl in Heimertingen bei Memmingen und arbeitete vermutlich am Buxheimer Chorgestühl mit. Jedenfalls war Waibl Trauzeuge, als H. 1707 in Heimertingen heiratete. – Später machte sich H. in Mietingen selbständig. Er und seine Söhne entfalteten im nördlichen Oberschwaben und darüber hinaus ein reiches bildhauerisches Schaffen. Insgesamt hat H. für etwa zwanzig Kirchen gearbeitet. Sein ältester Sohn **Johann Adam H.** übernahm die väterliche Werkstatt, sein Sohn **Franz Magnus H.** lernte bei Josef Christian in Riedlingen (bekannt durch die Chorgestühle in Ottobeuren und Zwiefalten) und wurde fürstlicher Bildhauer in Sigmaringen. **Josef Anton H.**, ein dritter Sohn, ließ sich in Villingen nieder und arbeitete dort und in Donaueschingen.

Huber Verlegerfamilie in Kempten. – **Johann H.** (1806–1864) kaufte 1838 Buchhandlung, Druckerei und Verlag → Kösel um 36 000 Gulden. Johann war Buchdrucker und Lithograph. Als Verleger erwarb er sich besondere Verdienste durch Herausgabe der „Sämtlichen Werke“ von Lorenz von Westenrieder, der zunächst ein entschiedener Aufklärer war, dann aber, vor allem durch die Edition der „Monumenta Boica“ zum Begründer der bayerischen Landesgeschichte und Denkmalpflege wurde. – 1857 stellte Johann H. die erste Schnellpresse in seiner Druckerei auf. – Nach seinem Tod wurde die Firma durch eine Erbengemeinschaft geleitet. – 1869 begann die zweite große „Bibliothek der Kirchenväter“ in 80 Bänden zu erscheinen. – 1872 übernahm **Ludwig H.** (1848–1900) die Leitung der Firma. Er erweiterte den Betrieb baulich, vor allem aber das Verlagsprogramm. Ab 1886 erschienen die Bücher von Sebastian → Kneipp. Und in den Jahren 1883 bis 1894 erschien die dreibändige „Geschichte des Allgäus“ von Franz Ludwig → Baumann. Schließlich erschienen in den Jahren 1895 bis 1902 die „Sagen, Gebräuche und Sprichwörter des Allgäus“ von Karl August → Reiser. – Diese drei grundlegenden Werke halfen dem Verlag aus mancher finanziellen Schwierigkeit. – 1901 übernahm **Paul H.** (1875–1911) die Leitung der Firma. Er war mit Carl Muth befreundet, und 1903 wurde die Zeitschrift „Hochland“ gegründet. Damit rückte der Kösel-Verlag in eine weitumfassende geistesgeschichtliche Position. – 1911 übernahm **Hermann H.** (1883–1927) nach längeren Auslandsaufenthalten in London und Paris die Firmenleitung. 1920 wurden die Verlage Kösel/Kempten, Pustet/Regensburg, Isaria/München und Lentner/München zusammengeschlossen unter dem Namen Josef Kösel & Friedrich Pustet, Kempten-München-Regensburg. Zweigniederlassungen gab es in Augsburg, Breslau, Kaufbeuren, Kempten, Koblenz, Köln, Leipzig, München, Regensburg, Rom, Valencia und Wien. – Die Verlagsleitung übersiedelte von Kempten und Regensburg nach München.

Nachrichten aus dem Kösel-Verlag. Gedruckt zum 375jährigen Bestehen von Druckerei und Verlag. Oktober 1968 – Haberl, Wolfgang: Einer Zeit und Zeitschrift Ende. In: DSA, Dezember 1974, 154 f.

Huber, P. Barnabas O. S. B. Abt, geb. 1778 in Gutenberg bei Kaufbeuren, gest. 1851 in Augsburg. – Der Sohn eines Müllers besuchte die Klosterschule in Ottobeuren und trat dort 1793 in den Benediktinerorden ein. 1801 feierte er Priesterweihe und Primiz. Er war Sekretär des Abtes Honorat → Göhl, Bibliothekar und

Professor der griechischen Sprache am Stiftsgymnasium. Nach der Aufhebung des Klosters wurde er Erzieher der Söhne des Fürsten Fugger in Babenhausen, ständiger Begleiter und väterlicher Freund, auch auf Reisen und an der Universität Würzburg. Als Fürst Anton, sein einstiger Zögling, die Regierung übernahm, behielt er den klugen und gebildeten Mann bei sich und ernannte ihn zum Hofbibliothekar. Nach der Gründung der Abtei St. Stephan in Augsburg durch König Ludwig I. von Bayern erhielt H. Ende 1834 die Ernennung zum ersten Abt von St. Stephan. Mit Bischof Ignaz Albert von Riegg reiste Abt Barnabas 1835 in mehrere österreichische Benediktinerstifte, um Professoren für das Gymnasium bei St. Stephan in Augsburg zu gewinnen. Dann baute er geduldig und unermüdlich seine Abtei und deren Konvent auf.

Hurter, Christoph Kartograph, geb. 1576/77 in Memmigen, hier gest. 1635. – H. hat 1619 mit seiner „Des Illerstroms und beyderseits umbligenden Algöws außführliche beschreibung“ die erste brauchbare Karte des Allgäus geschaffen, deren Maßstabsgenauigkeit erst durch Karten um 1800 übertroffen wird. Die 39 x 92 cm große Karte ist nach Südwesten orientiert, die Iller fließt von links nach rechts und gliedert die Darstellung in zwei Teile. Links unten befindet sich eine Landschaftsbeschreibung, rechts oben eine Aufzählung der Ritterschaften und Herrschaftssitze. Für Stadt, Kloster, Schloß, Marktflecken, Dorf oder Pfarrei, Weiler oder Einöde, Bad und Burgstall verwendet H. eigene Symbole. Poststationen werden teilweise durch ein Posthorn gekennzeichnet. Straßen fehlen, nur Brücken sind eingetragen. Namentlich genannte Berge sind nur das „Horn“ bei Immenstadt und der „Grünta“. – H., der 1623 Oberbaumeister in Memmingen war, erhielt vom Rat der Stadt 15 Goldgulden für seine Karte. – Bald nach Hurters Tod wurde die Kupferplatte für wenige Kreuzer an einen Kupferschmied verkauft, der daraus eine Bratpfanne machte. – Heute sind nur noch drei Karten im Original vorhanden: im Museum Memmingen, im Stadtarchiv Kempten und in der Stadtbibliothek Ulm.

Die älteste Karte des Allgäus. Christoph Hurters Karte des Illerstroms und beiderseits umliegenden Allgäus 1619. Als Jahresgabe des Verbandes „Heimatdienst Allgäu“ in Faksimiledruck herausgegeben mit einer Einführung von Friedrich Zollhoefer (Allgäuer Heimatbücher, 38. Bändchen). Kempten: Allgäuer Heimatverlag, 1949 – Pfeifer, Wolfgang: Die Familie Hurter und ihr Einfluß auf die Kartographie Bayerisch-Schwabens. In: AGF 1997, 5–10

Huttenwang (Aitrang, Lkr. Ostallgäu). – Die Pfarrkirche ist im Kern ein spätgotischer Bau mit einem 1694/96 veränderten Langhaus. – Die Madonna mit Kind im neugotischen linken Seitenaltar, um 1505/10, ist wohl das früheste bisher bekannt gewordene Werk von Jörg → Lederer.

Hutter, Herman Offizier und Komponist, geb. 1848 in Kaufbeuren, gest. 1926 in Aibling. – Sein Vater war Lehrer und Chordirektor von St. Martin, ein guter Klavierspieler und Cellist. Der Sohn war Singknabe in St. Martin, und schon als Vierzehnjähriger hatte er anspruchsvolle solistische Aufgaben zu bewältigen. – 1863 starben innerhalb kurzer Zeit seine Eltern. Ein kleines Erbe erlaubte es H., seine Ausbildung am Gymnasium St. Stephan in Augsburg fortzusetzen. Nach der Reifeprüfung immatrikulierte sich H. an der juristischen Fakultät der Universität München, was aber eher eine Notlösung war. 1870 meldete er sich als Kriegsfreiwilliger, entschied sich für die Laufbahn eines Berufsoffiziers, nahm aber 1897 seinen Abschied als Major und lebte nunmehr als Komponist. Nahezu 60 Werke erschienen im Druck und werden fast lückenlos im Stadtarchiv Kaufbeuren aufbewahrt. Hier befinden sich auch seine 1909 bis 1921 niedergeschriebenen Lebenserinnerungen. – Seine Lieder für Bariton und Klavier gehörten seinerzeit zum Repertoire der bedeutendsten Wagner-Sänger. Pflichtstücke für große Männergesangsvereine in Deutschland, Österreich und der Schweiz waren die vertonten Balladen zeitgenössischer Lyriker. Weniger Glück hatte H. mit seiner „Bismarck-Symphonie“. – Sein letztes größeres Werk war seine komische Oper „Der Herr im Parnaß“. – Musikgeschichtlich ist H. der Spätromantik zuzuordnen.

Hutter, Herman: Geborgen ruht die Stadt im Zauber des Erinnerns. Der Kaufbeurer Komponist Herman Hutter 1848–1926 und sein autobiographisches Vermächtnis. Hrsg. und bearb. von Jürgen Kraus. Kempten: Dannheimer, 1996 (Schriftenreihe von Stadtarchiv und Stadtmuseum Kaufbeuren, Band 3)

I

Illerbeuren s. Kronburg

Illerfeld (Stadt Memmingen). – Das Schloß im südwestlichen Vorfeld der Stadt ist ein zweigeschossiger Mittelbau mit hohem Walmdach, 1784 für einen Memminger Patrizier, den Kanzleidirektor Sigmund von Lupin, errichtet, um 1820/30 durch ebenerdige Seitenflügel und später nochmals um Außenachsen erweitert. – Ein Kopie des Denkmals für M. Antonius Lupus erinnert an den sagenhaften römischen Ahnherrn der Familie. – Auf der südlichen Anhöhe steht zum Gedenken an ein Reitpferd des einstigen Schloßherren ein Obelisk. – Eine Besonderheit des 1825 ausgebauten Parks ist eine Tulpenbaumallee. – Leider wird dieser englische Garten heute von einer Bundesstraße durchschnitten. – Das Ganze ist aber noch immer eine Idylle des 18. Jh.

Braun, Uli: Patrizische Landsitze um Memmingen. In: DSA, März 1974, 37–40

Illerkreis (1808–1817). – Der Friede von Preßburg, 1805, bewirkte eine neue Einteilung des Landes, nach französischem und westfälischem Vorbild benannt nach Flüssen. Zum **Lechkreis** gehörten im Allgäu die Landgerichte Kaufbeuren und Ottobeuren sowie die Stadt Memmingen. – Der I. mit der Hauptstadt Kempten umfaßte die Landgerichte Leutkirch, Grönenbach, Obergünzburg, Oberdorf (=Marktoberdorf), Schongau, Füssen mit dem Amt Vils in Tirol, Kempten, Immenstadt, Sonthofen, Weiler, Wangen, Ravensburg, Tettnang, Buchhorn (=Friedrichshafen), Lindau, Bregenz, Inner-Bregenzerwald, Dornbirn, Feldkirch, Sonnenberg und das Montafon. – Der Generalkommisär hatte seinen Sitz in der einstigen Residenz der Kemptener Fürstäbte. – 1810 fielen an den I. die Landgerichte Kaufbeuren, Ottobeuren und die Stadt Memmingen. – Seit 1811 erschien in Kempten das amtliche „Kgl. bayerische allgemeine Intelligenzblatt des Illerkreises“. 1814 verlor der I. an Österreich die Vorarlberger Landgerichte. Bei Bayern verblieb das Landgericht Weiler mit Weiler, Simmerberg, Grünenbach und Hohenegg. – 1816 kam Vils an Österreich. – 1817 wurden Oberdonaukreis und I. zu einem einzigen Kreis vereinigt, dem Oberdonaukreis mit Sitz in Augsburg. – Mit seinen Generalkommisären hatte der Illerkreis kein Glück. Der erste in dieser Reihe, ein Herr von Merz, war ein Günstling des Ministers Montgelas. Er hatte schon 1806 in Vorarlberg eine zweifelhafte Rolle gespielt. Sein Verhalten während des Aufstandes im Jahre 1809 hat seine Stellung in

Kempten so erschüttert, daß er nach Augsburg versetzt wurde. Am 10. Mai 1811 fand man seine Leiche schließlich im Lech. – Sein Nachfolger Karl August Graf von Reisach schien bis 1810 ein Glücksfall zu sein, dann aber kamen frühere Veruntreuungen auf. 1813 wurde er seines Amtes enthoben. Er floh nach Preußen, wo er zu einem willigen Werkzeug gegen Montgelas wurde. – Erst in seinem Nachfolger Josef von Stichaner fand die Regierung den Mann, auf den sie sich verlassen konnte. Doch seine Tätigkeit für den I. dauerte nur bis zum 1. April 1817, dem Ende des I. – Dieser war im Rahmen der heutigen „Euregio via salina“ sicher die umfassendste historische politische Einheit.

Imberg (Stadt Sonthofen, Lkr. Oberallgäu). – In der zur Pfarrei Sonthofen gehörenden um 1500 erbauten Katharinenkapelle, an deren Außenwänden sich noch Reste spätgotischer Malereien befinden, steht ein neugotischer Altar von etwa 1900 mit spätgotischen Figuren der Muttergottes und der Hlg. Sylvester und Katharina, wohl vom ersten gotischen Altar der Kapelle. Es sind Allgäuer Arbeiten aus der Zeit um 1470 in der Nachfolge Hans → Multschers von einem unbekannten Meister, der nach diesem seinem Hauptwerk benannt wird.

Immenstadt im Allgäu Stadt mit 14 105 E. – 1269 wird erstmals der Name Immendorf bezeugt. – Auf der nahen Burg Rothenfels saßen seit dem Ende des 12. Jh. als Lehensträger der Staufer die Herren von Schellenberg. – Graf Heinrich von Monfort erwarb 1332 die Burg mit ihren Besitzungen und erhob I. 1360 zur Stadt. Salzstapel und Leinwandhandel begründeten den wirtschaftlichen Wohlstand der Stadt. – 1567 erwarb Johann Jakob von Königsegg-Rothenfels die Grafschaft, die mit der Herrschaft Staufen 13 Quadratmeilen umfaßte. – Durch den Dreißigjährigen Krieg und die Pest verlor I. fast 70 Prozent seiner Bevölkerung. – Große Schäden richteten die Stadtbrände der Jahre 1626, 1756, 1805 und 1844 an. – 1804 vertauschten die 1629 zu Reichsgrafen aufgestiegenen Herren von Königsegg-Rothenfels ihren Besitz um I. gegen ungarische Krongüter an Österreich. – 1805 fiel die Reichsgrafschaft an Bayern. – Mit dem Bau der Mechanischen Bindfadenfabrik 1855 und der erforderlichen Arbeiterwohnhäuser zog die Industrie in I. ein. – Durch den Bau der Eisenbahnlinie von Kempten nach Lindau 1853 wurde I. an das neue Verkehrsnetz angeschlossen. – 1945 nahm General de Gaulle unter der Mariensäule auf dem Marktplatz eine Siegesparade der Marokkaner ab, die durch zehn Wochen in I.

blieben. Der heutige Verleger Helmut Eberl griff damals einen „Offizier" der französischen Armee an: einen Geißbock, der im Rang eines Majors das Maskottchen der 2. Marokkanischen Infanteriedivision war. Eberl wurde vorübergehend eingesperrt. – 1873 ist der Steigbach über seine Ufer getreten und hat schwere Schäden angerichtet. 100 Wohnhäuser und 60 Nebengebäude wurden beschädigt, zehn völlig zerstört. Sieben Menschen kamen ums Leben. – 1946 wurde die „Kunert Strumpf- und Trikotagenfabrik GmbH Immenstadt" gegründet. 1985 wurde ein Werk der „Robert Bosch GmbH, Stuttgart" in Immenstadt-Seifen errichtet. Damit rückte I. zum führenden Industriestandort im Landkreis Oberallgäu auf. – Von den überkommenen Gebäuden sind hervorzuheben: die **Stadtpfarrkirche St. Nikolaus**. Das heutige Erscheinungsbild wird durch den Erweiterungsbau von 1907/08 bestimmt. Die Altäre und die Kanzel aus dunkelrotem und schwarzem Stuckmarmor, 1707/08, stammen wohl von Johann Georg → Haggenmüller, die weiß-golden gefaßten Figuren aus der Zeit um 1740/50. – Die Bilder im Auszug und an der Emporenbrüstung hat Ludwig → Glötzle gemalt. – Im Chor steht eine Madonna aus der Zeit um 1470, die der Nachfolge von Hans → Multscher zuzuschreiben ist. Sie gehört zu den schönsten Mariengestalten im Allgäu. – Die Pestheiligen Rochus und Sebastian hat Jakob → Maurus um 1500 geschnitzt. – Die einstige **Kapuzinerklosterkirche** birgt die Grablege der Grafen von Königsegg-Rothenfels. Neben dem Kapellenaltar hängen gußeiserne Gedenktafeln für Hugo von Königsegg-Rothenfels (gest. 1666) und Leopold-Wilhelm (gest. 1694). – Das einstige **Schloß** am Marienplatz ist eine dreigeschossige Anlage. Die Mauern des ersten Schlosses von 1550 sind 1602 bis 1620 in den Neubau des heutigen Ostflügels übernommen worden. Sehenswert ist im zweiten Obergeschoß eine reiche Stuckdecke aus der Zeit um 1770, die erst 1975/76 freigelegt wurde und zwischen Laub- und Bandelwerk reizvolle Jagdszenen und Veduten der Umgebung von I. zeigt, die aus einem Bilderbuch stammen könnten. – Das ehemalige **Spital** wurde 1495 von dem Brixener Domherren Konrad → Wenger gestiftet und 1659 durch Johann → Serro wieder aufgebaut. – Das **Rathaus** aus der Zeit um 1649 wurde 1753 von der Stadt erworben und für die Verwaltung umgebaut. Bis 1833 befand sich hier auch die Leinwandschau und bis 1882 die Kornschranne. – Die **Mariensäule** in der Mitte des Marienplatzes wurde 1733 zum Dank für das Erlöschen der Pest nach einem Entwurf von Johann Richard → Eberhard aus Hindelang errichtet, später mehrfach beschädigt und wiederhergestellt. Die Marienfigur stammt von Johann Richard Eberhard. – Die gräfliche **Reitschule** wurde 1774 von dem Deutschordenskomtur Christian Moritz zu Königsegg-Rothenfels errichtet. Lange Zeit wurde hier Theater gespielt. – Die gräfliche **Hofmühle** wurde nach dem Brand von 1767 errichtet. Heute befinden sich hier das Stadtarchiv und das „Museum Hofmühle". Das seit 1919 bestehende Heimatmuseum ist das älteste im Landkreis Oberallgäu. – Der **Hofgarten** wurde 1590 als „Lust- oder Baumgarten" angelegt und umfaßte rd. 6000 qm. 1665 stand hier noch ein Chinesischer Turm. Der Fischerbrunnen stammt von Theodor → Bechteler, 1961. – Bemerkenswert ist die **Villa Edelweiß**, 1882 von Jean Keller errichtet, der auch das Kurhaustheater in Göggingen gebaut hat. Heute beherbergt sie, ein Zeugnis der Gründerzeit, die städtische Musikschule. – Zu I. gehören auch zwei Ruinen: **Rothenfels**, oberhalb der Straße nach Missen, erstmals 1088 erwähnt. Erhalten sind nur wenige Reste der östlichen Mauer und die hohe aus Nagelfluhquadern errichtete Außenmauer im Westen. – Die Ruine **Hugofels** ist ein Vorwerk der Burg Rothenfels. Erhalten sind noch große Partien der beiden Ecktürme und der verbindenden Südmauer. – Zu I. gehören seit 1972 auch die bislang selbständigen Gemeinden Akams, Bühl am Alpsee, Diepolz, Eckarts, Rauhenzell und Stein im Allgäu.

Flad, Max: Kunstführer Immenstadt. o.O. (Kempten): Verlag für Heimatpflege, 1986 – Immenstadt im Allgäu. Landschaft, Geschichte, Wirtschaft, kulturelles und religiöses Leben im Lauf der Jahrhunderte. Hrsg. von Rudolf Vogel. Immenstadt: J. Eberl KG, 1996

Immenthal (Günzach, Lkr. Ostallgäu). – Die Filialkirche ist im 15. Jh. erbaut worden. – Die Fresken stammen aus dem Jahr 1781, die Altarblätter von Johann → Kaspar, 1854. – An der südlichen Chorwand befindet sich ein Portrait des Ottobeurer Abtes Rupert → Neß (1710–1740). – Bis zum Dreißigjährigen Krieg lebte in I. die berühmte Lauten- und Instrumentenmacherfamilie → Gerle. Eine ihrer Lauten wird im Kunsthistorischen Museum in Wien aufbewahrt.

Immler, Anton s. Memhölz

Irsee Markt, Landkreis Ostallgäu, 1360 E. – Um 1182 gründeten die Grafen von Ronsberg das Benediktinerkloster I. bei Kaufbeuren, das Kaiser Friedrich II. 1227 bestätigte. – Seit 1694 war I. Reichsabtei. 1802 wurde I. säkularisiert. – Baumeister war Franz II. Beer von Bleichten

(1660 –1726), der I. zwischen 1699 und 1702 errichtet hat. 1704 wurde I. geweiht. – Von 1849 bis 1972 war I. eine Heil- und Pflegeanstalt. – Nach umfassender Restaurierung 1974 bis 1981 wurde I. Bildungszentrum des Bezirks Schwaben. – Die Stuckdekoration, 1702/03, stammt von Joseph → Schmuzer. Die Deckenbilder hat der Konventuale Magnus Remy (1674–1734) gemalt. – Im Aufbau des rechten Seitenaltars steht die gefaßte Holzfigur einer thronenden Muttergottes des Memminger Christoph Schuller, um 1510/20. – Das bedeutendste Ausstattungsstück der Klosterkirche ist dic Schiffskanzel, wohl aus der Werkstatt des Ignaz Hillenbrand, 1724/25. Der Ursprung der Schiffskanzel liegt im biblischen Bericht der Schiffspredigt Christi, dem Gleichnis von den Aposteln als Menschenfischern, und in der Allegorie der Kirche als Schiff auf dem Meer und den Stürmen der Zeit. Vor allem aber ist hier an die Seeschlacht von Lepanto zu erinnern, in der die christliche Flotte unter Don Juan d'Austria 1571 die Türken besiegt hat. – Bemerkenswert sind die Reihen 5 bis 14 des Laiengestühls, deren Eichenholzwangen Schnitzereien mit Putten zeigen, die zwischen Akanthus, Weinlaub und Frucht- und Blumengirlanden spielen, Trauben essen, klettern und schlafen. Keine der Szenen gleicht der anderen. – Die reichen Stukkaturen im Kapitelsaal des Klostertrakts stammen von Francesco Marazzi, 1709/10. – Das Deckenbild im Refektorium hat Franz Anton → Zeiller 1761 gemalt. – Prächtig ist das Treppenhaus, stuckiert wohl von Franz → Schmuzer, 1729/30. – Die vierflügelige dreigeschossige Klosteranlage birgt über 100 Zimmer und Säle. – Vor dem Eingang zum Kloster steht der Irseer Reichsbrunnen, der 1992 wieder aufgestellt wurde. Auf einer Brunnensäule ruht eine Weltkugel, auf der ein in Kupfer getriebener Reichsadler steht, errichtet 1694, als I. endgültig reichsunmittelbar wurde.

Pörnbacher, Karl: Kloster Irsee. Herausgegeben von Rainer Jehl. o.O. (Weißenhorn): Konrad, o.J. (1999)

Isny im Allgäu Stadt, Lkr. Ravensburg, 14 251 E., erstmals erwähnt 1096, als Mönche aus Hirsau ein neu gegründetes Benediktinerkloster besiedelten. – 1281 verlieh König Rudolf von Habsburg I. das Recht der Reichsstadt Lindau. – 1365 erlangte I. die Reichsunmittelbarkeit, die hier aber nie mit einem Territorium verbunden war. – 1507 erhielt I. das Münzrecht. – 1631 zerstörte ein Brand den größten Teil der Stadt. – Das Kloster wurde 1781 reichsunmittelbar und erreichte auch die Landeshoheit über ein kleines Territorium. – 1656/57 führte Michael → Beer bei den Klostergebäuden den Neuen Bau und den halben Konventbau aus, wurde aber 1661/66 von den Brüdern Barbieri aus Roveredo abgelöst. Hier fühlt man sich an Kempten und Giovanni → Serro erinnert. – Stukkiert wurden Kirche und Kloster von dem Wessobrunner Hans Jörg Gigl. Die Ausmalung stammt von Hans Michael → Holzhey aus Grönenbach. 1802 kamen Stadt und Kloster an die Reichsgrafen von Quadt, die das Klostergebäude zu ihrem Schloß bestimmten. – Bereits 1539 gab es in I. eine Druckerei, deren hebräische und chaldäische Bücher noch heute in der stimmungsvollen Bibliothek der Nikolaikirche betrachtet werden können. – Sehenswert ist der Zentralbau der Gottesackerkapelle St. Joseph, 1751/52, mit Malereien von Franz Anton Dick, einem Schüler von Franz Joseph → Spiegler. – 1977 wurde nach sorgfältiger Restaurierung das Rathaus seiner Bestimmung übergeben, ein einstiges Patrizierhaus aus der Zeit um 1680. – Aus I. stammt der Präfekt der vatikanischen Bibliothek und Kardinal Franz Ehrle (1845–1934). – Die mittelalterliche Ummauerung ist fast vollständig erhalten und verleiht der Stadt ihren Reiz. – Zwei Kilometer östlich von I. liegt auf einem spornartigen 12 m hohen Moränenhügel **Vemania**, das einzige spätrömische Kastell in Württemberg. Den Namen kennen wir aus der Notitia Dignitatum, einem spätantiken Staatshandbuch. Schon 1490 wird von einer Schatzgrabung berichtet. Vemania war eine fünfeckige unregelmäßige Anlage, ca. 50 m mal 80 m groß. – Das Kastell lag nahe der spätrömischen Grenzstraße von Brigantium (Bregenz) nach Cambodunum (Kempten) und wurde vermutlich 401 n. Chr. aufgegeben.

Beck, Otto: Katholische Pfarrkirche „Sankt Georg und Jakobus“ Isny im Allgäu. Lindenberg: Fink, 1996

J

Jäger, Andreas Orgelbauer, geb. 1704 in Roßhaupten, gest. 1773 in Füssen. – J. heiratete 1733 eine Tochter des Lauten- und Geigenmachers Christoph Enzensperger und ließ sich in Füssen nieder. Außer der Orgel für St. Mang in Füssen, 1748, lieferte J. große Orgelwerke in die Klöster Benediktbeuren und Polling, ja bis nach Bozen und Maria-Saal in Kärnten. – In Tirol finden sich eine Orgel von J. in der Kaplaneikirche in Arzl im Pitztal, 1734, in Elbigenalp eine Rokoko-Tragorgel, um 1770, in der Pfarrkirche in Ischgl im Paznauntal ein Orgelgehäuse, 1758, sowie ein Gehäuse mit Windladen in der Wallfahrtskirche in Rietz im Oberinntal. – Von J. stammt auch die erste Orgel der Stiftskirche in Fiecht, die 1762/63 geliefert, durch den Klosterbrand 1868 aber zerstört wurde. – J. war einer der bedeutendsten Orgelbauer in Schwaben.

Jäger, Franz Anton Arzt, geb. 1771 in Reutte, dort 1818 an Typhus gest., studierte in Innsbruck Medizin und wurde 1800 promoviert. Dann ging er zur weiteren Ausbildung nach Wien und arbeitete einige Jahre in Bern. Nach Reutte zurückgekehrt wirkte er dort als angesehener Arzt. – 1809 war er Oberkommandant der Reuttener Landesverteidiger. Er war hochgebildet, beherrschte viele Sprachen und beschäftigte sich mit Physik, Astronomie und Mathematik. Ein von ihm 1813 gebauter Globus befindet sich heute im Tiroler Landesmuseum Ferdinandeum. – Ein Jugendbildnis von ihm malte Johann Jakob → Zeiller. Seine pyramidenförmige Grabstätte befindet sich in Breitenwang an der Kirchenmauer.

Jengen Lkr. Ostallgäu, 2257 E. – Die Pfarrkirche ist ein spätgotischer Backsteinbau aus der Zeit um 1500. – Der Unterbau des Turmes aus rohen Nagelfluhquadern stammt noch aus der Zeit um 1200. – Der Stuck stammt von Joseph → Fischer. – An der nördlichen Langhauswand hängt ein großes Kruzifix von 1520, das Veit Stoß (um 1445–1533) zugeschrieben wird und sich bis 1816 in St. Peter in München befand. – Am Südrand des Dorfes steht die einstige Dorfmühle aus dem Jahr 1829.

Bayern. Kunst und Kultur. Katalog der Ausstellung im Münchner Stadtmuseum 9. Juni bis 15. Oktober 1972. Kat.-Nr. 275

Jocham, Magnus Dr. theol. h. c. Moraltheologe, geb. 1808 in Rieder (Immenstadt-Bühl), gest. 1893 in Freising. – Am Tag seines Abiturs in Kempten starb seine Mutter. Dies bewirkte eine Wende im Leben des jungen Mannes, der im Umfeld von Säkularisation und Aufklärung aufgewachsen war. – Zum Studium der Philosophie und Theologie ging er an die Universität München. Hier kam er auch in Kontakt zur Allgäuer Erweckungsbewegung und war daher durch viele Jahre dem Augsburger Ordinariat verdächtig. J. hörte vor allem Friedrich Schelling, Franz von Baader und Joseph von Görres. Die Theologische Fakultät war noch geprägt von Johann Michael Sailer und dessen Schülern. – Im zweiten theologischen Jahr wurde J. mit einem Stipendium in das Georgianum aufgenommen. – 1831 empfing er in Augsburg die Priesterweihe. Seine erste Stelle bekam er in Altdorf bei Kaufbeuren. 1833 übernahm er die Expositur Hinterstein, nach dem Pfarrkonkurs die Pfarrei Frankenhofen bei Kaufbeuren und schließlich die Pfarrei Pfronten. Diese Jahre sind reich an literarischen Erfolgen. – Schließlich empfahl ihn sein Landsmann und Freund Daniel → Haneberg für die Professur der Moraltheologie am Lyzeum in Freising – ohne Promotion und Habilitation. – 1847/49 las J. auch vertretungsweise Kirchengeschichte. – Seine „Moraltheologie als Lehre vom christlichen Leben“, die 1852/54 in drei Bänden erschien, brachte ihm den Doktorgrad der Münchner Universität. – Aus Gehalt und Honoraren spendete J. hohe Beträge an Seminare, Waisenhäuser, Kretinenanstalten und Meßstiftungen. – Den zweimaligen Vorschlag zum Domherren in Eichstätt und München hat J. abgelehnt. – Er zählt zu den führenden Männern der kirchlichen Erneuerung Bayerns im 19. Jahrhundert. – Seine „Memoiren eines Obskuranten“, 1896, gehörten zu den gelesensten Büchern in geistlichen Häusern und Händen. – Ein Portrait, gemalt von Alois → Keller, 1840, befindet sich in Immenstadt in Privatbesitz.

Buxbaum, Engelbert M.: Magnus Jocham, Dr. theol. h. c.:In: Immenstadt im Allgäu. Landschaft, Geschichte, Wirtschaft, kulturelles und religiöses Leben im Lauf der Jahrhunderte. Hrsg. von Rudolf Vogel. Immenstadt: J. Eberl KG, 1996, 572–575

Jörg, Joseph Edmund Archivar, Publizist und Politiker, geb. 1819 in Immenstadt, gest. 1901 auf der Burg Trausnitz bei Landshut. – Der Vater war Glasermeister und zugleich reichsgräflicher und später bayerischer Landgerichtsoberschreiber. – Der begabte Bub sollte Geistlicher werden, kam zunächst in die Klosterschule in Füssen und dann an das Humanistische Gymnasium in Kempten, an dem er 1838 sein Abitur machte. – An der Universität München bestimmte seinen Weg vor allem der Kirchenhistoriker Ignaz von Döllinger, dessen Mitarbeiter („Amanuensis“) J. durch sechs Jahre war. Durch Döllinger kam J. auch in den Kreis um

Joseph Görres. J. erhielt zwar noch die niederen Weihen, lernte aber im Haus seines geistlichen Onkels in Weißenhorn seine spätere Frau kennen. Döllinger vermittelte 1852 eine Stelle am Reichsarchiv. Damals schrieb J. sein Hauptwerk „Deutschland in der Revolutionsperiode 1522-1526". Auch übernahm er die Redaktion der 1838 von Görres gegründeten „Historisch-Politischen Blätter für das katholische Deutschland". Diese Schriftleitung behielt J. bis kurz vor seinem Tod. – 1858 schrieb er seine „Geschichte des Protestantismus in seiner neuesten Entwicklung", 1860 „Die neue Ära in Preußen" und 1867 „Die Geschichte der sozialpolitischen Parteien in Deutschland". – Im Konflikt mit der Ministerialbürokratie wurde J. 1858 strafweise nach Neuburg a. d. Donau versetzt , 1866 wurde er Vorstand des niederbayerischen Staatsarchivs auf der Burg Trausnitz. – 1865 wurde J. in den bayerischen Landtag gewählt. 1871 war er der einzige Schwabe, der gegen den Eintritt Bayerns in das Kaiserreich stimmte. – J. gehörte auch dem Zollparlament und von 1874 bis 1878 dem Reichstag (Zentrum) an. Scharf wandte er sich gegen Bismarck und dessen kleindeutsches Reich. – 1881 legte J. sein Landtagsmandat nieder. – Früh erfaßte J. die Bedeutung der sozialen Frage. Mit Kolping und Ketteler war er ein Anreger des sozialen Katholizismus. Seine „Zeitläufte" in den „Historisch-Politischen Blättern" sind eine wichtige Quelle für die öffentliche Meinung Bayerns in der zweiten Hälfte des 19. Jh. – Neben Joseph Görres war J. der bedeutendste Publizist des deutschen Katholizismus im 19. Jh. – An seinem Geburtshaus in Immenstadt erinnert eine Tafel an J., in Landshut und Kempten je eine Straße.

Joseph Edmund Jörg. Briefwechsel 1846–1901. Bearbeitet von Dieter Albrecht (= Veröffentlichungen der Kommission für Zeitgeschichte, Reihe A: Quellen, Band 41), Mainz: Grünewald, o. J. (1988)

Julius, Dr. Kaspar Stiftskanonikus, geb. 1867 in Marktoberdorf, gest. 1940 in München. – J. besuchte das Gymnasium und das Lyceum in Dillingen, empfing 1892 die Priesterweihe und wurde nach zweijähriger Kaplanszeit in Bertoldshofen und mehrjährigem Studium an der Universität München zum Dr. theol. promoviert. 1896 übernahm er eine Präfektenstelle bei St. Stephan in Augsburg, war von 1898 bis 1900 Kaplan an der „Anima" in Rom und wurde im Herbst 1900 zum Stiftsvikar am Kollegiatstift St. Cajetan in München ernannt. Zu seinen Aufgaben gehörten Seelsorgedienste bei St. Cajetan und in der Allerheiligen-Hofkirche sowie Religionsunterricht an Höheren Schulen. J. beherrschte die alten orientalischen und fast alle europäischen Sprachen. Er sprach fließend Italienisch, Französisch, Spanisch und Englisch, aber auch Türkisch, Ungarisch und Russisch. Seine Sprachkenntnisse kamen ihm während des Ersten Weltkrieges bei der Seelsorge für die Kriegsgefangenen und Internierten in München zugute.

Jungholz Tiroler Enklave im Allgäu mit 297 E., nur durch eine Felsmarkierung am Gipfel des Zinken mit Tirol verbunden, in der ersten Hälfte des 14. Jh. von Wertach aus besiedelt. Seit 1868 ist J. deutsches Wirtschafts- und Währungsgebiet wie das Kleine Walsertal. – Kirchlich gehörte J. bis 1785 zur Pfarrei Wertach, die Heinrich von Rettenberg 1331 dem Zisterzienserstift Stams geschenkt hat. Stams hat auch heute noch das Ernennungsrecht des Pfarrers von J. und ist daher die einzige Pfarrei im Außerfern, die mit dem Abt des Stifts Stams einen Patronatsherren besitzt. – Die Fresken in der Pfarrkirche stammen von Franz Anton → Weiß aus Rettenberg im Oberallgäu. – Vor dem Gemeindeamt steht eine Bronzetafel, die für J. festhält: „Kaiserthum Österreich, Gefürstete Grafschaft Tirol, Bezirkshauptmannschaft Reutte, Gerichtsbezirk Reutte“. Ein Abguß dieser Tafel befindet sich im Allgäu-Museum in Kempten.

Moser, Heinz: Jungholz. Eine Tiroler Gemeinde im Allgäu. Ortschronik Nr. 36, hrsg. v. Tiroler Landesarchiv, Innsbruck 1978

K

Kärle, Johann Maler, geb. 1835 in Hinterhornbach und hier auch 1913 gest. – Nach einer Lehre in Höfen bei Josef Anton → Köpfle kam er 1857 nach München, wo er bis 1861 an der Akademie studierte. Er malte im Stil der späten Nazarener und kopierte in der Komposition Joseph Führich. – 193 Kirchen hat er ausgemalt, darunter im Außerfern Holzgau, Pflach, Häselgehr, Elmen, Stanzach, Zöblen, Nesselwängle und Schattwald.

Kaisers Bezirk Reutte, Gemeinde im südlichen obersten Seitental der Lechtales auf einer Höhe von 1522 m mit 74 E., die höchstgelegene Gemeinde des Bezirks Reutte, durch eine 4 km lange schmale Straße mit Steeg verbunden. Im 13 Jh. waren hier Almen der Leute aus dem Stanzertal. Von dort erfolgte auch über das Kaiserjoch die Dauerbesiedlung im 14. Jh. – Bis 1938 gehörte K. zum Bezirk Landeck. – Seit 1786 ist K. eine Expositur von Steeg, hat aber heute keinen eigenen Priester mehr. – Im 15. und 16. Jh. wurden hier Blei, Zink und Eisen abgebaut und an Ort und Stelle in Schmelzhütten verarbeitet. Um die Mitte des 19. Jh. führte man das Erz bis nach Füssen zum 1849 gegründeten Hüttenwerk Halblech. – Heute gibt es kaum mehr die Möglichkeit eines Nebenerwerbs, und es besteht die Gefahr, daß die junge Generation abwandert. 1955 berichtete die „Tiroler Tageszeitung“ über akuten Frauenmangel. – Aus K. stammt der Maler Emanuel → Walch (1862–1897).

Kalot, Walter Bildhauer, Maler und Graphiker, geb. 1909 in Glatz (Schlesien), gest. 1996 in Oberstdorf. – K. besuchte die Akademien in Breslau und Berlin. Nach Kriegseinsatz und russischer Gefangenschaft ließ er sich in Oberstdorf nieder. – Im Zentrum seines Schaffens steht die Bildhauerei. Er portraitierte Arthur Maximilian → Miller, Gertrud von → le Fort und Bundesminister Ignaz Kiechle, schuf Bronzereliefs schlesischer Dichter, ein Großrelief für eine Badeanlage in Funchal auf Madeira, den Fischreiherbrunnen vor dem Kurhaus in Oberstdorf und den Brunnen vor dem Allgäuer Überlandwerk in Kempten an der Gerberstraße. Für den Vorraum des Allgäuer Überlandwerks schuf K. auch ein großes Materialrelief. – Umstritten war seine Bronzeplastik „Die Geburt der Iller“ – drei liegende Frauenakte als Flußgeister und Symbole für die Quellflüsse Trettach, Stillach und Breitach. – Um gängige Moderichtungen hat sich K. nie gekümmert. Stets war er von Sinnenfreude erfüllt und rastlos tätig.

Walter Kalot Plastiken + Grafiken. Einführung von R. Musik. o.O. (Kempten: Allgäuer Zeitungsverlag), o.J. (1973) – Musik, Rudolf: Der Maler und Bildhauer Walter Kalot. In: DSA, März 1974, 32–35

Kappel (Pfronten, Lkr. Ostallgäu), dürfte der älteste Ort der Rodungssiedlung im Pfrontener Tal sein. – Die Wandgliederung und die frühklassizistischen Stukkaturen der Kirche, 1776, stammen von Joseph Anton → Geisenhof, die Seitenaltarfiguren der Muttergottes und des Hlg. Josef von Johann Sigmund → Hitzelberger, um 1855, ein Kerkerheiland von Maximilian → Hitzelberger. – Mit Ried und Steinach ist K. die dritte Bahnstation in Pfronten.

Karbach s. Amtzell

Kardorf s. Kronburg

Karrer, Dr. Philipp Jakob Hauptprediger, Dekan und Chronist, geb. 1762 in Memmingerberg, gest. 1836 in Kempten. – K. war vielleicht der Sohn eines Porzellanmalers und studierte von 1781 bis 1784 in Halle Pädagogik und von 1785 bis 1787 in Altdorf bei Nürnberg evangelische Theologie. 1791 wurde er ordiniert und seit 1797 in Memmingen als Pfarradjunkt angestellt. 1800 wurde er Pfarrer in Buxach, 1804 Pfarrer in Woringen. – Bevor er 1818 nach Kempten berufen wurde, veröffentlichte er in Memmingen das „Tagebuch der vorgefallenen Hauptbegebenheiten in der Reichsstadt Memmingen und auf der zugehörigen Landschaft, von der zwoten Hälfte des Jahres 1796 bis zur Wiederherstellung des Friedens" und 1798 eine „Kleine Nachlese zu dem Tagebuch der Kriegsbegebenheiten bey und in Memmingen". – Vor allem aber brachte K. 1805 seine „Memminger Kronik oder Topographie und Geschichte der kurpfalzbayerischen Stadt Memmingen" heraus. – In Kempten schrieb K. dann 1822 in der Einleitung zu seiner „Reformations-Geschichte der Altstadt Kempten": „Kempten verdiente wegen seines hohen Alters und seiner Schicksale eine vollständige Beschreibung und Geschichte ... Möchten Umstände zur Herausgabe einer solchen Geschichte sich günstig zeigen, und möchte sich ein sachkundiger Mann, der Zeit und Muße hätte, dazu finden!" K. hatte zwar als Pfarrer und Dekan sicherlich keine Zeit, aber er wurde sechs Jahre später jener „sachkundige Mann", der bei → Dannheimer seine „Getreue und vollständige Beschreibung bis auf den Tod des Königs Maximilian I. mit 9 lithographirten Grundrissen und Prospekten" herausbrachte. Diese Darstellung überragte natürlich bei weitem die beiden vorausgegangenen Veröffentlichungen von Jacob Kesel („Kemptisches Denkmal oder Geist-

und Weltliche Geschichte der Uralten Schwäbischen Reichs-Stadt Kempten". Ulm, o.J. (1727)) und Johann Zorn („Sammlung der merkwürdigsten Ereignisse in der ehemaligen Reichsstadt Kempten, seit deren Entstehung bis zur Auflösung der Reichsunmittelbarkeit im Jahre 1802", Kempten, 1820). – Seine Leistung als Chronist und Historiker mußte K. nicht nur dienstlichen Verpflichtungen abringen, sondern auch einer Reihe familiärer Schicksalsschläge. – An dem Haus Reichsstraße 6, in dem K. damals wohnte, ließ die Stadt in Halbrelief eine Tafel anbringen, die noch heute an K. erinnert. – Nahe dem heutigen Bahnhof ist eine Straße nach K. benannt.

Bauer, Nathaniel: Der Geschichtsschreiber der Altstadt Kempten. Eine Säkular-Erinnerung. In: DSA , 4, 1936, 62 f.

Kaspar, Johann Maler, geb. 1822 in Obergünzburg, dort gest. 1885. – Der Vater war ein kunstbegabter Schreiner. Der talentierte Sohn studierte von 1838 bis 1846 bei Heß, → Schraudolph und Cornelius an der Akademie der Bildenden Künste in München. Dann zog K. wieder nach Obergünzburg zurück und schuf von da aus für mehr als 70 Kirchen in Süddeutschland und im benachbarten Österreich Gemälde. Auch in Rom, Süd- und Nordafrika sowie im Franziskanerkloster in Tiberias am See Genezareth befinden sich Kaspar-Bilder. – Mit seinem Lehrer Cornelius malte K. die Münchner Ludwigskirche aus. – Seiner Heimatgemeinde hinterließ K. zahlreiche Gemälde, Skizzen und Zeichnungen, die sich im Obergünzburger Heimatmuseum befinden. – Stilistisch zählt K. zu den Nazarenern. – Sein Selbstbildnis aus dem Jahr 1846 hängt im Heimatmuseum Obergünzburg.

Rottenkolber, Josef: Johann Kaspar. In: Lebensbilder aus dem Bayerischen Schwaben 5, 1956, 395–398 – Luda, Margot / Jäkel-Scheglmann, Sylvia: Johann Baptist Kaspar (1822–1885). In: Lebensbilder. Geschichte und Kunst in Bildnissen aus Schwaben, 370 f. und 417 f.

Katzbrui s. Köngetried

Kaufbeuren kreisfreie Stadt mit 43 988 E. – Der Name wird 1116 erstmals urkundlich erwähnt. – 1167 kam K. an die Welfen, 1191 an die Staufer. – 1240 bezeichnete Konrad IV. in der ältesten Königsurkunde in deutscher Sprache K. als „unser stat". – 1286 verlieh Rudolf von Habsburg K. den Status einer Reichsstadt mit dem Recht von Überlingen. – 1327 verlieh Kaiser Ludwig der Bayer Vils in Tirol das Kaufbeurer Stadtrecht. – Ein Stadtbrand, 1325, und die Pest, 1348, konnten die wirtschaftliche Aufwärtsentwicklung auf der Grundlage der Weberei und des Fernhandels mit Textilien zwar hemmen, aber nicht aufhalten. – 1425 übernahm K. den Schutz über das nahe Kloster Irsee. – 1530 erhielt K. das Münzrecht. – 1545 entschied sich die Bürgerschaft mehrheitlich für die Reformation. – Da durch den Westfälischen Frieden in K. nicht die Parität eingeführt, sondern der Stand des Normaljahres 1624 festgeschrieben wurde, was den Katholiken den Besitz der Martinskirche, den Lutheranern aber die Mehrheit im Rat sicherte, blieb das konfessionelle Verhältnis bis weit in das 18. Jh. gespannt. – Bis zur Mediatisierung und dem Übergang an Bayern führte K., wie viele andere Reichsstädte, ein eher bescheidenes politisches Dasein. – Das Stadtbild bestimmt noch heute die katholische **Stadtpfarrkirche St. Martin** mit ihrem 70 Meter hohen Turm, dessen Bau 1403 begonnen wurde. 1443 wurde die Kirche geweiht. Es ist eine dreischiffige basilikale Anlage mit sieben Jochen und einem tiefen Chor, der außen mit Strebepfeilern besetzt ist. – Der Innenraum hat durch den neugotischen Eingriff der Jahre 1893 bis 1899 seinen ursprünglichen Charakter weitgehend eingebüßt. Im Mittelschiff befindet sich eine Flachdecke, die Seitenschiffe beschließen sternförmige Netzgewölbe. Der Verzicht auf die Einwölbung des Mittelschiffs mag nahelegen, daß hier der Typ der Bettelordenskirchen als Vorbild diente. – Die Figuren der Hlg. Cosmas, Damian, Martin und Ulrich wohl vom ehemaligen Hochaltar von 1480, werden dem Ulmer Bildhauer Michel Erhart zugeschrieben, die Apostelfiguren Petrus und Johannes an der Südwand, um 1490/1500, Ivo → Strigel. – Im Chorbogen hängt ein Kruzifix vom Anfang des 17. Jh. – Während St. Martin nur noch einzelne Schnitzfiguren des 15. Jh. besitzt, hat die **Blasiuskirche** den einzigartigen Schatz ihrer ursprünglichen Ausstattung bewahrt. Sie ist mit dem Fünfknopfturm das Wahrzeichen der Stadt. Das ergibt sich auch durch die Lage auf der Anhöhe im Nordwesten, unmittelbar an der Stadtmauer, ja in diese einbezogen. Die Kirche wird erstmals 1319 bezeugt. – Der durch Friese und Strebepfeiler zierlich gegliederte Bau wurde in zwei Abschnitten erneuert, zuerst 1433/36 der Chor, dann 1484/85 das kurze Langhaus. Es ist eine dreischiffige Halle, deren Kreuzgewölbe vier schlanke, achtkantige Pfeiler tragen. – In der Westwand befinden sich stichbogige Öffnungen, hinter denen der Wehrgang der Stadtmauer verläuft. – Der wichtigste Beleg für die Kaufbeurer Malerei dieser Zeit ist ein umfangreicher, um 1480 bis 1490 entstandener Bilderzyklus in vier Tafelgruppen, der die Legende der Hlg. Blasius, Erasmus, Ulrich, Antonius Eremita und die Apostelmartyrien schildert. Es ist bisher nicht gelungen, diese Bildergruppe einem der damals in K. tätigen Maler zuzuweisen. – Das Mittelbild zeigt eine Darstellung des Schmerzensmannes, der von einem Engel gestützt wird. Auf den Flügeln stehen unter Baldachinen Maria und Johannes. Dieser seltene Bildtypus der sogenannten „Engelpietà" ist um 1400 im Bereich der burgundisch-niederländischen Hofkunst entstanden. – Blickpunkt der Kirche ist der von dem Kaufbeurer Bildschnitzer Jörg → Lederer 1518 geschaffene Flügelaltar. Aus dem vorigen Altar, um 1436, wurden die strengen Schreinfiguren der Patrone Blasius, Ulrich und Erasmus übernommen. Den Schrein hat Lederer mit Figuren des Johannes des Täufers und einer Anna Selbdritt flankiert, die durch eine an sich einfache Konstruktion langer Angelbänder auch bei geöffneten Flügeln sichtbar bleiben. Mit dem filigranen Maßwerk des Schreins und dem feingliedrigen Gesprenge ergibt sich ein zierlicher leichter Altaraufbau. – Bei den Gemälden waren verschiedene Hände beteiligt. Die Predellenbilder hat der Kaufbeurer Maler Jörg → Mack mit seinem Monogramm versehen. Die Flügelbilder dagegen sind der Augsburger Kunst verpflichtet. – Der Altar wurde bisher dreimal restauriert, zuletzt in den Jahren 1994 bis 2001. – Gemessen an der Bedeutung der Blasiuskirche verlieren die anderen künstlerischen Zeugnisse in K. an Gewicht. – Die evangelische **Dreifaltigkeitskirche** war ursprünglich ein Wohnhaus, das wohl 1504 für Maximilian I. errichtet wurde. Es ist ein geräumiger Saalbau, dessen neubarocke Fassade die Mitte der südlichen Platzwand der Kaiser-Max-Straße bestimmt. Zwischen den Fenstern hängen große Gemälde der Apostel, Christi und Mose von Hans Ulrich → Franck und seiner Werkstatt, 1659. – Im **Franziskanerinnenkloster** lebte im 18. Jh. die im Jahr 2001 heilig gesprochene Crescentia → Höß, deren Zelle im ursprünglichen Zustand erhalten wurde. – Im Refektorium befindet sich eine Holzdecke aus dem zweiten Viertel des 18. Jh. mit Leinwandbildern. – Von der **Stadtbefestigung** haben sich ein Mauerzug im Norden, ein Stück der südlichen Ringmauer bis zum Hexenturm und vor allem der Abschnitt im Westen auf der Anhöhe der Buchleuthen mit dem **Fünfknopfturm** und der Blasiuskirche erhalten, welche die charakteristische Silhouette des Kaufbeurer Stadtbildes prägen. Der Fünfknopfturm hat seinen Namen von den fünf Turmknöpfen, welche die Hauptspitze und die vier Scharwachttürmchen bekrönen. Er ist aus Ziegelsteinen erbaut und wurde um 1420 errichtet. 87 Stufen führen zur Türmerstube im fünften Stock. Der fast zehn Meter hohe Schild auf der Ostseite zeigt einen aus Holz in Flachrelief ausgeführten Adler, der seine Fänge auf die Wappen der im Ersten Weltkrieg verbündeten Mittelmächte stützt: Türkei, Bulgarien, Deutsches Reich und Österreich-Ungarn. – Der sechseckige, zweigeschossige **Münzturm**, unmittelbar nordwestlich der Martinskirche, wurde wohl im 16. Jh. als städtischer Schatzturm ausgebaut. Er hat einen halbrunden Treppenturm an der Südwestseite. – Das **Rathaus** ist ein Neubau der Jahre 1879 bis 1881, aus unverputzten Ziegelsteinen mit Hausteinrahmungen in Formen der Neurenaissance. Von dem 1860 abgebrochenen gotischen Vorgängerbau haben sich nur zwei Holzsäulen im Stadtmuseum erhalten. – Die Wandmalereien des Großen Saales stammen von Wilhelm Lindenschmit, 1883, der damals einen Lehrstuhl für Historienmalerei an der Münchner Akademie der Bildenden Künste hatte. Seine Wandgemälde zeigen die fünf Bürgertugenden der Vaterlandsliebe, Gerechtigkeit, Wohltätigkeit, Häuslichkeit und Arbeitsamkeit in allegorisch-sagenhaften Erzählformen und zahlreichen Spruchweisheiten. – Der **Salzstadel**, im Kern wohl aus dem 15. Jh., wurde 1805 zu einem Theater umgebaut und 1970/71 modernisiert und erweitert. Der Bühnenvorhang von Joseph Hungermüller aus dem Jahre 1805, zeigt Pallas Athene mit den Musen Thalia und Melpomene. – An der langen Gasse am Fuß des Blasiusberges steht eine Zeile einzigartiger zwei- bis viergeschossiger **Weberhäuser** des 15. bis 18. Jh. mit den charakteristischen Weberkellern. Dadurch ist fast ungestört eine mittelalterliche Handwerkerstraße veranschaulicht. – Vor der Dreifaltigkeitskirche in der Kaiser-Max-Straße steht ein **Neptunbrunnen** von 1753, der wohl als eine Nachbildung der Augsburger Monumentalbrunnen anzusehen ist. – K. stellt sich in einer Reihe von **Museen** vor: einem Feuerwehrmuseum, dem sich gut in die Altstadtstruktur einfügenden Kunsthaus, einem Puppentheater-Museum mit ca. 15 000 Exponaten, dem Stadtmuseum und den Sammlungen im Gablonzer Haus mit einem Isergebirgemuseum. Das Stadtmuseum ist hervorgegangen aus einer 1901 im Rahmen eines Landschaftsfestes gezeigten „Ausstellung für Volkskunst im Allgäu“. Es zeigt vor allem die Kruzifix-Sammlung des Pfarrers Richard → Wiebel (1869–1945) mit ca. 250 Kreuzen aus dem 12. bis 18. Jh. und das Arbeitszimmer des 1855 in K. geborenen Romanschriftstellers Ludwig → Ganghofer. – Zu K. gehört in besonderer Weise das „**Tänzelfest**“, das Jahr um Jahr im Juli die Stadt mit Farbe und Leben erfüllt. Nach mancherlei zeitbedingten Veränderungen und Herkunftsdiskussionen erinnert das

Tänzelfest in seiner heutigen Form an den Besuch des Kaisers Maximilian I. am Fronleichnamstag des Jahres 1497. Es ist ein Schulfest mit Elementen eines Zunftfestes, insgesamt eine farbenprächtige Spiegelung der Geschichte der Stadt K. – Und im Osten der Stadt ist auf einem Trümmergelände des Zweiten Weltkrieges **Neugablonz** entstanden, Zentrum der weitbekannten Gablonzer Schmuckindustrie, die nach 1945 hier eine neue Heimat gefunden hat.

Guggemos, Egon: Kaufbeurer abc. o.O. (Kaufbeuren), o.J. (1997) – Die Stadt Kaufbeuren. Band I: Politische Geschichte und Gegenwart einer Stadt. Hrsg. von Jürgen Kraus und Stefan Fischer unter Mitarbeit von Stefan Dieter. o.O. (Thalhofen): Bauer, o.J. (1999). – Band II: Kunstgeschichte, Bürgerkultur und religiöses Leben. Hrsg. von Jürgen Kraus und Stefan Dieter. o.O. (Thalhofen): Bauer, o.J. (2001)

Keck, Emil Portrait- und Genremaler, geb. 1867 in Wildpoldsried, gest. 1935 in München. – Noch 1867 zog die Familie nach Dietmannsried und später nach Kempten. – Nach Abschluß der Realschule ging K. an die Akademie in München. Er stellte im Münchner Glaspalast und auf der Internationalen Kunstausstellung in Düsseldorf 1904 aus. – 1887 richtete er sich ein eigenes Atelier als Schüler des berühmten Franz von Defregger ein. – Einen Namen machte er sich als Spitzweg-Kopist. Die Gemeinde Wildpoldsried besitzt vier Spitzweg-Kopien. – Prinzregent Luitpold und König Ludwig III. saßen ihm Modell. Aufträge kamen aus Böhmen, Ungarn, der Schweiz und Italien. – Das Angebot, Mussolini zu portraitieren, lehnte K. ab.

Keck, Otto Maler, geb. 1873 in Oberstaufen, gest. 1948 in Immenstadt. – K. war der Sohn eines Gastwirts und Metzgers. Nach dem Besuch der Volksschule und dann der Realschule in Mindelheim mußte er gegen seinen Willen das Metzgerhandwerk erlernen. Zwölf Jahre war er im elterlichen Betrieb tätig. – Nach vierjähriger Tätigkeit im Forstdienst des Grafen Rechberg auf Schloß Elkofen/Obb. und seiner Heirat erwarb er eine Weinwirtschaft in Überlingen. Dort hatte er Gelegenheit, sein Zeichentalent zu pflegen und das Handwerkliche des Malens zu lernen. – 1906 erwarb er eine Wirtschaft in Goßholz bei Lindenberg und konnte sich nun ganz der Malerei widmen. Er war ja Autodidakt und arbeitete hart an seiner Fortbildung. Seine Bilder fanden vielfache Anerkennung, so etwa von Franz von Defregger. Seine Motive entnahm er der heimatlichen Landschaft. Besonders reizten ihn markante Volkstypen. Seine Allgäuer Jägertypen sammelte er in einem großen Werk. – Ausgestellt hat K. u. a. im Münchner Glaspalast. – Schließlich zog er nach Immenstadt und schuf sich hier ein schönes Heim. – 1949/50 zeigte die Stadt Kempten eine Ausstellung seiner Bilder. – Wie ausgezeichnet K. als Portraitist war, zeigen die Bilder des Kemptener Bürgermeisters Adolf Horchler (1919) und dessen Nachfolgers Oberbürgermeister Dr. Otto → Merkt (1937). – 1950 wurde in Immenstadt eine Straße nach K. benannt.

Otto Keck 1873–1948. Ein Allgäuer Maler. Ausstellung des Allgäuer Heimatmuseums Kempten im Marstall, 10. Oktober bis 15. November 1987 (= Sammlungen der Stadt Kempten (Allgäu), Kataloge und Schriften Bd.2)

Keck, Paul Maler, geb. 1904 in Überlingen, gest. 1973 in Lindenberg im Allgäu. – Der Sohn des Malers Otto → Keck lernte auf Wunsch seines Vaters bei einem Münchner Malermeister sein Handwerk und machte hier die Gesellen- und Meisterprüfung. Erst dann besuchte er die Akademie der Bildenden Künste. – 1929/30 war er in Paris, wo er im Louvre die alten Meister studierte, die Augen aber auch offen hielt für das moderne Paris. – K. war sehr vielseitig. Er schuf Portraits und Landschaften, Sgraffiti und Fresken und war auch Plastiker. Er malte die Fresken am Haus seines Vaters in Immenstadt und 1961 das große Deckengemälde der Neuen katholischen Stadtpfarrkirche in Lindenberg. – 1947 portraitierte er den Westallgäuer Heimatforscher Ignaz Dornach, 1961 den Kemptener Oberbürgermeister August Fischer (1952–1970). – K. malte aber auch Jäger und Bauern, Holzschnitzer und Viehhirten. – Sein spektakulärster Auftrag erreichte ihn im Kriegswinter 1941, als er, vorgeschlagen von Oberbürgermeister Dr. Otto → Merkt, 3000 km fuhr, um im nördlichsten Norwegen den Generaloberst der Gebirgstruppen Eduard Dietl zu malen. Der Oberfunker K. hatte für wenige Tage einen Sonderurlaub erhalten. Das Original behielt K. für sich, eine Kopie verkaufte er der Stadt Kempten. Heute hängt das Original als Leihgabe im Gebirgsjägermuseum in Sonthofen. Alfred → Weitnauer hat dieses Abenteuer in der Zeitschrift „Das schöne Allgäu", 3, 1941, 28–30, beschrieben, wie wenn er selbst dabei gewesen wäre.

Keller, Alois Maler, geb. 1788 in Pfronten-Ried, gest. 1866 in Pfronten-Weißbach. – Er war das zehnte Kind von Joseph und Anastasia Keller (→ Keller, Joseph). Mit 17 Jahren trat er in die Wiener Akademie ein. Als sein Hauptfach wird die Historienmalerei angegeben. – Seinen ersten Freskoauftrag erhielt er 1813 in Eggersriet in der Schweiz. Erst 1819 fand er mit den Deckenbildern von Missen Arbeit in einer Kirche der näheren Umgebung. – Sodann freskierte K. u. a. in Opfenbach, Epfach, Dornbirn-Haselstauden, Hopfen am See, Wettingen, Holzgau, Niedersonthofen, Einsiedeln, Altusried und Pfronten-Berg. – Ölbilder schuf K. für Pfronten, Niedersonthofen, Hindelang, Niederstaufen, Dornbirn-Oberdorf, Obergessertshausen, Christazhofen, Weiler, Sitten, Bühl am Alpsee, Nesselwang, Heiterwang und Zöblen. – Wohl nicht stärker als sein Vater Joseph K. ist Alois einer Art „Mischstil" zuzuordnen, der das Retardierende und vermeintlich Altmodische nur zögernd abstreift.

Friedrich, Susanne: Alois Keller (1788–1866). In: Herbst des Barock. Studien zum Stilwandel. Die Malerfamilie Keller (1740–1904). Hrsg. von Andreas Tacke. München – Berlin: Deutscher Kunstverlag, 1998, 443–482

Keller, Josef Bildhauer, geb. 1849 in Nesselwang, gest. nach 1900 vermutlich in Frankfurt a. M. – Er erhielt seine Ausbildung seit 1864 an der Kunstgewerbeschule und von 1867 bis 1871 an der Akademie der Bildenden Künste in München. 1869 unternahm er eine Studienreise nach Wien und Oberitalien. Von 1872 bis 1879 wirkte er als Lehrer an der Kunstgewerbeschule in Offenbach und von 1879 bis 1900 an der Kunstgewerbeschule in Frankfurt a. M. Dann leitete er die Bildhauerabteilung der Firma Ph. Holzmann & Co. in Frankfurt. – Von seinen Werken seien hervorgehoben: ein Jüngling am Bach und Neptun, beide 1868 in München, das Kriegerdenkmal in Offenbach, die Figur „Falschheit" am Frankfurter Opernhaus, die Figuren „Bergbau" und „Heerwesen" im Frankfurter Hauptbahnhof, ein Christus auf dem Friedhof in Höchst, eine Gruppe auf dem Justizgebäude in Koblenz und zwei Figuren über dem Portal der Frankfurter Hauptpost.

Keller, Joseph Kirchenmaler, geb. 1740 in Pfronten-Kappel, gest. 1823 in Pfronten-Ried. – Sein Vater war Steinmetz mit einer Werkstatt, die bis nach Württemberg lieferte. Die Begabung des Buben wurde durch den Bildhauer Peter → Heel entdeckt. Sein erstes signiertes Werk ist das Deckengemälde im Erkerzimmer der Äbtlichen Sommerprälatur des Benediktinerklosters St. Mang in Füssen (1764). – 1767 schrieb sich K. in die Kupferstecherklasse der Akademie in Wien ein. – Umstritten ist seine Mitarbeit an den Fresken der Wallfahrtskirche Maria Trost bei Nesselwang. – K. malte in Neustift im Tiroler Stubaital, wo er fast detailgetreu das Abendmahlfresko Martin Knollers in Neresheim kopierte, 1772, in Füssen, wo er 1774 das Augsburger Tor bemalte, das 1863/64 abgebrochen wurde. Sodann war K. tätig in Zell bei Eisenberg, Pfronten-Berg, Rehbichl, Stötten am Auerberg, Wald, Speiden, Grän im Außerfern, an mehreren Orten in der Schweiz, wohin ihn die schlechter gewordene Auftragslage im Allgäu geführt haben dürfte, in Kalksburg bei Wien, in Holzgau im Lechtal, in Thalhofen bei Marktoberdorf, in Tannheim, möglicherweise auch in Steinhausen. Mit 80 Jahren schuf K. noch das Deckengemälde der Pfarrkirche in Trauchgau. – Ein Selbstportrait, um 1790, befindet sich in Pfronten in Privatbesitz. – K. steht an der Wende vom Spätbarock zum Saum des Klassizismus.

Seitz, Eva-Maria: Joseph Keller (1740–1823). In: Herbst des Barock. Studien zum Stilwandel. Die Malerfamilie Keller (1740–1904). Hrsg. von Andreas Tacke. München – Berlin: Deutscher Kunstverlag, 1998, 369–429

Keller, Joseph Maria Anton Maler, geb. 1775 in Pfronten-Ried, wo und wann gest. ist nicht bekannt. – Sein Lebensweg führte K. aus dem Allgäu 1798 an die Wiener Akademie und dann über die Steiermark nach Vraždin und Agram. In Kroatien vollendete K. sein Lebenswerk. Er war einer der letzten Vertreter eines bis ins erste Drittel des 19. Jh. verlängerten Barock in Kroatien. – Größeren Ansprüchen als seine religiösen Bilder genügen seine Portraits. K. war ein Maler des mittelständischen Bürgertums und bereitete in Kroatien die Zeit des Biedermeier vor.

Zimmermann, Tanja: Anton Keller in Kroatien. Nachbarocke Kirchenmalerei und frühbürgerliche Portraitkunst. In: Herbst des Barock. Studien zum Stilwandel. Die Malerfamilie Keller (1740–1904). Hrsg. von Andreas Tacke. München – Berlin: Deutscher Kunstverlag, 1998, 503–512

Keller, Karl Maler, geb. 1823 in Pfronten, gest. 1904 in München. – Mit ihm reicht die Geschichte der Künstlerfamilie Keller bis in das 20. Jh. – Geboren im Todesjahr von Joseph → K. ist Karl K. das zweite von acht Kindern des Alois → K. – 1840 schrieb sich K. an der Akademie in München für Historienmalerei ein. Immatrikuliert wurde er aber erst 1843. Sein Lehrer war vor allem sein berühmter Landsmann Johann → Schraudolph (1808–1879) aus Oberstdorf. – 1851 beantragte K. seine Einbürgerung in München und die Bewilligung für seine Verheiratung. Beiden Anträgen wurde stattgegeben. Sein Jahreseinkommen belief sich damals auf die bescheidene Höhe von 600–700 Gulden. – 1864 erhielt K. mit den Freskierungen in Sulzschneid, heute Stadt Marktoberdorf, die ersten eigenen nennenswerten Aufträge. Bis zum nächsten Auftrag vergingen fast 15 Jahre. – Eine längere Folge von Aufträgen setzte erst nach 20 Jahren ein mit den Fresken in Pfronten-Steinbach, Wasserburg und

Altusried. – Seine produktivsten Jahre lagen zwischen 1891 und 1894, als er bereits Anfang siebzig war. – 1893 malte er die Fresken in Bühl am Alpsee und ein Fresko für das Georgianum in München. – 1895 stieg er wohl zum letzten Mal in Pfronten-Heitlern auf ein Gerüst. – Das Geschick vieler nazarenischer und historistischer Kirchenausstattungen traf auch K.: gut 20 K. zugeschriebene Fresken wurden abgenommen oder übermalt. Vielfach existieren nicht einmal mehr Aufnahmen. – Auch für K. gilt die „Gleichzeitigkeit von Ungleichzeitigem".

Haberland, Vanessa: Karl Keller (1823–1904). In: Herbst des Barock. Studien zum Stilwandel. Die Malerfamilie Keller (1740–1904). Hrsg. von Andreas Tacke. München – Berlin: Deutscher Kunstverlag, 1998, 513–524

Keller, Placidius O. S. B. Klosterhistoriograph, geb. 1754 in Füssen, gest. 1831 in Rückholz. – Er war der Sohn eines Zimmermanns und trat in sein Heimatkloster St. Mang in Füssen ein. Zu ihm gehörte er, zeitweise als Prior, bis zur Aufhebung. Dann wirkte er als Kaplan in Füssen und später als Propst in Rückholz. – K. verfaßte die „Annales Faucenses" bis 1661, ließ 1807 eine kurze Chronik des Klostes St. Mang drucken und vollendete 1818 das „Chronicon Faucens" bis zur Aufhebung des Klosters im Manuskript.

Kels d. Ä., Hans Bildhauer, geb. um 1480 vermutlich in Füssen, gest. 1559 in Kaufbeuren. – 1507 kaufte sich K. in die Kaufbeurer Kramerzunft ein und wohnte bis 1559 in dem Haus Kaisergässchen 6. – 1507 arbeitete er „etlich Bild" für Kaiser Maximilian I. – 1537 schuf er im Auftrag König Ferdinands I. das nach dem Schloß bei Innsbruck benannte Ambraser Spielbrett, das sich heute im Kunsthistorischen Museum in Wien befindet. Auf einem der Spielsteine erkennt man die älteste erhaltene Kaufbeurer Stadtansicht (abgebildet in: Weitnauer, Alfred: Allgäuer Chronik. Bilder und Dokumente. Kempten: Verlag für Heimatpflege, 1962, 260–262). – In stilistischem Zusammenhang steht eine 55 cm hohe Lindenholzstatuette der Fortuna in der Skulpturensammlung der Staatlichen Museen Berlin. – Am Antependium des Altars im nördlichen Seitenschiff der Pfarrkirche St. Martin in Kaufbeuren stammt ein Relief der Anbetung der Könige von K., um 1520. – Für das Kaufbeurer Stadtmuseum konnte 1989 eine Beweinungsgruppe von K. erworben werden. – Das bedeutendste Werk von K. aus seiner frühen Schaffenszeit sind die Skulpturen des Hochaltars in Maria Rain, 1519. – Die Skulpturen des alten Altars der Wallfahrtskirche St. Koloman bei Schwangau, ca. 1520, sind der Ausklang der Spätgotik im Allgäu.

Miller, Albrecht: Kunstgeschichte der Stadt Kaufbeuren im Mittelalter und in der Zeit der Renaissance. In: Die Stadt Kaufbeuren., Band II. Kunstgeschichte, Bürgerkultur und religiöses Leben. Hrsg. von Jürgen Kraus und Stefan Dieter. o.O (Thalhofen): Bauer, o.J. (2001), 88 f.

Kemnat (Stadt Kaufbeuren). Hoch gelegen inmitten der bewaldeten Hügel des linken Wertachtales von Kaufbeuren steht noch ein massiger Bergfried aus Nagelfluhquadern, der auch fälschlich „Römerturm" genannt wird. Es ist der einzige romanische Profanbau der Stadt Kaufbeuren. – Bis 1840 stand hier die Burg der Herren von K., erbaut und erstmals genannt 1185. – Nach verschiedenen Erbteilungen und häufigem Besitzerwechsel kam die Herrschaft K. gegen Bezahlung von 40 000 Gulden 1551 an das Stift Kempten, bei dem es als Sitz eines Pflegamtes bis 1802 blieb.

Kemnat, Volkmar der Weise von Reichsritter, geb. um 1250, gest. 1283 (?). Er stammte von den welfischen Rittern von Apfeltrang ab. Ein Bruder Markwart war um 1240 Domherr in Augsburg. Zunächst stand er als Ministeriale in den Diensten des Grafen Ulrich von Ulten und des Bischofs von Augsburg. Dann diente er Konrad IV. als Reichsministeriale und Berater. Ein reiches Erbe, das ihm seine Gemahlin Mechtild von Arbon einbrachte, machte ihn am Bodensee auch zum Ministerialen des Bischofs von Konstanz. – Bischof Hartmann von Augsburg ernannte V. zum Schirmherren des Zisterzienserinnenklosters Oberschönenfeld, wo seine Tochter Adelheid durch sieben Jahre Äbtissin war. – Seit dem Konstanzer Hoftag 1262 gehörte er der unmittelbaren Umgebung des zehnjährigen Konradin, des letzten Hohenstaufen, an und war dessen Begleiter und Ratgeber. Die Enthauptung Konradins auf dem Marktplatz von Neapel, 1268, dürfte ihm sehr nahe gegangen sein. – Nach dem Interregnum trat V. zu König Rudolf von Habsburg in engere Beziehung. Dieser übertrug ihm um 1280 die Landvogtei und die Verwaltung der Reichsgüter in Augsburg und im Umland der Stadt. Er war wohl der reichste Herrschaftsinhaber in spät- und nachstaufischer Zeit im südöstlichen Schwaben. 1246 erhielt er die Herrschaft Kemnat als staufisches Lehen und besaß auch die Vogtei über das Kloster Irsee. An der Iller erbte er die kemptische Lehensherrschaft Kalden, in Tirol die Herrschaft Klamm bei Obsteig (BH. Imst). – Etwa 20 bis 30 Dienstmannen verwalteten seine Güter zwischen Wertach und Lech. – Die erste Königsurkunde in deutscher Sprache, 1240 im staufischen Kaufbeuren ausgestellt, enthält einen Vergleich zwischen V. und der Stadt Kaufbeuren.

Kempten (Allgäu) kreisfreie Stadt mit 61 521 E. – Wider Erwarten bezeugt nicht ein archäologisch bestimmbarer Fund das Alter der Stadt, sondern die Nennung durch den aus Kleinasien stammenden Geographen Strabon (64/63 v. Chr. bis ca. 23 n. Chr.), der um das Jahr 18 n. Chr. eine keltische πόλις Καμβόδουνον nennt. Für diese konnte allerdings bis heute kein Nachweis erbracht werden. Vermuten mag man diese keltische Polis auf der rechten Illerterrasse nahe dem römischen Cambodunum, das zu Zeiten des Kaisers Tiberius als offene Marktsiedlung planmäßig angelegt worden war. Der Name Cambodunum bedeutet wohl Burg oder Siedlung an einer Flußkrümmung oder auf einer Halbinsel. – Erstmals zerstört wurde Cambodunum im Dreikaiserjahr 69 n. Chr., jedoch wieder aufgebaut und wohl gegen Ende des zweiten Jahrhunderts zu einem municipium erhoben. – Um 259/60 wurde die Siedlung auf dem heutigen Lindenberg aufgegeben und an den Fuß der Burghalde verlegt. – Bis zum Beginn der von St. Gallen erfolgten Christianisierung schweigen die Quellen. – Um das Jahr 725 kamen die beiden Mönche Magnus und Theodor entlang der alten Römerstraße von Brigantium (Bregenz) nach Cambodunum, das sie als eine verödete, wenn auch wohl nicht ganz menschenleere Siedlung vorfanden. Auf dem heutigen St. Mang-Platz errichteten sie eine Missionszelle. Magnus zog an den oberen Lech (Füssen) weiter, Theodor mußte bald wegen politischer Spannungen wieder nach St. Gallen zurückkehren. Erst nach einem zweiten und erneut vergeblichen Besiedlungsversuch um das Jahr 745 wurde 752 Audogar Gründer und erster Abt des ältesten Benediktinerklosters im Allgäu. Durch reiche Schenkungen wurde die St. Galler Missionszelle schließlich ein karolingisches und somit königliches Eigenkloster. König Otto I. übertrug die reformbedürftige Abtei 941 Bischof Ulrich von Augsburg, der das von den Ungarn zerstörte Kloster wieder aufbaute. Schließlich wurde das Kloster an die Stelle des Ostflügels der heutigen Residenz verlegt und neu errichtet. – Von der nahen Gemeindekirche „St. Lorenz uffm Berg" hören wir erstmals 1338. – 1213 erhielt Abt Heinrich von Kaiser Friedrich II. die Grafschaft Kempten als Reichslehen. Doch die damit verbundenen Vogteirechte führten zu Streit und Zwist, denn die Vögte saßen auf der Burghalde und damit im Herzen einer Siedlung, die sich ausbreitete, mit Mauern umgab und juristisch verfestigte. – 1289 löste König Rudolf von Habsburg die spätere Altstadt durch einen Freiheitsbrief aus dem Hoheitsgebiet des Abtes. – 1363 gab es bereits einen eigenen Bürgermeister. – 1488 erhielt die Stadt von Kaiser Friedrich III.

als Dank für die Befreiung seines Sohnes Maximilian aus der Gefangenschaft in Brügge ein Wappen mit dem Reichsadler, das Recht, mit rotem Wachs zu siegeln, die hohe und niedere Gerichtsbarkeit und die Freiheit, alle Ämter selbst zu besetzen. – 1525 plünderten aufständische Bauern Kirche und Kloster und zwangen den Fürstabt zur Flucht in die Stadt. Bürgermeister Gordian Seuter nützte die Zwangslage des Abtes aus und löste die letzten grundherrlichen Rechte des Klosters im sogenannten „Großen Kauf" durch Einschmelzen des Kirchensilbers ab. Nun war Kempten Freie Reichsstadt, wenn auch bis zum Ende des Alten Reiches durch das geschlossene Territorium des Fürststifts umklammert. – Mit dem Eindringen der Reformation 1527 erfolgte auch noch die konfessionelle Trennung. – Im Dreißigjährigen Krieg zerstörten sich Stift und Stadt, verbündet mit den Schweden bzw. Kaiserlichen, gegenseitig. – Die Reichsstadt erholte sich nur langsam, im Stift aber ließ der geniale Fürstabt Roman → Giel von Gielsberg eine fürstliche Residenz und eine mit dieser verbundene Kirche errichten, den ersten süddeutschen Barockbau. Im 18. Jh. zog das überschäumende Rokoko ein, und die prachtvollen Prunkräume der Residenz begründeten den künstlerischen Ruhm Kemptens. – 1712 erhielt die offene Siedlung um Residenz und Kirche Stadtrecht, und so gab es eine dritte politische Einheit mit demselben Namen. – Mit der Säkularisation des Fürststifts und der Mediatisierung der Reichsstadt 1802 ging Kemptens hohe Zeit zu Ende. – Auf Bitten des letzten Fürstabtes wurde Kempten zwar Hauptstadt eines eigenen Regierungsbezirks, des Illerkreises, aber bereits 1817 wurde die Regierung nach Augsburg verlegt. 1818 wurden schließlich Neustadt (Stiftsstadt) und Altstadt (Reichsstadt) zusammenverfügt, die beiden „Ruralgemeinden" St. Lorenz und St. Mang aber abgetrennt. Sie kamen erst 1972 durch die Gebietsreform wieder zu Kempten. – Das 19. Jh. war bestimmt durch die allmähliche Ordnung von Verwaltung und Finanzen und durch eine langsame Industrialisierung. – 1852 fuhr der erste Zug in den Kopfbahnhof ein, der erst 1969 durch einen Durchgangsbahnhof ersetzt wurde. – 1898 lief der erste Dieselmotor der Welt in der Kemptener Zündholzfabrik. – 1935 wurde K. zum Stadtkreis erhoben. – 1976 wurde die Stadt Sitz einer Polizeidirektion, an das Erdgasnetz angeschlossen und mit zwei Autobahnen verbunden. – Durch die Gründung einer Fachhochschule ist K. seit 1977 Hochschulstadt. – 1977 bis 1983 wurde das Stadtarchiv als bislang einziges kommunales Archiv im Regierungsbezirk nahezu neu errichtet und für regionale Aufgaben erschlossen. –

1990/91 wurden im einstigen stiftischen Marstall das Apinmuseum und die „Alpenländische Galerie“ eingerichtet. – Der Weg durch den Mittelpunkt des Allgäus mag nun am ältesten Punkt der Stadt beginnen, auf dem Lindenberg in **Cambodunum**: 1885 begann man hier auf dem rechten Hochufer der Iller mit Grabungen, hielt das Ergebnis kartographisch fest, schüttete die aufgedeckten Grundmauern aber wieder zu. – Ein erstes sichtbares Erlebnis brachte erst die 1982 begründete Archäologische Abteilung mit der Eröffnung des Gallo-römischen Tempelbezirks 1987 und der Kleinen Thermen 1995. Teilrekonstruktion und moderne Ergänzung vermitteln ein schon jetzt anschauliches Bild einer einzigartigen Anlage. Nahe Cambodunum, verborgen hinter einer schützenden Mauer und im Schatten einer hohen Linde steht die **Keck-Kapelle**, kostbares Zeugnis der Gotik, in Teilen der Südseite und der Apsis noch in die Romanik zurückreichend, das heute älteste Gotteshaus der Stadt. Im Inneren überraschen die 1898 freigelegten Fresken mit einer gotischen Scheinarchitektur, gefügt um eine Sakramentsnische. Unter den Heiligen in den Fensterleibungen findet sich Alexius mit Pilgertasche und Treppe, erinnernd an die Abgeschiedenheit derer, die hier, nahe der einstigen Leprosenkapelle, ihre Zuflucht finden mußten. – Ein Tafelbild von 1495 zeigt den Hlg. Magnus als Drachentöter und Bezwinger der Maikäfer. Ein zweites Gemälde von 1530 stellt die Werke der Barmherzigkeit vor. Früher hing das Bild in dem 1846 abgebrochenen reichsstädtischen Heilig-Geist-Spital. – Die schmiedeeisernen Grabkreuze im Vorhof wurden im Zweiten Weltkrieg aus so manchem Allgäuer Friedhof vor sinnloser Ablieferung hierher gerettet. – Der zweitälteste Punkt der Stadt ist die **Burghalde**. Geblieben sind von dem Vogtsitz des Klosters nach Erstürmung und Zerstörung 1363, abgesehen von Ummauerungsresten, ein 45 Meter tiefer Zisternenschacht, auf dessen Grund die letzte römische Abteilung ihre Kriegskasse versenkte, und der auf staufischer Grundlage um 1488 erbaute Nordturm. – Das Wärterhaus stammt aus dem 19. Jh. – 1950/51 wurde nach den Plänen von Architekt Sepp Zwerch eine herrlich gelegene Freilichtbühne errichtet. – Der Weg hinunter in die Stadt führt im Norden an der Burgstraße entlang vorbei an einem Rest der Stadtmauer, im Südosten zum Pulverturm, der zur Befestigung der Brennergassenvorstadt gehörte. – In einer Seitengasse der Bäckerstraße steht noch das einzige erhaltenen Tor der ehemaligen Ummauerung, das **Ankertörle**. – Mittelpunkt der einstigen Reichsstadt ist zunächst die seit 1527 evangelische **St. Mang-Kirche**, die im wesentlichen in den Jahren 1426 bis 1428 errichtet wurde. Der dreischiffige Raum birgt als Besonderheit Fresken des 15. und 16. Jh., von denen aber nur die Apostelkreuze, das Rankenwerk und ein Engel im Chorgewölbe freigelegt wurden. Die 1913 wiederentdeckten Malereien sind seit dem Bildersturm, 1533, bis heute übertüncht. – Der Altar in der Apsis ist eine Riemenschneider-Kopie. Die Kanzel stammt aus dem Jahr 1608. – Ein Glasgemälde im nördlichen Seitenschiff zeigt eine Stadtansicht aus den Jahren vor 1900 mit einem Blau der Iller, das fast an Albrecht Altdorfer (gegen 1480–1538) erinnert. – Zwei Tafeln bewahren Familienwappen, die früher an den privaten Kirchenstühlen angebracht waren. – Spätgotische Ziegelfliesen mit Tier- und Blattmotiven stammen noch vom Bodenbelag der Erbauungszeit. – Der wohl zweitälteste Fund in K. ist ein Stein mit Flechtbandrelief aus dem achten Jahrhundert, vielleicht Teil einer 1894 aufgedeckten Taufgrube. – Eine Besonderheit ist sicher die historische Bibliothek über der Sakristei, hervorgegangen aus einer Stiftung des Jahres 1437, die damals aus sechs Büchern bestand. Heute befinden sich unter den etwa 4500 Bänden 95 Wiegendrucke und 47 Handschriften. – Zu St. Mang gehört auch das **Pfarrhaus** an der Nordseite des Chores, erbaut 1329, das wohl älteste evangelische Pfarrhaus in Bayern. Eine Tafel erinnert an den Pionier der Kältetechnik Dr. Carl von → Linde, der hier seine Jugend verbrachte, und an den Schöpfer der slowenischen Schriftsprache Primus → Truber, der das Miteinander der Konfessionen in K. sehr behutsam formte. – Nördlich der Kirche am **Mühlberg** steht eine geschlossene Häusergruppe des wohl späten 15. Jh. mit dem einzigen in K. erhaltenen Treppengiebel, der ein wenig an das Siebendächerhaus in Memmingen denken läßt. – Zum Platz gehört der **St. Mang-Brunnen** von Georg Wrba aus dem Jahr 1905 mit dem Hlg. Magnus als Kreuzbringer und Knaben und Faunen, die auf Fabeltieren reiten und wohl die Heiden versinnbildlichen sollen. – Umgeben ist der Platz von einer Kulisse alter Patrizierhäuser, die zeitlich von der Gotik bis in den Barock reichen. Am **Roten Haus** befindet sich über dem Mittelportal das Jenisch-Wappen von 1763 und ein Oberlichtgitter von 1730. – Bis 1537 war der heutige St. Mang-Platz der Friedhof der Reichsstadt, und bis 1857 stand in der Mitte die Michaelskapelle, von der nur mehr eine achteckige Sandsteinsäule an der Außenseite der Apsis der St. Mang-Kirche existiert. Kopien der noch ins 13. Jh. zurückreichenden Fresken im Stadtarchiv unterstreichen die Schwere des Verlustes. – Zur

Platzkulisse gehört auch das **Jenisch-Haus** (St. Mang-Platz 1) aus dem frühen 17. Jh. mit einem Stuck, der an den der Gästezimmer in der Residenz erinnert, und einem Mann mit Dreispitz, der aus der einstigen Aufzugsöffnung gelassen herabschaut. – Und schließlich gehört zur Kulisse auch das Gebäude **Reichsstraße 2–4** mit einem großen, später mehrfach unterteilten Saal, einer stuckierten Kassettendecke, einer Holz-Kassettendecke und vor allem mit einem originellen Treppenhaus, dessen durchbrochener Mittelpfeiler an das „Schlößle" an der Fischerstraße erinnert. – In der nahen Schützenstraße steht die einstige reichsstädtische **„Münze"** mit einem „Spion", dem wohl einzigen in K., und einer beachtlichen Reihe bauhistorischer Details im Inneren, die dem numismatischen Erbe durchaus entsprechen. – Im nahen Freudental steht in dem Glaskubus der Pfarrkirche Maria Himmelfahrt der **Hohenthanner Altar** aus der Kapelle der 1525 zerstörten Burg Hohenthann nahe Kimratshofen. Es ist ein spätgotischer Flügelaltar aus der Werkstatt des Ivo → Strigel, im Laubwerk datiert 1513. Noch älter als dieser Altar ist die Schutzmantelmadonna zwischen den Hlg. Benedikt und Wolfgang. Sie stammt aus der Zeit um 1420/30. – Ganz in der Nähe steht das einstige **Landgut des Bürgermeisters Johann Adam Kesel**, das noch aus dem 16. Jh. stammt, um 1700 erneuert wurde und dessen Stuck im ersten Stock eine spätbarocke Freude ist. Dieses „tusculum ante portas" wurde im Jahr 2001 vorbildlich und mit viel Gespür restauriert. – Zurück zum St. Mang-Platz: dieser öffnet sich gegen Westen unmerklich in den Rathausplatz. Hier steht am Beginn der einstige **„Londoner Hof"**, 1764 von dem Handelsherren und Bürgermeister Johann Christian Fehr um 100 000 Gulden erbaut, von 1827 bis 1832 als Hotel geplant. Doch die erwarteten Gäste blieben aus. Geblieben ist nur die alte Aushängetafel im dritten Stock des repräsentativen Stiegenhauses. 1899 wurde dann nach Plänen von Emanuel Seidl die Fassade erneuert und dabei der Schwung des Rokoko reglementiert. – Erhalten aber blieb ein schwarzgrünes Rokoko-Portal und an der Wand gegenüber ein flaches Stuckrelief in einer Kartusche, das die Fassade im Stil und Zustand der Erbauungszeit wiedergibt. – Schräg gegenüber steht das einstige Zollamt, das mit dem angefügten Neubronner-Haus das **Stadtarchiv** birgt. Die über K. hinausragende Besonderheit sind die erst 1962 entdeckten spätgotischen bürgerlichen Wandmalereien aus der Zeit um 1480, die gleich einem Gobelin die Wände eines ganzen Raumes überziehen – ein Stück „Herbst des Mittelalters", das Josef → Lorch zurückgewonnen hat. – In der nahen Vogtstraße steht von dem einst weitläufigen Gebäude der einflußreichen „Straußengesellschaft“, dem „**Müßiggengelhaus**“, nur noch die Wand des Nebengebäudes mit einem spätmanieristischen Renaissance-Portal aus der Zeit um 1600. Bewahrt blieb auch eine gedrehte korinthisierende Säule aus dem „Fürstenhof“, als dieser abgebrochen werden sollte. – Erhalten blieben auch zwei Gußeisenplatten mit dem Reichsadler und der Jahreszahl 1791 von dem achteckigen Becken eines Brunnens, der in der Pulvergasse am Fuß der Burghalde stand, 1960 abgebrochen und ahnungslos an einen Schrotthändler verkauft wurde. 1975 konnten die Platten zurückgekauft und zu einem neuen Brunnen gefügt werden. – Gegenüber steht das gotische **Vogt-Haus**, benannt nach einer alten Patrizierfamilie. In den Obergeschossen befinden sich Stuckkassettendecken, Türstöcke mit Pilastern und eine leicht gewölbte Balkendecke mit Schild- und Blattformen. – Die nördliche Wand des Rathausplatzes bildet der „**Fürstenhof**“, ein im Kern gotischer Bau mit vorgebautem Renaissance-Trakt, gekennzeichnet durch zwei flankierende vorspringende Eckerker, die im vierten Obergeschoß als Türmchen frei stehen. – Nach Westen schließt sich das sogenannte **Ponickau-Haus** an. Sehenswert ist das wohl schönste Treppenhaus der einstigen Reichsstadt mit Stuck aus der Werkstatt von Johann Georg → Üblher und einem ovalen Deckenbild von Franz Georg → Hermann, das den Sturz Phaetons darstellt. Eine Besonderheit ist der durch zwei Stockwerke reichende Festsaal, dessen Decke jedoch 1867 abgehängt und verborgen wurde und so auch das Deckengemälde versteckte. Erst 1984 wurde dieses freigelegt und von Josef → Lorch restauriert. Der Festsaal ist das reichsstädtische Gegenstück zum Thronsaal der Residenz. Was den Besucher hier erwartet, zeigt bereits die in K. letzte geschnitzte Außentür dieses Hauses aus der Mitte des 18. Jh. – Mittelpunkt des Platzes ist das **Rathaus**. 1368 noch ein Fachwerkbau, der als städtischer Kornspeicher verwendet wurde, diente er seit 1382 dann auch als Rathaus, das 1474 in Stein errichtet, mehrfach umgestaltet und dem Geschmack der jeweiligen Zeit angepaßt wurde, zuletzt 1985/87. Die zuerst 1563 auf den beiden Osttürmchen angebrachten Reichsadler und die acht Patrizierwappen erinnern an die jahrhundertelange Zugehörigkeit zum Alten Reich. – An der Südseite hat Franz → Weiß Heinrich den Kempter festgehalten, der im Jahre 962 Kaiser Otto I. in Italien das Leben gerettet haben soll. – Eine Kostbarkeit ist die spätgotische Holzbalkendecke aus der Zeit um 1460, die 1934 aus dem Haus der Weberzunft (Gerberstraße 20) in die beiden Sitzungssäle übertragen wurde. Im Großen Sitzungssaal hat Josef Lorch eine figürliche und ornamentale Bemalung freigelegt, die vielleicht dem Kemptener Maler Peter Riedlin zuzuschreiben ist, der 1564 in der Ratsstube tätig war. – Aus dem Saal der Weberzunft stammt auch die Wandvertäfelung im Kleinen Sitzungssaal. – Zu den Ratsitzungen ruft noch heute die älteste Glocke der Stadt aus der Zeit um 1300, die früher in der 1857 abgebrochenen Michaelskapelle auf dem St. Mang-Platz hing. – Vor der Ostseite des Rathauses steht der **Rathausbrunnen**, der wohl schönste und älteste Brunnen der Stadt aus dem Jahr 1601 mit einer aus Akanthusblättern aufsteigenden Flaschensäule mit den Wappen der Bürgermeister Raimund Dorn und Josef König, einem römischen Feldherren und vier Putten zwischen wasserspeienden Delphinen. Stilistisch steht der Brunnen in der Nachfolge der Niederländer Hubert Gerhard und Adrian de Vries, gegossen wohl von Dionys Frey aus Kempten. Heute steht hier eine Kopie. Das schmiedeeiserne Gitter aber, nach einer Zeichnung des Kemptener Architekten Adolf Leichtle, stammt aus dem Jahr 1886. – Die nahen **König'schen Häuser** sind in K. die einzigen Bürgerhäuser mit barocker Fassadenbemalung des mittleren 18. Jh. Das Haus Kronenstraße 3 birgt in seinem Inneren reichen Stuck, Türen mit gemalten Landschaften und französischen Gartenanlagen sowie im dritten Stock einen Saal. – Das rechte der beiden Häuser ließ der reichsstädtische Bürgermeister Johann Georg König 1771 von dem Lindenberger Baumeister Johann Georg → Specht umbauen, der damals an der Pfarrkirche in Wiggensbach gearbeitet hat. – Schräg gegenüber steht das einstige **Weberzunfthaus**, um 1460 erbaut. Die Ausstattung des großen Saales wurde 1934 in das Rathaus eingebaut. – Bereits in die nahe Stiftsstadt führt die 1902/03 angelegte Freitreppe. An deren Fuß steht das Partizierhaus in der Rathausstraße 5, erbaut um 1604, mit Kassettendecken und Renaissance-Türstöcken, und daneben das **Zorn-Haus** mit einer Neurokoko-Fassade aus dem Jahr 1908. – Oberhalb der Freitreppe steht das **Schlößle**, das sich die Familie Dorn 1593 in spätem Renaissancestil erbauen ließ. 1855 wurde das Haus neugotisch umgestaltet, 1957 aber wieder in die ursprüngliche Form zurückgebracht. Das Treppenhaus entspricht bis in Einzelheiten dem von Reichsstraße 2. Eine verborgene Köstlichkeit ist in einem der Geschäftsräume der Passage: eine mit Blüten bemalte getäfelte Decke aus der Erbauungszeit. – Gerberstraße und Klostersteige münden schließlich in den **Residenzplatz**, der nach Wiederherstellung der drei stiftischen

Plätze vom Verkehr nur am Rande berührt werden wird, so daß die barocke Großzügigkeit wieder erlebt werden kann. Die südliche Begrenzung flankiert das 1833 errichtete **Weidlehaus** mit in K. seltenen Fledermausgauben und das **Zumsteinhaus**, das sich 1802 die aus Gressoney in Savoyen eingewanderte Familie de la Pierre (Zumstein) errichten ließ. Der feingegliederten klassizistischen Fassade entsprechen in den kreuzgratgewölbten Räumen des Erdgeschosses schlichte Stuckrippen und Rosetten und eine geschnitzte Treppenbrüstung mit ovalen Durchbrechungen. – Im Hochparterre befindet sich die Cambodunum-Sammlung. Im ersten Stock steht das von Innsbruck bis zum Bodensee reichende Alpenrelief des sudetendeutschen Marinekartographen Richard Biener, 1945 bis 1950 fast ohne jede finanzielle Unterstützung geschaffen. – Im zweiten Stock ist die Naturwissenschaftliche Sammlung untergebracht, deren Grundstock von Dr. Karl August → Reiser (1853–1922) stammt. – Neben dem Zumsteinhaus steht ein kunstvoll geschmiedetes perspektivisches Gitter mit dem Monogramm N. Z. = Nikolaus Zumstein aus dem Jahr 1830. – Am Übergang vom Residenz- zum Hildegardsplatz steht das **Landhaus**, von 1732 bis zur Säkularisation Sitz der stiftischen Landstände und damit ein sehr frühes parlamentarisches Gebäude. Das Deckenbild des Sitzungssaales von Johann Martin Zick ist ebenso verloren wie die Architekturmalereien von Franz Georg Hermann. Der Stuck entspricht dem der Prunkräume in der Residenz und der Pfarrkirche in Heiligkreuz. Reizvoll ist ein stuckierter Kamin. – Die benachbarten Häuser stammen wohl noch aus dem späten 17. Jh. und bilden die südliche barocke Platzwand, der im Norden der einstigen Stiftskirche die Reihe der sogenannten Serro-Häuser für die Handwerker an Kirche und Residenz entspricht. – Im Mittelpunkt dieses stilistisch unterschiedlichen Rahmens erhebt sich auf einer Anhöhe die einstige Stiftskirche und heutige **Basilika St. Lorenz**, die „Wiege" des süddeutschen Barock. Bauherr war Fürstabt Roman → Giel von Gielsberg (1639–1673), der 1652/53 durch Michael → Beer aus Au im Bregenzerwald und dann bis etwa 1670 durch Johann → Serro aus Roveredo in Graubünden einen oktogonalen Zentralbau für den adeligen Konvent mit einem basilikalen Langhaus für die Laien verbinden ließ. Krönender Abschluß ist der wenn auch etwas überhöhte Ausbau des letzten Turmgeschosses nach Plänen des Baurat Hugo von Höfl, 1900. – Belebend wirken die Johann Jakob → Herkomer zuzuschreibenden Rundkapellen aus der Zeit um 1706/23. – Zu den Besonderheiten der Ausstattung gehören der Ablöse-Altar als einziger noch aus der Erbauungszeit erhaltene Altar, die den Chorbogen flankierenden Altäre von Johann Georg Üblher, die beiden Chororgeln und das Chorgestühl, dessen Scagliola- (Stuckintarsien-) Platten einer Wiener oder Münchner Stukkatorin zugeschrieben werden. – Hervorzuheben sind auch das perspektivische Chorgitter mit dem Wappen des Fürstabtes Engelbert von Syrgenstein (1747–1760), der kreuztragende Heiland unter der Kanzel aus der Werkstatt Jörg → Lederers (um 1520) und vor allem ein gotisches Astkreuz mit schwenkbaren Armen aus der Zeit um 1350, das als einziges Kunstwerk aus dem gotischen Münster, abgesehen von einem Aquamanile und einem Drachenleuchter (im Allgäu-Museum), das Werk der Zerstörung überstanden hat. – Das Oktogon von St. Lorenz wird neuerdings mit der Pfalzkapelle in Aachen in Beziehung gebracht. – Die angefügte **Residenz** ordnet sich der beherrschenden Stellung der Kirche unter. Es ist ein nahezu regelmäßiges Rechteck mit vier Ecktürmen und zwei fast quadratischen Innenhöfen. Der grundlegende Plan stammt wie bei St. Lorenz von Michael Beer, stark bestimmt von Fürstabt Roman Giel von Gielsberg. Zur Leistung der Architektur fügte sich in der Zeit des Rokoko der Glanz der Prunkräume und der Gästezimmer. Die Stukkatoren waren Abraham → Bader, Johann → Schütz und Johann Georg → Üblher. Der Maler der Prunkräume war Franz Georg → Hermann mit seinem Sohn Franz Joseph. Höhepunkt der Räume ist der Thronsaal, einer der schönsten Innenräume des schwäbisch-bayerischen Rokoko. Das Deckenbild ist eine Verherrlichung der Fürstabtei. Die Supraporten der Schmalseiten bezeugen Anspruch und Repräsentation. Eine Besonderheit sind die vier Frauengestalten des Ägid → Verhelst: Allegorien herrscherlicher Tugenden. – Der Fürstensaal mit den Bildern der Fürstäbte gleicht einer Herrschergalerie. – Den nahen **Hofgarten** vor dem Nordflügel der Residenz beschließt die um 1780 errichtete Orangerie, ein zierlicher Bau mit einem etwas vorspringenden Mittelpavillon und zwei Eckrisaliten. Der Lesesaal der hier eingerichteten Stadtbücherei war bis zum Brand des Jahres 1966 stuckiert, und noch 1938 sah man an der Decke Malereien mit den Allegorien der vier Jahreszeiten. – Ein Gemälde im ersten Stock hält noch den spätbarocken Anblick fest. – Zum Bereich um St. Lorenz und Residenz gehört im Westen das um 1700 von Johann Jakob → Herkomer erbaute **Kornhaus** mit mächtigen Volutengiebeln und dem Wappen des Bauherren Fürstabt Rupert von → Bodman. 1874/76 wurde ein großer Festsaal eingebaut. Im Nordflügel befindet sich seit 1925 ein Museum, das heutige „Allgäu-Museum“. – Im nahen einstigen **Marstall** befinden sich unter Kreuzgratgewölben einer toskanischen Säulenhalle die Alpenländische Galerie und in den oberen Geschossen das Alpinmuseum. – In der nahen privaten **Marienkapelle** steht der gotische Maggmannshofer Altar von Daniel Mauch, der sich unter dem linken Maßwerkbogen wohl selbst verewigt hat. – An der Poststraße steht die einstige **Thurn- und Taxis'sche Posthalterei**, 1778 von Johann Georg Specht errichtet, deren lisenengegliederter konkaver Mittelrisalit unter einem Volutengiebel bereits in die Wende vom Spätbarock zum Klassizismus gehört. – Das nahe Gebäude der **„Harmonie“** an der Salzstraße, benannt nach einer von 1821 bis 1928 hier tätigen Lesegesellschaft, wurde 1760 dem regierenden Fürstabt als Huldigungspräsent verehrt. – Der zauberhafte Stuck der Decken ist dem Kreis um Johann Georg → Üblher zuzuschreiben. – Zur „Harmonie“ gehört auch der Gartenpavillon der Blumengöttin Flora, dessen Deckenbild wohl von Linus → Seif stammt. Das reich verzierte Gitter zeigt das Wappen des Fürstabtes Honorius Roth von Schreckenstein. – Zur Stiftsstadt mag man auch das **Weidach-Schlößle** an der Rottachstraße zählen, ein kleiner viergeschossiger Rechteckbau mit Treppengiebel und halbrundem Treppenturm. – An der Memmingerstraße steht das einstige **Wohnhaus** des stiftkemptischen Hofmalers Franz Georg → **Hermann**, das sich dieser um 1730/40 errichten ließ, und daneben die sogenannte **Besenkapelle**, als Gartenkapelle für die Familie Hermann um 1740 errichtet. In der Hoffnung, bald von Furunkeln und Geschwüren befreit zu sein, hat man hier früher dem Hlg. Rochus Reisigbesen als Symbol der Reinigung geopfert. – In der nahen **Kapelle des katholischen Friedhofs** findet sich auf einer Grabplatte ein behutsam-versöhnlicher Epilog auf die Vergangenheit des Fürststifts, das sich „aus Gottes Kirche in die Gewalt der Welt verlohren“ hat. – An der Peripherie der Stadt befinden sich vor Leubas an der Abzweigung der alten Straße nach Memmingen der sogenannte „Ferdinandus“, ein stiftkemptischer Wegweiser aus dem Jahr 1786 aus der Schule Konrad → Hegenauers. – Am Rande der Stadt steht auch das **Rotschlößle** in Schelldorf, Refugium in Zeiten von Seuchen und Pest, ein Patriziersitz aus dem 16. Jh., im 18. Jh. im Besitz der Neubronner, nach denen das Haus Rathausplatz 5 noch heute benannt wird. – Auf dem Rückweg in die Stadt und auf die linke Illerseite sei ein Bildstock an der Ecke Gaishornweg / Hermann-von-Barth-Straße beachtet, der 1781 vor dem Hof von **Seibäumen** aufgestellt wurde und vielleicht an Sebenbäume erinnert, die früher hier gepflanzt wurden, eine schon in vorkarolingischer Zeit aus Italien eingeführte Arzneipflanze. – Von hier führt der Weg zur evangelischen **Johanneskirche**, die 1964 eingeweiht wurde. Wolf Molitor hat hier Kirche, Gemeindehaus, Pfarrhaus und Kindergarten zu einer maßstäblichen Einheit gefügt, die Geborgenheit und Stil vereint, behütet von zwei Posaunenengeln, die ein wenig an Barlach erinnern. – Im Zentralraum erhebt sich unter einem gefalteten Zeltdach hinter dem Altar eine Lichtfilterwand mit einer Darstellung des Abendmahls von Theo → Bechteler. – Eine Besonderheit ist ein oberschwäbisches Renaissance-Kruzifix. – Wenige Schritte entfernt steht das **Haubenschloß**, das 1632 auf der Grundlage des gotischen Schlößchens Anwanden errichtet wurde. Aus gotischer Zeit stammen wohl noch die beiden nach Westen orientierten Türme des einstigen Lustschlosses reichsstädtischer Bürger. – Einen umfassenden Blick auf K. hat man von **Mariaberg**. Die Kapelle Mariä Heimsuchung wurde 1783 errichtet. Im Inneren steht noch ein Christus an der Geißelsäule aus dem frühen 18. Jh. – Am Altar kündigt sich bereits der „Zopfstil" an. – Abschließend führt der Weg noch einmal zurück in die Gotik: in **Lämmlings** befindet sich eine Ulmer Madonna auf der Mondsichel aus der Zeit um 1510. Und am Weg nach Heiligkreuz erinnern Fensterbogen an der Nordseite eines Gebäudes an eine einstige Kirche: das ehemalige Schloß und Kloster **Schwabelsberg**, 1651 bis 1674 Residenz der Äbte und des Konvents, als Kloster und Kirche in K. zerstört waren. Hier fand wohl jene schicksalhafte Begegnung zwischen Fürstabt Roman Giel von Gielsberg und Michael Beer statt – Auftakt zum ersten großen Kirchenbau in Süddeutschland nach dem Dreißigjährigen Krieg. – In Kollerbach steht ein Kapellen-Bildstock mit einem barokken Kruzifixus, der schon 1888 von Joseph → Buck gezeichnet und im Jahre 2002 vorbildlich restauriert wurde. – Zu K. gehören seit der Gebietsreform Heiligkreuz, Hirschdorf und Lenzfried und damit ein sich weit in die umgebende Landschaft erstrekkender Raum.

Haberl, Wolfgang: Kempten. Führer durch unsere Stadt. Bewahrtes und Verborgenes. o. O.(Kempten): Allgäuer Zeitungsverlag, o. J. (1980) – Geschichte der Stadt Kempten. Im Auftrag der Stadt Kempten (Allgäu) hrsg. v. Volker Dotterweich, Karl Filser, Pankraz Fried, Gunther Gottlieb, Wolfgang Haberl und Gerhard Weber. Kempten: Dannheimer, 1989

Ketterschwang (Germaringen, Lkr. Ostallgäu). – Der noch unbekannte Architekt der katholischen Pfarrkirche wurde vermutlich durch den Bau der Klosterkirche in Roggenburg angeregt. – Der durchaus reizvolle Rokokobau läßt auf den Einfluß durch Dominikus → Zimmermann schließen. – Die Stukkaturen stammen von Joseph → Fischer, 1758, die gleichzeitigen Fresken von Johann Baptist Enderle.

Keuslin, P. Albert O. S. B. Rector Magnificus und Abt, geb. 1591 in Schloß Liebenthann, Pfarrei Obergünzburg, gest. 1657 in Salzburg. – Sein Vater war fürstäbtlich kemptischer Kastner und Schloßpräfekt auf Liebenthann, seine Mutter Maria Anna von Hohenegg. – Nach seinem Eintritt in das Benediktinerkloster Ottobeuren absolvierte er die niederen Studien in seinem Profeßkloster. Philosophie und Theologie studierte er an der Universität Dillingen, wo er auch zum Dr. phil. promoviert wurde. 1615 feierte K. seine Primiz und erhielt schon bald das Amt des Priors. Seit 1617 war er zunächst der erste Professor der Philosophie, dann der Moraltheologie und schließlich von 1622 bis 1626 der erste Rector Magnificus der Benediktineruniversität Salzburg. Seine Fähigkeiten waren so groß, daß der Salzburger Fürsterzbischof 1626 seine Wahl zum Abt des Benediktinerklosters St. Peter in Salzburg förderte, um K. für immer an Salzburg zu binden. K. war dann auch einer der vorzüglichsten Äbte von St. Peter. Er nahm sich in besonderer Weise um die Klosterdisziplin an, ließ einen neuen Bibliothekssaal einrichten und schrieb theologische und historische Werke. Sehr sorgfältig ist der von K. herausgegebene „Catalogus cum historiae compendio Abbatum Monasterii S. Petri ...“. – Für K. wurden 1635 (?) zwei Salzburger Stadtansichten gemalt: Salzburg vom Mönchsberg und Salzburg vom Kapuzinerberg. – Ein Portrait von K. zeigt ein Großbild zu einer Serie von insgesamt vier Äbtebildern und ist eine Kopie der Portraits aus der Äbtegalerie der Erzabtei St. Peter.

Das älteste Kloster im deutschen Sprachraum. St. Peter in Salzburg. 3. Landesausstellung 15. Mai–26. Oktober 1982. Schätze europäischer Kunst und Kultur. Amt der Salzburger Landesregierung, 1982

Keuslin, P. Maurus O. S. B. Abt, geb. um 1600 auf Schloß Liebenthann, gest. 1664 im Kloster Irsee. – K. war der jüngere Bruder des P. Albert K., trat in das Benediktinerkloster Irsee ein und studierte zunächst an der Universität Dillingen, sodann, nach einem Kurs in St. Ulrich und Afra zu Augsburg, an der Benediktineruniversität Salzburg Theologie. – Nach seiner Rückkehr in sein Profeßkloster wurde er zunächst Subprior, dann Prior und 1627 Abt. Er regierte das Kloster Irsee durch 37 Jahre und dies während des Dreißigjährigen

Krieges und der Zeit des Wiederaufbaus. So war diese Amtszeit erfüllt von Not und Sorge. Die Drangsale begannen mit dem Einfall der Schweden, 1632. In diesem Jahr wurde Irsee fünfmal geplündert. Wiederholt mußte der Abt fliehen. Die Schätze und das Archiv des Klosters, die K. in die Schweiz bringen ließ, fielen dort 1633 den Schweden in die Hände. – Bis 1650 sank die Zahl der Irseer Konventualen auf vier zurück. – K. wird in der Klostergeschichtsschreibung als zweiter Gründer verehrt.

Kiderle, Johann Michael Psychiater, geb. 1821 in Ebersbach, gest. 1890 in Kaufbeuren. – K. stammte aus einer alten Landarztfamilie, wurde 1848 mit einer Dissertation über Paracelsus promoviert und war seit 1852 Leiter der neu eröffneten oberpfälzischen Irrenanstalt Karthaus Prüll bei Regensburg. 1859 übernahm er die Leitung der Kreisirrenanstalt Irsee, und 1876 wurde er zum Direktor der neuerrichteten Heilanstalt in Kaufbeuren berufen.

Kimratshofen (Markt Altusried, Lkr. Oberallgäu). – Der neugotische Backsteinbau der Pfarrkirche wurde 1886–1889 errichtet. Spätmittelalterlich ist nur das untere Stockwerk des Turmes. – Im Chor hängt das ehemalige Hochaltarblatt, eine Kreuzigung von Johann Michael → Koneberg, 1768. – Über der Türe des Pfarrhofes befindet sich ein Sandsteinwappen des Kemptener Fürstabtes Honorius Roth von Schreckenstein (1760–1785). – Südwestlich von K. steht die Pestkapelle mit einer spätgotischen Pietà, um 1480, und Gemälden von Josef → Schugg am Altarschrein, 1948. – Der „Gasthof zur Post" hat im Obergeschoß noch Stuck aus der Zeit um 1720 und ein schmiedeeisernes Wirtshausschild mit dem Doppeladler. – An der Straße nach Altusried steht eine Sandsteinfigur, ein Hlg. Franz Xaver, am Sockel mit Zopfgehänge und dem Wappen des letzten Kemptener Fürstabtes Castolus von Reichlin-Meldegg, 1795.

Kink, Johann Martin Brückenbaumeister, geb. 1757 in Lindenberg im Westallgäu, gest. 1827 in Innsbruck. 1779 ließ er sich in Bozen nieder, wo er viele Etschschiffe und eine Reihe von Brücken in Südtirol gebaut hat. 1797 wurde er zum Landesbrückenbaumeister ernannt. Damals mußten vor allem im Krieg zerstörte Brücken rasch wieder aufgebaut werden, so die Innbrücken in Kufstein, Schwaz und Hall. – K. brachte 1809 den offenen Brief des Kaiser Franz nach Tirol, in dem dieser bedauerte, für Tirol nichts mehr tun zu können. – Sein Sohn Franz begründete die österreichische Zementindustrie. Joh. Martin Kink war Landesbaudirektor, sein Enkel Rudolf ein bekannter Historiker.

Kißlegg Lkr. Ravensburg, 8688 E., Luftkurort an der Oberschwäbischen Barockstraße. – Im 9. Jh. war K. der größte Wirtschaftshof des Klosters St. Gallen. – Nach mehrfachem Besitzerwechsel kam K. 1806 an Württemberg. – Die Pfarrkirche St. Gallus und Ulrich hat Johann Georg → Fischer aus Füssen 1734–1738 barockisiert. Die Stukkaturen stammen von Johann → Schütz. Ungewölhnlich an dem Kißlegger Stuck ist die sonst nur selten zu sehende Versilberung. – Eine Besonderheit ist der aus 21 Figuren bestehende Augsburger Silberschatz des Franz Christoph Mäderl, angefertigt in den Jahren 1741 bis 1755, gestiftet von Pfarrer Franz Joseph Lohr und dessen Schwester. – Die Madonna am linken Pfeiler des Chorbogens von 1623 wird Hans Zürn d. Ä. zugeschrieben. – In K. stehen zwei Schlösser, das Alte der Wolfegger Linie, um 1560/70 erbaut, und das sogenannte Neue Schloß der Trauchburger Linie, 1721 bis 1727 von Johann Georg → Fischer errichtet. Das Alte Schloß ist ein unregelmäßiger Renaissancebau mit hohem Treppengiebel, im Osten von zwei Rundtürmen flankiert. Im nordöstlichen Eckturm befinden sich besonders gut erhaltene Wandmalereien von 1580. – Eine Besonderheit im Neuen Schloß sind die Sibyllen-Figuren in den Muschel-Nischen des Rokoko-Treppenhauses von Joseph Anton → Feuchtmayer aus den Jahren 1726/27. – Im Frühjahr 1993 wurde im Obergeschoß des Neuen Schlosses das „Museum expressiver Realismus" eröffnet. – Die Fresken der Gottesackerkapelle St. Anna konnten 1985 Cosmas Damian Asam (1686–1739) zugeschrieben werden, der damals (1718/20) in Weingarten gearbeitet hat. – Das Gnadenbild der zu K. gehörenden Wallfahrtskirche Rötsee, eine stehende Muttergottes mit Kind, um 1460, ist wohl Hans → Multscher zuzuordnen.

Beck, Otto: Neues Schloß Kißlegg. Lindenberg: Fink, 1996

Klammer, Balthasar Jurist und Staatsmann, geb. um 1504 in Kaufbeuren, gest. 1578 in Celle. – Sein Vater war 1503 Pfleger der Burg Hohenfreyberg und seit 1510 achtmal Bürgermeister von Kaufbeuren. – Nach theologischen und juristischen Studien in Ingolstadt und Leipzig nahm K. an der Reise einer hessischen Gesandtschaft im Frühjahr 1529 nach Barcelona teil und wurde 1530 zum ersten Professor der Institutionen an der Universität und zum Anwalt am Hofgericht in Marburg ernannt. Vor seinem Weggang nach Celle, wo er 1532 zum Hofrat bestellt wurde, promovierte ihn die Universität Marburg zum Lic. iur. – 1540 wurde er Kanzler und behielt dieses Amt bis 1569/70. Für das Fürstentum Lüneburg und die Herzöge in Celle besuchte er die Reichstage 1542 und 1544 in Speyer sowie 1544/45 in Worms und auch die letzte Versammlung des Schwäbischen Bundes 1533/34 in Augsburg. – K. war der bedeutendste Kanzler der Celler Welfenlinie. – 1569/70 verfaßte K. unter einem Pseudonym eine auf den Münchner Index gesetzte Streitschrift gegen die Beschlüsse des Konzils von Trient sowie ein Rechtskompendium, das bis 1732 mehr als 45 Auflagen erlebte und als Lehrbuch für die Studenten und Handbuch für die Verwaltungs- und Gerichtspraxis sehr beliebt war.

Klein, Johann Michael Zimmermeister, geb. 1692 in Ottobeuren, dort gest. 1767. – Er schuf 1753 den Dachstuhl der Kirche in Ottobeuren, dessen Größe, konstruktive Vollendung und handwerkliche Qualität noch heute von Fachleuten bewundert wird. Originell ist die Inschrifttafel im Dachstuhl des westlichen Querhauses.

Sachse, Hans-Joachim: Barocke Dachwerke, Decken und Gewölbe. Zur Baugeschichte und Baukonstruktion in Süddeutschland. Berlin: Gebr. Mann, o.J. (1975), 70–79

Kleines Walsertal (BH Bregenz). Mit dem übrigen Vorarlberg ist das Tal weder durch eine Fahrstraße noch durch die Eisenbahn verbunden und daher seit 1891 deutsches Zollgebiet. – Das Tal, nur vom Oberstdorfer Bekken aus zugänglich, entwässert im Gegensatz zum übrigen Vorarlberg durch die Breitach zu Iller und Donau. – Bald nach 1300 wurde das Tal von den Walsern besiedelt. – Bis 1351 gehörte es den Edlen von Rettenberg, dann den Rittern von Heimenhofen. 1453 kam das Tal an Österreich. – Die Gemeinde Mittelberg mit 4808 E. umfaßt heute das ganze Tal mit den Kirchdörfern Hirschegg, Mittelberg und Riezlern sowie dem Ortsteil **Baad**, ganz am Talschluß gelegen. Hier ist für das Jahr 1434 urkundlich ein Schwefelbad bezeugt. – Am Hochaltar der 1851 neu errichteten Kuratienkirche stehen noch zwei Heiligenfiguren vom alten Altar aus der Zeit um 1670. – Die Pfarrkirche von **Hirschegg** ist ein Saalraum mit Flachdecke, ein Neubau von 1805/06. – In der Mariahilf-Kapelle in Hirschegg-Leidtobel steht noch eine Marienfigur mit Kind aus dem Allgäu, um 1510. – Am Weg zur Leidtobelbrücke befindet sich ein Bildstock mit einem Geißelsäulchristus aus der Mitte des 18. Jh. – Die Pfarrkirche in **Mittelberg** war eine Filiale von Fischen im Allgäu. – Im östlichen Giebelfeld sind der österreichische

Bindenschild und der Kaiseradler zu sehen. – Die Fresken im Chor stammen vom Anfang des 16. Jh. – Auf dem linken Seitenaltar steht eine Pietà aus der Mitte des 17. Jh. – Am Taufstein befindet sich der österreichische Bindenschild, der an Erzherzog Sigismund erinnert, und das Sachsenwappen für Katharina von Sachsen, die zweite Gemahlin des Erzherzogs. – Die Kreuzwegstationen stammen von Ludwig Caspar → Weiß aus Rettenberg, 1835. – Die Mittelberger Pfarrkirche ist die älteste Kirche des Tales. Am Chor erkennt man die Jahreszahl 1302. – Die Pfarrkirche in **Riezlern** ist ein Neubau der Jahre 1889/91. – Bis 1508 gehörte R. zu Oberstdorf. – Zu R. gehört die Kapelle Maria Hilf in Unterwestegg. Der Bau des Jahres 1796 birgt einen der schönsten spätgotischen Flügelaltäre (um 1516) im westlichen Österreich. Der Künstler stammt wahrscheinlich aus dem Pustertal. – Die alten Beziehungen zur Urheimat im Wallis bewahrt das Walser-Museum. Auch erscheint in Visp im Wallis seit 1963 eine Zeitschrift mit dem Titel „Wir Walser". Und seit 1967 gibt es als Gegenstück „Walser Heimat in Vorarlberg". Es bleibt zu hoffen, daß man das alte Walsertum eines Tages nicht nur im Museum findet. Denn die leistungsfähigste Fremdenbeherbergungsgemeinde des Landes kann eine nivellierende Überfremdung nicht verhindern, vor allem, wenn sich diese auch auf das Grundeigentum erstreckt. – Daher ist es erfreulich, daß abseits der dichtbesiedelten Ortskerne noch einige Walserhäuser im Streusiedelgebiet stehen. – Es stehen auch noch zwei ältere Holzbrücken im Tal, die Katzentobelbrücke von 1882 und die Leidtobelbrücke von 1840 mit einer Figur des Hlg. Johann Nepomuk. – Charakteristisch für das Kl. W. sind Paarhöfe, bei denen Wohn- und Wirtschaftsgebäude getrennt sind. – Trachten sieht man meist nur an Sonn- und Feiertagen. Die Frauen tragen auf dem Kopf die „Krone" bzw. eine Haube aus Fischotterpelz sowie eine vierreihige Korallenkette, die Männer ein „Kamisol", d. h. einen langen Rock aus blauem Tuch, und einen Dreispitz, die Burschen eine weiße Zipfelmütze.

Welti, Ludwig: Siedlung- und Sozialgeschichte von Vorarlberg. Aus dem Nachlaß herausgegeben von Nikolaus Grass (= Veröffentlichungen der Universität Innsbruck 6), Innsbruck, 1973

Kleinhans, Arduin Heinrich O. F. M. Theologe, geb. 1882 in Füssen, gest. vermutlich in Rom. – Seine Eltern stammten aus Pinswang (Außerfern). – 1899 trat K. in den Franziskanerorden ein und erhielt den Klosternamen Arduin. Nach der Promotion zum Dr. theol. wurde er 1911 Dozent für alttestamentliche Exegese in Salzburg. 1920 erhielt er einen Ruf als Professor an die Ordenshochschule in Rom. Dort wurde er 1929 Consultor der päpstlichen Bibelkommission. In Fachkreisen machte sich K. mit zahlreichen wissenschaftlichen Veröffentlichungen einen angesehenen Namen.

Kleinhans, Franz Baumeister, geb. 1699 in Unterpinswang, Bezirk Reutte, dort gest. 1776. – K. absolvierte eine Lehre in Elbigenalp und war dann in Franken und Württemberg tätig. 1724 kam er in die Heimat zurück. – Als Johann Georg → Fischer, der Neffe von Johann Jakob → Herkomer, 1725 in Unterpinswang eine neue Kirche baute, nahm er K. in seine Dienste. Elf Jahre arbeitete K. nun bei Fischer, dessen Bauaufträge K. bis Buchloe, Göggingen und Leitershofen führten. – 1731 wurde K. erstmals an die Bischöfliche Residenz nach Augsburg gerufen, wo er durch 24 Jahre mehrere große Aufträge auszuführen hatte. – Beim Bau der Franziskanerinnenkirche in Dillingen tritt K. letztmalig als Palier Fischers auf. – Mit der Schmerzensmutter-Kapelle in Schwabmünchen beginnt 1739 die große Reihe der selbständigen Neu- und Umbauten K.s. – 1761 wurde K. zum Maurermeister des Augsburger Domkapitels bestellt. 1762 wurde er Hofmaurer bzw. Hofbaumeister in Dillingen. – K. stand auch unter dem Einfluß Dominikus → Zimmermanns, was sich in der Bildung seiner schwungvollen ornamentalen Fensterumrisse und in seinen schöpferischen Turmbauten erweist. Anstoß gab der Günzburger Turmoberbau Zimmermanns. Charakteristisch ist in diesem Zusammenhang der Turm der Pfarrkirche in Nesselwang mit den abgeschrägten Ecken und einer geschwungenen Haube, 1748. – Seine Tiroler Heimat verdankt K. nur einen einzigen Bau, die Pfarrkirche in Lermoos, ein „Fremdkörper im tirolischen Spätbarock" (Egg, I, 174).

Weber, Josef M.: Ottobeurerin schrieb Monographie über den Allgäuer Baumeister Franz Kleinhans. In: DSA, Dez. 1979, 177 f. – Luderschmidt, Edith: Der Baumeister Franz Kleinhans (1699–1776). In: Katalog der Tiroler Landesausstellung, Reutte 1989, 448–467

Kleinweiler (Markt Weitnau, Lkr. Oberallgäu). – Seit dem 15. Jh. besteht in K. eine Wallfahrt zur Schmerzhaften Muttergottes. – Die Decke der Pfarrkirche hat Alois → Keller 1820 in klassizistischer Manier gestaltet. – Bemerkenswert sind die an die Wand gemalten Altäre, 1791. Vor allem steht in einer Nische eine Pietà des wohl am Bodensee ansässigen Meisters von Eriskirch, um 1420.

Kloster im Wald (Markt Ottobeuren, Lkr. Unterallgäu). – Das ehemalige Benediktinerinnenkloster, jetzt

Maria-Ward-Institut, wurde 1685 errichtet und 1714 durch einen Neubau nach einem Entwurf von P. Christoph → Vogt ersetzt. – 1805 wurde das Kloster aufgehoben. – Es ist eine Vierflügelanlage an einem Berghang. – In der Klosterkirche steht ein mächtiger Hochaltar aus der Zeit um 1729 mit Figuren der Hlg. Benedikt und Scholastika. – Ein großes ungefaßtes Kruzifix stammt aus der Zeit um 1500.

Knappich, Jacob Industrieller, geb. 1866 in Lechbruck, dort gest. 1944. – Er war der Sohn eines Steinmetzmeisters. Nach dem Besuch der Höheren Handelslehranstalt in Augsburg arbeitete er als Praktikant in Augsburg und München sowie kaufmännisch bei Firmen in Köln und München. – Von 1889 bis 1898 war er abwechselnd im Holzhandel und in der Industrie tätig, zuletzt als Fabrikdirektor, u. a. in Frankfurt a. M. – 1898 begann K. in seiner AG für Holzindustrie in Lechbruck die Herstellung von Calcium-Carbid. – Zum Apparatebau für größere Beleuchtungsanlagen von Ortschaften erweiterte er die Augsburger Firma Keller zur Firma Keller & Knappich, die 14 Acetylen-Ortszentralen lieferte. Zur Förderung der neuen elektromechanischen Industrie gründete K. in Frankfurt a. M. den „Calciumcarbid- und Acetylengasverein". Als nach der Erfindung des Gasglühlichtes das Acetylen als Beleuchtungsmittel verdrängt wurde, fertigte er in Augsburg Werkzeuge, Apparate und Zubehör für Autogenschweißbetriebe. Damit wurde K. zum Wegbereiter der deutschen Autogenschweißgeräte-Industrie. 1925 übernahm K. die Bayerische Kesselwagen GmbH Augsburg, in der er den Bau von Müllwagen-Aufbauten nach eigenen Patenten begann und das Programm von Kommunalfahrzeugen erweiterte. Diese Firma ist noch immer auf diesem Gebiet tätig. – In seinem Fachgebiet veröffentlichte K. wiederholt verschiedene Aufsätze und erwarb eine Reihe von Patenten.

Knappich, Johann Georg Maler, geb. 1637 in Lechbruck, gest. 1704 in Augsburg. – 1653/54 erscheint K. als Geselle im Augsburger Malerbuch. 1660 heiratete er und erhielt im selben Jahr das Augsburger Bürgerrecht. Er schuf vor allem Fresken und Altarbilder. Nachgewiesen sind Altarblätter für Babenhausen, Kreen bei Altdorf, Klosterlechfeld, Höchstädt a. d. Donau, Obermarchtal, Thierhaupten, Oberaltaich, in Augsburg für den Dom, die Karmeliterkirche, St. Georg und St. Ulrich, für Hiltenfingen, Deggendorf, Schlehdorf sowie Deckenbilder für Stötten am Auerberg, St. Salvator in Augsburg und St. Jakob in Oettingen. Entwürfe stammen von K.

für den Hochaltar in Höchstädt und für die Kanzel in St. Moritz, Augsburg. – Für Augsburger Kupferstecher entwarf K. Vorlagen.

Kneipp, Sebastian Pfarrer, geb. 1821 in Stephansried bei Ottobeuren, gest. 1897 in Wörishofen. – K. war Kind armer Leinenweber. Erst mit 21 Jahren kam er ans Gymnasium und zum Studium der Theologie. – Im Lesesaal der Bayerischen Staatsbibliothek fand der lungenkranke K. eines Tages einen Traktat mit dem Titel „Von der Kraft und Würckung des frischen Wassers in die Leiber der Menschen". – 1850 wurde K. verwarnt, weil er lungenkranke Seminaristen nach seiner Kaltwasserkur behandelte. – 1852 feierte K. seine Primiz in Ottobeuren. 1855 erhielt er seine erste Anstellung als Beichtvater im Dominikanerinnenkloster in Wörishofen. Hier wurde er 1881 Pfarrer. 1886 erschien bei Kösel in Kempten „Meine Wasserkur", die es zu über 90 Auflagen brachte und in 17 Sprachen übersetzt wurde. – 1894 erhielt K. eine Einladung nach Rom, um Papst Leo XIII. zu behandeln, den er mit „Herrle" ansprach. 1898 wurde am Platz des Geburtshauses in Stephansried für K. ein Obelisk mit Portrait und Inschrift aufgestellt.

Waibel, Wendelin: Sebastian Kneipp. In: Lebensbilder aus dem Bayerischen Schwaben 1, 1952, 395–413 – Frei, Hans: Sebastian Kneipp (1821–1897). In: Lebensbilder. Geschichte und Kunst in Bildnissen aus Schwaben, 386 f. und 418

Knittel, Johann Bauer und Mechaniker, geb. 1846 in Untergiblen bei Elbigenalp und dort auch gest. 1928. – Sein Vater war Bauer und Büchsenmacher, seine Schwester die Malerin Anna → Stainer-Knittel, die „Geierwally", sein Großonkel der berühmte Maler Joseph Anton → Koch. – 1871 konstruierte K. das erste Fahrrad in Tirol, fuhr damit in zweieinhalb Stunden von Innsbruck nach Jenbach und schickte es schließlich zur Weltausstellung in Brüssel, wo er eine Goldmedaille bekam. Ein von K. gebautes Fahrrad steht im Gemeindemuseum in Elbigenalp. – K. hat auch Tiefbrunnen, Hausmühlen und Turbinen konstruiert und seine eigenen Maschinen mit einer selbstgebauten Dampfmaschine betrieben. Er machte auch Versuche, einen Heuwagen mit einem Motor anzutreiben.

Knöringen, Heinrich von Fürstbischof, geb. 1570 in Nesselwang, gest. 1646 in Dillingen. – Er war der Sohn des Nesselwanger Pflegers Hans Christoph von K. und dessen Gattin Ursula von Westernach, stammte also aus zwei schwäbischen Adelsfamilien. – Die Eltern schickten ihn zunächst an die Jesuitenuniversität Dillingen, später ging er dann nach

Ingolstadt. – Seit 1585 besaß er ein Kanonikat in Augsburg. – 1590 kam er durch Empfehlung des Domdekans ins Germanicum nach Rom. Drei Jahre studierte er an der Universität Siena die Rechte. – 1598 wurde er Stiftsherr in Ellwangen. Vor allem aber wurde er in diesem Jahr im Alter von erst 28 Jahren zum Bischof von Augsburg gewählt. Er regierte das Fürstbistum durch 48 Jahre, fast bis zum Ende des Dreißigjährigen Krieges. Wiederholt mußte er ins Allgäu oder nach Tirol fliehen. – Er war nicht nur einer der großen Augsburger Bischöfe, sondern überhaupt seiner Zeit, geprägt von strenger Selbstzucht, zielbewußter Energie, seltener Arbeitskraft und tiefer Frömmigkeit. – Am Zustandekommen der katholischen Liga, 1609, und des Restitutionsediktes, 1629, war K. maßgeblich beteiligt. – In seinem Bistum vertrat und förderte K. die Gegenreformation und die katholische Erneuerungsbewegung. In besonderer Weise förderte er seine Residenzstadt Dillingen und deren Universität, der er eine juristische Fakultät angliederte. In der Dillinger Universitäts- und Jesuitenkirche steht ein prächtiges Epitaph des großen Fürstbischofs.

Knoll, Franz Xaver Zeichner und Graphiker, geb. 1859 in Wiggensbach, gest. 1930 in München. – Der Vater war Maler und später Photograph. – In der Schule fiel die zeichnerische Begabung des Buben auf, und noch heute gibt es in Wiggensbach ein abgegriffenes Schulheft mit K.s ersten Versuchen. – Nach der sechsjährigen Volksschule bestand K. die Aufnahmeprüfung ins Gymnasium in Kempten. – K. sollte Priester werden, trat aber 1876 in die Kunstgewerbeschule in München ein und erhielt bald das Maximiliansstipendium. Er besuchte auch das Polytechnikum, um die Lehramtsprüfung ablegen zu können. 1882 bestand er die Zulassungsprüfung in den Fächern Zeichnen und Modellieren. – Zunächst blieb K. noch vier weitere Semester an der Kunstgewerbeschule und wandte sich vor allem dem Studium der figürlichen Dekoration zu. – Seinen Lebensunterhalt bestritt er mit der Anfertigung von Verlobungs-, Hochzeits- und Geburtsanzeigen. – K. errang auch Auszeichnungen, Preise und Anerkennungen. – An der Kunstgewerbeschule nahm er eine schlechtbesoldete Assistentenstelle an. 1887 wurde er an der Gewerblichen Fortbildungsschule zum Nebenlehrer ernannt, drei Jahre später zum hauptamtlichen Lehrer. Nun häuften sich die Aufträge. – K. zeichnete für die „Meggendorfer Blätter“ und ab Mitte der achtziger Jahre für die „Fliegenden Blätter“. 1912 verlieh ihm Prinzregent Luitpold von Bayern den Titel und Rang eines königl. Professors. 1921 wurde K. zum Oberstudienrat befördert. – Die Gemeinde Wiggensbach kaufte in den Jahren 1929/30 eine größere Anzahl von Originalzeichnungen, die für eine Ausstellung gedacht waren. Die Ehrung durch seine Heimatgemeinde hat K. aber nicht mehr erlebt. – In Wiggensbach ist eine Straße nach K. benannt. An ihr liegt sein Geburtshaus, das 1982 vorbildlich renoviert wurde. Vor allem aber steht auf dem Marktplatz in Wiggensbach seit dem Oktober 2000 der „Ratschkathl-Brunnen", angeregt durch eine Zeichnung von K.

Franz Xaver Knoll 1859–1930. Zeichner, Karikaturist, Gebrauchsgrafiker, Pädagoge und Künstler. Zusammengestellt und gestaltet von Johannes Goldner (= Kleine Kostbarkeiten im Allgäu, Band 8). Kempten: Verlag für Heimatpflege, 1982

Knopf von Leubas s. Schmid, Jörg

Knussert, Dr. Richard Gymnasialprofessor, geb. 1907 in Donauwörth, gest. 1966 in Kempten. – Der Sohn eines Oberamtsrichters besuchte die Humanistischen Gymnasien in Oettingen im Ries und in Neuburg an der Donau. Hier machte er 1926 sein Abitur. – An der Universität München und an der Sorbonne studierte er Geschichte, Germanistik und Französisch. 1930 wurde er mit einer Dissertation über „Die Deutschen Italienfahrten 951–1220 und die Wehrverfassung" an der Universität München promoviert. Die Dissertation befindet sich in der Allgäu-Bibliothek der Stadtbibliothek Kempten. – Den Schuldienst begann K. in Mühldorf am Inn und setzt ihn an der Realschule in Füssen fort. – Der Zweite Weltkrieg führte K. nach Lappland und Finnland. – Nach dem Krieg kam K. an die neue Oberrealschule in Hohenschwangau. – Schon damals gewann K. seine Schüler, indem er sie an seinen Forschungen teilnehmen ließ, die vor allem den Römerstraßen galten. – 1955 erschien sein Buch „Füssener Land in früher Zeit". Es gelang ihm der Nachweis des römischen Kastells Foetibus am Füssener Schloßberg. – Nach der Übersiedelung nach Kempten und der Versetzung an das dortige Humanistische Gymnasium widmete sich K. erst recht der Erforschung der Römerstraßen. Die Ergebnisse veröffentlichte er im AGF. Vor allem bemühte er sich um die Spuren der sog. → Via Decia, deren Nichtexistenz erst 1994 Gerhard Grabherr in seiner Innsbrucker Dissertation bewies. – K. war auch 1. Vorsitzender des Heimatvereins Kempten. Vor allem aber war er ein begeisterter Lehrer, der seinen Schülern Wert und Reiz einer geisteswissenschaftlichen Disziplin erschloß.

Unbez. Nachruf in: AGF 1965/66, ohne Seitenangabe.

Koch, Joseph Anton Maler, geb. 1768 in Obergiblen bei Elbigenalp im Lechtal, gest. 1839 in Rom. – K. stammte aus einfachen Verhältnissen, sein Zeichentalent aber fiel schon sehr früh auf. Dem damaligen Augsburger Weihbischof, der zur Firmung ins Lechtal kam, ist es zu verdanken, daß K. 1782 in die Schule nach Wittislingen und bald darauf in das Seminar nach Dillingen kam, das seinen Erwartungen aber nicht entsprach. Daher kam er schon zwei Jahre später nach Augsburg in eine Bildhauerlehre. – 1787 erhielt K. eine Freistelle an der Hohen Karlsschule in Stuttgart. Schon damals interessierte er sich für Poussin und beschäftigte sich mit Landschaftsmalerei. Schließlich aber floh er wie Schiller und wollte, erfüllt von den Idealen der Französischen Revolution, nach Frankreich. Bereits in Straßburg war er ernüchtert, schnitt sich seinen Zopf ab und schickte diesen per Post an die Akademie in Stuttgart. – 1792 begab er sich in die Schweiz, wo er vom Erlebnis der Berge im Berner Oberland gepackt wurde. Hier lernte er auch den englischen Theologen Dr. George Nott kennen, der ihn zu einer Reise in den Süden ermutigte. So zog K. noch im Dezember 1794 zu Fuß nach Neapel. Hier erhielt er von Nott für drei Jahre ein Stipendium von 200 Scudi. – 1795 ging K. dann nach Rom, wo er, abgesehen von einem dreijährigen Aufenthalt in Wien, 1812 bis 1815, bis zu seinem Lebensende blieb. In Rom wurde K. unter dem Einfluß seines dänischen Freundes Bertel Thorvaldsen zum Klassizisten, der Illustrationen zu Dante und Ossian schuf. – In Italien heiratete K. 1806 Cassandra Rinaldi. – Beziehungen knüpfte K. auch zu den Nazarenern. – Eher enttäuschend waren die drei Jahre in Wien. – Zuletzt lebte K. in bitterer Armut. Ein jährliches Ehrengeld von 600 Gulden, das ihm Kaiser Ferdinand I. gewährte, konnte K. nur für ein einziges Jahr in Anspruch nehmen. – Begraben wurde er auf dem „Campo Santo Teutonico“ neben der Peterskirche. Die lateinische Inschrift des Grabsteines spricht von dem „ersten Landschaftsmaler seiner Zeit“. – Sein Geburtshaus steht noch heute in Obergiblen.

Lutterotti, Otto R. von: Joseph Anton Koch (1768–1839). Leben und Werk. Mit einem vollständigen Werkverzeichnis. Wien – München: Herold, o.J. (1985) – Dankl, Günther: Joseph Anton Koch (1768–1839). Pittore Tyrolese in Roma. Ein Erneuerer der europäischen Landschaftsmalerei zwischen Klassizismus und Romantik. In: Katalog der Tiroler Landesausstellung. Reutte 1989, 286–323

Koch, Karl Komponist, Chordirektor und Organist, geb. 1887 in Biberwier, gest. 1971 in Innsbruck. 1909 wurde er in Brixen zum Priester geweiht. Als Kooperator in Tux komponierte er seine „Marienmesse“, die ihn bekannt machte. Zur weiteren Ausbildung besuchte er die Kirchenmusikschule in Regensburg. – 1915 wurde er als Pfarrchordirektor nach Bozen berufen. Hier komponierte er seine „Weihnachtsmesse". In seinen Bozener Jahren konnte er ein Jahr in Wien an der Musikakademie studieren. – 1924 wurde er als Chorleiter an die Propstei der Pfarrkirche St. Jakob in Innsbruck berufen. Dort hat er über vierzig Jahre gewirkt und das Innsbrucker Musikleben auch als hervorragender Organist mitgeprägt. 1924–1938 hat er an der Städtischen Musikschule und bis 1963 als Lektor an der Universität unterrichtet. Eine Berufung nach Wien als Kompositionslehrer an der Musikakademie, Leiter der Wiener Sängerknaben und der Hofburgkapelle lehnte er 1933 ab, weil er in seiner Tiroler Heimat bleiben wollte. 1937 wurden zwei seiner Werke bei der „Internationalen Festwoche geistlicher Musik" in Paris aufgeführt. – Aus der Klaviersonate op.29 machte K. unter Hinzufügung eines langsamen Satzes seine Symphonie „Aus den Bergen". – Nach dem Zweiten Weltkrieg erhielt K. den Auftrag, für den 2. Internationalen Kirchenmusikkongreß in Wien ein großes Requiem zu schreiben. Es trägt die Opuszahl 85 und ist sein reifstes Werk. Er widmete es „Den Helden Tirols 1809". Dafür erhielt K. den Österreichischen Staatspreis. Zu seinem 60. Geburtstag wurde er in das Ehrenbuch der Universität eingetragen und mit der Medaille „Excellenti in litteris" ausgezeichnet. An seinem 70. Geburtstag enthüllte man eine Gedenktafel an seinem Geburtshaus in Biberwier, 1968 erhielt er den Ehrenring der Stadt Innsbruck.

Kögel, Philipp Jakob Fürstbischöflicher Kanzler, geb. um 1650 in Füssen, gest. 1714 in Dillingen. – Er studierte an der Universität Dillingen, erwarb 1670 den philosophischen Magistergrad und stieg im Dienst des Fürstbischofs von Augsburg zum Geheimrat, Kanzler und Lehenpropst der Regierung des Hochstifts Augsburg in Dillingen auf.

Kögl, Clemens Maler, geb. 1808 in Marktoberdorf, gest. 1845 in Leipzig. – Die künstlerische Begabung scheint er von seiner Mutter, einer Schwester des Hofmalers Johann Nepomuk → Eberle geerbt zu haben. Seine Ausbildung erhielt er an der Münchner Akademie. – In seiner Heimat malte er für die Frauenkapelle ein Deckenfresko „Mariä Himmelfahrt" sowie einige gute Portraits, die sich in Marktoberdorfer Privatbesitz befinden. Für das Münchner Isartor half er bei einem Fresko mit einer Darstellung des Einzugs Kaiser Ludwigs des Bayern nach der Schlacht bei Ampfing, 1322, sowie bei der Ausmalung des Schiller- und Goethezimmers im Weimarer Schloß.

Köngetried (Apfeltrach, Landkreis Unterallgäu), erstmals 1088 in einer Zeugenreihe genannt. – Wahrzeichen des Ortes ist der schiefe Turm der Pfarrkirche. Er neigt sich nach Norden um 1,10 m und nach Osten um 0,50 m. 1972 wurde das Turmfundament mit 3 t Zement befestigt. – Im Schulhaus in K. stand die Wiege der bekannten Sopranistin Irmgard Seefried (1919–1988). Über sie hat Alfred Böswald in den „Lebensbildern aus dem Bayerischen Schwaben" (Bd. 15, 1997, 389–399) geschrieben. – Das älteste und baugeschichtlich wertvollste Bauernhaus des Altlandkreises Mindelheim steht im Weiler **Katzbrui,** der ebenfalls zu Apfeltrach gehört. Es ist die unter Denkmalschutz gestellte 1661 neu erbaute Ölmühle, ein Ständerbohlenbau mit einem weitvorkragenden steinbeschwerten Legschindeldach und einem oberschlächtigen Wasserrad. 1981 wurde das Ökonomiegebäude abgebrochen und durch ein Gasthaus mit Fremdenzimmern ersetzt. – Die Mühleneinrichtung ist ein technisches Kulturdenkmal.

König, Hans Jakob s. König (Kiening) Jakob

König (Kiening), Jakob Goldschmied, Juwelier, Kunstverleger und Kunsthändler, geb. ca. 1536 in Füssen, gest. um 1600 in Prag. – Sein Vater war 1535 von Jengen nach Füssen zugezogen und hatte hier das Bürgerrecht erworben. Den Sohn zog es nach Italien, wo er 1570 in Venedig als Juwelier und Juwelenhändler auftaucht. 1571 bot er hier dem Herzog von Mantua einen Diamanten im Wert von 3000 Scudi an. 1583 erscheint K. unter den Goldschmieden am Hof der Medici in Florenz. – 1589 brachte K. in Venedig einen Nachdruck des „Triumphwagens" Kaiser Maximilians I. von Albrecht Dürer heraus und machte sich so um die Kenntnis Dürers in Italien verdient. – Zu Tintoretto und Veronese scheint er in naher Verbindung gestanden zu haben. – Die Nürnberger Imhoff zogen K. heran, als sie die Dürerschätze und andere Kostbarkeiten ihrer Kunstkammer bestimmten. Das hohe Maß seiner Sachkenntnis ermöglichte K. den Zugang zum größten Kunstsammler seiner Zeit, zu Kaiser Rudolf II. So stand K. im letzten Abschnitt seines Lebens in kaiserlichen Diensten in Prag. – Ein Kupferstich des Brüsseler Jan Sadeler aus dem Jahr 1586 zeigt K. im Alter von 50 Jahren. – Eine astronomische Uhr im Wiener Kunsthistorischen Museum könnte von K. oder einem Bruder stammen. – **Hans Jakob K.**, der Sohn

Jakob Königs, lebte 1605 als kaiserlicher Kammerdiener in Prag und wurde unter dem Namen König von Königsfeld geadelt. – Paolo Veronese hat K. portraitiert, Tintoretto seinen Vater.

Königsegg-Rothenfels, Leopold Wilhelm Graf zu, Herr zu Aulendorf und Staufen Reichsvizekanzler, getauft 1630 in Immenstadt, gest. 1694 in Wien. – K. war der Sohn des Grafen Hugo zu Königsegg-Rothenfels. Im Alter von sieben Jahren verlor K. seine Mutter. – 1646 studierte er an der Universität Bourges. In Italien erwarb er sich gute Sprachkenntnisse. – 1651 wurde er am Hof in Wien aufgenommen und diente zunächst als Kämmerer bei Erzherzog Ferdinand. – 1653 mit 23 Jahren berief ihn Ferdinand III. in den Reichshofrat und damit in das höchste Reichsgericht neben dem Reichskammergericht. – 1663 schickte ihn der Kaiser ins Reich an die verschiedensten Höfe, um Hilfe gegen die heranrückenden Türken zu erbitten. Nach Abschluß dieser Mission wurde K. an den Reichstag in Regensburg abgeordnet und schließlich zu einer weiteren Reise in die spanischen Niederlande und nach England geschickt. – 1660 starb sein Vater in Immenstadt. K. wurde Nachfolger, erbte aber auch eine hohe Schuldenlast sowie die Pflicht, seinen beiden Brüdern Deputate auszubezahlen. – 1666 wurde K. Vizepräsident im Reichshofrat und 1669 Reichsvizekanzler. – 1676 erhielt K. den Orden vom Goldenen Vlies. – In ungezählten Verhandlungen auf nahezu allen mitteleuropäischen Ebenen war K. ein gesuchter Gesprächspartner. – 1692 erreichte er für seine Herrschaft im Allgäu, daß allen Inhabern von Herrschaften im Umkreis von neun bis zehn Stunden von Immenstadt untersagt wurde, eine Leinwandschau zu errichten. – 1675 erhielt K. das Große Palatinat, d. h. die Hofpfalzgrafenwürde mit den Rechten, unehelichen Kindern das Recht ehelicher Geburt zu geben, Männer und Frauen in den Adelsstand zu erheben sowie Doktorgrad und Wappen zu verleihen. – Das Original dieser Urkunde und auch ein Portrait von 1678 (Öl auf Kupfer) hat 1980 ein Nachkomme in Ungarn der Stadt Immenstadt geschenkt. – 1694 wurde K. nach Immenstadt überführt und in der von seinem Vater angelegten Gruft der Kapuzinerkirche beigesetzt. – Ein Portrait von 1673, das Adrian van Bloemen zugeschrieben wird, findet sich im Besitz der Stadt Immenstadt im Allgäu.

Vogel, Rudolf: Leopold Wilhelm Graf zu Königsegg-Rothenfels, Herr zu Aulendorf und Staufen. In: Immenstadt im Allgäu. Landschaft, Geschichte, Wirtschaft, kulturelles und religiöses Leben im Lauf der Jahrhunderte. Hrsg. von Rudolf Vogel. Immenstadt: J. Eberl KG, 1996, 555–559 – Vogel, Rudolf: Graf Leopold Wilhelm zu Königsegg-Rothenfels (1630–1694). In: Lebensbilder. Geschichte und Kunst in Bildnissen aus Schwaben, 168 f. und 418

Köpfle, Josef Anton Maler, geb. 1757 in Höfen und dort auch 1843 gest. – K. begann als Maurerlehrling, wurde dann Schüler von Franz Anton → Zeiller und studierte 1787–1789 an der Akademie in Augsburg. Er hatte eine Vorliebe für perspektivische Architekturmalerei. Von seinen Kirchenfresken sind nur die in Höfen erhalten. Altarbilder von ihm gibt es in Forchach, Elmen, in der Kapelle zu Roßschläg bei Musau und in der Kapelle zu Hinterbichl bei Wängle. Heiliggräber von K. finden sich in Bichlbach, Heiterwang und Wängle, Kreuzwegstationen in Lechaschau. Auch hat er viele Fassadenfresken gemalt.

Kösel, Joseph Buchdrucker und Verleger, geb. 1759 in Kempten, Auf der Brach (Stiftsstadt), gest. 1825 in Kempten. – Der Name K. ist letztlich ein Stück der wohl 1593 durch Fürstabt Johann Blarer von Wartensee (1587–1594) gegründeten „Typographia Ducalis“, die geistesgeschichtlich im Rahmen der Gegenreformation zu verstehen ist. – 1660 ist diese Druckerei durch Fürstabt Roman → Giel von Gielsberg (1639–1673) neu eingerichtet worden. Faktor war Rudolf Dreher, der erste namentlich bekannte Drucker der Typographia Ducalis. Diese beschäftigte sich zunächst mit liturgischen, asketischen und homiletischen Schriften, zu deren Ausstattung auch der stiftische Hofmaler Franz Georg → Hermann herangezogen wurde. – Um 1750 wurde eine eigene Sortimentsbuchhandlung in Kempten eingerichtet, die noch heute den Namen K. trägt. – 1794 wurde der Faktor Joseph Kösel Leiter der Druckerei. Er war zunächst Stadtbuchdrucker in der Reichsstadt, deren typographische Gesellschaft er 1786 übernommen und 1794 an Tobias → Dannheimer verkauft hatte. – 1795 erschien unter K.s Leitung die erste Zeitung im Verlag, das „Stift Kemptische Wochenblatt“. – Am 22. November 1802 begegnet die letzte nachweisbare Firmierung „Hochfürstl. Hofbuchhandlung“, am 23. Dezember 1802 die erste nachweisbare Firmierung „Churbayerische Buchhandlung Kösel“. – 1805 erwarb dann K. bei einer Versteigerung Druckerei, Verlag und Buchhandlung für 10 000 Gulden. Die Druckerei verfügte über neun Druckpressen. – 1807 erschien die erste Kirchenväter-Ausgabe. – 1810 wurde die Druckerei aus der einstigen Residenz in die Wartenseestraße in der Stiftsstadt verlegt, wo sie sich bis zur Auslagerung nach Krugzell (Altusried) im Jahr 2000 befand.

Nach dem Tod von Joseph Kösel und dem Verkauf der Druckerei an Nikolaus Bail wurde Johann Huber 1828 mit der Leitung der Druckerei beauftragt.

Nachrichten aus dem Kösel-Verlag. Gedruckt zum 375jährigen Bestehen von Drukkerei und Verlag. Kempten und München, Oktober 1968

Kolb, P. Aegidius O. S. B. Stiftsarchivar, geb. 1923 in Sonthofen, gest. 1993 in Ottobeuren. – Nach dem Besuch der Volksschule und dem Juvenat der Redemptoristen in Gars am Inn kam K. 1935 an das bischöfliche Knabenseminar in Dillingen. 1941 wurde er zum Reichsarbeitsdienst und zum Militärdienst eingezogen. Nach Kriegsende begann er in Dillingen sein philos.-theol. Studium. Schon im Dezember 1945 trat er in die Benediktinerabtei Ottobeuren ein. 1947 legte er die zeitliche Profeß ab und studierte dann in Dillingen und schließlich in München. 1950 folgten die feierliche Profeß und die Priesterweihe. Nach zweijähriger Kaplanstätigkeit in Ottobeuren ging er in die benachbarte Pfarrei Lachen, deren Pfarrvikar er 1954 wurde. Schon damals war ihm die Betreuung des Klosterarchivs übertragen. – Zur Vorbereitung der 1200-Jahrfeier der Abtei in das Kloster zurückgerufen, wuchs er immer stärker in die Aufgabe eines wissenschaftlich tätigen Historikers hinein. Große Verdienste erwarb er sich durch den Aufbau der Jubiläumsausstellung 1964. Bald wurde ihm auch die Betreuung des Museums und der alten Bibliothek übertragen. Schließlich wurde er in die Bayerische Benediktinerakademie aufgenommen. Hier war er durch etwa 25 Jahre Dekan der Historischen Sektion. Er übernahm auch die Aufgabe des Hauptschriftleiters der „Studien und Mitteilungen zur Geschichte des Benediktiner-Ordens und seiner Zweige“. Auf seinen Vorschlag beschloß die Benediktinerakademie das Handbuch der „Germania Benedictina“, dessen Redaktor er durch viele Jahre war. Auch war er Vorstandsmitglied der Schwäbischen Forschungsgemeinschaft und des Augsburger Bistumsgeschichtsvereins sowie Kreisheimatpfleger und Kreisarchivpfleger. Umfangreich ist seine Bibliographie. – Ausgezeichnet wurde er mit dem Bundesverdienstkreuz am Band, dem Bayerischen Verdienstorden, der Sieben-Schwaben-Medaille, der Landkreis-Ehrennadel und der Ehrenmedaille der Universität Salzburg, deren Archiv er erschlossen hat. – Verdienste erwarb sich K. auch durch die Schaffung des Buxheimer Klostermuseums. – Bekannt machte ihn nicht zuletzt sein schwäbisches Kochbuch, 1973. – In jeder Hinsicht eine barocke Erscheinung und ein Allgäuer Original, das auch stets die heimatliche Mundart sprach, stand er immer in einem gewissen Spannungsfeld zwischen monastischem ordo und unbeschwerter Freude am Leben.

Kolb, P. Pius O. S. B. Klosterhistoriker, geb. 1712 in Füssen, gest. 1762 in St. Gallen. – K. trat in das Schweizer Benediktinerkloster St. Gallen ein und war seit 1748 Bibliothekar. Noch zu seinen Lebzeiten wurde 1758 der Bau des Bibliothekssaales begonnen. Seine Fertigstellung und Ausstattung, 1767, konnte K. aber nicht mehr erleben. – Von 1755 an bis kurz vor seinem Tod arbeitete K. am Katalog der St. Galler Handschriften, der aber ebenso wie seine „Chronik des Klosters St. Katharina in Wil" ungedruckt blieb. – Die Bayerische Akademie der Wissenschaften ernannte K. 1759 zum auswärtigen Mitglied. Sein reicher Nachlaß liegt in der St. Galler Stiftsbibliothek. Wertvoll sind besonders seine Korrespondenzen.

Koneberg, Johann Michael Maler, getauft 1733 in Dietmannsried, gest. 1802 in Kempten. – Sein Vater war Schreinermeister, die Familie lebte in recht bescheidenen Verhältnissen. – Zu Lebens- und Ausbildungsweg fehlen bislang alle Nachrichten. – Erst 1764 erfahren wir, daß K. mit Franz Anton → Weiß die Pfarrkirche in Oberstdorf freskiert und die Kreuzwegstationen für Niedersonthofen gemalt hat. – 1765 hat K. in Kempten-St. Lorenz geheiratet. – 1766 malte er das Fresko der Schloßkapelle auf der Kronburg sowie ein Portrait des Abtes Mauritius Moritz des Prämonstratenserklosters Rot an der Rot. – Wohl 1768 wurde K. zum stiftkemptischen Hofmaler ernannt. Im selben Jahr hat er das einstige Hochaltarbild für die Pfarrkirche in Kimratshofen und das Deckenbild für die Pfarrkirche in Obergünzburg gemalt. – 1770 schuf K. die Chorfresken für Heiligkreuz, 1772 das Hochaltarblatt für die Kirche in Wiggensbach mit einer Darstellung der Schlacht von Lepanto und einer Dankprozession vor der Kemptener Lorenzkirche, und 1774 Bilder der 14 Nothelfer für die Pfarrkirche in Altusried. – 1776 malte K. die Deckenbilder der Pfarrkirche in Langenegg im Bregenzer Wald. Hier hat er das einzige Mal das stiftkemptische Gebiet verlassen. – 1777 schuf K. das Langhausfresko in Betzigau, und um diese Zeit entstanden auch die Fresken im Langhaus der Pfarrkirche in Martinszell. – 1780/84 malte K. das Altarblatt des Hochaltars in der Kemptener Stiftskirche, eine Kopie des schadhaften Originals des Münchner Hofmalers Kaspar Sing, das sich noch bis 1804 in der Kirche befand, dann aber in Teilen versteigert wurde. – 1787 hat K.

das Gemälde des Ablösealtars in St. Lorenz, eine Kopie von Franz Hermann nach Abraham Jansen, überarbeitet und renoviert. – 1789 hat K. für eines der Gästezimmer der Kemptener Residenz ein Schlachtenbild mit einer Darstellung der Eroberung Belgrads durch General Laudon gemalt. – Und schließlich hat K. noch 1794 für den Fürstensaal der Residenz die Bilder der beiden letzten Fürstäbte Rupert von Neuenstein und Kastolus von Reichlin-Meldegg gemalt. Dies war bereits der Abschied des letzten stiftkemptischen Hofmalers, der auch Custos der fürstäbtlichen Bildergalerie war.

Winkler, Anita: Johann Michael Koneberg (1733–1802). Der letzte Hofmaler im Fürststift Kempten. Diplomarbeit (Mag. phil.) an der Universität Wien, o. J. (1990)

Kornau (Markt Oberstdorf, Lkr. Oberallgäu). – Die Kapelle St. Fabian und Sebastian ist im 16. Jh. errichtet worden. – Der Altar stammt aus der Zeit um 1720, eine Figur der Hlg. Katharina noch aus der Zeit um 1300, verwandt den Figuren der Hlg. Cosmas und Damian in Rauns. – Ein Auferstehungschristus stammt aus den Jahren um 1750/60. – In K. lebte von 1938 bis 1989 in dem so bergenden Haus des Stuttgarter Architekten Paul Bonatz der Lehrer und Dichter Arthur Maximilian → Miller.

Kraemer, (Kramer) Simpert Architekt, geb. 1679 in Weißensee-Bichl, gest. 1753 in Edelstetten. – Sein Vater war Maurer, ein Onkel und ein Neffe waren Stukkatoren. – K. selbst zog um 1693 mit seinem Vater nach Altenberg bei Dillingen, wo damals Hans Gottfried von Syrgenstein ein Schloß bauen ließ. – Um 1700 übersiedelte die Familie nach Edelstetten (Kreis Günzburg), wo K. heiratete und mit seinem Vater am Bau des Kirchturms der dortigen Stiftskirche mitwirkte. Seine Ausbildung im Bauwesen erhielt K. vielleicht bei dem Vorarlberger Baumeister Valerian Brenner in Günzburg. Auch der Ottobeurer Klosterarchitekt P. Christoph → Vogt und der Elchinger Stiftsbaumeister Christian Wiedemann dürften K. beeinflußt haben. – 1705 war er mit seinem Vater als Stukkator auf der Kronburg bei Memmingen tätig. – Beim Bau der Stiftskirche in Edelstetten nach Plänen von P. Christoph Vogt erhielt K. die Bauleitung übertragen. Und da sich K. bewährte, nahm ihn der Abt von Ottobeuren als Klosterbaumeister in seine Dienste auf. – Nach Plänen von Pater Vogt baute K. zuerst die St. Afra-Kirche auf dem Theinselberg bei Lachen (1713–1715), einen Teil der Klostergebäude in Ottobeuren (1717–1724) sowie Kirchen im Ottobeurer Stiftsgebiet, darunter den Chor der Kirche in Hawangen (1722).

Nach eigenen Plänen folgen die Wallfahrtskirche Vesperbild bei Ziemetshausen (1725), die aber bereits 1754 abgebrochen wurde, die Pfarrkirche Benningen (1726/27), der Pfarrhof in Attenhausen (1730), das Langhaus der Wallfahrtskirche Allerheiligen bei Scheppach (1731/32) sowie die Pfarrkirche Ungershausen (Lkr. Unterallgäu) (1734). – Dann übertrug ihm Abt Rupert → Neß von Ottobeuren den bedeutendsten Bauauftrag seines Lebens, die neue Stiftskirche. K. begann sie nach seinen Plänen. Doch Abt Anselm Erb entzog ihm das Vertrauen und ließ das Ottobeurer Gotteshaus von dem Münchner Architekten Johann Michael Fischer fertigstellen. K. kehrte enttäuscht nach Edelstetten zurück und schuf in den folgenden Jahren noch Baupläne für die Erhöhung des Turms der Pfarrkirche Krumbach (1750) und für die Kirche des Prämonstratenser-Reichsstiftes Roggenburg. Die Ausführung übernahm jeweils sein Sohn Johann Martin. – K. gehörte zu den bedeutendsten Architekten Süddeutschlands seiner Zeit.

Lieb, Norbert: Simpert Kraemer und seine Familie. In: Lebensbilder aus dem Bayerischen Schwaben 4, 1955, 260–282

Kranzegg (Rettenberg, Lkr. Oberallgäu). – Die Marienkapelle wurde 1725 errichtet. – Über dem Chorbogen befindet sich das Wappen des Augsburger Fürstbischofs Sigismund von Pfalz-Neuburg. – Die Langhausbilder stammen von Franz Anton → Weiß, 1770. – Die Altäre werden Peter → Heel, um 1730, zugewiesen. – Eine Figur der Maria Immaculata des südlichen Seitenaltars stammt wohl von Anton → Sturm, um 1750/60. – Die Kreuzwegbilder hat Ludwig Caspar → Weiß gemalt. – In K. ist 1872 der Kunstkritiker und Essayist Josef → Hofmiller geboren.

Krenner, (Krämer) Johann Baptist Maler, geb. 1698 in Eggenthal bei Kaufbeuren, gest. 1765 in Donauwörth. – Er war der Sohn eines Kaufmanns und lernte die Malkunst wahrscheinlich bei dem Eggenthaler Maler Joseph Bernhardt. Nach Lehr- und Wanderjahren ließ er sich in Donauwörth nieder und heiratete dort eine Malerstochter. Als Faß- und Frescomaler dürfte er zunächst im Benediktinerkloster Heiligkreuz sowie in der Donauwörther Stadtkirche genügend Arbeit gefunden haben. Als die Aufträge während des Österreichischen Erbfolgekrieges ausblieben, zog K. nach Linz a. d. Donau, blieb aber nur etwa zwei Jahre dort und kehrte schließlich nach Donauwörth zurück. Hier malte er um 1731 die Fresken am neuerbauten Stadtkommandantenhaus und 1737 am Haus, das der kurfürstliche Salzbeamte und Stadtzahlmeister bewohnte. Einen großen

Auftrag übernahm er 1732 in der Stadtpfarrkirche mit der Fassung der Orgel.

Kreuzthal (Markt Buchenberg, Lkr. Oberallgäu). – 1709 wurde eine erste Kapelle errichtet. – Seit 1717 ist K. eine Pfarrei, die Kirche St. Martin ist aber bis heute nicht geweiht. – Der Hochaltar wird der Werkstatt des stiftkemptischen Holzbildhauers Johann Ludwig → Ertinger zugeschrieben. – Auffallend sind die Oratorien an den Längsseiten. – Wegen der großen Holzvorräte gab es hier schon im 17. Jh. Glashütten des Fürststifts Kempten und des Klosters Isny. – 1854 wurden für 28 000 Gulden die Glasscheiben zum Eindecken des Münchner Glaspalastes geliefert. – 1893 mußte die Manufaktur in Eisenbach, fünf Jahre später der Betrieb in Schmidsfelden eingestellt werden. – Viele Gläser dieses historischen Wirtschaftszweiges befinden sich im Allgäu-Museum in Kempten. Doch in dem „Haus Tanne" im nahen **Eisenbach** (Isny-Rohrdorf), das um 1825 ein repräsentatives Wohn- und Verwaltungsgebäude eines Glasbetriebes des Grafen von Quadt zu Wykradt war, befindet sich ein Kulturdenkmal besonderer Art. Als hier 1999 ein Gäste- und Seminarhaus eingerichtet wurde, entdeckte man im ersten Stock einen Festsaal mit umlaufenden Wandmalereien, die wie ein Panorama die gesamte Anlage der einstigen Glashütte darstellen. So ruft ein Jahrhundert nach dem Ende der Glashütte ein zauberhafter Fund ein Stück Wirtschafts- und Kulturgeschichte in farbig zu erlebende Erinnerung und zugleich Gegenwärtigkeit zurück.

Schwarz, Friedrich: Allgäuer Glasmacher. Zur Geschichte der Glasmacher im Fürststift Kempten. Dokumentation und Beiträge zur Heimatforschung des Kürnach-, Ulmer- und Eschachtales. (Allgäuer Heimatbücher, Bd. 87). Kempten 1985 – Geiss, Rudolf: Kath. Pfarrkirche St. Martin Kreuzthal. (= Schnell Kunstführer Nr. 1574), München und Zürich: Schnell & Steiner, 1985 – Ruhland, Michael: Das Landschaftsgemälde im Saal der ehemaligen Glashütte in Eisenbach. In: Im Oberland, Heft 1/2001, 3–9

Krismer, P. Franz SOCist, Bibliothekar, geb. 1734 in Benningen, gest. 1780 in Buxheim. – 1754 trat K. in das Kartäuserkloster Buxheim ein und wurde 1759 in Augsburg zum Priester geweiht. – Sein wissenschaftliches Interesse galt der Entwicklung des Augsburger Inkunabeldruckes auf der Grundlage des Buxheimer Bücherbestandes. Zu diesem Thema schrieb K. eine handschriftlich erhaltene Abhandlung mit 228 großformatigen Seiten. – Von 1771 bis zu seinem Tod war K. die Bibliothek der Kartause anvertraut.

Kronburg Lkr. Unterallgäu, 1671 E. – Auf einer bewaldeten Bergkuppe in strategisch günstiger Lage, weithin sichtbar, steht das Schloß, eine vierflügelige Anlage aus der Zeit der Renaissance mit runden Ecktürmen. – Die Herren von K. werden erstmals 1227 genannt. – Seit 1849 befindet sich das Schloß im Besitz der Freiherren von Vequel-Westernach. – Einige Räume haben noch bedruckte Leinwandtapeten aus dem zweiten Viertel das 18. Jh. – Der Deutschmeistersaal wurde um 1693 stuckiert. Das Dekkengemälde zeigt die vier weltlichen Tugenden. – Im Roten Saal steht ein prächtiger Ofen. – Das Fresko in der Schloßkapelle, eine „Heimsuchung Mariä", stammt von Johann Michael → Koneberg. – Von der runden Bastei westlich des Schlosses hat man einen herrlichen Blick auf die Allgäuer Berge. – Am Fuß des Schloßberges steht noch der Zehentstadel aus der Zeit des 17./18. Jh. – Die Stukkaturen der Dreifaltigkeitskirche werden Franz Xaver → Feichtmayr zugeschrieben. – Zu K. gehört **Illerbeuren**. Hier wurde 1955 das Schwäbische Bauernhofmuseum eröffnet, das erste Freilichtmuseum in Bayern. 1982 wurde dann in dem früheren Pfarrstadel, einem Gebäude aus den Jahr 1722, das Schwäbische Schützenmuseum erstmals der Öffentlichkeit vorgestellt. – Zu K. gehört auch **Kardorf**. In der Kirche befindet sich eine sitzende Muttergottes mit Kind, Holz, gefaßt, aus der Mitte des 14. Jh.

Andrain-Werburg, Klaus Frhr. von: Kronburg. Ein reichsritterliches Territorium in Schwaben und seine Inhaber (= Allgäuer Heimatbücher, Band 73). Kempten/Allgäu: Verlag für Heimatpflege, 1969

Kronthaler, Johann Baptist Orgelbauer, geb. um 1700, gest. 1773 in Kaufbeuren. – Er war der Sohn eines Kaufbeurer Kalkbrenners. Nach seiner Lehre bei dem Augsburger Orgelbauer Johann Pez (Betz) machte er sich selbständig und baute oder reparierte zahlreiche Orgeln im östlichen Schwaben, im benachbarten Oberbayern und in Tirol. K. galt als ein guter, aber nicht billiger Orgelbauer. Welchen Ruf er besaß, deuten ein großer Auftrag für den Augsburger Dom und Orgelarbeiten für andere Augsburger Kirchen, aber auch ein Empfehlungsschreiben an das Eichstätter Domkapitel an. Im Kontrakt für die Augsburger Domorgel (1741/43) wird ausdrücklich bestätigt, es obwalte kein Zweifel „an der Geschicklichkeit, Dexterität und Accuratesse des H. Cronthaler". Sein Wirken läßt sich vom dritten bis zum siebten Jahrzehnt des 18. Jh. nachweisen. Zu den bedeutenderen Arbeiten K.s zählten: die Vergrößerung und Neuaufstellung der Orgel in der Stiftskirche Stams in Tirol (1725), eine Orgel mit 15 Registern in der evangelischen Pfarrkirche Kaufbeuren (1737), ein Orgelneubau in der katholischen Pfarrkirche Kaufbeuren (1738/40), Orgelneubauten für die Stiftskirche St. Stephan in Augsburg (1756) und für die Wallfahrtskirche Inchenhofen (um 1760). Erhalten hat sich von allen seinen Orgeln nur die der Pfarrkirche Ried im Oberen Gericht südlich von Landeck in Tirol. Hier wurde nach siebenjähriger Restaurierung der Kirche eine Beziehung zum Allgäu aufgedeckt: Über dem Spieltisch der Orgel fand man die Inschrift: „Diese alt ehrwürdige Orgel wurde von dem berühmten Thonkünstler und Orgelbaumeister Herrn Johannes Kronthaler aus Kaufbäuren im Jahre 1733 neu gebaut".

Krugzell (Markt Altusried, Lkr. Oberallgäu), 1353 erstmals genannt. – Die Pfarrkirche wurde um 1500 durch den Kemptener Fürstabt Johann von Riedheim neu errichtet und 1839/44 umgebaut. – Nördlich von K. an der Kreuzung Memmingen – Leutkirch steht ein stiftkemptischer Wegweiser mit einer Sandsteinfigur der Königin Hildegard von Konrad → Hegenauer, 1768.

Traut, Wilhelm: Krugzell. Geschichte eines Altusrieder Gemeindeteils. Hrsg.: Markt Altusried und Pfarrei Krugzell, 1988

Krumbach BH Bregenz, 962 E. liegt über dem schluchtartigen Bolgenachtal. – In K. gibt es zwei Mineralquellen, deren eine schon 1699 von einem Arzt chemisch untersucht wurde. – 1807 zogen die Frauen von K. bewaffnet nach Bezau, um die Rekrutierung ihrer Männer zu verhindern. Dieser Gewaltstreich kostete dem Land Vorarlberg 40 000 Gulden. – Früher arbeiteten viele Stuckateure aus K., von den Einheimischen „Gipser" genannt, im Sommer in der Fremde. – Die heutige Pfarrkirche, ein schlichter Saalbau, wurde 1806 geweiht. Die Deckenbilder stammen von Joseph Bergmann aus Hittisau, einem Cousin von Joseph → Bergmann. – Zu den ältesten Kunstwerken der Pfarrkirche gehört ein spätgotisches Kruzifix an der Südseite des Langhauses.

Krumbacher, Karl Byzantinist, geb. 1856 in Unterkürnach, gest. 1909 in München. – Erste Anregung zu seinem Lebenswerk war die Lektüre eines Buches über den griechischen Freiheitskampf. – Von 1869 bis 1875 besuchte K. das Humanistische Gymnasium in Kempten. Dann studierte er an der Universität München klassische Philologie. In zwei Leipziger Semestern machte er sich mit den Methoden der vergleichenden Sprachwissenschaft vertraut. – Von 1879 bis 1891 war er in München im Gymnasialdienst, litt aber schwer unter der Last dieser Lehrverpflichtung. – 1883 wurde er promoviert. – 1884/85 machte er eine Reise in den griechischen Orient. – 1885 habilitierte er sich, und 1891 wurde er kurz nach der Veröffentlichung seiner „Geschichte der byzantinischen Literatur“ zum Extraordinarius ernannt. – 1892 begründete er die „Byzantinische Zeitschrift“. – Lange las K. in der Münchner Hof- und Staatsbibliothek über griechische Paläographie. – 1899 gelang ihm endlich die Errichtung eines Mittel- und Neugriechischen Seminars an der Universität München. – K. erkannte auch die Bedeutung des slavischen Nachbargebietes für die Byzantinistik. Er lernte Russisch und hielt seit 1901 öffentliche Einführungskurse in die russische Sprache, um zu beweisen, daß durchaus das Bedürfnis für die Errichtung einer Professur für slavische Philologie bestehe. Dieser Lehrstuhl wurde allerdings erst ein Jahr nach K.s Tod Wirklichkeit. – K. wurde der Schöpfer der modernen deutschen Byzantinistik. – An K. erinnern Gedenktafeln an der Hohen Gasse in Kempten und in der Kapelle Unterkürnach.

Reil, Moritz: Krumbacher zum Gedächtnis. In: Im Heimgarten 52, 1909, 207 f. – Stadtmüller, Georg: Geschichte Südosteuropas. München – Wien: Oldenbourg, 1976, 415

Kuen, Paul Kammersänger, geb. 1910 in Neuburg an der Kamel, gest. 1997 in Sulzberg. – K. entstammte einer hochmusikalischen Familie. 1914 wurde der Vater, ein Lehrer, nach Sulzberg versetzt. An eine aufwendige Ausbildung war zunächst nicht zu denken. So schickten die Eltern den Buben nach der Volksschule nach Mindelheim zu einem Klavierbauer. Hier mußte K. eines Tages einem Konzertsänger das Pianoforte stimmen. K. sang vor, und damit begann ein neues Leben. Sein erstes Engagement erhielt er in Konstanz. Es folgten Stationen in Bamberg, St. Gallen, Gießen, Freiburg, Plauen und Königsberg. – Zur ersten Nachkriegsspielzeit 1946/47 holte ihn Ferdinand Leitner an die Bayerische Staatsoper, der K. durch 40 Jahre die Treue hielt. – Den internationalen Durchbruch schaffte K. als „Mime“ in Bayreuth. – Insgesamt hat K. auf über 70 Bühnen der Welt gesungen und gespielt. Oft zitierte K. aus dem „Fidelio“: „Süßer Trost in meinem Herzen, meine Pflicht hab’ ich getan.“ – 1956 wurde K. Ehrenbürger von Sulzberg. – Bei der Beerdigung sagte Geistl. Rat Georg Endres: „Er war in der Welt zu Hause und in Sulzberg daheim.“

Künersberg s. Memmingerberg

Kunne, Albert Drucker in Memmingen, geb. vor 1457. – Bereits 1472 begegnet ein Buchdrucker Johann Wurster aus Kempten in Mantua und 1475 auch in Modena. Dieser Wurster war wohl der erste Drucker aus dem Allgäu. Der erste Drucker *im*

Allgäu aber war K. Zunächst taucht er für die Jahre 1475 bis 1477 in Trient auf. Er stammte aus Duderstadt im Eichsfeld bei Göttingen und begegnet erstmals in Steuerlisten der Jahre 1457/59. Da Duderstadt zum Erzbistum Mainz gehörte, mag man annehmen, daß K. seine Kunst in Mainz bei Fust und Schöffer, den Nachfolgern Gutenbergs, gelernt hat. – 1480 tauchte K. in Memmingen auf, vielleicht von Petrus → Mitte de Caprariis für Memmingen verpflichtet. – Sein erstes Druckwerk in Memmingen war ein Ablaßbrief zugunsten des Kampfes gegen die Türken auf der Insel Rhodos, wohl 1480 erschienen. – K. hat auch für die Antonier um 1486 ein Blatt mit der Aufstellung sämtlicher Ablässe und Privilegien dieses Ordens gedruckt. – Das erste Werk, das K.s Namen und das Erscheinungsjahr trägt, das überhaupt erste im Allgäu gedruckte Buch, ist die Weltgeschichte „Fasciculus temporum" des Kartäusermönchs Werner Rohwinck, 1482. – 1501 nennt sich K. „de Memmingen" und 1510 nur „Albrecht buchdrucker zu Memmingen". – Nahezu 200 Bücher, kleinere Schriften und Einblattdrucke sind für die Jahre 1480 bis 1520 aus K.s Offizin nachweisbar. Die Stadtbibliothek Memmingen besitzt etwa 50 dieser Druckwerke. – Um 1490 veröffentlichte K. einen „Tractatus de ruinae ecclesie", also eine Abhandlung über den Niedergang und die Mißstände der Kirchen. – Bei K. erschien auch eine Geschichte Europas von Eneas Sylvius Piccolomini, dem späteren Papst Pius II., sowie ein geographisches Lexikon des Memminger Stadtarztes Dr. Jakob Stoppel, in dem einer der ersten Berichte über das 27 Jahre zuvor entdeckte Amerika steht. – 1497 erschienen bei K. für König Maximilian I. Formulare für das Ausschreiben eines Darlehens auf den Gemeinen Pfennig. Im selben Jahr erschien ein Aufruf Ulrichs von Frundsberg an die Ritter vom St. Georgen-Schild. – Der größte Teil der von K. gedruckten Bücher verlangt vom Leser gute Lateinkenntnisse. Dies gilt vor allem für liturgische und kirchenrechtliche Werke, aber auch für Grammatiken, Lehr- und Übungsbücher. – Bemerkenswert ist das Portrait des Paulus Attavanti auf der ersten Seite des „Breviarium totius iuris Canonici", 1486. Denn es ist das erste Autorenportrait in einem in Deutschland gedruckten Buch und zugleich der erste Renaissance-Holzschnitt in Deutschland, abgebildet in Weitnauer, Allgäuer Chronik, Bilder und Dokumente, 164. – Gelegentlich erhielt K. auch Druckaufträge durch den Rat der Stadt oder durch Klöster, aber K.s Berufsweg war keineswegs leicht, war er doch Drucker, Verleger und Buchhändler zugleich. – 1521 brach in Memmingen die Pest aus. Vielleicht hat sie auch K. hinweggerafft. Wir wissen ja aus seinem Leben nahezu nichts. – Mit K.s Offizin erlosch zunächst die Buchdruckerkunst in Memmingen. Erst 1709 lebte sie wieder auf. – Im städtischen Museum in Memmingen wird eine ständige Schau einiger Drucke von K. gezeigt.

Geschichte Schwabens bis zum Ausgang des 18. Jahrhunderts, 612

L

Lachen Lkr. Unterallgäu, 1277 E., lag durch Jahrhunderte im Grenzgebiet der Herrschaftsbereiche des Fürststifts Kempten, des Reichsstifts Ottobeuren, der Herren von Rothenstein /Pappenheim und der Reichsstadt Memmingen. Häufiger Herrschaftswechsel führte auch zu langen konfessionellen Spannungen. – Aus L. stammt die Malerfamilie → Zick. – Zwischen 1888 und 1913 wirkte in L. als Pfarrer Martin → Sontheimer, der das noch immer gültige Nachschlagewerk über „Die Geistlichkeit des Kapitels Ottobeuren“ schrieb. – Zu L. gehört auch **Herbishofen**. Die spätgotische Pfarrkirche mit einem Kleeblattbogenfries hat einen Taufstein des 15. Jh. und eine beachtenswerte Kanzel aus dem Jahr 1655. In H. steht noch das ehemalige Pappenheimsche Amtshaus. – Mit L. sind auch **Theinselberg** und ein Rechtsstreit verbunden, der bis vor den Reichstag kam. 1707 drohte Friedrich d. Gr. Fürstabt Rupert von → Bodman, alle Benediktinerklöster in den Fürstentümern Magdeburg und Halberstadt zu enteignen, wenn die Kirche in Th. den Reformierten nicht zurückgegeben werde. – H. und Th. sind die beiden einzigen reformierten Landgemeinden in Bayern.

Lähn Bezirk Reutte, ein Straßendorf in der Gemeinde Bichlbach an der Wasserscheide zwischen Lech und Loisach. Der Name „Lähn“ bedeutet „Lawine“. – 1456 tötete eine Lawine 22 Menschen, 1689 ging erneut eine schwere Lawine ab, die 11 Häuser vernichtet und 21 Menschen getötet hat. – 1282 erhielt der Markt Imst das Privileg, hier eine Niederlassung für den Frachtverkehr und den Gespannwechsel zu errichten. Dem Salzhandel diente ein dreistöckiger Salzstadel.

Lamerdingen Lkr. Ostallgäu, 1728 E. – Die im Kern spätgotische Anlage der Pfarrkirche, um 1500, wurde 1736/37 durch den Wessobrunner Baumeister und Stukkator Michael Stiller umgebaut und barockisiert. – Die reichen Stukkaturen sind in frühen Rokokoformen, um 1738, gehalten. – Über dem Chorbogen ist eine Kartusche mit dem Wappen des Propstes von St. Peter in Augsburg, Franz Anton Imhof, angebracht. – Die Altäre stammen aus der Zeit um 1694. – In der Dorfmitte steht noch das um 1724 erbaute Schloß des Propstes von St. Peter in Augsburg, ein zweigeschossiger Walmdachbau. Im Obergeschoß befindet sich ein Relief mit dem Wappen des Bauherren.

Lang, P. Gregor O. S. B. Pädagoge, geb. 1884 in Zell bei Füssen, gest.

1962 in Augsburg. – Er war der Sohn eines Lehrers, der bald nach L.s Geburt aus dem Allgäu nach Ursberg versetzt wurde. Eine Schwester wirkte in den Ursberger Anstalten in der Krankenpflege, ein Bruder als Präfekt. – Nach seinen Gymnasialjahren bei St. Stephan in Augsburg trat L. in das Augsburger Benediktinerstift ein, legte dort seine Profeß ab und erhielt 1908 die Priesterweihe. Für die spätere Lehrtätigkeit bei St. Stephan studierte er Alte Sprachen, Deutsch und Geschichte. – 1924 übernahm er die Leitung des Gymnasiums und der Philosophischen Hochschule bei St. Stephan in Augsburg. 1941 mußte er die Schule verlassen und konnte erst nach dem Ende des Dritten Reiches seine Arbeit wieder aufnehmen. – L. war auch Vorstand der Augsburger Akademie und Kurator der Augsburger Volkshochschule. Auch hielt er Vorlesungen an der Pädagogischen Hochschule und war Präses der Marianischen Priesterkongregation.

Langenegg Burgruine im Gemeindegebiet von Waltenhofen, Lkr. Oberallgäu. Sie steht auf einem nach Norden und Süden steil abfallenden Hügel in der Illerschleife südöstlich von Martinszell. 1647 kam L. in den Besitz des Stiftes Kempten. 1734 wurde hier ein Zucht- und Arbeitshaus eingerichtet. 1810 wurde L. versteigert. – Erhalten sind die Nagelfluh- und Sandsteinmauern des quadratischen Wohnturmes, z. T. bis in das 3. Obergeschoß. – Die Mustersanierung wurde im Jahr 2001 abgeschlossen. – Anna Schwegelin, die angeblich letzte Hexe Deutschlands, wurde hier nicht hingerichtet, sondern starb eines natürlichen Todes.

La Roche, Sophie de Dichterin, geb. 1730 in Kaufbeuren, gest. 1807 in Bürgel bei Offenbach am Main. – Ihr Vater Georg Friedrich Gutermann stammte aus Biberach an der Riß und kam als Arzt nach Kaufbeuren. Später wirkte er als Stadtphysikus in Lindau und in Augsburg. Sophie war das älteste seiner Kinder. Sie verlobte sich mit dem italienischen Arzt und Kunsthändler Gian Ludovico Bianconi, mußte die Verlobung aber aus konfessionellen Gründen lösen. Später verlobte sie sich mit Christoph Martin Wieland. Schließlich ging sie 1754 eine Vernunftehe mit dem trierischen Staatsrat Georg Michael Frank de La Roche ein, einem natürlichen Sohn des kurmainzischen Hof- und Staatsministers Graf Anton Heinrich von Stadion. – Wieland blieb der Familie La Roche in Freundschaft verbunden. – Ehrenvolle Beamtenpositionen ihres Mannes am Hof des Kurfürsten Clemens Wenzeslaus in Ehrenbreitstein ermöglichten es Sophie, ihr Haus zu einem Treffpunkt des literarischen Deutschland zu machen und nicht zuletzt Fäden nach Weimar zu spinnen. Der junge Goethe war ihr Gast und Briefpartner und setzte ihr im 13. Buch von „Dichtung und Wahrheit“ ein schönes Denkmal: „Sie war die wunderbarste Frau, und ich wüßte ihr keine andere zu vergleichen …“ – Ihrem Roman „Geschichte des Fräulein von Sternheim“, der großenteils ihr eigenes Leben widerspiegelte und den Wieland 1771 mit Vorwort und Anmerkungen herausgab, zollten Herder, Goethe, Lenz und Friedrich Stollberg höchstes Lob. Eichendorff allerdings tadelte sie als die geistige Ahnfrau süßlicher Frauengeschichten. Ihre späteren Werke erreichten die Bedeutung ihres ersten Romans nicht mehr. – In ihren Enkelkindern Bettina und Clemens von Brentano lebte das Erbe der Großmutter fort. – Ein Portrait, vielleicht von Johann Heinrich Tischbein, 1762, hängt im Wieland-Museum in Biberach.

Gebele, Eduard: Sophie von Laroche Schriftstellerin, 1730–1807. In: Lebensbilder aus dem Bayerischen Schwaben 7, 1959, 276–300 – Weckel, Ulrike: Sophie von Laroche. In: Rheinische Lebensbilder 17, 1997, 79–99 – Beck, Barbara: Sophie von La Roche (1730–1807). In: Lebensbilder. Geschichte und Kunst in Bildnissen aus Schwaben, 228 f und 418

Lauben Lkr. Oberallgäu, 3119 E. – Die zunächst spätgotische Pfarrkirche St. Ulrich und Afra wurde 1673 erweitert und stuckiert. Mit Wirlings ist dies ein seltenes Beispiel für die etwa gleichzeitig mit der Residenz in Kempten erfolgte Ausstattung der stiftkemptischen Pfarrkirchen nach der Zerstörung im Dreißigjährigen Krieg. – Über dem Hochaltar befindet sich das Wappen des Fürstabtes Roman → Giel von Gielsberg (1639–1673) – Eine Besonderheit ist der in einem Schrein bewahrte angebliche Hut des Hlg. Ulrich aus Hirschleder.

Laubenberg, Johann Caspar von Oberster Feldzeugmeister und Oberster Feldhauptmann der Grafschaft Tirol, Rat und Statthalter der oberösterreichischen Regierung in Innsbruck, geb. um 1450 auf Schloß Laubenbergerstein bei Immenstadt, gest. 1522 in Innsbruck. – Sein Vater war herzoglicher Rat und Marschall im Dienste des Erzherzog Sigmund von Tirol. – L. beherrschte neben Latein die französische und wohl auch die italienische Sprache. – Wie sein Vater trat auch er in die Dienst des Tiroler Landesherren. – 1481 wurde L. zu Erzherzog Maximilian nach Flandern geschickt. – L. war in nahezu alle militärischen Auseinandersetzungen einbezogen und auch mit so mancher diplomatischen Mission betraut. – 1500 wurde er zum Statthalter in Innsbruck ernannt. Diese Stellung behielt er bis zum Tod Maximilians 1519. – 1501 wurde L. zum Obersten Feldhauptmann der Grafschaft Tirol bestellt. – Im neuen Zeughaus Maximilians, dessen Dachstuhl Hans Telhas aus Kempten konstruiert hat, sorgte L. dafür, daß stets alle Waffen einsatzbereit waren. – 1517 kaufte L. die Zollbrücke bei Stein und die Wege nach Untermaiselstein, Rauhlaubenberg und Rauhenzell. – Sein Portrait, gemalt von Bernhard → Strigel, 1508/09, befindet sich in der Staatlichen Kunsthalle Karlsruhe.

Garber, Josef: Das Zeughaus Kaiser Maximilians I. in Innsbruck. In: Wiener Jahrbuch für Kunstgeschichte, 1928, 142–160 – Ausstellung Maximilian I. Innsbruck, 1969, 41 f. – Gritsch, Helmut: Hans Kaspar von Laubenberg. In: Immenstadt im Allgäu. Landschaft, Geschichte, Wirtschaft, kulturelles und religiöses Leben im Lauf der Jahrhunderte. Hrsg. von Rudolf Vogel. Immenstadt: J. Eberl KG, 1996, 548–551

Laubenbergerstein s. Stein im Allgäu

Lauber Patriziergeschlecht in Kaufbeuren. – Das weitverzweigte Geschlecht war recht begütert und hatte neben Besitzungen in Kaufbeuren Güter und Lehen in Aitrang, Bernbach, Dösingen, Hiemenhofen, Hirschzell, Obergermaringen, Stöttwang und Westendorf. – In Kaufbeuren stellten die L. mehrere Bürgermeister und städtische Beamte. – **Dr. Johann Matthias Lauber**, Jurist und königl. schwedischer Rat in Augsburg (1601–1649), vertrat auf dem Westfälischen Friedenskongreß mit Erfolg die Rechte der Protestanten in Kaufbeuren.

Lautrach Lkr. Unterallgäu, 1151 E., im Südwesten des Landkreises, unmittelbar an Baden-Württemberg angrenzend, erstmals genannt 840. – 1645 kam L. an das Fürststift Kempten, dem es bis zur Säkularisation gehörte. – 1793 wurde der Propst von L., Kastolus von Reichlin-Meldegg, zum Fürstabt von Kempten gewählt. – An der Nordostseite der **Pfarrkirche** befindet sich das Wappen des Kemptener Fürstabtes Rupert von → Bodman. – Die Stukkaturen aus den Jahren 1745/48 werden Johann Georg → Übelher zugeschrieben. Die Fresken, um 1750/60, stammen wohl von Franz Ludwig → Hermann. – Eine Muttergottes wird Ivo → Strigel, um 1400, zugewiesen. – Das **Alte Schloß** war bis zum Brand von 1780 stiftkemptisches Amtshaus und Sommersitz der Kemptener Fürstäbte. Auf seinen Mauern ist großenteils das heutige Sanatorium errichtet. – 1844 richtete hier der Priester und Pädagoge Joseph Deybach ein Knabeninstitut „zum Unterrichte in der teutschen, französischen, englischen und italienischen Sprache“ ein. Diese Deybach'sche Erziehungsanstalt, die bis zum Tod ihres Gründers im Jahr 1888 bestand, erwarb sich schnell einen ausgezeichneten Ruf. Die Schüler kamen aus ganz Europa. 1946 wurde das Alte Schloß von den Wagner'schen Anstalten erworben. – Das **Neue Schloß** wurde 1781 für den Kemptener Fürstabt Honorius Roth von Schreckenstein (1760–1785) gebaut. Es ist ein dreigeschossiges klassizistisches Gebäude. Das zweiläufige Treppenhaus führt zum ersten Obergeschoß mit reicher klassizistischer Stuckdecke. Bemerkenswert sind die Empire-Tapeten im Mittelbau des Dachgeschosses. – 1805 kam das Schloß in den Besitz des Grafen Firmas-Periers, der ein Signalsystem schuf, mit dessen Hilfe er sich mit Baron Vequel-Westernach auf der → Kronburg verständigen konnte. Das Alphabet dieses Telegraphen ist noch heute auf der Kronburg erhalten. – 1838 kaufte Deybach das Neue Schloß und richtete hier ein Erziehungsinstitut für Mädchen ein. Der Internatsbetrieb ging auch noch weiter, als Deybach das Gebäude 1860 verkaufte. Nach Besitzerwechsel wurde das Institut 1864 geschlossen. – Das westliche Hoftor war 1889 auf der Weltausstellung in Paris zu sehen. – 1922 befand sich das Neue Schloß im Besitz von Dr. Hermann Anschütz-Kaempfe, dem Erfinder des Kreiselkompasses, der das Gebäude der Naturwissenschaftlichen Fakultät der Universität München 1931 als Begegnungs- und Erholungsstätte für Professoren vermachte. Unter den Gästen dieser Jahre war auch Albert Einstein. Heute dient das Schloß Managern als Bildungs- und Erholungsstätte. – In der barocken Gartenanlage stehen reizvolle Putten aus Sandstein.

Mayer, Bernd: Die Amtsschlösser der Fürstabtei Kempten in Lautrach von der Renaissance bis zur Gegenwart. In: AGF 1994, 95–110 – Albrecht, Georg: Prälat Joseph Deybach und seine Erziehungsinstitute in Lautrach bei Memmingen. In: AGF 1987, 102–117

Layer, Dr. Adolf Gymnasialprofessor und Lehrbeauftragter an der Universität Augsburg, geb. 1920 in Langerringen (Lkr. Augsburg), gest. 1984 in Dillingen. – Am Beginn seines Lebens für die Wissenschaft stand der thematische Brückenschlag von Tirol in seine Heimat mit der in Innsbruck begonnenen Dissertation über „Tirol und Vorarlberg im Mittelpunkt der Auswanderung", 1947. Migrationsforschung war damals noch eine Seltenheit. Dem Gedanken der Euregio, die L. sicher aus tiefer Überzeugung begrüßt hätte, galt, weit vorausschauend, seine fast lexikalische Untersuchung über die „Allgäuer Lauten- und Geigenmacher", 1978. Und auch seine „Musikgeschichte der Fürstabtei Kempten", 1975, auf deren Drucklegung L. 17 Jahre warten mußte, weil der Adressat die Anfrage liegen ließ, fügt sich in ein grenzüberschreitendes

Ambiente. – Dies gilt auch für viele Aufsätze in den Zeitschriften DSA und AGF zu musikgeschichtlichen, volkskundlichen und kunsthistorischen Themen. – Seine Mitarbeit in den Sammelbänden der Landkreise Unter- und Oberallgäu und in „Die Musik in Geschichte und Gegenwart“, 1952 ff., erschließt vielfach eine „terra incognita“ und schlägt so manchen Bogen hinweg über Grenzen, die erst nationalstaatliche Enge geschaffen hat. – Die L. verliehene Medaille „Bene merenti“ der Bayerischen Akademie der Wissenschaften galt der hohen Leistung eines stillen, aber rastlosen Lebens, abgerungen einem im Zweiten Weltkrieg schwerverwundeten Körper und mancher bitteren Verständnislosigkeit im schulischen Alltag.

Haberl, Wolfgang: Ein Leben auch für das Allgäu. In: DSA, Dez. 1984, 27

Lechaschau Bezirk Reutte, langgezogenes Straßendorf mit 1887 E. links des Lech, gegenüber dem Markt Reutte. 1218 wird „Aschowe“ erstmals genannt. Aschau hieß die Hofmark des Klosters Füssen, die das Gebiet der heutigen Gemeinden Wängle, Lechaschau, Höfen, Weißenbach und Vorderhornbach umfaßte. Seinen ersten Aufschwung erlebte L., als 1464 eine Brücke über den Lech nach Reutte fertiggestellt wurde. – Die 1927 erbaute Lechbrücke galt lange als die schönste und größte Brücke Tirols. 1945 wurde das Mittelstück gesprengt. Seit 1993 hat L. wieder eine neue Brücke. – In einer sitzartigen Einbuchtung am Lech, dem „Mange-Sessele“, soll der Hlg. Magnus nach seinen Missionsreisen ausgeruht haben. Vielleicht befand sich hier eine heidnische Opferstätte. – Der Lechaschauer Josef Anton Nauß bestieg 1820 im Rahmen von Vermessungsarbeiten als erster die Zugspitze. – Bis 1900 gab es in L. eine Töpferei, die Lehmfiguren für Weihnachtskrippen hergestellt hat. Auch gab es hier eine Glockengießerei und eine Brauerei. – 1993 begann Dipl.-Ing. Theodor Krall in einem 8 m^2 großen Labor einen silberbeschichteten Katheder herzustellen, der die Patienten vor den gefürchteten Infektionen schützen soll. 28 Mill. Schilling wurden bisher in die Forschung investiert. Nunmehr kümmert sich der Siemens-Konzern um die internationale Vermarktung.

Lechbruck am See Lkr. Ostallgäu, 2522 E. – Die erste Kirche des alten Flößerdorfes wurde 1616 errichtet. 1786 erfolgte ein Neubau durch Joseph Anton → Geisenhof. Es ist einer der seltenen rein frühklassizistischen Bauten, ein weiter Saalbau zu fünf Achsen. – Die Stukkaturen stammen wohl von Geisenhof. – Über dem Chorbogen befindet sich eine Kartusche mit dem Wappen des Augsburger

Fürstbischofs Kurfürst Clemens Wenzeslaus (1768–1812). – Die Fresken von 1788 zeigen bereits die Kunst der Nazarener an. – In der großen Mittelnische des Hochaltars steht das Gnadenbild, eine bekleidete Muttergottes des 17. Jh. – Das mit Vasen besetzte Chorgestühl und die Beichtstühle stammen aus der Zeit um 1806. – In der Unteren Dorfstraße steht ein ehemaliges Bauernhaus vom Ende des 17. Jh. Im Inneren befinden sich zwei mit Landschaften bemalte Türen aus der Zeit um 1770/80. Wohl gleichzeitig sind die Malereien der getäfelten Austragstube.

Lechleitner, Robert Mechaniker und Erfinder, geb. 1840 in Stanzach im Lechtal, dort gest. 1920. Er lernte bei Anton → Falger zeichnen und war ein Naturtalent als Schreiner, Drechsler, Mühlenbauer, Büchsenmacher, Schmid, Brunnenbauer, Spengler, Schlosser und Uhrmacher. Er erfand eine Bandsäge mit Fußantrieb, eine Drehbank und einen besonderen Seilerstuhl. Mit Johann → Knittel baute er nach einer Abbildung, die er 1868 zufällig in einer amerikanischen Zeitung gesehen hatte, ein Fahrrad. Mit diesem fuhr er nach Reutte, wo er es der bayerischen Königinmutter vorführte. Darauf bekam er ein Stipendium von 300 Gulden für drei Jahre. – Ein Besuch bei seinem Landsmann Pater Peter → Singer in Salzburg, der ihm sein „Pansymphonikon" vorführte, brachte ihn auf den Gedanken, kombinierte Musikinstrumente zu bauen. Sein eigenes „Pansymphonikum", eine Kombination von Klavier, Harmonium und Orgel, wurde auf der Wiener Weltausstellung 1873 ausgezeichnet. Auf seinem „Triphonium", einer Zither, die gleichzeitig wie ein Harmonium und eine Flöte klang, wurden in Innsbruck Konzerte veranstaltet.

Lechleitner, Wilhelm (Johann Nepomuk) Komponist, geb. 1778 in Stanzach, gest. 1827 in Neustift bei Brixen. L. trat 1797 in das Augustiner-Chorherren-Stift Neustift ein, legte 1801 die Profeß ab, wurde 1802 zum Priester geweiht und nahm den Ordensnamen Wilhelm an. 1807 war er gerade zum Chorregenten ernannt worden, als das Stift aufgehoben wurde. Deshalb war er 1808/09 Musikpräfekt am Cassianeum in Brixen, dann wurde er Professor der Grammatikklasse und Musikinstruktor am Innsbrucker Gymnasium. – Großen Erfolg erlangte er in Telfs mit der musikalischen Bearbeitung des Passionsspieles „Das große Opfer auf Golgatha". – Nach der Wiedererrichtung von Neustift, um dessen Musikleben er sich große Verdienste erwarb, kehrte er 1816 wieder in sein Kloster zurück.

Lechler, P. Benedikt O. S. B. Musikdirektor und Komponist, geb. 1594 in Füssen, gest. 1659 in Kremsmünster. – Von 1607 bis 1615 studierte L. in Wien und übernahm dann die Leitung der Schule und der Musikpflege des obersteirischen Benediktinerstifts Admont. – 1617 kam er nach Kremsmünster, das seine zweite Heimat wurde. 1627 wurde er Benediktiner und 1628 Leiter der Stiftsmusik. Was für die örtlichen Bedürfnisse fehlte, komponierte er selbst. – 1632/33 hielt sich L. in Rom auf. – 1645 wurde er Novizenmeister und Subprior. – Für das neu errichtete Stiftstheater schrieb er 1647 die Musik zu dem biblischen Stück „Jakob und Esau". – 1650 wurde L. seines Amtes als Novizenmeister und 1651 auch seiner Verpflichtungen als Musikdirektor enthoben, erhielt aber die ehrende Stellung als Prior. – Von seinen geistlichen Werken erinnert die „Missa Abusiaca" aus dem Jahr 1645 in ihrem Namen an die legendäre Geschichte seiner Vaterstadt Füssen. Sein Werk gehört der frühbarocken österreichischen Musik an.

Lechtal Das Lechtal ist im Bereich des Außerfern 78 km lang, der Lech aber entspringt bei der Formarinalpe an der „Roten Wand" und fließt zunächst 12 km durch Vorarlberg. – Der Name L. ist wohl keltischen Ursprungs, das Tal wird urkundlich erstmals 1311 erwähnt. – Bis zur Mitte des 13. Jh. war das L. im Besitz der Staufer, von denen es Graf Meinhard II. von Tirol durch seine Frau Elisabeth, die Witwe des Staufers Konrad IV., erhielt. – Das Mittelflurhaus und die Mundart der Lechtaler zeigen deutlich den alemannischen Einfluß. – Früher sind aus dem L. viele Männer als Stukkateure und Zimmerleute in die Fremde gezogen. – Als Grenze zwischen Alemannen und Bajuwaren begegnet der Lech erstmals bei Venantius Fortunatus, um 564. Bis 1803 war der Lech auch die politische Grenze zwischen dem Herzogtum Bayern und den schwäbischen Territorien, besonders zum Hochstift Augsburg. – Wirtschaftlich war der Lech durch die bis ins ausgehende 19. Jh. betriebene Lechflößerei von Bedeutung. – Im Lechtal wird ein „Natura 2000"-Gebiet mit einer Gesamtfläche von 41,38 km^2 ausgewiesen.

Fried, Pankraz: Lech. In: Lexikon des Mittelalters V., Sp. 1785 f – Gamerith, Werner: Lechtal. Eine Landschaft erzählt ihre Geschichte. Innsbruck – Wien: Tyrolia, o.J. (1997)

Lederer, Jörg Bildschnitzer, geb. um 1470 in Füssen, gest. um 1550 in Kaufbeuren. – Biographisch gesichert sind seine Bürgeraufnahme in Füssen 1499 und seine zweimalige Wahl zum Stadtammann in Kaufbeuren 1530 und 1532. – Seine Lehrjahre verbrachte L. wohl in Ulm bei Jörg Syrlin d. J. und vielleicht auch in Memmingen bei Ivo → Strigel. – Abgesehen von mancherlei Zuschreibungen hat L. im Allgäu vor allem die Altäre der Blasius-Kapelle in Kaufbeuren, 1518, und in Bad Oberdorf, 1519, sowie den Kaiserlüster in Wildpoldsried geschaffen. Vielleicht stammt von L. auch der kreuztragende Christus unter der Kanzel von St. Lorenz in Kempten. – Mitausgelöst durch Reformation und Bildersturm arbeitete L. ganz wesentlich für den „Export" nach Tirol. Die Reihe seiner Figuren und Altäre reicht von einer Anna Selbdritt in Reutte bis nach Serfaus, von Stuben und Nauders im Oberinntal bis in den Vinschgau (Schlanders, Göflan, Latsch, Partschins) und die Spitalkirche von Meran.

Dussler, P. Hildebrand: Jörg Lederer. Ein Allgäuer Bildschnitzer der Spätgotik. Werkkatalog bearbeitet von Theodor Müller und Alfred Schädler (Allgäuer Heimatbücher, 66. Band). Kempten: Verlag für Heimatpflege, 2. Aufl. 1982 – Fischer, Lothar: Jörg Lederer um 1475–1550. Bildschnitzer, Werkstattleiter, Unternehmer in der freien Reichsstadt Kaufbeuren. Überlegungen zum „Gesamtkunstwerk Flügelaltar" zwischen Kunst, Handwerk und Kommerz in Zeiten der Hochkonjunktur. Diss. an der Univ. Eichstät. In Vorbereitung.

Ledermann, Dr. Richard Gymnasiallehrer und Literat, geb. 1875 in Kaufbeuren, dort gest. 1972. – Seine Gymnasialjahre verbracht L. in Dillingen. – 1896 schrieb er sich an der Universität München für die Fächer Deutsch, Geschichte und Erdkunde ein. 1900 wurde er in Heidelberg promoviert. – Der Lehrberuf führte L. nach Zweibrücken, Augsburg, Nürnberg und Ludwigshafen. – Im Ruhestand lebte er bis 1956 in Bad Faulenbach, dann in seinem Elternhaus in Kaufbeuren. – Mehrfach war L. der Literaturgattung des Heimatspiels verpflichtet. Für seine „Kiliansiegende", 1924, erhielt er den Literaturpreis der Stadt Würzburg. – Selbst an einem Tänzelfest-Sonntag (25. Juli) geboren beschäftigte ihn das Kaufbeurer Tänzelfest durch fast 60 Jahre. Nicht unwidersprochen schrieb L. in der Zeitschrift des Historischen Vereins für Schwaben 1957 und 1964 über das Tänzelfest. – Die literarische Begabung ist offensichtlich ein Familienerbe. Seine Nichte Hermine L. gilt als begabte Lyrikerin. 1979 veröffentlichte sie im „Paradies einer Kindheit" ihre Jugenderinnerungen. Und ein Enkel L.s, Hans Magnus Enzensberger, geb. 1929 in Kaufbeuren, hat sich als Lyriker, Essayist, Erzähler, Kritiker und Übersetzer einen Namen gemacht. 1963 erhielt er den Büchner-Preis.

Dertsch, Richard: Das Kaufbeurer Tänzelfest. Eine Richtigstellung. In. AGF 80, 1980, 32–41

le Fort, Gertrud von Dichterin, geb. 1876 in Minden in Westfalen, gest. 1971 in Oberstdorf. – Aus gesundheitlichen Gründen kam die Dichterin 1939 erstmals nach Oberstdorf, 1941 entschloß sie sich für eine ständige Bleibe. Nur von November 1946 bis Oktober 1948 lebte sie in der Schweiz. – Im März 1947 besuchte sie Hermann Hesse in Montagnola bei Lugano. Hesse schlug le F. für den Literatur-Nobelpreis vor, aber ohne Erfolg. – Im Juli dieses Jahres erhielt sie den Münchner Literaturpreis, wurde aber auch von katholischer Seite wegen ihres Buches „Kranz der Engel" angefeindet. Und beinahe wäre das Buch auf den „Index" gekommen. – 1950 wurde le F. ordentliches Mitglied der Deutschen Akademie für Sprache und Dichtung. – Im selben Jahr, am Abend des 28. April, hat le F. im Kemptener Landhaus-Saal die 1941 in Oberstdorf abgeschlossene Erzählung „Das Gericht des Meeres" gelesen. – 1951 widmete sie den Erlös von drei Gedichten den Flüchtlingen und Vertriebenen. – 1953 erhielt le F. das Große Verdienstkreuz der Bundesrepublik Deutschland. Drei Jahre später, 1956, wurde die Dichterin Dr. theol. h. c. der Universität München, und an ihrem 80. Geburtstag Ehrenbürgerin von Oberstdorf. 1959 erhielt le F. den Ehrenring des Landkreises Sonthofen. Zu ihrem 90. Geburtstag wurden ihr der Stern zum Großen Bundesverdienstkreuz und die Ehrenbürgermedaille von Oberstdorf verliehen. – Während ihrer Oberstdorfer Jahre erschienen 1951 ein Sammelband mit vier Erzählungen unter dem Titel „Die Tochter Farinatas", 1953 „Gelöschte Kerzen" mit den Erzählungen „Die Verfemte" und „Die Unschuldigen", 1954 die Erzählung „Am Tor des Himmels", 1955 die Novelle „Die Frau des Pilatus", 1957 die Novelle „Der Turm der Beständigkeit", 1959 die Novelle „Die letzte Begegnung", 1961 die Erzählung „Das fremde Kind", 1964 die Legende „Die Tochter Jephtas", 1965 ihre Erinnerungen „Hälfte des Lebens", 1967 die Legende „Das Schweigen" und 1968 schließlich die Erzählung „Der Dom". – Was le F. in Oberstdorf geschrieben, kam immer auch „aus der Stille und Herrlichkeit" dieser Landschaft. – Abgesehen von Kontakten zu Sigrid Undset, Paul Claudel, Ina Seidel, Reinhold Schneider, Elisabeth Langgässer, Hans Carossa, Edzard Schaper, Carl Zuckmayer und Albrecht Goes fällt in diese Allgäuer Jahre die Verbindung mit Arthur Maximilian → Miller, der 1976 seine „Briefe der Freundschaft mit Gertrud von le Fort" in Memmingen bei Maximilian Dietrich herausgegeben hat. – In Oberstdorf tragen ein Weg und das Gymnasium den Namen der Dichterin. Im Oberstdorfer Heimatmuseum sieht man den Arbeitsplatz, den

Ehrenbürgerbrief und eine Büste der Dichterin von Fidelis → Bentele. – Seit 1976 befindet sich in der Stadtbibliothek Kempten eine Halbplastik der Dichterin von dem Oberstdorfer Bildhauer Walter → Kalot. – So hat sich im Allgäu Leben und Wirken einer Frau erfüllt, die Zuckmayer „die größte Dichterin der Transzendenz in unserer Zeit“ genannt hat.

Haberl, Wolfgang: Gedenken an Gertrud von le Fort. In: DSA, März 1977,1 – Musik, Rudolf: Die Oberstdorfer Jahre der Gertrud von le Fort. In: DSA, Sept. 1976, 118–121 – La Chevallerie, Eleonore von: Gertrud von le Fort und das Allgäu. In: DSA , März 1979. 12–16

Legau Markt, Lkr. Unterallgäu, 3033 E., seit 1455 Markt im Illerwinkel und Städtedreieck Kempten, Leutkirch, Memmingen. – Von 1451 bis zur Säkularisation gehörte L. zum Fürststift Kempten. – 1542 beschlossen die Äbte von Irsee, Kempten, Ochsenhausen und Ottobeuren eine geistliche Akademie der oberschwäbischen Klöster. Als Sitz war zunächst Obergünzburg und später L. vorgesehen. Man entschied sich dann aber für Ottobeuren. – 1761 wurde das Heiliggeistspital durch Fürstabt Honorius Roth von Schreckenstein neu erbaut. – Der Pestfriedhof in dem zu L. gehörenden **Lehenbühl** erinnert daran, daß in den Jahren 1628 bis 1630 in L. 45 von 60 Familien ausgelöscht wurden. – Die Pfarrkirche erhielt durch das Stift Kempten die Patrone Gordian und Epimachus. – Neben der Kirche steht ein stattlicher Pfarrhof aus dem Jahr 1834, dessen Kapitelsaal mit sparsamem Stuck aus der Zeit um 1770 ausgestattet ist. – Zu L. gehört auch die Wallfahrtskirche Maria Schnee in Lehenbühl. Ursprünglich war die Kirche wohl die Kapelle eines Pestfriedhofes. – Die Stukkaturen des Doppelaltarraumes stammen vielleicht von Christoph Anton und Johann → Bader. – Über dem Chorbogen befindet sich das Wappen des Kemptener Fürstabtes Rupert von → Bodman. – Die Fresken, um 1715/20, werden Johann Martin → Zick zugeschrieben. – Im oberen Altar steht das Gnadenbild, eine Madonna aus der Zeit um 1520. – Das Gemälde des linken Seitenaltars stammt von Franz Benedikt → Hermann. – Zu L. gehört in besonderer Weise die Wallfahrtskirche → Maria Steinbach.

Lehenbühl s. Legau

Lehrndorfer, Dr. Franz Organist und Chordirektor, geb. 1889 in Kempten, dort gest. 1954. – Nach dem Besuch der Gymnasien in Kempten und St. Anna in Augsburg studierte L. in München an der Universität und an der Akademie für Tonkunst. Als einer der ersten wurde er als Musikwissenschaftler promoviert. – Anschließend ging er zum Orgelstudium nach Wien. Seine erste Anstellung erhielt L. in Teisendorf bei Salzburg. – 1924 wurde er als Organist und Chorleiter an die einstige Stiftskirche in Kempten berufen. Damit trat L. ein reiches musikhistorisches Erbe an. – Jahr um Jahr berichtete er in den Kempter Pfarrbüchlein über die Kirchenmusik in St. Lorenz. – Der Chor der Lorenzkirche gehörte in diesen Jahren zu den besten Chören des Bistums Augsburg. – L. gestaltete aber nicht nur die liturgische Musik, zu der auch zeitgenössische Komponisten gehörten, sondern betreute auch Sängerbund, Liederkranz und Orchesterverein. In dem Konzertmeister Wilhelm Walchner fand L. einen selbstlosen und idealistischen Mitarbeiter. – L. war auch Musikpädagoge, der Organisten und Instrumentalisten aller Art ausbildete. – Nach 1945 hielt L. in der Volkshochschule musikgeschichtliche Vorträge und Kurse, die so manchem Hörer ein erstes Rüstzeug gaben und nahtlos zu Vorlesungen an einer Universität oder an der Akademie überleiteten. – L. komponierte auch Messen, Kantaten, Texte zur Liturgie, Choräle und Männerchöre. So war L. in allen musikalischen Bereichen der Stadt der Mittelpunkt. – L. beherrschte aber auch das Wort: 1930 schrieb er in den „Ostbairischen Grenzmarken“ über die Musik der Fürstbischöflichen Residenzstadt Passau und über den dortigen Domkapellmeister Benedict Anton Aufschnaiter. Und 1942 schrieb L. im „Allgäuer Geschichtsfreund“ „Über den Orgelbau in der Stifts- und Pfarrkirche St. Lorenz in Kempten“. – Sein Können hätte L. zu so manchem Weg in eine musikalische Metropole befähigt. Doch er blieb in Kempten. – L. war stets eine ungewöhnlich bescheidene Persönlichkeit. – Nördlich der Lorenzkirche ist ein kleiner Weg nach ihm benannt, ganz nah der von ihm durch 30 Jahre gestalteten Musik.

Leistle, Dr. David Theologieprofessor und Hochschulrektor, geb. 1848 in Stötten am Auerberg, gest. 1928 in Dillingen. – Nach seinen Gymnasialjahren in Augsburg und Neuburg a. d. Donau wandte er sich in München der Philosophie und als Alumnus des Georgianum der Theologie zu. 1872 erhielt er die Priesterweihe und wirkte dann als Kaplan in Memmingen und als Religionslehrer in Wallerstein. – Als Subregens am Georgianum bot sich L. die Möglichkeit der Promotion. Mit der Dissertation „Die Wirksamkeit der Sakramentalien“ erwarb er 1880 den theologischen Doktorgrad. – 1881 wurde er zum Professor der Moraltheologie und der Patrologie am Lyceum in Dillingen ernannt, 1896 zum Lycealrektor und Administrator des Studienfonds. – Neben seiner Lehrtätigkeit befaßte er sich mit der

Geschichte seiner Allgäuer Heimat, besonders mit der des Klosters St. Mang in Füssen. – In Würdigung seiner Verdienste um die Heranbildung eines wissenschaftlich gebildeten Klerus erhielt L. den Titel eines Bischöflichen Geistlichen Rates. Der Vatikan verlieh ihm den Titel eines Päpstlichen Hausprälaten.

Leitenstorffer, Franz Anton Maler, geb. 1721 in Reutte, gest. 1795 in Mannheim. Seine ersten Lehrer waren Rupert Mayr in Innsbruck und Balthasar → Riepp in Reutte. Noch nicht fünfzehnjährig kam er für ein Jahr als Schüler Paul Trogers nach Wien, studierte dann zwei Jahre bei Gianbattista Piazetta in Venedig, ein Jahr in Bologna und schließlich fünf Jahre bei Sebastiano Conca in Rom. – 1744 kehrte er nach Tirol zurück. Hier wohnte er fünf Jahre im Hause seines Gönners, des Grafen Franz Anton Spaur, in Innsbruck. – Ab 1750 lebte L. in Mannheim, wo er auch Professor an der neugegründeten Akademie war. Eine seiner Besonderheiten war die Grisaillemalerei, mit der er auch die Altarnische in dem zu einer Kapelle umgestalteten Sterbezimmer des Kaiser Franz in der Innsbrucker Hofburg ausschmückte. – Im Kurpfälzischen Museum in Heidelberg hängen ein Selbstbildnis L.s und ein „Selbstportrait mit Familie“.

Leiterberg s. Betzigau

Leitkrath, Joseph Maler, geb. 1738 in Eggenthal bei Kaufbeuren, gest. 1811 in Donauwörth. – Er war das jüngste von elf Kindern. Die Eltern schickten den Buben zu dem Maler Joseph Schwarz in Buchloe in die Lehre. Als Geselle arbeitete er bei Georg Ignaz Baur und bei dem aus Imst in Tirol stammenden Maler Joseph Mages in Augsburg. – Durch seine Verheiratung mit der Witwe des auch aus Eggenthal stammenden Malers → Krenner in Donauwörth erlangte L. das Bürgerrecht in Donauwörth und das Meisterrecht der dortigen Malerzunft. In Donauwörth stand L. im Schatten von Johann Baptist Enderle. – L. schuf im nördlichen und mittleren Ostschwaben zahlreiche Fresken und Altarblätter und empfahl sich hauptsächlich für die künstlerische Ausstattung von Landkirchen.

Lenzfried Stadtteil von Kempten (Allgäu) auf der östlichen Illerseite. 1461 wurde hier ein Franziskanerkloster gegründet. 1548 zogen die aus der Stadt vertriebenen Franziskanerinnen des St. Anna-Klosters ein. In der zweiten Hälfte des 17. Jh. gab es in L. eine hochschulartige Studienanstalt. – 1803 wurde L. säkularisiert und dem Deutschen Orden übergeben. – 1811 war L. Zentralkloster,

1814 Lazarett. – Die Pfarrkirche St. Magnus bildet den Nordflügel der 1683 errichteten und 1765/67 durch einen Neubau ersetzten Klosteranlage. Der Stuck könnte von Wessobrunnern stammen. Die Bilder der Altäre hat Franz Georg → Hermann gemalt. – Die aus der Stadt vertriebenen Franziskanerinnen errichten 1647/49 ein eigenes Kloster, das seit 1858 den Armen Schulschwestern gehört. Bemerkenswert ist die St. Anna-Kapelle, 1733. Zu L. gehört auch das Schloßgut, 1770 neu erbaut, ein zweigeschossiger Mansarddachbau, über dessen Eingang sich ein Sandsteinwappen des Fürstabtes Honorius Roth von Schreckenstein befindet. So gehören zur Stadt Kempten von heute mit Lenzfried und Heiligkreuz zwei einstige Klosterdörfer.

350 Jahre Pfarrei St. Magnus in Lenzfried 1642–1992. Beiträge über Geschichte – Kunst – Kirchliches Leben. Kempten/Lenzfried, 1992.

Ler, Christoph Bildhauer, geb. wohl vor 1490 in Kaufbeuren, gest. dort 1547. – Von L. stammen eine Inschriftentafel des Hörmann-Hauses in Kaufbeuren, Kaiser-Max-Straße 3a, das Renaissance-Portal des Hörmann-Hauses, 1542, der Gedenkstein für die Familie Hörmann in der Pfarrkirche in Gutenberg (Oberostendorf), 1542, eine Rotmarmorplatte mit Wappenrelief für Johann Hörmann und dessen Frau Anna am Turmuntergeschoß von St. Martin, ein Grabstein der 1501 gestorbenen Elisabeth Klamer in der evangelischen Stadtpfarrkirche, ein Vesperbild in der Kirche in Weicht (Jengen), Figuren der Hlg. Johannes Ev., Magnus und Theodul in der Kapelle in Heimen (Hopferau), ein Totenschild des Georg von Schwangau, 1536, im Pfarrhof von St. Martin und schließlich ein Kruzifixus in Waal, um 1530. – Mit Hans → Kels d. Ä. und Jörg → Lederer gehört L. zu den bedeutenden Kaufbeurer Bildhauern der Spätgotik.

Lermoos Bezirk Reutte, Straßendorf am Westrand des Ehrwalder Beckens mit 1048 E., erstmals genannt um 1020. – Das Moor im Becken von Ehrwald-Lermoos ist das größte in Nordtirol. Mitten durch das Moos führte die Via Claudia Augusta, 7 m breit und auf einem 1,7 m tiefen Fundament. – Schon vor 1520 gab es im Dorf ein Ballhaus, einen Salzstadel (schon 1318 genannt), eine Waage, eine Poststation und ein Hospiz für kranke Reisende. L. war auch Sitz eines Salzfaktors. – Im 19. Jh. gab es in L. eine Wollflorweberei, eine Färberei und eine Kattundruckerei. – Die Bauern verdienten gut im genau organisierten Rodwesen und wurden schließlich so wohlhabend, daß sie um die Mitte des 16. Jh. ihre Höfe freikaufen konnten. – Die jetzige Pfarrkirche wurde nach Plänen von Franz → Kleinhans aus Unterpinswang gebaut. – Die Glocke der Grabkapelle unter dem Chor aus dem Jahre 1411 ist die älteste datierte Kirchenglocke Nordtirols. – Großer Schrekken herrschte in L., als 1577 Erzherzog Ferdinand II. das Moos wieder zu einem See machen und in der Mitte des Sees ein Lustschloß errichten wollte. Nach einer Bittschrift der Gemeinden L., Ehrwald und Biberwier und angeblich auf die Fürsprache seiner Gemahlin Philippine Welser sah Erzherzog Ferdinand von seinem Vorhaben ab. – In den Jahren 1859–1865, 1889–1893 und 1930–1937 wurde die Trockenlegung des Mooses vollendet. Die klimatischen Verhältnisse haben sich seitdem bedeutend verbessert. – Am Funkensonntag ist noch der Brauch des „Scheibenschlagens" lebendig.

Leubas (Stadt Kempten (Allgäu)). – Das Altarbild der knapp an der Straße stehenden Kapelle St. Magnus mit einer Ortsansicht von L. befindet sich in der neuen Kirche von L. – Westlich von L. erinnert ein Gedenkstein an den vergeblichen Widerstand der Allgäuer Bauern unter Jörg Knopf, dem Schmied von L., 1525. Genau vierhundert Jahre später hat man hier zwei wohl niedersächsische romanische Bronzeguß-Arbeiten gefunden, ein Gießgefäß und einen Drachenleuchter, welche die fliehenden Bauern weggeworfen haben. Beide Gegenstände dürften aus der romanischen Stiftskirche stammen. Sie sind eine Besonderheit im Allgäu-Museum in Kempten. – An der Abzweigung nach Dietmannsried steht ein ehemaliger Wegweiser mit einer Sandsteinfigur des Hlg. Ferdinand und dem Wappen des Fürstabtes Rupert von Neuenstein von Konrad → Hegenauer.

Haberl, Wolfgang: Leubas im Blickpunkt der Geschichte. In: 100 Jahre Schützenverein Leubas 1893 e.V., 21.–24. Juli 1994, 25

Leuterschach (Stadt Marktoberdorf, Lkr. Ostallgäu). – Die Pfarrkirche wurde 1692/93 unter teilweiser Verwendung der Umfassungsmauern der spätmittelalterlichen Vorgängerkirche umgebaut, der Turm 1727/28 wohl nach Plänen von Johann Georg → Fischer erneuert. – Die Stukkaturen in reichen Laub- und Bandelwerkformen, 1737, stammen von Abraham → Bader, die Fresken im Langhaus von Johann Martin → Zick. – Gegenüber der prächtigen Kanzel von 1700 steht eine lebensgroße Kreuzigungsgruppe vom Ende des 17. Jh. – An der Straße nach Schwenden steht auf freiem Feld die Wallfahrtskirche St. Magnus, deren Neubau 1681 vielleicht von Kaspar → Feichtmayr errichtet wurde. – Das

Hochaltarbild hat 1774 Franz Sales → Stapf gemalt. – Die Gemälde der Seitenaltäre stammen von Johann Martin Zick. – Das Pfarrhaus nördlich der Kirche wurde 1762 nach einem Vorschlag von Franz → Kleinhans errichtet. Es ist ein zweigeschossiger Bau mit steilem Satteldach und Deckenstuck im Obergeschoß aus der Erbauungszeit. – Aus L. stammt der Priester und Politiker Magnus Anton → Reindl (1832–1896).

Leutkirch im Allgäu Stadt, Lkr. Ravensburg, 21 989 E., wird 848 erstmals erwähnt. – Mit der Grafschaft Zeil kam L. von der Bregenzer Linie der Udalrichinger an die Grafen von Montfort, die L. 1291 an das Reich verkauften. – 1293 erhielt L. das Stadtrecht von Lindau. – 1397 wurde L. reichsunmittelbar und erhielt Sitz und Stimme im Reichstag und im schwäbischen Reichskreis. – 1525 drang die Reformation ein, fand aber zunächst einen starken Gegner in dem Leutkircher Humanisten Johannes Fabri (1478–1541), dem späteren Bischof von Wien. 1542 wurde die Reformation dann aber doch eingeführt. – 1802 kam L. an Bayern, 1810 an Württemberg und 1951 an Baden-Württemberg. – Zu hohem Wohlstand gelangte L. durch die Leinwandweberei, ein in ganz Oberschwaben verbreitetes Gewerbe, das weithin exportierte. – Die 776 erstmals erwähnte Martinskirche ist eine dreischiffige Hallenanlage des frühen 16. Jh. – Bemerkenswert sind das Rokoko-Rathaus (1739–1741) mit einem Ratssaal, den der Zimmermann-Schüler Johann → Schütz stukkiert hat, und das sogenannte Gotische Haus, ein 1377 errichteter Bau, ehemaliger Pfleghof des Zisterzienser-Klosters Stams in Tirol. – Aus L. stammte Dr. Franz Ludwig von → Baumann (1846–1915), der Verfasser der dreibändigen „Geschichte des Allgäus“.

In und um Leutkirch. Bilder aus zwölf Jahrhunderten. Beiträge zum Stadtjubiläum. Hrsg.: Große Kreisstadt Leutkirch, Leutkirch, 1993

Leutkircher Heide Die „Freien auf der Leutkircher Heide“ gab es wohl schon lange vor der Zeit der Hohenstaufen. Sie waren ein korporativ organisierter Verband freier Bauern, die in der ländlichen Gesellschaft Oberschwabens ein Sonderdasein führten, ein Fremdkörper genossenschaftlicher Form gegenüber der hierarchisch strukturierten Gesellschaft. Als Angehörige einer reichsunmittelbaren Bauerngenossenschaft waren sie persönlich frei und keinen grundherrlichen Bindungen unterworfen. Sie unterstanden direkt dem Kaiser bzw. seinem Landvogt, hatten ihr eigenes Gericht, das Recht der Besteuerung und des freien Abzugs. Auch konnten sie mit den benachbarten Reichsstädten in eigener Verantwortung Verträge abschließen. Mit sogenannten Burgrechtsverträgen gelang ihnen als Korporation die Aufnahme in das städtische Bürgerrecht, das ihnen den militärischen und rechtlichen Schutz der Stadt garantierte. Ihren Wohnbereich mag man mit den Bezirken Gebrazhofen, Herlazhofen und Wuchzenhofen mit insgesamt etwa 39 Orten umschreiben. – Im Verlauf des 15. Jh. gerieten sie im Zuge der Territorialpolitik des Hauses Österreich mehr und mehr unter dessen Herrschaft und wurden schließlich der Landvogtei Schwaben eingegliedert. 1822 wurde als wohl letztes Überbleibsel die „Landschaftskasse“ in Gebrazhofen aufgelöst.

Liebenstein (Markt Hindelang, Lkr. Oberallgäu). – Die zur Pfarrei Hindelang gehörende Filialkirche St. Leonhard steht auf einem Felsen über der Ostrach auf den Fundamenten einer romanischen Kapelle, von der sie die kleeblattartig angeordneten drei Apsiden übernommen hat. Die spätgotischen Schnitzfiguren der Jahre 1460–1520 entstammen dem Umkreis von Jakob → Maurus bzw. der Werkstatt von Ivo → Strigel. – Die Kirche gehört zu den ältesten Gotteshäusern des Allgäus.

Liebenthann (Markt Obergünzburg, Lkr. Ostallgäu), ehemalige Burganlage, deren Rest auf einem Sporn im Günztal liegt, über die Straße von Obergünzburg nach Ronsberg zu erreichen. – Trotz großer Brandschäden im Bauernkrieg 1525 und 1632/33 durch die Schweden wurde L. nie aufgegeben, sondern immer wieder instandgesetzt. – Im 17. Jh. war L. Hauptaufenthalt des Kemptener Konvents und Sitz eines Pflegamtes. Nach der Säkularisation wurde die Anlage zum Abbruch verkauft. – Von L. aus zog sich Fürstabt Sebastian von Breitenstein (1523–1553) in die Stadt Kempten zurück, die ihm den „Großen Kauf“ abrang – den Beginn der „Freien Reichsstadt“. – Wie L. vor den Zerstörungen ausgesehen hat, zeigt ein Aquarell von Josef → Buck im Stadtarchiv Kempten, gemalt nach einer Darstellung auf dem Portrait des Fürstabtes Johann von Wernau (1460–1481) im Fürstensaal der Kemptener Residenz.

Liebherr, Hans Dr.-Ing. h. c. geb. 1915 in Kaufbeuren, gest. 1993 in Bulle/Kanton Freiburg. – Nach dem Besuch der Volksschule lernte er im elterlichen Baugeschäft in Kirchdorf an der Iller, das er nach der Baumeisterprüfung 1938 übernahm. – Nach der Rückkehr aus dem Krieg machte er sich 1949 daran, einen leichten montier- und transportfähigen Kran zu entwickeln. Sein Turmdrehkran war wegweisend und machte L. zum Maschinenhersteller. – 1954 entstand bei Liebherr der erste Hydraulik-Bagger der Welt. – Weltweit beschäftigt die Firmengruppe in über 60 Niederlassungen 19 000 Mitarbeiter. – In Kempten beschäftigt L. 720 Mitarbeiter. Der Gesamtumsatz im Kemptener Werk betrug im Jahr 2000 309 Mill. DM.

Liebherr, Joseph Professor der Mechanik, geb. 1767 in Immenstadt, gest. 1840 in München. – L. war der Sohn eines Turmuhrmachers, der den Buben zum Uhrmacher ausgebildet hat. Besondere Fertigkeit erhielt L. in der Konstanzer Uhrenmanufaktur Roman Melly et Roux. – In den Jahren 1791 bis 1794 lernte L. den Hofrat von Ammann in Sonthofen kennen, der ihn zur Konstruktion mathematischer und astronomischer Instrumente ermunterte. – 1794 gelang L. ein verbessertes Schneidzeug zur Herstellung von Zahnrädern und damit die Basis für die in München zusammen mit Georg von Reichenbach 1802/03 entwickelte Kreisteilmaschine. L. wurde schließlich Reichenbachs Werkstattleiter. Unterstützt wurde diese Werkstatt von der Akademie der Wissenschaften und später vom Topographischen Bureau. Als dann Reichenbach auf Joseph von Utzschneider, den bedeutenden Staatsmann und Kaufmann stieß, kam es 1804 zur Gründung des „Mathematisch-Mechanischen Instituts von Reichenbach, Utzschneider und Liebherr“. Und als 1809 das Optische Institut in Benediktbeuren unter der Leitung von Joseph Fraunhofer optisches Glas und Fernrohrlinsen herzustellen begann, war diese Unternehmensgruppe in marktbeherrschender Position. L. schied aber aus und machte 1812 eine eigene Werkstätte auf. Vorübergehend wechselte L. 1823 zu einer Schriftgießerei in Kempten. – 1817 wurde L. zusammen mit seinem Bruder Mitglied des Polytechnischen Vereins. – Auf der Gewerbeausstellung 1819 ging eine der zehn silbernen Medaillen an L. – In den Jahren 1816 bis 1823 arbeitete L. eng mit Fraunhofer zusammen. Die Arbeiten für die Sternwarte in Dorpat waren eine technische Spitzenleistung. – Die Universitätssternwarte in München besitzt heute noch eine astronomische Uhr von L. – 1828 wurde L. als Professor an die neu errichtete polytechnische Centralschule in München berufen. – Es gibt von L. eine Münzjustiermaschine, eine Kniehebelpresse zur Gewinnung von Öl und Zuckerrübensaft und einen Orgelautomaten. – In München und Immenstadt tragen Straßen den Namen eines der großen deutschen Ingenieure der ersten Hälfte des 19. Jahrhunderts.

Roth, Günter D.: Joseph Liebherr. In: Immenstadt im Allgäu. Landschaft, Geschichte, Wirtschaft, kulturelles und religiöses Leben im Lauf der Jahrhunderte. Hrsg. von Rudolf Vogel. Immenstadt: J. Eberl KG, 1996, 568–571

Linde, Dr. Carl von Erfinder und Unternehmer, geb. 1842 in Berndorf (Lkr. Kulmbach), gest. 1934 in München. – Der Vater kam 1849 als Dekan an der St. Mang-Kirche nach Kempten. – 1853 trat der Bub in das Humanistische Gymnasium ein, an dem er 1861 mit einem „guten Zweier" sein Abitur bestand. Es zog ihn aber weder zu Latein und Griechisch noch auf die Kanzel, wohl aber zu Technik und Maschinenbau. – Nach dem Studium in Zürich kam L. zunächst 1864 in eine mechanische Werkstätte der Baumwollspinnerei Kottern bei Kempten. – 1865 verließ er Kempten und ging nach Berlin und dann nach München. Hier war er von 1868 bis 1878 und von 1892 bis 1910 Professor für Maschinenlehre an der Technischen Hochschule. – In den Jahren 1873 bis 1876 gelang L. eine Ammoniakkältemaschine mit Kompression. – 1879 gründete er die „Gesellschaft für Linde's Eismaschinen AG". – 1895 erfand L. ein Verfahren zur Verflüssigung der Luft. Und 1902 entwickelte er eine Methode zur Herstellung reinen Sauerstoffs und 1903 einen Apparat zur Erzeugung reinen Stickstoffs. – 1897 wurde L. durch Prinzregent Luitpold geadelt. – 1912 errichtete er an seiner alten Schule in Kempten ein Stipendium für den besten Abiturienten in den mathematisch-naturwissenschaftlichen Fächern. Es ist eine Studienbeihilfe von 1000 Mark, die Jahr um Jahr vergeben wird. – 1966 erhielt das Humanistische und Neusprachliche Gymnasium Kempten den Namen „Carl-von-Linde-Gymnasium". – Am alten evangelischen Pfarrhaus neben der St. Mang-Kirche erinnert eine Tafel an L., der hier von 1849 bis 1865 seine Jugend verbracht hat.

Lindenberg im Allgäu Stadt, Lkr. Lindau (Bodensee), 11 513 E. – Der 857 erstmals erwähnte Ort kam 1523 unter österreichische Herrschaft, wurde 1784 Markt und kam 1805 an Bayern. Seit 1914 ist L. Stadt. – Seit dem 18. Jh. trieb man in L. einen regen Pferdehandel mit Italien. Ein Roßhändler aus L. wurde Stallmeister des Königs von Sardinien, lernte in Italien die Kartoffel kennen und brachte 1753 ein Exemplar nach L. – 1755 wurde in L. die erste Strohhutkompagnie gegründet. Dies war der Beginn der heute weithin bekannten Lindenberger Strohhutindustrie. Schon 1908 wurde die Errichtung eines Hutmuseums angeregt, das aber erst 1981 eröffnet werden konnte. – Die alte Pfarrkirche wurde 1764/65 durch Johann Georg → Specht umgebaut und nach Westen verlängert. – Die neue Pfarrkirche wurde in den Jahren 1912–1914 in neubarocken Formen errichtet. Die Fresken hat Paul → Keck 1961 gemalt. – In der Marienkapelle steht eine Muttergottesfigur aus der Zeit um 1510/20, die dem Umkreis des Lux → Maurus zugeschrieben wird. – Aus L. stammt der Baumeister Johann Georg → Specht. – In L. befindet sich seit 1996 der Kunstverlag Josef Fink, dessen Veröffentlichungen thematisch weit über Süddeutschland hinausreichen.

Scheller, Ludwig: Pferdehändler aus dem Allgäu (Allgäuer Heimatbücher, 77. Band). Kempten: Verlag für Heimatpflege, 1976 – Stiefenhofer, Hans: Städtisches Hutmuseum Lindenberg i. Allgäu (= Schnell, Kunstführer Nr. 1592). München – Zürich: Schnell & Steiner, 1986 – Röhrl, Manfred: Hutmuseum Lindenberg, Lindenberg: Fink, 2001

Lingg, Dr. Hermann von Dichter und Arzt, geb. 1820 in Lindau, gest. 1905 in München. – Der Vater war Gerichtsadvokat und kam aus einem alten Westallgäuer Bauerngeschlecht in Hergensweiler, die Mutter stammte aus einer Memminger Beamtenfamilie. – Von 1831 bis 1837 besuchte L. das Gymnasium in Kempten, wo er mit Alois → Brinz, dem später bekannten Juristen, befreundet war. – 1837 wanderte er nach München, um an der Universität einen philosophischen Kurs zu absolvieren. Er legte auch ein philosophisches Examen ab, entschloß sich aber dann für das Studium der Medizin. In dieser Zeit lernte er auch seine spätere Frau kennen, eine Försterstochter aus Füssen, deren schwäbische Mundart L. besonders gefiel. 1839 hat er sich heimlich verlobt. – 1843 wurde L. „summa cum laude“ promoviert. – 1844 erschien sein erstes Gedicht mit dem Titel „Winternacht“. – 1846 bewarb er sich um eine Anstellung als Unterarzt beim Militär. – Dem Gesuch wurde auch stattgegeben, aber schon 1853 wurde L. mit Pensionsfortbezug entlassen. – Durch Fürsprache Emanuel Geibels erhielt L. ein Jahresgehalt von 500 Gulden. Geibel reichte auch den ersten Gedichtband L.s bei Cotta ein. Darin befand sich das Gedicht „Immer leiser wird mein Schlummer“, das später von Brahms vertont wurde. – 1866 erschien der erste Band seines Epos „Völkerwanderung“. Sein „Catilina“ wurde mit Possart in der Titelrolle im Hoftheater uraufgeführt, doch in Epos und Drama vermißte die Kritik Spann- und Formkraft. Im Bereich der Lyrik aber stieg sein Stern bis zum Zenit. – 1870 war L. an der Front bei Sedan. – 1874 bewilligte die Schillerstiftung ein Jahresgehalt auf Lebenszeit. Der bayerische König ernannte L. zum Maximiliansritter. – Zum 70. Geburtstag überreichte der Prinzregent den Orden der Bayerischen Krone, mit dem der persönliche Adel verbunden war. – Mit L. verschwand ein Stück Alt-München und ein Literat des eben verklungenen 19. Jahrhunderts. Seine schönsten Gesänge spiegeln die schwäbische Heimat.

Zittel, Bernhard: Hermann von Lingg. In: Lebensbilder aus dem Bayerischen Schwaben 2, 1953, 396–415

Lingg, DDr. Maximilian von Bischof, geb. 1842 in Nesselwang, gest. 1930 in Faulenbach bei Füssen. – Sein Vater war Bäcker und zog nach dem frühen Tod seiner Frau nach Weissensee und dann nach Faulenbach, wo der Bub aufwuchs. Die höhere Schule besuchte er bei den Benediktinern in Augsburg. Nach dem Studium der Theologie in München empfing er 1865 die Priesterweihe und erwarb den Dr. theol. und auch den Dr. utr. iuris. – Als das bayerische Königshaus auf den begabten Theologen aufmerksam wurde, verpflichtete es ihn als Prinzenerzieher. Bei dieser Tätigkeit erwarb sich L. eine gediegene Kenntnis moderner Sprachen und auch Umgangsformen, die seiner Karriere förderlich waren. – 1874 erhielt er einen Ruf an das Lyceum in Bamberg, wo er durch sieben Jahre Kirchengeschichte und Kirchenrecht lehrte. 1881 wurde er in Bamberg Domkapitular, 1893 Dompropst und 1902 schließlich Bischof von Augsburg. Noch wesentlich der Monarchie verbunden mußte er sich nach 1918 im republikanischen Bayern erst zurechtfinden. – Bekannt wurde er auch als Mundartdichter. Seine Gedichtsammlung „Gmüethle" erschien 1874 bei Kösel in Kempten, und zwei Proben finden sich auch in der Sammlung „Biera und Zelta" (1977). – Eines seiner Hauptanliegen war die Ausbildung des Klerus, für die er in Dillingen ein neues Priesterseminar errichten ließ. Viele junge Kleriker durften in München am Georgianum und auch in Rom studieren. L. bemühte sich um einen geistig hochstehenden Klerus, der den Anforderungen der Zeit gewachsen war. Zwei Diözesansynoden während seiner Bischofszeit dienten der Erneuerung des Klerus. Auch den kranken Priestern galt seine Sorge: Aus dem einstigen Anwesen seines Vaters in Faulenbach machte er ein Priestererholungsheim, im zugehörigen Garten ließ er eine Maximilianskapelle bauen.

Haberl, Wolfgang: Bischöfe aus dem Allgäu. In: DSA, Aug. 1984, 31 f.

Lochbihler, Franz Sales Bildnis- und Historienmaler, geb. 1777 in Wertach, gest. 1854 in Kempten. – L. wurde zunächst in der Miniaturmalerei in Augsburg ausgebildet. Hier und in Friedberg erhielt er zahlreiche Aufträge von in Garnison liegenden österreichischen Offizieren. Damals malte L. auch Erzherzog Karl, den Sieger von Aspern. – Dann ging L. nach Wien und Budapest, wo er Portraits und Altarbilder malte. – 1809 kehrte L. nach Bayern zurück und ließ sich in München nieder, wo er schließlich Hofmaler der Könige Ludwig I. und Max II. wurde – Nach dem Tod Max II. ließ sich L. in Kempten nieder. Hier malte er mehrere Bilder für die Familie Chapuis und für Kommerzienrat Kremser. Vor allem aber malte L. 1827 den Vorhang für das Theater mit einer Darstellung des Apollo und einem Musenreigen, für den neun Kemptener Schönheiten Modell standen. Dieser Vorhang hängt noch heute im Kemptener Stadttheater. – 1828 pachtete L. das Theater für zehn Jahre und ließ es auf eigene Kosten umbauen und erheblich vergrößern. Erstmals wurde damals das Erdgeschoß in die Theaterräume einbezogen. Nun verschwanden auch zwei Außenstiegen, über die bisher die Besucher den Theaterraum im Obergeschoß des ursprünglichen reichsstädtischen Salzstadels erklimmen mußten. – 1831 zog sich L., enttäuscht über die nur wenigen Portraitaufträge zurück und bat um Aufhebung des Pachtvertrages. Seitdem betreibt die Stadt Kempten ihr Theater selbst. – 1844 schenkte L. der Stadt Kempten sein Kolossalgemälde „Heinrich der Kempter rettet Otto d. Gr.", das heute im Vestibül des Stadttheaters hängt. – Für die Pfarrkirche in Eckarts (Immenstadt) malte L. ein Bild der Apostelfürsten, für die Pfarrkirche in Rechtis (Weitnau) eine Pietà und für die Pfarrkirche in Wertach die Gemälde der Seitenaltäre, 1833. – Vor allem hängt im Wertacher Heimatmuseum ein sehr gewinnendes Selbstbildnis L.s mit Frau und Schwägerin, um 1820. – In Kempten ist eine Straße nach L. benannt.

Jäkel-Scheglmann, Sylvia: Franz Sales Lochbihler (1777–1854) und seine Familie. In: Lebensbilder. Geschichte und Kunst in Bildnissen aus Schwaben, 364 f. und 419

Lorch, Josef Künstler, Restaurator und Heimatpfleger, geb. 1929 in Füssen, dort gest. 1999. – L. war zu allem was er tat, berufen, auch als er 1947 im „Totentanz" von Johann Lippl den Tod spielte. – Heimatpfleger war er seit 1973, Vorsitzender des Vereins Alt Füssen von 1972 bis 1977. – L. stand in einer langen Familientradition. Der Großvater arbeitete bei der Ausgestaltung von Neuschwanstein, der Vater betrieb eine Kirchenmaler-Werkstätte. L. selbst war ausgebildet als Maler und Kirchenmaler, Faßmaler und Vergolder. Er bildete sich weiter in den Werkstätten des Bayerischen Landesamtes für Denkmalpflege und des Bayerischen Nationalmuseums. – Von 1954 bis 1957 studierte er an der Akademie der Bildenden Künste in München bei Prof. Nagel. – Sein Atelier befand sich im einstigen Magnus-Kloster, und es gibt in Füssen sicherlich kein Kunsterbe, dessen Erhaltung nicht L. zu verdanken ist. – L. erhielt die Denkmalschutz-Medaille und die Bürgermedaille seiner Vaterstadt. – Sein Werkkatalog (im AGF 2002) umfaßt 73 Objekte. Im Bereich der „Euregio via salina" arbeitete L., abgesehen von 26 Objekten in Füssen, in Sulzberg, Immenstadt, Unterthingau, Schloß Neuschwanstein, Irsee, Nesselwang, Stöttwang, Kempten, Geisenried, Gestraz, Memmingen, Ronsberg, Bayerniederhofen, Kaufbeuren, Oy und Wertach. – Aus der Fülle seines Schaffens seien hervorgehoben: die Stiftskirche und das Rathaus in Lindau, die Asam-Kirche in München, das Pilatus-Haus in Oberammergau, das Schloß in Unterthingau und in Kempten die König'schen Häuser, der Festsaal im Ponickau-Haus, der Große Sitzungssaal im Rathaus und die spätgotischen Seccomalereien aus der Zeit um 1480 im Stadtarchiv. – L. war eine ungewöhnliche Persönlichkeit und ein hervorragender und liebender Kenner und Könner.

Nachrufe von Reinhold Böhm und Bürgermeister Dr. Paul Wengert in: 1250 Jahre St. Mang in Füssen. 750–2000. Festschrift. Jahrbuch „Alt Füssen 1999" des Historischen Vereins Alt Füssen, 288–290 – Haberl, Wolfgang: Er schenkte Kempten einen Rokokosaal wieder. Josef Lorch zum Gedenken. In: Allgäuer Zeitung, 285, 9.12.1999 – Haberl, Wolfgang: Nachruf auf Josef Lorch, mit Werkverzeichnis. In: AGF 2002, in Vorbereitung

Lumpert, Josef Anton Bürgermeister von Wien, geb. 1757 in Köglen, Gemeinde Elbigenalp, gest. 1837 in Wien. L. sollte Geistlicher werden, ging aber 1780 nach Wien, wo er 1783 das Jusstudium beendete und in den Magistratsdienst eintrat. 1814 wurde er Vizebürgermeister, 1823 bis 1834 war er Bürgermeister. Er erwarb sich große Achtung.

Lutz, Josef Fidelis Sebastian Kapellmeister und Komponist, geb. 1822 in Weißenbach am Lech, gest. 1885 in Innsbruck. Nach Jahren der Lehre bei seinem Vater ging L. nach Innsbruck, wo er seit 1846 Gesangslehrer in der Musikschule, Chormeister der Liedertafel und Leiter der Bürgermusikkapelle war. 1853 wurde er Kapellmeister des Musikvereins. – Von 1855 bis 1861 war er in Bozen, wo er die Konzerte des neugegründeten Musikvereins, den Pfarrkirchenchor und die Opernaufführungen im Theater dirigierte. Zurück in Innsbruck war er Musiklehrer, Chorregent in der Hofkirche und später auch Organist zu St. Jakob. – Am bekanntesten wurde L. durch seine Vertonung des Gedichtes „Tiroler Adler, warum bist Du so rot" von Johann Chrysostomus Senn, die zu einem Volkslied geworden ist.

M

Mack, Jörg Maler in Kaufbeuren; hier nachgewiesen für die Jahre 1506 bis 1530. – M. stammte wohl aus Lindenberg bei Buchloe. Gelernt hat er vielleicht bei Jörg Lemminger. – Die gemalte Predella des Lederer-Altars in der Kaufbeurer Blasiuskapelle hat M. mit seinen Initialen I.M. versehen. Er erweist sich hier aber als Maler von geringen Fähigkeiten. Seine Darstellung ist den Blättern aus der „Kleinen Holzschnitt-Passion" von Albrecht Dürer nachempfunden, die 1511 erschienen war. – Die Flügelbilder und die Schreinrückseiten stammen von anderer Hand und stehen künstlerisch weit über M. – M. zugeschrieben wird das Gemälde des Jüngsten Gerichts auf der Rückseite des Lederer-Altars in Bad Oberdorf.

Madlener, Josef Maler seiner Allgäuer Heimat, des bäuerlichen Lebens und vor allem der Weihnacht, geb. 1881 in Amendingen bei Memmingen, hier auch 1967 gest. – Er studierte an der Kunstgewerbeschule in München und an der Akademie der Bildenden Künste, war Mitarbeiter der Zeitschriften „Fliegende Blätter", „Meggendorfer Blätter" und „Jugend", stellte erstmals 1917 im Augsburger Kunstverein und 1920 im Glaspalast in München aus. – 1928 erschien sein Buch „Das Christkind kommt", 1932 „Uns hat vom Christkind geträumt". – Madleners Weihnachtsmotive werden noch heute als Weihnachtskarten verschickt oder Schulkindern als Fleißblättle mitgegeben. – Nach 1945 geriet M. in Vergessenheit. Elisabeth Emmerich („Das Buch vom Christkind", 1988, und „Die erste Weihnacht", 1990) und das Schwäbische Volkskundemuseum in Oberschönenfeld (1996) haben auf M. und seine Stellung zwischen Jugendstil, Symbolismus und Impressionismus wieder aufmerksam gemacht. Seinen Nachlaß bewahrt die Stadt Memmingen.

Madlener, Dr. Max Chirurg und Gynäkologe, Chefarzt, geb. 1868 in Memmingen, gest. 1951 in Kempten. – M. besuchte das Humanistische Gymnasium in Kempten und studierte dann an den Universitäten München, Berlin und Kiel. In München wurde er promoviert. – 1896 kam er nach Kempten an das damalige Distriktspital an der Memminger Straße. Vier Jahre später übernahm M. die chirurgische Abteilung, an der es zunächst keinen Operationssaal gab. – 1912 wurde M. Chefarzt und zum Hofrat ernannt. – 1928 wurde er zum Vorsitzenden der Vereinigung bayerischer Chirurgen gewählt, als erster Nicht-Ordinarius. – An seinem 70. Geburtstag, 1938, wurde M.

Ehrenbürger der Stadt Kempten und von Otto → Keck für den Ehrenbürgersaal im Kornhaus gemalt. – Aus einem Alten- und Pflegeheim, einer besseren Pfründenanstalt, schuf er ein damals modernes Krankenhaus, entwickelte neue Operationsmethoden und schrieb nicht weniger als 48 wissenschaftliche Beiträge in medizinischen Zeitschriften. Einen Lehrstuhl schlug er aus. Er blieb seinen Patienten und seiner Allgäuer Heimat treu. – So manchen armen und mittellosen Patienten hat M. umsonst behandelt, was nur dem Finanzamt bisweilen mißfiel. – M. war nicht nur in der Medizin seiner Zeit ein Pionier, sondern auch im Sport. Von einer Reise nach Norwegen brachte er die wohl ersten Schi ins Allgäu mit. Als erster bestieg er im Winter 1896/97 den Stuiben und den Grünten. Auch die Valluga betrat er als erster im Winter. Er war auch ein begeisterter Tennisspieler und Schwimmer und einer der ersten Autofahrer im Allgäu. Er fuhr einen Opel Tonneau, Baujahr 1904. – In Kempten und im Allgäu war er eine „Institution“. – In Kempten ist eine Straße nach M. benannt.

150 Jahre Kreiskrankenhaus Kempten. – Ansprachen zum Festakt am 15. November 1991 im Fürstensaal der Residenz in Kempten. Hrsg. v. Krankenhauszweckverband Kempten-Oberallgäu.

Magnus Missionar und Heiliger, geb. um 700, wohl Rätoromane, Mönch im Kloster St. Gallen, missionierte seit etwa 746 im Allgäu mit seinem Gefährten Theodor im Auftrag des Bischofs Wicterp von Augsburg. – Theodor blieb in Kempten, M. zog an den oberen Lech, wo er in Waltenhofen (Lkr. Ostallgäu) ein oratorium baute, dessen Fundamente freigelegt wurden. – In Füssen errichtete er eine Mönchszelle, aus der nach 830 die Benediktinerabtei St. Mang hervorging. – Die Lebensbeschreibung, etwa 150 Jahre nach seinem Tode verfaßt, nennt einen 6. September als Todestag, verschweigt aber das Todesjahr. Doch dem Jahr 750 kommt eine gewisse Wahrscheinlichkeit zu. – Der „Apostel des Allgäus“ wurde auch in Tirol, in der Schweiz sowie in Altbayern und Schwaben hochverehrt und auch zu den Nothelfern gezählt. – Mit seinem Reisestab, 1469 unter dem Hochaltar in St. Mang in Füssen aufgefunden, segnete man bis zur Säkularisation die Felder gegen Ungeziefer und Mäuseplagen. Heute befindet sich der Stab im Kreuz über dem Volksaltar der Basilika St. Mang in Füssen, wird aber noch zweimal im Jahr bei örtlichen Umgängen mitgeführt und beim Segen verwandt.

magnus – drache, bär und pilgerstab. 1250 Jahre Apostel des Allgäus. Hrsg.: Museum der Stadt Füssen und Kultur-Stiftung Füssen im Schloß zu Hopferau e.V. o.O. (Lindenberg: Fink), o.J. (2000)

Maierhöfen Lkr. Lindau (Bodensee), 1503 E. – In der 1810/11 errichteten Pfarrkirche steht noch eine Kreuzigungsgruppe aus dem frühen 17. Jh. – Das Deckenbild hat Max → Bentele 1877 gemalt. – Die Apostelbüsten, Mitte 18. Jh., stammen aus Tannheim (Außerfern, Bz. Reutte). – Die 1732 errichtete Kapelle in **Riedholz** hat eine ausgezeichnete spätgotische Ausstattung. Der Flügelaltar stammt aus der Zeit um 1520. – Die Gruppe einer Anbetung der Könige ist um 1480 entstanden, ein Tafelbild mit dem Schweißtuch der Veronika und dem Wappen der Laubenberger um 1520/30. – Von der einstigen Burg **Ringenberg** sind nur noch die Reste eines Rundturms, Teile der Umfassungsmauern und eine halbrunde Bastei erhalten.

Mair, Ulrich Maler, geb. um 1450 in Kempten. – Der spätgotische Maler ist nur bekannt und faßbar durch seine Signatur der doppelseitig bemalten Tafeln eines Flügelaltars in der Schloßkirche in Wernigerode, Harz. Hier ist nicht nur „ulrich mair mahler von Kempten" genannt, sondern auch die Datierung 1483. Alle anderen Werke sind Zuschreibungen: Eine Verkündigungstafel, um 1475 aus dem Dorf Arth am Zuger See im Schweizer Landesmuseum Zürich. Hier lassen Details einer mittelalterlichen Stadt an die Kemptener Burghalde denken. Zu den Zuschreibungen gehören auch ein Hlg. Petrus im Allgäu-Museum in Kempten, zwei Altarflügel auch im Allgäu-Museum in Kempten mit Darstellungen der Verkündigung Mariä und der Marter der thebaischen Legion, ein Englischer Gruß, ca 1473, im Maximilian-Museum in Augsburg, eine Federzeichnung „Liebesallegorie" im Britischen Museum in London, bei welcher der Einfluß Martin Schongauers spürbar wird. – Zuschreiben mag man M. auch eine Seccomalerei, ein „Schweißtuch der Veronika", in der Kemptener Keck-Kapelle, eine Madonna in einer Fensterleibung im alten Zollamt, dem heutigen Stadtarchiv Kempten, sowie die übertünchten Wandmalereien in der Kemptener St. Mang-Kirche. – In Kempten ist eine Straße nach M. benannt.

Maria-Rain (Oy-Mittelberg, Lkr. Oberallgäu), liegt über dem Steilufer der Wertach. – Die Pfarr- und Wallfahrtskirche wurde 1496/97 errichtet und 1760 ff barockisiert. – Die Chorfresken sind ein Werk von Franz Anton → Weiß, 1765. – Von der ursprünglichen spätgotischen Ausstattung stammen noch Teile des Hochaltars von Jakob → Schick,

1519. – Das Gnadenbild ist eine sitzende Muttergottes, um 1490, in einer Rokoko-Strahlengloriole. – Den Altar der Arme-Seelen-Bruderschaft hat Hans Ludwig → Ertinger 1686 geschnitzt, ein Hauptwerk des Kemptener Bildhauers. – Das Altarblatt des Skapulieraltars hat Paul → Zeiller 1707 gemalt. Die Altarblätter des Antonius- und des Wendelinaltars stammen von Franz Anton → Zeiller. – Die Rückwand des Hochaltars zeigt eine Darstellung des Jüngsten Gerichts. – Die Kanzel von 1762 wird den Pfrontener Bildhauern Peter → Heel, Mang Anton und Joseph → Stapf zugeschrieben. – Die Gottesmutter wird in M. angerufen als Helferin bei Gewitter, Feuersbrunst, Erdbeben und Seenot.

Maria Rain – Geschichte und Bedeutung. Festgabe zum 500jährigen Jubiläum. Lindenberg: Fink, 1998

Maria Steinbach (Legau, Lkr. Unterallgäu), gehörte seit 1181 bis 1803 als Enklave zum Prämonstratenserkloster Rot an der Rot. – Die heutige Pfarr- und Wallfahrtskirche wurde in den Jahren 1746 bis 1754 erbaut. Der Architekt ist der damalige Pfarrer und spätere Roter Abt P. Benedikt Stadelhofer. – Die Wallfahrt gilt einem überlebensgroßen Altarkreuz, um 1625, und einer Schmerzhaften Muttergottes. – Im 18. Jh. war M. St. einer der bedeutendsten Wallfahrtsorte in Süddeutschland. – Der Rocaillestuck gehört zum Besten, was Johann Georg → Üblher, der hier 1763 gestorben ist, geschaffen und Franz Xaver → Feichtmayr vollendet hat. – Die Deckenfresken hat Franz Georg → Hermann gemalt. – Die Kanzellösung Üblhers ist in Bayerisch Schwaben ohne Gegenstück. – Der Innenraum kann auf zwei Ebenen umschritten werden. – Zwei Altäre übereinander erinnern an die Asam-Kirche in München. – Zu Füßen der Schmerzhaften Muttergottes sitzt das „Trotz- und Plärr-Engele" von → Üblher. – Im benachbarten Pfarr- und Pilgerheim befindet sich ein Wallfahrtsmuseum mit den wertvollen Votivbildern. – M. St. ist eine hier das Illertal dominierende Anlage, in vielfacher Weise von Dominikus → Zimmermann inspiriert, ein Juwel des Rokoko.

Buck, Ingeborg Maria: Katholische Pfarr- und Wallfahrtskirche Maria Steinbach. Lindenberg: Fink, 1998

Maria-Thann (Hergatz, Lkr. Lindau (Bodensee)), seit dem 15. Jh. ein vielbesuchter Wallfahrtsort. – Im Hochaltar von 1707 steht im Zentrum eines bühnenartigen, perspektivisch verkürzten Mittelschreines eine Madonna, Anfang 18. Jh. – Das Gnadenbild ist eine Pietà aus der Mitte des 17. Jh. – Im Chor stehen zwei doppelsitzige Herrschaftsstühle, um

1740, deren Rückwände von den Wappen Waldburg und Syrgenstein bekrönt sind. – An der Emporenbrüstung ist auf einem Gemälde Rudolf von Habsburg zu sehen, der einem Priester sein Pferd gibt. – Über dem Chorbogen sind Bruderschaftstafeln mit den Rosenkranzgeheimnissen angebracht, Reliefs um 1645. – Im Chor stehen Epitaphien für verschiedene Syrgensteiner.

Schnell, Hugo: Die Wallfahrtskirche in Maria-Thann im Allgäu und ihre einmalige Hochaltarszene. In: AGF 1987, 82–89

Maria Trost (Nesselwang, Lkr. Ostallgäu), Wallfahrtskirche. Ursprung der Wallfahrt ist ein Muttergottesbild, das man 1633 in dem niederbayerischen Markt Regen fand. Rudolf von Grimming brachte das Bild 1658 nach Nesselwang in eine von ihm errichtete Einsiedelei. – 1676 kam das Original nach Salzburg und 1732 in die nahe Wallfahrtskirche Maria Plain. – 1659 bis 1662 wurde oberhalb von Nesselwang eine steinerne Kapelle gebaut, wohl der heutige Chor der Wallfahrtskirche, der 1704 um das Langhaus erweitert wurde. – Bei der Zuschreibung der Deckenfresken hatte man zunächst an Balthasar → Riepp gedacht, nimmt aber nun an, daß sie von Franz Anton → Weiß, 1756–1759, und Matthäus Günther, 1769/70 stammen. Auf der Erdkugel mit der Gottesmutter erkennt man einen Engel, der ein Blatt ausbreitet, auf dem Nesselwang mit seiner Umgebung zu sehen ist. Am Zwischengurt befindet sich das Wappen des Augsburger Fürstbischofs Joseph Landgraf von Hessen-Darmstadt. – Lage und Ausstattung der Kirche sind eine Besonderheit im Allgäu.

Kolb, P. Aegidius OSB: Maria Trost in Salzburg und im Allgäu. In: DSA 1974,160–163 – Luda, Margot / Greß, Franz Xaver: Wallfahrtskirche Maria Trost bei Nesselwang im Allgäu (= Schwäbische Kunstdenkmale, Heft 31). Weißenhorn: Konrad, 1982

Marktoberdorf Stadt, Lkr. Ostallgäu, 18 395 E., gehörte seit dem Mittelalter bis zur Säkularisation zum Hochstift Augsburg, erhielt 1453 Marktrecht und ist seit 1953 Stadt. – In M. befindet sich seit 1972 das Landratsamt für den Landkreis Ostallgäu. – Der Entwurf für den großen und aufwendigen Neubau der Pfarrkirche auf dem weithin sichtbaren Schloßberg oberhalb der Stadt in den Jahren 1732/34 stammt von Johann Georg → Fischer. – Die reichen Laub- und Bandelwerkstukkaturen stammen von Abraham → Bader, 1733, die gleichzeitigen Fresken von Franz Georg → Hermann. – Den Auftrag für den Hochaltar erhielt Joseph → Stapf, 1747, gegen den Konkurrenten Anton → Sturm. Frei vor dem rückwärtigen Chor steht eine geschnitzte Kreuzigungsgruppe. – Reizvoll sind zahlreiche Zunftstangen des späten 17. und 18. Jh. – Unmittelbar am Chorscheitel steht die 1823 für den letzten Augsburger Fürstbischof Clemens Wenzeslaus errichtete Grabkapelle, ein oktogonaler Zentralbau mit Pilastergliederung. – Das ehemalige fürstbischöfliche **Schloß**, südlich neben der Pfarrkirche, heute Musikakademie, ist ein Neubau der Jahre 1723 bis 1728 von Johann Georg → Fischer, eine unregelmäßige Vierflügelanlage zu drei Geschossen. Über dem Hauptportal befindet sich ein von großer, weiblicher Maske bekrönter Wappenstein des Erbauers, Fürstbischof Alexander Sigismund von Pfalz-Neuburg (1690–1737). Und über dem Portal des Ostflügels ist eine Wappenkartusche des Vollenders des Schlosses angebracht, des Augsburger Fürstbischofs Joseph Landgraf von Hessen-Darmstadt (1740–1768). – Hinter dem Schloß erstreckt sich die in den Jahren 1774 bis 1780 von Fürstbischof Clemens Wenzeslaus angelegte **„Kurfürstenallee"**, die ursprünglich aus 760 Linden bestand. – Im **Alten Rathaus**, einem 1723 vielleicht nach einem Plan von Johann Georg Fischer errichteten zweigeschossigen Satteldachbau mit Volutengiebel, befindet sich ein Heimatmuseum. – Im **Brunnen** am Marktplatz steht eine klassizistische Säule von etwa 1800, mit Löwenköpfen. – In M. gibt es auch ein **Riesengebirgsmuseum**, das die Patenstadt M. ihren Heimatvertriebenen zur Verfügung gestellt hat. – Aus M. stammen Genoveva Brenner (1764–1798), die Mutter des Komponisten Carl Maria von Weber, der Heimatforscher Martin → Dömling, der Hofmaler Johann Nepomuk → Eberle, der Theologe Johann Michael → Feneberg, der Barockbaumeister Johann Georg → Fischer, der Arzt und Naturforscher Josef Alois → Fröhlich, der Religionspädagoge Anton → Gulielminetti, der Hochschulprofessor Johann Nepomuk → Heel, der Stiftskanonikus Dr. Kaspar → Julius, der Maler Clemens → Kögl, der Historiker P. Karl → Meichelbeck. O. S. B. sowie der Maler Joseph Anton → Merz.

Haberl, Wolfgang: Eine Allee im Allgäu. In: DSA, Herbst 1980, Heft 3, 104 – Marktoberdorfer Geschichtsbuch. Hrsg. von Prof. Dr. Ewald E. Kohler im Auftrag der Stadt Marktoberdorf. Kempten: Allgäuer Zeitungsverlag, o.J. (1992)

Markt Rettenbach Markt, Lkr. Unterallgäu, 3652 E., 1315 erstmals urkundlich erwähnt, auf der Allgäu-Karte von Christoph → Hurter als Röttebach genannt, seit 1902 Markt. – M. war ab 1547 im Besitz der Fugger. – Die Pfarrkirche ist im Kern ein spätgotischer Bau, der 1881 aber neugotisch umgestaltet wurde. – Am Pfarrhof befindet sich ein Sandsteinwappen der Fugger, bez. 1722. –

Westlich des Ortes steht die Wallfahrtskirche Maria Schnee. Bemerkenswert ist der um ein Geschoß höhere, von einer Kuppel mit Laterne und Zwiebelhaube gekrönte dreiviertelrunde Chor. – In einer angebauten dreigeschossigen Klause wohnte der Stifter, später der Mesner. – Der Stuck der Kirche gehört zu den frühesten noch erhaltenen Arbeiten von Johann Baptist → Zimmermann. – Das Gnadenbild ist eine Kopie der Muttergottes von Einsiedeln. – An die Herrschaft der Fugger erinnert noch das Amtshaus aus dem 16. Jh. und der Zehentstadel von 1536. – Zu M. gehört auch das Dorf **Mussenhausen**. Sehenswert sind hier in der Wallfahrtskirche der Wessobrunner Stuck und die duftigen Fresken von Johann Baptist Enderle aus Donauwörth.

Martinszell (Waltenhofen, Lkr. Oberallgäu) – 1430 erhielt M. ein Dorfgericht, 1485 das Marktrecht, das 1674 zu Gunsten von Sulzberg wieder verlorenging. – M. ist der Geburtsort des Kemptener Reformators Matthias → Waibel. – Im Pfarrhof wurde am 25. Oktober 1525 zwischen dem Kemptener Fürstabt und einem kleinen Teil der stiftischen Bauern der erste Vertrag nach dem Scheitern des Bauernaufstandes geschlossen, der sog. „Martinszeller Vertrag“. – Die Fresken der Pfarrkirche stammen von Johann Michael → Koneberg, 1777, die Bilder der Seitenaltäre von Johann Martin → Zick bzw. Franz → Hermann, der Taufstein aus dem Jahr 1562.

Mauerstetten Lkr. Ostallgäu, 2751 E. – Die 1480 geweihte spätgotische Kirche ist in der Barockzeit mehrfach verändert worden. – Die Stukkaturen sind 1738 von Wessobrunner Künstlern ausgeführt worden. – Die gleichzeitigen Deckenbilder stammen von Johann Baptist → Heel. – Über dem Chorbogen befindet sich das Portrait des damaligen Pfarrers und Bauherren sowie das Wappen des Irseer Abtes Bernhard Beck. – Der prächtige Hochaltar stammt aus dem Beginn des 18. Jh. – In M. geboren ist Dr. Johann Dodl, Prokurator des englischen Kollegs in Rom, wo Dodl 1690 gestorben ist. – Der Pfarrhof ist ein zweigeschossiger Satteldachbau von 1744. Über dem Eingang ist das Wappenrelief des Irseer Abtes Bernhard Beck angebracht.

Maul, Dr. Wilhelm Arzt, Kunstsammler und Mäzen, geb. 1901 in Kempten, hier gest. 1973. – Der Sohn des damaligen Landgerichtspräsidenten wuchs wohl bereits als Kind in die Erfüllung späterer Zusammenhänge seines Lebens. Bereits mit zwölf Jahren kaufte er sich vom ersparten Taschengeld die erste Zeichnung. Und als er dann in München, Wien,

Berlin und Tübingen Medizin studierte, erwarb er 1922 eine Radierung von Marco Ricci „um einen Wert von zwei Semmeln“ und 1928 sechs Radierungen von Callot und eine Radierung von Rembrandt um eine Reichsmark! – Nie ging es M. um Reichtum und Besitz, sondern einzig um die Liebe zur Kunst. Er sammelte auch nicht nach einem bestimmten System, sondern aus angeborener, untrüglicher Begabung und der Freude am Schönen. Daher ist seine Sammlung auch sehr vielseitig: Möbel, Porzellane, Fayencen, Teppiche, Plastiken, Gemälde, Ostasiatica und vor allem Graphik. Jedes Blatt hat M. präzis beschriftet. Hier zu blättern ist ein weitgespannter kunstgeschichtlicher Weg voller Überraschungen. – Interesse und Freude übertrug M. auf die Künstler, die bei ihm ausstellten und so vielfach erst bekannt wurden. Dies gilt in besonderer Weise für die Jahre nach 1945, als M. so manchem Künstler eine Heimstatt gab, der alles verloren hatte und neu beginnen mußte. Das „Kemptener Kunstkabinett“ an der Salzstraße war in diesen Jahren ein Stück Hoffnung und dankbaren Vertrauens, ein Daheimsein und eine Hand in die Zukunft. M. erhielt damals die Fördermedaille des Bayerischen Künstlerverbandes. – Das Kunstkabinett ist seit Jahren eine Stätte der Begegnung. Einzelausstellungen wechseln mit thematischen Ausstellungen, die stets zu Nachdenklichkeit aufrufen. – Es ist eine Auszeichnung, hier ausstellen zu dürfen. In weitem Umkreis ist das Erbe des Sammlers M. ein Akzent jener Kunst, die weit über Tagesmode hinausweist und ein Stück Urbanität verkörpert. – Kurz vor seinem Tod hat Edeltraud Abel die Seele all dessen portraitiert, was dem Betrachter Bestimmung und Wegweiser sein möchte.

Hoentzsch, Alfred: Die Sammlung Dr. Wilhelm Maul. In: Graphische Kunst, 1. Jg., Heft 1, 1973/74, 35–40

Maurus Kemptener Bildhauerfamilie des frühen 16. Jh. – **Lux M.** geb. um 1470, in Kempten nachweisbar für die Jahre 1515 bis 1527, war 1521 und 1523 Zunftmeister. Sein frühestes datiertes Werk ist das Epitaph des Alexander von Pappenheim in der ehemaligen Stiftskirche in Grönenbach. – Wohl nachträglich eingemeißelt ist die Jahreszahl 1507 in das Epitaph des Kemptener Fürstabtes Johann von Riedheim in der Krypta von St. Lorenz in Kempten. – Um 1510 dürfte die Annengruppe in der Pfarrkirche St. Paul in Düsseldorf entstanden sein. – Vom einstigen Choraltar der Pfarrkirche in Wildpoldsried haben sich vier Reliefs erhalten, die sich im Allgäu-Museum in Kempten befinden und aus der Zeit um 1520 stammen. – L. M. dürfte gegen 1500 am Oberrhein gewesen sein und Frühwerke des Meisters HL sowie die Muttergottes aus Isenheim im Louvre gesehen haben. – **Jakob M.**: In der Pfarr- und Wallfahrtskirche Mariathann (Lkr. Lindau (Bodensee)) haben sich zwei Figuren der Muttergottes und der Hlg. Lucia aus einem Schrein von 1517 erhalten. Etwa gleichzeitig dürfte ein Apostelrelief entstanden sein, das sich in Privatbesitz befindet. Derselben Stilstufe gehören die Flügelreliefs aus Mehrerau im Vorarlberger Landesmuseum an, um 1515/20. – Eine etwas spätere Wiederholung in ausgereifter Form zeigt ein Verkündigungsrelief im Ottobeurer Klostermuseum, um 1520/25. – Eine Anna-Selbdritt, gegen 1530 zu datieren, befindet sich im Vorarlberger Landesmuseum. – Der dritte Bildhauer dieser Familie ist schließlich **Endras M.**, der für die Jahre 1523 bis 1567 in Kempten nachgewiesen werden kann. Ihm lassen sich die mit dem Monogramm EM signierten Grabsteine des Marschalls Wolfgang von Pappenheim, gest. 1558, und seiner Frau Margarete, gest. 1555, in der ehem. Stiftskirche in Grönenbach zuschreiben. – Wahrscheinlich ist auch der 1549 datierte Grabstein des Fürstabtes Wolfgang von Grünenstein in der Krypta von St. Lorenz in Kempten ein Spätwerk des Endras M.

Miller, Albrecht: Allgäuer Bildschnitzer der Spätgotik (= Allgäuer Heimatbücher, Band 74). Kempten: Verlag für Heimatpflege, 1969, 24–28

Mayr, Andreas Maler, geb. 1820 in Unterthingau, dort gest. 1893. – An der Akademie der Bildenden Künste in München ausgebildet, wo Johann Baptist → Schraudolph einer seiner Lehrer war, machte er sich einen Namen als Maler kirchlicher Historienbilder. M. war beteiligt an der Ausmalung des Doms in Speyer (1847–1853) und entwarf sechs Kartons zu Glasgemälden für die Kirche St. Paul in Cambridge. – Seit 1862 lebte er wieder in Unterthingau, wo er in der Pfarrkirche Fresken der Marienkrönung und der Evangelisten sowie Altarbilder malte. – In Schweinlang (Gem. Kraftisried) malte M. in der Art der Nazarener. – Sein Großvater war der Maler Johann Georg → Schilling.

Mayr, Ulrich Bildhauer, geb. 1823 in Unterthingau, gest. 1883. – Er war ein Schüler Schwanthalers in München und arbeitete für Kirchen in Eckarts, Memhölz, Buchenberg und Wiggensbach.

Meichelbeck, Dr. Josef Ignaz Universitätsprofessor, geb. 1743 in Kaufbeuren, dort gest. 1817. – Er wirkte zunächst als Professor der Moraltheologie an der Universität Dillingen und als Regens des dortigen Konvikts. Zuvor war er in Pfaffenhausen als Repetitor am Priesterseminar und hatte 1774 das Doktorat der Theologie erworben. – 1785 kehrte M. als Stadtpfarrer nach Kaufbeuren zurück, wo er neben seinen geistlichen Amtspflichten historischen Studien nachging. 1816/17 veröffentlichte er im „Intelligenzblatt des Illerkreises" die „Bruchstücke über die Geschichte von Kaufbeuren und Umgebung". Noch heute besitzt die „Meichelbecksche Sammlung" in der Kaufbeurer Pfarregistratur zahlreiche Urkundenabschriften und -auszüge von Meichelbecks Hand.

Meichelbeck, P. Karl, O. S. B. Geschichtsschreiber und Archivar, geb. 1669 in Marktoberdorf, gest. 1734 in Benediktbeuern. – Der Vater war Seiler, die Mutter eine Lehrerstochter, die sieben Kindern das Leben schenkte. Ihren Erstgeborenen brachte sie als achtjährigen Buben in das Benediktinerkloster Benediktbeuern, wo er als Chorknabe und Lateinschüler aufgenommen wurde. Später schickte man ihn an das Wilhelmsgymnasium in München. 1687 trat er in den Benediktinerorden ein und verbrachte in Prüfening bei Regensburg sein Noviziat. Dann kehrte M. nach Benediktbeuern zurück und legte 1688 die Ordensgelübde ab. Zum Studium der Theologie ging er für zwei Jahre in das Kloster Scheyern. Sodann studierte er an der Benediktineruniversität Salzburg. 1694 empfing er in Augsburg die Priesterweihe. In seinem Profeßkloster erhielt er als erstes Amt das des Bibliothekars. Nach der Errichtung eines Gymnasiums in Freising wurde er dorthin als Professor für Latein und Griechisch berufen. Anschließend führte er ab 1701 in Rott am Inn Benediktinerzöglinge in die Philosophie ein. Zwei Jahre später übertrug man ihm in Benediktbeuern einen theologischen Lehrstuhl. Als Professor führte er das Studium der Kirchengeschichte und der weltlichen Geschichte ein, wobei er als unerläßliche Methode das Zurückgehen auf die Primärquellen forderte. M.s ungewöhnliche Begabung für die Geschichte veranlaßte die bayerische Benediktinerkongregation, ihn zu ihrem Geschichtsschreiber und Archivar zu ernennen. – Als Geschichtsschreiber hatte er die Jahrbücher der Kongregation zu führen, als Archivar eine ungeheure Ordnungsarbeit zu leisten. In einem Rechtsstreit des Klosters Benediktbeuern mit dem Fürstbischof von Freising reiste er 1712 zum päpstlichen Gerichtshof in Rom und verfocht erfolgreich den Standpunkt seiner Abtei. – 1719 zog der Kemptener Fürstabt Rupert von → Bodman M. zu Rate und wollte ihn gern für immer bei sich behalten. Doch M. blieb

Benediktbeuern treu und schrieb im folgenden Jahrzehnt eine Geschichte des Hochstiftes Freising in zwei Bänden (1723–1729) und nach seiner Rückkehr aus Freising unter dem Titel „Chronicon Benedictoburanum“ eine Geschichte seines eigenen Klosters, die freilich erst nach seinem Tod veröffentlicht werden konnte. – Die Annalen der baierischen Benediktinerkongregation schrieb M. für die Jahre 1698 bis 1732. – Meichelbecks besondere Bedeutung liegt darin, daß er als erster in Süddeutschland die von den französischen Maurinern begründete kritische Methode anwandte. – M. war nicht nur ein berühmter Historiker, sondern auch ein guter Organist und Violinspieler.

Meilingen (Pfronten, Lkr. Ostallgäu). – Die Altäre der 1670 erweiterten Kapelle stammen von Nikolaus → Babel, 1686/87, das Hochaltarblatt von Karl → Keller, die Figuren in den Muschelnischen der Seitenaltäre von Maximilian → Hitzelberger. – Das Alter der Brücke aus Bruchsteinmauerwerk über die Faule Ache zwischen M. und Ried reicht noch in das 14./15. Jh. zurück. – Aus M. stammt der Baumeister und Stukkator Joseph Anton → Geisenhof.

Memhölz (Waltenhofen, Lkr. Oberallgäu), 1275 erstmals genannt. – Der barocke Hochaltar ist ein ehemaliger Seitenaltar der Pfarrkirche in Kimratshofen. Der Taufstein stammt aus dem Jahr 1475. Die Kreuzwegstationen hat Ludwig Caspar → Weiß 1842 gemalt. – Aus dem zu M. gehörenden Weiler Wollmuths stammt der Uhrmacher Anton Immler, der 1796 das Dorf Niedersonthofen vor der Zerstörung durch die Franzosen gerettet hat.

Memmingen Stadt mit 41 259 E. – Die bevölkerungsstärkste und handelsmächtigste der Allgäuer Reichsstädte wird erstmals 1128 als oppidum der Welfen urkundlich genannt. Unter Welf VI. wohl zu einem zentralen Ort ausgebaut kam M. 1191 an die Staufer. Den entscheidenden Schritt zur Reichsstadt setzte 1286 Rudolf von Habsburg, der sich in diesem Jahr vielleicht sogar selbst in M. aufhielt und in seiner Stadtrechtsbestätigung und der Begabung mit dem Recht der Stadt Überlingen die Memminger Bürger als „imperii cives“ ansprach. – Noch detailierter als dieses „Rudolfinum“ ist die Begabung mit den Rechten, Freiheiten und Gnaden der Stadt Ulm durch König Adolf von Nassau, 1296. – Die erste Ummauerung war spätestens um 1270 beendet. – Die Kreuzung der Salzstraße von Bayern an den Bodensee mit der Italienverbindung Ulm-Fernpaß begünstigte den wirtschaftlichen Aufschwung. Zu Wein und Salz kam seit dem 13. Jh. der Leinwand- und in der zweiten Hälfte des 14. Jh. der Barchenthandel. – 1505 wurde unter Beteiligung des Konrad Vöhlin die „Große deutsche Kompanie" gegründet. Die Vöhlin hatten eine eigene Niederlassung in Lissabon und beteiligten sich mit zwei Schiffen an der ersten portugiesischen Handelsseefahrt nach Indien. – 1522 schloß sich M. der Reformation an, deren wichtigster Vertreter der Prediger Christoph → Schappeler war. – 1530 bildete M. mit Konstanz, Lindau und Straßburg die sogenannte „Confessio Tetrapolitana". – 1525 wurden im Kramerzunfthaus am Weinmarkt die „12 Artikel" der aufständischen Bauern abgefaßt. – 1630 wohnte für einige Monate Wallenstein im Fuggerbau, ehe er seine erste Absetzung erfuhr. Zwei Jahre später übernachtete im selben Haus Gustav Adolf von Schweden. – Am Ende des Dreißigjährigen Krieges lebten in M. von den im Jahr 1618 noch 6000 Menschen höchstens 1500 Bewohner. – Während des Spanischen Erbfolgekrieges wurde M. 1702 von den Bayern erobert. – Ein Jahrhundert später wurde die Stadt bayerisch und aus der engeren Verbindung mit ihrem Territorium gelöst. – Die wirtschaftliche Neubelebung wurde verzögert, weil auch der Anschluß an die Eisenbahn bis 1862 auf sich warten ließ. – Mit dem Teilabbruch der Stadtmauer begann man 1859. Vor verschonten Stadtmauerteilen entstanden aber reizvolle Gartenanlagen wie etwa der Schwalbenschwanzturm an der Grimmelschanze. – Das Straßenbild der Altstadt hat seinen Charakter aus reichsstädtischer Zeit noch weitgehend bewahrt. – Die älteste Pfarrkirche der Stadt ist **St. Martin**, nach dem Augsburger Ulrichsmünster die größte Ziegelbasilika in Bayerisch-Schwaben. Von hoher Bedeutung sind die umfangreichen Decken- und Wandmalereien der Memminger Künstlerfamilie → Strigel. – Vor dem Chorbogen steht frei eine steinerne Altarmensa in Tischform, wohl um 1531 unter dem Einfluß der Lehre Zwinglis entstanden. Der Taufstein aus rotem Marmor stammt aus dem Jahre 1524. Das kostbare Chorgestühl hat Reformation und Bildersturm überstanden. Es ist zwischen 1502 und 1508 entstanden. Im Vergleich mit den beiden anderen großen Chorgestühlen Schwabens in Ulm und Konstanz ist das Bildprogramm singulär: Während die Halbfiguren der Propheten, Sybillen und Apostel rückwärts unter den Baldachinen angebracht sind, bleiben die Büsten der Wangen einer Selbstdarstellung des Memminger Bürgertums vorbehalten. Man erkennt den Bürgermeister und seine Frau, den Pfarrer und Prediger, die beiden Kirchenpfleger, den Schulmeister und auch eine Memminger Bürgerin mit einem Oblateneisen. Auch die drei ausführenden Meister sind hier wiedergegeben. Die künstlerischen Voraussetzungen für diese individuelle Charakterisierung dürften in der oberrheinischen Plastik zu suchen sein. – In der 1505 gestifteten Zangmeisterkapelle befinden sich an Decke und Wänden vorzügliche Malereien, die zum Teil Bernhard → Strigel zugeschrieben werden. – Die Malereien der südöstlichen Vorhalle stammen von Hans → Strigel d. Ä., 1445. – Die **ev. Stadtpfarrkirche Unser Frauen**, 1258 erstmals erwähnt, ist eine dreischiffige Pfeilerbasilika, die am Ende des 14. Jh. gotisiert und allseitig erweitert wurde. – Die 1893 aufgedeckten Decken- und Wandmalereien gehören wegen ihres Erhaltungszustandes und des großen Umfangs zu den bedeutendsten Wandmalereien der Spätgotik in Süddeutschland. Eine Mariendarstellung mit musizierenden Engeln, um 1480/90, wird Hans → Strigel d. J. zugewiesen. Sprachlich interessant sind Schriftbänder mit dem Credo in oberdeutscher Mundart. – In der nördlichen Vorhalle werden eine Verkündigung Mariä, eine Geburt Christi und eine Anbetung der Könige, alle um 1450, Hans Strigel d. Ä. zugewiesen. – Eine Muttergottesfigur, die sogenannte Hawanger Madonna, um 1500, stammt von Ivo → Strigel. – In einer von der Patrizierfamilie Vöhlin gestifteten Wandnische im Chor ist ein graziöses Marienbild mit Kind auf der Mondsichel erhalten geblieben. – Zu dem zwischen 1191 und 1215 durch Welf VI. gegründeten Kloster gehörte die **Klosterkirche St. Antonius Eremita**, seit 1562 in reichstädtischem Besitz, jetzt ev. Kinderlehrkirche. Die unregelmäßige Baugruppe wurde erst nach 1393 vollendet. 1472 wurden der Chor und um 1500/10 die Seitenschiffe errichtet. – Am Schlußstein des Sternrippengewölbes befindet sich das Wappen des Präzeptors Petrus → Mitte de Caprariis. – Die Wandmalereien werden Bernhard → Strigel zugeschrieben, um 1520. – An der Westwand des nördlichen Seitenschiffs ist eine Schutzmantelmadonna mit Stifter, um 1520, angebracht, die gleichfalls → Strigel zugewiesen wird. – In nahezu unmittelbarer Nachbarschaft steht das ehemalige Kloster- und Spitalgebäude, das **Antonierhaus**, das 1382 ff anstelle der Burg Welf VI. errichtet und 1454 unter Petrus Mitte de Caprariis erneuert wurde. Es ist eine Vierflügelanlage um einen gotischen Arkadenhof. Zu Seiten der spitzbogigen Tordurchfahrt ist das Wappen des Ordens und des Bauherrn Petrus Mitte zu sehen. – Im Erdgeschoß befindet sich die ehemalige Petruskapelle. – In den Hofecken stehen zwei Treppentürme. Der nördliche ist rund, der südliche dreiseitig mit stichbogigen

Portalen. – Heute befinden sich hier das Antoniter-Museum und ein Strigel-Museum mit dem Dreikönigsaltar, um 1500. In der Nähe lag die Werkstatt von Bernhard Strigel. So ist hier ein authentisches Ambiente entstanden. – Eine sakrale und bauliche Besonderheit, die seit kurzem rückgewonnen wird, ist das ehemalige **Kreuzherrenkloster** mit der einstigen **Kreuzherrenkirche**. Das wohl um 1158 gegründete Spital wurde um 1210 von den Kreuzherren übernommen. 1356 wurden Kloster und Spital getrennt. Das Unterhospital in den Räumen des Erdgeschosses kam unter städtische Verwaltung, das Obergeschoß verblieb den Kreuzherren. Es ist eine nach Süden offene Dreiflügelanlage. Im ersten Obergeschoß ist noch eine hölzerne Kassettendekke von 1681 erhalten. – Die Kirche wurde in den Jahren 1480/84 als eine für Süddeutschland seltene zweischiffige gotische Hallenkirche neu erbaut und 1709 innen umgestaltet. – Nach der Säkularisation wurde die Kirche profaniert. Um 1823 zog man einen Zwischenboden ein, der die beachtliche Raumhöhe um etwa drei Meter verringert hat. Damals wurde auch die Nordfront zur Kalchstraße mit Stuckvorhängen klassizistisch verkleidet. – Der ungewöhnlich reiche Stuck stammt von Matthias Stiller, der aus einer Wessobrunner Familie kommt. – Die Deckenfresken wurden dem Frühwerk des Johann Baptist → Zimmermann und auch Franz Georg → Hermann zugeschrieben. Neuerdings vermutet man Johann Friedrich → Sichelbein. – Einen geschlossenen Eindruck vermittelt der **Marktplatz**. Die nördliche Platzwand bildet der langgezogene Trakt des 1708 erneuerten **Steuerhauses**, ein Gebäude zu 17 Achsen mit Volutengiebeln und rundbogigen Arkaden auf Rundstützen. – Besonders wirkungsvoll beherrscht den Marktplatz trotz ihres Zurücktretens die hoch aufragende Schauseite des **Rathauses**. Die Renaissancefassade ist durch drei Erker reizvoll gegliedert. Die Kuppelhauben geben dem Bau eine gewisse Behäbigkeit. In das Innere führen drei korbbogige Portale. Über den seitlichen Eingängen befinden sich schmiedeeiserne Oberlichtgitter von 1765. Das Erdgeschoß bildet eine zweischiffige Halle zu fünf kreuzgratgewölbten Jochen. – An der Ostseite des Platzes steht das von einem Volutengiebel gekrönte Barockhaus der einstigen **Großzunft**, ab 1453 im Besitz der Gesellschaft zum Goldenen Löwen. – Zum Marktplatz mag man auch das einstige **Augustinerpriorat** zählen, in dem 1510 Martin Luther auf seiner Reise nach Rom zu Gast war. Die Augustiner verblieben in Memmingen bis zur Säkularisation. Die letzten Mönche verließen die Stadt 1807 und zogen nach Heiligkreuz bei Kempten. – Zum Marktplatz gehört auch ein städtebaulich wirksames Eckhaus, die „**Blaue Saul**“ mit einem über einem Rundbogenfries vorkragenden Obergeschoß und einem spätgotischen Giebelfragment. Dieses Haus gehörte zu den sieben Wahrzeichen der Reichsstadt M., das die Handwerksburschen als Nachweis ihrer Tätigkeit in der Stadt kennen mußten. – Nahe dem Marktplatz an der Zangmeisterstraße, der ältesten ausgebauten Handels- und Verkehrsstraße der welfischen Gründungsstadt, steht der sogenannte **Hermansbau**, ein großzügig angelegtes, dreigeschossiges Patrizierpalais, das sich 1766 der in Venedig zu Reichtum gekommene Großhändler Freiherr Benedikt von Herman erbauen ließ. Die in den Formen des späten Rokoko gehaltene Hauptfassade wird durch einen Balkon und einen leicht vortretenden Mittelrisalit betont. Die Vierflügelanlage um einen Arkadenhof birgt seit 1885 das städtische Museum mit einem Chinesischen Zimmer, einer Sammlung Künersberger Fayencen und Hinweisen auf den Frühdruck in M. – Kultureller Bestimmung dienen auch das **Parishaus**, ein palaisartiger, dreigeschossiger Walmdachbau von 1736, und das **Grimmelhaus**, ein viergeschossiger Traufseitbau des 15./16 Jh. mit reichem Bandelwerkstuck aus der Zeit um 1730. – Eine noch sehr junge kulturelle Besonderheit ist das Memminger **Kupferstichkabinett** in dem 1617 am Schrannenplatz errichteten Weinhaus „Zum Goldenen Löwen“, das zu den vornehmsten Gasthäusern der Reichsstadt zählte und seit Generationen ein Kristallisationspunkt der Memminger Bürgerschaft war. Nach der Dachstuhlsanierung 1999 zog hier im Mai 2000 eine in 40 Jahren gewachsene Privatsammlung ein, die 185 Exponate zu den Themen „Schwaben in alten Karten“ und „Memmingen und das Allgäu in alten Ansichten“ zeigt. Zum Erleben der verschiedensten graphischen Techniken fügt sich hier auch ein sonst eher seltener Blick in die Dokumentation der Dachstuhlsanierung. – Was an diesem Haus in vielen Jahren der „Verformung“ geschah, erfolgte an einem Wahrzeichen der Stadt M. in wenigen Augenblicken des Zweiten Weltkrieges, am **Siebendächerhaus**, das schon 1946/47 unter Erhaltung des alten Holzwerks wiederhergestellt wurde. Das 1601 errichtete Gerberhaus ist ein dreigeschossiger Fachwerkbau mit gestuftem, für das Trocknen der Häute auf beiden Seiten in je drei Holzwerkgeschossen geöffnetem Satteldach, eine wirtschaftliche Notwendigkeit, die dem Haus seinen Namen gegeben hat. – Umschlossen und „behütet“ wurde und wird das bewahrte Erbe von noch immer wesentlichen Abschnitten der spätmittelalterlichen **Stadtbefestigung**. So ist der Mauergürtel um den westlichen Teil der Stadt zwischen Kempter Tor und Hexenturm nahezu geschlossen erhalten geblieben. Den Typ des hohen gotischen Torturms repräsentiert das 1393 vollendete Kempter Tor mit seinem von Fialen gekrönten Dreieckgiebel. Ihm entspricht auch die Anlage des Ulmer Tores aus der Mitte des 15. Jh. Und das ursprünglich gotische Westertor, das 1647 von den Kaiserlichen zerstört wurde, hat man 1660 in Renaissanceformen wieder aufgebaut. Für die Gliederung des gedrungenen Baukörpers mit einem achteckigen Aufsatz waren wohl Augsburger Tore des Elias Holl beispielgebend. – Mitte Juli reinigt man Jahr um Jahr am **„Fischertag"** den in die Stadt geleiteten Bach. Die Forellen aber werden zuvor herausgefischt. Schlag acht Uhr springen die Fischer mit ihren „Bären" in den Bach, und es geht laut und lustig zu. Nicht von ungefähr heißt es in dem alten Fischerlied: „Schmotz, Schmotz, Dreck auf Dreck …". Und wer die größte Forelle gefangen hat, wird zum Fischerkönig ausgerufen. Ihm wird am Sonntagmorgen vor Bürgermeister und Rat gehuldigt. – Der Fischertag ist eine der frühesten gezielten Umweltschutzmaßnahmen in M., erstmals erwähnt in der Chronik des Memminger Stadtarztes Dr. Christoph → Schorer (1618–1671) für das Jahr 1572. – In den Nächten dieser Tage ruft der Nachtwächter die Stunden aus. Diese gelten auch dem M. der Gegenwart. – Einen Schritt zu dieser Gegenwart dokumentiert ein Glanzstück der neuen „Zangmeister-Passage", die mit dem „Bauherrenpreis 1999" ausgezeichnete Restaurierung der einstigen Kattunfabrik von 1780, der ersten Memminger Industrieanlage, mit einer eleganten Stuckfassade im Innenhof und dem noch erhaltenen Dachstuhl der Barockzeit.

Breuer, Tilmann: Stadt und Landkreis Memmingen (= Bayerische Kunstdenkmale IV). Kurzinventar. München: Deutscher Kunstverlag, o. J. (1959) – Geschichte der Stadt Memmingen. Von den Anfängen bis zum Ende der Reichsstadt. Mit Beiträgen von Peter Blickle, Michael Dapper, Peer Frieß, Rita Huber-Sperl, Joachim Jahn (†), Rolf Kießling, Philip L. Kintner, Hannes Lambacher, Adalbert Mischlewski, Thomas Wolf, Hartmut Zückert. Im Auftrag der Stadt Memmingen hrsg. von Joachim Jahn (†), fortgeführt von Hans-Wolfgang Bayer in Verbindung mit Uli Braun. o. O. (Stuttgart): Theiss, o. J. (1997) – Hoser, Paul: Die Geschichte der Stadt Memmingen. Vom Neubeginn im Königreich Bayern bis 1945. Hrsg. im Auftrag der Stadt Memmingen von Hans-Wolfgang Bayer in Verbindung mit Uli Braun. Stuttgart: Theiss, 2001

Memmingerberg Lkr. Unterallgäu, 2545 E., 1121 erstmals erwähnt, aber erst 1838 wird die Bezeichnung M. amtlich eingeführt. – Die kirchliche Organisation erfolgte zunächst durch das Stift Kempten. Daher war die erste Kirche den Hlg. Gordian und Epimach geweiht. – Bis 1529/30 war M. katholisch, bis 1531 katholisch und evangelisch und ab 1533 rein evangelisch. 1879 wurden die Künersberger Protestanten umgepfarrt, 1901 auch die von Benningen. – In der evangelischen Kirche sind die Gemälde der Künstlerfamilie → Sichelbein sehenswert. – Nahe dem Zehentstadel von 1545 stehen eine „Friedsaul" und zwei spätmittelalterliche Sühnekreuze. – Auch gibt es in M. fünf Patrizierschlößchen: das Rote Haus der Familie Unold, 1776, das Wachterhaus der Familie Keller, 1520/42, das Schlößle der Familie Stoll, 1700, und in einem großen Garten das Schlößle der Familie Lupin, 1720. – Das fünfte Landschlößchen entstand 1741 in dem Ortsteil **Künersberg.** Hier betrieben die Patrizier von Küner 1745–1768 eine Fayence-Manufaktur, wozu sich die gefundene Tonerde besonders gut eignete. Die berühmte Künersberger Platte im Metropolitan Museum in New York zeigt die Anlage der Manufaktur aus der Vogelperspektive. – Die Künersberger Fayencen gehören schon lange zu gesuchten Spitzenerzeugnissen.

Merkt, Dr. Otto Oberbürgermeister, geb. 1877 in Kempten, hier gest, 1951. M. war der Sohn eines Bezirkstierarztes, absolvierte 1896 das Humanistische Gymnasium Kempten und studierte dann an der Universität München Rechtswissenschaft. 1903 wurde er in Erlangen mit einer Dissertation über die gemeindliche Selbstverwaltung summa cum laude promoviert. Dieses Thema wurde zu einem Motto seines beruflichen Lebens. – Dreimal wurde M. im Ersten Weltkrieg verwundet. – 1914 wurde er zum Zweiten Bürgermeister der Stadt München gewählt, 1918 zum Bürgermeister von Kempten. – M. geriet in eine politisch und wirtschaftlich äußerst schwierige Zeit, blieb sich aber auch dann treu, als er 1933 sicher ohne innere Anteilnahme der NSDAP beitrat und dadurch wohl eher manches verhindert oder gemildert hat. – Für seine Vaterstadt Kempten und das Allgäu hat er viel erreicht: das Allgäuer Überlandwerk, die Butter- und Käsebörse, eine Tierzuchthalle, das Haus der Milchwirtschaft, eine Jugendherberge, das Stadtbad, das Arbeitsamt, den Umbau des Rathauses, ein neues Allgäuer Heimatmuseum, die Einrichtung einer Naturwissenschaftlichen Sammlung, die Umwandlung der sechsklassigen Realschule in eine neunklassige Oberrealschule sowie die Errichtung eines Mädchenlyzeums statt der bisherigen Töchterschule. – 1935 gelang M. die Kreisfreiheit für Kempten. Auch erreichte er die amtliche Bezeichnung „Kempten (Allgäu)". – Seit 1919 war M. auch Präsident des Kreistages von Schwaben und Neuburg. Als solcher berief er 1930 den Obergünzburger Benefiziaten Dr. Barthel → Eberl zum Heimatpfleger, dem ersten in Deutschland. 1935 wurde dann DDr. Alfred → Weitnauer als Heimatpfleger für den südlichen Teil des Regierungsbezirks bestellt. Und der rastlose Einsatz für die Erhaltung und Erforschung der Heimat ist Merkts zweite große Leistung. Sein „Kleines Allgäuer Burgenbuch", 1951, ist noch immer ein Nachschlagewerk. Seine vielen Tafeln und Gedenksteine sind eine Fundgrube des Erinnerns. Dies gilt auch für so manche Sammlung im Stadtarchiv Kempten, deren Grundstock M. gelegt hat. Originell sind die Bändchen seiner Bibliographie „Neuere Allgäuer Literatur". – Weit vorausschauend ist sein „Politisches Testament", 1942. So manches wurde von seinen Nachfolgern verwirklicht. – Obwohl M. 1929 zum Bürgermeister auf Lebenszeit gewählt war, mußte er 1942 das Rathaus verlassen. 1945 war er nochmals für wenige Wochen Oberbürgermeister, aber die Zeit war bereits über ihn hinweggeschritten. – Sein Tagebuch der harten Monate im Internierungslager in Garmisch gleicht einem bitteren Epilog. – Wohl und geborgen fühlte sich M. im Kreis seiner „Algovia". Anspruchslos und karg war sein Leben. Es galt seiner Vaterstadt, dem Allgäu und seinen Freunden, die ihm 1947 eine Festschrift widmeten.

Dr. Otto Merkt. Ein Gedenkblatt. In: Merkt, Otto: Burgen, Schanzen und Galgen im Allgäu. Das Kleine Burgenbuch. Kempten: Kösel, 1951 – Weitnauer, Alfred: Bürgermeister Merkt. Leben und Leistung. Kempten: Verlag für Heimatpflege, 1967 – Haberl, Wolfgang: Rückschau und Vermächtnis. Dr. Otto Merkt zum 20. Todestag. In: Kempten aktuell = Heimatteil der Kirchenzeitung für die Diözese Augsburg, Nr. 14, 3./4. April 1971 – Haberl, Wolfgang: Heimatpflege zwischen Anspruch und Wirklichkeit. In: 50 Jahre Heimatpflege in Schwaben 1929–1979. Entwicklungen – Erfahrungen – Ergebnisse. Hrsg. v. Hans Frei für den Bezirk Schwaben. Augsburg 1979, 108 – Simnacher, Georg: Otto Merkt (1877–1951). In: Lebensbilder. Geschichte und Kunst in Bildnissen aus Schwaben, 394 f. und 420

Merz (März), Joseph Anton Maler, geb. 1681 in Marktoberdorf, gest. 1750 in Straubing. – In die Lehre ging M. wohl bei seinem Vater. – 1709 ließ er sich in Straubing nieder, wo er zweimal geheiratet hat. – Er wirkte als Freskant in verschiedenen Kirchen des Straubinger Umlandes. Sein Hauptwerk ist der Freskenzyklus in der Klosterkirche Oberaltaich. Zuerst half ihm sein Bruder, später der schnell berühmt gewordene Südtiroler Johann Evangelist Holzer (1709–1740), der einen Prozeß mit dem Kemptener Hofmaler Franz

Georg → Hermann im Zusammenhang mit der Ausmalung von Münsterschwarzach gewann. – Im Benediktinerkloster Metten hat M. den Hochaltar gefaßt.

Metz, Joseph von Theologe, geb. 1758 in Ebenhofen (Biessenhofen), gest. 1819 in Ulm. – Er war ein Kind armer Eltern, konnte aber das Gymnasium der Exjesuiten in Augsburg besuchen. Seinen Lebensunterhalt verdiente er sich als Hauslehrer in der Familie des Ignaz von Langenmantel. – Bedeutsam wurde für ihn die Begegnung und der Umgang mit Johann Michael Sailer (1751–1832), dem späteren Regensburger Bischof. 1786 feierte M. in Ebenhofen seine Primiz. Dann vermittelte ihm Sailer eine Hofmeisterstelle bei der Familie des Grafen Schenk von Stauffenberg in Dillingen. – 1802 wurde M. Pfarrer in Rißtissen im Bistum Konstanz, 1810 Geistlicher Regierungsrat in Konstanz. Hier wirkte er mit einem der namhaftesten Sailerschüler zusammen, mit Ignaz Heinrich von Wessenberg, dem Generalvikar des Fürstprimas von Dalberg. – Seit 1812 war M. Erster Rat des Generalvikars Ellwangen. – Auch als katechetischer Schriftsteller trat M. hervor.

Metzner, Dr. Leonhard Komponist und Arzt, geb. 1902 in Troppau, gest. 1984 in Kempten. M. schloß sich als Gymnasiast der Wandervogel-Bewegung an, und Poesie und Musik wurden ihm bald zu erfüllender Einheit. – Als Student, zunächst in Wien, nahm er den Kompositionsunterricht wieder auf. Er hatte ja schon mit 17 Jahren begonnen zu komponieren. – 1924 wechselte er an die medizinische Fakultät in Prag, 1928 wurde er promoviert. Dann wurde er leitender Arzt in Bad Karlsbrunn und schließlich praktischer Arzt in Jägersdorf. – Seine Freunde nannten M. einen „neuen Schubert“. – 1945 verlor M. alle Werke seiner ersten Lebenshälfte. – 1948 fand M. eine neue Heimat im Allgäu. In Kempten spielte er auch als Cellist im Orchesterverein. In diesen Jahren entstand seine einzige Schallplatte. – M. schuf Lieder, Kammermusik, Messen und auch eine Schauspielmusik zu Grillparzers „Libussa“. Die Aufführung seines „Marienlob“ nach einem Text von Bernt von Heiseler war zugleich ein ökumenisches Ereignis. – Mit Metzners Tänzen aus Böhmen und Mähren wurde 1975 der Fürstensaal der Kemptener Residenz seiner neuen Bestimmung übergeben. – In den letzten Jahren ist es leider still geworden um die Aufnahme der Wärme und musikantischen Innigkeit seiner Musik. – Den umfangreichen Nachlaß betreut das Stadtarchiv Kempten.

Netolitzky, Reinhold: Ein Komponist im Allgäu. In: AGF 1986, 179–203, mit Werkverzeichnis

Miller, Arthur Maximilian Dichter und Lehrer, geb. 1901 in Mindelheim, gest. 1992 in Ottobeuren. – M. gehört zu den relativ wenigen, die sich im Bereich der „Euregio via salina" der Literatur verschrieben haben. Er war zwar auch Maler und verstand sich auf Scherenschnitt und Zeichnung, aber sein Leben gehörte nahezu ausschließlich dem Wort in allen seinen Tiefen. – 1917 ging M. an die Lehrerbildungsanstalt in Lauingen, 1920 schloß er hier seine Ausbildung ab. – Ehe er 1938 nach Kornau kam, war ihm das Allgäu schon in Wiggensbach und Immenstadt begegnet. – M. kam mit reicher geistiger Erfahrung, war er doch schon in jungen Jahren mit Peter → Dörfler, Friedrich Zoepfl und Joseph Bernhart zusammengetroffen. Diesen ihm zeitlich „Vorausgegangenen" galt sein geistesgeschichtlicher Rückblick, 1973. – In Kornau verband ihn Freundschaft und mancherlei Übereinstimmung mit Gertrud von le Fort, deren Manuskripte er im Dritten Reich im Schulhaus in Kornau versteckte. 1976 gab M. den Briefwechsel heraus. – Über ein halbes Jahrhundert verbrachte M. in dem eher abgeschiedenen Kornau. Wie er dieses „Dorf im Jahresreigen" sah, zeigt sein „Bilderbuch von Kinderhand", 1979. Es sind Zeichnungen seiner Schüler. – Wie sehr M. auch der Bildenden Kunst zugetan war, bezeugen seine Kontakte zu Heinz → Schubert in Kempten und zu Erich Schickling in Eggisried bei Ottobeuren. In den mythischen Darstellungen Schicklings trafen sich gewiß zwei Seelenverwandte. – 1989 zog M. nach Ottobeuren, dem seine „Hymnen" und seine Deutung des Chorgestühls, 1980, und vor allem „Der Herr mit den drei Ringen", 1959, galten. – In Ottobeuren nahm M. seinen Abschied. Seine letzte Ruhestätte fand er in Oberstdorf neben Gertrud von le Fort. – Über allem, was er geschrieben, schwebt ein Hauch des Unzeitgemäßen und das Verlangen nach dem Bleibenden. Und wie er dies auszudrücken wußte, sagen in besonderer Weise seine Mundart-Gedichte in all ihren sprachlichen und klanglichen Schattierungen. – Wo M. geistesgeschichtlich daheim war, bezeugt sein „Gral", 1976 bzw. 1994. M. erschließt hier den Weg des Parcival im Werk des Wolfram von Eschenbach für das Bewußtsein unserer Zeit.

Holzbauer, Erwin: Arthur Maximilian Miller 1901–1992. In: Lebensbilder aus dem Bayerischen Schwaben 15, 1997, 337–364 – Frei, Hans: Arthur Maximilian Miller (1901–1992). In: Lebensbilder. Geschichte und Kunst in Bildnissen aus Schwaben. 400 f. und 420

Miller, Franz von Pionier des Deutschen Zollvereins, geb. 1783 in Weitnau, gest. 1842 in Darmstadt. – Die Eltern bestimmten den Buben für den geistlichen Stand, und M. ging auch an das Piaristen-Gymnasium in Kempten und später an das Gymnasium in Innsbruck, konnte sich aber doch nicht für den Beruf eines Theologen entscheiden. Er schlug sich mit Sprachunterricht durch und studierte nebenbei Rechtswissenschaft. Ob er ein Examen ablegte, ist nicht bekannt. – 1809 war er Schreiber am österreichischen Gericht in Weiler. Hier gelang es ihm, einen französischen General zu besänftigen, der Weiler niederbrennen lassen wollte. – 1811 gründete M. in Immenstadt eine Firma, die einen schwunghaften Leinwandhandel betrieb, der sich über Deutschland, Italien, Frankreich, Holland und die Schweiz erstreckte. So weit kamen Immenstädter Leinwandfaktoren in Europa herum. Aber mit dem Sturz Napoleons zerbrach die von diesem gelenkte europäische Wirtschaftspolitik. Die neuen deutschen Kleinstaaten umgaben sich mit hohen Zollmauern. – M. richtete an die bayerische Regierung 1819 eine Schrift mit dem Titel: „Der Leinwandhandel eine vorzügliche Quelle des vaterländischen Wohlstandes“. Im selben Jahr folgte ein aufrüttelndes Büchlein „Worte zur Beherzigung an deutsche Fürsten und Völker über die traurige Lage des vaterländischen Handels und die Nothwendigkeit schleuniger Hülfe“. – 1819 faßte auf Anregung des Kaufmanns J. M. Elch aus Kaufbeuren eine Anzahl deutscher Geschäftsleute auf der Messe in Frankfurt den Entschluß, einen „Deutschen Handels- und Gewerbeverein“ zu gründen und den Deutschen Bundestag zu einer neuen Wirtschafts- und Handelspolitik zu bewegen. Zum ersten Bevollmächtigten dieses „Allgemeinen Deutschen Handels- und Gewerbevereins“ wurde der Tübinger Professor Friedrich List gewählt. – Schon bald schrieb M. in der von List herausgegebenen Zeitschrift „Organ für den deutschen Handels- und Fabrikantenstand“. In Immenstadt mußte M. freilich für seine Leinenfirma den Konkurs anmelden. – Schließlich ging M. mit List als Deputierter des Handelsstandes zu den beginnenden Zollverhandlungen nach Darmstadt. List aber resignierte, zog sich in seine schwäbische Heimat zurück und wurde zu Festungshaft verurteilt und zur Auswanderung nach Amerika gezwungen. – M. war inzwischen in Darmstadt allein. Er wurde zum zollpolitischen Experten. – 1828 kam endlich ein Zollverein zwischen Württemberg und Bayern zustande. – König Ludwig I. ernannte M. zum Professor für Gewerbestatistik an der Polytechnischen Schule in München. Nach Abschluß des

Zollvertrages wurde M. Obersteuerrat im bayerischen Zolldienst und Generalbevollmächtigter bei der bayerischen Oberzolladministration. – Inzwischen schlossen auch Preußen und Hessen-Darmstadt einen Zollverein. Und 1834 trat endlich der gemeinsame deutsche Zollverein ins Leben. – M. verhandelte auch mit Österreich. – Nun war er Generalbevollmächtigter der Zentralstelle des Zollvereins in Deutschland, wurde vom württembergischen König in den Adelsstand erhoben und 1841 zum Oberfinanzrat befördert. – Nach M. ist in Immenstadt eine kleine Straße benannt.

Rolzhäuser, Dr. Valentin: Franz von Miller. Ein Immenstädter an der Wiege des Deutschen Zollvereins. In: Heimatbuch der Stadt Immenstadt i. Allgäu 1360–1960. Hrsg. von der Stadt Immenstadt i. Allgäu zur 600-Jahrfeier der Stadterhebung. Immenstadt: Eberl. o.J. (1960), 220–225

Missen (Missen-Wilhams, Lkr. Oberallgäu). – Die Pfarrkirche St. Martin ist im Kern spätgotisch. Im Chor hat man 1934 spätgotische Wandmalereien freigelegt, die Hans → Strigel zugeschrieben werden. 1934 hat man auch eine Sakramentsnische, um 1500, freigelegt. – Der Taufstein mit Blendmaßwerk stammt noch aus dem späten 15. Jh. – Die Deckenfresken hat Alois → Keller gemalt. – Südöstlich von M. an der Straße nach Immenstadt führt eine kleine Brücke über den Stixner-Bach, die wohl noch aus dem 18. Jh. stammt. – In M. erinnert ein Museum an Carl → Hirnbein (1807–1871), der den Wandel vom blauen zum grünen Allgäu ganz wesentlich vorangetrieben hat.

Mitte de Caprariis, Petrus Antoniterpräzeptor, geb. um 1416 auf der Burg Chevrières, gest. 1469 in Memmingen. – M. stammte aus einer der angesehensten Adelsfamilien des Forez, einer Grafschaft im Westen von Lyon. Mit etwa 18 Jahren trat er in die Abtei Saint-Antoine im Viennois, heute Departement Isère, als Novize ein. Es war das Mutterhaus eines verbreiteten Spitalordens, dessen Mitglieder nach der Augustinusregel lebten. Die Antoniter waren auf die Pflege einer einzigen Krankheit spezialisiert, den Mutterkornbrand, im Volksmund das „Antoniusfeuer" genannt. – M. führte zunächst ein wildbewegtes Leben, aus dem ihn erst 1438 ein neu gewählter Abt befreite. Dieser nahm M. zunächst mit auf eine Reise nach Ferrara, in dem das von Basel verlegte Konzil stattfand. Hier wurde M. 1438 zum Priester geweiht. Auch wurde ihm damals die Präzeptorei Colombier (-les-Vesoul) verliehen. – 1439 wurde M. beauftragt, von allen Ordenshäusern im alten Deutschen Reich die ausstehenden Gelder einzutreiben. Auf diesem Weg kam M.

auch nach Memmingen, wo sein Onkel Präzeptor war, aber seines Alters wegen die Verantwortung für eine so große Präzeptorei gegen M.s kleinere tauschen wollte. Nach der Bestätigung durch den Orden und der Investitur mit der Pfarrkirche St. Martin nahm M. seine neue Kirche in Besitz und war damit der angesehenste Geistliche der Stadt, in der damals unter 5000 bis 6000 Einwohnern etwa 70 Kleriker und über 50 Ordensfrauen lebten. – In dieser Zeit erhielt M. den Auftrag, als Vikar des Abtes Visitationen durchzuführen und Reformen in die Wege zu leiten. Trotz dieser überregionalen Aufträge kümmerte sich M. intensiv um die eigene Präzeptorei. Vor allem kaufte er ein Haus, um das kleine Memminger Spital neu und geräumiger einzurichten. – M. ließ sich auch an der Universität Heidelberg inskribieren, um ein ernstes Studium des Kirchenrechts zu betreiben. Fast fünf Jahre blieb er in Heidelberg, wo auch manche anderen Memminger studierten. Bereits in den ersten Jahren erwarb er sieben Bände juristischer Fachliteratur, die den Grundstock seiner späteren großen Bibliothek bildeten. – Nach dem Erreichen des Bakkalaureats im Sommer 1447 setzte er seine kanonistischen Studien an der Sorbonne in Paris fort. In Paris hielt er auch selbst Vorlesungen. Bereits nach zwei Jahren legte er das Lizentiatsexamen im kanonischen Recht ab. – 1452 wurde M. zum Generalvikar ernannt. – Von November 1453 bis April 1454 hielt er sich in Rom auf. – 1454 begann M. einen neuen Antonierhof zu errichten und seine Pfarrkirche neu auszustatten. Dies führte schon früh zu näherem Kontakt mit Hans → Strigel d. Ä., dessen ältestes noch erhaltenes Fresko um 1440 entstanden sein dürfte. – M. predigte in St. Martin, auch wenn er die deutsche Sprache wohl nie vollkommen beherrschte. – Sein unnachgiebiges und bisweilen hartes Eintreten für das Recht wurde durchaus geschätzt. – Sein letztes großes Werk im Dienste des Ordens war eine Gesamtreform und die Promulgation der Reformstatuten, 1478. – Seine immer mehr wachsende Bibliothek ist leider in der Reformationszeit völlig auseinandergerissen worden. Jedenfalls befanden sich in seiner Bibliothek 242 lateinische Bücher. – Von seiner letzten Ruhestätte kennen wir nicht einmal eine bescheidene Grabplatte. Wohl aber ist sein Wappen noch heute über dem Eingang des Antonierhofes zu sehen. – Memmingen ist durch M. in vielen europäischen Landstrichen bekannt geworden.

Mischlewski, Adalbert: Petrus Mitte de Caprariis. In: Lebensbilder aus dem Bayerischen Schwaben 12, 1980, 28–47 – Ders.: Das Memminger Antonierhaus und seine europäische Bedeutung. In: AGF 1992, 71–76

Mittelberg (Oy-Mittelberg, Lkr. Oberallgäu), liegt 1036 m hoch. – Die Pfarrkirche St. Michael wurde 1453 errichtet und 1769 umgebaut. – Die Fresken stammen von Franz Anton → Weiß. – Das Hochaltarbild hat Franz Anton → Zeiller nach Guido Renis Altarblatt in Sta. Maria della Concezione in Rom gemalt. – Da der Pfarrhof in schneereichen Wintern oft eingeschneit ist, hat man aus dem ersten Stock zum Vorzeichen der Kirche einen Holzgang eingefügt. Im Südostzimmer des Pfarrhofes steht ein Fayence-Ofen, um 1750. – Kirche und Pfarrhof (1453) an der Gerhalde über dem Ort bilden eine beherrschende Baugruppe. – Östlich von M. liegt der Pestfriedhof von 1635.

Mittelberg s. Kleines Walsertal

Mösmang, Johann Nepomuk Kirchenkomponist, geb. 1813 in Seeg, gest. 1880 in München. – Er war der Sohn eines Lehrers, der später in Schongau lebte. – M. wurde Verwaltungsbeamter und starb als Bezirksamtmann a. D. – Neben seinem Dienst machte er sich in Niederbayern als Kirchenmusiker und -komponist einen geachteten Namen. Auch sein Bruder, der in Altötting Lehrer war, galt als sehr guter Musiker.

Moosbach (Markt Sulzberg, Lkr. Oberallgäu), 1059 erstmals genannt, im Dreißigjährigen Krieg völlig ausgestorben, erst seit 1787 wieder selbständige Pfarrei. – 1737 wurde die Pfarrkirche neu gebaut. – Bemerkenswert sind ein Bruderschaftsbild, vielleicht von Nikolaus → Weiß, 1798, und an der nördlichen Chorwand eine spätgotische Muttergottes, um 1450/60.

Moser, Michael OPraem Abt, geb. in Füssen, gest. 1553 in Steingaden. – Vermutlich war er ein Sohn des Füssener Bürgermeisters Jakob M. (1485–1496). – Unter seinem Landsmann Abt Johann Dimpt diente er dem Prämonstratenserkloster Steingaden bereits als Prior, bevor er 1535 zum Abt gewählt wurde. – In einem Vertrag mit der Herrschaft Hohenschwangau erreichte er ein eingeschränktes Jagdrecht für sein Kloster. Die Wiederherstellung des Dormitorium und Refektorium in Steingaden fiel in seine Amtszeit. – Auf einem Grabstein im Bayerischen Nationalmuseum in München ist M. in Lebensgröße als Hochreliefbild dargestellt. Er führte drei Ähren in seinem Wappen.

Müller, Dr. Franz Naturwissenschaftler, geb. 1891 in Hohenschwangau, gest. 1953 in Kempten. – Sein Vater war kgl. Hofgärtner, und ein Onkel hatte sich durch die Zusammenstellung der Flora des Isargebietes einen Namen gemacht. – Von 1910 bis 1914 studierte M. an der Universität München Naturwissenschaften und Chemie. Mitten im Staatskonkurs ging er als Freiwilliger an die Front. Schwerverwundet kam er wieder heim, wurde promoviert und unterrichtete von 1920 bis 1945 an der Oberrealschule und am Gymnasium in Kempten Biologie und Chemie. – Auch im Zweiten Weltkrieg war M. an verschiedenen Frontabschnitten. Von einer Ruhrerkrankung, die er sich in Rußland geholt hatte, konnte er sich nie mehr ganz erholen. – Schon 1921 begann er mit seinen geologischen Arbeiten. Die Allgäuer Vorlandmolasse war damals noch eine „terra incognita". Dank M. ist sie der bestdurchforschte Abschnitt der ganzen Alpenrandmolasse. Unter den vielen Schneckenfunden wurde eine nach M. benannt. – Selbst für die Cambodunum-Forschung brachten M.s geologische Ortskenntnisse eine Neuigkeit: die Römer haben die Bausteine für Cambodunum vom nördlichen Steilrand der Molasseschichten bei Rotkreuz (Kempten) geholt. – M.s Karten waren auch wichtig für die Erdölgeologie. – Seit 1950 wird M.s Name im Internationalen Geologenverzeichnis geführt. – Seine Heimat war die Naturwissenschaftliche Sammlung im Weidle-Haus in Kempten. Sie ist durch M. in 20 Jahren eines der modernsten Provinzialmuseen Bayerns geworden. – 1945 wurde M. aus allen Ämtern entlassen und in ein Internierungslager gebracht, aus dem er schwerkrank heimkam. Er durfte nur noch als Hilfsarbeiter tätig sein. Wissenschaftliche und pflegerische Tätigkeit war ihm verboten. – 1947 schrieb er einem Freund: „Ich möchte von hier weg, irgendwohin ...". – Seine wohl letzte Sorge galt der Erhaltung der Engelhalde in Kempten. – M. hinterließ ein hervorragendes Museum, seinen wissenschaftlichen Nachlaß und 16 Veröffentlichungen. – Wie sehr hätte er sich gefreut, wenn er die Neuausgabe des Blattes Buchenberg der Geolog. Karte noch erlebt hätte. – Nicht mehr erlebt hat M. auch die Drucklegung eines 1946 von Alfred → Weitnauer erbetenen Manuskripts, das 1965 in der Überarbeitung durch Udo → Scholz unter dem Titel „Ehe denn die Berge wurden" herauskam.

Bartelmeß, Alfred: In memoriam Prof. Dr. Franz Müller † 1. Oktober 1953. In: AGF 1953/54, 23–30 – Haberl, Wolfgang: Vom Sammeln der Spätromantik zur Wissenschaftlichkeit. In: DSA, März 1976, 40 f.

Müller, Johann Baptist Maler, geb. 1809 in Geretsried, gest. 1869 in München. – Schon 1829 trat er auf einer Kunstausstellung hervor. 1842 bis 1849 arbeitete M. in München in der Glasmalereianstalt Ainmiller an den Glasfenstern für die Kirche in der Au und für den Kölner Dom. – Ein großes Christusbild schuf er für den russischen Zaren. – Im Allgäu arbeitete er für die Kirchen in Oberthingau und Scheidegg. – In späteren Jahren fertigte M. eine große Zahl von Andachtsbildern, von denen einige durch Druck und Lithographie weite Verbreitung fanden.

Müller, Josef Bildhauer und Altarbauer, geb. 1839 in Obergünzburg. – Er arbeitete hauptsächlich für Kirchen. Die Zahl der nach seinen Plänen und in der eigenen Werkstatt ausgeführten Altäre betrug über 200. – Er lieferte auch nach Tirol, Vorarlberg, in die Schweiz und selbst nach Amerika.

Mündler, Otto Kunstgelehrter, geb. 1811 in Kempten, gest. 1870 in Paris. – Sein Vater Otto Philipp (1772–1851) war zunächst Lehrer an der Volksschule in der Kemptener Altstadt. Am Gymnasium unterrichtete er Französisch und las mit seinen Schülern Fenelon und Voltaire. Durch 18 Jahre war er Rektor der Gewerbeschule. Sein klassizistisches Grabmal schuf ein Schüler von Thorvaldsen. – Sein Sohn Otto bezog 1828 die Universität München und ging dann zum Studium der evangelischen Theologie nach Erlangen, wo ihn Friedrich Rückert zum Studium des Sanskrit anleitete. In den Ferien suchte er die Gemäldegalerie der Grafen Schönborn in Pommersfelden auf, um Kunststudien zu treiben. – Das letzte Universitätsjahr verbrachte M. in Berlin. – 1833 schloß er das Fachstudium mit der theologischen Prüfung in Ansbach ab, wurde aber nicht Seelsorger, sondern Hauslehrer in der Schweiz und dann in Paris, wo er den Auftrag erhielt, eine Gemäldegalerie zu verkaufen. Von nun an gehörte sein Leben ganz der Kunst. – 1837 reiste er nach England, 1842 nach Italien. – 1855 wurde M. für zwei Jahre auswärtiger Agent der Londoner Nationalgalerie. – 1850 schrieb M. einen „essai d' une analyse critique de la notice des tableaux italiens du Musée National“, Paris, Firmin Didot Frères. – Auf seinen Reisen kam M. auch nach St. Petersburg und auf Wunsch des Grafen Andrassy nach Budapest, um hier eine Sammlung des Fürsten Esterhazy zu schätzen. – M. verbesserte die 2. Auflage des „Cicerone“ von Jakob Burckhardt (1818–1897), schrieb in der Zeitschrift für bildende Künste in Wien und zur Eröffnung des Kunstsalons der Pariser Weltausstellung 1867. – Als M. starb, schrieb Jacob Burckhardt: „...wer ersetzt den, welcher aus den über ganz Europa zerstreuten, nur einmal vorhandenen Werken der Kunst einen so gewaltigen Gesamtüberblick gewonnen hatte und zugleich die hohe Bildung besaß, etwas daraus zu machen. Mit Mündler ist ein Stück unwiederbringlicher Erkenntnis dahingestorben." – In seiner Vaterstadt Kempten aber blieb M. „ein Fremdling im eigenen Land".

Raab, Karl: Otto Mündler (1811–1870), ein Kunstgelehrter aus dem Allgäu. In: AGF 1934, 143–152

Multscher, Hans Bildhauer und vielleicht auch Maler, geb. um 1400 als Kind einer der „Freien auf der → Leutkircher Heide", in Reichenhofen, gest. 1467 in Ulm. – Nach Wanderjahren in Burgund, Nordfrankreich und in den Niederlanden wurde M. 1427 in Ulm eingebürgert und betrieb eine zunftbefreite Werkstatt. – Erhalten sind u. a. ein Schmerzensmann am Westportal des Ulmer Münsters und acht Tafeln des Wurzacher Altars, 1437, in Berlin. – Frühwerke von M. befinden sich in der Wolfgangskapelle bei Reichenhofen und in Rohrdorf. – Alterswerk und Höhepunkt seines Schaffens sind die Schnitzfiguren des Sterzinger Altars in Südtirol. 1456/58.

Söding, Ulrich: Hans Multscher. Der Sterzinger Altar. Bozen: Athesia, 1991 – Tripps, Manfred: Hans Multscher. Meister der Spätgotik. Sein Werk, Seine Schule, Seine Zeit. Ausstellung „Hans Multscher" in Leutkirch im Allgäu anläßlich des Jubiläums „700 Jahre Reichsstadt, 1200 Jahre Leutekirche". Leutkirch im Allgäu, Museum im Bock, 27. März–2. Mai 1993 – Artikel „Multscher, Hans" von Manfred Tripps in: Lexikon des Mittelalters, VI, 1993, Sp. 894 f.

Musau Bezirk Reutte, Straßendorf gegenüber von Pinswang am linken Lechufer mit 370 E. – In der Kapelle des Weilers Brandstatt-Saba stehen ein Schmerzensmann, um 1730, und seit 2001 wieder ein kleiner Stuckmarmoraltar, der möglicherweise ursprünglich als Modell diente. – M. wird erst 1816 tirolisch. Begütert waren hier das Hochstift Augsburg, die Herren von Hohenegg und das Stift Stams. – Bis ins 16. Jh. durchquerte hier den Lech eine Furt. Im 16. Jh. wurde dann nördlich der Furt die Ulrichsbrücke errichtet, vielleicht benannt nach einem frommen Bruder, der im 14. Jh. in M. gelebt hat und in Pinswang begraben wurde. 1914 baute man eine Betonbrücke. – Nach der Gründung der Hanfwerke in Füssen, 1861, fanden dort auch Frauen aus M. Arbeit. – Der Heimatforscher Beda Weber (1798–1858) berichtet 1837 in seinem Tirol-Handbuch: „Merkwürdig für Musau ist, daß ein Weib mit einer Pfeife aus Mangel einer Glocke die Bewohner zum Abendgebet im Ortskirchlein zusammenruft". – Beim Ortsteil Roßschläg wurde 1632 eine Schanze zur Befestigung des Gerichts Ehrenberg errichtet und dann mehrfach erneuert und modernisiert.

Musik, Rudolf Gymnasiallehrer und Kunstrezensent, geb. 1912 in Preßburg, gest. 1991 in Kempten. –

Aufgewachsen in der alten Krönungsstadt der ungarischen Könige, der „Vorstadt Wiens“, in der mit Deutsch, Slowakisch und Ungarisch gesprochen wurde, war M. nach dem Studium der Germanistik und der Kunstwissenschaft Referent in der deutschen Abteilung des slowakischen Staatsministeriums für konfessionelle und gemeindliche Volksschulen deutscher Unterrichtssprache tätig. Er war zugleich Rundfunksprecher, Spielleiter, Autor von Hörspielen und eines Kinderbuches sowie Übersetzer einer slowakischen Lyrik-Anthologie. – 1947 kam M. nach Kempten, war hier zunächst Realschullehrer und dann Fachlehrer für Deutsch, Geschichte und Erdkunde am Hildegardis-Gymnasium. Dort legte er auch den Grundstein zu der bis heute lebendigen Theaterspiel-Pflege. Er fand aber auch zu wohl allen Künstlern im Allgäu Kontakt und schrieb ungezählte Besprechungen im „Allgäuer Tageblatt“, in der „Allgäuer Zeitung“, in der Zeitschrift „Das schöne Allgäu“, in der „Graphischen Kunst“ und in der „illustration 63“. Er hat so manche Künstler-Monographie geschrieben und wußte um die Sorgen und Nöte dieses Berufs. Er war ein zutiefst musischer Mensch, der selbst gemalt und graphische Techniken versucht hat. Er war immer ein wenig leise ironisch, jedoch mit Charme, Toleranz und Gelassenheit. Das hatte er in jungen Jahren im Zusammenleben unterschiedlicher Völker gelernt. – Zu seinem 75. Geburtstag schenkte er sich selbst und seinen Freunden einen unscheinbaren Einblick in sein eigenes Talent mit dem bezeichnenden Buchtitel „Steckenpferde“.

Mussenhausen s. Markt Rettenbach

Muthmannshofen (Markt Altusried, Lkr. Oberallgäu), 1166 erstmals genannt. – Das frühere Hochaltarbild der Pfarrkirche von Josef Ignatz → Weiß, eine Marienkrönung von 1778, hängt an der nördlichen Chorwand. – Zu M. gehört die im Bauernkrieg zerstörte Burg Hohenthann, aus deren Kapelle der „Hohenthanner Altar“, 1513, in der Kemptener Pfarrkirche Christi Himmelfahrt stammt.

N

Namlos Bezirk Reutte, das Namlosertal mündet bei Stanzach in das Lechtal. Auf einer Höhe vom 1263 m liegt die kleine Gemeinde mit 104 Einwohnern. Bis ins 13. Jh. gehörten die Almen zu Imst. Im Gegensatz zum übrigen Außerfern zogen früher die Männer aus N. im Winter in die Fremde. – Am 8. Okt. 1930 lag N. im Epizentrum eines Erdbebens, das als „Namloser Beben“ bekannt ist. 16 Erdstöße bis zur Stärke 8 der zwölfteiligen Richter-Skala erschütterten das Dorf. Von 47 Kaminen stürzten damals 31 ein.

Neß, Rupert II. O. S. B. Abt von Ottobeuren, geb. 1670 in Wangen, gest. 1740 in Ottobeuren. – Der Vater stammte aus Bludenz, und N. dachte sicher oft an die Vorarlberger Baumeister. – Schon als Schüler kam N. an die Ottobeurer Klosterschule. 1688 legte er die Ordensgelübde ab, studierte dann an der Universität Salzburg und feierte 1695 seine Primiz. Seine erste Seelsorgerstelle bekam er in Tisis in Vorarlberg. – 1702 wurde N. Stiftsökonom und 1710 schließlich Abt. Im selben Jahr löste er die „Schutzvogtei“ der Bischöfe von Augsburg gegen Zahlung einer Summe von 30 000 Gulden ab. Dadurch hat Ottobeuren seine volle ursprüngliche Freiheit und Reichsunmittelbarkeit zurückerhalten. – 1711 legte N. den Grundstein für das neue Kloster und 1737 für die Kirche. – Wer Rang und Ruf im Bereich der Architektur und der bildenden Künste hatte, wurde von N. nach Ottobeuren berufen. Nicht umsonst nannte man N. den „zweiten Stifter“. Die Jahre 1710 bis 1740 sind der Höhepunkt des deutschen Spätbarock, und vielleicht war es doch kein Zufall, daß N. am selben Tag wie Kaiser Karl VI. starb. – Eine Quelle seiner Leistung sind die 14 Foliobände seiner Tagebücher. Sie dienten auch Arthur Maximilian → Miller für seinen Roman „Der Herr mit den drei Ringen“, 1959. – Abgebildet ist N. auf dem Martinstor in Wangen und auf einem Bild des Konstanzer Malers Jakob Karl Stauder, 1723, in Ottobeuren. – Hier sind eine Straße und das Gymnasium nach N. benannt.

Lieb, Norbert: Abt Rupert Neß von Ottobeuren. In: Lebensbilder aus dem Bayerischen Schwaben 1, 1952, 284–321 – Faust, Ulrich: Rupert Ness (1670–1740). In: Lebensbilder. Geschichte und Kunst in Bildnissen aus Schwaben, 120 f. und 420

Nesselwängle Bezirk Reutte, Straßendorf im Tannheimer Tal mit 465 E. – N. wurde von Bauern aus dem Allgäu gegründet. Im 16. Jh. gewann N. an Bedeutung, als die neue Salzstraße von Hall in den Bodenseeraum über den Gaichtpaß und durch das

Tannheimer Tal ausgebaut wurde. In N. gab es eine Salzfaktorei und einen dreistöckigen Salzstadel, die Bauern stellten 40 Vorspannpferde. – In N. besteht heute noch der einzige Stukkolustrobetrieb (eine Abart der Freskotechnik) Österreichs. Stukkateure aus N. arbeiteten 1939 an der Innenausstattung der Reichskanzlei in Berlin. – Zu N. gehört auch die Ortschaft Haller am Ostufer des Haldensees.

Nesselwang Markt, Lkr. Ostallgäu, 3571 E., an der einstigen Römerstraße von Vils nach Kempten gelegen. 1429 erhielt N. Marktrecht und Marktgericht, 1582 ein Ortswappen. – Die Vorgängerkirche hat Johann → Schmuzer 1682 bis 1685 erbaut. – Den Turm hat Franz → Kleinhans 1748 errichtet. – Die heutige Kirche St. Andreas, erbaut in den Jahren 1904 bis 1906, ist ein neubarocker Bau. – Das Gemälde im nördlichen Langhausaltar stammt noch von Franz Anton → Weiß, 1778. – Eine Figur der Hlg. Margareta, 1480, wird dem Meister des Imberger Altars (→ Imberg) zugeschrieben. – Reizvoll sind mehrere Zunftstangen aus der Zeit um 1670. – Das ehemalige Heilig-Geist-Spital ist eine Stiftung des Augsburger Fürstbischofs Friedrich II. von Zollern. Zweimal zerstört, wurde das Gebäude 1817 als zweigeschossiger Walmdachbau wiedererrichtet. – Von der 1302 erstmals erwähnten Nesselburg sind nach Zerstörung, 1525, nur noch Teile einiger Wände erhalten. – Im 20. Jh. wurde N. durch die hier ansässige präzisionsmechanische Industrie bekannt. – Aus N. stammen der Bildhauer Josef → Keller (1849–1900), Fürstbischof Heinrich von → Knöringen (1570–1646) und Bischof DDr. Maximilian von → Lingg (1842–1930). – Zu N. gehört in besonderer Weise die Wallfahrtskirche → Maria Trost.

Nesselwang. Ein historischer Markt im Allgäu. Hrsg. v. Wilhelm Liebhart. Sigmaringen: Thorbecke, o. J. (1990) – Restorff, Jörg: St. Andreas in Nesselwang. Lindenberg: Fink, 1997

Neuschwanstein s. Hohenschwangau

Neutrauchburg (Isny, Landkreis Ravensburg), 1096 erstmals belegt. – Das auf einem Moränenrücken 1776 bis 1788 erbaute Schloß der Fürsten von Waldburg-Zeil-Trauchburg ist ein typisch fürstlicher Landsitz des späten 18. Jh., zu dessen Ambiente ein Rentamt mit Försterei, eine Kaplanei, das „Gasthaus zur Sonne“ und eine Lorettokapelle gehören. Baumeister war vielleicht Johann Georg → Specht. – 1806 kam die Herrschaft Trauchburg an Württemberg. – Seit 1953 wurde ein Heil-und Kurzentrum aufgebaut. – 1972 wurde N. nach Isny eingemeindet.

Niedersonthofen (Waltenhofen, Lkr. Oberallgäu), am Westrand des Niedersonthofener Sees, am Fuß des Stoffelberges. – Die Pfarrkirche St. Alexander und Georg ist wohl eine Gründung des Klosters Ottobeuren. – 1767 wurde der gotische Turm nach einem Entwurf und unter Leitung von Johann Georg → Specht neu aufgeführt. Seitdem ist der Turm mit seinem grünen Kuppeldach ein Wahrzeichen der Gegend. – Die Fresken stammen von Franz Anton → Weiß, der Taufstein noch aus dem Jahr 1475. – Originell sind die sogenannten Franzosenstühle, deren Inschriften an den Abzug der Franzosen 1796 und an den Uhrmacher Anton → Immler erinnern, der durch seine Französisch-Kenntnisse Plünderung und Brandschatzung verhindern konnte. – Die einstige Wasserburg wurde Anfang des 19. Jh. zu einem Bauernhof umgebaut. 1952 kamen bei einem Brand die Umfassungsmauern eines rechteckigen Turmes zum Vorschein. Diese wurden in die Nordwestecke des neu errichteten Hauses Bergstraße 10 einbezogen. Es ist die wohl einzige in wesentlichen Bauteilen erhaltene Wasserburg im Allgäu.

Zollhoefer, Friedrich: Burg Niedersonthofen. In: AGF 1953, 29–33

Niggl, Simpert Geigenbauer, geb. 1710 in Schwangau, gest. 1785 in Füssen. – Er gilt als der bedeutendste Füssener Geigenmacher des 18. Jh. – 1740 heiratete er die Tochter eines Lautenmachers, die als Heiratsgut die elterliche Behausung am Schloßberg mitbrachte. Das Haus, in dem N. durch viereinhalb Jahrzehnte wohnte, trägt eine Gedenktafel. – Von den Instrumenten N.s kamen verschiedene in international bekannte Sammlungen in Nürnberg, Leipzig, Berlin und Brüssel.

Niggl, Simpert O. S .B. Abt, geb. 1654 in Schwangau, gest. 1711 in Neresheim. – N. war von 1682 bis 1706 Abt von Neresheim. Ihm verdankt die Abtei die Barockisierung der Klostergebäude. Höhepunkt seines Wirkens waren 1695 die Jubiläumsfeierlichkeiten zum 600jährigen Bestehen des Klosters. 1699 reiste N. mit einer kaiserlichen Gesandtschaft über Wien an den Hof des Sultans in Konstantinopel. – Während des Spanischen Erbfolgekrieges mußte N. nach Ellwangen fliehen. 1706 trat er als Abt zurück. Der Kaiser ernannte ihn zum Kaiserlichen Rat und zum Erzkaplan.

Nonnenhorn Lkr. Lindau (Bodensee), 1512 E. – Die Kapelle ist ein spätgotischer Bau des 15. Jh. – Die Schnitzarbeiten an den Wänden, um 1480/90, werden dem Meister des Imberger Altars (→ Imberg) zugewiesen. – In der Gaststube des Gasthauses zum Engel, 1617, ist eine sogenannte Lindauer Decke mit geschnitztem Beschlägwerk und Mittelrosetten erhalten. – In einem der ehemaligen Torggelhäuser stammen Torggelbaum und Spindel aus dem Jahr 1591.

O

Oberdorf s. Bad Oberdorf

Obereit, Dr. Jakob Hermann Arzt und Literat, geb. 1725 in Arbon (Schweiz), gest. 1798 in Jena. – O. ist zwar am Schweizer Bodenseeufer zur Welt gekommen, aber beide Eltern stammten aus Lindau. Und der Vater zog auch 1732 in seine Vaterstadt Lindau zurück. Hier war er Rentamtbuchhalter mit einem Jahresgehalt von 458 Gulden. – O. wollte Theologie studieren, fügte sich aber dem Willen des Vaters und trat 1740 in Arbon eine Lehre als Wundarzt an. 1743 wurde er in St. Gallen freigesprochen. – Die übliche Wanderschaft führte ihn über München, Augsburg und Nürnberg bis nach Wien. – O. fühlte sich als Wundarzt allerdings nicht wohl. Der Vater erreichte inzwischen ein Stipendium der Reichsstadt Lindau für ein medizinisches Studium. 1746 bezog O. die Universität Halle. 1747 war er in Berlin, wo er auch Vorlesungen über Chemie und Philosophie hörte und sich mit Leibniz und Newton beschäftigte. Seine Verehrung galt Klopstock und Milton und in besonderer Weise dem Schweizer Johann Jakob Bodmer, der damals die altdeutsche Literatur wieder zu beleben suchte. – Bevor aber O. sein Studium abschließen konnte, berief ihn die Stadt Lindau zurück und betraute ihn mit dem Posten eines Practicus und Operateurs. So blieb er zeitlebens Autodidakt und fügte sich in sein Geschick. – 1751 schrieb er eine Studie über die Beinfäule und 16 Jahre später eine Schrift im Zusammenhang mit seinem Amt als Hebammenmeister. Sein „Anhang zur Hebammenordnung" wurde von der Stadt angenommen. Die Hebammen wurden darauf vereidigt. – Am 28. Juni 1755 fuhr O. in das nahe vorarlbergische Hohenems, wo er die Schloßbibliothek besuchte und „fast unter den ersten Büchern" eine Nibelungen-Handschrift entdeckte, die sich heute als Handschrift C in Donaueschingen befindet. In der Vorrede zur Edition erwähnt Bodmer den eigentlichen Entdecker mit keinem Wort. Erst nach 130 Jahren wurde an O. erinnert. – Sehr zugetan war O. Wieland, der O. 1769 zum Dr. phil. ernannte, wozu Wieland als Pfalzgraf berechtigt war. – 1763 war O. Mitglied der Bayerischen Akademie der Wissenschaften geworden. – Zwist brachte O. der Kontakt mit dem Hofrath und Leibarzt Johann Georg Zimmermann in Hannover, dessen „Betrachtungen über die Einsamkeit", 1756, und der Aufsatz „Von der Einsamkeit", 1773, O. widersprach. Zimmermann hatte auch dafür gesorgt, daß sein Gegner in einem Titel zu einem „Doktor der Philosophie *im* Bodensee" gemacht wurde. – Sein

Lebensende verbrachte O. in Jena, wo er Fichte hörte und in dessen Haus er auch gestorben ist.

Dobras, Werner: Jakob Hermann Obereit 1725–1798 Arzt, Literat, Mystiker und Philosoph. In: Lebensbilder aus dem Bayerischen Schwaben 13, 1986, 199–217

Obergünzburg Markt, Lkr. Ostallgäu, 6275 E., an der einstigen Römerstraße von Kempten nach Augsburg, seit 1407 Markt und seit 1447 bis zur Säkularisation stiftkemptisch. – Die 1480 geweihte **Pfarrkirche** wurde nach dem Ortsbrand von 1560 wiederaufgebaut und dann mehrfach umgestaltet. – Die Stukkaturen stammen aus dem Jahr 1779. – Über dem Chorbogen halten Posaunenengel das Wappen des Kemptener Fürstabtes Honorius Roth von Schreckenstein (1760–1785). Daneben sitzt ein Mohr als Wahrzeichen von O. – Die Langhausfresken hat wohl Johann Michael → Koneberg 1779 gemalt. – Die Altarblätter von 1873/74 stammen von dem Obergünzburger Maler Johann → Kaspar, der Tabernakel von dessen Vater. – Die Apostelfiguren und die Kreuzigungsgruppe hat Franz Ferdinand → Ertinger geschnitzt. – Die **Filialkirche** auf dem Nikolausberg war im 18. Jh. eine vielbesuchte Wallfahrtsstätte. Das einstige Wallfahrtsbild, eine Madonna mit schlafendem Jesuskind, stammt aus der zweiten Hälfte des 17. Jh. – Die Fresken der Kreuzwegstationen am Weg auf den Nikolausberg hat Johann Kaspar gemalt. – Im ehemaligen **Pfarrhaus**, einem Satteldachbau von 1773 mit Fachwerk am Obergeschoß, befindet sich ein Heimatmuseum. – Im ehemaligen **Pfarrstadel** von 1796 wird die Südsee-Sammlung des aus O. stammenden Kapitäns Karl Nauer (1874–1962) gezeigt. – Das einstige **Amtshaus** wurde 1570 durch den Kemptener Fürstabt Georg von Grafenegg (1557–1571) als Korn- und Rathaus erbaut und war ab 1688 Sitz des stiftkemptischen Pflegers. – Im sogenannten **Cordon-** (Grenzwächter-) **oder Verkündhaus**, einem Walmdachbau des 17./18. Jh., war im Erdgeschoß eine stiftische Schmalzwaage untergebracht. – Der Brunnen auf dem Marktplatz ist ein achteckiges gußeisernes Becken von 1865. Auf der Brunnensäule sitzt der Mohr mit dem Ortswappen. – Aus O. stammen die Maler Jakob → Hiebeler (1560–1625), Johann Kaspar (1822–1885) und Ludwig → Skell (1842–1905). – Mit O. verbunden ist eine Stiftung, die der Unternehmer und Heimatpfleger Rupert Gabler 1990 ins Leben gerufen hat. Sie trägt seinen Namen und vergibt regelmäßig Preise an Wissenschaftler und Künstler.

Oberjoch (Markt Hindelang, Lkr. Oberallgäu). – Die Kapelle St. Jakob,

1731 erbaut, folgt dem Raumgedanken von Johann Jakob → Herkomer. – Der ehemalige Salzstadel des Hindelanger Salzfaktors Johann Baptist Gerung, errichtet 1809, war Zwischenstation der Strecke von Nesselwängle nach Hindelang. Als der Salzhandel um 1820 zum Erliegen kam, wurde der dreigeschossige Stadel in ein eingeschossiges Wohnhaus umgebaut. – Für den Salzhandel von Hall in Tirol in die vorderösterreichischen Lande bzw. in das Bodenseegebiet ließ Graf Hugo von Montfort 1540/50 eine Paßstraße anlegen. Von dem Wachthaus mit Tordurchfahrt, 1751 erbaut, sind nur noch einige Sandsteinquadern der östlichen Grundmauer des Tores erhalten. – Nordöstlich von O. steht noch ein Grenzstein von 1609. Auf der Westseite erkennt man das Wappen des Hochstifts Augsburg, auf der Ostseite das Wappen Österreichs.

Oberkirch (Stadt Füssen, Lkr. Oberallgäu). – Die Filialkirche St. Nikolaus ist ein spätgotischer Bau aus der ersten Hälfte des 15. Jh. – Die spärlichen Reste von Wandmalereien stammen wohl aus der zweiten Hälfte des 15. Jh.: um die Fenster eine Quaderung, am Chorgewölbe Ranken, auf den Schlußsteinen ein Hlg. Nikolaus und ein Hlg Magnus. – Der Hochaltar stammt von 1655. – Die Altarbilder sind auf Holz gemalt. – Das Maria-Hilf-Bild wurde aus Passau beschafft, eine Kopie nach Lukas Cranach. – Zwischen den Leuchterengeln steht eine Mondsichelmadonna aus der Mitte des 17. Jh. mit wohl spätgotischem Kind.

Obermaiselstein Lkr. Oberallgäu, 827 E. – Die Pfarrkirche St. Katharina wurde in der zweiten Hälfte des 15. Jh. erbaut. – 1936 hat man in der nördlichen Chorwand eine Sakramentsnische des späten 15. Jh. freigelegt. – Die Altarbilder stammen von Ludwig Caspar → Weiß, der Taufstein aus dem Jahr 1637.

Oberostendorf Lkr. Ostallgäu, 1256 E. – Von der ursprünglich spätgotischen Anlage der Pfarrkirche, um 1497, sind noch der Turmunterbau, der Kern des Langhauses und der Chor erhalten. – 1681 ist der Turm durch Caspar → Feichtmayr erhöht worden. 1709 wurde von Joseph → Schmuzer die Sakristei angebaut. – 1747 sind das Vorzeichen neu gebaut und der geschweifte Volutengiebel von Franz → Kleinhans erneuert worden. – Die reiche Stuckierung um 1747, wird Franz Xaver → Feichtmayr zugeschrieben. – Über dem Chorbogen ist das Wappen des Augsburger Fürstbischofs Joseph, Landgraf von Hessen-Darmstadt, angebracht. – Die leuchtenden Fresken stammen von Johann Georg Wolcker,

1747. – Das Gnadenbild auf dem Hochaltar ist eine Pietà von 1460/70. – Insgesamt verdankt die Kirche ihre prächtige Ausstattung dem reichlich anfallenden Opfergeld der bis 1810 bestehenden Wallfahrt. – Das „Gasthaus zum Adler“ ist ein zweigeschossiger Satteldachbau des frühen 18. Jh. mit schmiedeeisernem Ausleger und einem Doppeladler-Schild. – Aus O. (Lengenfeld) stammt der Moraltheologe Jakob → Danzer.

Oberreute (Lkr. Lindau (Bodensee)), 2888 E. liegt auf der Sonnenterrasse des Westallgäus und gehört zur Verwaltungsgemeinschaft Stiefenhofen und zur Pfarreiengemeinschaft Weiler. – Die heutige Pfarrkirche wurde 1797 errichtet und klassizistisch ausgestaltet. – Auf die einstige Rodungssiedlung verweisen noch heute ein Rodungsbeil und ein Spaten im Wappen der Gemeinde. – Bis 1805 gehörte O. zu Österreich. – Von den beiden Glocken war eine in einem Moor vergraben und konnte so vor dem Einschmelzen für Kriegszwecke bewahrt werden.

Oberstaufen Markt, Lkr. Oberallgäu, 7044 E. – O. wird erstmals 868 urkundlich erwähnt. – Das Kloster St. Gallen hatte hier Besitz. – 1453 erhielt O. Marktrecht. – Nach vielerlei Besitzerwechsel kam O. an die Grafen von Königsegg-Rothenfels in Immenstadt. – 1803 wurde O. bayrisch. – 1807 wurde das Schloß der ehemaligen Herrschaft Staufen abgebrochen. – In der neugotischen Hallenkirche steht eine überlebensgroße Kreuzigungsgruppe vom Ende des 15. Jh. Die mit Steinfarbe übergangene ursprüngliche Fassung hat Josef → Lorch 1959 freigelegt. – Die Kreuzigungsgruppe wird dem Umkreis von Gregor Erhart zugewiesen. – Nach dem Zweiten Weltkrieg machte sich O. einen Namen durch die Schroth-Kur.

Ludewig, Thilo: Oberstaufen. Heimatbuch des Marktes Oberstaufen und der ehemaligen Reichsherrschaft Staufen. Weiler, o. J. (1983)

Oberstdorf Markt, Lkr. Oberallgäu, 10 072 E., die südlichste Gemeinde der Bundesrepublik, nahe dem Zusammenfluß von Breitach, Stillach und Trettach, den Quellflüssen der Iller. – Kleine Bronze-Kuhglocken, die auf dem Nebelhorn gefunden wurden, lassen vermuten, daß schon in sehr früher Zeit Vieh auf die hoch gelegenen Weiden getrieben wurde. – Im 15. Jh. begaben sich die Bauern in den Schutz der Augsburger Fürstbischöfe und wurden der hochstiftischen Pflege Rettenberg unterstellt. – 1495 wurde O. Markt und Hochgerichtsstätte. – 1865 brannte O. samt der **Pfarrkirche** ab. Daher ist deren heutige Ausstattung neugotisch. – Die Flügelgemälde der Altäre hat Johann Baptist → Schraudolph gemalt. – Eine Madonna stammt noch aus der Zeit um 1430/35. – Sieben Passionsbilder hat Johann Baptist → Herz aus Fischen gemalt. – Aus dem Kunsthandel wurden ein Bild der Geburt Christi von Anton Raphael Mengs (1728–1779), ein Auferstehungschristus aus der zweiten Hälfte des 15. Jh. und ein Hlg. Stephanus, um 1500, erworben. – Südlich der Pfarrkirche steht inmitten des ehemaligen Friedhofs, Ende des 15. Jh. als Beinhaus errichtet, die **Seelenkapelle** mit einer reich gestalteten Nordfassade. In der hohen Spitzbogennische steht ein überlebensgroßer Schutzengel aus der zweiten Hälfte des 16. Jh. – Südlich der Kapelle ist noch ein Arkadengang von 1735 erhalten. – An der Straße nach Birgsau steht die 1493 geweihte **Appachkapelle**, ein oktogonaler Zentralbau, der mit der nahen Loretto- und Josephskapelle die frömmigkeitsgeschichtliche und theologische Entwicklung einer Wallfahrt dokumentiert. Die Wandmalereien stammen aus dem mittleren 16. Jh. Auf dem Altar steht ein Auferstehungschristus aus der Zeit um 1600. Die Figuren der Hlg. Sebastian und Wolfgang, um 1480/90, stammen aus dem Umkreis des Meisters des Imberger Altars (→ Imberg). – Die **Kapelle Loretto** wurde 1657/58 errichtet. Sie ist durch den langen Sakristeigang an der Südseite des Chors mit der Josephskapelle verbunden. – Das Kuppelfresko hat Claudius → Schraudolph 1877 gemalt. Der Altar, um 1740/41, stammt von Anton → Sturm. Ein Gemälde zeigt das Gnadenbild über dem Prämonstratenserstift Rot an der Rot mit dem aus O. stammenden Abt Hermann Vogler, bez. 1714. Auf einem Gemälde von 1760/70 sieht man eine Kreuzprozession aus dem Lechtal. – Die Renovierungsarbeiten an der Kapelle am Pilgerweg nach Holzgau wurden 1999 abgeschlossen – Der Tisch in der Sakristei hat eine Scagliolaplatte des späten 17. Jh. – Die **Kapelle St. Joseph** ist ein Bau von 1671. Der Hochaltar stammt von 1727, die Seitenaltäre sind schon von 1685. Die Seitenaltarblätter hat Balthasar → Riepp erst 1728 gemalt. – Der Palmesel ist von Franz Xaver Schmädl 1729 geschnitzt. Es ist ein Frühwerk des in O. geborenen und später in Weilheim tätigen Bildhauers. – Die **Klausenkapelle** ist im frühen 16. Jh. errichtet worden. Das Altarblatt, eine Rosenkranz-Verleihung an die Hlg. Dominikus und Katharina von Siena hat 1869 Johann Baptist → Schraudolph gemalt. – Gegenüber der Appachkapelle steht das **Benefiziatenhaus**, ein zweigeschossiger Blockbau von 1661 mit steilem Satteldach. Im Landkreis einzig ist die aus dem oberen Rheintal stammende Giebelausbildung mit

Flugdreiecken über den Köpfen der First- und Mittelpfetten. – Zu O. gehören die Gemeindeteile Gerstruben, Kornau, Reichenbach, Rohrmoos, Rubi, Schöllang, Tiefenbach und Winkel. – Eine volkskundliche Besonderheit in O. ist der → Wilde-Männle-Tanz. – In O. versuchte auf langen Wanderungen der Botschaftsrat (Moskau) Kurt Riezler die Ereignisse der russischen Revolution 1918 zu vergessen, festgehalten in seinem Tagebuch, das er in O. vervollständigt hat. – Erholung suchte in O. auch der von Sauerbruch operierte Erhard Auer, Innenminister im Kabinett Eisner, der 1919 im Landtag niedergeschossen worden war. – Während des Zweiten Weltkrieges ließen sich in O. die Eltern des Dichters Carl Zuckmayer nieder, nachdem ihr Haus in Mainz zerstört worden war. Der damalige Oberstdorfer Kreisleiter half der Mutter des Dichters, indem er die nichtarische Abkunft in den Akten verschleierte. – Zuckmayer selbst heilte in O. einen Herzinfarkt aus, den der Trubel um sein Bühnenstück „Des Teufels General" ausgelöst hatte. – Beide Eltern wurden in O. beerdigt. Bei der Beerdigung ging die 78jährige Gertrud von le Fort an der Seite Zuckmayers. – Wirtschaftsminister Ludwig Erhard, der schon im Zweiten Weltkrieg im Allgäu war, verbrachte 1954 im Stillachhaus einen Erholungsurlaub. Sein Freund Johann Martin Ditterich war damals Landrat der Kreises Sonthofen.

Zirkel, Heinrich Bernhard/Grundmann, Werner: Geschichte des Marktes Oberstdorf. Vier Teile, Oberstdorf 1974–1979 – Weis, Markus: Die Lorettokapellen in Oberstdorf. Lindenberg: Fink, 2002

Oberthingau (Markt Unterthingau, Lkr. Ostallgäu). – Die Pfarrkirche ist im Kern eine gotische Anlage des späten 15. Jh. – 1648 ist eine Kapelle für die beiden 1666 bei der Mühle des nahen Weilers Eschenau gefundenen Gnadenbilder angebaut worden. – Über dem Chorbogen befindet sich eine Wappenkartusche des Kemptener Fürstabtes Rupert von Neuenstein (1785–1793). – Die Fresken hat Linus → Seif gemalt. – Der Hochaltar wurde 1697 aufgestellt. Am südlichen Seitenaltar, 1702/03, stehen Figuren von Hans Ludwig → Ertinger. – In der Mitte des sechssäuligen Kapellenaltares stehen die beiden Gnadenbilder und eine Statuette der Immaculata in einem silbernen von Franz Joseph Leopold von Bodman gestifteten Mantel. – Der Taufstein stammt noch aus der zweiten Hälfte des 15. Jh.

Ösch (Pfronten, Lkr. Ostallgäu). – Die Kapelle St. Koloman ist in den Jahren 1730 bis 1736 vielleicht nach einem Entwurf von Johann Georg → Fischer erbaut worden. – Der Stuck von 1742 stammt wohl von Joseph → Fischer. – An einem der Seitenaltäre steht eine Schmerzhafte Muttergottes von Johann Sigmund → Hitzelberger, 1798. – Außen am Chor befindet sich eine Marmorfigur des Hlg. Koloman von Maximilian → Hitzelberger, 1741.

Oflings (Wangen, Lkr. Ravensburg). – Auf einem ursprünglich grabenumzogenen Rundhügel steht hier ein behäbiger mittelalterlicher Wohnturm, ein Sanktgallischer Dienstmannensitz, dessen untere Geschosse wohl noch aus dem 12./13. Jh. stammen. Der über einem Rundbogenfries vorkragende Oberbau ist dem 15. Jh. zuzurechnen.

Ofterschwang Lkr. Oberallgäu, 1879 E., liegt am Fuß der Hörnergruppe. – Die Pfarrkirche, 1760 geweiht, ist ein flachgedeckter Saal. – Stuck, Altäre und Kanzel in lebhaften Rokokoformen stammen aus der Erbauungszeit. – Über dem Chorbogen befindet sich das Allianzwappen des Grafen Franz Hugo von Königsegg und der Gräfin Maria Franziska von Hohenzollern mit der Jahreszahl 1756. – Zwischen den Säulen des Hochaltares stehen die Figuren der vier Kirchenväter, um 1760.

Osterried, Franz d. J. Kirchenmaler, geb. 1808 in Pfronten-Meilingen, gest. 1863 in München. – Er studierte an der Akademie in München. – In seiner Heimat baute er sich ein eigenes Atelier, in dem er bis zu seiner Übersiedlung nach München arbeitete. – Im Füssener Raum sind von ihm Gemälde erhalten in den Filialkirchen Pfronten-Heitlern und Pfronten-Steinach sowie in den Kapellen Hgl. Kreuz in Kreuzegg und in St. Coloman in Ösch, im Oberallgäu in Burgberg, Hindelang, Hinterstein und Unterjoch. – O. arbeitete hin und wieder mit seinem Freund, dem Bildhauer Johann Konrad → Eberhard, der ihm auch Entwürfe anfertigte. – In seiner Heimat Pfronten entwarf O. die Pläne für die Gottesackerkapelle und leitete auch deren Bau.

Osterried, Franz Xaver Maler, geb. 1770 in Pfronten-Meilingen, gest. 1835 in Wien. – Seine Mutter stammte aus der Pfrontener Malerfamilie → Stapf. – Er lernte an der Akademie in Wien und war dann dort Zeichenlehrer.

Osterwalder, Gottlieb Graphiker und Maler, geb. 1908 in Kempten, dort 1988 gest. – O. hat in Kempten die höhere Schule vorzeitig verlassen und eine Lehre als Lithograph angetreten. Dann übersiedelte er nach Basel, lernte dort die Künstler-Lithographie kennen und besuchte die Abendklassen für künstlerisches

Zeichnen an der Gewerbeschule. Schließlich schaffte er sich eine kleine Litho-Handpresse an und richtete eine eigene Werkstatt ein. Er wurde Mitglied der Basler Künstlergesellschaft und stellte in der Schweiz und auch in seiner Allgäuer Heimat aus. In diese kehrte er nach einigen Jahren zurück und schuf sich ein Atelier im eigenen Haus an der Weiherstraße in der Stiftsstadt. – 1965 begründete er mit Bekannten und ersten Interessenten den „Freundeskreis der Kemptner Drucke", einer Edition von Originalgraphiken namhafter Künstler in der Bundesrepublik, der Schweiz und Österreich. Hervorgehoben seien Hanna Nagel und Edeltraud Abel. Von rd. 150 Lithographien, Radierungen und Linolschnitten stammten 18 von ihm selbst. Meist waren dies Farblithos. – Nach 11 Jahren stellte O. das Erscheinen ein, um sich ganz der eigenen Arbeit zu widmen. – Bald waren die „Kemptner Drucke", die in niedriger Auflage erschienen, sehr gefragt. – Scin Weg war gewiß nicht immer leicht, wohl aber überaus ehrlich und diszipliniert. – Im Bereich der Malerei war O. Autodidakt, erreichte aber durchaus Bemerkenswertes. Zunächst ging es ihm um Landschaft und Stilleben, bald aber auch um das menschliche Gesicht. – Ausgezeichnet wurde O. 1960 mit dem Grafikpreis der Stadt Kempten und 1977 mit der Ehrenplakette in Bronze der „Deutschen Kunststiftung der Wirtschaft e. V.".

Musik, Rudolf: Zehn Jahre „Kemptner Drucke". In: DSA, September 1975, 134–137 – Den Freunden meiner Arbeit gewidmet. Kempten im Herbst 1978. (= Katalog, hrsg. von Gottlieb Osterwalder, Maler und Graphiker). – Musik, Rudolf: Der Graphiker und Maler Gottlieb Osterwalder. In: DSA, Juni 1979, 64–68

Osterzell Lkr. Ostallgäu, 657 E. – Die ursprünglich romanische Anlage der Pfarrkirche ist bis in die Mitte des 18. Jh. mehrfach verändert worden. – Die spritzigen Stukkaturen stammen von Franz Xaver → Schmuzer. – Über dem Chorbogen befindet sich das Wappen des Klosters Rottenbuch und des Abtes Clemens Prasser. – Die Fresken hat Johann Baptist Baader 1751 gemalt. – Der spätklassizistische Hochaltar stammt von 1829, die Rokoko-Beichtstühle aus der Zeit um 1750. – An der Chorwand befindet sich ein Wandgrab mit der überlebensgroßen Ritterfigur des Burkhard von Kaltental, gest. 1578. – Das einstige Schloß, später Pfarrhaus, wurde 1977 zu einem Wohnhaus umgebaut. Von 1699 bis 1803 war das Gebäude im Besitz des Klosters Rottenbuch. Erhalten ist nur noch der dreigeschossige Mittelbau mit einem Walmdach. – 1771 wurde in O. der berüchtigte Wildschütz und Räuberhauptmann Matthias Klostermeier, bekannt als Bayrischer Hiasl, von einem Kontingent schwäbischer Kreissoldaten nach einem Gefecht gefangen genommen.

Ottobeuren Markt, Lkr. Unterallgäu, 7936 E. – Die mächtige etwas über dem Markt gelegene freigestellte Klosteranlage mißt vom Hauptportal der Kirche bis zu den Ökonomiegebäuden 480 m. Und in dem 142 x 128 Meter großen Konventviereck gibt es 16 Stiegenhäuser und fast 200 Räume. Diesem Spiegel des Erscheinungsbildes entspricht auch die Zahl und Bedeutung derer, die hier gewirkt haben. – Bauherren waren die Äbte Rupert II. → Neß (1710–1740) aus Wangen und Anselm Erb (1740–1767) aus Ravensburg. Über Rupert Neß schreibt der letzte Stiftschronist: „So lange er regierte, bauete er, und zwar alles meistentheil, wie man zu sagen pflegt, in großem Stil.“ – Schon 1711 legte Rupert Neß den Grundstein zu den Klostergebäuden. – Pläne haben vorgelegt die Vorarlberger Baumeister Franz → Beer und Christian Thumb, Johann Jakob → Herkomer aus Füssen und auch Dominikus → Zimmermann. Den Vorzug erhielt aber der Ottobeurer Pater Christoph → Vogt, der schon 1706 bis 1710 die benachbarte Wallfahrtskirche in Eldern gebaut hatte. Vogts erster Entwurf lehnte sich an die Salzburger Kollegienkirche Johann Bernhard Fischers von Erlach und wohl auch an Weingarten an. – Schließlich beauftragte der Abt den Baumeister Simpert → Kraemer, der schon seit 1717 am Klosterbau beschäftigt war, eine neue Planung zu erarbeiten und ein Modell vorzustellen. – 1737 wurde der Grundstein zur Kirche gelegt. – 1744 überarbeitete der Münchner Oberhofbaumeister Josef Effner Kraemers Grundriß, und 1748 wurde Johann Michael Fischer mit der Leitung betraut. Er gab der Basilika von heute ihre überwältigende Wirkung. – 1755 schloß man die Hauptkuppel und 1766 konnte die Kirche geweiht werden. – Der Bedeutung der verschiedenen Baumeister entspricht die Leistung der Künstler: der Wessobrunner Stukkator Johann Michael → Feichtmayr, der Bildhauer Joseph Christian aus Riedlingen, die Tiroler Freskanten Johann und Franz Anton → Zeiller, der Maler Jacopo Amigoni aus Venedig, der Bildhauer Antonio Bossi aus der Nähe von Lugano, der Maler Januarius Zick (→ Zick, Johannes) aus einer in Woringen beheimateten Familie sowie die beiden Zimmermann. – Die Chororgeln stammen von Carl Joseph → Riepp aus Eldern. Die ergänzende Marienorgel hat 1956 der Kulturkreis der deutschen Industrie gestiftet. – Den Bibliothekssaal hat 1715 Johann Baptist → Zimmermann ausgestaltet. Die Mitte des Raumes betont eine Figur der Athene von Anton → Sturm. Dieser hat auch für den Höhepunkt der Repräsentationsräume, den Kaisersaal, die vergoldeten und etwas martialischen Figuren 16 habsburgischer Kaiser geschaffen. – Unscheinbar und wohl meist auch unbeachtet ist der romanische Corpus am Kruzifix des Kreuzaltars aus der Zeit um 1200. – Insgesamt ist der „schwäbische Escorial" eine Summe der Barockarchitektur in Süddeutschland und der Höchstleistungen der Gestaltung und Ausstattung. – Das Klostermuseum zeigt Skulpturen des 12. bis 18. Jh., darunter Entwürfe der beiden Zeiller für die Fresken in der Kirche, sowie Sammlungen von Uhren, Stubenzeichen und Zunftladen. – In das Museum einbezogen ist eine Filialgalerie der Bayerischen Staatsgemäldesammlungen mit Beispielen zur schwäbischen Malerei der Gotik. – Zur Abtei gehört auch das ehemalige Beamtengebäude, ein 1739 bis 1742 von Simpert Kramer (→ Kraemer, Simpert) errichteter langgestreckter Walmdachbau auf einer kleinen Anhöhe westlich des Klosters. – Das Ottobeurer Kurheim erinnert in seinem Namen an Sebastian → Kneipp, der in Ottobeuren 1821 getauft wurde und hier auch 1852 seine Primiz feierte. Seit 1957 ist O. ein anerkannter Kneippkurort. – O. mag man auch als die Wiege der deutschen Luftschiffahrt ansehen: 1784 ließ Pater Ulrich → Schiegg, zwei Monate nach dem Ballonstart der Brüder Montgolfier in Paris, zwei selbstgebaute, unbemannte Heißluftballone aufsteigen.

Oy (Oy-Mittelberg, Lkr. Oberallgäu), 4340 E., früher Sitz einer Salzfaktorei für die aus Hall in Tirol in die vorderösterreichischen Lande gehenden Salztransporte. – Das Zollhaus in Oy entstand 1448 im Zusammenhang mit einem z. T. durch den Bischof von Augsburg finanzierten Straßenbau. – Aus Oy stammte Walter Bach, Oberst des Allgäuer Haufens im Bauernkrieg. – Nordwestlich von Oy liegt der Weiler Zollhaus. Hier gab es eine Zollstätte, welche die Reichsstadt Kempten im Einvernehmen mit dem Bischof von Augsburg und dem Fürstabt von Kempten an der Grenze zwischen dem Fürststift Kempten und dem Hochstift Augsburg 1477 zur Finanzierung ihrer durch den Kempter Wald gebauten neuen Straße errichtet hat. – Zu Oy gehört auch die zweibogige, ca. 70 m lange Dohlebrücke über die Wertach bei dem Ortsteil Haslach, welche die Gemeinden Oy-Mittelberg und Nesselwang sowie die Landkreise Ober- und Ostallgäu verbindet. Diese sog. „Römerbrücke" wird erstmals 1726 erwähnt und ist wohl auch kaum älter. Mittelalterliche oder gar antike Bauteile konnten bisher nicht gefunden werden. Bislang wurde die Brücke mindestens zwölfmal saniert. Die letzte Restaurierung wurde im Sommer 2001 abgeschlossen.

P

Pelle, Franz Xaver Provinzialoberer der Franziskaner, geb. 1746 in Füssen, gest. 1821 in Reutte in Tirol. – Sein Vater war ein aus Reutte stammender Handelsmann. – Nach dem Besuch der Lateinschule des Klosters St. Mang in Füsssen und des Gymnasiums in Innsbruck trat er 1762 in das Franziskanerkloster Innsbruck ein. Studien in Innsbruck, Schwaz und Bozen schlossen sich an, bevor er 1771 an der Hochschule der Tiroler Ordensprovinz in Schwaz Philosophie und Theologie lehrte. – Durch die Maßnahmen Kaiser Josefs II. mußte er als Ausländer Österreich verlassen und ging in das Franziskanerkloster Füssen. 1783 trat er zur Ordensprovinz Straßburg über. 1801 wurde ihm die Leitung der oberösterreichischen Ordensprovinz übertragen. Nach deren Auflösung kehrte P. 1816 in das Kloster Reutte zurück.

Pentenrieder, Franz Xaver Hoforganist, Kapellmeister und Komponist, geb. 1813 in Kaufbeuren, gest. 1867 in München. – P. war Singknabe am Münchner Liebfrauendom, mit 20 Jahren Hoforganist, ab 1839 Repetitor an der Oper und ab 1844 Kapellmeister an der Ludwigskirche. – Er komponierte Motetten, Messen, Ouvertüren und Lieder. – 1840 wurde seine romantische Oper „Die Nacht zu Paluzzi" in München uraufgeführt, begeistert aufgenommen und in den folgenden Jahren auch auf anderen Bühnen gespielt. Seine letzten Lebensjahre verbrachte P. in einer Nervenheilanstalt, nachdem er von einer Kutsche überfahren worden war.

Petersthal (Oy-Mittelberg, Lkr. Oberallgäu), 1350 erstmals genannt, an der Salzstraße von Hall in Tirol in den Bodenseeraum gelegen. – 1755 wurde das Langhaus der Pfarrkirche nach Plänen von Franz Karl → Fischer umgebaut. – Die Fresken stammen von Franz Anton → Weiß, 1755. – Über dem Chorbogen ist ein Guter Hirte angebracht, auf dessen Tasche sich das Wappen des Augsburger Fürstbischofs Joseph Landgraf von Hessen-Darmstadt befindet. – Das Hochaltarbild hat vielleicht Franz Anton → Weiß gemalt. – Die Figuren stammen aus dem Umkreis von Anton → Sturm. Am nördlichen Seitenaltar steht eine Madonna, wohl eine Ulmer Arbeit um 1510. – Eine Besonderheit ist der Petersthaler Palmesel vom Anfang des 14. Jh., der zu den ältesten Darstellungen dieser Art gehört. – Zu P. gehört auch ein Pestfriedhof, angelegt um 1635.

Herrmann, Norbert: Petersthal. Geschichte einer Allgäuer Gemeinde. Kempten: Verlag für Heimatpflege, 1976

Pfafflar Bezirk Reutte, Gemeinde im Bschlabertal, einem Seitental des Lechtals, mit den drei Fraktionen Bschlabs, Boden und Pfafflar, mit 142 E., entstanden aus Almen von Imst. – Pf., die oberste Fraktion, erstmals erwähnt 1288, ist eine Sommersiedlung auf 1357 m Höhe. Seit 1969 gibt es eine Straßenverbindung über das Hahntennjoch nach Imst. – Mit seinen in Rundholz aufgezimmerten Holzhäusern ist Pf. die älteste und fast unversehrt erhaltene Höhensiedlung Tirols. Es gibt hier noch den sogenannten Almnomadismus, d.h. im Frühjahr ziehen ganze Familien mit dem Vieh auf die Niederalm und kehren erst im Herbst wieder zurück. In der Ortschaft bleibt nur ein Wächter bei den versperrten Wohnhäusern. – Mit elektrischem Licht wurde erst 1955 der letzte Bauernhof versorgt. – Die Kirche in Boden wurde 1838 nach Plänen von Anton → Falger gebaut, von dem auch die ehemaligen Altarbilder stammen.

Pfaundler, (Johann) Caspar Jurist und Zeichner, geb. 1766 in Reutte, gest. 1814 in Innsbruck. Nach zum Teil selbst finanziertem Studium und der Promotion (1794) wurde Pf. Dikasterial-Advokat in Innsbruck. – 1797 kämpfte er in der Schlacht bei Spinges, deren Gegend er in einer genauen Zeichnung festgehalten hat. Er hat eine große Sammlung von Abbildungen Tiroler Schlösser, Burgen und Landschaften hinterlassen. Zehn seiner Radierungen wurden ohne sein Wissen 1811 auf der Kunstausstellung in München mit Erfolg gezeigt.

Pfeiffer, P. Dr. Pankratius Ordensgeneral der Salvatorianer, geb. 1872 in Brunnen bei Schwangau, gest. 1945 in Rom. – Er wuchs mit fünf Geschwistern als Sohn eines Bauern und Ziegeleibesitzers auf und trat in Rom dem Orden der Salvatorianer bei. Mit 17 Jahren begann er sein Studium, mit 24 Jahren feierte er in seiner Heimatpfarrei die Primiz. Schließlich wurde er promoviert und von seinen Mitbrüdern zum General ihres Ordens gewählt. Auf vielen Visitationsreisen besuchte er die Ordensniederlassungen in Amerika, Asien und Europa. – Während der deutschen Besetzung Italiens im Zweiten Weltkrieg wurde der mehr als 70jährige Ordensgeneral zum wichtigsten Vermittler zwischen dem Vatikan und den deutschen Machthabern. Als Beauftragter Pius XII. leitete er die Hilfsmaßnahmen, die ihn zum „Engel von Rom“ machten. Während der neunmonatigen Besetzung Roms durch die deutschen Truppen setzte sich P. todesmutig für andere ein und half vielen in höchster Not. – Nicht nur Rom, sondern auch Chieti, Ascoli und Orvieto verdanken P. ihre Rettung und Bewahrung vor der Zerstörung. – In der Kathedrale von Ascoli-Picino stellt ein Mosaik die Szene dar, wie P. von Papst Pius XII. den Auftrag erhält, bei der Militärbehörde die Schonung der Stadt zu erwirken. Der Stadtrat von Rom hat in dankbarem Erinnern eine Straße nach P. benannt. – Tragisch war sein Tod: Ein Militärauto der Alliierten fuhr P. am Himmelfahrtstag 1945 beim Überqueren einer Straße an, und P. erlag seinen Verletzungen. Noch vor seinem Tod setzte sich P. dafür ein, daß der Autofahrer nicht bestraft werde.

Pflach Bezirk Reutte, Straßendorf nordöstlich von Reutte rechts des Lech mit 1110 E., erstmals genannt 1275. 1509 verlieh Kaiser Maximilian I. den Brüdern Höchstetter aus Augsburg das Recht, den Bergbau am Säuling und das Hüttenwerk in Pflach zu betreiben. Der Betrieb blühte, und der Bergsegen war so groß, daß man 1515 aus Dankbarkeit die den Hlg. Ulrich und Afra geweihte „Hütt-Kapelle" errichtete. – Die Kreuzwegstationen hat Balthasar → Riepp um 1735 angeblich in 14 Tagen gemalt. – Nordwestlich vom Dorf lag am Kniepaß eine alte Schanze, die als Vorwerk für die Feste → Ehrenberg diente. Im 19. Jh. stand hier ein Zollhaus, in dem der Historiker David von → Schönherr geboren wurde. Am Kniepaß hat man Reste einer römischen Geleisestraße gefunden

Mutschlechner, Georg und Palme, Rudolf: Das Messinggewerbe in Pflach bei Reutte. Ein bedeutsames Industrieunternehmen zu Beginn der Neuzeit. Reutte, Innsbruck: RTW Verlag, Außerferner Schriften 1976

Pforzen Lkr. Ostallgäu, 1994 E. – Die Pfarrkirche ist ein gotischer Bau des Jahres 1484. Um 1680 wurde die Kirche barockisiert und eine Sakristei angebaut. – Das einschiffige Langhaus mit einer einfach kassettierten Holzdecke stammt wohl noch aus dem 17. Jh., ein Vesperbild aus dem Jahr 1627. – Der „Gasthof zum Goldenen Hirschen" wurde 1547 durch das Kloster Irsee gebaut. – Die ehemalige Mühle ist ein zweigeschossiger Satteldachbau von 1573. Über der Türe befindet sich das Wappen des - Irseer Abtes Thomas Hofmann (1565–1596).

Pfronten Lkr. Ostallgäu, 7529 E. – 13 Ortschaften tragen den „Vornamen" Pfronten. Zwei Besonderheiten verbinden alle Ortsteile: Als Rodungsfreie nahmen die Bewohner des Pfrontener Tales unter der Herrschaft der Augsburger Fürstbischöfe eine besondere Stellung ein. Rechtlich gesehen waren sie nie Eigenleute und wurden daher als „freie Gotteshausleute" bezeichnet. Noch 1796 verwiesen die Pfrontener in einer Beschwerdeschrift auf das „Göttliche Recht von Pfronten". – Diese „Bauernrepublik" ist Geschichte, Gegenwart ist noch immer die feinmechanische Industrie. Durch Jahrzehnte zeichneten Schüler im Allgäu und darüber hinaus im Fach Geometrie mit Reißzeug aus Pfronten. – Aus Pf. stammen die Bildhauer → Babel und → Hitzelberger, der Maler und Lithograph Thomas → Driendl, der Bildhauer Syrius → Eberle, der Baumeister und Stukkateur Joseph Anton → Geisenhof, der Bildhauer Theodor → Haf, der Rechtshistoriker Karl → Haff, der Feinmechaniker Thomas → Haff, der Maler Johann Baptist → Heel, der Bildhauer Peter → Heel, der Kirchenmaler Franz → Osterried d.J., der Maler und Vergolder Bonaventura → Staff und die Bildhauer Josef und Mang Anton → Stapf.

Pinswang Bezirk Reutte, Gemeinde mit 405 E. am rechten Lechufer östlich von Vils, nahe dem Übergang in den Landkreis Ostallgäu, erstmals 1095 erwähnt. Es ist eine Rodungssiedlung des Klosters St. Mang in Füssen. – 1839 wurde die Fürstenstraße nach Hohenschwangau und Neuschwanstein eröffnet. – Bis 1816 gehörte P. zur Diözese Augsburg, dann zur Diözese Brixen. – Die 1725–1729 von Johann Georg → Fischer erbaute Pfarrkirche ist dem Hlg. Ulrich geweiht. Fischers Mitarbeiter war der Pinswanger Baumeister Franz → Kleinhans. Die Deckenbilder mit der Schlacht auf dem Lechfeld (955) und dem brennenden Friedberg malte der aus Pfronten stammende Johann Peter → Heel 1727. Das Ulrichsbild am Hochaltar stammt von Johann Balthasar → Riepp, um 1730. – Der alte Brauch des Hexenbrennens und Scheibenschlagens am Funkensonntag hat sich hier bis heute erhalten.

900 Jahre Pinswang. Das Dorf an der Grenze. Hrsg.: Gemeinde Pinswang. Pinswang 1995

Plansee In fjordartiger Landschaft liegt der zur Gemeinde Breitenwang östlich von Reutte gehörende See, der erstmals im 11. Jh. erwähnt wird. Er umfaßt eine Fläche von 290 ha, ist 5,5 km lang, 1 km breit und 76 m tief und ist damit der zweitgrößte See Tirols. Mit dem 139 ha großen Heiterwanger See ist er durch einen Kanal verbunden, der 1909 erweitert wurde, so daß im Sommer ein Schiffsverkehr möglich ist. Beide Seen gehören seit dem 13. Jh. dem Tiroler Landesfürsten und werden im Fischereibuch Kaiser Maximilians I. beschrieben und hier erstmals bildlich dargestellt. – Den Namen Plansee trägt das heute in Europa führende pulvermetallurgische Werk, das 1921 der aus Prag stammende Altösterreicher Dipl.-Ing. Dr. Paul Schwarzkopf (1886–1970) mit damals 20 Beschäftigten in Reutte gegründet hat. Heute sind hier 1937 Mitarbeiter angestellt, das sind ca. 41% aller in Industrie und Gewerbe

Berufstätigen im Bezirk Reutte. Die weltweit 5000 Mitarbeiter und 15 Produktions- sowie 19 Vertriebsgesellschaften setzten mit 80 Millionen Euro 2001/02 das größte Investitionsvolumen ihrer Geschichte um. – In Kempten wurde das europäische Logistikzentrum eröffnet, von dem aus Kunden in ganz Europa innerhalb von 24 Stunden bedient werden können. Das Planseewerk beliefert die NASA und ist in 10 Ländern vertreten, darunter in Frankreich, Japan und Indien. 1952 errichtete das Werk ein Privatgymnasium, das durchaus hohe Anforderungen stellt. Bemerkenswert sind auch die im Planseewerk stattfindenden Konzerte. – 1943–1945 war im Hotel „Forelle" der französische Politiker Edouard Daladier (1884–1970) interniert, der 1938 das „Münchener Abkommen" mitunterzeichnen mußte.

Singer, Christian: Der Plansee. Geschichte und Landschaft. o. O. (Berwang/Tirol): Steiger Verlag, o. J. (1987)

Prestel(e), Johann Gottlieb (Theophilus, Amadeus) Reproduktionsgraphiker, geb. 1741 in Grönenbach, gest. 1808 in Frankfurt am Main. – Der Vater war Schreiner. – Nach einem kurzen Aufenthalt in Prag soll P. um 1757 bei Johann Jakob und Franz Anton → Zeiller gelernt haben, die um diese Zeit mit der Ausmalung der Abteikirche in Ottobeuren begannen. – Um 1759/60 zog P. nach Venedig, wo er Kontakte zu dem aus Thalendorf bei Gestratz stammenden Verleger und Kupferstecher Joseph → Wagner aufnahm. – Von 1761 bis 1766 war P. in Rom, anschließend in Florenz. Hier soll ihm angeboten worden sein, in die Dienste des Großherzogs Leopold von Toscana, des späteren Kaisers Leopold II., zu treten, was P. aber abgelehnt hat. – Über Bologna und Venedig kehrte er 1769 wieder ins Allgäu zurück. Doch bald ließ er sich in Nürnberg nieder, wo er sich mit graphischen Reproduktionstechniken befaßte. – 1775 hielt sich P. in der Schweiz auf und lernte hier Goethe und Lavater kennen. Für Lavaters „Physiognomische Fragmente" erhielt er einen Illustrationsauftrag. Hier lief seine Reproduktionswerkstatt so richtig an, vor allem in der neuen Aquatinta-Technik. – 1779 verlieh ihm die Düsseldorfer Akademie die Ehrenmitgliedschaft. Und 1780 ließ ihm der bayerische Kurfürst mit einer Gedenkmedaille seine Anerkennung aussprechen. – 1783 übersiedelte P. nach Frankfurt am Main. – 1786 trennte sich seine Frau von ihm und zog nach London. – 1807 kündigte ein Johann Georg Prestel senior die Fortführung des „Neuen Kunst-Verlages von Johann Gottlieb Prestel" in Frankfurt an. Doch bereits ein Jahr später ist P. in Frankfurt gestorben. Er war zuletzt mit dem Entwurf eines

Gemäldes für den von Napoleon vertriebenen Mainzer Kurfürsten und Fürstprimas des Rhein-Bunds Karl Theodor von Dalberg beschäftigt. – Mit dem Namen Prestel ist noch heute die „Galerie F. A. C. Prestel“ in der Frankfurter City verbunden. Sie gilt als eine der am längsten unter dem selben Namen geführten Kunsthandlung Deutschlands. Schon Goethes Vater soll bei Prestel gekauft haben. – Der 1924 in Frankfurt gegründete und heute in München ansässige Kunstverlag Prestel hat jedoch keine familiären Bande zu P. und seinen Frankfurter Nachkommen.

Riedmiller, Kornelius: Ein typischer Dickschädel. Maler und Kupferstecher Johann Gottlieb Prestel aus Grönenbach. 18.11.1739 bis 5.10.1808. In: DSA 1986, 29–31 (mit Selbstbildnis) – Rissel, Heribert: Johann Gottlieb Prestel aus Grönenbach – Ein vergessener Meister der Reproduktionsgraphik. In: AGF 101, 2001, 32–49

Probstried (Markt Dietmannsried, Lkr. Oberallgäu), 1358 erstmals genannt. – Die mittelalterliche Pfarrkirche wurde 1666 bis 1683 umgestaltet, das Langhaus 1738/40 erweitert. – Die Deckenfresken von 1740 wurden 1949 wieder freigelegt. – Ein Seitenaltarbild im Pfarrhof ist Johann Martin → Zick zuzuschreiben. – Eine Nazarener-Madonna befindet sich im Allgäu-Museum in Kempten. – Am Weg nach Haldenwang steht eine Pestkapelle aus dem Jahr 1649. – Gegenüber der einstigen Dorfmühle steht das ehemalige Gesindehaus, das als einziges Gebäude den Einfall der Schweden überstanden haben soll. – Bis etwa 1900 war hier das Brennen von Kalk ein Haupterwerbszweig.

Pröbstl, Balthasar Andreas s. Pröbstl, Josef

Pröbstl, Josef Orgelbauer, geb. 1798 in Brunnen bei Schwangau, gest. 1866 in Füssen. – Er war der Sohn eines Söldners und Zimmermanns. In jungen Jahren arbeitete er längere Zeit als Maurerbub in München und auch als Bauernknecht. Von 1817 bis 1819 ging er zu einem Tischlermeister in Füssen in die Lehre. Nach einem zweiwöchigen Aufenthalt bei dem Orgelbauer Hörmiller in Landsberg am Lech fand P. im Winter 1821 bei dem Schongauer Orgelbauer Andreas Handmann, der bei Balthasar → Freiwiß in Aitrang gelernt hatte, für einige Zeit Beschäftigung und vor allem eine gewisse Ausbildung für den ab 1823 ausgeübten Beruf eines Orgelbauers. – Sein erstes selbständiges Werk schuf P. im Jahr 1825 für seine Heimatpfarrei Waltenhofen. – Allmählich drang sein Ruf über die engere Heimat hinaus. Um 1830 lieferte er meist kleinere und mittlere Orgelwerke für Landkirchen bis in die Rosenheimer Gegend und ins Salzburgische. – Als 1833 der Weimarer Orgelbautheoretiker Johann Gottlob Töpfer sein weitverbreitetes und bis zur Orgelreform Albert Schweitzers maßgebliches Buch über die Orgelbaukunst herausgab, wurde P. ein entschiedener Verfechter der Töpfer'schen Grundsätze. Nach ihnen erstellte er 1840 eine neue Orgel für die Salesianerinnen in Dietramszell bei Wolfratshausen. Der Münchner Hofkapellmeister Johann Kaspar Aiblinger (1779–1867) veröffentlichte über eben dieses Werk ein sehr günstiges Urteil, das den Namen P.s weiteren Kreisen bekannt machte. Auch vermittelte Aiblinger neue Aufträge. Solche waren u. a. die Orgeln für die Frauen vom guten Hirten in Haidhausen bei München (1843), für St. Jakob am Anger in München (1844), für die Herzogspitalkirche in München (1845), für die Englischen Fräulein in Nymphenburg (1846), für Palling bei Tittmoning (1846) und für die Salesianerinnen in Pielenhofen bei Regensburg (1847). – Die größte Reparatur nahm P. an der Orgel Andreas → Jägers in der Füssener Magnuskirche vor (1846). Die Kosten dafür beliefen sich auf 1016 Gulden. – Seit etwa 1850 war P. kränklich, so daß er die Leitung seiner Werkstatt mehr und mehr seinem Sohn **Balthasar Andreas P.** überlassen mußte. Dieser hatte es in mancher Hinsicht leichter als der Vater. Seine erste selbständige Arbeit war eine Orgel für Altötting. An größeren Aufträgen seien hervorgehoben: die Orgeln für die Stadtpfarrkirche Kaufbeuren (1858–1862), für Bad Tölz (1860/61), Oberstaufen (1861–1865), Schrobenhausen (1866), für die Studienkirche in Dillingen (1871) und die Heiligkreuzkirche in Donauwörth. – 1888 lieferte er für die Pfarrei Hopferau die 100. Orgel, die seine Werkstatt verlassen hatte.

R

Railich bedeutende Lautenmacherfamilie des 17. Jh. aus der Herrschaft Hohenschwangau. – **Peter R.** lebte bis etwa 1655 in Venedig und später in Padua. Instrumente aus seiner Hand befinden sich im Musikinstrumentenmuseum in Nürnberg, im Museum in Darmstadt und in der Sammlung der Gesellschaft der Musikfreunde in Wien. – **Matthäus R.**, der Bruder des Peter, lebte 1655 in Brescia. – **Christoph R.** aus Bayerniederhofen bei Schwangau lebte um 1670/80 in Neapel und war 1670/71 Kirchenmeister der Bruderschaft bei der deutschen Nationalkirche S. Maria dell' Anima. – **Johann R.** war wohl ein Sohn des Peter. Bei ihm arbeitete von 1672 bis 1678 Matthias Klotz von Mittenwald (1653–1743). Das im Geigenbaumuseum Mittenwald erhaltene Dienstzeugnis bestätigt, daß Klotz bei R. ehrenhaft, treu und gehorsam gedient hat. Demnach sammelte der Begründer der Geigenbautradition in Mittenwald seine Berufserfahrung in Italien bei einem bayerisch-schwäbischen Lautenmacher aus dem Füssener Raum.

Ratzenried (Argenbühl, Lkr. Ravensburg). – Eine ritterliche Familie von R., die im Dienst des Klosters St. Gallen stand, wird erstmals 1167 genannt. – Nach mancherlei Besitzerwechsel kam R. schließlich 1806 an Bayern und 1810 an Württemberg. – Das Schloß stammt aus dem 16. Jh. und wurde nach der Zerstörung 1649 wieder errichtet, im 19. Jh. aber völlig umgebaut. – Seit 1972 ist R. Teil der neugebildeten Gemeinde Argenbühl.

Rauch, Jakob Hof- und Geigenmacher, geb. um 1680 in der Pfarrei Trauchgau, gest. um 1765 in Mannheim. – Er begab sich 1706 in den Dienst des Herzogs Karl Philipp von Pfalz-Neuburg, Gubernator der ober- und vorderösterreichischen Lande in Innsbruck. 1712 lieferte R. für die Innsbrucker Hofmusik zwei neue Geigen, 1713 zwei Geigen und eine Viola. Eine Baßgeige verkaufte er an die Innsbrucker Spitalkirche. – Als Karl Philipp nach dem Tod seines Bruders Johann Wilhelm dessen Nachfolge als Kurfürst antrat, übersiedelte R. mit nach Mannheim, wo sich sein Name in Geigen bis 1763 feststellen läßt. Das Mannheimer Theaterorchester besaß von ihm eine Altviola und zwei Violinen (1746, 1756) sowie ein Violoncello (1734). Nachweisen lassen sich außerdem von R. eine Viola d'amore im österreichischen Augustiner-Chorherren-Stift Herzogenburg (1717), eine Viola Pomposa und ein Kontrabaß (1713) im Tiroler Landesmuseum Ferdinandeum, eine Viola d'amore (1725) in Stockholm, eine Diskantviola im Museum Carolino-Augusteum in Salzburg (1715) und ein Violoncello im Besitz des Mannheimer Altertumsvereins. – Ein Bruder von Jakob Rauch namens **Johann R.** ließ sich zuerst in Eger, dann in Komotau in Böhmen nieder. Dessen Söhne und Enkel beherrschten lange den Musikinstrumentenbau in Komotau. – **Sebastian R.**, ein weiterer Bruder von Jakob R., zunächst in Innsbruck und Mannheim tätig, erhielt 1700 in Prag das Bürgerrecht und läßt sich dort bis 1724 mit Arbeiten nachweisen. Sein Sohn **Joseph R.** betrieb den Musikinstrumentenbau in Würzburg, der Sohn **Thomas R.** in Breslau, der Sohn **Sebastian R.** in Leitmeritz. – So reichte der Einfluß der Lauten- und Geigenmacherfamilie Rauch aus Trauchgau von Mannheim bis Breslau und nach Böhmen.

Rauh, Dr. Rudolf Archivar, geb. 1908 in Kehlbach/Oberfranken, gest. 1973 in Leutkirch. – R. war der Sohn eines Lehrers, besuchte das Alte Gymnasium in Bamberg und studierte an der Universität München Geschichte, Mittellatein, Handschriftenkunde, Patristik und christliche Archäologie. 1934 wurde er promoviert mit einer Dissertation zur „Paläographie der mainfränkischen Monumentalinschriften", die 1953 im Druck erschien. – Nach einjähriger Mitarbeit an dem Standardwerk „Bibliographie zur deutschen Geschichte der Reformation und Gegenreformation" setzten Verhaftungen und Verhöre seiner Laufbahn zunächst ein Ende. – Durch einen seltsamen Zufall kam R. dann in das Allgäuer milchwirtschaftliche Unternehmen Wunderlich in Eisenharz bei Isny. Hier sollte er die Ortsgeschichte erarbeiten. Daraus ergab sich die Brücke zum späteren Lebensweg und dessen Ziel: in das Archiv auf Schloß Zeil, wo Fürst Erich von Waldburg zu Zeil die Begabung des jungen Historikers erkannte, ihn 1937 zum Archivassessor berief und 1938 zum Fürstl. Archivrat ernannte. – Nach dem Krieg standen dem Unbelasteten viele Möglichkeiten offen, doch R. blieb seinem Dienstherrn und dem Allgäu treu. Bald war das Fürstl. Gesamtarchiv in 1500 Regalmetern durch sieben Inventarbände mit über 12 000 Urkundenregesten für die Jahre 1208 bis 1806 erschlossen. R. betreute auch die Archive auf Schloß Wolfegg und in Hohenems/Vorarlberg. – 1946 begründete R. die „Gesellschaft Oberschwaben". Auch war er Mitbegründer des „Südwestdeutschen Archivtages", der Jahr um Jahr Archivare und Historiker aus dem Elsaß, der Schweiz und Österreich mit Kollegen aus dem deutschen Südwesten vereint. R. war auch

Mitglied verschiedener Historischer Kommissionen und Sachverständiger im „Länderausschuß zum Schutz und zur Erhaltung des deutschen Archivgutes". Neben sieben eigenständigen Büchern hat R. über 60 Aufsätze in den verschiedensten Zeitschriften veröffentlicht. – Mit R. hat ein sehr gradliniger Mensch und Historiker seinen Abschied genommen.

Kolb, Pater Aegidius O. S. B.: Dr. Rudolf Rauh zum Gedenken † 27.5.1973. In: DSA, März 1974, 11–13

Rauhenzell (Stadt Immenstadt im Allgäu, Lkr. Oberallgäu). – Der romanische Turm und das Langhaus der **Pfarrkirche** dürften noch aus dem 13. Jh. stammen. – 1693/94 erfolgte ein durchgreifender Umbau. – In den Kassetten der Langhausdecke fand man bei der letzten Restaurierung Grisaillemalereien von 1693/94 mit Akanthus und Rosetten. – Die Altäre und die Kanzel sind in Schwarz und Gold gehalten. – Den südlichen Seitenaltar der St. Anna-Bruderschaft hat Nikolaus → Babel 1696 geschaffen. Das Altarblatt stammt von dem damals 25jährigen Franz Georg → Hermann, 1717. – Wertvoll sind eine Muttergottesfigur aus dem mittleren 15. Jh., ein Auferstehungschristus, 1480, und eine Anna Selbdritt, um 1490/1500. – Unter den Epitaphien für die Freiherren von Pappus-Tratzberg sind hervorzuheben die Wappensteine für Joseph Anton, gest. 1763, und Thaddäus Eusebius, gest. 1762, eine Solnhofer Platte von dem Rettenberger Bildhauer und Maler Nikolaus → Weiß, bez. 1789. – Eine Seltenheit ist ein Reliquienschrein, mit vergoldetem Kupferblech beschlagen, aus der ersten Hälfte des 14. Jh. Aus dieser Zeit stammt auch ein Vortragekreuz. – Reizvoll ist schließlich ein Lavabo in Form eines Delphins aus Zinn, erste Hälfte des 18. Jh. – Nordwestlich unterhalb der Pfarrkirche steht die **Kapelle Maria Eich**, deren Besonderheit eine kleine Pietà aus Ton, wohl aus der Mitte des 18. Jh., ist. – Südwestlich neben der Kirche steht die **Grabkapelle** der Freiherren von Pappus-Tratzberg, die 1903/04 erbaut wurde. – Das **Schloß** wurde 1555 von den Herren von Laubenberg errichtet und 1878/79 umgebaut. Es ist ein dreigeschossiger Rechteckbau mit reich gegliederten Schweifgiebeln an den Schmalseiten. – Ab 1647 befand sich das Schloß im Besitz der Freiherren von Pappus-Tratzberg. Heute gehört das Schloß Baron von Lerchenfeld. – Die große Halle in der Nordwestecke des Erdgeschosses hat 1958 ihren ursprünglichen Charakter zurückerhalten. – Eine Besonderheit ist eine thronende Muttergottes mit Kind aus der Zeit um 1310, wahrscheinlich aus einer Werkstatt im Bodenseegebiet. – Nordöstlich von. R. steht im Wald auf einem ringsum abfallenden Hügel die Ruine der einstigen Burg **Rauhlaubenberg**, die 1579 durch einen Brand zerstört wurde. Die Herren von Laubenberg hatten aber schon 1559 ihren Sitz in das neue Schloß R. verlegt. – Erhalten sind nur Mauerreste des ehemaligen Wohnturms und die Westecke der vorgelagerten Ringmauer.

Rauhlaubenberg s. Rauhenzell

Rauns (Waltenhofen, Lkr. Oberallgäu), 1218 erstmals genannt. – Der Turm der Kirche ist noch spätromanisch, 13. Jh. Die übrige Kirche wurde um 1500 neu erbaut. Die hölzerne Tafeldecke stammt von 1685. – An der Vorderseite des Zelebrationsaltars stehen die Reliquienbüsten der beiden Titelheiligen Cosmas und Damian, um 1480, aus dem Umkreis des Meisters des Imberger Altars (→ Imberg). – Der Hochaltar und seine Figuren kommen wohl aus einer Ulmer Werkstatt, um 1500, der Auferstehungschristus stammt aus der Zeit um 1490. – Bei der Säkularisation wurde die Kirche von den umliegenden Bauern gerettet. – 1970 wurde die Kirche restauriert.

Riedmiller, Kornelius: Die Kirche von Rauns in neuem Glanz. In: DSA, März 1974, 17 – 20

Rechtis (Markt Weitnau, Lkr. Oberallgäu), 1275 erstmals genannt. R. ist die vierthöchste Pfarrei Deutschlands. – An den romanischen Kirchturm ist das spätgotische Langhaus angebaut. Der Taufstein stammt noch aus dem Jahr 1496. – Das Deckenbild über dem Langhaus von Linus → Seif, 1774, zeigt die Ungarnschlacht auf dem Lechfeld. – Eine Pietà hat Franz Sales → Lochbihler gemalt. – Zu R. gehört **Hellengerst** mit einer im Kern spätgotischen Kirche, die 1773 unter dem Kemptener Fürstabt Honorius Roth von Schreckenstein erneuert wurde. Sein Wappen befindet sich über dem Chorbogen. – Im romanischen Turm hängt noch eine Glocke von 1516. – Südwestlich von Hellengerst steht im Wald ein Grenzstein mit den Wappen des Fürstifts Kempten, der Herrschaft Hohenegg (Österreich) und der Grafschaft Königsegg-Rothenfels.

Rederer, Eduard Glasmaler, geb. 1826 in Kaufbeuren, gest. 1883 in München. – Von ihm stammen zahlreiche Kirchenfenster in bayerischen und schwäbischen Kirchen, u. a. in Trostberg, Endelhausen, Polling, Rohrdorf und Donaueschingen. – R. war der Herausgeber des „Album gotischer Altäre in Altbayern“, 1862.

Reichenbach (Markt Oberstdorf, Lkr. Oberallgäu). – Die Kapelle St. Jakobus d. Ä. ist 1540 errichtet worden. Im Chor steht ein spätgotischer Altarschrein, der früher in Schöllang war. Die Figuren werden der Nachfolge von Hans → Multscher bzw. dem Meister des Imberger Altares (→ Imberg) zugeschrieben.

Reichenhofen (Leutkirch, Lkr. Ravensburg). – Um 1400 wurde hier als Kind eines der Freien auf der → Leutkircher Heide der Bildhauer Hans → Multscher geboren. – Zu R. gehört die Höhenburg Zeil. – In der Wolfgang-Kapelle bei R. befand sich bis 1610 das Grab des Bauernführers Matthias → Waibel aus Martinszell. – R. wurde 1972 nach Leutkirch eingemeindet.

Reicholzried (Markt Dietmannsried, Lkr. Oberallgäu), 1218 erstmals genannt. – Die Pfarrkirche ist ein im Kern spätgotischer Bau des 15. Jh., der Ende des 17. Jh. erneuert wurde. – Die Stukkaturen stammen von Franz Xaver → Feichtmayr. Über dem Chorbogen befindet sich das Wappen des Kemptener Fürstabtes Rupert von Neuenstein (1785–1793). – Die Fresken hat Franz Joseph → Hermann gemalt. – Eine steinerne Hand neben dem Westeingang deutet vielleicht auf ein einstiges Asylrecht hin. – Im Friedhof stehen ein altes Beinhaus und zahlreiche hübsche schmiedeeiserne Grabkreuze. – Zu R. gehört auch das einstige stiftkemptische Sommer- und Jagdschlößchen **Kiesels** mit einem reizvollen Treppenhaus. Die Eckvoluten am Absatz des Türgerüstes sind von einem Putto und einem Mohr besetzt. Bemerkenswert ist auch der zugehörige Gutshof, erbaut 1773.

Reindl, Magnus Anton Priester und Politiker, geb. 1832 in Leuterschach, gest. 1896 im Kaiserbad bei Rosenheim. – Der Vater war Söldner, Schuhmachermeister und zugleich Gemeindevorsteher. – Gut vorbereitet trat R. gleich in die zweite Klasse der Lateinschule in Kempten ein und besuchte dann das dortige Gymnasium. 1851 machte er sein Abitur und studierte anschließend an der Universität München Philosophie und Theologie. Die beiden letzten Studienjahre verbrachte R. im Klerikalseminar in Dillingen, wo er 1856 zum Priester geweiht wurde. – Bis 1867 war R. dann Stadtkaplan und Benefiziat in Dillingen. Hier gründete er den katholischen Gesellenverein und schuf für die Kolpingssöhne ein stattliches Heim. Sein Pfarrer war Remigius → Vogel, einer der frühesten bayerischen Parlamentarier. – Von 1867 bis 1874 war R. Pfarrer in Untermeitingen bei Schwabmünchen. Hier wurde er auch zum Distriktschulinspektor des Kapitels Schwabmünchen berufen. – 1874 ging R. nach Memmingen. Er blieb zwar papsttreu, war aber ökumenisch eingestellt. In Memmingen wurde R. erstmals in den Land- und auch Reichstag gewählt. Es war die Zeit des

Kulturkampfes, als u. a. die geistliche Schulaufsicht in Frage gestellt wurde. – 1882 ging R. nach Günzburg. Neben der Renovierung des Pfarrhofes galt sein Bemühen dem Umbau der Pfarrkirche. Seine Mitbrüder wählten R. zum Kammerer und Dekan. Seine besondere Liebe galt den gewerblichen Arbeitern. In das katholische Vereinshaus hatte R. offensichtlich sehr viel eigenes Geld investiert. – 1892 wurde R. für das freie achte Domkapitelskanonikat in Eichstätt vorgeschlagen. Es war eine große Auszeichnung, zumal erst 1817 das Adelsmonopol für Domkapitelpfründen gefallen war. – Zunächst wurde R. Dompfarrer und blieb so der Seelsorge weiterhin verbunden. – 1894 ernannte Prinzregent Luitpold R. zum Domdekan. R. erhielt auch den Königlichen Verdienstorden vom Heiligen Michael, 4. Klasse. – Schon 1881 war R. für das Zentrum im Wahlkreis Illertissen in den Reichstag gewählt worden. Und aus dem Wahlkreis Krumbach wurde er in den Bayerischen Landtag entsandt. R. war Vorsitzender des Wirtschaftsausschusses und Mitglied des Eingaben- und Petitionsausschusses. Viel häufiger als so mancher seiner Kollegen wird R. in den Protokollen des Landtages genannt. Seine Partei war von 1869 bis 1918 die stärkste Fraktion. – 1889 stellte das Zentrum unter Mitwirkung R.s drei Anträge, wonach alle kirchlichen Äußerungen in Glaubens- und Sittenfragen von staatlicher Genehmigung frei sein müssen, die Altkatholiken als eine eigene Religion gewertet werden und schließlich die Redemptoristen wieder als Orden zugelassen werden. Allen diesen Anträgen wurde zugestimmt. – Im Reichstag wurde R. 1892 auf Vorschlag Windthorsts zum stellvertretenden Fraktionsvorsitzenden des Zentrums gewählt. – R. setzte sich auch mit Erfolg für die katholische Soziallehre Leos XIII. und dessen Enzyklika „Rerum novarum“ ein. – Seinem Wunsch entsprechend wurde R. in seiner Heimatgemeinde Leuterschach beerdigt. 55 Geistliche und 25 Abgeordnete begleiteten ihren Freund auf seinem letzten Weg. Wie sehr R. an seiner Heimat hing, unterstreicht die Tatsache, daß er seiner Pfarrkirche ein Fenster stiftete und ihr seinen Kelch hinterließ. – Als letzten Gruß ließ R. ausrichten: „Grüß mir alle tausendmal, aber mein Schwaben grüß mir doppelt!“

Simnacher, Georg: Magnus Anton Reindl 1832–1896 Priester und Politiker. In: Lebensbilder aus dem Bayerischen Schwaben 14, 1993, 289–305

Reiser, Dr. Karl August Geologe und Volkskundler, geb. 1853 in Kornau bei Oberstdorf, gest. 1922 in Kempten. – Seine Jugend verbrachte R. in Wiederhofen bei Missen. – 1872 bestand er die Lehramtsprüfung am Lehrerseminar in Lauingen. Dann war er zwei Jahre Lehrer in Sonthofen und München. Anschließend studierte er an der Universität München und wurde 1888 mit einer Dissertation über „Die Eruptivgesteine des Allgäus" promoviert. Sodann ging er als Realschullehrer nach Deidesheim in der Rheinpfalz, nach Landshut und München. – 1907 wurde R. Realschulprofessor. – ab 1910 legte er den Schwerpunkt seiner Forschungen auf seine Allgäuer Heimat und dies in doppelter Weise. – In den Jahren 1886 bis 1889 durchwanderte er das ganze Allgäu zu Fuß, um sich auch und gerade auf dem hintersten Einödhof von alten Leuten erzählen zu lassen, was er dann 1895/1902 in seinem zweibändigen Werk „Sagen, Gebräuche und Sprichwörter des Allgäus" zusammengefaßt hat. Wenige Jahre später wäre dies nicht mehr möglich gewesen. – R.s eigentliches Arbeitsfeld aber war die Geologie und Petrographie seiner Heimat. Am Ende dieses Weges steht seine „Geologie der Hindelanger und Pfrontener Berge im Allgäu", 1922, und eine ausgezeichnete geologische Karte dieses Gebietes. – Besondere Erwähnung verdient sein Gliederungsversuch der damals noch wenig untersuchten Flysch-Schichten. – Einige Fossilien sind nach R. benannt. – Bleibendes Zeugnis seiner geologischen Tätigkeit ist die Sammlung im Zumstein-Haus in Kempten, die noch heute „Reiser-Sammlung" genannt wird. – 1911 übergab R. der Stadt Kempten 1450 Belegstücke Allgäuer Gesteine und Versteinerungen und ergänzte diese bis zu seinem Tod. Außerdem übergab R. 684 Dünnschliffe. Aufgeteilt ist diese hervorragende Fundgrube in einen wissenschaftlichen Sammlungsteil und in eine Schausammlung. – Stets war R. begleitet von seiner aus Reutte im Außerfern stammenden Frau, welche die Interessen ihres Mannes voll teilte. – In Kempten erinnern an R. der Name eines Weges und eine Tafel an seinem Sterbehaus. – Ein Portrait R.s von Kaspar Schleibner, München 1918, hängt im Zumstein-Haus.

Oblinger, Hermann: Karl Reiser. In: Gelehrtes Schwaben, 57 f. – ders.: Karl Reiser. In: Lebensbilder. Geschichte und Kunst in Bildnissen aus Schwaben, 242 f und 423

Reth, Dr. Karl Borromäus Weihbischof, geb. 1849 in Füssen, gest. 1933 in Augsburg. – Er war der Sohn eines königlichen Landgerichtsassessors. – Nach seinem Theologiestudium, der Priesterweihe (1873) und der Promotion stand er durch ein halbes Jahrhundert im Dienst der Diözese Augsburg. Zunächst war er Kaplan in Biberbach, dann Benefiziat in Augsburg. 1887 wurde er zum Domvikar ernannt, 1901 zum Domkapitular. 1916 erhob ihn der Papst zum Weihbischof. 1922 übernahm er, zum Dompropst ernannt, die Leitung des Domkapitels.

Rether, Gottfried Propst, geb. in Füssen, gest. um 1680. – Sein Vater war vermutlich der kaiserliche Hofpfalzgraf, Advokat und Syndikus Dr. utr. iur. Jakob Rether aus Füssen. Nach dem Eintritt in das Augustiner-Chorherren-Stift Wettenhausen studierte er von 1631 an in Dillingen. Nach dem Dreißigjährigen Krieg wurde er 1652 zum Propst seines Stiftes gewählt, besaß aber nicht die nötige Tatkraft, das völlig verarmte Kloster aus der Not herauszuführen. Deshalb resignierte er 1658 und begab sich in das oberösterreichische Augustiner-Chorherren-Stift Suben, wo er 1638 seine Primiz gefeiert hatte. – Später wurde er Pfarrer in Dietingen (Württemberg). Seine Neigungen gehörten mehr gelehrten Studien als der administrativen Tätigkeit. – R. verfaßte die Schriften „Rekrutentum Christi im Ordensleben", die „Frucht des Gehorsams" und Predigten.

Rettenberg Lkr. Oberallgäu, 3876 E. – Die Pfarrkirche St. Stephan ist im Kern spätgotisch. 1727 hat ein Brand die Kirche zerstört. – Neubaupläne kamen vor allem von Johann Georg → Fischer. – Der Wiederaufbau fand statt unter Fürstbischof Alexander Sigismund von Pfalz-Neuburg, dessen Wappen daher in einer Kartusche unter dem Chorbogen angebracht ist. – Die Bildhauerarbeiten an den Altären stammen von Johann Peter → Heel. Das einstige Hochaltarbild, eine „Steinigung des Hlg. Stephanus" hängt an der Chornordwand und stammt von Ludwig Caspar → Weiß. – R. ist die Heimat der Malerfamilie Weiß. – Südlich von R. liegt auf einer Anhöhe der Pestfriedhof von 1636, der bis 1810 als Nebenfriedhof benützt wurde.

Reubi, Gregor O. S. B. Abt, geb. 1572 in Sonthofen, gest. 1637 in Ottobeuren. – R. legte 1592 seine Profeß in Ottobeuren ab, studierte dann in Dillingen und war mehrmals Ökonom und Prior. 1612 wurde er zum Abt gewählt, 1628 hat er resigniert. – Während des Dreißigjährigen Krieges hat er das Reichsstift durch Waffenkäufe und durch Ausrüstung und Ausbildung der Untertanen vor dem Schlimmsten bewahrt. – Seiner Initiative ist die Gründung der Benediktineruniversität Salzburg durch Fürsterzbischof Paris Lodron zu verdanken. Aus Ottobeuren kamen die ersten sechs Professoren. Ein Professor kam aus Irsee. – Im Herbst 1622 begann die volle Tätigkeit der neuen Universität. – R. bemühte sich auch sehr um den Zusammenschluß der einzelnen Benediktinerklöster. – Von 1617 bis 1622 war R. der erste Präses der Universität, von 1623 bis 1625 fungierte er als Assistent im Präsidium.

Kolb, Aegidius: Ottobeuren und Salzburg. In: Ottobeuren. Festschrift zur 1200-Jahrfeier der Abtei. Hrsg. v. Aegidius Kolb OSB und Hermann Tüchle. Augsburg: Kommissionsverlag Winfried-Werk, 1964, 269–303

Reutte Marktgemeinde und Hauptort des gleichnamigen Bezirks mit 5644 E., zunächst eine Rodungssiedlung, erstmals 1187 erwähnt. Nach Errichtung der Lechbrücke 1464 nahm R. einen raschen Aufschwung mit Salzstadel, Ballhaus, Kornhaus und einer Rodstation. 1489 erhob Sigmund der Münzreiche R. zum Markt. – 1605 zog der Pfleger des Gerichts → Ehrenberg von der Feste in den Ansitz Ehrenheim in R. – 1546 wurde R. von den Schmalkaldischen Truppen, 1552 von Kurfürst Moritz von Sachsen und 1612 von den Schweden eingenommen. 1646 hat Erzherzogin Claudia einen „Salzkreuzer“ für R. eingeführt, um die Erhaltung der Straßen zu gewährleisten. Zwischen Okt. 1661 und Okt. 1662 wurden über R. 15 850 Salzfässer transportiert. – Im Spanischen Erbfolgekrieg wurde ein Drittel von R. niedergebrannt. – Maria Theresia hätte R. gerne als Stadt gesehen, aber Bürgermeister und Rat waren nicht in der Lage, die Unkosten und Spesen aufzubringen. Stadt war R. nur in der Zeit von 1938 bis 1945. – 1791–1801 lagerten in R. und → Breitenwang 431 434 österreichische Soldaten mit 41 434 Pferden, 1800/01 waren in R. 39 754 französische Soldaten mit 2947 Pferden einquartiert. – 1767 wurde bei R. die erste Papierfabrik errichtet, die bis 1875 bestand. – Der Abbau von Gips förderte das Stuckgewerbe. – 1903 wurde ein eigenes Elektrizitätswerk errichtet. – Seinen reichen Fassadenschmuck verdankt R. der hier beheimateten Familie → Zeiller. So bemalte Franz Anton → Zeiller am Untermarkt das Zeiller-Haus. Und am Untermarkt steht auch das „Grüne Haus“, dessen spätbarocke Fassadenmalerei (1779) von Johann Jakob → Zeiller stammt. – Eine kunsthistorische Sensation dieses Hauses sind die Seccomalereien im Inneren aus der Zeit um 1600, die bei den Renovierungsarbeiten durch die Messerschmitt-Stiftung in den Jahren 1988/89 zum Vorschein kamen. Im „Grünen Haus“ befindet sich heute das Reuttener Heimatmuseum, das dank der Initiative von Bürgermeister Singer hier eine Bleibe mit Atmosphäre fand. Ouvertüre und Generalprobe war 1989 die Tiroler Landesausstellung zu dem die Grenzen weit überschreitenden Thema „Künstler, Händler, Handwerker – Tiroler Schwaben in Europa“. – Eine kunstgeschichtliche Besonderheit ist auch eine Anna selbdritt des Kaufbeurer Bildhauers Jörg → Lederer aus der

Zeit um 1515 in der Pfarr- und Franziskanerklosterkirche. Das Kloster der Franziskaner wurde 1628 gegründet. Es ist das einzige Kloster im Außerfern. Zu Ehren des aus R. stammenden Kapuzinerpaters Anton Maria Schyrle (1597–1660) tragen ein Tal und ein Krater auf der Vorderseite des Mondes den Namen „Rheita", d.h. Reutte. – 1777 hielt sich Kaiser Joseph II. in R. auf. 1782 spendete Papst Pius VI. vom Gebäude der heutigen Bezirkshauptmannschaft seinen Segen, nachdem ihn Kaiser Joseph II. in Wien eher demütigend behandelt hatte. – Wenigen dürfte bekannt sein, daß am 8. Mai 1945 Wernher von Braun mit seinem Raketenteam in R. zu den Amerikanern übertrat. Und ein historisches Ereignis unserer Tage war es, als man 1981 dem Kirchturm der Pfarrkirche sein einstiges Gesicht mit der Zwiebelform wiedergab. – Die Krippe von Franz Michael Hueber, 1738, ist die älteste erhaltene Bretterkrippe Tirols.

Rieden Lkr. Ostallgäu, 1390 E. – Der Chor und wohl auch der Turm der Pfarrkirche wurden 1472 errichtet. – Der spärliche Rokokostuck stammt von 1762, die gleichzeitigen Fresken von dem Brixener Hofmaler Franz Anton → Zeiller. – Über dem Chorbogen befindet sich eine Kartusche mit dem Wappen des Irseer Abtes Bernhard Beck (1731–1765). – Das Kommuniongitter ist eine Rocailleschnitzerei mit Eichenbalustern. Von demselben Meister sind wohl auch die Beichtstühle seitlich des Hochaltares. – Auf einem Seitenaltarblatt sieht man eine Ortsansicht aus der Zeit um 1762. – Südwestlich der Kirche steht ein Friedhofstorturm vom Ende des 15. Jh. – Südöstlich von R., weithin sichtbar, steht eine Marienkapelle, die der Wirt Martin Rid 1848 vom Erlös aus der Zwangsabtretung von Grund für den Bahnbau errichten ließ. – Das ehemalige Pfarrhaus ist ein stattlicher, zweigeschossiger Mansarddachbau von 1793 mit einer Wappentafel des letzten Irseer Abtes Honorius Grieninger (1784–1802).

Rieden am Forggensee (Roßhaupten, Lkr. Ostallgäu). – 1687 wurde, wohl nach Plänen von Johann Jakob → Herkomer, eine Kapelle gebaut, der jetzige Chor der Pfarrkirche. 1721 fügte man unter Leitung von Johann Georg → Fischer das Langhaus an. 1894/96 wurde das Langhaus nach Westen verlängert und der Turm neu gebaut. – Die Stukkaturen und das Deckenbild stammen noch aus der Zeit um 1687. – Eine Figur des Hlg. Jakobus, um 1530, wird Jörg → Lederer zugeschrieben. – Südlich von R., auf freiem Feld, an der Straße nach Füssen, steht die alte Pfarrkirche, die 1734/35 durch Johann Georg Fischer barockisiert wurde. Über dem Chorbogen befindet sich das Wappen des Augsburger Fürstbischofs Johann Franz Schenk von Stauffenberg.

Riedholz s. Maierhöfen

Riedmiller, Kornelius Studiendirektor und Kreisheimatpfleger, geb. 1919 in Burgkranzegg bei Petersthal, Lkr. Oberallgäu, gest. 1998 in München. – Als Ältester von sieben Geschwistern sollte R. den elterlichen Hof übernehmen, doch zog es ihn zu Erdkunde, Heimatkunde und Geschichte. Früh begegnete er Otto → Merkt, Barthel → Eberl und Alfred → Weitnauer. Und so studierte er an der Universität München Geschichte und Germanistik. Er schrieb auch bereits an einer Dissertation über Petersthal, doch Krieg und Gefangenschaft bedingten den Abbruch des Studiums. Er wurde Schulhelfer, Redakteur des „Allgäuer" und schließlich Mittelschullehrer an der Städtischen Realschule Kempten, deren stellvertretender Leiter er von 1965 bis zu seiner Pensionierung 1979 war. – 1949 zählte er zu den Gründungsmitgliedern der Volkshochschule Kempten. Durch viele Jahre saß R. im Vorstand des Heimatbundes Allgäu. Vor allem aber war er seit 1958 Heimatpfleger für den damaligen Landkreis Kempten. Durch 36 Jahre setzte er sich unerbittlich, wenn auch mit Humor und Bauernschläue, für die Erhaltung seiner Allgäuer Heimat ein. – Nach Weitnauers Tod, 1974, leitete er den Verlag für Heimatpflege, dessen „Kleine Kostbarkeiten aus dem Allgäu" durchaus ein Gewinn sind. – Daß er Teile seiner bei Karl Alexander von Müller (1882–1964) begonnenen Dissertation über Petersthal Norbert Herrmann zur Verfügung stellte, als dieser über Riedmillers Heimat schrieb, erschienen 1976, ist wohl nur wenigen bekannt. – Zu seinen Auszeichnungen gehören das Bundesverdienstkreuz am Band, die Bayerische Denkmalschutzmedaille, die Sieben-Schwaben-Medaille, der Bayerische Verdienstorden und der Ring des Landkreises Oberallgäu.

Riefensberg BH Bregenz, Gemeinde im Nordosten des Vorderwaldes mit zahlreichen Weilern und Einzelhöfen. Die Kirchsiedlung liegt am südlichen Hang des Weißachtales. – Der Ort hat 994 E. – Die Pfarrkirche ist ein schlichter Saalbau des frühen 19. Jh. – Die Annakapelle in Fischers ist ein gemauerter Rechteckbau des 18. Jh. – Der Altar stammt aus den Jahren 1720 bis 1730. – In der Kapelle in Springen stehen noch zwei spätgotische Figuren aus der Zeit um 1490. – Am ehemaligen Gasthof Krone hängt ein schmiedeeiserner Ausleger von 1758. – Die Gießenbrücke stammt aus dem Jahr 1790 und ist eine gedeckte Holzbrücke. – In R. stimmten 1938 nur 75 Prozent der Stimmberechtigten für den vollzogenen Anschluß an Deutschland.

Riepp, Balthasar Maler, geb. 1703 in Kempten-Schleien, gest. 1764 in Vils. Seine Ausbildung erhielt er bei Franz Benedikt → Hermann in Ottobeuren und bei Johann Georg Bergmüller in Augsburg. – Nach Studienjahren in Rom 1725–1728 ließ er sich in Reutte nieder, wo er eine Tochter des Malers Paul → Zeiller heiratete. In Tirol arbeitete er in Wängle, Wilten, Elmen, Pflach, Pinswang, Bichlbach, Vils, Reutte, Breitenwang und in Gunglgrün bei Imst. – Im Allgäu gibt es Fresken von R. in Altstätten, Seeg, Großaitingen, Ziemetshausen und Ottobeuren. – Den Entwurf für das Chorfresco in Seeg, eine Darstellung der Lechfeldschlacht, erwarb das Tiroler Landesmuseum Ferdinandeum 1992 (s. Georg Paula in AGF 2000).

Mair, Josef: Balthasar Riepp (1703–1764). Leben und Werk. In: Tacke, Andreas (Hrsg.): Herbst des Barock. Begleitbuch zu den Ausstellungen in Füssen, 10. Juli bis 25. Oktober 1998, und in der Burg Zug (Schweiz), 15. Nov. 1998 bis 28. Februar 1999. München – Berlin: Deutscher Kunstverlag, 1998, 321–338

Riepp, Carl Joseph Orgelbaumeister, geb. 1710 in Eldern bei Ottobeuren, gest. 1775 in Dijon. – Der Vater war Meßner an der Wallfahrtskirche in Eldern. – Ausgebildet wurde R. mit seinem Bruder in Straßburg, wo er auch die Werke Silbermanns studierte. – 1735 ließ sich R. in Dijon nieder. Er gehört zu den bedeutendsten Orgelbauern des 18. Jh. in Frankreich und Deutschland. Seine größten Aufträge kamen aus Citeaux, Dijon, Dole, Ottobeuren und dem Zisterzienserkloster Salem. – 1754 hielt sich R. in Ottobeuren auf und schloß drei Jahre später mit Abt Anselm Erb einen Vertrag. Zum Jubiläum der Jahrtausendfeier 1766 waren die beiden Ottobeurer Chororgeln fertig. Damals schrieb R. an den Prälaten Anselm II. von Salem: „wenn man bössere findet in heurope wüll ich nour hänßle haißen." – R. verstand auch viel vom Weinbau und besaß in den besten Weinlagen von Burgund eigene Weingärten. – Ein Bild von ihm und seiner Familie hängt im Klostermuseum Ottobeuren.

Riezlern s. Kleines Walsertal

Rimpach (Leutkirch, Lkr. Ravensburg). – In angemessenem Abstand zu der Straße von Isny nach Leutkirch steht ein seit 1989 wieder dreiflügeliges Schlößchen, dessen verbindender oktogonaler Mittelbau mit einem „artigen, kleinen Saal" zu Beginn des 20. Jh. dem Straßenbau zum Opfer gefallen war. Nun aber sind Rhythmus und Erscheinungsbild des Rokoko wiederhergestellt. – 1755 ließ hier der Fürstbischof von Chiemsee und Domdekan zu Salzburg Franz Carl Eusebius Graf von Waldburg-Trauchburg eine stillgelegte Brauerei durch Johann Georg → Specht zu einem Jagdschloß umbauen. – Specht baute 1765 wohl auch die Leonhardskapelle, einen einheitlichen Rokokobau mit einer prächtigen Kanzel und meisterhaften Stukkaturen. – 1772 starb der Bauherr und mit ihm die Trauchburger Linie der Truchsessen von Waldburg. – 1972 wurde R. mit Friesenhofen nach Leutkirch eingemeindet.

Ringenberg Burg, s. Maierhöfen

Rittershausen, Joseph Sebastian Edler von, Dr. iur. utr. Schriftsteller und Maler, geb. 1748 in Immenstadt, gest. 1820 in München. – R. war ein Sohn des ersten Beamten der Grafschaft Königsegg-Rothenfels. Er besuchte die Jesuitengymnasien in Augsburg und Konstanz. – 1760 studierte er an der Universität Innsbruck Logik, Philosophie, Mathematik und Physik. 1761 wurde er Bakkalaureus, 1762 Magister. Dann ging R. an die Universität Freiburg im Breisgau und wurde 1766 Doktor beider Rechte. – Um Französisch zu lernen reiste er nach Frankreich, hielt sich über ein Jahr in Paris auf und vollendete an der Universität seine juristischen Studien. – Nach seiner Rückkehr ins Allgäu war er kurze Zeit Schreiber bei einem Advokaten in Immenstadt, fand aber am Beruf des Juristen keinen Gefallen. – 1768 reiste R. nach München, trat in den Orden der Theatiner ein und wurde 1770 zum Priester geweiht. Einer seiner Mitbrüder vertraute ihm die Klosterbibliothek mit über 10 000 Bänden an. – Kurfürst Max III. Joseph ernannte R. zum Professor der Philosophie am Münchner Lyzeum. – 1782 verließ R. kurzerhand den Orden, legte auch seine Professur nieder, kehrte nach Immenstadt zurück und begab sich schließlich auf eine lange Reise in die Rheinlande, die Niederlande, die Schweiz und nach Italien. In Rom ließ ihm Papst Pius VI. den Portugiesischen Christusorden für eine kleine Dichtung überreichen. – Wieder in München schrieb er als eifriger Aufklärer zahlreiche Beiträge. – Schließlich wurde R. in eine Kommission zur Überwachung der Illuminaten berufen, fiel aber beim Kurfürsten in Ungnade. – Gegen Ende seines schillernden Lebens durfte R. wieder nach München zurückkehren. – Ursprünglich wollte R. Maler werden. Als Gymnasiast in Konstanz wohnte er im Haus von Franz Joseph → Spiegler, mußte aber einsehen, daß er neben den großen Malern seiner Zeit nicht bestehen konnte. So betätigte er sich wieder als wenn auch gemäßigter Aufklärer. – Gegen den Philosophen Friedrich Schelling verfaßte er eine

Gegenschrift. – Zu seinen besten Arbeiten gehört freilich ein Büchlein über das Kunstleben Münchens. Seine Gemäldebeschreibungen waren damals kaum zu übertreffen. – Von 1782 bis 1786 gab R. die Monatsschrift „Deutschlands achtzehntes Jahrhundert" heraus. – Seine Jesus-Biographie lehnt sich an den „Messias" von Klopstock an. – Für eine Oper schrieb R. das Libretto. – Im Allgäu war R. mit dem stiftkemptischen Aufklärer Dominikus von → Brentano verbunden. – Sein Aussehen überliefert ein Schabkunstblatt von 1778.

Vogel, Rudolf: Joseph Sebastian Edler von Rittershausen, Dr. iur. utr. In: Immenstadt im Allgäu. Landschaft, Geschichte, Wirtschaft, kulturelles und religiöses Leben im Lauf der Jahrhunderte. Hrsg. von Rudolf Vogel. Immenstadt: J. Eberl KG, 1996, 563–568

Röthenbach (Allgäu) Lkr. Lindau (Bodensee), 1722 E. – Der Turmunterbau der Pfarrkirche stammt wohl aus dem frühen 14. Jh., das Langhaus aus dem Anfang des 15. Jh., der Chor aus dem 17. Jh. – 1802 wurde die Kirche umgestaltet und nach Westen verlängert. Freskiert wurde die Kirche von Münchner Künstlern in den Jahren 1906/07. Das Chorfresko zeigt die Muttergottes über einer Ortsansicht. – Die Langhausfresken stammen von Gebhard Fugel. – Am neuromanischen Hochaltar von 1869 steht eine Madonna von 1770/80. – Das Vortragkreuz stammt aus der ersten Hälfte des 14. Jh. und ist das älteste im Landkreis Lindau. – Eine geschnitzte Pietà, früher in der Kapelle in Reutershofen, stammt aus der Zeit um 1460. Sie ist das älteste Vesperbild im Landkreis. – Die Glocke für R. lieferte Hans Christoph Löffler aus der Innsbrucker Gießhütte. Erstmals findet sich an dieser Glocke ein Fries mit Putten und Delphinen.

Rötsee s. Kißlegg

Rohr s. Waltenhofen

Rohrdorf (Isny, Lkr. Ravensburg). – Das Kloster Isny gestattete 1678 dem Glasermeister Balthasar Schmid von St.Blasien, im Herrenberger Wald beim heutigen Ortsteil Eisenbach eine Glashütte zu errichten und in Pacht zu betreiben. Wegen des großen Holzverbrauchs wurde der Betrieb 1705 und 1720 verlegt. Im 18. Jh. erlangte die Familie den Adelsstand und nannte sich nunmehr „Schmid von Schmidsfelden". – Anfang des 19. Jh. nahm Graf Quadt, seit 1803 Eigentümer des Klosters Isny, die Hütte, die viele Glasmacher beschäftigte, in eigene Verwaltung. 1893 wurde die Hütte aufgegeben. – 1806 fiel R. als Teil der Herrschaft Trauchburg an Württemberg. 1972 wurde R. nach Isny eingemeindet. – In einer Nische des nördlichen Seitenschiffs der

Kirche steht eine sehenswerte Marientod-Gruppe aus gebranntem Ton, um 1480. – Eine Holzplastik des Hlg. Augustinus (?) wird dem Frühwerk von Hans → Multscher zugeschrieben.

Rohrmoos (Markt Oberstdorf, Lkr. Oberallgäu). – Die dortige St. Anna-Kapelle ist in ihrem bäuerlichen Manierismus im Allgäu und wohl in ganz Bayern einzigartig. Die mit einer Brettertonne eingewölbte hölzerne Kapelle birgt zwei Besonderheiten: einen gemalten Flügelaltar von 1568 und eine Darstelllung des Jüngsten Gerichts an der Rückwand. In der Predella befindet sich das Stifterwappen des Jakob Truchseß von Waldburg und seiner Gemahlin Johanna von Zimmern, denen die Alpe Rohrmoos damals gehörte. In der Mitte zeigt der Altar eine Kreuzigung, stilistisch wohl abhängig von Dürer'schen Holzschnitten. Instrumentengeschichtlich bemerkenswert ist ein im Hintergrund der Hirten beigefügter Alphornbläser. Die Darstellung des Jüngsten Gerichts ist wohl beeinflußt von einer niederländischen Stichvorlage. Zu der 1587 datierten Ausmalung gehört ringsum auch ein Vorhang mit Rosetten und Quasten.

Ronsberg (Lkr. Ostallgäu). – An Ort und Stelle sind zwar nur noch Reste einer ehemaligen Burgkapelle zu sehen, doch spielt der Name R. in der frühen Herrschaftsgeschichte des Allgäus durchaus eine Rolle. Die einstige Burg R. wurde vor 1130 südwestlich des heutigen Ortes auf einem Bergrücken durch die Herren von Irsee erbaut, die sich seit 1147 Grafen, seit 1182 Markgrafen von R. nannten. – Ein Sandsteinepitaph des Markgrafen Heinrich von R. befindet sich in der einstigen Klosterkirche Irsee. – Nach dem Erlöschen ihres Geschlechts 1212 fiel die Burg an die Markgrafen von Burgau. – Ab 1371 wechselten die Besitzer sehr häufig. 1746 wurde die Burg an das Stift Kempten verkauft, 1770 aber durch Brand zerstört. – Erhalten sind heute nur noch Reste der einstigen Burgkapelle, die wohl im 15. Jh. von den Herren von Stein errichtet wurde. Im 17. und 18. Jh. war die Kapelle das Ziel von Marienwallfahrten. Daher wurde die Kapelle mehrfach erweitert. – 1845 wurde das Langhaus abgebrochen und der Chor zu einer achteckigen Kapelle ausgebaut. Im Inneren ist eine barocke Pilastergliederung erkennbar, in der Nordwestwand eine spätgotische Sakramentsnische in einem kielbogigen Sandsteinrahmen, darunter ein Rundbogenfries und eine Kreuzigungsgruppe aus der Zeit um 1700.

Sitzmann, Gerhard-Helmut: Die Bedeutung Ronsbergs zur Stauferzeit. In: AGF 95, 1995,

69–75 – Pötzl, Walter: Markgraf Heinrich von Ronsberg (gest. 1191). In: Lebensbilder. Geschichte und Kunst in Bildnissen aus Schwaben, 70 und 423

Rosen, Kunz von der Kaiserlicher Rat, geb. um 1470 in Kaufbeuren, gest. 1519, begraben bei St. Anna in Augsburg. – R. war der Sohn eines Kaufbeurer Wirtes. – Um 1480 trat er in die Dienste Erzherzog Maximilians, des späteren Kaiser Maximilian I. – R. war grundgescheit, tapfer und treu. – 1487 warnte er Maximilian vor der Falschheit der Bürger in Brügge, die Maximilian durch 16 Wochen gefangen hielten. Als Beichtvater in einem Franziskanerhabit verkleidet schlich er sich bei Maximilian ein, um ihn zu scheren und in einer Mönchskutte hinauszuschmuggeln, doch Maximilian lehnte das waghalsige Angebot ab. – R. war Vertrauter und „lustiger Rat" Maximilians I. Er war die personifizierte Selbstironie und „des Kaisers Pakschierer", der mit seinen tollen Späßen wieherndes Gelächter hervorrief. Er soll aber auch Bittstellern als Entlohnung für seine Fürsprache buchstäblich die Pelze vom Leib gezogen haben. – Verheiratet war R. seit 1506 mit einer Augsburger Bürgerstochter. – Maximilian vermachte R. „um so vieler guter und getreuer Dienste wegen, welche kein Mensch Seiner Majestät nie bewisen" ein jährliches Gnadengehalt von 200 rheinischen Gulden, die freilich R. gar nicht recht genießen konnte, weil er im selben Jahr starb wie sein kaiserlicher Herr. – Wie R. aussah, zeigen eine Radierung von Daniel → Hopfer, um 1517, im Heimatmuseum Kaufbeuren, und eine Medaille von Hans Schwarz im Germanischen Nationalmuseum Nürnberg.

Wiesflecker, Hermann: Kaiser Maximilian I. 5 Bände. Wien: Verlag für Geschichte und Politik, 1971–1986 – Weitnauer, Alfred: Allgäuer Chronik – Bilder und Dokumente. Kempten: Verlag für Heimatpflege, 1992, 203

Roßhaupten Lkr. Ostallgäu, 2075 E., wird schon in der ältesten Legende des Hlg. Magnus als „caput equi" erwähnt. Der Name weist wohl auf eine altgermanische Kultstätte. – Die Pfarrkirche ist ein Neubau von 1630, später umgebaut und erneuert durch Johann Georg → Fischer. – Der einfache Stuck stammt von Johann Jakob → Herkomer d.J., um 1727. – Über dem Chorbogen befindet sich eine Kartusche mit den Wappen des Augsburger Fürstbischofs Alexander Sigismund von Pfalz-Neuburg. – Die Fresken hat Johann → Heel gemalt. Eine Madonna, um 1510/20, wird Jörg → Lederer zugeschrieben. – Die Stuckkanzel, um 1730, stammt von Joseph → Fischer. – Südlich von R. steht mitten im Wald die **Kapelle Maria**

Steinbach, 1706 vollendet, wohl nach Plänen von Johann Jakob → Herkomer. Der Zentralbau nimmt das Thema der Kapelle in → Sameister wieder auf. Aus R. stammen der Hofbildhauer Roman Anton →Boos, der Orgelbauer Andreas → Jäger und aus dem Weiler Tiefenbruck bei R. der Lautenmacher Kaspar → Tiefenbrucker.

Rottach (Rettenberg, Lkr. Oberallgäu). – Die Filialkirche St. Antonius wurde 1483 geweiht und 1827 nach Westen verlängert. – Die Stukkaturen im Chor stammen von 1757. – Die Figuren der Apostel am Hochaltar sind in der Art von Nikolaus → Weiß geschnitzt. – Eine Madonna mit Kind aus der Zeit um 1450/60 steht in der Nachfolge von Hans → Multscher. – Eine Maria und ein Johannes stammen aus einer Kreuzigungsgruppe von 1500. – In die Südwand des Schiffes ist eine Ofenplatte mit einer Darstellung der Taufe Christi eingelassen, bez. 1606.

Rottenkolber, Dr. Josef Historiker, geb. 1890 in Röthenbach im Westallgäu, gest. 1970 in Kempten. – R. absolvierte das Humanistische Gymnasium in Kempten, studierte an der Universität München Germanistik und Geschichte, ging dann in den Schuldienst in Wunsiedel und Landsberg und wurde schließlich an der Universität Würzburg mit einer Dissertation über den Kemptener Fürstabt Heinrich von Ulm (1607–1616) promoviert. R. ist so der erste und bislang einzige Biograph eines Kemptener Fürstabtes. – 1920 kommt R. an die Realschule in Neu-Ulm und 1938 an die Oberrealschule in Kempten. Nunmehr bleibt er endgültig in seiner Allgäuer Heimat. – Bis zur Promotion hat R. 17 Beiträge veröffentlicht. Zu den ihn besonders bewegenden Themen gehört die Zäsur der Säkularisation. Ihr gelten Beiträge über das Fürststift Kempten, das Kloster Heiligkreuz bei Kempten, die Kemptener Stiftsbibliothek, das Franziskanerinnenkloster Kaufbeuren, das Reichsstift Ottobeuren, die Reichsabtei Irsee, das Reichsstift Oberelchingen und das Prämonstratenser-Stift Roggenburg. – 1932 erschien seine „Geschichte des hochfürstlichen Stiftes Kempten", die noch heute zu Rate gezogen wird. – Grundlegend ist auch seine „Geschichte der Stadt Kempten im 19. Jahrhundert 1800–1914" (1935) und vor allem seine „Geschichte des Allgäus. Vierter Band. Das 19. Jahrhundert" (1938), mit der R. die „Geschichte des Allgäus" von Franz Ludwig → Baumann fortsetzte. – Ein brauchbares Vademecum ist noch immer sein „Kemptener Wanderbuch" (1951). – Seine knappe Zusammenfassung „Aus Kemptens vergangenen Tagen" (1951) bringt einen erstmals für die Erforschung der Geschichte der Stadt beachtlichen Literatur-Anhang, dessen Umfang heute mindestens verdoppelt werden müßte. – R. war Ehrenmitglied des Heimatvereins Kempten, Mitglied der „Schwäbischen Forschungsgemeinschaft" und erhielt das Bundesverdienstkreuz und den Allgäuer Ehrentaler. Auch wurde eine Straße in Kempten nach ihm benannt.

Haberl, Wolfgang: Josef Rottenkolber. In: Lebensbilder aus dem Bayerischen Schwaben 12, 1980, 368–374 – Haberl, Wolfgang: Bibliographie Dr. Josef Rottenkolber. In: AGF 1979, 116–123

Rubi (Markt Oberstdorf, Lkr. Oberallgäu). – Wie eine hölzerne Inschrifttafel an der Westwand berichtet, ist die Kapelle St. Anna in den Jahren 1636 bis 1643 errichtet worden. – Der zarte Stuck stammt aus den Jahren 1750/60. – Der Rokoko-Altar von 1751 ist der Werkstatt des Hindelanger Bildhauers Melchior → Eberhard zuzuschreiben. Das Altarblatt mit Mutter Anna, die Maria lesen lehrt, hat Johann Michael Herz gemalt. – Die Kreuzwegstationen von 1794 stammen von Dionys Roman Weiß. – Das ehemalige Altarblatt, um 1640/45, zeigt die Heilige Sippe. – Aus dem nach Österreich ausgewanderten Zweig der Familie Schratt in R. stammte die Burgschauspielerin Katharina Schratt (1853–1940), befreundet und wohl in „Gewissensehe" verheiratet mit Kaiser Franz Joseph I. von Österreich .

Binder, M.: Katharina Schratt aus altem Allgäuer Geschlecht. In: DSA, April 1951, 154–156

Ruderatshofen Lkr. Ostallgäu, 1664 E. – Die Pfarrkirche ist wohl ein Neubau des 15. Jh. – 1733 wurde das Langhaus erhöht und verlängert. Schließlich wurde die Kirche 1869/71 und 1884/85 im Geschmack der Neugotik verändert. – An der nördlichen Chorwand hängt ein großes Tafelbild aus der Zeit um 1520, eine Darstellung des Geschlechts der Rotensteiner in Andacht vor dem von Maria und Johannes gehaltenen Leichnam Christi, eine Verbindung von Stammtafel und Votivbild. – Eine Madonna um 1730/40 wird Anton → Sturm zugeschrieben. – Südlich von R. steht die **Kapelle St. Walburga**, ein einfacher gotischer Rechteckbau mit einer Felderdecke des 17. Jh. – An der Nordwand wird in zwölf Bildfeldern die Geschichte der Hlg. Walburga dargestellt, spätes 17. Jh. – Ein mit Wunden bedecktes Kreuz stammt aus der Mitte des 18.Jh.

Rückholz Lkr. Ostallgäu, 827 E. – Die Pfarrkirche ist im Kern eine spätgotische Anlage, deren Chor 1719 vielleicht von Johann Georg → Fischer umgebaut wurde. – Der Akanthusstuck im Chor, um 1719, stammt wohl von Matthias Lotter, die Bandelwerkstukkaturen im Langhaus, 1741, vermutlich von Joseph → Fischer. – Über dem Chorbogen befindet sich das Wappen des Klosters Füssen und des Abtes Aemilian Hafner. – Das Scagliola-Antependium des Hochaltars wird Dominikus → Zimmermann zugeschrieben. Das Altarblatt hat Paul → Zeiller gemalt. – Die Pläne für das nahe Pfarrhaus, einen zweigeschossigen Walmdachbau, 1729/31 durch das Kloster Füssen errichtet, werden Johann Georg → Fischer zugewiesen. – Aus R. stammt der Handelsmann Michael → Angerer (gest. 1642 in Mailand).

Rueß, Maximilian Bildhauer und Maler, geb. 1925 in Oberstdorf, gest. 1990 in München. – R. wurde mit 19 Jahren Soldat, war Jagdflieger, geriet in Gefangenschaft und widmete sich danach auf Wunsch des Vaters zunächst dem Ingenieur-Studium. Erst in reifen Jahren kam er an die Akademie der Bildenden Künste in München. Er war schon 40 Jahre alt, als er seinen ersten Auftrag erhielt. – Einen Namen machte er sich zunächst durch Arbeiten im Rahmen von „Kunst am Bau". – Aus Spargründen kam er zur Technik des Kupferschweißens, die ein besonders feingliedriges Formen erlaubt. – Hauptakzente seines plastischen Werks sind das Portal der Pfarrkirche in Altstätten, eine Gruppe „Wilde Männle" auf dem Bahnhofsplatz in Oberstdorf, ein Kruzifix in der Oberstdorfer Krankenhauskapelle, die Gestalt des Christophorus auf dem Zentralfriedhof in Kempten, eine Pietà in der Krypta des Augsburger Domes und vor allem die Brunnenanlage im Hof von Schloß Zeil, an der R. von 1982 bis 1989 gearbeitet hat. Hier sind Persönlichkeiten des Hauses Waldburg unter einer Madonna im Rosenhag vereint. – Seine meist großformatigen und farbintensiven Bilder zeugen von herb-asketischer Klarheit. – In allem, was R. geschaffen, begegnen künstlerischer Ernst, Gewissenhaftigkeit, sicheres Raumgefühl, nachdenkliche Stille und aufrichtiger christlicher Humanismus. – 1964 erhielt R. den Kunstpreis der Stadt Kempten, 1967 den Kunstpreis des Marktes Oberstdorf und den Schwäbischen Kunstpreis und 1978 den Kunstpreis der Diözese Augsburg. – Seinen Nachlaß bewahrt das Allgäu-Museum in Kempten. – Der musikliebende Künstler lebte in einem von ihm umgebauten alten Bauernhaus in Bolsterlang, abseits von allem verwirrenden Getriebe, zutiefst nach innen gewandt.

Rueß, Ursula: Maximilian Rueß – eine Biographie in Stichworten. In: Unser Oberstdorf,

Heft 17, Dezember 1990, 47 f. – Ruhrberg, Karl: Einheit in der Vielfalt – zum malerischen Werk von Maximilian Rueß. In: Unser Oberstdorf, Heft 17, Dezember 1990, 49–51 – Brunk, Irmtraud: Seine Skulpturen überdauern in Wahrheit und Würde. Der Bildhauer Maximilian Rueß. In: Unser Oberstdorf, Heft 18, Juni 1991, 114–124

Rupert I. von Ottobeuren Abt von 1102 bis 1145. – Über Herkunft und Geburtsort ist nichts bekannt. – 1102 wurde R., bislang Prior von St. Georgen im Schwarzwald, zum Abt von Ottobeuren gewählt. Mit ihm zog auch der Reformgeist von Hirsau ein, der eine hohe monastische Blüte bewirkte. – Am Allerheiligentag 1126 wurde der 1089 begonnene Bau von Kirche und Kloster feierlich eingeweiht. – Unter Abt R. wurde die Schreibschule in Ottobeuren eine kunstfertige Werkstätte. – Auch soll damals für die beiden Schutzpatrone der Abtei, Alexander und Theodor, ein kostbarer Silberschrein angefertigt worden sein. – Vor allem wurde im oberen Vinschgau das Benediktinerkloster Marienberg ein Tochterkloster von Ottobeuren, das die ersten vier Äbte dorthin entsandte. Vielleicht kam auch der Künstler der romanischen Fresken in der Marienberger Krypta aus Ottobeuren. – Die Verehrung R.s begann im folgenden Jahrhundert, als die Gebeine 1270 in die Klosterkirche überführt wurden. Unter Abt Rupert II. → Neß wurden die Reliquien 1773 in die heutige Kirche überführt. – Papst Paul VI. hat 1963 die Verehrung Ruperts als Seligen bestätigt. – 1964 wurde im Ostturm der Basilika die Rupertuskapelle geweiht.

Kolb, Aegidius OSB: Rupert I. von Ottobeuren. In: Lebensbilder aus dem Bayerischen Schwaben 13, 1986, 11–17

S

Sachse, Hans-Joachim Bauforscher, geb. 1925 in Berlin, dort gest. 1979. – 1932 wurde S. an der Grundschule in Schöllang bei Oberstdorf eingeschult und kehrte seitdem immer wieder aus persönlichen und bald auch wissenschaftlichen Gründen in seine Allgäuer Wahlheimat zurück. – Die Diplomprüfung, 1955, und das Rigorosum, 1966, an der Technischen Universität Berlin bestand S. mit „Sehr gut“. – 1972 hat sich S. für das Fachgebiet „Historische Baukonstruktionen“ habilitiert. 1977 wurde er apl. Professor. – Wer sich im Allgäu und darüber hinaus mit Dachwerks- und Gewölbekonstruktionen beschäftigt, wird noch immer auf die Forschungen von S. zurückgreifen. – Im Bereich der „Euregio via salina“ arbeitete S. in Ottobeuren, Sameister bei Füssen, Heiligkreuz bei Kempten, Wiggensbach, Kempten: St. Lorenz und Thronsaal der Residenz, sowie in Maria Steinbach, Reichenbach und Schöllang. Den wissenschaftlichen Nachlaß von S. betreut das Bayerische Landesamt für Denkmalpflege.

Haberl, Wolfgang: Mein lieber Freund Sachse!. In: AGF 1979, 5–8

Sambs, Siegfried Zeichner und Maler, geb. 1912 in München, gest. 2001 in Kempten. – Mit Humor genommen und mit Humor gezeichnet hat S. vieles von dem, was ihm im Leben begegnet ist. Stets saß ihm der Schalk im Nacken, vermischt mit Sarkasmus und Ironie, doch nie verletzend oder gar bösartig. – Er wollte eigentlich Bildhauer werden, am Ende aber war er Druckereifachmann. Diesen Brotberuf hat ihm die Kunstdruckanstalt Bruckmann in München vermittelt. – Nach zweimaligem Militärdienst und nachdem er in München und Augsburg ausgebombt war, zog er nach Kempten, wo er zur ersten Belegschaft der Tageszeitung „Der Allgäuer“ gehörte, die seit dem 13. Dezember 1945 erschien. – 1948 ging S. zur Firma Nikolaus. – Die rein künstlerische Tätigkeit blieb ihm versagt, aber wann immer es ihm die Zeit erlaubte, hat er gezeichnet, gemalt und illustriert, so etwa Weitnauers „Allgäuer Sprüch'“. – S. gehörte auch zu den Mitbegründern und Vorstandsmitgliedern des Berufsverbandes Bildender Künstler. – Das Mosaik der „Sieben Schwaben“ an seinem Haus in der Dornierstraße in Kempten macht auf einen Menschen aufmerksam, der dem Alltag ein Lächeln abzugewinnen wußte. Doch hinter diesem Lächeln verbirgt sich durchaus eine Portion Ernst und Skepsis, ja vielleicht sogar ein wenig Pessimismus. Jedenfalls sind seine Zeichnungen keineswegs so gänzlich unproblematisch, wie sie scheinen. – S. glich wohl einem Lebenskünstler, dem freilich nichts geschenkt wurde, sondern der selbst schenkte – sich und den Spiegel in seinen Zeichnungen.

Sameister (Roßhaupten, Lkr. Ostallgäu). – 1685 stiftete Isaak Herkomer eine Kapelle als Grablege für seine Familie, und schon im selben Jahr begann sein Bruder Johann Jakob → Herkomer, eben erst von einer längeren Italienreise zurückgekommen, mit dem Bau, der schließlich 1688 geweiht wurde. Es ist das einzige bekannte Werk Herkomers vor dem großen Füssener Auftrag der Benediktinerklosterkirche St. Mang, ein fremdartig anmutender, kreuzförmiger, tonnengewölbter Kuppelbau, der wohl nur durch die in Venedig gesammelten Eindrücke, vielleicht auch solcher der Levante, erklärt werden kann. Herkomer steht hier ganz in der Tradition Andrea Palladios. Die Stukkaturen und auch die Fresken, 1692, stammen größtenteils von Herkomer selbst. – Für Bayerisch Schwaben ist dieses Frühwerk Herkomers einzigartig und zugleich eine Vorahnung späterer Großbauten. – Das nahe Benefiziatenhaus wurde 1739 vielleicht von Johann Georg → Fischer errichtet.

Sankt Alban (Aitrang, Lkr. Ostallgäu). – Auf der Kuppe eines Höhenzuges wurde 1510 eine Wallfahrtskirche errichtet. Ein Neubau wurde im Auftrag des Füssener Klosters 1701 abgeschlossen. – Es ist ein heller Saalbau mit einer prächtigen hölzernen Felderdecke im Langhaus. – Die üppigen Stukkaturen im Chor stammen wohl von einem Wessobrunner Künstler. – Der Entwurf für den Stuckmarmor-Hochaltar wird Johann Jakob → Herkomer zugeschrieben. – Das Scagliolawappen des Füssener Abtes Gerhard Oberleitner stammt vielleicht von Dominikus → Zimmermann. – Die Bilder der Seitenaltäre hat Paul → Zeiller gemalt. – Eine Figur des Hlg. Cyprian (?) kommt wohl aus dem Umkreis von Ivo → Strigel.

Sattler, Leonhard Stein- und Holzbildhauer, Elfenbeinschnitzer, geb. 1676 in Altstätten bei Sonthofen, gest. 1744 in St. Florian/Oberösterreich. – S. lernte wohl zunächst bei einem Bildhauer in seiner Allgäuer Heimat, ging dann auf Wanderschaft, war vielleicht auch in Wien und ließ sich schließlich in der Zeit des Spanischen Erbfolgekrieges im Alter von etwa 35 Jahren in St. Florian in Oberösterreich nieder. 1713 hat er dort die Tochter eines Ratsbürgers und Hutsteppers geheiratet. Aus dieser Ehe gingen 13 Kinder hervor. – In den Baurechnungen des Augustiner-Chorherren-Stifts erscheint Sattlers Name erstmals 1712. Für die vier Statuen der Tugenden Eintracht, Standhaftigkeit, Frömmigkeit und Fleiß an dem großen von dem Tiroler Barockarchitekten Jakob Prandtauer entworfenen Portal erhielt S. 400 Gulden. – Der großen Kunstfertigkeit S.s verdankt das Stift die wertvollsten Schaustücke der Repräsentationsräume. Dazu gehören die Möbel im Kaiserzimmer und ein überreicher Prunkschrank. – Von S. stammen auch zwei große Prälatenwappen für die Türme der Stiftskirche, Statuen für verschiedene Altäre, Vasen, Postamente und mythologische Figuren im Prälatengarten sowie ein reizvoller Leuchterträger in Gestalt eines Mohren. – Außerhalb des Stiftes erhielt S. Aufträge für das Jagdschloß Hohenbrunn, für den Garten des Erzbischöflichen Palais in Linz und für die dortige Stadtpfarrkirche und die Kalvarienkirche. – Am Marktplatz in St. Florian steht noch heute sein Wohnhaus mit einer barokken Madonna an der Fassade. – Sein Ansehen beweist die Ernennung zum Marktrichter von St. Florian. – Von den Söhnen erlernten zwei den Beruf des Vaters. **Johann Jakob S.** schuf den Brunnen im Stiftshof und den Tabernakel der Stiftskirche. – Leonhard Sattlers Weg ist bezeichnend für so manchen Künstler, der in der Heimat keine Beschäftigung fand, wohl aber nach dem großen Sieg über die Türken am Kahlenberg vor Wien, 1683, den großen Aufschwung des Hochbarock für sich nutzen konnte.

Layer, Adolf: Allgäuer Bildhauer in Oberösterreich. In: DSA, Sept. 1976, 142–144

Schädler, Dr. Alfred Kunsthistoriker, geb. 1927 in Kempten, gest. 1999 in München. – Bereits zu Beginn seines Studiums an der Universität München schrieb Sch. seinen ersten Aufsatz. 1952 wurde er dann mit einer Dissertation über das Frühwerk Hans Multschers promoviert. Wie untrüglich seine Zuschreibungen schon damals waren, erwies sich an einer Hans Multscher zugeschriebenen Bronzestatuette, die 1971 im Dorotheum in Wien auftauchte und vom Bayerischen Nationalmuseum erworben werden konnte. Nach fast 20 Jahren wurde Schädlers Zuschreibung nunmehr bestätigt. – Von 1955 bis 1961 war Sch. am Bayerischen Landesamt für Denkmalpflege tätig. In diesen Jahren brachte Sch. Inventarbände über den Landkreis Pegnitz und die Stadt Dillingen heraus. – Von 1963 bis 1985 war Sch. Landeskonservator am Bayerischen Nationalmuseum. – Auf der Veste Rosenberg in Kronach richtete er die Fränkische Galerie ein. – Wesentlich beteiligt war Sch. am Zustandekommen der 1991 eröffneten Alpenländischen Galerie im einstigen Stiftsmarstall in Kempten. – Der Katalog der Petel-Ausstellung 1964 ist Schädlers Werk. – Seiner Heimatpfarrei St. Lorenz in Kempten schenkte Sch. 1984 ein Prozessionskreuz aus der Werkstatt des für Papst Paul III. tätigen Bildhauers Guglielmo della Porta, um 1560. – Schädlers Bibliographie umfaßt rd. 120 Titel.

Skulptur in Süddeutschland 1400–1770. Festschrift für Alfred Schädler. Hrsg. von Rainer Kahsnitz und Peter Volk. München – Berlin: Deutscher Kunstverlag, o. J. (1998) – Kahsnitz, Rainer: Nachruf auf Dr. Alfred Schädler. In: AGF 101, 2001, 7–9

Schappeler, Christoph ev. Prediger, geb. 1472 in St. Gallen, dort gest. 1551. – Sch. stammte aus wohlhabendem Hause, war Licentiat der Rechte, zehn Jahre Lehrer an der Lateinschule in St. Gallen und wurde 1513 Prediger in der Reichsstadt Memmingen. Seit 1520 war er der neuen Lehre aufgeschlossen und nahm, mit Zwingli befreundet, leitend am 2. Religionsgespräch in Zürich teil. 1523 begann er in Memmingen gegen den Zehnten zu predigen, der daraufhin 1524 von den Bürgern und zwei Dörfern der Stadt verweigert wurde. Sch. wurde vom Rat gestützt, auch als er im Februar 1524 vom Bischof von Augsburg exkommuniziert wurde, und führte Ende 1524 das Abendmahl unter beiderlei Gestalt ein. – Am 2. 1. 1525, als schon die Bauernaufstände in Oberdeutschland begonnen hatten, verteidigte er in offenem Streitgespräch den Satz, daß aus der Schrift nicht zu erweisen sei, daß der Zehnt aus göttlichem Recht zu geben sei. – Sein Anhänger war der Kürschner Sebastian Lotzer, den die Baltringer Bauern Ende Februar 1424 zu ihrem Feldschreiber wählten und der sowohl die Memminger Artikel wie vor allem die „Zwölf Artikel" zusammengestellt hat. Zu ihnen schrieb Sch. wahrscheinlich die Einleitung, welche die Artikel aus der Schrift begründete. Sch. befand sich damit in Übereinstimmung mit der Lehre Luthers. Später ist er in der Bauernbewegung nicht mehr hervorgetreten, da er die Gewalttaten der Bauern offensichtlich ablehnte. Unter seinem Einfluß verglich sich die Stadt Memmingen mit ihren Bauern auf Grund der „Zwölf Artikel" und hielt sie damit vom Aufstand fern. – Im Sommer 1525 floh Sch. nach St. Gallen, wo er seitdem als Prediger lebte, ohne noch hervorzutreten. Seine Rückberufung wagte der Memminger Rat auch nach der endgültigen Einführung der Reformation nicht. – Ein Portrait Sch.s hängt in der Stadtbibliothek Vadiana in St. Gallen, abgebildet in: Weitnauer: Allgäuer Chronik. Bilder und Dokumente, 230. – Die „Zwölf Artikel" sind faksimiliert wiedergegeben in: Weitnauer: Allgäuer Chronik. Bilder und Dokumente, 231–238.

Schattwald Bezirk Reutte, westlichste Gemeinde im Tannheimer Tal mit 413 E. – Die Besiedlung erfolgte im 15. Jh. vom Allgäu aus. Erst ab

1531 gehört Sch. formell zu Tirol. – Schon im 17. Jh. gab es hier ein Mineral- und Schwefelbad. Von diesem erschien 1816 bei → Dannheimer in Kempten eine „Kurze Beschreibung des Heilbades zu Schattwald im Kaiserlich-Königlichen Landgerichte Ehrenberg von Dr. Holer, Kaiserl.-Königl. Landgerichts-Physikus zu Reutte". – Nach 1830 erschien, ebenfalls bei → Dannheimer in Kempten, eine Lithographie mit einer Ansicht des Gasthofs „Traube" und des Mineralbades (abgebildet in: Egg, Erich: Tirol in alten Ansichten. o. O. (Salzburg): Residenz Verlag, o. J. (1973), 327). Bis 1923 besaß der Gasthof „Post" ein Badehaus, in dem Schwefelbäder angeboten wurden. – 1900 wurde die Straßenverbindung über das Oberjoch eröffnet. – Die Totentanzbilder in der Vorhalle der Pfarrkirche malte Anton → Falger aus Elbigenalp. – Zwei rote Pestkreuze an der Außenwand der Kirche erinnern an die Pestopfer des Jahres 1635. – Sch. ist erst seit 1948 eine selbständige Pfarrei.

Holer, N.: Kurze Beschreibung des Heilbades zu Schattwald. Kempten: Dannheimer, 1816

Schegg, Dr. h. c. Peter Johann Universitätsprofessor, geb. 1815 in Kaufbeuren, gest. 1885 in München. – Zunächst war Sch. Kaplan in Pfronten, dann auf Schloß Blumenthal bei Aichach und schließlich Beichtvater der Englischen Fräulein in München-Berg am Laim. – 1844 wurde er Dozent für biblische Exegese in Freising, 1847 dort Professor. 1868 erhielt er den Lehrstuhl für neutestamentliche Exegese und orientalische Sprachen an der Universität Würzburg, 1872 für dieselben Fächer in München. – Sein Vermögen von 30 000 Goldmark vermachte er 1885 für die Gründung eines Waisenhauses der katholischen Kirchenverwaltung Kaufbeuren.

Scheidegg Markt, Lkr. Lindau (Bodensee), 4118 E. – Die Pfarrkirche ist ein Neubau von 1797/98, vermutlich nach Plänen von Johann Georg → Specht. Es ist ein weiter klassizistischer Saalbau mit Stuck in spätesten Rokokoformen und Deckenbildern des späten 19. Jh. – Die Beichtstühle im Chor stammen noch aus dem Jahr 1764. – Das ehemalige Pfarrhaus, seit 1929 Rathaus, ein stattlicher, zweigeschossiger, allseitig verschindelter Satteldachbau, hat Johann Georg → Specht 1754 errichtet. Auffallend sind die geschnitzten Fensterpfosten mit Putten- und Fratzenköpfen. – Lange Jahre hat in Sch. der Kunsthistoriker und Verleger Dr. Hugo → Schnell gelebt, der dem Westallgäu sehr verbunden war.

Hugo Schnell: 500 Jahre Pfarrei Scheidegg. 1481–1981. In: AGF 1983/84, 267–275

Schelbert, Joseph Pfarrer und Politiker, geb. 1834 in Sigishofen (Ofterschwang, Lkr. Oberallgäu), gest. 1887 in Maria Rain. – Der Großvater kam aus dem Muotatal bei Schwyz und richtete 1810 eine Rundkäserei auf dem Klostergut Wagegg bei Kempten ein. – Der Vater schuf 1817 die erste Käserei nach Schweizer Art in Immenstadt. – Nach dem Tod des Vaters 1841 kam Sch. als Hirtenbub bis ins oberschwäbische Aulendorf. – In Kempten besuchte er die Lateinschule, machte 1858 sein Abitur und studierte dann in München Theologie. 1862 wurde er zum Priester geweiht und hielt in Seifriedsberg seine Primiz. – Nach Zwischenstationen in Stein bei Immenstadt, Aschering und Pöcking am Starnberger See, Altusried, Fischen, Schöllang und Langenwang wurde er schließlich 1880 Pfarrer in Maria Rain. Hier war Sch. nicht nur Seelsorger, sondern auch Bauer, der sich als einstiger Hirte freute, endlich einen eigenen Viehstand zu besitzen. – In Pöcking hatte Sch. 1866 einen „Verein zur Hebung der Viehzucht" gegründet und in Fischen eine Landwirtschaftliche Fortbildungsschule mit einer Fachbibliothek, die ca. 115 Bücher umfaßte. 1870 schrieb Sch. eine Abhandlung über das Allgäuer Vieh, 1873 eine Abhandlung mit dem Titel „Das Landvolk des Allgäus in seinem Thun und Treiben". 1983 erschien ein Nachdruck. Sch. schrieb nicht nur sachkundig und verantwortlich, sondern auch mit Humor. So bemerkt er einmal zu den beliebten und viel gegessenen Kässpatzen: „Diese sind um so geschätzter, je mehr sie von Schmalz triefen und je höher sich die Käsfäden beim Essen ziehen lassen". Und zu dem als dumm bezeichneten Klerus meint Sch.: „Möglich, daß wir dumm sind, weil wir uns zum ledigen Stand entschließen und für einen Spottlohn Dienst tun". – 1871 hielt Sch. in Fischen eine Predigt über das Lesen schlechter Zeitungen. Diese Predigt paßte so ganz in den damaligen Kulturkampf. – 1884 erhielt Sch. als Kandidat der Zentrumspartei 8994 Stimmen und zog in den Reichstag ein, in dem er bis 1887 blieb. Sch. war schon 1869 einer der Begründer der katholischen Volkspartei im Allgäu. – Regelmäßig informierte er die Leser der „Allgäuer Zeitung" immer auf der ersten Seite durch seine insgesamt 51 Reichstagsbriefe. – Als Sch. starb, schrieb das nationalliberale „Tag- und Anzeigeblatt" in Kempten: „ Der Verstorbene war als Politiker zwar ein Eiferer von derber Form, aber ein ehrlicher, überzeugungstreuer und in seiner Art hochbegabter Mann".

Schelbert, Otto: Pfarrer Joseph Schelbert 1834–1887. Pionier des Allgäus. In: Lebensbilder aus dem Bayerischen Schwaben 15, 1997, 267–293

Schelhorn, Johann Georg d. Ä. Superintendent und Polyhistor, geb. 1694 in Memmingen, dort gest. 1773 – Nach seiner Schulzeit gewährte ihm die Reichsstadt Memmingen ein Stipendium für ein sechsjähriges Theologiestudium. Sch. begab sich zunächst zum Sommersemester 1712 an die Universität Jena. Bereits hier wurden die Vorlieben Sch.s für orientalische Sprachen, besonders Hebräisch, Syrisch und Arabisch, hervorgehoben. – Nach vier Semestern ging Sch. an die Universität Altdorf bei Nürnberg. Dort blieb er vier Semester. – 1716 legte er in Memmingen vor dem Geistlichen Ministerium erfolgreich seine Kandidatenprüfung ab und reiste dann wieder nach Jena, um dort seine theologischen und philologischen Studien abzuschließen. – Nach Memmingen zurückgekehrt blieb er in den folgenden Jahren im Wartestand, konnte sich aber ersten literarischen Studien widmen. Er schöpfte vor allem aus dem Reservoir der Memminger Ratsbibliothek. Diese städtische Einrichtung betreute er bis 1762. – 1725 wurde er im Schuldienst angestellt und war nun Konrektor an der Lateinschule. In dieser Zeit begann er auch mit der Herausgabe einer wissenschaftlichen Reihe unter dem Titel „Amoenitates literariae“, einer Sammlung von Quellentexten und eigenen und fremden Beiträgen aus den Bereichen der Buchkunde und der Kirchen- und Gelehrtengeschichte. – 1730 erschien seine „Kurtze Reformations-Historie der Kayserlichen Freyen Reichs-Stadt Memmingen“. – 1732 schrieb er über die aus Salzburg vertriebenen Evangelischen. – Der Wunsch, eine Stelle am Deutschen Haus in Venedig zu finden, ließ sich nicht verwirklichen. – 1732 wurde Sch. ordiniert, und noch im selben Jahr übernahm er die Pfarrstelle der Memminger Landgemeinde Buxach. Damit konnte er den Schuldienst quittieren. – Bereits nach zwei Jahren wurde Sch. an die Stadtkirche St. Martin berufen. – Korrespondenzpartner der kommenden Jahre waren Kardinal Quirini, Leiter der Vatikanischen Bibliothek, und Andreas Felix von Oefele. Sch. und Quirini begegneten sich in Ottobeuren, und unter den Begleitern Quirinis war auch der Pollinger Augustinerchorherr Eusebius Amort, ein hervorragender Vertreter der katholischen Aufklärung in Bayern. – Andreas Felix von Oefele war Hofbibliothekar in München. Die dort verwahrten orientalischen und griechischen Handschriften waren für Sch. sehr wichtig. – 1752 wurde Sch. Mitglied der „Societas Latina“ in Jena und etwa gleichzeitig Mitglied der Akademie in Roveredo. – Ein Jahr später wurde Sch. Superintendent und stand damit an der Spitze des reichsstädtischen Kirchenwesens. – 1753 ehrte ihn der Tübinger Kanzler und

Hofpfalzgraf Pfaff durch die Verleihung der theologischen Doktorwürde. Schon 1732 hatte er ein Wappen verliehen bekommen. – Seine Liebe zu Sammlungsgut und Korrespondenz faßt Sch. einmal in den schlichten Satz: „Diese schönen Sachen versüßen und erleichtern mir meine ziemlich schweren Amtsarbeiten." – Seine wissenschaftlichen Leistungen spiegeln sich auch in einer weitgefächerten Korrespondenz und sind noch heute nah und lebendig. – Ein Portrait von Sch., das Ölbild eines unbekannten Malers, befindet sich im Stadtmuseum Memmingen.

Gößner, Andreas: Johann Georg Schelhorn d. Ält. (1694–1773) Superintendent und Polyhistor. In: Lebensbilder aus dem Bayerischen Schwaben 16, in Vorbereitung. – Harant, Ulrich: Johann Georg Schelhorn d. Ä. (1694–1773). In: Lebensbilder. Geschichte und Kunst in Bildnissen aus Schwaben, 124 f. und 423 f.

Schicker, Karl von Staatsrat, geb. 1847 in Füssen, gest. 1907 in Stuttgart. – Er war der Sohn eines Füssener Landrichters, trat in den württembergischen Staatsdienst und machte eine bemerkenswerte Karriere. Er wurde Staatsrat und Bundesbevollmächtigter für Württemberg. Für seine Verdienst erhielt er den persönlichen Adel.

Schiegg, P. Ulrich O. S. B. Naturwissenschaftler, geb. 1752 in Gosbach/Bad Ditzenbach, Baden-Württemberg, gest. 1810 in München. – Sein Vater war ein kleiner Bauer. – Im Kloster Zwiefalten und im Benediktinergymnasium Ehingen a. d. Donau erhielt er seine Schulbildung. – 1771 legte er in Ottobeuren die Profeß ab und wurde 1775 zum Priester geweiht. – Schon 1774 hatte er an der Benediktineruniversität Salzburg sein Theologiestudium begonnen. – Durch mehrere Jahre unterrichtete er am Ottobeurer Stiftsgymnasium die philosophischen Fächer, privat befaßte er sich mit Mathematik und Physik. – Bald nach seiner Priesterweihe wurde er zum Ökonom des Stiftes bestellt. – 1784 stellte er eine topographische Karte des Klosterterritoriums fertig, auf deren Grundlage wohl der erste moderne Kataster in Deutschland geschaffen und für ein Territorium eingeführt wurde. – Im selben Jahr 1784, wenige Monate nach den Heißluftballonversuchen der Brüder Montgolfier in Paris, machte Sch. ähnliche Versuche in Ottobeuren. Er steht daher am Beginn der deutschen Luftfahrtgeschichte. – 1791 wurde er als Professor für Mathematik, Physik, Astronomie und Landwirtschaft an die Universität Salzburg berufen. Hier unternahm Sch. in den Jahren 1799/1800 verschiedene Höhenmessungen im Alpenraum, so etwa am Großglockner. Der Fürstbischof zog Sch. auch als technischen Berater bei der Vermessung der Salinen zu. – 1800 wurde er zum Großkeller der gesamten Verwaltung seines Klosters bestellt. – 1802 wurde Sch. als Hofastronom nach München berufen. Die französischen Vermessungsingenieure im Topographischen Bureau erreichten aber 1804 die Abberufung, weil Sch. ihre Methoden in Frage stellte. Nun sollte Sch. auf einen Lehrstuhl für Astronomie an der Universität Würzburg berufen werden, aber Sch. lehnte ab. Wohl aber wurde ihm im selben Jahr auf Betreiben von Montgelas (1779–1838) die Vermessung der ehemaligen Fürstbistümer Bamberg und Würzburg übertragen. – 1808 wurde er in eine Kommission berufen, die aus steuerlichen Gründen die Vermessung in Bayern neu durchführen und zugleich die Grundstücke bewerten sollte. Auf dieser Vermessung beruhen bis heute der bayerische Kataster und das gesamte Grundbuchwesen. – 1808 wurde Sch. zum Mitglied der Bayerischen Akademie der Wissenschaften in der mathematisch-physikalischen Klasse ernannt.

Rupp, Paul Berthold: Ulrich Schiegg. In: Gelehrtes Schwaben, 96 f.

Schilling, Johann Georg Historien- und Landschaftsmaler, geb. 1779 in Unterthingau, dort gest. 1839. – Schon als Schüler der Akademie in Wien nannte man ihn den „Farbenkönig". Auf Einladung des Grafen Esterházy malte er für ein Schloß in Ungarn eine Reihe von Landschaftsbildern. – In München schuf er unter der Leitung von Professor Rottmann 28 Fresken italienischer Landschaften in den Arkaden des Hofgartens. – In der Pfarrkirche seiner Heimatgemeinde stammen aus seiner Hand ein Altarblatt mit einer Darstellung der „Heiligen Nacht" (um 1820) sowie die Fresken an der Langhausdecke (1820).

Schlemmer, Hans General, geb. 1893 in Nesselwang, gest. 1973 in Bad Kreuznach. – Er war der Sohn eines Zolloberbeamten und nahm bereits am Ersten Weltkrieg als Offizier teil. Später trat er in das 100 000-Mann-Heer der Weimarer Republik ein und diente als Batteriechef im 7. bayerischen Artillerieregiment. 1926 wurde er zur Technischen Hochschule Berlin abkommandiert, an der er 1930 seine Diplomprüfung ablegte. – Nach langer Tätigkeit beim Heeres-Waffenamt erfolgte 1939 seine Ernennung zum Kommandeur eines Regiments. Im Zweiten Weltkrieg kommandiere Sch. seit 1941 die 134. Infanterie-Division. Im Juni 1944 wurde er zum kommandierenden General eines Armeekorps befördert. Als höchste Auszeichnung erhielt er das Eichenlaub zum Ritterkreuz des Eisernen Kreuzes.

Schlund, Fidel Eisenhändler und Politiker, geb. 1808 in Immenstadt, gest. 1882 in Newark (New Jersey, USA). – 1826 übernahm Sch. das Geschäft seines Vaters, verschrieb sich aber bald nahezu ganz der Politik. Gemeinsam mit dem Kemptener Rechtsrat Balthasar → Waibel, dem Historiker Johann Baptist → Haggenmüller und dem Arzt Dr. Mair aus Roßhaupten ging es Sch. in der Bewegung des Jahres 1848 um die deutsche Freiheit, für eine Reichsverfassung, gegen die Einführung der Zensur, gegen staatliche Übergriffe und gegen ein Überhandnehmen der Verwaltung. – Sch. war Abgeordneter des bayerischen Landtags. Bei einem Freikorpsfest in Niedersonthofen hielt er eine Rede, und auch bei der Huldigungsfeier für Erzherzog Johann als Reichsverweser in Frankfurt ergriff Sch. das Wort. – Als er einmal nach Lindau fuhr, wurden ihm in Heimenkirch mehrere Triumphbögen errichtet. – Doch wurde er schließlich verhaftet und zunächst in Kempten und dann in Augsburg eingesperrt. – Nachdem er amnestiert und entlassen worden war, kehrte er wieder ins Allgäu heim. Von 70 Schlitten begleitet – ähnlich der Heimkehr Haggenmüllers – zog Sch. in Immenstadt ein. – 1853 wanderte er mit seiner Frau und zehn Kindern nach Amerika aus. Als er das Auswandererschiff bestieg, soll er die 1849 vor den bayerischen Soldaten gerettete schwarz-rot-goldene Turnerfahne Immenstadts auf dem Leib getragen haben. – 1861 meldete sich Sch. mit einem seiner Söhne bei Ausbruch des Sezessionskrieges als Freiwilliger. Sein Sohn ist für die neue Heimat gefallen.

Hild, Dr. Joachim: Immenstadt in unruhigen Zeiten. In: Heimatbuch der Stadt Immenstadt i. Allgäu 1360–1960. Hrsg. von der Stadt Immenstadt i. Allgäu zur 600-Jahrfeier der Stadterhebung. Immenstadt: Eberl. o.J. (1960), 154–163

Schmid, Alois Heimatforscher, Mitglied des deutschen Reichstages, geb. 1854 in Zaumberg bei Immenstadt, gest. 1911 in Immenstadt. – Schon früh zeigte Sch. Interesse für die Geschichte seiner Heimat. Nach dem Militärdienst in Lindau kehrte er 1877 auf den elterlichen Hof heim und erwarb allmählich eine Bibliothek, die bis zu seinem Tod auf fast 500 Bände anwuchs. – Regelmäßig schrieb er im „Oberallgäuer Erzähler" und in der „Kunkelstube", Beilagen zu Tageszeitungen. – 1893 wurde Sch. als Vertreter der Zentrumspartei für den Wahlkreis Lindau-Immenstadt-Kempten in den Reichstag gewählt. – Bei der Beratung von Zollfragen der Allgäuer Käse- und Butterwirtschaft engagierte sich Sch. in besonderer Weise. – Als die Abgeordneten 1905 für alle Eisenbahnlinien Freifahrt erhielten, nützte Sch. die Gelegenheit, um eine Reihe einschlägiger Archive aufzusuchen. – Über die Geschichte seiner Heimat verfaßte er elf Bändchen, die bei Kösel in Kempten erschienen. – Im „Allgäuer Anzeigenblatt“ schrieb Sch. Woche um Woche „Stimmungsbilder aus dem Reichstag“. – Seine Verdienste um den Katholizismus würdigte 1888 Papst Leo XIII. mit der Verleihung des Kreuzes „Pro Ecclesia et Pontifice“.

Schmid, Dr. theol. Alois Ritter von Professor für Dogmatik und Apologetik, Prälat, geb. 1825 in Zaumberg bei Immenstadt, gest. 1910 in München. – Der Bauernbub trat 1838 in die zweite Klasse des Gymnasiums zu St. Stephan in Augsburg ein und machte 1844 sein Abitur. Sein Landsmann Daniel → Haneberg war hierbei Ministerialkommissär. – 1847 wurde Sch. in das Georgianum aufgenommen. – 1848 löste er die Preisaufgabe der Theologischen Fakultät über „Ursprung, Wachstum und Verfall der Diözesansynoden“ und erhielt unter vier Bewerbern den Preis. 1849 wurde Sch. in Augsburg zum Priester geweiht. In Immenstadt hielt ihm → Haneberg die Primizpredigt. – 1850 erhielt er den Grad eines Doktor der Theologie „cum nota eminentiae“. Noch im Herbst dieses Jahres wurde er Professor für Religionslehre und Geschichte in Zweibrücken. – 1852 wurde er Professor für Philosophie am Lyzeum in Dillingen. Durch 14 Jahre las er hier über Noetik, Logik, Metaphysik, Anthropologie, Geschichte der Philosophie, Ästhetik sowie über Geschichte der bildenden Künste. – 1863 hielt er seinem Bruder Andreas die Primizpredigt. – 1866 ging er nach München als Professor für Dogmatik und Apologetik. Es war die Zeit, als die Abkehr von Döllinger erfolgte. – Bald nach seiner Berufung veröffentlichte Sch. eine Reihe theolog. Werke und Abhandlungen. – Erst im Alter von 78 Jahren wurde Sch. emeritiert. – Mehrfach wurde er zum Dekan und Senator berufen. Auch erhielt er eine große Zahl von Auszeichnungen. – Bestattet wurde Sch. neben der Friedhofskapelle in Immenstadt. – Der Theologie hat Sch. wieder ihren Wissenschaftscharakter zugesprochen. Das ist sein bleibendes Verdienst.

Buxbaum, Engelbert M.: Alois Ritter von Schmid. In: Immenstadt im Allgäu. Landschaft, Geschichte, Wirtschaft, kulturelles und religiöses Leben im Lauf der Jahrhunderte. Hrsg. von Rudolf Vogel. Immenstadt: J. Eberl KG, 1996, 579–582

Schmid, Dr. theol. Andreas Prälat, Professor, Direktor des Georgianum in München, geb. 1840 in Zaumberg bei Immenstadt, gest. 1911 in München. – Der Bruder von Alois → Schmid besuchte ab 1853 das Gymnasium in Dillingen und machte hier 1859 sein Abitur. – Die philosophischen Studien betrieb er in Dillingen, die theologischen in München an der Universität und im Georgianum. – 1863 wurde Sch. zum Priester geweiht. – Zunächst wurde er Hilfspriester in Ettringen (Lkr. Unterallgäu) und nach zehn Monaten Dritter Stadtkaplan von Dillingen. – 1865 wurde er Subregens des Georgianum. Hier blieb er 45 Jahre. – 1866 wurde er mit einer Dissertation über die Geschichte des christlichen Altars promoviert. – Abgesehen von Liturgik widmete sich Sch. dem Kirchengesang. Seit 1868 hielt er Vorlesungen über „Theorie und Geschichte der Kirchenmusik". Zur Anschaffung einer Orgel für die Hauskapelle stiftete er 4000 Mark. – 1876 wurde Sch. Direktor des Georgianum. Er war der 50. Direktor dieses ältesten deutschen Priesterseminars. Gleichzeitig wurde er Ordinarius für Pastoral, Katechetik und Homiletik. – Sch. war Regens, Spiritual und Ökonom in einer Person. – Die Bibliothek seines Hauses wuchs in diesen Jahren von ca. 40 000 Bänden auf rd. 65 000 Bände an. – Auch als Emeritus hielt er noch Vorlesungen über Kirchenbauten und Kirchenmusik. – Bestattet wurde Sch. neben seinem Bruder auf dem Immenstädter Friedhof. Gedenktafeln am Elternhaus, an der Leonhardikapelle in Zaumberg und in der Pfarrkirche in Akams erinnern an die beiden Brüder.

Buxbaum; Engelbert M.: Andreas Schmid, Dr. theol. In: Immenstadt im Allgäu. Landschaft, Geschichte, Wirtschaft, kulturelles und religiöses Leben im Lauf der Jahrhunderte. Hrsg. von Rudolf Vogel. Immenstadt: J. Eberl KG, 1996, 582–585

Schmid, Franz Anton Generalvikar, geb. 1821 in Obergünzburg, gest. 1888 vermutlich in Trenton, N.J./USA. – Er wählte den Beruf eines Ordensgeistlichen, wurde in das Redemptoristenkloster Bischenberg im Elsaß aufgenommen und seinem Wunsch entsprechend von seinen Oberen nach Amerika geschickt, wo er 1845 die Priesterweihe empfing. In seiner neuen Heimat war er bald so erfolgreich, daß ihm das Amt des Generalvikars der Diözese Trenton übertragen wurde.

Schmid, Gall Heinrich von Wellenstein Generalwachtmeister, geb. 1637 in Füssen. – Wie die Äbte desselben Namens in Steingaden und Fultenbach war er ein Sohn des Füssener Pflegers Hannibal Schmid von Wellenstein. Mit 14 Jahren immatrikulierte er sich im Herbst 1651 an der Universität Dillingen für das Studium der Grammatikklasse des Gymnasiums. 1673 übernahm er als Nachfolger seines Vaters die Leitung des Pflegamtes Füssen. Nachdem er 1698 diese Aufgabe seinem Sohn Josef Benedikt Romanus übertragen hatte, trat er in kaiserliche Dienste und war im

Reich, in Ungarn und in Spanien tätig. 1713 wurde er Generalwachtmeister der kaiserlichen Armee und in den Freiherrnstand erhoben.

Schmid, P. Gilbert I. von Wellenstein OPraem Abt, geb. 1636 in Füssen, gest. 1684 in Steingaden. – Nach Studien in Dillingen, wo auch drei seiner Brüder studierten, trat er in Steingaden in den Prämonstratenserorden ein. 1674 wurde er zum Abt gewählt. Sein Hauptverdienst lag im Abschluß des Wiederaufbaus der Abteigebäude, die 1646 von den Schweden niedergebrannt worden waren.

Schmid, Jörg gen. Knopf von Leubas, gehenkt 1526. – Der Sohn des Heinrich Schmid in Leubas war, wohl nach Verlust des väterlichen Eigentums, Bleicherknecht in Kempten. Auf sein Betreiben verweigerten Anfang 1524 dem neuen Abt Sebastian von Breitenstein 17 Pfarrer die Huldigung, bis dieser die Einberufung der Landschaft zugestand. Da der Abt in wiederholten Verhandlungen die Einlösung seines Versprechens hinauszögerte, berief Sch. für den 23. Januar 1525 die Landschaft auf die Malstatt in Leubas. Hier verbündeten sich die Bauern und beauftragten Sch. und zwei andere Bauern mit Verhandlungen mit dem Schwäbischen Bund in Ulm. Während sich Sch. juristischen Rat in Tübingen holte, ging aber die Kemptener Bewegung in den allgemeinen Bauernaufstand über und bekannte sich zum göttlichen Recht. In einer zweiten Landesversammlung in Leubas am 27. Februar 1525 riß der beredte Sch. die Landschaft zu bewaffnetem Vorgehen und zur Bildung der „Christlichen Vereinigung der Landart Allgäu“ hin. Ihm ging es um das Recht, nicht um den Glauben. Erst als es zur Erstürmung und Plünderung der Fürstabtei Kempten an 2. April 1525 kam, trat Sch. wieder hervor. Ihm gelang es auch nach Abschluß des Weingartener Vertrags auf dem Landtag in Durach am 2. Mai 1525, die Versammlung zur Fortsetzung des Aufstandes zu bestimmen. Nach der Zerstreuung des Bauernhaufens bei Leubas Mitte Juli wich Sch. mit dem Rest seiner Anhänger auf den Kohlenberg bei Sulzberg aus. Hier ergaben sich die Bauern auf Gnade und Ungnade dem Truchseß Georg von Waldburg. Sch. selbst floh, wurde aber bei Rankweil gefangen, in Bludenz eingekerkert, nach mehrfacher Folterung nach Bregenz ausgeliefert und zwischen Bregenz und Lochau in der Pfarrei Propstried an einer Eiche aufgeknüpft. – Der Allgäuer Aufstand war zwar wesentlich sein Werk, aber Sch. war weder Politiker noch Kriegsmann.

Schmid, Joseph II. Maria Stiftspropst, geb. 1747 in Kaufbeuren, gest. 1799 in Augsburg. – Er legte 1765 im Augustiner-Chorherren-Stift St. Georg in Augsburg seine Profeß ab, feierte 1770 seine Primiz und wurde 1791 zum Propst seines Stifts gewählt.

Schmid, Ludwig Maler, geb. 1862 in Lechaschau, gest. 1909 in Illenau (Baden). – An der Münchener Akademie war S. Schüler von Löfftz, Defregger und Lenbach. – Nach seiner Studienzeit errichtete er eine Spezialschule für künstlerische Anatomie und erwarb sich einen solchen Ruf, daß er im Jahr 1900 zum Professor an der herzoglichen Akademie in Karlsruhe ernannt wurde. – Um sich von gleichnamigen Malern zu unterscheiden, nannte er sich „Schmid-Reutte". – Im Reuttener Heimatmuseum hängt sein Bild „Kartoffelernte". – Auf eigene Kosten restaurierte Sch. die Zeiller-Fresken in der Pfarrkirche Wängle.

Schmid, P. Magnus von Wellenstein O. S. B. Abt, geb. 1641 in Füssen, gest. 1723 in Fultenbach südlich von Dillingen. – Er absolvierte die humanistischen Studien in Augsburg und studierte dann Philosophie und Jurisprudenz in Salzburg sowie Theologie in Dillingen. 1659 legte er im Kloster St. Mang in Füssen seine Profeß ab und feierte 1664 Primiz. Schon bald darauf wurde er Prior, von 1668 bis 1678 Stiftsökonom und von 1678 bis 1688 wieder Prior. Dann schickte man ihn nach Fultenbach, um den dortigen Konvent zu reformieren. Gegen seinen Wunsch wurde er 1700 zum Abt von Fultenbach postuliert. Mit ihm zogen in Fultenbach wieder strenge Mönchszucht und wahre Frömmigkeit ein. – 1716 ließ er durch Johann Jakob → Herkomer den Neubau der Klosterkirche beginnen, einen prachtvollen Barockbau, der aber mit dem Kloster der Säkularisation zum Opfer fiel.

Schmid-Reutte s. Schmid, Ludwig

Schmier, P. Benedikt (Johannes) O. S. B. Theologe, geb. 1682 in Grönenbach, gest. 1744 in Eldern. – Der Vater war Verwalter der Fuggerschen Güter in Grönenbach. – Wie sein Bruder (→ Schmier, Franz) trat er in den Orden des Hlg. Benedikt zu Ottobeuren ein und legte 1700 die Ordensgelübde ab. 1706 wurde er zum Priester geweiht und studierte dann an der Benediktineruniversität Salzburg. Dort erhielt er 1713 einen Ruf als Professor für Philosophie. 1714 erwarb er das Doktorat der Theologie, 1715 das beider Rechte. Von 1715 bis 1721 war er Professor für Kirchenrecht, von 1721 bis 1733 Professor für Dogmatik. Vom Fürsterzbischof von Salzburg und vom Fürstabt von Kempten wurde er zum „Geheimen Rat" ernannt.

Schmier, Franz (Johannes) O. S. B. Rechtsgelehrter, geb. 1679 in Grönenbach, gest. 1728 in Salzburg. – Die Eltern schickten den neunjährigen Buben in das Stiftsgymnasium Ottobeuren, wo er 1696 in den Orden eintrat. Mit 26 Jahren begann für ihn eine glanzvolle Tätigkeit als Kirchenrechtler an der Benediktineruniversität Salzburg. Hier war er Dekan der juridischen Fakultät. 1713 wurde er Rector magnificus. Dies blieb er bis zu seinem frühen Tod. Als Gelehrter des Kirchen-, Staats-, Natur- und Völkerrechts war Sch. eine in Mitteleuropa angesehene Persönlichkeit. Sein Lehrbuch des Kirchen- und Staatsrechts erlebte Auflagen in Salzburg, Ingolstadt, Avignon und Venedig. – Sch. wurde „Geheimer Rat" des Fürstabtes von Kempten, des Fürsterzbischofs von Salzburg und des Fürstbischofs von Freising. – Seine letzte Ruhestätte fand er in der Gruft der Collegienkirche in Salzburg.

Schmuzer neben den → Zimmermann und → Feichtmay(e)r die bedeutendste Wessobrunner Künstlerfamilie. – Im Raum der „Euregio via salina" waren tätig: **Andreas Sch.**, Maurer und Stukkator (1658–1694), in Füssen, **Franz Sch.**, Stukkator (1676–1741), in Obergermaringen (Lkr. Ostallgäu) und Irsee, **Franz Xaver Sch.**, Stukkator und Maler (1713–1775), in Osterzell (Lkr. Ostallgäu) und Maria Steinbach (Lkr. Unterallgäu), **Johann Sch.**, Klosterbaumeister und Stukkator (1642–1701), in Schwangau, Füssen, Speiden, Hindelang, Hinterstein, Nesselwang, Oberostendorf (Lkr. Ostallgäu) und St. Alban bei Aitrang (Lkr. Ostallgäu), **Jörg Sch.**, Maurer und Stukkator (1575–1645), in Füssen, **Joseph Sch.**, Klosterbaumeister und Stukkator (1683–1752) in Ottobeuren und im Lkr. Ostallgäu in Irsee, Eggenthal, Oberostendorf, Frankenried, Waalhaupten, Asch, Leeder, Denklingen, Bidingen und Oberdießen und **Paulus Sch.**, Stukkator und Maurermeister (1622–1702), in Sonthofen.

Schneider, Dr. Anton Advokat und Generalkomissär von Vorarlberg, geb. 1777 in Untertrogen bei Weiler im Allgäu, gest. 1820 in Frideris in Graubünden, begraben in Zizers (Graubünden). – Was Andreas Hofer 1809 für seine Tiroler Heimat auf sich nahm, das versuchte Sch. für Vorarlberg, aber auch für Weiler, das seit 1571 zu Österreich gehörte, 1805 aber durch den Frieden von Preßburg an Bayern gekommen war. – Die Freiheitskämpfer stießen zwar bis Konstanz und Kempten vor, mußten aber schließlich doch kapitulieren. Noch heute erinnern südlich von Kempten die „Vorarlberger Gräber" an das Gefecht vom 17. Juli 1809 das Sch. als die „schändlichste Affäre“ seines Lebens bezeichnet hat. – Sch. wurde auf den Hohenasperg bei Stuttgart gebracht und dann in Lindau vor ein Sondergericht gestellt. Die Verhandlung wurde aber für die bayr. Justiz und Verwaltung so peinlich, daß man das Sondergericht auflöste und Sch. in Bregenz unter Hausarrest stellte. 1810 ging er dann als Appellationsrat nach Wien. – In Weiler erinnert eine Tafel an Sch., und in Bregenz steht seit 1910 neben dem Postamt am Hafen sein Bronzestandbild.

Schnell, Dr. Hugo Kunsthistoriker und Verleger, geb. 1904 in München, gest. 1981 in Scheidegg im Westallgäu. – Sch. absolvierte das Humanistische Gymnasium St. Stephan in Augsburg und studierte an der Universität München zunächst Philosophie und Theologie, sodann Geschichte, Kunstgeschichte, Germanistik und Zeitungswissenschaft. 1931 wurde er mit einer Dissertation über „Die Einflüsse des Konzils von Trient auf die Kunst in Altbaiern mit besonderer Berücksichtigung des baierischen Volkstums“ promoviert. Schließlich ging Sch. auch noch an die Akademie der Bildenden Künste. – Schon als Student hatte er 1929 die Wiederherstellung der Prunkräume der Kemptener Residenz angeregt. Doch erst elf Jahre später ging seine Bitte in den ersten Anfängen in Erfüllung. Es überrascht daher nicht, daß Sch. 1947 als eine der ersten kunstgeschichtlichen Neuerscheinungen nach dem Zweiten Weltkrieg eine Monographie der fürstäbtlichen Residenz und ihrer Prunkräume herausbrachte. – 1934 gründete Sch. den Verlag Schnell & Steiner und die Reihe „Kleine Kunst- und Kirchenführer“, in der auch viele Kirchen aus dem Allgäu von Sch. selbst beschrieben werden. – 1940 regte Sch. einen Führer durch die St. Mang-Kirche in Kempten an, der freilich erst nach fast 40 Jahren in seinem eigenen Verlag herauskam. – In der Zeit des Dritten Reiches stand Sch. unter Gestapoaufsicht und mußte die Beschlagnahme seiner Veröffentlichungen erdulden. – 1947 gründete er die erste kunstwissenschaftliche Zeitschrift nach dem Zweiten Weltkrieg, „Das Münster“, worin er u. a. über den Westallgäuer Baumeister Johann Georg → Specht und über Gottfried Böhms neue Kirche in Wigratzbad schrieb. – 1973 hatte Sch. sein grundlegendes Handbuch über den Kirchenbau des 20. Jahrhunderts in Deutschland geschrieben. – Doch seine Liebe galt primär dem Barock. Dies erweist sich in besonderer Weise in seiner Monographie über die Wies und deren Baumeister Dominikus Zimmermann und in dem „Lexikon der Wessobrunner“, 1988. – Auch hatte Sch. schon 1941 auf den Ponickau-Saal in Kempten aufmerksam gemacht, „einen der schönsten süddeutschen Privaträume". Auch hier dauerte die Rückgewinnung durch eine hervorragende Restaurierung etwa 40 Jahre. – Organisatorisch wurde Sch. 1956 durch die Ausstellung „Arte liturgica in Germanica 1945–1955" in Rom tätig. Und unvergessen bleiben seine Ausstellungen im Münchner Stadtmuseum anläßlich des Stadtjubiläums 1958 und des Eucharistischen Weltkongresses 1960. – In Kempten wollte man Sch. zum Oberbürgermeister, ja sogar zum Ehrenbürger machen, doch Sch. lehnte ab. Wohl aber hielt er 1975 den Festvortrag zur Eröffnung des lang vernachlässigten Fürstensaals in der Kemptener Residenz. – Zu den Auszeichnungen dieses großen und geradlinigen Lebens gehört das österreichische Ehrenkreuz für Kunst und Wissenschaft I. Klasse.

Haberl, Wolfgang: Nachruf auf Dr. Hugo Schnell. In: AGF 1983/84, 265 f.

Schneller, Christian Volkskundler und Namensforscher, geb. 1831 in Holzgau, gest. 1908 in Cornocalda. – 1851 bis 1853 studierte er Sprachwissenschaft und Naturgeschichte in Innsbruck und war gleichzeitig Dichter und Schriftsteller. 1855 legte er die Lehramtsprüfung in Germanistik und später auch in Naturgeschichte ab. 1856 wurde er Supplent in Rovereto. – Seit 1858 Gymnasialprofessor, beschäftigte er sich als erster mit der Welschtiroler Volkskunde. – 1868 wurde er Professor am Innsbrucker Gymnasium, 1869 Landesschulinspektor für die Volksschulen. 1874 wurde diese Funktion auf die Mittelschulen erweitert. – Zu seinen wichtigsten Veröffentlichungen gehören eine „Landeskunde von Tirol" (1873), „Die romanischen Volksmundarten in Südtirol" (1870), „Tirolische Namensforschungen" (1890) und „Beiträge zur Ortsnamenkunde Tirols" (1893/94). Mit seinem Heimattal befaßte er sich in „Anton Falger und das Lechtal" (1877). – 1902 verlieh ihm die Universität Innsbruck das Ehrendoktorat der Philosophie.

Schnitzer, P. Franz Xaver O. S. B. Chorregent, Orgelvirtuose und Komponist, geb. 1740 in Wurzach, gest. 1785 in Ottobeuren. – Sch. zählt zu den bedeutendsten Klosterkomponisten der Benediktinerabtei Ottobeuren. Schon als Singknabe kam er an das Ottobeurer Gymnasium. Am Fest Mariä Himmelfahrt des Jahres 1760 legte er das feierliche Ordensgelübde ab, sechs Jahre später wurde er zum Priester geweiht. Bei der Einweihung der Kirche am 18. September 1766 spielte Sch. die große Orgel des berühmten Orgelbaumeisters Karl Joseph → Riepp. – Sein Schaffen galt der Repräsentation des Reichsstiftes. Hier stimmte er ganz mit den Intentionen seines Abtes Honorat → Goehl überein. – Aus den zahlreichen Kompositionen ragen heraus: Drei große Messen, 16 Bühnenkompositionen und sechs Sonaten für Tasteninstrumente. – In seiner „Alma redemptoris mater" glaubte man später einen Chor von Joseph Haydn zu hören.

Schnitzer, P. Magnus O. S. B. Komponist, geb. 1755 in Füssen, gest. 1827 in Weißensee. – Sch. wuchs unter 15 Geschwistern in einer Bäckerei auf, legte schon mit 22 Jahren im Kloster St. Mang seine Profeß ab und wurde 1780 zum Priester geweiht. Wo er studiert hat und ausgebildet wurde, wissen wir nicht. Doch mag man an die Jesuitenuniversität Dillingen, die Ordenshochschule der Erzabtei St. Peter in Salzburg oder auch an die Universität Innsbruck denken. – Sch. war zwar nie Chorregent, aber der entscheidende Komponist, und seine Werke bestätigen den hohen musikalischen Stand seines Klosters. – Die Verwendung der deutschen Sprache in seinen liturgischen Kompositionen verweist erstmals für Füssen auf die josephinischen Reformen. – Nach der Aufhebung des Füssener Klosters ging Sch. zunächst nach Wängle im Außerfern, wo er durch vier Jahre als Pfarrer blieb, sodann nach Rückholz und schließlich nach Weißensee, wo er auch starb und beerdigt wurde. – Sein Portrait hängt im Pfarrhof in Weißensee. – Nach dem derzeitigen Stand hat Sch. rund 33 Kompositionen hinterlassen, die freilich erst wieder aus dem Vergessen zurückgeholt werden müssen. – Sch. war der letzte Komponist des Füssener Klosters St. Mang an der Zeiten- und Stilwende vom späten Barock bis in die frühe Romantik.

Frey, Albert: Pater Magnus Schnitzer (1755–1827). Ein Komponist des Klosters St. Mang in Füssen – Leben und Werk. In: 1250 Jahre St. Mang in Füssen. 750–2000. Festschrift. Jahrbuch „Alt Füssen 1999" des Historischen Vereins Alt Füssen, 163–171

Schöllang (Markt Oberstdorf, Lkr. Oberallgäu). – Der Stuck der Pfarrkirche St. Michael stammt aus dem Jahr 1731, die Fresken von 1802 hat Nikolaus → Weiß gemalt. Der sehr schlanke Hlg. Michael im Hochaltar, schon aus der Zeit um 1320/30, ist eine der bemerkenswertesten Figuren dieser Zeit in Bayerisch-Schwaben. – Die Seitenfiguren der Seitenaltäre stammen wohl von Anton → Sturm, um 1750. – Eine spätgotische Madonna von 1480 wird dem Meister des Ursulaschiffes (→ Wirlings) zugeschrieben. – Weit außerhalb von Sch. auf einem steil abfallenden bewaldeten Berg in einem Friedhof steht die Schöllanger Bergkirche. Die Bilder der Seitenaltäre stammen von Paul → Zeiller, 1707/08.

Schönherr, David von Kunst- und Kulturhistoriker, Oberschützenmeister und Archivar, geb. 1822 am Kniepaß bei Pflach, gest. 1897 in Innsbruck. – Nach Absolvierung des Gymnasiums in Meran und Hall begann er in Brixen das Theologiestudium und trat auf Wunsch seiner Mutter in das Benediktinerstift Marienberg ein, das er aber vor Empfang der letzten Weihen wieder verließ. – 1849 wurde er Redakteur der Tiroler Schützenzeitung. Seit 1857 war Sch. kunsthistorischer Fachdirektor des Tiroler Landesmuseums Ferdinandeum und seit 1866 Archivar am neu errichteten Statthalterei-Archiv, das er als Innsbrucker Staatsarchiv (jetzt Landesregierungsarchiv) durch den Neubau 1871–1873 zu einem der modernsten Archive Österreichs machte. Er bearbeitete 6000 Regesten der Zeit zwischen 1490 und 1626 und verhinderte vor allem den Abbruch der landesfürstlichen Burg in Meran. Er bewirkte die Wiederherstellung des Schlosses Tirol bei Meran. Für seine vielseitigen Verdienste wurde er geadelt. Von seinen größeren Veröffentlichungen seien genannt: „Alexander Colin und seine Werke. 1562 bis 1612“ (1889), „Geschichte des Grabmals Kaiser Maximilians I. in der Hofkirche zu Innsbruck“ (1890), „Die Kunstbestrebungen der Habsburger in Tirol“, „Innsbruck vor dreihundert Jahren“, „Schloß Schenna, seine Geschichte und seine Besitzer“ und „Der Einfall des Kurfürsten Moritz von Sachsen in Tirol 1552“.

Schönleben, Bartholomäus O. S. B. Abt, geb. 1499 in Altdorf (Biessenhofen), gest. 1541 in Göttweig (Niederösterreich). – Nach Vollendung seiner Studien in Wien trat er 1515 in das Benediktinerkloster Göttweig ein, wurde bald Prior und bereits 1533 Abt. Großen Schwierigkeiten begegnete in Rom die Bestätigung seiner Wahl. Anton Fugger setzte sich schließlich mit Erfolg dafür ein. Abt Sch. übernahm seine Abtei in völlig verarmtem Zustand. Um die Bestätigung seiner Wahl bezahlen zu können, mußte er in Klosterneuburg das Bergrecht und ein dort gelegenes Haus verkaufen. Das Kloster hatte im Türkenkrieg schwer gelitten, weshalb die Schuldenlast zuerst noch vergrößert werden mußte. Erst gegen Ende seiner Regierungszeit konnte Abt Sch. Erwerbungen vornehmen. Trotz der traurigen Lage ließ der Abt im Klosterbereich mehrere Bauten errichten. Gerühmt werden die wissenschaftliche Bildung, die Geschäftskenntnis und die große Beredsamkeit des Abtes. – Sorge bereitete ihm das Eindringen der Lehre Luthers in sein Stift. – Er starb im Alter von erst 42 Jahren. Im Vorraum der Stiftskirche steht sein Marmorepitaph.

Scholz, Udo Geologe und Studiendirektor, geb. 1913 in Schönbrunn (Mähren), gest. 1989 in Kempten. – An der deutschen Universität Prag studierte Sch. Geographie, an der Technischen Hochschule erwarb er die Lehrbefähigung für Kunsterziehung, arbeitete dann ein Jahr an der Akademie für Bildende Künste und war Assistent für Akt- und Figurenzeichnen an der Technischen Hochschule. – 1946 kam er nach der Vertreibung an die Kemptener Oberrealschule, das spätere „Allgäu-Gymnasium". Hier unterrichtete er bis 1976 und betreute die geographische Fachschaft. – Von Dr. Franz → Müller, dem Betreuer der Naturwissenschaftlichen Sammlungen in Weidle-Haus, übernahm er dessen Manuskript, das er 1965 unter dem Titel „Ehe denn die Berge wurden" vollendete. Mit seinem Sohn Dr. Herbert Sch. brachte er dieses Buch dann 1981 unter dem Titel „Das Werden der Allgäuer Landschaft. Eine kleine Erdgeschichte des Allgäus" heraus. – Sch. wurde Mitbegründer der Volkshochschule und leitete deren Naturwissenschaftlichen Arbeitskreis. – Vor allem aber schuf Sch. die geologische Sammlung im Zumsteinhaus, die 1975 der Öffentlichkeit vorgestellt wurde. Dies war ein Höhepunkt seines Lebens. – Sch. war aber auch ein hervorragender Zeichner und Aquarellist. – Er erhielt das Bundesverdienstkreuz, die Goldene Residenzmedaille der Stadt Kempten und die Umweltmedaille des Bayerischen Umweltministeriums.

Dörr, Erhard: Zum Gedenken an Studiendirektor Udo Scholz. Kemptens geologische Sammlung ist sein Vermächtnis. In: AGF, 1990, 5–8

Schorer, Christoph Stadtphysikus, geb. 1618 in Memmingen, dort gest. 1671. – Sch. war der Sohn eines Advokaten. Die Mutter war die Tochter eines Stadtphysikus. – Sch. wuchs unter dem Eindruck der Kriegsereignisse auf. 1630 sah er Wallenstein in Memmingen einmarschieren, zwei Jahre später Gustav Adolf. – An einen geregelten Schulbetrieb war nicht zu denken. Daher begann Sch. sein Studium an der Universität Straßburg auch erst im Alter von 21 Jahren. Er studierte Medizin und Mathematik und begann schon früh, verschiedene Traktate zu veröffentlichen. 1643 ging er nach Basel und wurde schließlich in Padua in den Fächern Philosophie und Medizin promoviert. Nach Memmingen zurückgekehrt übernahm er 1651 das Amt des Stadtphysikus. Ausgestattet mit einem üppigen Gehalt hatte sich Sch. unentgeltlich um die ärztliche Versorgung der Armen und Bedürftigen sowie der Spitalinsassen zu kümmern. Andere Patienten konnte er gegen Honorar behandeln. Nebenberuflich veröffentlichte er Schriften zur Astronomie, zu Sprache und Sitte, Gesundheitspflege, Schule und Bildung sowie zu Welt- und Lebensanschauung. – 1655 gründete Sch. das „Collegium Musicum", eine Vereinigung renommierter Bürger, Geistlicher, Juristen und Ärzte, die sich regelmäßig trafen und bei Gottesdiensten und anderen Anlässen sangen und musizierten. – 1660 veröffentlichte Sch. unter dem Titel „Memminger Chronick / Oder Kurtze Erzehlung vieler denckwürdigen Sachen / die sich allda nicht allein vor alten / sondern auch zu jetzigen Zeiten / bevorab in verwichenem dreyssigjährigen Krieg begeben und zugetragen / von An. 369 biß 1660" die erste gedruckte Stadtgeschichte Memmingens. – Eine Faksimileausgabe erschien 1964 im Verlag für Heimatpflege Kempten (Allgäu).

Harant, Ulrich: Christoph Schorer (1618–1671). In: Lebensbilder. Geschichte und Kunst in Bildnissen aus Schwaben, 210 f. und 424

Schraudolph Oberstdorfer Malerfamilie. – Der Vater war Schreinermeister und zugleich Leiter einer „Zeichnungsschule". – **Johann Baptist Sch.** (1808–1879) ging 1825 nach München und wurde an der Akademie Schüler von Joseph Schlotthauer. Zunächst half er als Freskant in der Glyptothek, dann in der Allerheiligen-Hofkirche und in der Basilika des Hlg. Bonifatius. – Bald fand er die Anerkennung König Ludwigs I. – 1843 erhielt er seinen bedeutendsten Auftrag, die Ausmalung des Speyrer Kaiserdomes. Bei der letzten Domrestaurierung 1957 bis 1961 wurden die Schr.-Fresken, bis auf den Marienzyklus im Mittelschiff, abgenommen, um dem salischen Bau seine romanische Raumgestalt wiederzugeben. Bis Ende 2004 wird der Kaisersaal im Obergeschoß des Westwerks für die Schr.-Fresken ausgebaut. – 1848 wurde Johann Baptist Sch. das Ritterkreuz des Verdienstordens des Hlg. Michael und damit der persönliche Adel verliehen. – Für den Hochaltar der Oberstdorfer Pfarrkirche schuf er die Flügelgemälde und für die Klausenkapelle an der Straße nach Sonthofen das Altarblatt mit einer Darstellung der Rosenkranzverleihung an die Hlg. Dominikus und Katharina von Siena. – Erspart blieb ihm die Entfernung seiner Bilder aus dem Speyrer Dom, als man mit den Nazarenern nichts mehr anzufangen wußte und den romanischen Kaiserdom rein erhalten wollte. – In München und auch in Speyer half ihm sein Bruder **Claudius Sch.** (1813–1891), der für die Lorettokapelle bei Oberstdorf 1877 das zentrale Kuppelfresko, für die Kirche in Untermaiselstein über dem Westeingang 1880 einen Gottvater zwischen den Hlg. Michael und

Stanislaus Kostka in Öl auf Blech und Tafelbilder für die Filialkirche in Berghofen malte. Auf der Empore der Kirche in Betzigau befindet sich von ihm ein ehemaliges Hochaltarblatt mit Kreuzigung, um 1875. – Der dritte Bruder schließlich war **Matthias Sch.** (1817–1883), der sich vor allem der Glasmalerei zuwandte, um 1840 in das Benediktinerkloster Metten eintrat und dort bis zu seinem Tod als Bruder Lukas als Zeichenlehrer tätig war. – Der Sohn von Johann Baptist, **Claudius Sch.**(1843–1902), war zuletzt Direktor der Stuttgarter Kunstschule. Von ihm befindet sich eine Zeichnung des Geburtshauses seines Vaters in Oberstdorf aus dem Jahr 1872, im Stadtarchiv Kempten.

Wiederherstellen, Bewahren, Erneuern. Die Schraudolph-Fresken im Speyrer Dom (= Lebendiges Rheinland-Pfalz. Schriftenreihe der Landesbank Rheinland-Pfalz). 1999

Schropp, Andreas Konditormeister und Chronist, geb. 1781 in Kaufbeuren, dort gest. 1864. – Im Alter von mehr als 70 (!) Jahren schuf Sch. eine Bilderchronik von und für Kaufbeuren, die das Aussehen der Stadt vor den Veränderungen des späteren 19. Jh. in 300 Aquarellen festhält. Dieser unschätzbare Spiegel seiner Zeit läßt ein wenig Wehmut aufkommen. Eine solche Bestandsaufnahme übertrifft weit eine photographische Erfassung. Den Betrachter bezaubert ein Stück Spätbiedermeier.

Eine Liebe in Bildern. Die Kaufbeurer Ansichten des Konditormeisters Andreas Schropp. Hrsg. von Jürgen Kraus und Stefan Fischer unter Mitarbeit von Anton Brenner, Walter Eberle und Ludwig Egelhofer, o.O. (Kaufbeuren/Thalhofen): Schwangart & Bauer, 1997

Schubert, Heinz akademischer Maler, Graphiker und Illustrator, geb. 1912 in Zwettnitz bei Teplitz-Schönau, gest. 2001 in Kempten. – Sch. stammte aus „Böhmens Wald und Flur“, dem einstigen Sudetenland. Hier machte er seine Matura und studierte dann an der Deutschen Technischen Hochschule in Prag. – 1944 geriet er in amerikanische Gefangenschaft und mußte in einem belgischen Kohlenbergwerk zwei Jahre unter Tage arbeiten. 1947 ließ er sich ins Allgäu entlassen, wo er seine Familie wiederfand. Ein Holzhaus unter einer alten Linde am Mariaberg westlich von Kempten war die erste Bleibe. Von hier ging sein Blick hinaus in eine ihm zunächst neue Landschaft, deren Illustrator er in den folgenden Jahren werden sollte. – Entscheidend war seine Begegnung mit Alfred → Weitnauer, dessen „Allgäuer Chronik“ durch Sch.s 647 Zinkätzungen einen besonderen Akzent erhielt. Sch. illustrierte aber nicht nur Weitnauers Bücher, sondern auch die Bücher von Peter Dörfler, Arthur Maximilian

Miller, so manche gesamtschwäbische Darstellung aus dem Konrad-Verlag in Weißenhorn, den „Spaziergang zu den Brunnen der Stadt“ von Oberbürgermeister August Fischer, „D’ schwäbisch’ Kuche“ von Aegidius Kolb und Leonhard Lidel und den Führer durch Kempten „Bewahrtes und Verborgenes“ von Wolfgang Haberl. Das Kempten der Nachkriegsjahre ersteht vielfach nur noch in Sch.s Zeichnungen. – An die 20 seiner Buchumschläge befinden sich im Deutschen Literaturarchiv in Marbach am Neckar. – Sch. entwarf auch das Mosaik für den Brunnen hinter dem Zumstein-Haus in Kempten und gestaltete die Kurstifte „Beethoven“ in Bonn und „Mozart“ in Ainring bei Salzburg. – Von Sch. stammt auch der Entwurf für einen Cambodunum-Teppich in der Landeszentralbank in München. – Groß sind Sch.s Verdienste um die existenzielle Absicherung seiner freischaffenden Kollegen. – Mit dem Arzt Dr. Wilhelm → Maul schuf Sch. das Kemptener Kunstkabinett – für so manchen Künstler eine erste Möglichkeit zu qualitätvoller Ausstellung. – Die materiell schwierigen, doch geistig und künstlerisch so reichen Nachkriegsjahre schilderte Sch. im AGF 1990, 25–40, in seinem Beitrag „Die Kunst im Allgäu nach 1945“. – Von 1948 bis 1977 unterrichtete Sch. an der Städtischen Realschule. – Vielfach wurde Sch. ausgezeichnet: 1959 erhielt er den Kunstpreis der Stadt Kempten, 1968 den Kunstpreis des Bezirks Schwaben, 1986 das Bundesverdienstkreuz, 1987 die Verdienstmedaille der Stadt Kempten und 1997 die Johannesmedaille der Freunde der Kemptener Museen. – Nie wollte Sch. den Betrachter seiner Bilder vor Rätsel stellen oder durch Abstraktionen oder gar Verfremdung verwirren. Er blieb konservativ im Sinne des Erhaltens und Bewahrens, fern von Modeströmungen und einer Ideologisierung der Kunst.

Schütz, Johann Stukkator, geb. 1704 in Wessobrunn, gest. 1752 in Baden-Baden. – Die erste archivalische Notiz bezieht sich auf seine Tätigkeit im Blumenzimmer des Schlosses Wolfegg im Sommer 1729. Vermittelt hat diesen Auftrag vielleicht der Kemptener Hofmaler Franz Georg → Hermann. Ihm verdankt Sch. auch den Auftrag zur Ausstattung der fürstäbtlichen Privaträume in der Kemptener Residenz. Die Ausstattung des Thronsaales aber wurde dem besseren Stuckplastiker Johann Georg → Üblher übertragen. – 1733 hat Sch. in Kempten geheiratet. – 1735 wurde ihm die Ausstattung der Kollegiatsstiftskirche in Wolfegg übertragen, sein wohl erster selbständiger Auftrag. – 1735 übersiedelte er nach Wurzach. – Seine letzten Lebensjahre verbrachte Sch. als markgräflich badischer Hofstukkateur in Rastatt. – Im Bereich der „Euregio via salina“ war Sch., abgesehen von Wolfegg, Kißlegg und Kempten, auf Schloß Zeil („Salettl“), in Leutkirch (Rathaus, Schlößchen und Gartenhaus Humelsberg) und auf Schloß Syrgenstein tätig, wo sein Auftraggeber der spätere Kemptener Fürstabt Engelbert von Syrgenstein war. – In Kempten wird Sch. die Ausstattung des Wohnhauses von Franz Georg → Hermann zugeschrieben. – Nach Sch. ist in Kempten eine Straße benannt.

Fesseler, Alexandra: Johann Schütz, ein Vertreter der Wessobrunner Stukkatorenschule (1704–1752). Diss. Tübingen 1993

Schütze, Wilhelm Maler und Lithograph, geb. 1840 in Kaufbeuren, gest. 1898 in München. – 1859 wurde Sch. in die Münchner Akademie aufgenommen. Nach seiner Ausbildung blieb er in München. Seine Motive fand er vor allem in der heilen Welt der Kinder. Sch. gehört zu den besten Vertretern der Münchner Malerschule. Man zahlte hohe Preise für seine Bilder, die mehrfach ausgestellt wurden: im Münchner Glaspalast 1876, in New York 1899, 1909, 1911 und ebenfalls 1911 in Paris. – Sch. war auch als Lithograph tätig. Gelernt hatte er diese Fertigkeit in der Steindruckerei Hobach in der Kaiser-Max-Straße in Kaufbeuren.

Schugg, Josef Maler und Restaurator, geb. 1921 in Kimratshofen, dort gest. 1994. – Nach dem Besuch der Klosterschule in Ottobeuren machte Sch. von 1938 bis 1941 eine Lehre als Kirchenmaler mit Gesellenprüfung. – 1941 wurde er Soldat, kam nach Frankreich und in italienische Kriegsgefangenschaft. – 1946 wurde er Mitarbeiter des Leutkircher Kirchenmalers und Konservators Josef Lutz. – 1952 erhielt Sch. ein Stipendium der Regierung von Südwürttemberg-Hohenzollern für einen Studienaufenthalt in Paris. – Insgesamt hat Sch. mehr als 200 Kirchen und Kapellen in Schwaben und Oberschwaben erhalten. – In Kempten arbeitete er in der Dreifaltigkeitskirche in Steufzgen, im Fürstensaal der einstigen Residenz und in der St. Mang-Kirche. – Im Allgäu restaurierte Sch. in den Kirchen von Wiggensbach, Dietmannsried, Maria Steinbach und Kreuzthal. – Sch. restaurierte auch eine nürnbergische Madonna der Dinkelsbühler Georgskirche, um 1500. – Er war aber nicht nur ein sehr vielseitiger Restaurator, sondern auch ein eigenständiger Künstler, dem vor allem Portraits und Landschaftsbilder gelangen. – Sch. war ein gewinnend verhaltener und bescheidener Mensch und Künstler, dessen Humor viele Begegnungen erfüllte.

Schwab, Anselm OSCist Reichsprälat, geb. 1713 in Füssen, gest. 1778 im Kloster Salem. – Er war der Sohn eines Kaufmanns. Nach dem Studium an der Universität Salzburg trat er in die Zisterzienserabtei Salem ein. Nach der Priesterweihe war er für einige Zeit Novizenmeister und Protonotar. Wegen seines diplomatischen Geschicks zog ihn der Abt zu schwierigen Verhandlungen heran. Und bald wurde er selbst zum neuen Abt gewählt. Er war eine kluge und eindrucksvolle Persönlichkeit, wie ein Gemälde von Bernhard Göz in Augsburg zeigt. In seinen 32 Abtjahren nahm das Reichsstift nochmals einen glanzvollen Aufschwung, den letzten vor der Aufhebung durch die Säkularisation. Im Zisterzienserorden besaßen die Reichsäbte von Salem in Oberdeutschland, in der Schweiz und in Tirol eine dominierende Stellung. Auch war der Prälat des exempten und konsistorialfreien Reichsstifts und Münsters zu Salem Direktor des Reichsprälatischen Kollegiums in Schwaben. – Abt Anselm baute die Wallfahrtskirche Birnau und ließ sie von den besten Künstlern seiner Zeit ausschmücken. – Dem Schloß Kirchberg bei Immenstaad gab er sein heutiges Aussehen und leitete die klassizistische Alabaster-Ausstattung des Salemer Münsters ein. – 1750 gründete er die erste deutsche Spar- und Waisenkasse und förderte das Schulwesen. Streng wachte er über die Ordensdisziplin und die Einhaltung der Klosterregeln. Auch förderte er die Künste und Wissenschaften und ließ eine Geschichte seines Klosters schreiben. – Besondere Verdienste erwarb er sich um den Obst- und Weinbau, indem er den Aprikosenbau in Süddeutschland einführte und den Weinbau im Stiftsgebiet durch die Einführung neuer Reben aus Burgund verbessern ließ. Seine Darlehenspolitik verstand er im Kampf um die Unabhängigkeit gegen die Ansprüche des Bistums und Hochstifts Konstanz zu nutzen. – Maria Theresia stellte er im Ringen um Schlesien gegen die Verpfändung von Meersburg die beträchtliche Summe von 150 000 Gulden zur Verfügung und sicherte so seinem Reichsstift die Unterstützung des Hauses Österreich. Maria Theresia ernannte Abt Anselm zu ihrem „Wirklichen Geheimen Rat". Auch St. Mang in Füssen, dem Kloster seiner Heimatstadt, gewährte er ein größeres Darlehen, von dem es bei der Säkularisation noch 13 200 Gulden an Salem schuldete.

Schwabelsberg einstiges Schlößchen und Kloster zwischen Kempten und Heiligkreuz. – Der Name Sch. begegnet erstmals in einer Urkunde von 1368. Wir hören von einem Erhard von Sch., Mönch im Kloster Kempten. Nach seinem Tod wurde Sch. von reichsstädtischen Bürgern erworben. Erst 1518 kamen Schloß, Meierei, Hofgarten, Teiche und Holzmarken wieder an das Stift Kempten. – 1525 wurde Sch. von aufständischen Bauern eingenommen und geplündert. – 1537 fanden die Klosterfrauen von St. Anna, verdrängt aus der evangelischen Reichsstadt, in Sch. ein Refugium, bis sie 1548 nach kurzer Bleibe in Hirschdorf das einstige Franziskanerkloster in Lenzfried beziehen konnten. – 1572 wurde in Sch. eine stiftische Münzstätte eingerichtet, die aber nur etwa 1274 Münzen geprägt hat. – 1636 kehrte Fürstabt Johann Willibald Schenk von Castel, der nach Bregenz geflohen war, wieder zurück nach Kempten, mußte aber in Sch. wohnen, weil Kirche und Kloster in Kempten zerstört waren. – In Sch. waren sich wohl erstmals Fürstabt Roman → Giel von Gielsberg und sein erster Baumeister Michael → Beer begegnet. – 1658 ließ Fürstabt Roman Giel von Gielsberg Sch. durch Johann → Serro zu einem Kloster umbauen, dargestellt auf Giels Portrait im Fürstensaal der Kemptener Residenz und nachgezeichnet von Joseph → Buck. – Schon 1668 hatte Roman Giel seine Conventualen zum Umzug in die neue Residenz aufgefordert, aber selbst eine Belagerung durch bewaffnete Bauern und der Entzug der Lebensmittel bewirkten zunächst nichts. Erst 1674 war die historische Rolle von Sch. beendet. Daß Fürstabt Rupert von → Bodman für kurze Zeit in Sch. durch Schweizer Knappen eine Weberei einrichten ließ und Sch. 1796 der kaiserlichen Armee als Pulvermagazin diente, war für Sch. nur noch ein „Abgesang“. – 1802 wurde das Schlößchen abgebrochen und die Kirche verkauft. Heute erinnert nur noch die Nordfassade an einen sakralen Bau. Dieser entspricht hier der Westfront der einstigen Franziskanerkirche in Lenzfried. – In einem Bildstock des 19. Jh. an der nahen Straße standen Figuren einer Mutter Anna mit einer kleinen Maria und einem Mönch, die dem Bildhauer Hans Ludwig → Ertinger zugeschrieben werden. – Eine Ansicht der einstigen Weiher und des Schlosses überliefert ein kolorierter Plan des stiftischen Stutenhofes auf der Halde vom Ende des 18. Jh. im Stadtarchiv Kempten. – Heute ist Sch. ein Ort bewegter Geschichte und vor allem ein kostbares Stück Kulturlandschaft.

Zollhoefer, Friedrich: Aus der Geschichte des Gebietes von Neuhausen und Heiligkreuz. In: Zum fünfzigjährigen Milchkauf-Jubiläum der Milchlieferanten Heiligkreuz 1907–1957, 4 17 – Haberl, Wolfgang: Schwabelsberg – ein kostbares Stück Kulturlandschaft. In: Kempten aktuell = Heimatteil der Kirchenzeitung für die Diözese Augsburg, Nr. 3, 22./23. Januar 1972, 2 f.

Schwabenkinder Als Schw. bezeichnet man bäuerliche Dienstboten im Alter von ca. 7 bis 17 Jahren, die sich zur Arbeitssuche ins „Schwabenland“ in Oberschwaben, Württemberg, Baden und Bayern begaben und auf eigenen Kindermärkten ausgesucht und verdingt wurden. Die Tatsache der Kinderarbeit stellte noch bis ins 20. Jh. zunächst gar nichts Besonderes, ja etwas fast Selbstverständliches dar. Die gelegentliche Bezeichnung „Hütkinder“ trifft nicht unbedingt zu, denn neben Viehhüten und „Kindsen“ wurden die Schw. zu allen in der Landwirtschaft anfallenden Arbeiten herangezogen. – Die Schw. kamen aus allen Tälern Vorarlbergs, zu einem kleinen Teil auch aus Graubünden, aus dem Oberinntaler Raum ab Telfs und aus den Westtiroler Seitentälern, dem Ötz- und Pitztal, dem Oberen Gericht, dem Vinschgau, dem Paznauntal, dem Kaunertal, dem Stanzertal und aus dem gesamten Außerfern. – Die Dienstorte der Außerferner lagen ausschließlich im bayerischen Allgäu. – Die Gründe dieser Wanderungen liegen in der Kargheit des Bodens, einem rauhen Klima, dem Erbrecht der Realteilung, einem zu starken Bevölkerungswachstum im Vergleich zum Bodenertrag und im 19. Jh. im Fehlen namhafter Industrien. – Insgesamt war diese zeitweilige Auswanderung der einzige Ausweg, um der völligen Verarmung und Verschuldung zu entgehen. – Der früheste bisher bekannte Beleg für eine Kinderwanderung geht auf das Jahr 1625 zurück. Weitere Belege folgen erst am Ende des 18. Jh. – 1796 berichtet Josef Rohrer in seiner Schrift „Uiber die Tiroler“ ausführlich über eine Kinderwanderung aus dem Kreis Imst und aus Pfarreien im Außerfern. – 1832 erregt die Kinderwanderung erstmals das Interesse der Geistlichkeit, aber es ist nicht die Kinderarbeit weit weg vom Elternhaus, die Bedenken hervorruft, sondern es sind die Folgen „für die moralische und religiöse Bildung der Jugend“. – In einer ersten Bestandsaufnahme hören wir von 1800 bis 2000 Kindern aus Vorarlberg und von 2500 Kindern aus Westtirol. – Die Zahl von 600 Kindern aus dem Außerfern dürfte realistisch sein. – Ab ca. 1840 mag man einen langsamen Rückgang der Kinderzahlen annehmen. – 1890 wurde schließlich in Pettneu am Arlberg ein „Verein zum Wohle der Schwabenkinder und jugendlichen Arbeiter überhaupt“ gegründet, der sich bis zu seiner Auflösung 1915 um Transport, Verding und Lohn der Schw. kümmerte. – In geringem Ausmaß hielt die Auswanderung aus dem Außerfern bis zum Beginn des Zweiten Weltkriegs an. – Meistens zogen die Kinder um Josefi (19. März) weg und kamen erst Ende Oktober wieder heim. – Kinder aus dem oberen Lechtal scheinen über das Trettachtal ins Allgäu gekommen zu sein. Ein zweiter Weg ins Allgäu führte über das Tannheimer Tal. – Nicht selten kamen sich die Kinder ausgenutzt vor. Ihr Arbeitstag dauerte in der Regel von 6^{30} oder 7^{00} bis 19^{00} Uhr. – Gelegentlich wurden die Kinder auch zum Kartoffelstecken, Absteinen der Wiesen, zu Holzarbeit und auch zum Torfstechen herangezogen. – Regelmäßigen Schulbesuch gab es trotz eindeutiger Vorschriften auch im 20. Jh. nicht. – Gewand und Schuhe gehörten nicht immer zum vereinbarten Lohn. – Das soziale Gefälle bekamen die Schw. ganz gewiß zu spüren. – Ein nicht leichtes Problem war sicher auch das Heimweh. Und mancher mochte sich denken, daß er seine eigenen Kinder nie und nimmer ins Schwabenland schicken würde.

Schneider, Ingo: Schwabenkinder aus dem Außerfern. In: Tiroler Landesausstellung. Reutte/Breitenwang, 1989, 222–232.

Schwangau Lkr. Ostallgäu, 3340 E. – Auf freiem Feld, weit außerhalb des Ortes, malerisch gelegen steht vor der Kulisse der Schwangauer Berge die **Wallfahrtskirche St. Koloman**, 1671 bis 1678 von Johann → Schmuzer errichtet, ein langgestreckter durch abgestufte Strebepfeiler und doppelte Fensterreihen gegliederter Außenbau. – Der Turm besteht aus einem hohen quadratischen Unterbau, einem Oktogon und einer Zwiebelhaube. – Die reichen Stukkaturen von Schmuzer überziehen Wände und Decken und schaffen eine von der Dekoration bestimmte einheitliche Raumwirkung. In diese fügen sich die in Rot und Weiß gehaltenen Stuckmarmoraltäre Schmuzers. – Die Sakristeitüren sind mit Blumenvasen bemalt. – Die vom einstigen Hochaltar stammenden Figuren der Muttergottes und der Hlg. Koloman und Apollonia werden Hans → Kels d. Ä. zugeschrieben. Sie kennzeichnen den Ausklang der spätgotischen Plastik im Allgäu, um 1520. – Unter den Votivtafeln befindet sich ein größeres Bild mit der Darstellung eines Seuchenbittgangs aus dem Jahr 1734, bei dem eine Kuh als Opfer für den Pest- und Viehpatron mitgeführt wird.

Liebhart, Wilhelm (Hrsg.): Schwangau. Dorf der Königsschlösser. Stuttgart: Thorbecke, 1996

Schwangau, Hiltbolt von Minnedichter, geb. um 1195, gest. nach 1254. – Er entstammte dem Geschlecht der Ritter von Schwangau und hinterließ zwei Dutzend Lieder. Zu dem wenigen, das man über sein Leben weiß, gehört die Tatsache, daß er als Ministeriale den Grafen von Tirol diente, am 5. Kreuzzug teilnahm und in Syrien war. Seine Lieder schrieb er um 1220/30. Nach Inhalt und Form zählen sie zum Hohen Minnesang und sind von den mittelhochdeutschen Dichtern Friedrich von Hausen, Heinrich von Morungen und Walther von der Vogelweide angeregt. H.s Minnedichtungen wirken konventionell, neue Töne findet er in dem Tanzlied „Ich will aber der lieben singen". Ein Bild der Großen Heidelberger Liederhandschrift („Manesse") zeigt H., wie er zwei Damen zum Tanz führt, zu dem ein Fiedler aufspielt. – Eine Darstellung des H. findet sich auch in der Weingartner Liederhandschrift, um 1310.

Pörnbacher, Hans: Hiltbolt von Schwangau (um 1195–nach 1254). In: Lebensbilder aus dem Bayerischen Schwaben 7, 1959, 12–22

Schwangau, Margareta von Frau des Minnesängers Oswald von Wolkenstein, geb. Ende des 14. Jh., gest. um 1459/60. – M. stammte aus der bis 1567 reichsunmittelbaren Herrschaft Hohenschwangau und heiratete im Sommer 1417 den Südtiroler Dichter Oswald von Wolkenstein. Sie bekam eine Heimsteuer von 500 rheinischen Gulden (dürfte etwa 20 000 Euro entsprechen). 1410 zog sie nach Tirol, wo sie auf der Burg Hauenstein am Schlern bzw. in einer Stadtwohnung in Brixen lebte. – Sie teilte in vorbildlicher Weise das bewegte Leben ihres Mannes, auch den Hauensteinschen Erbschaftsstreit, in dessen Verlauf Oswald überfallen und eingesperrt wurde. – M. war gebildet und hübsch und zugleich eine umsichtige Hausfrau und Wirtschafterin. Stets war sie für ihre sieben Kinder da. Selbstbewußt und gewandt, mit Witz, Anmut und Sinn für Humor war sie für ihren Mann Anregung und Halt. Wie sehr sie Oswald liebte, bezeugt ihr Brief vom 28. Mai 1445. Spiegelbild dieses Einverständnisses ist auch das Neujahrslied Oswalds für das Jahr 1420 (?). – Nach Oswalds Tod zog M. nach Brixen, wo sie noch den Amtsantritt des Nikolaus von Cues als Bischof von Brixen erlebte. – Ihr Portrait überliefert vielleicht ein Kreuzigungsfresko in dem Kirchlein St. Oswald bei Seis am Schlern. – Durch ihr Leben mit Oswald von Wolkenstein wird auch ein Stück deutscher Literatur lebendig.

Pörnbacher, Hans: Margareta von Schwangau Herrn Oswald von Wolkensteins Gemahlin. o.O. (Weißenhorn): Konrad, o.J. (1983)

Schwarz, Joseph Maler, geb. 1709 in Eggenthal bei Kaufbeuren, gest. 1766 in Buchloe. – Sein Vater war Barbier und Chirurg. Sch. verlegte sich hauptsächlich auf die Faßmalerei, beherrschte aber auch die Tafelmalerei und wohl auch die Freskotechnik. – 1745 heiratete er in Buchloe eine Witwe und richtete hier eine Werkstatt ein. Zu einer Besonderheit seines Schaffens wurden seine

Kreuzwege, die er häufig mit 15 Stationen lieferte. Den Franziskanern in Klosterlechfeld, deren Hochaltar er 1748 faßte, schenkte er einen Kreuzweg. – Im Franziskanerinnenkloster Kaufbeuren malte er als Vertäfelung im Obergeschoß einen Kreuzweg mit 15 Stationen. Den Auftrag hatte die damalige Oberin Crescentia → Höß gegeben.

Schwarzenbach (Seeg, Lkr. Ostallgäu). – Die Kapelle St. Koloman ist um die Mitte des 18. Jh. erbaut worden. Der Altar, 1770, stammt von Maximilian → Hitzelberger, das Gemälde von Johann Baptist Enderle.

Schwarzenbach, Hans Orgelbauer, geb. um 1560 in Füssen (?), gest. um 1606, stammte wohl aus der Einöde Schwarzenbach der Gemeinde Weißensee. Sein Lehrmeister könnte Daniel → Hayl in Irsee gewesen sein. – Maßgeblich war Sch. wohl beim Neubau der Orgel in der Stiftskirche St. Mang in Füssen beteiligt. In den folgenden Jahren arbeitete er in Südtirol, wo er sich zunächst für den Neubau einer Orgel für die Kirche des Benediktinerklosters Marienberg im oberen Vinschgau verdingte. Zwei Jahre später stellte er die Endquittung für eine Orgel in Schlanders aus. Die nächsten Orgeln baute er 1599 für die Pfarrkirche in Tramin und die Kapelle des Schlosses Gandegg. Sodann kam es noch im selben Jahr zu einem „Geding“ mit der Pfarre Eppan. 1601 hören wir von einem Vertrag mit der Pfarre Kaltern. 1603 ist Sch. in Bruneck und 1605 in Kaufbeuren. – Die Schwarzenbach-Orgel für Eppan, St. Pauls, befindet sich freilich in Auer, wohin sie 1690 gebracht wurde. Alle anderen Sch.-Orgeln sind inzwischen verschollen. Und hätte man sich nicht 1981 zu einer Variante von Wiedergeburt entschlossen, wäre auch die letzte Sch.-Orgel für immer verloren gewesen. So aber konnte im Sommer 1986 wieder eine Orgel erklingen, deren silberhellen Klang Sch. selbst als „liebliche Resonanz“ bezeichnet hat. Die Einheit von Gehäuse und Pfeifenwerk stammt aus der Zeit des Übergangs von der Renaissance zum Barock. – Abgesehen von der Orgel in Auer gibt es in Tirol nur noch drei Renaissanceorgeln: die Ebert-Orgel in der Innsbrucker Hofkirche, die Churburger Baldachinorgel und die Orgel der Silbernen Kapelle in Innsbruck. Auch ist diese Allgäuer Orgel in den Darstellungen auf den Holzflügeltüren durch das Miteinander von veronesischer Malerei und deutscher Innigkeit eine verbindende Brücke von Nord und Süd.

Haberl, Wolfgang: Auf einer Orgel Flügel … In: DSA, Dez. 1986, 55f.

Schwegelin, Anna s. Langenegg

Schweikart, Franz Anton O. S. B. Theologieprofessor, geb. 1724 in Füssen, gest. 1787 in Ottobeuren. – Er war der Sohn eines Handelsmanns aus Sonthofen. Mütterlicherseits war er ein Neffe des Reichsabtes Anselm II. Schwab von Salem. Nach den niederen Studien im Kloster St. Magnus in Füssen und in Ottobeuren belegte er an der Universität Salzburg die theologischen und juridischen Fächer. 1740 legte er in Ottobeuren seine Profeß ab, 1748 feierte er seine Primiz. – In Ottobeuren lehrte er durch viele Jahre als Professor Dogmatik und Kirchenrecht. Er schrieb auch einige wissenschaftliche Werke in lateinischer Sprache, die in Ottobeuren, Kempten und Maria Einsiedeln gedruckt wurden. Seiner Abtei diente er als Subprior, Prior, Bibliothekar und Archivar sowie als Beichtvater im Benediktinerinnenkloster Holzen und in Wald.

Sebald, Winfried Georg s. Wertach

Seeg Lkr. Ostallgäu, 2811 E. – Der barocke Neubau der Pfarrkirche erfolgte wohl nach Plänen von Johann Jakob → Herkomer und zeichnet sich durch seine Größe und die elegante späte Rokoko-Ausstattung aus. – Das Chorfresko stammt von Balthasar → Riepp, 1744, und zeigt eine Darstellung der Schlacht auf dem Lechfeld 955. – Alle anderen Decken- und Wandbilder hat Johann Baptist Enderle gemalt. – Der Hochaltar entstand 1770/81. – Der Aufsatz des Taufsteines von 1725 stammt wohl von Peter → Heel, eine Figur des Kirchenpatrons Ulrich aus der Zeit um 1500/10. – Das Pfarrhaus ist ein zweigeschossiger behäbiger Flachdachbau von 1688 mit einem reichen Fachwerkgiebel. – In der Kapelle des Caritasheimes steht ein Flügelaltar von 1596. – In S. wirkte als Kaplan der bekannte Jugendschriftsteller Christoph von Schmid (1768–1854).

Böck, Pius: Seeg. Das kleine Bistum im Allgäu. Marktoberdorf 1959 – Böck, Pia: Seeg wie es war – wie es ist. o. O. (Seeg), o. J. (1989) – Paula, Georg: Bemerkungen zu Balthasar Riepps Ölskizzen für das Chorfresko der kath. Pfarrkirche St. Ulrich in Seeg. In: AGF 2000, 5–17

Seelos, P. Franz Xaver Missionar, geb. 1819 in Füssen, gest. 1867 in New Orleans. – Sein Vater war Webermeister und Mesner. Mit priesterlicher Unterstützung konnte er das Gymnasium St. Stephan in Augsburg besuchen. Anschließend studierte er in München Philosophie und Theologie. Nach kurzen Aufenthalten im Klerikalseminar in Dillingen und im Redemptoristenkloster in Altötting folgte er einem Ruf des Generalvikars der amerikanischen Redemptoristenprovinz und reiste über Paris und Le

Havre nach Baltimore, wo er seine theologische Ausbildung abschloß und als Redemptorist die höheren Weihen empfing. Seinem Orden diente S. als Seelsorger, Novizenmeister und Rektor in Pittsburg, wo er ein Waisenhaus für deutsche Kinder aufbaute. 1854 kehrte er nach Baltimore zurück und leitete dort eine deutschsprachige Pfarrei. Während eines Generalkapitels des Ordens in Rom betraute ihn der Provinzial mit der Leitung der Provinz in der Zeit seiner Abwesenheit. Das Generalkapitel von 1855 bestimmte S. zum zweiten Mal als Rektor von Baltimore. Als er 1860 zum Bischof von Pittsburg ausersehen war, schrieb er Papst Pius IX., er habe nicht das nötige Verwaltungsgeschick für eine solche Aufgabe. Und er blieb Regens der Redemptoristenkleriker, der er seit einiger Zeit war. – Ab September 1863 wurde er als Volksmissionsoberer im ganzen Nordwesten der USA eingesetzt. Diese Aufgabe rief ihn drei Jahre später in das wegen seiner Gelbfieberepidemien berüchtigte New Orleans. Auch hier war S. der Liebling aller Schichten der Bevölkerung. Als Kaiser Maximilian 1867 im angrenzenden Mexiko erschossen wurde, hielt S. in seiner deutschsprachigen Marienkirche das Seelenamt. – Während einer Choleraepidemie infizierte er sich 1867 bei Krankenbesuchen und Versehgängen und starb als Helfer der Kranken. Die amerikanischen Redemptoristen haben durch die Bischöfe von Pittsburg, Baltimore, New Orleans und Augsburg 1903 für S. den Prozeß zur Seligsprechung eingeleitet, die schließlich am 9. April 2000 erfolgte. Zu diesem Anlaß komponierte der Bandleader Ambros Seelos ein „Gespräch mit Franz Xaver Seelos“ für Klarinette.

Dussler, P. Hildebrand: Franz Xaver Seelos. In: Lebensbilder aus dem Bayerischen Schwaben 10, 1973, 217–234

Seelos, Georg Lautenmacher, geb. nach 1600 in der Pfarrei Rieden bei Füssen, gest. um 1670 in Innsbruck. – Vermutlich lernte S. bei seinem gleichnamigen Vetter in Venedig. Die erhaltenen Gitarren von Georg S. zählen heute zu den musikhistorischen Kostbarkeiten der Musikinstrumentensammlungen in Basel, Nürnberg und Prag. – S. hielt sich um 1644 in Kaltern (Südtirol) auf, wo der später berühmte Tiroler Geigenbauer Matthias Alban bei ihm gelernt haben dürfte. – 1646 erhielt S. vom Pflegamt Füssen einen Geburts- und Freibrief und zog damit nach Innsbruck, wo ihm Erzherzog Ferdinand Karl 1647 einen Freibrief erteilte, das erlernte Lauten- und Geigenmacherhandwerk ausüben zu dürfen. Im selben Jahr heiratete S. eine Uhrmacherstochter und stand bis 1662 als Leibtrabant im Dienste des Erzherzogs. Als Hoflautenmacher hatte S. die Musikinstrumente des Innsbrucker Hofes zu reparieren und erhielt 120 Gulden als Jahresbesoldung. Eine sechssaitige Altviole aus der Hand S.s besitzt die Instrumentensammlung Den Haag. – Die Söhne Johann Georg und Johann wählten auch den Beruf des Vaters. Der eine übernahm die väterliche Werkstatt in Innsbruck, der andere ließ sich in Linz an der Donau nieder. Von diesem Johann S. haben sich wertvolle Musikinstrumente in Linz, Paris und Klagenfurt erhalten.

Seif, Linus Maler, geb. 1727 in Kempten, dort gest. 1800. – Er malte Fresken in den Pfarrkirchen von Oberthingau (1767), Ottacker (Markt Sulzberg), 1790, Rechtis (Darstellung der Schlacht auf dem Lechfeld), 1774, und Untrasried, 1775. – Fresken malte S. auch für die Kapelle in Stadels (Görisried), 1776. – Für den Pavillon zwischen „Harmonie“ und Finanzamt in Kempten schuf er das Deckenfresko der Flora mit vier Göttergruppen, um 1762. – Im Allgäu-Museum in Kempten befindet sich von S. ein Ölbild mit einer Darstellung der Kreuzigung. – Für die Pfarrkirche in Niedersonthofen malte S. die Gemälde der Emporenbrüstung, für die Pfarrkirche in Röthenbach (nördliches Seitenaltarblatt) eine Pietà, 1760, und für die Pfarrkirche in Waltenhofen ein Gemälde am Hochaltar, 1769, und auch die Fresken, 1770.

Seifriedsberg (Blaichach, Landkr. Oberallgäu). – Von der alten Pfarrkirche St. Georg steht nur noch der nunmehr freistehende quadratische Turm des 15. Jh. – 1969 bis 1971 wurde der Neubau errichtet. – Im Inneren sind bemerkenswert eine Muttergottesfigur, um 1460, eine Ölberggruppe, um 1490, und ein großes, bewegtes Relief der 14 Nothelfer.

Seitz, Martin Bildhauer, geb. um 1660 in Lechbruck, gest. 1703 in Breslau durch Sturz von einem Gerüst. – Seine Lehre absolvierte S. bei Balthasar Ableitner in München. Später ließ er sich in Breslau nieder. 1691 schloß er mit den Karmelitern in Striegau (Schlesien) einen Vertrag für verschiedene Bildnisse. – 1702/03 schuf er den Altar zu Ehren des Hlg. Franziskus Borgia für die Kirche zum Namen Jesu (später Matthiaskirche) in Breslau.

Seitz, Thomas Bildhauer und Stukkator, geb. im späten 17. Jh. in Eschach bei Füssen, gest. vermutlich um die Mitte des 18. Jh. – Er kann als „der Bildhauer von St. Mang in Füssen“ bezeichnet werden. 1714 übersiedelte er von Eschach nach Faulenbach. Er war offensichtlich sehr vielseitig, denn er lieferte als Stukkator und vor allem als Holzbildhauer einen wesentlichen Teil der Stuckarbeiten und des plastischen Schmucks der Klosterkirche und wohl auch des Klosters. Für jeden Arbeitstag erhielt er einen halben Gulden und freie Kost. Für Sonderaufträge wurde er jeweils eigens entlohnt. 1720 wurde er für zwei Nebenaltäre und für die bekannten Drachenleuchter am Eingang zum Altarraum von St. Mang bezahlt. – 1723/24 lieferte er einen kleinen Altar für das Kirchlein in Gagers, dem Weingut des Klosters St. Mang bei Lana in Südtirol.

Selb, Josef Anton Maler und Lithograph, geb. 1784 in Stockach (Gemeinde Bach im Lechtal), gest. 1832 in München. – S. war als Lithograph angestellt an der 1808 gegründeten Lithographischen Anstalt des bayerischen Steuerkatasters, in die dann durch seine Vermittlung später Anton → Falger eintrat. – 1816 übernahm S. die Leitung der Zeller'schen lithographischen Anstalt in München.

Selb, Karl Maler, geb. 1760 in Stockach (Gemeinde Bach im Lechtal) und dort auch 1819 gest. – S. hielt sich mit seinem Bruder Josef Anton 1799 bis 1801 in Düsseldorf und später (nach 1806 bis 1809) in München auf. – 1792 malte er die nicht mehr erhaltenen Fresken in Bach, 1806 mit seinem Bruder die Deckenbilder der Pfarrkirche Häselgehr. Aus dem Jahr 1809 stammen seine Seitenaltarbilder in Breitenwang. 1813 malte er das Hochaltarbild für Häselgehr, 1814 das für Elmen. Im Museum in Reutte hängen ein Selbstportrait und Bildnisse seiner Eltern.

Selmnau s. Wasserburg (Bodensee)

Seltmanns s. Weitnau

Serro, Giovanni (Johannes) Baumeister aus Roveredo im südlichen Graubünden, erwähnt für die Jahre 1634 bis 1672. – S. baute in Roveredo, St. Gallen, Pfäfers, Kemnath, Blindheim, Immenstadt und Neuburg a. d. Donau. Von dort kam er 1654 nach Kempten, wo er den von Michael → Beer begonnenen Bau der Stiftskirche und der Residenz fortgeführt und abgeschlossen hat. S. erhöhte die Langhausmauern, verbreiterte die Seitenschiffe, schuf die Emporen neu, errichtete die Hauptsakristei als Verbindungsbau zur Residenz, setzte die Kuppellaterne auf und baute die Türme bis zum dritten Geschoß aus. S. errichtete auch die Trakte der Residenz und die 1804 abgebrochene Hildegardskapelle im östlichen Conventhof und baute das Schloß Schwabelsberg um. – Nach S. werden noch heute die fünf Wohnhäuser für die Stiftsbediensteten benannt, die den Raum um St. Lorenz nach Norden abschließen und noch um 1820 durch einen vorgebauten Arkadengang betont waren.

Pfister, Max: Baumeister aus Graubünden – Wegbereiter des Barock. Die auswärtige Tätigkeit der Bündner Baumeister und Stukkateure in Süddeutschland, Österreich und Polen vom 16. bis zum 18. Jahrhundert. o. O. (Chur): Verlag Bündner Monatsblatt, o. J. (1993)

Sibratsgfäll BH Bregenz, eine Gemeinde im gleichnamigen Tal des Vorderwaldes, südöstlich von Hittisau, erst seit dem 18. Jh. ständig besiedelt, mit 425 E., ein Haufendorf mit sehr lockerer Verbauung. Südlich der Kirche steht noch eine Gruppe von Bregenzerwälder Höfen des 19. Jh. – Die Pfarrkirche ist ein schlichter Saalbau des 19. Jh. – Die Kapelle auf der Rindbergalpe wird zwar schon 1694 urkundlich erwähnt, ist aber ein Neubau von 1883.

Sichelbein Memminger Malerfamilie. – **Caspar S. d. Ä.**, in Augsburg geb., wurde 1581 Bürger in Memmingen, hier gest. vor 1607, war nach 1600 tätig für Schloß Zeil und das Kloster Ottobeuren. – **Caspar S. d. J.**, gest. 1621, malte 1619 als Meisterstück eine „Kreuzigung“. – **David S.** malte für den Altarraum der Liebfrauenkapelle in Mindelheim. – **Hans Konrad S.**, Sohn des Caspar d. J., malte nach 1600 für Schloß Zeil und 1634 in St. Gallen. – **Johann Friedrich (1) S.**, geb. um 1625 in Memmingen, dort um 1690 gest., malte für die Riedbergkapelle in Benningen die Geschichte des Hostienwunders und für die ev. Pfarrkirche in Woringen. – **Johann Friedrich (2) S.**, geb. 1648 in Memmingen, dort gest. 1719, malte für die Memminger Martinskirche. – **Johann Friedrich (3) S.**, geb. 1655 in Memmingen, dort gest. 1726, malte für die Pfarrkirche in Baisweil (Lkr. Ostallgäu), die Pfarrkirche in Benningen, die evangelische Pfarrkirche in Buxach (Lkr. Ostallgäu), die Klosterkirche in Buxheim acht Gemälde im Chor, die katholische Pfarrkirche in Erkheim (Lkr. Unterallgäu), die Martinskirche, die Frauenkirche in Memmingen und die evang. Kirche in Volkratshofen (Memmingen). – **Judas Thaddäus S.** lieferte die Hochaltäre für Rheinau und Schussenried und malte für Säckingen, Ottobeuren und Kißlegg. – **Tobias S.** war 1650 Bürger in Ravensburg und malte 1649 für das Rathaus in Wangen.

Simmerberg
s. Weiler-Simmerberg

Sing, Johann Caspar Maler, geb. 1651 in Braunau am Inn, gest. 1729 in München. – S. war kurfürstl. bayerischer Hofmaler und Lehrer von Franz Joseph → Spiegler. – Im Bereich der „Euregio via salina“ stammen von S. das Hochaltarblatt und das Auszugsbild der Frauenkapelle in Fischen, eine Darstellung der Verleihung des Rosenkranzes an die Hlg. Dominikus und Katharina von Siena. – In Kempten, St. Lorenz, wurde das Hochaltarbild von S. 1804 in Teilen versteigert und durch eine 1780/84 angefertigte Kopie des letzten stiftkemptischen Hofmalers Johann Michael → Koneberg ersetzt. – Ein Sing-Original aber ist die Apotheose des Hlg. Benedikt mit Karl d. Gr. und dessen Frau Hildegard am Castolus-Altar im Oktogon von St. Lorenz aus dem Jahr 1684. – Eine Sing-Kopie dagegen befindet sich in der Pfarrkirche in Wertach, eine „Rückkehr der Hlg. Familie aus Ägypten".

Seib, Eva: Johann Caspar Sing (1651–1729) und seine Brüder Thiemo und Johann Baptist. Dissertation. München, Düsseldorf 1993

Singer, P. Peter (Josef Anton) Komponist, Musikschriftsteller und Instrumentenbauer, geb. 1810 in Häselgehr, gest. 1882 in Salzburg. 1824 kam er nach Hall ins Gymnasium, 1830 trat er in Salzburg in den Franziskanerorden ein. Sein Theologiestudium schloß er 1837 in Bozen ab. – 1838 begann er, aus der alten Blasharmonika ein neues Instrument zu entwickeln. Da er 1840 nach Salzburg berufen wurde, konnte er das erste Exemplar nicht vollenden. Der Franzose Alexandre Francois Debain, der unabhängig von S. das Harmonium erfand, ließ sein Instrument 1840 patentieren und gilt daher als offizieller Erfinder. – In Salzburg war S. durch 36 Jahre Novizenmeister, Beichtvater des Fürsterzbischofs und vor allem Organist und Chorleiter. – 1845 gelang ihm der Bau seines berühmten „Pansymphonikon", eines Pianoharmoniums mit 2 Manualen und 42 Registern, die in Klang und Tonumfang die Instrumente eines Symphonieorchesters nachahmen. S. restaurierte auch das Glockenspiel bei der Residenz und die Orgel in der Festung. – Unter S.s Zuhörern befanden sich Richard Wagner, Sigmund Thalberg, Giacomo Meyerbeer, Anton Rubinstein und Ludwig Spohr. Befreundet war S. mit Mozarts Sohn Karl und mit Franz Liszt. Als er einmal in St. Florian an der Orgel spielte, war Anton Bruckner sehr beeindruckt. S. hinterließ über 100 Messen, 7 Tedeum und eine große Zahl von Litaneien, Motetten, Tantum ergo, Responsorien und Marienlieder. – S. starb im 72. Lebensjahr. Er wurde in der Salzburger Franziskanerkirche hinter dem Hochaltar begraben.

Skell, Ludwig Maler und Lithograph, geb. 1842 in Obergünzburg, gest. 1905 in München. – Er malte hauptsächlich Genrebilder, Landschaften und Bildnisse. Außerdem schuf er auch Zeichnungen zu Künstlerfesten, illustrierte Märchen und Gedichte. Schließlich war er als Lithograph erfolgreich.

Sleher (Slaeher), Albert Handelsherr. – Er lebte in der ersten Hälfte des 13. Jh. und ist der erste dem Namen nach bekannte Bürger der staufischen Stadt Kaufbeuren. Als Tuchhändler tritt er 1237 in Bozen auf. Vor 1250 gründete er das Kaufbeurer Heiliggeistspital und wurde zu einem der größten Wohltäter der Stadt Kaufbeuren, die nach ihm die Schleherstraße benannt hat.

Sontheim Lkr. Unterallgäu, 2439 E., an der alten Landstraße nach Memmingen, der einst welfischen Salzstraße. – Die Pfarrkirche ist im Kern ein spätgotischer Bau aus der zweiten Hälfte des 15. Jh., 1762 umgestaltet. Die Fresken stammen von Johann Baptist Enderle, 1757. – Das wichtigste profane Gebäude ist die Gastwirtschaft zum Adler, in der 1714 Abt Rupert II. → Neß Prinz Eugen von Savoyen empfing. – 1740 ließ Abt Rupert II. Neß die dreibogige steinerne Brücke über die östliche Günz bauen. – Zu S. gehört auch **Attenhausen**. Über dem Chorbogen der Kirche befindet sich das Wappen des Ottobeurer Abtes Honorat → Goehl. – Der Pfarrhof, ein zweigeschossiger Walmdachbau von 1730, von Franz Anton → Erler ausgemalt, wird Simpert → Kraemer zugeschrieben. Im Südwestzimmer steht ein prächtiger Kachelofen mit den Wappen von Abt Rupert II. Neß.

Sontheimer, Martin Pfarrer und Historiker, geb. 1860 in Nassenbeuren (Mindelheim), gest. 1929 in Augsburg. – S. war Kaplan in Augsburg-Oberhausen und St. Max, Pfarrer in Lachen, Kommorant in Mindelheim, Benefiziat in Türkheim und Meßpriester in der Fuggerei in Augsburg. – 1897 veröffentlichte S. den „Katalog der Bibliothek des Landkapitels Ottobeuren“, worin er Entstehung (1685), Schicksal und Umfang von mehr als 2300 Exemplaren beschrieb. – 1910 erschien „Die aus dem Kapitel Ottobeuren hervorgegangene Geistlichkeit“. – In den Jahren 1912, 1913, 1917, 1919 und 1920 erschien in fünf Bänden sein Lebenswerk „Die Geistlichkeit des Kapitels Ottobeuren. Von dessen Ursprung bis zur Säkularisation“, eine Quelle und Wegmarke schwäbischer Kirchen- und Kulturgeschichte.

Sonthofen Stadt, Lkr. Oberallgäu, 21 331 E., Sitz des Landratsamtes. – Urkundlich wird S. erstmals 1145 genannt. – Im 13. Jh. gehörte S. den Herren von Rettenberg, 1351 wurde S. an Oswald und Marquard von Heimenhofen verkauft. – 1429 zu einem Markt erhoben kam S. 1466 in den Besitz des Hochstifts Augsburg. – Seit

1963 ist S. Stadt. – Die **Pfarrkirche** wurde nach dem Brand von 1449 neu erbaut, 1945 durch einen Luftangriff aber stark beschädigt. – Die Figuren der Kirchenväter an dem sechssäuligen Hochaltar hat Anton → Sturm 1748/49 geschaffen. – Das Gemälde des linken Seitenaltars stammt von Franz Anton → Weiß aus Rettenberg. Es zeigt die Mutter Anna, die Maria lesen lehrt. – Die Figuren am nördlichen Seitenaltar, die Sitzfiguren der Apostelfürsten und die Evangelistensymbole an der Kanzel werden Johann Richard → Eberhard zugeschrieben. – Unmittelbar südlich der Pfarrkirche steht die **Frauenkapelle**. Das Langhaus-Fresko mit einer Darstellung der Himmelfahrt Mariens und den um das leere Grab stehenden Jüngern stammt ebenfalls von Franz Anton → Weiß, 1765/66. – Ein Gemälde mit Christus vor seinen Richtern stammt noch aus dem 17. Jh. – Zarte Reliefs aus der Pfarrkirche neben den Seitenaltären werden dem Umkreis von Jörg → Lederer, um 1515, bzw. Daniel Mauch, um 1520, zugeschrieben. – Über dem Eingang der **Spitalkirche** befindet sich eine Steintafel für den Stifter des Spitals, den Brixener Domherrn Konrad → Wenger, 1495. Es ist das wohl älteste Beispiel der Renaissance-Schrift in Bayern. – Über dem Altar der **Friedhofskapelle** befindet sich eine Kreuzigungsgruppe von 1510/20. – Das Altarblatt mit Maria und den Hlg. Sebastian und Rochus wird Paul → Zeiller zugeschrieben. – Auf einem der Altarflügel, um 1520/30, ist eine Allgäuer Landschaft festgehalten. – In der **Wegkapelle** an der Berghofener Straße stehen unter einem barokken Kruzifix ein Hlg. Rochus mit Hund und ein Hlg. Wendelin mit einem Schaf, die wohl Melchior → Eberhard geschnitzt hat. – Von dem **Löwenbrunnen** vor dem 1945 abgebrannten einstigen Schloß steht nur noch die runde Säule vor dem jetzigen Heimatmuseum. – Von der 1803 abgebrochenen Burg **Fluhenstein** sind noch stattliche Mauerreste des nördlichen Hauptbaus, der westlichen Verbindungsmauer und des Südflügels mit östlich anschließendem, halbrundem Turm erhalten. – An das Dritte Reich erinnert die 1935 bis 1941 von Hermann Giesler errichtete sogenannte **Ordensburg**, eine monumentale mehrgeschossige Kasernenanlage. Diese trägt heute den Namen des 1944 hingerichteten Generaloberst Ludwig Beck. – 1956 hielt hier der Schweizer Historiker, Diplomat und Essayist Carl Jacob Burckhardt (1891–1974) auf Einladung des Generals Hans Speidel einen Vortrag. Aber wie so manchem Besucher kam auch Burckhardt das Ambiente der einstigen Ordensburg unheimlich vor. – Eine volkskundliche Besonderheit für S. und das Allgäu ist das alle drei

Jahre am Fastnachtssonntag aufgeführte **Eggaspiel**, eine etwas derbe Pantomime, bei der alle Mitwirkenden holzgeschnitzte Masken tragen.

Specht, Johann Georg Baumeister, geb. 1721 in Lindenberg, hier gest. 1803. – S. stand an der Wende des Barock zum Klassizismus. – Möglicherweise war der Vorarlberger Peter Thumb (1682–1766), der Erbauer der Birnau, einer seiner Lehrmeister. – 1760 erhielt S. den Titel „Kaiserlich Königlicher Oberamtsbaumeister beider Graf- und Herrschaften Bregenz und Hohenegg“. – Den Übergang seiner Westallgäuer Heimat an Bayern hat S. nicht mehr erlebt. – S. baute den Pfarrhof in Herlazhofen (Leutkirch), das Schloßökonomiegebäude und die Argenmühle in Ratzenried. – In Amtzell hat S. das Schloß und den Chor der Kirche erweitert, in Scheidegg und Heimenkirch die Pfarrhöfe errichtet. – Wahrscheinlich hat S. auch die Kirche in Eglofs gebaut. – In Klein-Leipheim bei Ulm hat S. das Schloß mit seinem doppelläufigen Treppenhaus und in Niedersonthofen den Kirchturm geschaffen. In Klein-Leipheim wurde wohl der Abt der Benediktiner in Wiblingen auf S. aufmerksam, dem er dann auch den Neubau übertrug. Wiblingen wurde für S. der Höhepunkt seines Schaffens, auch wenn er manches nicht vollenden konnte und von Januarius Zick (→ Zick, Johannes) verdrängt wurde, der sich „pictor et architectus“ nannte. – Im Allgäu baute S. vor allem in Wiggensbach, die größte Kirche, die S. allein und selbständig errichtete und beendete. In Kempten baute S. die König'schen Häuser in der Altstadt und die Thurn- und Taxis'sche Posthalterei. – Vielleicht baute S. auch das Schloß Neutrauchburg vor Isny. – In Rimpach baute S. an der Straße von Friesenhofen nach Isny für Franz Carl Eusebius Graf Waldburg-Trauchburg, Fürstbischof von Chiemsee und Domdekan in Salzburg, das Jagdschlößchen, dessen Mittelbau leider zu Beginn des 20. Jh. der Straße weichen mußte, 1989 aber wieder eingefügt wurde. – In Irsee stammt die einstige Klosterbäckerei von S. – Für die Kirche in Weiler entwarf S. zwar Risse, die aber umgestaltet wurden, weil das Gubernium in Innsbruck diese Pläne als zu großartig und teuer empfand. – Die Pfarrkirche in Scheidegg wurde vermutlich nach Plänen von S. gebaut. Sie ist sein Alterswerk.

Bilger, Hugo/Scheller, Ludwig: Ein Baumeister des Allgäus am Ende der Barockzeit. Johann Georg Specht (= Allgäuer Heimatbücher, 79. Band). Kempten: Verlag für Heimatpflege, 1977 – Schnell, Hugo: Baumeister Johann Georg Specht. In: AGF 1977, 5–16

Speiden (Eisenberg, Lkr. Ostallgäu). – Die **Gnadenkapelle Maria Hilf** vor dem Südeingang der Wallfahrtskirche wurde 1635/36 von dem einheimischen Christian Steinacher als Dank für die Rettung seiner Tochter aus Hungersnot errichtet. – Die schweren Wessobrunner Akanthusstukkaturen, um 1680 vermutlich von Johann → Schmuzer, lassen den Raum wie eine Grotte wirken. – Das Gnadenbild ist eine sitzende Muttergotttes in den Stilformen des 14. Jh., wurde aber wohl im 16. und 17. Jh. überarbeitet. – Der Scagliolasockel, um 1707/16, wird Dominikus → Zimmermann zugeschrieben. – Die **Wallfahrtskirche Maria Hilf**, 1678 geweiht, wurde überwiegend von Pfrontener Künstlern ausgestattet. Der Stuck im Chor, um 1730, wird Johann Jakob → Herkomer, dem Neffen des Baumeisters, zugewiesen. – Der Stuck im Langhaus, 1738, ist eine Gemeinschaftsarbeit von Johann Sigismund → Hitzelberger, Johann Bäck, Joseph Anton → Geisenhof und dessen fünf Söhnen. – Die Fresken stammen von Joseph → Keller, 1783, der Hochaltar von Johann Peter → Heel, 1732, die Kanzel von Joseph → Stapf, 1745, die Beichtstühle mit Intarsien von Johann Babel, 1715. – Unter der Westempore befindet sich ein Votivbild von 1756 mit einer Weiheschrift für eine bereits 1667 gelobte Wallfahrt der Gemeinde Roßhaupten. – Eine gefaßte Pietà stammt aus der Zeit um 1500.

Speiser, P. Georg S. J. Jesuitenoberer, Dichter, geb. 1594 in Füssen, gest. 1669. – Er entstammte einer angesehenen Füssener Familie. In den Jesuitenorden trat er 1610 ein und wirkte neun Jahre als Lehrer für Rhetorik. – Seit 1631 war er fast immer Ordensoberer und auch Provinzial, so in Hall/Tirol (bis 1634), in Regensburg (bis 1639) und München (bis 1646). Offenbar besaß S. ein großes administratives Talent. – 1619 wurde von ihm ein Jesuitendrama aufgeführt: „Triumphus eruditionis contra soloecismum et barbarismum“ (Der Triumph der Erziehung über die grammatisch unrichtige Verbindung der Wörter und das Sprechen auf ausländische Weise). Vielleicht war der im selben Jahr in Ingolstadt gespielte „Cicero triumphans“ dasselbe Stück.

Spiegler, Franz Joseph Maler, geb. 1691 in Wangen, gest. 1757 in Konstanz. – S. ging bei seinem Großonkel Johann Caspar → Sing in die Lehre. – Er bekam viele Aufträge in Oberschwaben, auf der Alb, am Bodensee, im Schwarzwald und in der Schweiz. – Nach Ottobeuren rief ihn der gleichfalls aus Wangen stammende Abt Rupert II. → Neß, den S. 1724 im Geheimen Archiv in „Verehrung der Trinität“ darstellte. Und im Theatersaal malte S. Apollo und Athene als Beschützer von Tragödie und Komödie. – Auf Schloß Syrgenstein zeigt das Deckenbild im Salon des Turmes eine damals oft verwendete Szene: die Königin von Saba vor König Salomon.

Kolb, Raimund: Franz Joseph Spiegler. Kostbarkeiten barocker Malerei. Passau: 1991

Spieß, P. Meinrad O. S. B. Klosterkomponist, geb. 1683 in Honsolgen (Buchloe), gest. 1761 in Irsee. – Er entstammte einer kinderreichen Lehrersfamilie und lernte schon als Lateinschüler und wohl auch als Singknabe das Reichsstift Irsee kennen, in das er 1701 eintrat. Nach Noviziat und Profeß erhielt er 1708 die Priesterweihe. Ein Jahr später schickte ihn sein Abt zur Ausbildung in Musik und Komposition nach München zu dem kurfürstlichen Hofkapellmeister Giuseppe Antonio Bernabei. Ab 1712 diente S. durch etwa vier Jahrzehnte seinem Kloster als Musikdirektor, Musikpädagoge, Komponist und Prior. Er verfaßte ein Kompositionslehrbuch, den „Tractatus Musicus", 1746, und sieben im Druck (in Kempten, Konstanz, Augsburg und Mindelheim) erschienene Werke. Nur ein Teil seiner Kompositionen blieb erhalten. Vier in Konstanz 1717 veröffentlichte Vesperpsalmen gab Alfred Goldmann (Kaufbeuren) rechtzeitig zur 800-Jahr-Feier der Benediktinerabtei Irsee als Schallplatte in der Reihe „Musica Bavarica" heraus. – S. genoß in der musikalischen Welt über Süddeutschland hinaus hohes Ansehen und galt als musikalische Autorität. Seit 1743 war S. als einziger Süddeutscher und Katholik Mitglied der „Correspondierenden Societät der musikalischen Wissenschaften in Deutschland", der auch Telemann, Händel und Johann Sebastian Bach angehörten. Leopold Mozart stand mit S. in Korrespondenz. Maßgeblichen Einfluß nahm S. beim Neubau der großen Orgel in der Irseer Klosterkirche durch Balthasar → Freiwiß aus Aitrang.

Goldmann, Alfred: Meinrad Spieß. Der Musikprior von Irsee (= Schwäbische Heimatkunde, Band 5), o. O. (Weißenhorn): Konrad, o. J. (1987)

Springer, Balthasar stammt wohl aus Vils und ist vermutlich zwischen 1509 und 1511 gestorben. Sein Vater war Pfleger der Burg Fragenstein bei Zirl, westlich von Innsbruck. – S. war Faktoreivorstand der Welserischen „Großen Deutschen Compagnie" in Lyon. 1505 fuhr er von Lissabon nach Südindien, 1506 kam er wieder heim. 602 Tage war er unterwegs, über 30 000 km hat er zurückgelegt. Ziel dieses ersten überseeischen Unternehmens einer deutschen Handelsgesellschaft war es, Gewürze und Spezereien billiger zu kaufen und so ein türkisch-venezianisches Monopol zu brechen. – Auf 16 Druckseiten hat S. seine Fahrt beschrieben, illustriert mit Holzschnitten von Hans Burgkmair (1473–1531). – Eine faksimilierte Teilwiedergabe dieses Reiseberichtes hat Alfred → Weitnauer im Bildband seiner „Allgäuer Chronik" schon 1962 vorgestellt.

Gundolf, Hubert: Tiroler in aller Welt. Innsbruck – Wien – München: Tyrolia, o. J. (1972), 14 f. – Erhard, Andreas/Ramminger, Eva: Die Meerfahrt. Balthasar Springers Reise zur Pfefferküste. Mit einem Faksimile des Buches von 1509. o. O. (Innsbruck): Haymon, o. J. (1998)

Srbik, Dr. Hans Heinrich Ritter von s. Ehrwald

Stadels (Görisried, Lkr. Ostallgäu). – Die Kapelle ist ein Neubau von 1725 statt einer um 1675 errichteten Feldkapelle. – Die Fresken hat Linus → Seif gemalt. Am Chorbogen befindet sich ein Wappen des Kemptener Fürstabtes Rupert von → Bodman (1678–1728). – Der Choraltar ist wohl von 1725. – Ein nordöstlich der Kapelle stehendes Haus wurde 1686 errichtet und war ab 1727 Wohnung für den Wallfahrtspriester. Der zweigeschossige Flachdachbau hat einen Giebel mit bemerkenswertem in drei Zonen vorkragendem Zierfachwerk.

Stainer-Knittel, Anna Rosa Malerin, geb. 1841 in Untergiblen bei Elbigenalp, gest. 1915 in Wattens, Tochter eines Büchsenmachers, Großnichte des Malers Joseph Anton → Koch. Ersten Zeichenunterricht erhielt sie von Anton → Falger, der ihre Begabung erkannte. Seinem Rat folgend ging sie 1859 nach München, wo sie als damals einziges Mädchen drei Jahre an der Akademie studierte. – Bekannt wurde sie zunächst, als sie mit 17 Jahren an einem Seil hängend für ihren Vater einen Adlerhorst ausnahm und dies 1863 wiederholte. Der Schriftsteller Ludwig Steub (1812–1888) hielt dieses Bravourstück in seiner Skizze „Das Annele im Adlerhorst" fest. – 1875 brachte Wilhelmine von Hillern ihren Roman „Die Geier-Wally" heraus, der 1921 mit Henny Porten, 1940 mit Heidemarie Hatheyer und Eduard Köck und schließlich 1956 mit Barbara Rütting verfilmt wurde. – Bekannt wurde auch die Oper „La Wally" von Alfredo Catalani (1892), die 1990 bei den Bregenzer Festspielen aufgeführt wurde. – Einen Namen aber machte sich Anna Knittel als Porträtmalerin, nachdem ihr Selbstbildnis in Lechtaler Tracht 1863 vom Tiroler Landesmuseum angekauft worden war. – 1867 heiratete sie den Gipsformer Engelbert Stainer, Sohn eines Bildhauers in Pfunds/Oberinntal. – Beliebt und gefragt sind ihre Blumenbilder, vor allem nach ihrem Erfolg auf der Wiener Weltausstellung 1873.

Ungemein reizvoll sind auch ihre Porzellanmalereien.

Reichart, Helga: Die Geierwally. Leben und Werk der Malerin Anna Stainer-Knittel. o. O. (Innsbruck:) Haymon, o. J. (1991)

Stanzach Bezirk Reutte, Gemeinde an der Mündung des Namlosertales in das Lechtal, mit 400 E., erstmals 1294 genannt. 1266 kamen St. und das ganze Lechtal über Konradin bzw. dessen Mutter Elisabeth an Graf Meinhard II. von Tirol. – Im 18. Jh. verdienten viele Stanzacher gut als Maurer im Ausland. Seit 1951 gibt es in St. die Lechtaler Teppichindustrie. – Aus St. stammen der Musiker und Komponist Wilhelm → Lechleitner, der Mechaniker und Erfinder Robert → Lechleitner, der Orientalist Josef → Kärle (1802–1860) und der Volksschriftsteller Josef Anton → Falger (1807–1888). Als wandernder Tischlergeselle arbeitete hier Walter Ulbricht, später Staatschef der ehemaligen Deutschen Demokratischen Republik.

Stapf, Bonaventura Maler und Vergolder, geb. 1665 in Pfronten-Dorf, gest. 1747 in Tirol. – Seine Lehrzeit absolvierte S. bei einem Maler in seiner Heimat, später lernte er vielleicht noch bei einem Augsburger Maler. Er betätigte sich hauptsächlich als Faßmaler und Vergolder, aber auch als Tafelmaler. – Um 1714 stand er zeitweilig als Maler und Kammerdiener im Dienst des Abtes von St. Mang in Füssen. – 1714 marmorierte er den Hochaltar der Pfarrkirche Bayerniederhofen (Halblech), um 1721 faßte er den Hochaltar der Pfarrkirche Waltenhofen. – In Pfronten lassen sich von S. Faßarbeiten in der Pfarrkirche in Heitlern und Kreuzegg nachweisen. Das Diözesanmuseum Brixen besitzt von S. drei Ölgemälde. – S. wohnte im Haus Nr. 404 in Heitlern, das man noch heute nach ihm „beim Dürer" nennt. – Seine Schwester Ursula wurde die Stammutter der Bildhauerfamilie → Hitzelberger, seine Schwester Christina die der Maler und Baumeister → Geisenhof. Seine Enkelin war die Stammutter der Maler und Bildhauer → Osterried. – Der Sohn **Bartholomäus St.** (1704–1766) lernte beim Vater und bildete sich in Wien und Rom weiter aus. Auch im Rheinland war er zeitweise tätig. Von ihm sind ein Deckengemälde in der Leonhardskapelle in Heitlern und ein Fassadenbild des Guten Hirten am Pfarrhof in Pfronten bekannt. In der Füssener Filialkirche St. Sebastian malte S. 1746 die Fresken im Langhaus. – Ein Schüler des Bartholomäus S. war der Maler Franz Anton → Weiß aus Rettenberg. – **Franz Sales St.** (1743–1810), ein Sohn des Bartholomäus, lernte bei Balthasar → Riepp in Vils, war 1767 Preisträger an der Accademia di

S. Luca in Rom und studierte ab 1772 an der Kunstakademie in Wien. In Pfronten-Steinach malte er an die Chordecke eine Krönung Mariens.

Stapf, Joseph Bildhauer und Bausachverständiger, geb. 1711 in Pfronten, dort gest. 1785. – St. war wohl ein Bruder des Mang Anton → Stapf. – 1745 schuf er die Schnitzarbeiten an der Kanzel in der Wallfahrtskirche von Speiden (Eisenberg). – Zwei Jahre später schnitzte er für den Hochaltar der Stadtpfarrkirche in Marktoberdorf in Konkurrenz zu Anton Sturm die freistehenden lebensgroßen Figuren einer Kreuzigungsgruppe. – In den Jahren 1751 bis 1755 war er in der Pfarrkirche von Wilten (Innsbruck) Mitarbeiter des Franz de Paula Penz. – Um 1752 machte er Entwürfe für die beiden Chororatorien und vielleicht auch die Kirchenstühle im Dom zu Brixen. – Für fünf Kapellenaltäre in der Wiltener Stiftskirche stammt die ornamentale Ausstattung von St. – Für sein Geburts- und Wohnhaus in Pfronten-Dorf hat St. eine Figur des Hlg. Joseph geschnitzt. – Im Außerfern hat St. für die Pfarrkirche in Bichlbach den linken Seitenaltar, 1774/75, und die Kanzel, 1742, sowie in Grän den linken Seitenaltar, 1750/60, geschaffen.

Stapf, Mang Anton Bildhauer, Bausachverständiger und Amtmann, geb. 1701 in Pfronten-Dorf, gest. 1772 in Pfronten-Ried. – Wie sein jüngerer Bruder lernte er die Bildhauerkunst von 1718 bis 1722 bei dem Augsburger Meister Christoph Bammer. – Obwohl er längere Zeit fürstbischöflich-augsburgischer Amtmann in Pfronten war, lassen sich verschiedene Werke von ihm nachweisen, die ein bemerkenswertes Können und einen weithin reichenden Ruf beweisen. Für die Klosterkirche in Obermarchtal schuf er in den Jahren 1734 bis 1738 drei Altäre, für die Stiftskirche in Wolfegg einige Sandsteinfiguren und für das dortige Schloß verschiedene Holzplastiken. – Um 1740 schuf er für die Pfarrkirche Dösingen bei Kaufbeuren zwei, wenn auch nicht mehr erhaltene Seitenaltäre. – 1746 entstanden die Seitenaltaraufbauten, die Kanzel und eine Sebastiansfigur für die Pfarrkirche in Berwang im Außerfern. – 1746 bis 1749 war S. zusammen mit Johann Peter → Heel Leiter des Turmbaus der Pfarrkirche in Pfronten. – In den 1760er Jahren dürfte S. mit seinem Bruder Josef und mit Johann Peter Heel maßgeblich an der Rokoko-Ausstattung der Pfarr- und Wallfahrtskirche Maria-Rain beteiligt gewesen sein. – Ein Sohn des Mang Anton war der Bildhauer **Johann Gabriel St.**, seit 1764 fürstbischöflicher Amtmann in Pfronten. Er heiratete 1765 und zog später nach Kempten.

Steeg Bezirk Reutte, südlichste Gemeinde des 78 km langen Tiroler Lechtals mit 701 E., erstmals genannt 1311. Im 13. Jh. vom Vorarlberger Tannberg aus besiedelt, gehörte St. den Herren von Rettenberg im Allgäu. – Die Weiterfahrt nach Warth ins Vorarlberger Lechtal und von dort nach Lech und in den Bregenzer Wald ist im Winter wegen der Lawinengefahr oft unmöglich. – Den Tabernakel der Kirche hat Dr. Anna → Dengel gestiftet, die aus Steeg stammt. – Im „Schwarzen Adler“ im Ortsteil Hägerau steht eine wertvolle holländische Uhr von 1768, die ein Außerferner Handelsmann mitgebracht hat.

Steibis (Markt Oberstaufen, Lkr. Oberallgäu). – Die erste Kapelle, in der ein aus dem Kloster Mehrerau stammendes Marienbild stand, wurde 1831 durch den heutigen Bau ersetzt. – Die Altäre sind neugotisch. Die Altarblätter werden Ludwig Caspar → Weiß zugeschrieben. – Südöstlich von St. steht die Sägenbachalpe, ein eingeschossiger unverkleideter Blockbau auf hohem Bruchsteinsokkel mit steinbeschwertem Landerndach. Über dem Sturz der Stubentüre ist die Jahreszahl 1766 festgehalten.

Stein im Allgäu (Stadt Immenstadt i. Allgäu, Lkr. Oberallgäu). – Die Pfarrkirche ist im Kern eine gotische Anlage mit einem steil aufragenden unverputzten Turm, wohl noch aus dem 13./14.Jh. – Der Hochaltar stammt aus der Zeit um 1660. – Der Taufstein von 1475 trägt die Wappen Laubenberg, Syrgenstein, Freyberg, Stadion und Weiler. – Eine Sandsteinplatte für Hans Johann von Laubenberg, gest. 1517, mit dem Ganzfigurrelief des Ritters wird Niklas → Türing zugewiesen. An der Wand gegenüber ist sein Totenschild angebracht, der wohl von Jakob → Maurus stammt. – Zwei Altarflügel der 1450 angebauten Marienkapelle befinden sich im Kunstmuseum von North Carolina in Raleigh. – Ein Flügel eines zweiten Altars befindet sich im Schloß Rauhenzell, ursprünglich für die Kapelle der Burg Laubenberg vorgesehen. Seit 1956, als das Museum in Raleigh eröffnet wurde, ist nunmehr eine Rekonstruktion beider Altäre möglich. Vor allem gehören die drei Altarflügel aus der Zeit vor 1450 zu den wenigen Kunstwerken im Allgäu, die den Dreißigjährigen Krieg überlebt haben. – Ruine **Laubenbergerstein**: Die Burg wurde vermutlich in der zweiten Hälfte des 12. Jh. von den Augsburger Bischöfen zum Schutz ihrer Zollbrücken auf einem bewaldeten Hügel zwischen der Iller und der Straße nach Immenstadt errichtet. – 1559 verlegten die Herren von Laubenberg ihren Wohnsitz in das neu erbaute Schloß Rauhenzell. – Mit dem Verkauf von 1641 begann der

Zerfall der Burg. Erhalten sind im Osten Teile der Außenmauern mit dem Haupttor, im Süden der 1980 rekonstruierte Bogen des äußeren Tores mit Fragmenten von zwei runden Ecktürmen und schließlich zwischen dem einstigen Bergfried und dem westlichen Mauerzug das innere Tor und nordwestlich ein mächtiger Rundturm mit kleinen Schießscharten.

Bier, Justus: Zwei gotische Altarflügel aus dem Allgäu im Kunstmuseum des Staates Nordkarolina. In: AGF 1974, 7–17

Steinach (Pfronten, Lkr. Ostallgäu). – Die Filialkirche wurde 1635/36 errichtet, 1781 durch Joseph Anton → Geisenhof verbreitert und erhöht und schließlich 1947 um das Emporenjoch nach Westen verlängert. – Der sparsame Rocaillestuck stammt von Johann Sigismund → Hitzelberger, 1781. – Die Fresken haben Franz Sales → Stapf, 1781, und Karl → Keller, um 1880, gemalt. Der Hochaltar in schwungvollem Rokoko aus der Mitte des 18. Jh. stand zunächst in der 1899 abgebrochen Kapelle St. Johann Nepomuk in Immenstadt und bis 1975 im Bayerischen Nationalmuseum in München. In der Mitte des Altars steht eine Figur des Hlg. Michael als Seelenwäger, um 1490/1500. Aus dieser Zeit stammt auch eine Pietà. – Figuren des Hlg. Magnus und Johannes d. T. hat Johann Sigismund → Hitzelberger 1781 geschaffen.

Stiefenhofen Lkr. Lindau (Bodensee), 1665 E. – Der Chor der Pfarrkirche stammt noch vom Ende des 15. Jh. – Am westlichen Schlußstein des Kreuzrippengewölbes ist ein Wappen der Herrschaft Montfort-Rothenfels angebracht. – Das weiträumige Langhaus ist erst 1911/12 errichtet worden. – Aus der ersten Hälfte des 17. Jh. ist noch ein Schnitzrelief erhalten mit einer Darstellung des Letzten Abendmahls; unter einer Treppe erhält Judas die Silberlinge.

Mader, Herbert: Stiefenhofen. Mittelpunkt am Rande. Hrsg. von der Gemeinde Stiefenhofen, Stiefenhofen 1983

Stockach s. Bach

Stölzle, Dr. Remigius Universitätsprofessor für Philosophie, geb. 1836 in Ob bei Kaufbeuren, gest. 1921 in Würzburg. – Er studierte klassische Philologie, Ästhetik und Philosophie. – 1894 erhielt er einen Lehrstuhl an der Universität Würzburg. Hier las er über das gesamte Gebiet der Philosophie, Gelehrtengeschichte und Pädagogik. – Ein von ihm bevorzugtes Thema war das Werk des Aufklärers und späteren Bischofs von Regensburg Johann Michael Sailer. St. schrieb über Sailers Maßregelung an der Akademie in Dillingen, seine

Berufung nach Ingolstadt und über Sailers Ablehnung als Bischof von Augsburg im Jahr 1819. Auch gab St. eine Auswahl von Sailers Schriften heraus.

Stötten am Auerberg Lkr. Ostallgäu, 1897 E., liegt zwar am Fuß des „Schwäbischen Rigi“ (1055 m), der freilich zu Oberbayern gehört, doch die herrliche Fernsicht von der Benediktenwand bis zum Bodensee, der alljährliche Georgiritt und die Grabungen seit 1901 nach einer schon um 40 n. Chr. aufgegebenen frühkaiserzeitlichen Höhensiedlung fügen sich zu einer grenzüberschreitenden Einheit. Zu dieser gehört auch eine Madonna mit Kind auf der Mondsichel von Jörg → Lederer in der Georgskirche auf dem Auerberg, aus der Zeit, als sein Altar in Bad Oberdorf, 1519, entstand. – Die Pfarrkirche in St. ist im Kern ein spätgotischer Bau, der schließlich barockisiert wurde. Der reiche Chorstuck stammt von Johann und Franz → Schmuzer, 1698/99. – Der neubarocke Hochaltar birgt eine Kreuzigungsgruppe aus der Zeit um 1510/20. – Den Taufstein aus Stuckmarmor hat Abraham → Bader 1736/37 geschaffen. – Die Figuren der Evangelisten am Korb der Kanzel, 1695, stammen von Hans Ludwig → Ertinger, eine Anna Selbdritt noch aus den Jahren 1510/20. Erhalten blieb eine spätgotische Monstranz (ca. 1500), die von Hieronymus Tauler (s. u.) im Schwedenkrieg nach Füssen gerettet wurde. – Das Pfarrhaus ist ein zweigeschossiger Walmdachbau des späteren 17. Jh. – An der Ecke des oberen Gangs befinden sich Reliefs der vier Elemente, um 1739/40. – Aus St. stammen der Generalvikar Dr. Lorenz Klemens von → Gratz und der Theologe und Hochschulrektor Dr. David → Leistle. – Im Pfarrarchiv wird das Tagebuch des Pfarrers Mag. Hieronymus **Tauler** verwahrt, der 1634 nach seiner Flucht vor den Schweden in Füssen gestorben ist, nachdem er „vier Wochen nichts anderes als ein elendes Brot in einem warmen Wasser ungeschmalzen gegessen“ hatte. – Dieses Tagebuch berichtet nicht nur von Pest, Hunger und Krieg, sondern auch über die Pfarrpfründe, die Zehentverhältnisse, die Haus- und Landwirtschaft, die Dienstboten, Gäste und Handwerker, die Bauarbeiten, Instandhaltung der Kirche, Polizei, Justiz, Unfälle und Brauchtum. – Es ist insgesamt eine rechts- und wirtschaftsgeschichtliche Quelle, von der auf die damaligen Lebensumstände im Allgäu überhaupt geschlossen werden kann.

Magister Hieronymus Tauler. Leben und Umwelt eines Allgäuer Pfarrers vor und während dem Dreißigjährigen Krieg. Nach Taulers Tagebuch beschrieben von P. Dr. Hildebrand

Dussler (= Allgäuer Heimatbücher, 63. Bändchen). Kempten: Verlag für Heimatpflege, 1961

Stöttwang Lkr. Ostallgäu, 1761 E., zunächst ein kleines Reichskloster, gehörte dann durch Jahrhunderte zum Fürststift Kempten. – Die Stukkaturen der Pfarrkirche stammen von Franz Xaver → Feichtmayr, 1745, die Fresken aus demselben Jahr, von Franz Georg – Hermann und dessen Sohn Franz Ludwig. – Der mächtige Hochaltar stammt von Placidius → Verhelst, 1763. – Ungewöhnlich reich sind die Seitenaltäre gestaltet. – Die Stuckmarmorkanzel hat Franz Xaver Feichtmayr 1745 geschaffen. – Am Emporenaufgang steht ein überlebensgroßer „Kerkerheiland". – Über der Immaculata des südlichen Kapellenaltars befindet sich das Wappen des Kemptener Fürstabtes Rupert von → Bodman (1678–1728). – Die Kirche von St. ist eine der schönsten im Landkreis und wird daher die „Kleine Wies" genannt.

Unser Dorf im Wandel der Zeiten. 50 Jahre St. Gordian und Epimach Stöttwang – St. Blasius Reichenbach und Maria Schnee Thalhofen. Hrsg. von der Gemeinde Stöttwang, 1996

Stoß, Franz Urban Hoflauten- und Geigenmacher, geb. 1711 in Füssen, dort gest. 1783. – Er war ein Sohn des Geigenbauers Hermann Joseph Stoß aus Bernbeuren. Um 1740 hielt er sich als Hoflauten- und Geigenmacher in Innsbruck auf. Später kehrte er nach Füssen zurück. Sein 1739 in Innsbruck geborener Sohn Franz Engelbert lebte um 1780 als Bildhauer in Rom.

Stoß, Martin kaiserlich-königlicher Hof-Geigen- und Lautenmacher, geb. 1778 in Füssen, gest. 1838 in Wien. – Sein Vater war Geigenmacher. St. lebte bereits 1809 in Wien und erhielt dort 1811 das Bürgerrecht. Nach dem Tod von Michael Stadelmann wurde ihm die Hofgeigenmacherstelle übertragen. Von 1817 bis 1837 war er Vorsteher der bürgerlichen Geigen- und Lautenmacher zu St. Ulrich in Wien, seit 1833 magistratischer beeidigter Schätzmeister. – St. gilt als einer der besten Wiener Geigenmacher des 19. Jh. – Die Sammlung alter Musikinstrumente in Wien besitzt von St. einen Kontrabaß von 1822 und zwei Gitarren, das Tiroler Landesmuseum Ferdinandeum in Innsbruck eine Viola.

Striebel, Josef Hauptlehrer und Kreisheimatpfleger, geb. 1900 in Dirlewang, gest. 1979 in Bremen. – Nach seinem Examen 1925 unterrichtete St. an verschiedenen Schulen. Eng mit der pädagogischen Aufgabe verbunden war bis ins hohe Alter die Erforschung der Heimat, vor allem der Vor-

und Frühgeschichte. Seine Lehrmeister waren Kurat Christian → Frank, Benefiziat Dr. Barthel → Eberl und Oberbürgermeister Dr. Otto → Merkt. – 1932 wurde St. Heimatpfleger für den Landkreis Kaufbeuren, von 1948 bis 1979 war er Kreisheimatpfleger für den Altlandkreis Mindelheim und später den Landkreis Unterallgäu. – Besonders widmete sich St. der Aktivierung der Arbeitsgemeinschaft der Museen im Unterallgäu. – Für seinen vielseitigen Einsatz erhielt St. das Bundesverdienstkreuz und war Ehrenbürger von Dirlewang und Wiedergeltingen. – Dr. Rainer Christlein widmete St. 1971 die Veröffentlichung über das alemannische Gräberfeld von Dirlewang.

Strigel Memminger Künstlerfamilie. – Ahnherr ist der Maler **Hans St. d. Ä.**, der 1430 erstmals in Memminger Urkunden begegnet. Ein einziges authentisches Werk ist von ihm geblieben: der Hochaltar der kleinen Kirche in Zell bei Oberstaufen, signiert und datiert 1442. – Durch Stilanalyse zuschreiben mag man Hans Str. d. Ä. auch den Schreinaltar in Berghofen bei Sonthofen, 1438, und die Wandgemälde in Chor und Langhaus der Kirche in Gestraz. – Wandgemälde schuf Hans Str. d. Ä. auch im südlichen Vorzeichen der Memminger Martinskirche, 1445, und im nördlichen Vorzeichen der dortigen Frauenkirche, nach 1447. – 1462 ist Hans Str. d. Ä. in Memmingen gestorben. – Maler war auch sein Bruder **Hans St. d. J.** Von ihm stammt, für 1477 zu datieren, ein in ganz lichten Farben gehaltenes Wandgemälde einer Kreuzabnahme in der Kirche in Tiefenbach bei Oberstdorf. – Ein Altarflügel in der Stuttgarter Staatsgalerie trägt die Inschrift „... a Johanne et Yvone Strigel fratribus de Memmingen“. Hans d. J. übernahm hier die Malerei, Ivo den Anteil des Bildhauers. Stets stand der Maler im Schatten seines Bruders **Ivo St.**, des Bildhauers, der urkundlich erstmals 1459 in einer Abrechnung der Memminger Antoniter erscheint und damals 29 Jahre alt war. Sein erster erhaltener und für 1489 datierter und signierter Altar steht in der Klosterkirche in Disentis in Graubünden. – Signiert ist auch der 1514 entstandene Altar vom Tartscher Bühel im oberen Vinschgau, aus dem 1959 die Schreinfiguren gestohlen wurden. – Ivo Str. sind auch der Verkündigungsaltar in der Unterstadtkapelle in Meersburg aus den Jahren um 1480 und die Skulpturen des Dreikönigsaltars im Züricher Landesmuseum zuzuschreiben. – 1516 ist Ivo Str. in Memmingen gestorben. – Wahrscheinlich ein Sohn von Hans d. J. und Neffe von Ivo war **Bernhard St.**, geb. in Memmingen 1460, dort gest. 1528. Er war der letzte und bedeutendste Sproß dieser Künstlerfamilie. – Von

1518 bis 1528 war er Zunftmeister. – In den Wirren der Reformationszeit war er ein wesentlicher Vermittler, vor allem in den Auseinandersetzungen mit dem Prediger Dr. Christoph → Schappeler, der an der Abfassung der „12 Artikel der Bauernschaft" 1525 maßgeblich beteiligt war. – Die ersten Arbeiten von Bernhard sind die Flügelgemälde und die Rückseite des Altars für die Klosterkirche in Disentis, 1489. – 1493 war er Mitarbeiter des Ulmer Malers Bartholomäus Zeitblom am Hochaltar des Klosters Blaubeuren. – Durch Stilvergleich kann Bernhard der Sippenaltar in der Annakapelle der Pfarrkirche St. Stephan in Mindelheim zugeschrieben werden. – 1507/08 schuf er den Altar für die Liebfrauenkapelle des Klosters Salem. – Von besonderer Bedeutung wurden seine Beziehungen zu Maximilian I., der sich oft in Memmingen aufhielt. Bald durfte sich Bernhard Hofmaler des Kaisers nennen. Höhepunkt dieser seiner Stellung war das Jahr 1515, als er an der habsburgischen Doppelhochzeit in Wien teilnahm und in das Familienbild Maximilians dessen längst verstorbene erste Frau, Maria von Burgund, und den gleichfalls verstorbenen Sohn, Philipp den Schönen, einbezog. Da aber die politischen Pläne Maximilians scheiterten und der Kaiser das Bild nicht abnahm, wandelte Bernhard seine Tafel in eine Sippendarstellung um, indem er auf die Rückseite die Heilige Familie malte und die kaiserlichen Personen der Vorderseite mit Namen der Sippe Christi bezeichnete. – Bei einem zweiten Aufenthalt in Wien malte Bernhard das Familienbild des Humanisten und Ratgebers Maximilians, Dr. Johann Cuspinian. Eine auf der Rückseite dieses Bildes 1881 wiederentdeckte Inschrift wurde schließlich der Ausgangspunkt der Forschung über Bernhard. – Ein Strigel-Museum befindet sich im Memminger Antoniterhaus. Eine Besonderheit ist hier der Dreikönigsaltar von Bernhard. Die beiden dargestellten Hirten auf dem Flügel mit der Szene der Geburt Christi zeigen vielleicht Bernhard und Ivo Strigel.

Otto, Gertrud: Bernhard Strigel (= Kunstwissenschaftliche Studien, Band XXXIII), o. O. (München – Berlin): Deutscher Kunstverlag, MCMLXIV (1964)

Strigel, Dr. theol. Victorinus evangelischer Theologe, Universitätslehrer, geb. 1524 in Kaufbeuren, gest. 1569 in Heidelberg. – Sein Vater war Stadtarzt, hatte mit Melanchthon studiert und später bei Georg von Frundsberg gedient. – S. begann seine akademischen Studien in Freiburg i. Br., 1542 zog er an die Universität Wittenberg, wo er Philosophie und Theologie studierte und sich Melanchthon anschloß. Nachdem er zum Magister promoviert war, hielt er zuerst in Wittenberg, seit 1547 in Erfurt Vorlesungen. Melanchthon vermittelte S. nach Jena, wo er ein „Gymnasium academicum" gründete. Als begeisterter Anhänger Melanchthons wurde er in die theologischen Kämpfe hineingezogen, die nach Luthers Tod die evangelischen Theologen spalteten. Seit 1558 war S. als einer der hervorragenden Lehrer an der neuen Universität Jena tätig. Als er im theologischen Streit mit Flacius nicht nachgab, ließ ihn der sächsische Herzog 1559 gefangensetzen. Nach einem Colloquium in Weimar in Gegenwart des Herzogs wurde er erst 1562 wieder in Amt und Würden eingesetzt. Trotzdem fühlte er sich in Jena nicht mehr wohl, wandte sich deshalb an die Universität Leipzig und lehrte hier einige Jahre Theologie und Philosophie. Als er sich zur calvinischen Abendmahlslehre hinzuneigen begann, mußte er Leipzig verlassen und 1567 nach Amberg und schließlich nach Heidelberg überwechseln. Hier wirkte S. nur noch kurze Zeit als Professor für Ethik. – Gerühmt wurden an S. seine vortreffliche allgemeine Bildung, sein enormes Gedächtnis, sein schlagfertiger Witz und seine Beredsamkeit. Seine schriftliche Tätigkeit bewegte sich auf den Gebieten der Philologie, Philosophie, Geschichte und Theologie.

Pfundner, Thomas: Victorin Strigel 1524–1569. Protestantischer Gelehrter, Theologe, Bekenner. In: Lebensbilder aus dem Bayerischen Schwaben 14, 1993, 55–83

Studer, Therese Fabrikarbeiterin und Verbandsekretärin, geb. 1862 in Senden an der Iller, gest. 1931 in München. – St. stammte aus einem einfachen Elternhaus und wurde mit acht Jahren zu einem Bauern in Dienst gegeben. – Als die Eltern nach Altenstadt zogen, konnte St. in Illereichen in die Schule gehen, die sie mit einem ausgezeichneten Zeugnis abschloß. Doch bezeichnend bleibt ihre Feststellung: „Mein ärgster Schmerz war, daß ich nicht lernen durfte, so wie ich es gewollt hätte." – Mit 14 Jahren kam St. in die Zündholzfabrik in Altenstadt. Als die Fabrik nach zwei Jahren geschlossen wurde, kam St. wieder zu einem Großbauern. – Doch sie wollte lernen, kam aber schließlich in die Spinnerei und Weberei nach Ay. – Eines Tages erzählte ihr eine Arbeiterin von der großen und modernen „Mechanischen Baumwoll-Spinnerei und Weberei" in Kaufbeuren. St. entschloß sich 1884 zum Wechsel, und Kaufbeuren wurde ihr nun für lange Jahre ein Stück Heimat. Die im Jahre 1839 gegründete Spinnerei beschäftigte damals ca. 400 Arbeitskräfte, meist Frauen, die an 50 Webstühlen und 16 000 Spindeln arbeiteten. – St. wohnte in dem 1858 gegründeten „Marienheim für ledige Fabrikarbeiterinnen". Nun war sie erstmals in ihrem Leben geborgen, wenn auch ihr Wunsch, Lehrerin zu werden, nicht in Erfüllung ging. Doch sie wurde geschätzt und konnte bei Einstellungen und Entlassungen mitsprechen. – St. setzte sich für den Anschluß der Kaufbeurer Arbeiterinnen an die christliche Gewerkschaft ein. Daß in Kaufbeuren eine Zahlstelle für die christlich orientierten Arbeiter/innen eingerichtet wurde, war ihr zu verdanken. Viele Jahre war sie Zweite Vorsitzende, die auch in der Zeitschrift „Arbeiterinnen" schrieb. – Durch die Presse wurde St. auf den 15. Delegiertentag der katholischen Arbeitervereine im Jahr 1905 in Aschaffenburg aufmerksam. Und sie ging nun daran, in Kaufbeuren einen katholischen Arbeiterinnenverein zu gründen. Es war der erste weibliche Verein der Stadt, dem gleich zu Beginn 159 Arbeiterinnen beitraten. Vereinspatronin wurde die 1900 selig gesprochene Franziskanerin Crescentia → Höß, eine Kaufbeurer Weberstochter. – Die angebotene Stelle einer Sekretärin beim „Verband katholischer Arbeiterinnenvereine Süddeutschlands" in München lehnte St. zunächst ab. Erst 1908 stimmte sie zu und nahm nach 24 Jahren Abschied von Kaufbeuren. Bald nannte man St. „Verbandsmutter". Nach sechs Jahren ihrer Arbeit gab es 176 Vereine mit 20 648 ordentlichen und 6390 außerordentlichen Mitgliedern. – 1915 erkrankte St. so sehr an Rheuma, daß sie arbeitsunfähig wurde. – 1920 wurde sie auf dem Verbandstag in München zur Verbandsvorsitzenden auf Lebenszeit gewählt. – In den letzten Lebensjahren wurde es sehr still und einsam um St. Und ihre Grabstätte auf dem Sendlinger Friedhof wurde nach sieben Jahren aufgelassen. – 1955 wurde in Kaufbeuren eine Straße nach ihr benannt.

Brenner, Anton: Therese Studer 1862–1931. Fabrikarbeiterin, Verbandssekretärin. In: Lebensbilder aus dem Bayerischen Schwaben 16, in Vorbereitung – Plößl, Elisabeth: Therese Studer (1862–1931). In: Lebensbilder. Geschichte und Kunst in Bildnissen aus Schwaben, 396 f. und 425 f.

Sturm, Anton Bildhauer des Hochbarock, geb. 1690 in Faggen, einer Fraktion von Prutz am Eingang zum Kaunertal, gest. 1757 in Füssen. – Nach der Lehrzeit in Donauwörth bei seinem Landsmann Johann Paul Tschiderer, der St. 1709 freigesprochen hat, war St. bei Ehrgott Bendl in Augsburg. – Ab 1717 ist St. in Füssen nachweisbar, wo er in den Kreis Johann Jakob → Herkomers trat und Stiftsbildhauer des Klosters St. Mang wurde. – 1721 erwarb er ein Haus an der Brunnengasse, dessen Relief über dem Eingang Dominikus und Josef → Lorch kürzlich restauriert haben. – Im Allgäu arbeitete St. in Altstätten, Buxheim, Hindelang, Kaufbeuren,

Kranzegg, Marktoberdorf, Oberstdorf (Lorettokapelle), Ottobeuren (16 Statuen römisch-deutscher Kaiser aus dem Hause Habsburg im Kaisersaal), Schöllang, Sonthofen und Waltenhofen. Im Außerfern arbeitete St. in Bichlbach, in der Kapelle bei der Ehrenberger Klause, in Reutte und Vils. Vor allem aber arbeitete St. in Füssen, und genannt seien auch seine vier Kirchenväter in der Wies. – Für das Allgäu spielte St. die Rolle des Ignaz Günther (1725–1775) in Bayern. – Insgesamt kennzeichnen „kraftvolles Pathos und Eleganz der Ausführung“ (Egg, I., 362)) sein Werk.

Anton Sturm. 1690–1757. Bildhauer und Bürger in Füssen. Katalog zur Ausstellung im Museum der Stadt Füssen, 1990

Suiter, Kaspar OPraem Abt, geb. in Füssen, gest. 1491 in Steingaden. – Der 1446 gewählte Abt des Prämonstratenserstiftes Steingaden gehörte zu den hervorragenden Gestalten in der Geschichte dieses Klosters. Er war ein glücklicher und geschickter Verwalter seiner Abtei. Zu Recht hat man ihn den dritten Gründer genannt. – Nach einer Romreise, 1475, erlangte er das Recht, die Inful (Mitra) zu tragen. – S. gotisierte die Klosterkirche und den Kreuzgang in Steingaden. Über dem Portal zur Vorhalle befinden sich noch heute die Jahreszahl 1491 und der Name des Abtes Caspar. – Der Bischof von Augsburg ernannte S. zu seinem Rat.

Sulzberg BH Bregenz, Gemeinde im nördlichen Vorderwald, urkundlich erstmals erwähnt 1249, mit 1709 E. – Zahlreiche Weiler und Einzelhöfe bilden das auf einem Höhenrücken gelegene Kirchdorf. – Die Pfarrkirche ist ein Saalbau des 19. Jh. mit im Kern spätgotischem Chor. – Der neoromanische Hochaltar stammt aus dem Jahr 1876, die Bilder der äußeren Seitenaltäre hat Ludwig Caspar → Weiß aus Rettenberg im Allgäu gemalt. – Der einstige Pfarrhof wurde um 1732 gebaut. – Die Kapelle zum Hlg. Leonhard hat im Langhaus eine kassettierte Flachdecke und eine hölzerne Westempore aus der Mitte des 17. Jh. – Der Hochaltar stammt aus dem Jahr 1650, die Glocke aus dem 14. Jh. – In der Kapelle im Weiler Falz steht in der Altarnische die Figur eines Christus an der Geißelsäule, nach dem Gnadenbild in der Wies. – Die über die Weißach führende Gschwendmühlbrücke, eine gedeckte Holzbrücke mit vierfachem Hängesprengwerk, ist 1789 errichtet worden.

Sulzberg Markt, Lkr. Oberallgäu, 4400 E., 1059 erstmals genannt. – Das Marktrecht wurde 1674 von Martinszell auf S. übertragen. – Die Pfarrei besteht seit 1355. – Von dem Kirchenbau des 15. Jh. sind nur noch die beiden gotischen Seitenkapellen erhalten. Die Kirche selbst verdankt ihr heutiges Aussehen einer Erneuerung in den Jahren 1715 bis 1725. – In der südlichen Seitenkapelle steht ein spätgotischer Flügelaltar aus der Zeit um 1480, wohl aus der Burg S., im Schrein unter dem Gesprenge eine Krönung Mariens, auf den Flügeln innen eine Verkündigung bzw. eine Darstellung der Geburt Christi, außen eine Beschneidung Christi und eine Anbetung der Könige. – Südwestlich von S. steht die Ruine S., 1170 erstmals erwähnt, eine der größten und am besten erhaltenen Burgruinen im Allgäu, dargestellt auf dem Bild des Fürstabtes Sebastian von Breitenstein (1522–1535) im Fürstensaal der Kemptener Residenz. – Ein beliebtes Ausflugsziel ist das einstige **Jodbad Sulzbrunn**, die wohl älteste Heilquelle des Allgäus, 1838 gefaßt, von dem bekannten Chemiker Justus von Liebig untersucht und als stärkste Jodquelle Bayerns bezeichnet. – Zu S. gehört auch die **Aleuthe-Mühle** mit einem steilen, dreistöckigen Fachwerkgiebel, bezeichnet 1786.

Becherer, Josef: Chronik der Marktgemeinde Sulzberg. Druck: Dietmannsrieder Lokalanzeiger,1931 – Behrer, Christian: Salierzeitlicher Wohnturm als ältester Kern der Burgruine Sulzberg. In: AGF 1992, 189–194

Sulzbrunn Jodbad, s. Sulzberg

Syrgenstein (Markt Heimenkirch, Lkr. Lindau (Bodensee)), ein hoch über dem Argental aufragendes Schloß, 1265 erstmals genannt, Typ einer spätgotischen Wehrburg, doch bewohnbar und bequem eingerichtet, Sitz der Syrgensteiner, die 1647 in den Reichsadelsstand erhoben wurden. – Nach einem Brand errichtete Veit von S. einen Neubau mit fünfeckigem Grundriß. – In der Halle des ersten Obergeschoßes befindet sich, in die Felderdecke eingelassen, ein Leinwandbild mit einer Allegorie der Klugheit und des Chronos, um 1740, das Franz Georg → Hermann zugeschrieben wird. – Die Stukkaturen im Salon stammen wohl von Johann Georg → Üblher, das große ovale Deckengemälde mit einer Darstellung der Königin von Saba vor König Salomo von Franz Joseph → Spiegler. – Von besonderer Bedeutung ist die für das Allgäu singuläre frühe Renaissance-Ausstattung des Bibliothekszimmers von 1539. Die vertäferten Wände sind durch dünne Pilaster, Friese und Blindfelder zart und flächenhaft gegliedert. Über den Kapitellen sitzen kleine Medaillons mit Bildnissen der Syrgensteinischen Familie. Die Reliefs der Türfüllungen zeigen illusionistische Architekturbilder, einen Hallenraum und eine Straßenansicht mit einem Torturm, der an die Herrenstraße in Wangen erinnert. – In der Nähe des Schlosses befindet sich der „Englische Friedhof", dessen irisches Grabkreuz an Elisabeth Hutton aus Dublin erinnert, die 1868 auf Schloß Syrgenstein gestorben ist. – Auf Schloß S. hängt u. a. ein Portrait des Aemilian von S., 1690–1748, Kapitular des Stiftes Kempten, Bruder des Fürstabtes Engelbert von S. (1747–1760). Auf diesem Bild sind das Kapitelkreuz und die von den Kapitularen getragene Ordenstracht zu erkennen.

Dobras, Werner. Der englische Friedhof bei Schloß Syrgenstein. In: DSA, Dezember 1974, 176 f.

T

Tannheim Bezirk Reutte, Hauptort des Tannheimer Tales mit 1043 E., 1342 erstmals genannt. Im 14. Jh. ließen die Grafen von Montfort und Rettenberg hier Bauern aus dem Allgäu ansiedeln. Damals gehörte das Gebiet noch zum Allgäu. Erst 1485 kam es zu Tirol, formell erst 1531. – Bis 1377 gehörte T. zur Pfarrei Sonthofen. – 1549/50 baute man die Straße für den Salztransport nach Südwestdeutschland großzügig aus. Um 1900 wurde sie besonders am Gaichtpaß weiter verbessert. Statt Gaicht würde man besser Gacht schreiben, da hier das Gelände „gach" gegen Weißenbach zu abfällt. – 1809 besetzten die Tannheimer Kompanien das Oberjoch und drangen am 2. Mai bis Immenstadt vor. – Ende des 19. Jh. gab es in T. noch keine Bäckerei. Das Brot wurde jeden Donnerstag von Kempten geliefert. – Die Kirche besitzt das einzige vollständige „Löffler-Geläute" Tirols. Gregor Löffler war auch für das Maximilians-Grab in der Innsbrucker Hofkirche tätig. – Von T. führt eine Straße zum Vilsalpsee, der mit seinen rd. 60 ha fast den ganzen Boden der Talschüssel füllt. Vom Vilsalpsee geht ein Weg zu dem reizvollen Traualpsee, 1649 m hoch gelegen.

Tannheimer Tal Bezirk Reutte. – Das T. ist ein Seitental des Lechtals. Der südliche Teil des T. wird durch die Nesselwängler Ache entwässert, die bei Weißenbach in den Lech mündet. Ludwig Steub (1812–1888), ein bekannter Reiseschriftsteller, nennt das T. „das schönste Hochtal Europas". – In das T. kommt man entweder von Hindelang oder Wertach über das Oberjoch oder von Pfronten durch die Enge oder schließlich über den Gaichtpaß. – Die ersten Siedler kamen aus dem Ostrachtal und aus Pfronten. – Wohlstand brachte der Salztransport aus Hall in den Bodenseeraum und die vorderösterreichischen Lande. An Bedeutung gewann die Salzfrächterei, als Erzherzog Sigmund der Münzreiche (1427–1496) 1485 das T. durch Kauf erwarb und schließlich in den Jahren 1449/50 die Straße über den Gaichtpaß großzügig ausgebaut wurde. Nicht weniger als 300 Pferde waren damals im T. täglich unterwegs. Vom 1. Okt. 1661 bis 1. Okt. 1662 wurden von Reutte nach Nesselwängle 15 850 Fässer Salz geliefert. Der Salztransport kam erst um die Mitte des 19. Jh. zum Stillstand. – Eine besondere Einnahmequelle in der Zeit von etwa 1740 bis zum Ausbruch des Ersten Weltkrieges war die Stukkateurkunst. Stukkateure aus dem T. arbeiteten in Budapest, Gran, Posen, Christiania, St. Petersburg, Moskau, Sofia, Berlin, Wien und

Leipzig. – Vom 31. Okt. 1561 bis 3. Nov. 1561 haben vier Männer aus dem T. eine Grenzbegehung des Allgäuer Hauptkammes und so auch eines Teiles der Tiroler Landesgrenze durchgeführt.

Kleiner, Alfons: Das Tannheimer Tal. Berwang: Steiger, o.J. (1988)

Tauler, Hieronymus s. Stötten am Auerberg

Textor, Franz Joseph Maler, geb. in Kempten, gest. 1741 in Innsbruck. – Ursprünglich hieß er Weber, bis er seinen Namen latinisierte. Er heiratete in Innsbruck und kaufte sich dort in die Malerzunft ein. Seine zahlreichen kleinen Genrebilder wurden von seinen Zeitgenossen sehr geschätzt. Er malte meistens im Stil der niederländischen Maler Breughel, Ostade, Teniers, aber auch manchmal in der Art Rembrandts.

Thalheimer Malerfamilie. – **Arbogast (1) T.**, geb. um 1664, gest. 1746 in Ottobeuren, schuf für die Reichsabtei Ottobeuren viele Ölbilder, Wand- und Deckengemälde sowie das Altarantependium für die Riedkapelle in Benningen. – **Franz Anton T.**, geb. 1695 in Ottobeuren, dort gest. 1769, malte fast alle blau gehaltenen Landschaftsbilder in den Stiegenhäusern der Abtei. – **Arbogast (2) Johann T.**, geb. 1728 in Ottobeuren, dort auch gest. 1786, arbeitete für die Pfarrkirche und die Klosterkirche Ottobeuren, die Kirche in Wolfertschwenden und die Wallfahrtskirche in Eldern.

Theinselberg s. Lachen

Tiefenbach (Markt Oberstdorf, Lkr. Oberallgäu). – Das Langhaus der Pfarrkirche St. Barbara hat eine Flachdecke, der Chor ein Sternrippengewölbe mit kleinen Fratzenköpfen. – An der Langhauswand zeigt eine Gedenktafel von 1796 auf schwarzem Grund weiß reliefierte Häuser, Soldaten, Engel und die Familie des Grafen Franz Fidel von Königsegg-Rothenfels. – Der Taufstein stammt aus dem Jahr 1515. – Die Schwefelquellen von T. werden erstmals 1492 erwähnt. 1518 ließ Graf Hugo von Montfort ein Badhaus errichten. Die erste Beschreibung durch den Kemptener Physicus Dr. Johann Friedrich Bilger erschien 1664 mit dem Titel „Kurze Entwerfung des Tiefenbacher Bades“. Sie wurde gedruckt von Rudolph Dreher, Faktor der Kemptener Stiftsdruckerei von 1660 bis 1681, vermutlich in dessen eigener Druckerei. Eine dritte Auflage erschien 1766 bei dem Besitznachfolger Drehers. – Eine spätere Beschreibung durch den Immenstädter Landgerichtsarzt Dr. Geiger erschien 1815 in Kempten bei → Dannheimer. Auch dieses Badebüchlein wurde mehrfach aufgelegt. Das modern erneuerte Gebäude steht an der Stelle eines 1644 unter Graf Hugo von Königsegg errichteten Neubaus. – Verbunden mit T. ist der Name des Pfarrers Johannes Schiebel (1871–1963), der das Naturdenkmal der **Breitachklamm** erschlossen hat. 1904 erfolgte die erste Sprengung, 1905 war das Werk vollendet. Beinahe wäre hier ein Hochwasserrückhaltebecken errichtet und die Klamm mit einer 60 m hohen Mauer am oberen Ende abgeschlossen worden.

Tiefenbrucker, Kaspar Lautenmacher, geb. 1514 in Tiefenbruck, Pfarrei Roßhaupten, gest. 1570 oder 1571 in Lyon. – 1539 kaufte T. sich beim Propstamt Füssen von der Leibeigenschaft frei. 1544 erwarb er durch die Heirat mit einer Bürgerstochter das Bürgerrecht in Füssen. – Um 1550 übersiedelte er nach Lyon, wo er rasch zu Ansehen und Wohlstand kam. Bereits 1556 kaufte er sich einen Weinberg vor der Stadt und erbaute sich ein von Hof und Garten umgebenes Wohnhaus. Zwei Jahre später verlieh König Heinrich II. von Frankreich dem „teuern und viellieben" Kaspar Tiefenbrucker das Bürgerrecht von Lyon. Als 1564 die französische Regierung Lyon befestigte, lag T.s Besitz im Bereich des geplanten Festungsgrabens. Da der französische Staat wegen einer Finanzkrise die für die Enteignung festgesetzte Entschädigung nicht bezahlte, geriet T. unverschuldet in Not. Einige Jahre später riß ihn der Tod aus seinem Schaffen. Eine gewisse Wiedergutmachung erfuhren die Witwe und die minderjährigen Kinder durch die Gewährung einer Rente. Der Sohn Johann, gleichfalls ein Lautenmacher, zog nach Paris. – T. gilt als Pionier seines Kunstzweiges in Frankreich. Sicher erscheint, daß die „Geburt der Violine" in die Zeit fällt, in der T. in Füssen und Lyon gewirkt hat. – Instrumente aus der Hand T.s dürften nur wenige überliefert sein. Im 19. Jh. wurde sein Name wiederholt für Fälschungen mißbraucht. – Von den Verwandten der weitverzweigten Lautenmacherfamilie lebten Ulrich sowie zwei Magnus in Venedig, Leonhard und Wendelin in Padua, ein Johann in Nürnberg, ein weiterer Magnus in Perugia, ein Jakob in Genua. – Die T. aus dem Ostallgäu zählen zu den bedeutendsten Instrumentenbauer-Familien der Renaissancezeit. Sie waren in Italien und Frankreich bahnbrechend im Bereich ihres Könnens. – Ein französischer Kupferstich überliefert das Aussehen T.s. Die Schreibweise „Duiffoprugcar" gibt die harte Allgäuer Aussprache des Namens gut wieder (Allgäuer Chronik. Bilder und Dokumente, 275).

Truber, Primus Reformator, geb. 1508 in Raščica in Unterkrain, gest. 1586 in Derendingen, einem Vorort von Tübingen. – Der Vater war Müller, Zimmermann und Kirchenkämmerer. – 1520 kam T. an die Kapitelschule in Fiume, heute Rijeka, ein Jahr später an die Schule zu St. Peter in Salzburg, wo Dr. Johannes Staupitz, Luthers Lehrer und Freund, Abt war. Sodann kam er nach Triest zu Bischof Bonomo, der reformatorischen Gedanken durchaus zugetan war. 1528 wurde T. an der Universität Wien immatrikuliert, verließ aber Wien noch vor der ersten Belagerung durch die Türken, 1529. 1530 wurde T. zum Priester geweiht. Schließlich kam er nach Laibach, wo er Domprediger und 1542 Domherr wurde. Er stand freilich in offenem Widerspruch zur angestammten Kirche, wurde gewarnt und konnte fliehen. – Drei Jahre blieb er an der Spitalkirche in Rothenburg ob der Tauber, wo sein erstes slowenisches Buch entstand, der windische Katechismus. In Rothenburg hat T. auch geheiratet. – 1553 ging er nach Kempten, wo die Übertragung biblischer Texte in die Sprache seiner Heimat zu einer lebensfüllenden Aufgabe wurde, obwohl T. weder Hebräisch noch Griechisch konnte. Wie Luther hielt sich T. an die einfache Sprache des Volkes. Entscheidend war der Einfluß der Kommentare des Erasmus von Rotterdam. – 1561 wurde T. Superintendent in Krain, und seine Rückkehr in die Heimat glich einem Triumphzug. 1563 gab T. eine slowenische Kirchenordnung heraus, die erste evangelische Kirchenordnung in den österreichischen Erblanden. Doch vier Jahre später mußte T. seine Heimat nunmehr endgültig verlassen und erhielt schließlich eine Pfarrstelle in Derendingen bei Tübingen. – Über 30 Titel umfaßt die theologische und literarische Leistung des Schöpfers der slowenischen Schriftsprache. Manche seiner Werke stehen noch heute in der „Liberej" der St. Mang-Kirche in Kempten. Die Identität von Bibliothek und Kirche ist das Vermächtnis seines vermittelnden und ausgleichenden Bemühens. Fern allem unnützen Streit war T. ein Grenzlandmensch, der vorbildliche ökumenische Brücken baute. – An der slowenischen katholischen theologischen Fakultät in Laibach sind drei Dissertationen über T. angefertigt worden.

Haberl, Wolfgang: Ein Reformator in Kempten. In: DSA, Juni 1986, 25f – Gäbler, Ulrich: Primus Truber, der Domherr von Laibach, bewegt deutsche evangelische Gemeinden. In: AGF 1987, 54–67 – Smolik, Marjan: Primus Truber, der Pfarrer von Kempten, bewegt slowenische katholische Gemeinden. In: AGF 1987, 68–82

Trunkelsberg Lkr. Unterallgäu, 1729 E., 972 erstmals urkundlich erwähnt. – Die kleine längsovale Filialkirche wurde 1782 errichtet. Eine Madonna, um 1490, stand früher in der Kirche von → Köngetried. – Bis zur Mitte des 18. Jh. bestand T. nur aus dem Schloß, einem stattlichen Satteldachbau mit Stufengiebel, und zwei Bauernhöfen. Das Schloß wird 1657 erstmals genannt. Die Inhaber haben rasch und mehrfach gewechselt. Ein kleines Archiv betrifft das einstige Rittergut. – Das Dorf entstand wohl erst durch die Ansiedlung von Arbeitern der nahen, 1745 gegründeten Fayencemanufaktur Künersberg (→ Memmingerberg). Dieses frühe Zeugnis einer Arbeitersiedlung des 18. Jh. prägt heute das Ortsbild. – Südwestlich von T. bezeichnet eine aus dem 15./16. Jh. stammende „Friedsaul" die Hochgerichtsbarkeitsgrenze der Reichsstadt Memmingen.

Türing, Nikolaus Steinmetz, Baumeister und Bildhauer, geb. wahrscheinlich in Memmingen um 1440/45, gest. 1517 in Innsbruck. Ehe ihn Erzherzog Sigmund der Münzreiche als Nachfolger des wohl auch aus Schwaben stammenden Hans Reichartinger an seinen Hof nach Innsbruck berief, schuf T. wahrscheinlich den Grabstein des Anselm von Eyb in der Pfarrkirche Woringen, vielleicht auch das Netzrippengewölbe des Chors der Woringer Pfarrkirche sowie den Portraitgrabstein des Ludwig von Rotenstein in der ehemaligen Kollegiatsstiftskirche in Grönenbach und an der Westseite des dortigen Stifts einen Wappenstein mit Engel, 1479. – Das erste von T. in Tirol erhaltene Werk ist der Wappenstein des Erzherzogs, 1487, heute im Tiroler Landesmuseum Ferdinandeum. – Es folgte eine Reihe von Wappensteinen, z. B. am Münzertor in Hall, 1489, in Schloß Friedberg bei Volders und am Südportal der Sterzinger Pfarrkirche. – Als Hofmaurer bekam er 1497 den Auftrag zu seinem bekanntesten Werk, dem „Goldenen Dachl". Von einer Rippenkreuzung des Loggia-Gewölbes blickt das Selbstbildnis Türings herab. Das 1500 vollendete „Goldene Dachl" brachte T. den Titel des „obristen Werkmeisters". – Von seinen Werken sind noch zu nennen die Figur des Burgriesen Niklaus Haidl am Burgriesenhaus in der Innsbrucker Hofgasse, der Wappenstein auf Schloß Tratzberg und im Ansitz Riesenegg in Flauerling sowie der Chor der Kapelle in Martinsbühel bei Zirl. – Zusammen mit seinem Sohn Gregor begann T. 1509 den Bau der Johanneskapelle im Friedhof von Matrei am Brenner. Auch plante er noch 1515 die Georgskapelle in der Burg Hasegg in Hall. – Insgesamt schuf T.

eine repräsentative Hofkunst, die noch ganz der Spätgotik verpflichtet war.

Grundmann, Werner: Gibt es Werke von Niklas Türing im Allgäu? Eine Untersuchung. In: AGF 1973, 70–80

Typographia Ducalis s. Kösel, Josef

U

Üblher, Johann Georg Stukkator, geb. 1703 in Wessobrunn, gest. 1763 in Maria Steinbach. – Ü. entstammt einer aus der Gegend um Sondrio in Oberitalien über Meran nach Wessobrunn eingewanderten Familie, die vielleicht aber auch aus → Berghofen bei Sonthofen stammte. – Ü. war mit Abstand einer der bedeutendsten Stuck-Figuralplastiker des 18. Jh. in Süddeutschland und wirkte im Bereich der „Euregio via salina" in Kempten (Residenz, St. Lorenz, Ponickau-Haus), auf Schloß Syrgenstein, in Lautrach und in Maria Steinbach.

Jocher, Norbert: Johann Georg Üblher (1703–1763). Ein Beitrag zur Geschichte des Ornaments und der Stuckplastik Süddeutschlands im 18. Jahrhundert. In: AGF 1988, 8–349

Ulrichsbrücke s. Musau

Ungerhausen Lkr. Unterallgäu, 1032 E. – Nach mehrfachem Besitzerwechsel kam U. 1503 an die Vöhlin und 1594 an das Reichsstift Ottobeuren, das bis 1803 Ortsherr blieb. – 1536 übernachtete Paracelsus auf seiner Reise von Bregenz nach Ulm in U. – Die Pfarrkirche wurde nach Plänen von Simpert → Kraemer zwischen 1734 und 1738 erbaut. Den Grundstein legte Abt Rupert II. → Neß, dessen Wappen am Chorbogen angebracht ist. – Die Fresken hat Franz Anton → Erler gemalt. – Die Figuren der beiden Johannes stammen vielleicht von Anton → Sturm. – Südwestlich von U. steht auf freiem Feld eine Johannes-Kapelle, deren Chor wohl im 15. Jh. errichtet wurde. – Das Vöhlin-Schlößchen, ein zweigeschossiger Satteldachbau, diente von 1676 bis 1970 als Pfarrhof.

Unold, Max Maler und Graphiker, geb. 1885 in Memmingen, gest. 1964 in München. – U. studierte in München zunächst klassische Philologie, dann an einer Privatschule und seit 1908 an der Akademie. Mehrmals war er in Südfrankreich. – Unter dem Eindruck Cézannes wandte er sich von der Malweise Leibls und Trübners ab und in den Zwanziger Jahren der „Neuen Sachlichkeit" zu. – 1912 gab er sein Debüt in der Frühjahrsausstellung der Münchner Sezession. – 1913 erhielt U. für seine „Dame in Blau" die Goldmedaille der Glaspalast-Ausstellung. – Beeinflußt durch den altdeutschen Holzschnitt schuf er u. a. graphische Folgen zu Grimmelshausens „Simplizius Simplizissimus", 1915/16, und Lithographien zu ostjüdischen Bildern, 1918. – Die Druckstöcke seiner Holzschnitt-Zyklen sind noch vollständig vorhanden. – Mosaiken fertigte U. für das Museum in Wiesbaden und die Kirche in Gauting bei München. – Bühnenbilder schuf er für die Kammerspiele und das Prinzregententheater in München. – U. war Präsident des Berufsverbandes bildender Künstler München und Ehrenmitglied der bayerischen Akademie der Schönen Künste. – 1950 stellte er im Kreuzherrensaal in Memmingen aus. – 1955 erhielt U. das Bundesverdienstkreuz. – 1948 veröffentlichte er eine Schrift „Über die Malerei". – Sein Gesamtwerk umfaßt rd. 2000 Arbeiten, darunter 600 Ölbilder. – Zu seinem hundertsten Geburtstag hat die Stadt Memmingen eine Gedenkmedaille herausgebracht.

Unteregg Lkr. Unterallgäu, 1351 E. – Die Pfarrkirche ist ein unverputzter Tuffsteinquaderbau. – Der Chorstuck um 1730 stammt vielleicht von Abraham → Bader. – An der Straße von Oberegg nach U. steht ein mittelalterliches Tuffsteinkreuz. Hier in der Nähe lag im Schwedenkrieg der Pestacker. – Die Salzstraßmühle im Ortsteil Warmisried erinnert an die Salzstraße von Schlingen nach Ottobeuren.

Untermaiselstein (Rettenberg, Lkr. Oberallgäu). – Die Fresken der Pfarrkirche St. Ursula, um 1790, werden Nikolaus → Weiß zugeschrieben, eine Madonna und ein Relief der Hlg. Barbara dem Umkreis von Ivo → Strigel.

Unterseher, Franz Xaver Kunsterzieher und Künstler, geb. 1883 in Göggingen, gest. 1954 in Kempten. – Nach seiner Ausbildung an der Münchner Kunstgewerbeschule und an der Akademie der Bildenden Künste, an der u. a. Peter Halm sein Lehrer war, erledigte er größere Kopieraufträge in der Pinakothek und in der Gemäldegalerie in Augsburg. – Von einer Studienreise nach Paris brachte U. eine Fülle von Teppich-, Stoff- und Tapetenentwürfen mit. – Anschließend war er in Lauingen Zeichenlehrer und wechselte schließlich nach Kempten an die damalige Oberrealschule, an der er seine Erziehertätigkeit vorzeitig aufgeben mußte. U. war im Ersten Weltkrieg an der Somme verschüttet worden, und die Folgen wirkten ein Leben lang nach. – 1938 wurde U. anläßlich der „Deutschen Kunstausstellung" unter nur wenigen zur Eröffnung des Dörner-Instituts eingeladen, das die verschiedenen Malverfahren untersucht. – Diese Einladung galt einem ungemein vielseitigen Künstler, mochte es sich um Mischtechnik oder Radierung, Treibarbeit in Messing, Intarsie oder textiles Gestalten handeln. – Wer U.s Radierung „Beethoven mit Muse" oder seine Mischtechnik „Tröstende Musik" kennt, weiß um das Bleibende dieses Künstlers. Und seine Intarsientüre im Rathaus in Kempten ist ja auch belieben. Es gab allerdings auch eine Intarsientüre im einstigen „Hotel Post" an der Salzstraße in Kempten. – Am Ende seines Schaffens arbeitete U. an seinen Silberstiftzeichnungen, deren graziler Strich schon in eine andere Welt weist. – In Kempten ist eine Straße nach U. benannt.

Untersteinbühl s. Woringen

Unterthingau Markt, Lkr. Ostallgäu, 2600 E. – Das Stift Kempten errichtete um die Mitte des 15. Jh. in U. ein Dorfgericht und erlangte 1485 die Erhebung zu einem Markt. – 1639 wurde hier Roman Giel von → Gielsberg zum Abt des Stiftes Kempten (1639–1673) gewählt. – Bemerkenswert sind in der mehrfach veränderten **Pfarrkirche** die romanischen Fratzenköpfe im Langhaus, die den Vergleich mit der Kirche in Wildpoldsried nahelegen. – Im Chor befinden sich Wandmalereien mit einer Darstellung des Höllensturzes aus der zweiten Hälfte des 16. Jh. – Eine Anna Selbdritt stammt aus der Zeit um 1520. – Die **Kapelle Maria Trost**, unmittelbar nördlich der Bundesstraße, ist 1641 nach dem Vorbild der Casa Santa in Loreto errichtet worden. Über dem Chorbogen befindet sich eine von Engeln gehaltene Kartusche mit dem Wappen des Kemptener Fürstabtes Honorius Roth v. Schrekkenstein (1760–1785). – Der Hochaltar stammt aus der Zeit um 1760, das Gemälde von Johann Michael – Zick, 1741. – Das Gemälde des südlichen Seitenaltars zeigt eine Darstellung des Gnadenbildes von Walldürn im Odenwald. – Das ehemalige **Schloß**, jetzt Rathaus, war schon um 1430 Mittelpunkt des stiftkemptischen Besitzes, ab 1642 Sitz des jeweiligen Pflegers. Es ist ein das Ortsbild beherrschender dreigeschossiger Satteldachbau. Die Rundtürmchen mit Zwiebelhauben sind bei der letzten Restaurierung erneuert worden. Auffallend ist die rötliche Farbgebung, auf deren Spuren der Restaurator Josef → Lorch 1980 stieß. – Erhalten blieb ein hübsches schmiedeeisernes Wirtsschild an der Nordseite des Gebäudes. – 1740 wurde im Schloß von U. der spätere und letzte Kemptener Fürstabt Kastolus von Reichlin-Meldegg (1793–1803) geboren. – Aus U. stammen die Maler Johann Georg → Schilling, Andreas → Mayr, Ulrich → Mayr und Joseph → Waibel, sowie der Stadtpfarrer und Politiker Remigius → Vogel.

Haberl, Wolfgang: Das Schloß in Unterthingau. In: DSA, 1980, Heft 4, 150 f.

Untrasried Lkr. Ostallgäu, 1443 E. – Der Satteldachturm besteht aus unverputzten Tuffsteinquadern. – Über dem Chor befinden sich die Wappen der Fürstabtei Kempten und des

Fürstabtes Honorius Roth von Schrekkenstein (1760–1785). – Die Fresken stammen von Linus → Seif, 1775, der Hochaltar aus der Zeit um 1682, ein Gemälde mit der Rosenkranzspende an den Hlg. Dominikus von Johann → Kaspar, um 1880, die Figuren aus dem Umkreis des Kemptener Bildhauers Hans Ludwig → Ertinger und die großen Kreuzwegstationen, 1747, wohl auch von Seif.

V

Vemania spätrömisches Kastell, s. Isny

Vereinödung Die V. ist ein geographischer, rechtlicher und wirtschaftlicher Vorgang, der im Fürststift Kempten begann und das Siedlungs- und Landschaftsbild des Allgäus bis heute prägt. Die V. zählt zu den ältesten Erscheinungen in der Geschichte der Grundstückszusammenlegungen mit Aufhebung des Flurzwangs und der Weidedienstbarkeit. – Zeitlich reicht die V. von der Reformationszeit bis über das Ende des Alten Reiches. – Das Gebiet der V. erstreckt sich über das Allgäu und Teile Oberschwabens. Zugleich ist die V. eine Voraussetzung für die seit 150 Jahren ökonomisch lebenswichtige Milchwirtschaft. – Die Arrondierung der Felder führt zu Ausbau und Aussiedlung, d. h. zur Verlegung der Wohn- und Wirtschaftsgebäude und damit zu Einöde und zur „Landwirtschaft ohne Dorf". – Stets geschah die V. ohne Zwang. Die Initiative lag bei den Bauern selbst. – Die „Fürstlich Kemptische Vereinödungs-Verordnung" von 1791 war politisch zukunftsweisend und geprägt von dem Willen zur Hebung des Bauernstandes. Der Erfolg beruhte auf dem Gewährenlassen, auf Schlichtung und Vergleich. Problemlose Zustimmung, minimale Gebühren und das hohe Ansehen der Feldmesser führten letztlich zu einer Verbesserung der Lebensqualität. Zu dieser gehörte auch die Eindämmung der Feuer- und Seuchengefahr. – Gefördert wurde die V. durch die Beweglichkeit der Grundbesitzer, die eine wesentliche Ursache für die frühzeitige Anlage und den Erfolg der „Landtafel" war, d.h. der Schuld- und Hypothekenbücher. – Insgesamt ist die V. eine Leistung der bäuerlichen Selbstverwaltung, gefördert durch die Einsicht der Fürstäbte, auf diese Weise einen Umsturz der politischen und sozialen Ordnung zu verhindern.

Walter, Maximilian: Das Fürststift Kempten im Zeitalter des Merkantilismus. Wirtschaftspolitik und Realentwicklung (1648–1802/03). In: Beiträge zur Wirtschafts- und Sozialgeschichte, Bd. 68, Stuttgart: Steiner, 1995

Verhelst, Aegid Bildhauer, geb. 1696 in Antwerpen, gest. 1749 in Augsburg. – Der Sohn eines Bildhauers lernte zunächst bei seinem Vater, wanderte dann nach Frankreich und trat 1718 in die Bildhauerwerkstatt des Münchner Hofes ein. – 1725 erhielt V. von Josef Effner eine ablehnende Antwort auf sein Gesuch um eine Hofbildhauerstelle. – Um 1726 übersiedelte V. nach Ettal, wo er für das dortige Benediktinerkloster und auch für die Kirche der Augustiner-

Chorherren in Dießen am Ammersee arbeitete. – 1738 wurde V. als Bürger und zunftbefreiter Bildhauer in Augsburg aufgenommen. – Im Bereich der „Euregio via salina" schuf V. vier allegorische Frauenfiguren für den Thronsaal der Residenz in Kempten sowie einen Johann Nepomuk, einen Laurentius und eine Mutter Anna mit Maria für die Kemptener Stiftskirche. – 1745 schnitzte V. eine Kreuzigungsgruppe für das Haus des Kemptener Hofmalers Franz Georg → Hermann. – Dem Sohn **Placidius V.** (1729–1778) werden die Türen des Thronsaals und Schnitzereien in den „Grünen Gästezimmern" der Residenz in Kempten zugeschrieben. – Für die Kirche in Stöttwang schuf P. 1762 den Hochaltar, für die Filialkirche in Oy um 1770 eine Schmerzensmutter. – Dem Sohn **Ignaz Wilhelm V.** (1721–1792) ist der Kreuzaltar in der Kapelle in Hirschdorf bei Kempten zuzuschreiben. – In Aegid V. verbinden sich flämische Ausbildung und der Übergang vom Spätbarock zum Rokoko in Süddeutschland. Insgesamt bleibt das Werk des Aegid Verhelst „bis zu einem gewissen Grad ein Fremdkörper innerhalb der bayerisch-schwäbischen Kunstlandschaft" (Dietrich, 154).

Dietrich, Dagmar: Aegid Verhelst 1696–1749. Ein flämischer Bildhauer in Süddeutschland. o. O. (Weißenhorn): Konrad, o. J. (1986)

Via Decia Die sog. V. D., benannt nach ihrem angeblichen Erbauer Kaiser Decius (249–251) von Bregenz über Sonthofen, Oberjoch, durch das Tannheimer Tal und weiter über Reutte und Lermoos nach Innsbruck, die noch Richard → Knussert glaubte gefunden zu haben, geht auf den bekannten Althistoriker Theodor Mommsen (1817–1903) zurück, der 1873 durch eine eigenwillige Lesung zweier römischer Meilensteininschriften in der Umgebung von Innsbruck eben die V. D. glaubte gefunden zu haben. Ein bei Mittenwald entdeckter Meilenstein und dessen epigraphische Auswertung setzen Mommsens Annahme nunmehr ein Ende.

Grabherr, Gerhard: Die „Via Decia". Eine postulierte römische Reichsstraße. Magisterarbeit an der Leopold-Franzens-Universität Innsbruck, betreut von Univ. Prof. Dr. Elisabeth Walde vom Institut für Klassische Archäologie. Selbstverlag, 1994 – Dazu die Rezension von Walter Keinert in AGF 1997, 78 f – Pietsch, Martin: Neues zur „Via Decia": Theodor Mommsen widerlegt. In: Denkmalpflege Informationen. Bayerisches Landesamt für Denkmalpflege, Ausgabe B Nr. III/11. Juni 1999,4

Via salina Dieser wirtschaftsgeschichtlich orientierte Begriff von heute gibt der Euregio, die ERA/ Regio Außerfern, Regio Allgäu und Regio Kleinwalsertal/Bregenzerwald zusammenschließt, ihren Namen

„Euregio via salina“. – Zwei der insgesamt drei historischen Handelsstraßen, auf denen Salz transportiert wurde, beginnen in Hall in Tirol, wo schon 1232 von einem Salzprivileg berichtet wird. – Bis Telfs wurde das Salz auf dem Inn verschifft, dann umgeladen und über den Fernpaß, über Reutte, Vils und Oy nach Kempten verfrachtet. – Ein westlicher Strang dieser Salzstraße führte über den Gaichtpaß, durch das Tannheimer Tal, über Oberjoch, Hindelang und Simmerberg an den Bodensee. Diese Strecke war allerdings erst möglich, nachdem 1464 die Brücke über den Lech zwischen Reutte und Aschau gebaut, eine Fahrstraße über den Gaichtpaß angelegt und 1485 das Tannheimer Tal von Erzherzog Sigmund für Tirol erworben worden war. – Die dritte historische Salzstraße verlief am Nordsaum der heutigen „Euregio via salina“ von Reichenhall über Landsberg nach Memmingen. – Ziel aller drei Routen war das salzlose Land vor dem Arlberg und am Bodensee und vor allem das salzlose Vorderösterreich am Oberrhein und im Elsaß. – Eine wesentliche Rolle spielte Reutte, das 1649 „Hauptniederlags- und Confin-Ort“ für das tirolische Salz geworden war. Schon um die Mitte des 16. Jh. gab es hier zwei Salzstädel. – Mit dem Bau der Straße über den Arlberg, begonnen um 1780, verloren Reutte und der Salztransport durch Tirol an Bedeutung. Ein Überbleibsel war sehr viel Zugvieh und eine hohe Zahl von Gasthäusern und Branntweinschenken, vor allem in Reutte. – Die verschiedenen Salzstädel erinnern noch heute an einen durch Jahrhunderte bedeutenden Wirtschaftsfaktor, der eine Brücke über viele Grenzen schlug.

Vils Bezirk Reutte, einzige Stadt im Außerfern, in Grenznähe zu Bayern mit 1516 E., nach Rattenberg die kleinste Stadt Tirols, nahe der Vils, die aus dem südlichen Tannheimer Tal über deutsches Gebiet fließt und weiter östlich in den Lech mündet. Ab der Lände bei V. war Lech mit Flößen schiffbar. Ursprünglich lag nur eine kleinere Siedlung unterhalb der Burg Vilsegg. Hier saßen die Herren von Vilsegg, später von Hohenegg, die das Gebiet vom Stift Kempten zu Lehen hatten. Als der Verkehr auf der Straße vom Fernpaß nach Kempten zunahm, entstand am Südufer der Vils entlang der Straße der Ort V., der um 1200 erstmals urkundlich genannt wird. 1327 verlieh Kaiser Ludwig der Bayer V. das Stadtrecht nach dem Muster der Reichsstadt Kaufbeuren. Die Einwohner blieben aber Eigenleute der Hohenegger, und V. war nicht Reichsstadt. Als „Freiungsstadt“ erhielt V. das Asylrecht, an das noch heute das Steinkreuz im Garten vor dem Rathaus erinnert. – 1408 übertrug das Stift Kempten Herzog

„Friedl mit der leeren Tasche“ die Vogteirechte über V. Friedrich belehnte aber weiterhin die Herren von Hohenegg, bis ihr Geschlecht 1671 ausstarb. – Formell wurde V. erst 1816 tirolisch. Zur Zeit des → Illerkreises (1808–1817) wurde V. von Kempten aus verwaltet. – Städtisch wirken heute nur noch zwei parallele Straßenzüge. Das obere und untere Tor aber wurden im 19. Jh. abgebrochen. – Über V. führte die Via Claudia Augusta vom Reschen über den Fernpaß nach Füssen und Augsburg. Ein weniger frequentierter Weg führte über Oy nach Kempten. Hier wurden jährlich etwa 6000 Fässer Salz transportiert. Daher gab es in V. einen Rodbetrieb, einen Salzstadel und ein eigenes Gericht. – Aufschwung brachte das 1902 gegründete Zementwerk der Firma Schretter. – Beheimatet waren in V. die Geigenbauerfamilien Petz und Rief, deren Leistung das 1993 eröffnete Heimatmuseum im „Schlößle“ zeigt. Neben Cremona und Mittenwald galt V. durch Jahrhunderte als eines der Zentren des europäischen Geigenbaus. – Die jetzige Pfarrkirche wurde im frühen 18. Jh. von Johann Jakob → Herkomer errichtet. Das Chorkreuz stammt von einem eingekerkerten Bildhauer, dem es trotz Verletzung gelang, das Asyl zu erreichen, und der zum Dank das Kreuz geschnitzt hat. Die Statuen am Hochaltar sind von Anton → Sturm. – Das Hochaltarbild der Annenkapelle unterhalb der Ruine Vilsegg stammt von Johann Balthasar → Riepp. Am früheren Altargemälde findet sich die Signatur „Johann Ludw Ertinger Pinxit beym P: St. Kempten“ (→ Ertinger).

Huter, Franz: Vils – Die schwäbische Stadt Tirols. In: Franz Huter: Historische Städtebilder aus Alt-Tirol. Innsbruck – Wien – München: Tyrolia, o. J. (1967), 121–141 – Chronik von Vils. Durch Jahrhunderte getragen. 600 Jahre Pfarrgemeinde Vils. Hrsg. v Rupert Bader, Innsbruck: Tyrolia, 1994

Vogel, Remigius Stadtpfarrer und Politiker, geb. 1792 in Unterthingau, gest. 1867 in Dillingen. – Er wuchs in der kinderreichen Familie eines Sailers auf. Der Pfarrer von Unterthingau sorgte dafür, daß der begabte Bub studieren konnte. V. besuchte zunächst die Lateinschule und das Gymnasium in Kempten, dann die Universität Innsbruck. – Um den Unruhen in Tirol (1809) zu entgehen, studierte er vorübergehend am Lyceum in Dillingen, sodann an der Universität Landshut, wo er zu den Schülern Johann Michael Sailers gehörte. Nach den niederen Weihen in Augsburg (1812) diente er durch eine Empfehlung Sailers für einige Zeit als Hauslehrer bei dem fuggerschen Kanzleidirektor Baugger in Glött bei Dillingen. Die Priesterweihe erhielt V. in Eichstätt. Seine Kaplansjahre führten V. nach Oberndorf bei Donauwörth und nach Leeder (Lkr. Landsberg a. Lech). 1819 wurde er Hilfspriester in Memmingen, von 1822 bis 1827 betreute er die kleineren Pfarreien Huttenwang (Aitrang) und Pörnbach. – Die Ernennung zum Stadtpfarrer von Dillingen übertrug ihm eine große Pfarrei, in der er fortan durch nahezu vier Jahrzehnte wirkte. Er restaurierte die Stadtpfarrkirche, zeigte großen Eifer als Seelsorger auf der Kanzel und in der Schule, regte die Eröffnung einer städtischen Krankenkasse an, schuf auf eigene Kosten eine Pfarrlesebibliothek und betrieb die Errichtung einer Gewerbeschule, der er von 1833 bis 1835 selbst vorstand. Zusammen mit dem Dillinger Regens Wagner gehörte er zu den Mitbegründern der Taubstummenanstalt Dillingen, deren Oberaufsicht er bis zu seinem Tod innehatte. – Neben der Tätigkeit als Stadtpfarrer, städtischer Scholarch, Dekan (seit 1836) und Distriktschulinspektor (1837–1855) trat er auch noch als Politiker in den Dienst der Allgemeinheit: Er ließ sich zum Landrat (1829), in die Ständeversammlung des Königreichs Bayern (1839–1848) und zum Abgeordneten in die konstituiernde Nationalversammlung von 1848 wählen. Hier erlebte er zwar viele Enttäuschungen, harrte aber als Vertreter der Konservativen möglichst lange aus. Seinen Austritt erklärte er erst am 18. Mai 1849, nachdem sich die Kleindeutschen durchgesetzt hatten. V. war es auch, der die Abschaffung der Todesstrafe für politische Vergehen forderte. Auch verlangte er für das Verhältnis von Kirche und Staat deren volle gegenseitige Unabhängigkeit. – 1855 erhielt V. im Wahlbezirk Donauwörth wieder ein Mandat für den bayerischen Landtag, dem er noch bis 1861 angehörte. Er übernahm den Vorsitz im Finanzausschuß und fungierte 1859 als Alterspräsident. Jahrelang setzte er sich gegen das Zahlenlotto ein, in dem er ein unmoralisches, ungerechtes und unheilvolles Spiel sah. 1861, im Jahr seines Abschieds von der politischen Bühne, wurde das Lotto abgeschafft. – Sein Portrait von Georg Lacher, 1833, befindet sich in der Kath. Pfarrkirchenstiftung St. Peter in Dillingen.

Schromm, Arnold: Remigius Vogel (1792–1867). In: Lebensbilder. Geschichte und Kunst in Bildnissen aus Schwaben, 330 f. und 426

Vogl, Coelestin O. S. B. Abt., geb. 1613 in Immenstadt, gest. 1691 in Regensburg. – 1632 legte V. im Reichsstift St. Emmeram in Regensburg seine Ordensgelübde ab. Seit 1642 war er als Subkustos für den Kirchenschatz mitverantwortlich. – 1655 wurde V. zum Abt gewählt. Seine Abt-Jahre waren geprägt durch eine umfangreiche Bautätigkeit. Voraussetzung für alle Investitionen war eine florierende klösterliche Wirtschaft. – Nach langer Zeit wurden nun auch wieder Patres aus St. Emmeram als Professoren an die Universität Salzburg berufen. – Die Bibliotheksbestände wurden vor allem durch Anschaffungen für praktische Zwecke aufgestockt. – Der Kontakt zu den gelehrten Benediktinern im französischen Kloster Saint Germain-des-Prés gipfelte im Besuch des berühmten Mauriners Jean Mabillon 1683. – V. stand auch am Anfang der klösterlichen Lokalhistoriographie. – Am Beginn seiner Abt-Jahre gab es in St. Emmeram zwölf Mönche, am Ende waren es 28. – 1684 fand das erste Generalkapitel einer von V. energisch betriebenen bayerischen Benediktinerkongregation in St. Emmeram statt. V. wurde hier zum Präses gewählt. – Keiner der St. Emmeramer Prälaten hatte für das Reichsstift und die bayerischen Benediktiner bislang eine größere Bedeutung.

Greipl, Egon Johannes: Coelestin Vogl OSB. In: Immenstadt im Allgäu. Landschaft, Geschichte, Wirtschaft, kulturelles und religiöses Leben im Lauf der Jahrhunderte. Hrsg. von Rudolf Vogel. Immenstadt: J. Eberl KG, 1996, 551–555

Vogler, Johann Georg Hofgeigenmacher, geb. 1692 in Hopferau, gest. nach 1750. – Wahrscheinlich lernte er bei einem Füssener Meister. In Würzburg war er Hofgeigenmacher und ein geschätzter Geiger und Cellist in der fürstbischöflichen Musikkapelle. – Instrumente von V. lassen sich in Würzburg, Darmstadt und Mannheim nachweisen. – In dem Würzburger Vorort Pleichach besaß V. ein eigenes Haus. Hier wurde ihm als jüngster Sohn **Georg Joseph V.** geboren, ein später berühmter Komponist und Musiktheoretiker, genannt Abbé V. Er studierte Theologie und Jura, kam 1771 als Hofkaplan nach Mannheim, wo er durch Kurfürst Karl Theodor ein Stipendium für eine Studienreise nach Italien (1773–1775) erhielt. Der Kurfürst gewährte ihm auch eine finanzielle Beihilfe zur Errichtung der „Mannheimer Tonschule". 1778 übersiedelte der Mannheimer Hof nach München. V. folgte erst 1780. – 1784 erfolgte seine Ernennung zum 1. Kapellmeister. 1786 wurde V. als Kapellmeister und Lehrer des Kronprinzen nach Stockholm berufen. – Auf ausgedehnten Konzertreisen als Organist und Dirigent lernte er Rußland, die Niederlande, Gibraltar, Karthago, Athen und Tanger kennen. – 1817 wurde V. als Hofkapellmeister und geistlicher Geheimer Rat nach Darmstadt berufen. Zu seinen bedeutendsten Schülern gehörten Carl Maria von Weber, Giacomo Meyerbeer und Johann Gänsbacher. –

Mozart stand Abbé V. sehr reserviert gegenüber.

Vogt, P. Christoph O. S. B. Bausachverständiger, geb. 1648 in Dietenheim (Württemberg), gest. 1725 in Ottobeuren. – Ausgebildet in Salzburg war V. 1693/95 Prior des Benediktinerklosters Fultenbach bei Dillingen, 1695 bis 1705 Beichtvater des Benediktinerinnenklosters Holzen bei Wertingen und ab 1705 in Ottobeuren. – V. ist der Typus des theoretisch geschulten und gelehrten Architekten. Zu Eindrücken Salzburger Bauten und schwäbisch-alemannischer Klosteranlagen kommen Anregungen der Vorarlberger Baumeister und des Füssener Stiftsbaumeisters Johann Jakob → Herkomer. – V. gibt Ideen und Planschemata, ist auch zu statischen Berechnungen befähigt, doch baukünstlerische Schöpferkraft im Sinne persönlichen Künstlertums ist ihm nicht eigen. – Seine erste Planvorstellung für Ottobeuren ist eine Kopie der Salzburger Kollegienkirche von Fischer von Erlach. – V.s Hauptleistung ist seine Grundformung der Klosteranlage Ottobeuren und die Leitung der Ausführung, wobei in Simpert → Kramer eine ausgezeichnete Kraft gewonnen und durch V. weiter ausgebildet wurde. – V. lieferte Entwürfe für das Kloster Holzen (1696 ff), die Wallfahrtskirche Eldern (1702), das Benediktinerkloster Benediktbeuern (1708), die Damenstiftskirche Edelstetten (1709), die Pfarrkirche Theinselberg bei Ottobeuren (1713), das Benediktinerinnenkloster Wald bei Ottobeuren (1714), ein geplantes, dann aber nicht ausgeführtes Studienkollegium in Wangen (1714), die Pfarrkirche in Ummendorf/Württemberg, die Pfarrkirche in Oberopfingen/Württemberg und die Pfarrkirche in Benningen bei Ottobeuren.

Volkratshofen (Stadt Memmingen). – In der schlichten Pfarrkirche des Dorfes, das zum Memminger Unterhospital und in einem Teilrecht den Kreuzherren gehörte, steht ein Stuckmarmoraltar von Dominikus → Zimmermann aus dem Jahr 1713, der sich bis 1817 im Kapitelsaal der Kartause Buxheim befand. Die Gemälde dieses Altares stammen von Johann Friedrich → Sichelbein III. und Johann Georg Bergmüller. – Nördlich der Kirche steht ein kleiner Zehntstadel, bei dem Haus Nr. 3, einer der wenigen noch erhaltenen Kornkästen von 1686.

Vorarlberger Gräber befinden sich im Süden der Stadt Kempten. Mit einer Karte des Illerkreises hält seit 1980 folgender Text von Wolfgang Haberl auf einer Tafel die geschichtlichen Zusammenhänge fest: „Die Vorarlberger Gräber erinnern an das

Freiheitsjahr 1809. Im Frieden von Preßburg (1805) hatte Österreich seine Stellung in Süddeutschland verloren. Tirol und Vorarlberg waren an Bayern gefallen. Vier Jahre später erhoben sich die Tiroler unter Andreas Hofer und die Vorarlberger unter dem aus Trogen bei Weiler stammenden Anwalt Dr. Anton Schneider gegen die mit Napoleon verbündeten Bayern. Mehrfach griffen die Vorarlberger Kempten, die „Hauptstadt" des von Grönenbach bis ins Montafon reichenden „Illerkreises", an, zuletzt und vergeblich am 17. Juli. Erst 1814 kam Vorarlberg – ohne das Landgericht Weiler – wieder an Österreich zurück."

Vorderburg (Rettenberg, Lkr. Oberallgäu). – An der Chornordwand der Pfarrkirche St. Blasius befinden sich Malereifragmente des mittleren 15. Jh., über dem Chorbogen das Wappen des Augsburger Fürstbischofs Clemens Wenzeslaus. – Die Bildhauerarbeiten am Hochaltar stammen von Johann Richard → Eberhard, die Seitenfiguren von Nikolaus → Weiß, die Gemälde von Franz Anton → Weiß, die Deckenfresken von Dionys Roman Weiß, 1785. – Die Burgruine Rettenberg auf dem Rottachberg ist der Stammsitz der Rettenberger, eines der mächtigsten und reichsten Adelsgeschlechter des Allgäu. 1562 wurde die Anlage zerstört. Heute sind nur noch hohe und starke Mauerreste an der Westseite erhalten.

Vorderhornbach Bezirk Reutte, Haufendorf im Lechtal, südwestlich von Stanzach mit 281 E. in klimatisch bevorzugter Lage, so daß hier auch der Weizen gut gedeiht. V. wird 1219 erstmals erwähnt. 1333 hat Heinrich von Rettenberg im Allgäu V. an das Kloster St. Mang in Füssen verkauft, 1610 kam V. an Tirol. – Das Bild am Hochaltar und die Fresken der Expositurkirche stammen von Wolfram Köberl (geb. 1927 in Innsbruck).

W

Waal Markt, Lkr. Ostallgäu, 2013 E., an der einstigen Salzstraße von Landsberg nach Memmingen, seit 1444 mit dem Marktrecht ausgestattet. – Der Neubau der **Pfarrkirche**, 1762, stammt von Franz → Kleinhans. – An der Westwand befindet sich ein großer gemalter Christophorus, um 1500. – Die Ausstattung der Kirche ist einheitlich neugotisch. – Ein Johannes der Täufer, gegenüber der Kanzel, von 1525, wird Jörg → Lederer zugewiesen. – Ein mächtiges Chorbogenkruzifix, früher in der Nikolauskirche, stammt aus der Zeit von 1525/30. – Die **Nikolauskirche** war wohl die erste Pfarrkirche von W. – Große Figuren der Hlg. Sebastian und Rochus, um 1680, werden dem Umkreis von Lorenz → Luidl zugeschrieben. – Südöstlich der Pfarrkirche, etwas erhöht, auf einer Terrasse, steht das **Schloß**. Im Westteil sind noch Reste der 1397 zerstörten mittelalterlichen Burg zu sehen. Seit 1820 ist das Schloß im Besitz der Fürsten von der Leyen. Um die Mitte des 19. Jh. und 1907 wurde das Schloß innen und außen umgestaltet. – Das einstige **Schlößle** von 1761/62 ist jetzt Krankenhaus. – Das alte **Richthaus** von 1808 ist ein zweigeschossiger Walmdachbau mit Mezzanin. – Das einstige Tanzhaus, jetzt **Rathaus**, ist ebenfalls ein Walmdachbau, wohl aus dem frühen 18. Jh., mit niedrigem Erdgeschoß und hohem Obergeschoß. In den Nischen stehen Holzfiguren des Salvator Mundi und der Muttergottes. – Seit wohl 1791 finden in W. alle zehn Jahre Passionsspiele statt, die auf die Übertragung eines Kreuzpartikels in die Pfarrkirche, 1626, sowie ein Gelöbnis zum Ende der Pestjahre, zwischen 1627 und 1633, zurückzuführen sind. Den heutigen Text hat Arthur Maximilian → Miller bearbeitet. – Aus W. stammt der Maler, Graphiker, Komponist und Kunstschriftsteller Hubert Ritter von → Herkomer.

Waalhaupten (Markt Waal, Lkr. Ostallgäu). – Die Pfarrkirche ist ein barocker Neubau von 1713, der Johann → Schmuzer zugeschrieben wird. – Die späten Rokokostukkaturen stammen von dem Wessobrunner Johann Michael Gigl, 1787. – Kostbar sind die Fresken aus dem Jahr 1787 von dem damals 82jährigen Matthäus Günther.

Wängle Bezirk Reutte, Haufendorf am linken Lechufer westlich von Reutte auf einem Schwemmkegel mit 879 E., erstmals genannt 1278. – Der Turmunterbau der Pfarrkirche stammt vermutlich noch aus dem 14. Jh. Das Patrozinium des Hlg. Martin läßt auf ein hohes Alter schließen. – Die jetzige Kirche wurde im frühen 18. Jh. erbaut. Die Deckenfresken malte Franz Anton → Zeiller, die Kreuzwegbilder Johann Balthasar → Riepp. Die Figuren des Simon und Johannes schnitzte Anton → Sturm. – Bei der Mündung des Seebachs in den Lech befindet sich eine in die Steinwand eingedrückte Sitzmulde, der St. Mang-Sessel. Hier soll sich der Gründer des Klosters Füssen von einer ermüdenden Mission ausgeruht haben.

Wagenseil, Christian Jakob Dichter, Publizist und Musiker, geb. 1756 in Kaufbeuren, gest. 1839 in Augsburg. – Der Sohn eines Weinhändlers und späteren Cotton-Fabrikanten wuchs in einem wohlhabenden kleinstädtischen Bürgerhaus auf. Er besuchte die Lateinschule und hatte Privatunterricht bei dem evangelischen Pfarrer in Kaufbeuren. Vorübergehend versuchte er sich als Kaufmannslehrling bei einem Onkel, konnte aber schließlich von 1773 an das Gymnasium Ulm besuchen. Hier begegnete er dem schwäbischen Dichter Schubart, der ihn begeisterte und für zeitgenössische Dichtung interessierte. – Zum Studium der Rechtswissenschaft ging W. 1775 nach Göttingen, wo er mit Gottfried August Bürger und anderen Dichtern des „Hainbundes“ in Verbindung trat und einig Gedichte für den „Göttinger“ Musenalmanach schrieb. Die Freundschaft mit Johann Heinrich Voss ließ W. zum Freimaurer werden. – Nach Abschluß des Studiums reiste er nach Hamburg, wo ihn ein Opernbesuch zu dem Singspiel „Ehrlichkeit und Liebe“ anregte. Dessen Aufführung mit der Musik des Weimarer Kapellmeisters Wolf erlebte W. im Gothaer Hoftheater. – In seinen Studienjahren war er Goethe, Matthias Claudius und Klopstock persönlich begegnet. – Zur Rückkehr nach Kaufbeuren bewog W. eine Anstellung bei der Stadt. Als gelernter Jurist stieg er bis 1794 zum Kanzleidirektor auf und erwies sich als sehr tüchtiger Verwaltungsbeamter. Nebenbei gab er ein „Gemeinnütziges Wochenblatt für Bürger ohne Unterschied des Standes und der Religion“ (1780–1786) und ein „Intelligenzblatt“ (1787) heraus, arbeitete für verschiedene Theaterjournale, gründete die Freimaurerloge „Charlotte zu den drei Sternen“, leistete wertvolle Beiträge zur Reform von Schule und Theater und betätigte sich in fast allen literarischen Gattungen. Er veröffentlichte in zwei Bänden eine Geschichte des Gothaischen Hoftheaters (1780), ein Leben Martin Luthers (1782), die Werke Ulrichs von Hutten (1783) und einen Almanach für Dichter und schöne Geister (1785). – In den letzten Jahren der Reichsstadt Kaufbeuren versah er auch das Amt des Stadtsyndikus. – In bayerischen Diensten übersiedelte W.

1804 als Stadtkommissar und Polizeidirektor nach Kempten, 1817 als Regierungsrat des Oberdonaukreises nach Augsburg. 1820 wurde W. in den Ruhestand versetzt. – Seit 1787 war er mit einer Memminger Bürgermeisterstochter verheiratet und hatte elf Kinder.

Wagenseil, Georg Jakob Fabrikant, Angehöriger einer bedeutenden Kaufbeurer Kaufmannsfamilie, geb. 1773 in Kaufbeuren, dort gest. 1835. – Sein Vater war Handelsherr und Amtsbürgermeister. – 1797 heiratete W. die Tochter eines Rats- und Handelsherrn aus Kempten. – Kaufbeuren war bis weit ins 18. Jh. ein Produktionszentrum für Webereierzeugnisse. Als sich um 1750 die Kattundruckerei immer stärker verbreitete, gründeten Kaufbeurer Kaufleute 1763 eine Kattunfabrik. – 1763/64 wurden 6261 Ballen produziert, 1791/92 waren es bereits 11 327 Ballen. Dies war der höchste Kattunausstoß in der Stadt. – Der mit der Kattunerzeugung einhergehende Preisverfall für Webereierzeugnisse und Geschmacksveränderungen in der Mode aber ließen das Weberhandwerk seit 1768 zurückgehen und die Weber verarmen. Gerhart Hauptmann (1862–1946) hat in seinem Drama „Die Weber" (1892) deren Not drastisch geschildert. – Umso stärker blühte der Handel auf. Die Handelshäuser Heinzelmann, Walch, Wöhrlin von Wöhrburg und Wagenseil waren auf den Messen in Frankfurt, Nürnberg, Basel und Straßburg vertreten und überflügelten in der Kattundruckerei sogar Augsburg. Aber die deutsche Kleinstaaterei und die Napoleonische Kontinentalsperre (1806) hemmten den Transport und ließen die Preise für Webereierzeugnisse in die Höhe klettern, so daß die Kaufbeurer Handelshäuser an Bedeutung wieder verloren. – Der Rückgang des Weberhandwerks, das 1814 in Kaufbeuren noch 336, 1843 nur mehr 53 Meister verzeichnete, setzte viele Fachkräfte frei. Dieses Potential nutzten 1836 mutige Kaufbeurer Bürger zur Gründung einer mechanischen Baumwollspinnerei. In Verbindung mit dem Kemptener Bankhaus Opitz und der Firma Schweitzer, Wirth & Co aus Lichtensteig bei St. Gallen fungierten als Gründer Mitglieder der untereinander verwandten protestantischen Familien Heinzelmann, Walch, Schäfer und Schrader. Beteiligt war auch G. J. W. der Jüngere (1798–1851), der seit 1828 mit der Tochter des Kemptener Bürgermeisters und Großhändlers Friedrich Schachenmayer verheiratet war. Am 23. Juni 1839 wurde der Grundstein für das Fabrikgebäude der Kaufbeurer Spinnerei und Weberei gelegt. – Ein Portrait des älteren W. von einem unbekannten Maler, um 1810, befindet sich im Kaufbeurer Stadtmuseum.

Scharrer, Werner: Georg Jakob Wagenseil (1773–1835). In: Lebensbilder. Geschichte und Kunst in Bildnissen aus Schwaben, 264 f. und 426

Wagner, Alois Priester und Pionier der Caritas, geb. 1875 in Lauingen, gest. 1944 in Sonthofen. – Nach seinem Theologie-Studium in Dillingen und am Georgianum in München und der Priesterweihe 1898 war W. Kaplan in Marktoberdorf, Benefiziumsvikar in Rettenberg und seit 1904 Pfarrer in Auchsesheim bei Donauwörth. 1916 wurde er Benefiziat an der Wallfahrtskirche Heilig Kreuz in Augsburg und Religionslehrer am Mädchenrealgymnasium Maria Theresia. – Seit 1911 war W. Gründungsgeschäftsführer des Katholischen Jugendfürsorgevereins und seit 1915 der Caritas in Augsburg sowie Präses des Katholischen Arbeiterinnenvereins. – Seine „Auskunftsstelle für Familienerziehung" wurde zur Keimzelle der Erziehungsberatung. – Sein Antrag auf Errichtung einer „Schule für schwachsinnige Knaben" 1913 in Memmingen war ein erster Ansatz zur Behindertenhilfe. – W. war auch Mitbegründer der Erholungsfürsorge. 1916 setzte er den Aufruf „Kinder aufs Land" in die Tat um. Rund 1000 Kinder wurden von Bauernfamilien aufgenommen. – Wagners rastlose Tätigkeit führte nun freilich zu enormem Kräfteverschleiß und schwerer Erkrankung, so daß er zum 1. September 1916 alle Ämter niederlegen mußte. Doch jetzt nahm er seine eigene Gesundung in der wunderbaren Luft in Mittelberg im Allgäu zum Anlaß, sich hier erneut den alten Aufgaben zu stellen. 1917 erwarb er, inzwischen Pfarrer von Mittelberg, ein leer stehendes Bauernhaus für die örtliche Caritas und als Ferienkolonie für bedürftige Kinder. – Im selben Jahr zogen die Mallersdorfer Schwestern des Franziskanerordens in Mittelberg ein. – 1918 war dann schließlich das Gründungsjahr des späteren Kindergenesungsheimes. – 1922 begründete W. die „Aloisiusheim-Stiftung Mittelberg". Und bereits in diesem Jahr gab es in Mittelberg eine Tuberkuloseheilanstalt. – Was heute fast als Selbstverständlichkeit erscheint, war am Beginn eine hohe soziale Leistung aus tiefem Gottvertrauen. W. wurde so zum „Apostel der Caritas im Allgäu".

Weber, Dieter: Ein Apostel der Caritas im Allgäu. Pfarrer Alois Wagner und die von ihm geschaffene Heilstätte für Kinder und Jugendliche in Mittelberg. Geschichte eines Lebenswerkes. Festschrift aus Anlaß der 75-Jahrfeier der Einweihung der Kinderheilstätte Mittelberg – der heutigen Rehabilitations-Klinik für Kinder und Jugendliche – Mutter-Kind-Klinik am 4. Oktober 2001. Hrsg.: Alois Wagner-Stiftung, Mittelberg.

Wagner, Joseph Verleger und Kupferstecher, geb. 1708 in Thalendorf bei Gestratz, gest. 1779 in Venedig. –

W. war mit 14 Jahren Schüler des venezianischen Malers Jacopo Amigoni (1675–1752), der in Ottobeuren gemalt hat und den W. 1722 nach Italien und 1729 nach London begleitete, wo er drei Jahre blieb. – Einem Rat Amigonis folgend widmete sich W. dem Kupferstich und gründete in Venedig einen Verlag und eine Stecherschule. Unter seinen Blättern befinden sich Bildnisse Peters d. Gr. und der Zarin Anna I. – Als Franz Stephan von Lothringen und Maria Theresia 1739 für wenige Wochen in der Toscana residierten, wurde dort eine Radierfolge in Auftrag gegeben, für die W. sechs Veduten schuf. Darunter befindet sich eine Ansicht der „Ponta alla Badia“, die im Zweiten Weltkrieg zerstört wurde. – 1989 hat die Staatliche Graphische Sammlung München diese Veduten ausgestellt und so wohl erstmals an W. erinnert.

Haberl, Wolfgang: Von Gestratz nach Venedig. In: DSA, April 1989, 50 f

Wagneritz (Rettenberg, Lkr. Oberallgäu). – Die Fresken der Kapelle St. Wendelin stammen von Nikolaus → Weiß, 1793.

Waibel, Balthasar Rechtsrat, Redakteur und Politiker, geb. 1796 in Weidach bei Kottern (Kempten), gest. 1865 in Kempten. – W. war der Sohn eines Hammerschmieds, besuchte in Kempten die Lateinschule und studierte anschließend an der Universität Landshut Rechtswissenschaft. Von 1819 bis 1821 war er Rechtspraktikant am Landgericht Immenstadt und am Kreisgericht in Kempten. – 1821 wurde W. rechtskundiger Magistratsrat bei der Stadt Kempten. – 1830 mußte W. wegen eines Lungenleidens den Dienst quittieren. Als er eine Kanzlei als Rechtsanwalt aufmachen wollte, versagte ihm die Regierung die Zulassung, weil er 1831 eine geharnischte Adresse mit 331 Unterschriften an die Ständekammer in München geschickt hatte, die sich gegen die Einschränkung der Pressefreiheit und die Ausschließung der Abgeordneten wandte. Die Regierung schickte damals nur einen Kommissar nach Kempten, der ihr Misstrauen zum Ausdruck brachte und die Stadt aufforderte, die Einhaltung der Dienstvorschriften einzuschärfen. – Beteiligt waren an dieser „Kempter Adresse“ auch Professor Johann Baptist → Haggenmüller aus Kempten, Dr. Mair aus Roßhaupten und Fidel → Schlund aus Immenstadt. – 1848 übernahm W. die Schriftleitung der bei → Dannheimer erscheinenden „Kempter Zeitung“, die zu einem Kampforgan der Allgäuer Demokraten und Liberalen wurde. – 1848 gründete W. auch einen „Bürgerverein“, der zu einer Hochburg des Liberalismus wurde und sich bald „Volksverein" nannte. W. wurde auch in den Bayerischen Landtag gewählt. – 1851 mußte W. die Redaktion der „Kempter Zeitung" niederlegen und auch den „Volksverein" auflösen. Aufgelöst wurde auch der Landtag. Die Regierung schickte Truppen unter Generalmajor von Flotow ins Allgäu. W. wurde verhaftet, aber nur wegen eines Pressevergehens angeklagt. Er kam mit einer Geldstrafe davon. – Bei seinem Begräbnis erwiesen Magistrat und Gemeindekollegium dem einstigen Aufrührer die letzte Ehre. – W. war auch der Begründer der Sparkasse Kempten. 1831 brachte er bei Dannheimer eine Schrift heraus mit dem Titel: „Kemptens Finanzverhältnisse und seine Forderungen an das Staatsärar nebst dem Etat der gegenwärtigen Renten und Lasten der Stadtkasse zu Kempten".

Waibel, Joseph Maler, geb. um 1868 in Unterthingau, gest. 1943 in Kempten. – Er erhielt Unterricht bei dem Nazarener Johann → Kaspar in Obergünzburg. Seine Studienjahre verbrachte er in München und im Rheinland. – Von dem Kirchenmaler Martin erhielt W. den Auftrag, im Bonner Münster zwölf überlebensgroße Darstellungen aus dem Leben des Hlg. Martin zu malen.

Waibel, Matthias s. Willerazhofen

Waibl, Ignaz Bildhauer, geb. 1661 in Grins bei Landeck, gest. 1733 in Heimertingen bei Memmingen. – Mit 15 Jahren kam er in die Lehre, 1681 wurde er freigesprochen. 1682 schuf er die Altarfiguren der Kirche in Rungelin bei Bludenz. 1683 schnitzte er den Michaelsaltar in der Gruftkapelle der Pfarrkirche in Ötz. – 1684 verließ W. seine Heimat und zog nach → Buxheim. Das Chorgestühl der einstigen Kartause ist sein Meisterwerk und zugleich eine der kostbarsten Gaben Tirols an das benachbarte Allgäu.

Haberl, Wolfgang: Vom Tiroler Oberland ins Unterallgäu. Ignaz Waibl und das Buxheimer Chorgestühl. In: DSA, August 1983, 23f – Das Buxheimer Chorgestühl. Beiträge zur Bau- und Kunstgeschichte der ehemaligen Reichskartause Buxheim und zur Restaurierung des Chorgestühls. Arbeitsheft 66. Bayer. Landesamt f. Denkmalpflege, München, 1994

Walch, Anton Joseph Maler, geb. 1712 in Wangen, gest. 1773 in Kaufbeuren. – Der Vater war Maurermeister und stammte aus Schröcken in dem damals noch weltabgeschiedenen hintersten Bregenzerwald. – Der Sohn erwarb wohl durch Heirat 1734 das Kaufbeurer Bürgerrecht. Er war offensichtlich durchaus angesehen, war er doch Stadtbaumeister, Ratsherr, Gerichtsassessor, Obmann der Kramerzunft, zu der auch die Maler gehörten, Pfleger der Pfarrkirche St. Martin und Kornmeister. – Bei wem

W. gelernt hat, ist nicht nachzuweisen. Spuren führen aber zu Matthäus Günther (1705–1788). – Zu seinen bekanntesten Werken gehört das Fassadenfresko der 1748/49 neu errichteten Spitalkirche an der Lechbrücke in Füssen. Von W. stammt auch das kreisförmige Deckenbild im Inneren mit einer Darstellung der sieben Gaben des Heiligen Geistes. – Im Gegensatz zu dem kräftigen tief braunroten Grundton der Fassade in Füssen sind W.s Deckenbilder meist in luftigen Farben angelegt, so etwa in Immenhofen (Ruderatshofen). – W. scheint eine gewisse Vorliebe für ein intensivcs Blau gehabt zu haben, wie die Schutzmantelmadonna von 1745 im Chor der Kapelle St. Christophorus in Frankenhofen (Bad Wörishofen) zeigt. – Seine Eigenart hat eine große Resonanz gefunden, wie die weite Verbreitung seiner Werke erkennen läßt. – W. arbeitete nachweislich in 16 Kirchen und Kapellen. – Eine Besonderheit ist das Deckengemälde von W. in der Kongregations- und Wallfahrtskirche St. Cosmas und Damian in Oberbeuren südwestlich von Kaufbeuren an der Straße nach Apfeltrang, 1743. Hier tragen in der himmlischen Glorie drei Putten wie eine Votivgabe ein leicht gefaltetes Blatt mit einer Ansicht der Stadt Kaufbeuren. Solche topographischen Darstellungen waren noch bis in das 20. Jh. da und dort üblich. – Über der Empore der Pfarrkirche in Heiterwang (Bez. Reutte) malte W. 1750 eine Muttergottes mit Anna, Joachim, Jesus und Antonius.

Walch, Emanuel Maler, geb. 1862 in Kaisers, gest. 1897 in Toblach im Pustertal. – Den ersten Unterricht erteilte ihm Johann → Kärle. 1883 kam er durch Vermittlung von Franz von Defregger in die Münchner Akademie. – Es gibt von ihm ein Altarbild in Innervillgraten (Osttirol) und nazarenische Fresken in Münster, Vomp und an der Außenwand der Pfarrkirche in Untermieming.

Wald Lkr. Ostallgäu, 994 E. – Die Pfarrkirche ist im Kern ein gotischer Bau, der, wie vielfach, im 18. Jh. barockisiert wurde. – Die Deckenfresken hat Joseph → Keller 1782 gemalt. – Am Hochaltar stehen fast lebensgroße Seitenfiguren der Hlg. Wolfgang und Ulrich, um 1500, wohl aus einer Kaufbeurer Werkstatt. – Auf dem Taufstein von 1864 steht eine Figur Johannes des Täufers, um 1740/50, aus dem Umkreis von Anton → Sturm. – Das Pfarrhaus ist ein zweigeschossiger Satteldachbau von 1682.

Waldburg Lkr. Ravensburg, 2744 E. – Das Schloß steht auf der höchsten Erhebung in Oberschwaben und wurde nach der Zerstörung im Bauernkrieg im 16. Jh. wieder aufgebaut.

Besonders schön ist der getäfelte Rittersaal von 1568, und herrlich ist die Aussicht auf die Berge vor allem an Föhntagen. – In den Jahren 1221 bis um 1240 wurden hier die Reichsinsignien verwahrt. – Nach dem Ende der Staufer gelang es den Truchsessen von W., reichsunmittelbar zu bleiben, ein beachtliches Herrschaftsgebiet zu schaffen und in den Hochadel einzuheiraten. – 1628 wurden die Waldburger zu Reichsgrafen erhoben. – Das Dorf W. ist mehrfach abgebrannt. – In der Pfarrkirche wurde früher der selige Habnit verehrt, den die Mütter bei Erkrankung ihrer Säuglinge angerufen und dessen Statue sie mit ungezählten Kinderschnullern behängt haben.

Walder, Konrad SOCist Abt, geb. im 13. Jh. in Füssen, gest. 1318 im Kloster Stams in Tirol. – Er wurde im Jahre 1299 zum Abt des Zisterzienserklosters Stams gewählt. Die dortige Klosterkirche erweiterte er zu einer Wallfahrtskirche. Er mehrte den Klosterbesitz und vertauschte Buchloe gegen Güter und Patronate in Mieming und Seeg. – Durch einen Bruder seines Klosters ließ er eine kostbare Reliquie nach Stams bringen: ein Stück Erde mit dem Blut des Erlösers, niedergelegt in einer Kapelle, die seitdem Blutkapelle heißt. – 1316 resignierte Abt Konrad freiwillig.

Walkenberger Schanze s. Frauenzell

Waltenhofen Landkr. Oberallgäu, 8785 E., 1275 erstmals genannt. – Der Neubau der Kirche erfolgte durch den Kemptener Fürstabt Honorius Roth von Schreckenstein (1760–1785). – Die Fresken, 1770, und auch das Hochaltarbild, 1769, stammen von Linus → Seif. – Der Taufstein von 1501 zeigt das Wappen der Herren von Rauns. – Ein Holzkruzifix aus der Zeit um 1480 ist dem Umkreis des Meisters des Imberger Altars (→ Imberg) zuzuordnen. – Zwischen W., Wirlings und Rohr wurde 1683/89 der Waltenhofener Weiher für den Fischbedarf der Fürstabtei Kempten angelegt. Nach der Säkularisation wurden der Weiher abgelassen und die Grundstücke verkauft. – Aus dem Weiler Rohr stammte Sebastian Grotz, der letzte Hofnarr der Fürstabtei Kempten, der nach 1803 zum Bürgermeister von W. gewählt wurde. – Zu W. gehört der Industrieort Hegge, wo man bis 1969 umsteigen mußte, um in den Kopfbahnhof Kempten zu kommen. – An der einstigen Papierfabrik Hegge befindet sich das Wappen des Kemptener Fürstabtes Engelbert von Syrgenstein (1747–1760).

Waltenhofen (Schwangau, Lkr. Ostallgäu). – Die Pfarrkirche ist der Überlieferung nach die älteste Kirche im Bereich um Füssen. – Die heutige Einrichtung gehört nahezu ausschließlich dem Barock an. Eine Ausnahme ist das 1837 für Kronprinz Maximilian von Bayern erbaute Oratorium im Chor. – Die nahe Magnus-Kapelle steht lt. Inschrift am Altarblatt von 1754 an der Stelle eines Apfelbaumes, an dem der Hlg. Magnus sein Kreuz aufhängte, um hier mit seinem Begleiter Tosso zu beten. – Aus W. stammen der Augsburger Generalvikar Johann → Alatsee und der Hoflauten- und Hofgeigenmacher Johann Paul → Alletsee.

Waltrams (Markt Wcitnau, Lkr. Oberallgäu). – Die Hochaltarfiguren der Kapelle St. Rochus am Nordhang des Hauchenbergs sind dem Umkreis von Konrad → Hegenauer zuzurechnen.

Wangen im Allgäu Große Kreisstadt, Lkr. Ravensburg, 25 982 E., erstmals 815 bezeugt. – Die ältere Geschichte wird durch das Kloster St. Gallen bestimmt, dessen Abt um 1150 hier einen Markt eingerichtet hat. – Der Staufer Friedrich II. hat wohl den Markt zur Stadt erhoben. – 1286 erhielt W. durch Rudolf von Habsburg das Recht der Stadt Überlingen. – 1802 kam W. an Bayern, 1810 an Württemberg. – Bemerkenswert sind eine Reihe von Bauten: die noch aus dem 13. Jh. stammende Martinskirche, die Rochus-Kapelle mit den Rosenkranzmedaillons von Hans Zürn d. J.; das Weberzunfthaus, das Rathaus mit barockem Treppenhaus und der Landtafel von Johann Andreas Rauch, 1617; das Ritterhaus, ehemals Sitz der Kanzlei des Ritterkantons Hegau-Bodensee-Allgäu, erbaut von Franz Anton Bagnato, 1789; die Spitalkirche und das Heiliggeistspital; das Kornhaus sowie schließlich die Eselmühle, von der aus man über den Wehrgang in das Eichendorff- und in das Gustav-Freytag-Museum bzw. Archiv kommen kann. – Seit 1952 gibt es in W. eine Gedenk- und Forschungsstätte für den schlesischen Dichter Hermann Stehr (1864–1940). – 1669 erschien in W. die „Oberländische Jammer- und Straff-Chronik“ des Physikus und Arztes Dr. Gabriel Furtenbach, in der die Leiden der Allgäuer während des Dreißigjährigen Krieges beschrieben werden (Titelblatt in: Allgäuer Chronik, Bilder und Dokumente, 329). W. hat eine vorbildliche Altstadt-Satzung, 1981, und die ganze Altstadt steht unter Ensemble-Denkmalschutz. W. hat bis heute mit Mauer und Toren das Aussehen der einstigen Reichsstadt bewahrt. – Aus W. stammen Abt Rupert II. → Neß (1670–1740), der Bauherr des barokken Klosters Ottobeuren, und der Barockmaler Franz Joseph → Spiegler (1691–1757). – Eine Besonderheit unserer Tage sind die lustigen Brunnenfiguren, das Denkmal der „verdruckten" Allgäuer und eine Bodenplatte mit einem Pantoffel und den Worten „In Wangen bleibt man hangen".

Beck, Otto: Wangen im Allgäu. Stadtgeschichte und Sehenswürdigkeiten. Ein Begleiter für Einheimische und Feriengäste. München – Zürich: Schnell & Steiner, o. J. (1991)

Wankmüller, Ignaz Kapuziner und Maler, geb. 1891 in Obergünzburg, gest. 1944 in München. – Er lernte an der Akademie der Bildenden Künste in München, trat 1914 als Bruder Rudolf in den Kapuzinerorden in München ein und schuf Gemälde für Kapuzinerkirchen in München-St. Anna, Blieskastel an der Saar, Eichstätt, Laufen am Inn und Zernez im Engadin.

Wasserburg (Bodensee) Lkr. Lindau (Bodensee), 3027 E., wird bereits 784 als Besitz des Klosters St. Gallen erwähnt. – Die spätmittelalterliche Pfarrkirche an der Südspitze einer Halbinsel mit der Friedhofsmauer und den restlichen Wehrmauern hat bis heute den Charakter einer Kirchenburg bewahrt. – Über dem Chorbogen befindet sich ein Wappenstein der Fugger-Weißenhorn von 1595. Und über der Sakristeitüre hängt ein Wappenstein für Graf Leopold Fugger, gest. 1662. – An den Säulen im Kirchenschiff erinnern Gedenkschilde an die Seegefrörne von 1573, 1830 und 1963. – Zwischen den Säulen des Hochaltars stehen die alten Holzfiguren der Bodensee-Heiligen Gallus und Othmar. – Eine Pietà neben dem linken Seitenaltar ist bezeichnet: „Kempten MDCCV", wohl von einem Mitglied der Kemptener Bildhauerfamilie → Ertinger. – Der Westflügel des Pfarrhauses wurde vermutlich um 1550 errichtet, der Ostflügel mit Zinnengiebel wohl 1878/80. – Das dreiflügelige Schloß kam 1537 an die Grafen von Montfort, 1592 an die Fugger-Kirchberg-Weißenhorn, 1755 an Österreich und 1803 an Bayern. Ursprünglich war das Schloß durch eine Zugbrücke mit dem Festland verbunden. Da eine erforderliche Reparatur aber zu teuer war, hat man den Graben einfach zugeschüttet. – Das einstige Gerichtshaus stammt aus dem späten 16. Jh. – Eine Gedenksäule erinnert daran, daß der Ort bis 1720 durch einen Wasserarm vom Festland getrennt war. – Die zu W. gehörende Kapelle in **Selmnau** stammt aus dem Jahr 1696, eine Muttergottes, Holz, gefaßt, aus der Zeit um 1520.

Wassermann, Georg Maler, geb. um 1650 wohl in Autenried bei Immenthal, gest. 1710. – Er lebte mit seiner Familie in dem Weiler Autenried. – Vor und nach 1700 arbeitete er als Faßmaler und als Maler von getäferten Decken zahlreicher Kirchen im Ostallgäu: in Oberthingau (1691/92), Unterthingau (1701), Hörmannshofen, Ruderatshofen, St. Alban bei Aitrang, Ebenhofen, Willofs (1705) und Kraftisried (1707).

Wechs, Thomas Architekt, geb. 1893 in Bad Oberdorf bei Hindelang, dort 1970 gest. – 1911 machte W. seine Gesellenprüfung als Zimmermeister, 1913 die Schlußprüfung an der Bauschule in Augsburg. 1921 beendete er sein Studium an der TH in München. Hier war er vor allem Theodor Fischer (Entwerfen, Städtebau) verbunden. – Anfangs betrug sein Etat an manchen Tagen „nicht mehr als 21 Pfg." 1920 gewann er seinen ersten Preis für den Entwurf einer Siedlung in Memmingen. – Seit 1922 war er freischaffender Architekt in Augsburg. – Für ein Kriegerdenkmal vor dem Armeemuseum in München erhielt er den 1. Preis und auch den Auftrag. – W. schrieb eine Studie „Was ist Architektur?", eine „Denkschrift zur Ausarbeitung eines Augsburger Stadtbauplanes" und war Schriftleiter der Zeitschrift „Form und Sinn". – Der Auftrag der Stadt Augsburg zur Errichtung der Wohnanlage Schubert- und Lessinghof an der Rosenaustraße wurde 1932 auch in der „Times" erwähnt. – 1938 wurde W. der Auftrag für eine Augsburger Stadthalle, obwohl von Hitler (!) genehmigt, entzogen, weil W. nicht in die NSDAP eintrat. – Nach dem Krieg wandte sich W. ganz dem Sakralbau zu. Er hatte ja schon 1937/38 „Unsere Liebe Frau im Ostrachtal" errichtet. – Ein beruflicher Höhepunkt war der Bau der Don-Bosco-Kirche in Augsburg 1961/62. – Sein letztes großes Werk war das Diözesanexerzitienhaus in Leitershofen, zusammen mit seinem Sohn Thomas, 1961/63. – W. blieb ein Einzelner mit feinem Gespür für Materialwahl und Gestaltung bis in Einzelheiten und mit hoher Verantwortung für cinc mcnschengerechte Wohn- und Lebensform.

Fackler, Annesusanna, Thomas Wechs sen. 1893–1970. Architekt. In: Lebensbilder aus dem Bayerischen Schwaben 14, 1993, 353–373

Weiler-Simmerberg Markt, Lkr. Lindau (Bodensee), 6386 E. – W. wird erstmals 894 in einer Urkunde des Stiftarchivs St. Gallen genannt. – Bis 1571 gehörte W. dem Kloster St. Gallen, das W. für 6500 rheinische Gulden an Österreich verkaufte. Erst 1805 kam W. an Bayern. – Die Pfarrkirche wurde 1795/96 nach einem, wenn auch abgeänderten Plan von Johann Georg → Specht erbaut. – Die Pestkapelle stammt aus dem Jahr 1628. – Das einstige Amtshaus des Gerichts Altenburg wurde 1680/81 gebaut. Es ist ein stattlicher, dreigeschossiger Satteldachbau mit Putzquaderung an den Ecken. In der Gaststube der Gerichtstaverne sind Bandelwerkstuck und Akanthuskartuschen zu sehen. Seit 1922 befindet sich hier das Rathaus. – Das einstige Kornhaus, ein erdgeschossiger, z. T. verbretterter Satteldachbau, wurde 1791 errichtet. Seit 1981 befindet sich hier das Kornhausmuseum mit einer Sammlung alter landwirtschaftlicher und handwerklicher Geräte und einem Raum für Sonderausstellungen. – Im ehemaligen „Gasthaus zum Löwen“ ist seit 1954 das Westallgäuer Heimatmuseum untergebracht. Zu den besonderen Exponaten gehören fünf Skulpturen eines Altarwerks, das Ivo → Strigel um 1500 für die alte Pfarrkirche geschaffen hat. – Aus Untertrogen bei W. stammt der Advokat Dr. Anton → Schneider (1777–1820), der 1809 als Vorarlberger Landeskommisar den Aufstand gegen die Franzosen geleitet hat. – Aus W. stammen auch Ignaz Dornach (1868–1945), dessen Ziel stets ein Museum war, und Fridolin → Holzer (1876–1939), der die „Westallgäuer Heimatblätter“ als Beilage seiner Zeitung begründet hat. – Das Familienunternehmen Holzer mit 120 Mitarbeitern geht mit einer Hochleistungs - acht - Farben - Offsetmaschine in eine neue Zukunft. – Der Heimatpflege diente auch Ludwig Scheller (1906–1982). – Im einstigen Kellhof von 1571 befindet sich seit 1990 das Dokumentationszentrum des Landkreises Lindau. – Zu W. gehörte auch das 1624 erstmals genannte und vielbesuchte Bad Siebers. – **Simmerberg** wurde 1968 eingemeindet. – Die Pfarrkirche ist ein flachgedeckter Saalbau von 1805. Auf dem nördlichen Seitenaltar steht eine hervorragende Muttergottesfigur aus der Zeit um 1330, das ehemalige Gnadenbild des Klosters Mehrerau. – An den jahrhundertelangen Salztransport an den Bodensee und in die vorderösterreichischen Lande erinnert der ehemalige Salzstadel von 1639. – Seit 1972 gehört zu W.-S. auch **Ellhofen**. Hier befindet sich die einzige, noch heute sichtbare Spur des Deutschen Ordens im Allgäu, der 1562 die Herrschaft Ellhofen erworben und 1570 ein Amtshaus errichtet hat, den heutigen „Gasthof zum Adler“, dessen Holzdecke in der Wirtsstube aus der Zeit um 1782 eine Besonderheit ist. – Zu W.-S. gehört auch der Weiler Schreckenmanklitz mit Resten einer ehemaligen Wasserburg.

Haberl, Wolfgang: Der Deutsche Orden und das Allgäu. In: DSA, Mai 1991, 20 – Wagner, Dr. Georg/Zimmer, Gerd: Heimatbuch Weiler im Allgäu-Simmerberg-Ellhofen. Weiler im Allgäu: Holzer, o.J. (1994)

Weinmüller, Joseph (Anton) Bildhauer, geb. 1746 in Aitrang, gest. 1812. – Nach seiner Lehrzeit bei Johann Baptist Straub in München arbeitete er als Modelleur an der Porzellanmanufaktur in Ludwigsburg (1765–1767). – In seinem weiteren künstlerischen Wirken in Vierzehnheiligen und bei der Ausführung von Steinfiguren im Park von Schloß Schönbrunn bei Wien wurde W. zu einem der wichtigsten Meister der süddeutschen Bildhauerkunst im Übergang zum Klassizismus. Nach etwa 1780 zog er nach Augsburg und arbeitete als Figural- und Kleinplastiker, vor allem für Ottobeuren.

Weiß aus Rettenberg im Allgäu stammende Maler und Bildhauerfamilie, die durch vier Generationen vom Spätbarock über die Kunst der Nazarener bis fast zum Jugendstil, von **Franz Anton W.** (1729–1784), seinem Sohn **Nikolaus W.** (1760–1809) und seinem Enkel **Ludwig Caspar W.** (1793–1867) bis **Karl Bartholomäus Angelus W.** (1839–1914), im Allgäu etwa 70 Kirchen ausgestattet hat, aber auch in Oberbayern, Salzburg, Tirol und im Kanton St. Gallen tätig war. Die Vielseitigkeit reicht von der kirchlichen Tafel- und Deckenmalerei, der Portrait- und Landschaftsmalerei bis zu Ortsansichten, Bildhauerarbeiten und Alabasterreliefs. – **Ludwig W.** (1768–1843) schuf in Holz eine Krippe, deren etwa 1000 Figuren Typen aus dem heimischen und italienischen Volksleben darstellen und heute im Allgäu-Museum in Kempten ausgestellt sind. – Unter den 14 künstlerisch tätigen Mitgliedern der Familie befinden sich auch drei Frauen. **Maria Angelika W.**, verheiratete von Gumppenberg (1799–1876) war die erste Studentin der neugegründeten Münchner Kunstakademie. – Erhalten blieben auch hunderte von Graphiken, teils lose, teils in Skizzenbüchern. – Schon 1930 wurde das in die Tausende gehende Werk erstmals in Immenstadt ausgestellt. Neuen Aufschwung nahmen Sammlung und Forschung durch das 1987 in Rettenberg gegründete „Dokumentationszentrum Weiß". Und schließlich stellte das Museum Hofmühle in Immenstadt in der Zeit vom 8.7. bis 3.9. 2000 erneut die Leistung dieser Künstlerfamilie vor.

Sebald, Eva: Allgäuer Kunst in zwei Jahrhunderten – Die Künstlerfamilie Weiß. Immenstadt: Eberl, 1997

Weiß, Franz Maler, geb. 1903 in München, gest. 1981 in Kempten. – W. lernte zunächst an der Kunstgewerbeschule, besuchte dann die Akademie der Bildenden Künste und arbeitete schließlich in der Mayer'schen Hofkunstanstalt in München. – Bereits mit 22 Jahren war er freischaffender Künstler. – Bedingt durch Aufträge im Allgäu übersiedelte er 1928 nach Kempten. Es mochte ihm durchaus Spaß machen, in die damals etwas verschlafene Provinzstadt Schwung und Erstaunen zu bringen. Seine unverwechselbare Handschrift belebte bald nicht nur viele Fassaden und auch so manchen Innenraum, sondern prägte auch das gesellschaftliche Leben. 1947 organisierte W. den ersten Rosenmontagsball im Kemptener Kornhaus. Und durch viele Jahre gab er dem „Stadtnikolaus" sein typisches Gesicht. – W. prägte auch die „Allgäuer Festwoche", zumal er ein Gespür für Plakat und Werbung hatte. – Nicht zuletzt gab W. dem Stadttheater sein bis heute gültiges Aussehen, mag es auch problematisch bleiben, daß → Lochbihlers Theatervorhang heute an so manchen Stellen eher Weiß'sche Züge trägt. – W. gab auch dem Weidachschlößle ein neues Gesicht. – Doch arbeitete er nicht nur in Kempten, sondern auch in München, Ludwigshafen, Bad Wörishofen, Wangen, Kaufbeuren und Füssen. – Für die bislang in Kempten nur in gebrochenem Weiß gehaltenen Fassaden waren die neuen Fresken fast eine Revolution. Doch bei aller Intensität der Farben waren diese nie ein unangenehmer Fremdkörper. Und wer weiß, ob man sie nicht eines Tages unter „Denkmalschutz" stellen sollte. – Wer W. je erlebt hat, in weißem Malerkittel, mit schwarzem Hemd und schwarzem breitkrempigem Schlapphut, erinnert sich an eine schwungvolle Persönlichkeit mit untrüglichem Gespür für Farbe, Dekoration und Gestaltung. – 1958 hat Karl → Hoefelmayr ein Bronzeportrait von W. angefertigt.

Weißach (Markt Oberstaufen, Lkr. Oberallgäu). – Die Errichtung der Kapelle St. Sebastian und Rochus haben Graf Hugo von Königsegg-Rothenfels und seine Gemahlin im Pestjahr 1628/29 gelobt. – Altar und Kreuzwegstationen stammen von Ludwig Caspar → Weiß, 1855.

Weißenbach am Lech Bezirk Reutte, Gemeinde im Lechtal am Fuß des Gaichtpasses (1147 m) mit 1340 E., erstmals um 1200 genannt. – Die Salz- und Weintransporte aus Tirol ins Allgäu und die österreichischen Vorlande erfolgten über W. und durch das Tannheimer Tal. In W. mußten manche Waren vor dem Anstieg zum Gaichtpaß umgeladen werden. Daher brauchte man viele Pferde zum Vorspannen. 1550 wurde eine neue Straße über den Paß gebaut. Daran erinnert eine Gedenktafel von Otto → Merkt. – Aus W. stammen die Kirchenmusikerfamilie → Kärle sowie der Komponist und Kapellmeister Josef Fidelis Sebastian → Lutz. – Am Hang gegenüber Gaicht, oberhalb des

Passes am Beginn des Tannheimer Tales, aber noch im Bereich der Gemeinde W., wird Gips abgebaut, der im Gipswerk in W. verarbeitet wird. – 1548 wurden bei Gaicht 13 Brücken errichtet, 1632 die Sperren verstärkt. 1796 mußten die Sperren nochmals verstärkt werden, obwohl Kaiser Joseph II. bereits 1782 den Verkauf aller Befestigungsanlagen in Tirol (ausgenommen Kufstein) angeordnet hatte. – 1661/62 wurden auf dem Weg Reutte – Weißenbach – Tannheim 15 580 Salzfässer verfrachtet. Die Überwachung war dem Salzfaktor in Nesselwängle übertragen. – 1909/12 wurdc dic Straßc neu verlegt, 1957 erweitert. – 1948 fand man in W. ein männliches Skelett aus dem 4./5. Jh. n. Chr. Das mag der erste bekannte „Außerferner" sein.

Weißensee (Stadt Füssen, Lkr. Ostallgäu), am gleichnamigen See mit wunderbarem Blick auf das Hohe Schloß in Füssen und die umgebenden Berge. – Der wohl ursprünglich romanische Bau der Pfarrkirche wurde mehrfach erweitert und schließlich vor 1725 barockisiert. – Die Fresken stammen von Johann → Heel, 1730. – Der Hochaltar aus Stuckmarmor mit einem Scagliola-Antependium, um 1715, wird Dominikus → Zimmermann zugeschrieben. – Die Altarblätter hat Paul → Zeiller gemalt. – Die Kreuzwegstationen, um 1750, stammen von Balthasar → Riepp, ein lebensgroßes Kruzifix aus der Zeit um 1500. – Ein in den Dimensionen stimmender und zugleich stimmungsvoller Bau ist das Pfarrhaus am See. Ursprünglich Sitz des Klosterfischers von St. Mang in Füssen, 1766 zum Pfarrhaus umgestaltet, ein zweigeschossiger Walmdachbau über quadratischem Grundriß. – Aus W. stammte der Abt von Stams, Nikolaus → Bachmann.

Guggemos, Georg: Geschichte der Gemeinde Weißensee. Weißensee. Im Verlag der Gemeinde, 1976

Weitnau Markt, Lkr. Oberallgäu, 5080 E. – W. kam 1451 für 3000 Pfund Pfennig an Erzherzog Sigmund den Münzreichen (1446–1490) und blieb mit Hohenegg, Ebratshofen und Wilhams durch 355 Jahre bei Österreich. 1805 wurde W. dann bayerisch. – Die Pfarrkirche wurde im 19. Jh. abgebrochen und durch einen neugotischen Bau ersetzt. Es ist eine weiträumige, farbenfrohe Kirchenhalle mit einem reichen Heiligenhimmel und gehört zu den wenigen Kirchenbauten des Historismus, die nicht dem Nüchternheitswahn der Zeit nach dem Zweiten Weltkrieg zum Opfer gefallen sind. Im Schrein des Hochaltars stehen noch spätgotische Skulpturen, die um 1471 von einem → Multscher-Schüler geschnitzt und gefaßt wurden. Die Vorderseiten der Flügelgemälde stammen von Max → Bentele (1825–1893) aus Lindenberg. Der einstige Taufstein, um 1471, steht im Allgäu-Museum in Kempten. – An der Wand des Südschiffes hängt ein Kreuz aus der Zeit um 1700. – Im Friedhof befinden sich die Gräber von Karl → Hirnbein und Josef Widmann, den Begründern der Allgäuer Milchwirtschaft. An der Westmauer steht das Grab derer von Hundbiß (Humpiß), der letzten Allgäuer Adelsfamilie. – Bemerkenswert ist das ehemalige Amtshaus der Herrschaft Hohenegg, nunmehr „Gasthof zum Adler", das im Kern noch aus dem 17. Jh. stammt. – Am Fuß des Hauchenbergs liegt der Weiler Waltrams mit einer Rochus-Kapelle, deren Hochaltarfiguren aus der Werkstatt von Konrad → Hegenauer kommen. – Zu W. gehört auch der einstige Industrieort Seltmanns, wo früher Papier und Pergament hergestellt wurden.

Beck, Otto: Pfarrkirche St. Pelagius in Weitnau. Lindenberg: Fink, 2002

Weitnauer, DDr. Alfred Bezirksheimatpfleger, geb. 1905 in Kempten, hier auch gest. 1974. – W. absolvierte die Oberrealschule in Kempten, studierte dann in Würzburg und wurde mit einer Dissertation über die Musterbuchhaltung des Matthäus Schwarz im Rahmen des venezianischen Handels der Fugger zum Dr. rer. pol. promoviert. Auch seine zweite Dissertation an der Universität München befaßte sich mit einem fiskalischen Thema: „Der Reichsstadt Kempten Kriegslasten und deren Aufbringung während des Dreißigjährigen Krieges". – 1935 wurde W. zum Assistenten des ersten deutschen Heimatpflegers, des Obergünzburger Benefiziaten Dr. Barthel → Eberl, ernannt. 1938 erfolgte dann eine örtliche und sachliche Aufteilung der Zuständigkeit der beiden Heimatpfleger. W. betreute den südlichen Teil des Regierungsbezirks und hatte als einziger Regierungsbeamter seinen Sitz in Kempten. Von 1945 bis 1970 war W. schließlich Heimatpfleger des ganzen Regierungsbezirks. Nie war er ein lebensfremder Gelehrter, sondern voll der Wirklichkeit zugewandt. Er hatte sich ja auch durch viele Jahre im Rahmen der Rockefeller Foundation mit der Geschichte der Preise beschäftigt. Seine ungemein weitgefächerte Tätigkeit als Heimatpfleger schildert er im Rechenschaftsbericht seiner „Schlußbilanz", 1970. Auch dieser Titel kennzeichnet einen Mann, der ebenso gut Bankdirektor hätte sein können. – W. konnte aber auch und gerade schreiben und zugleich im selbst gegründeten Verlag für Heimatpflege Bücher herausbringen. Von 156 Titeln hat er genau die Hälfte selbst bestritten. W. hat aber auch vielen anderen Autoren zum Druck ihrer Arbeiten verholfen. Man denke nur an

Dusslers Monographien über Johann Michael → Feneberg, Hieronymus → Tauler, Johann Jakob → Herkomer und Jörg → Lederer, an „Ehe denn die Berge wurden" von Müller-Scholz (→ Müller, Franz / → Scholz, Udo), an Millers Monographie über die Allgäuer Bildschnitzer der Spätgotik, an die Herausgabe der ältesten Allgäu-Karte von → Hurter, an Kammerers Isny-Buch oder auch an Zimmermanns Kaufbeurer und Kempter Wappen und Zeichen. – 40 Quellen hat W. zur Allgäuer und Schwäbischen Geschichte herausgegeben. – Am Ende all dessen, was er geschrieben hat, stcht scine fünfbändige „Allgäuer Chronik", illustriert mit Zinkätzungen von Heinz → Schubert, leider ohne die seit Jahrzehnten erhoffte Zusammenstellung von Quellen und Literatur. – 1945 war W. für wenige Tage Bürgermeister von Kempten. – Auch war er Mitbegründer der „Schwäbischen Forschungsgemeinschaft" und wurde schließlich Ehrenbürger seiner Vaterstadt, die eine Straße nach ihm benannt hat. – Auf weite Strecken sind W. und das Allgäu identisch. Mit der Gabe der Leichtigkeit und einem Schuß Ironie hat er ungezählten Menschen Lachen und Freude geschenkt.

Haberl, Wolfgang: In memoriam Dr. Alfred Weitnauer. In: AGF 1974, 5 f

Wengen (Markt Weitnau, Lkr. Oberallgäu), schon 855 St. Galler Besitz. – Durch das Wengener Tal führte die Römerstraße von Brigantium (Bregenz) nach Cambodunum (Kempten). An diese Straße erinnert die Kopie eines hier gefundenen römischen Meilensteins aus dem Jahr 201 n. Chr. Das Original, erstmals in Sebastian Münsters „Cosmographia" (Basel 1550) genannt, zeitweilig wiederverwendet als Gewölbestütze des Weinkellers der Abtei Isny, befindet sich im Württembergischen Landesmuseum in Stuttgart. – Auf dieser Römerstraße zog Magnus von St. Gallen nach Kempten. – 1786 fiel W. an Württemberg, 1806 an Bayern. – Die Kirche von W. wurde, abgesehen vom spätgotischen Turm, 1840 abgebrochen. Die barocke Einrichtung wurde veräußert. Die heutige Ausstattung ist einheitlich neugotisch. – Der Pfarrhof wurde 1713 erbaut. – Zu W. gehört auch die Ruine Alt-Trauchburg, die 1525 von den aufständischen Bauern und 1633 von den Schweden erobert und 1784 abgebrochen wurde. Von der Anlage sind noch große Teile aus dem 12./13. Jh. erhalten.

Wenger, Konrad Domherr, geb. 1425 in Immenstadt, gest. 1501 in Brixen. – Der Sohn eines Stadtammanns von Immenstadt begann 1439 sein Studium der Rechtswissenschaften an der Universität Leipzig, wo er 1441 promoviert wurde. Wegen Exzessen und Widerspenstigkeit wurde er aber 1442 von der Universität verwiesen. – 1444 ließ er sich an der Universität Bologna einschreiben und erwarb dort wahrscheinlich den Grad eines Lizentiaten des kanonischen Rechts. Inzwischen zum Priester geweiht wirkte er wohl als Hilfspriester von 1448 bis 1452 in Rettenberg und 1452 angeblich auch in Akams. 1459 setzte ihn sein Landesherr Hugo XIII. Graf zu Montfort als Pfarrer von Wasserburg am Bodensee ein. Ein Streit im Zusammenhang mit dieser Einsetzung zwischen dem Abt von St. Gallen und dem Bischof von Konstanz wurde vorübergehend zugunsten Wengers beigelegt. W. schloß mit der Abtei St. Gallen einen Vergleich, der ihm die reiche Pfarrstelle in Wasserburg bis zu seinem Tod sicherte. – 1463 wurde W. aber im Meersburger Schloß ins Gefängnis geworfen. Bald aber kam er wieder frei und wandte sich nach Chur, wo ihm schon seit 1460 ein Kanonikat an der Domkirche zustand. 1467 wurde W. Generalvikar und Leiter der Domschule. Doch 1470 entging er knapp einem Mordanschlag und begab sich in den Dienst des Herzogs Siegmund des Münzreichen von Tirol und wurde dann dessen Kaplan, Rat und Gesandter. – Von 1495 bis zu seinem Tod war W. Domherr, 1477 und 1478 Generalvikar. – 1495 legte W. den Grund für ein Spital und ein Pilgerhaus in Immenstadt. Da sich aber niemand um die Bestätigung durch den Konstanzer Bischof kümmerte, schlug W. dem Bischof von Augsburg die Gründung eines Spitals in Sonthofen vor. 1497 setzte W. dieses Spital zu seinem Erben ein und vermachte ihm 1000 Gulden zu einem jährlichen Zins von 62 Gulden. Auch bestimmte W. die Lieferung eines halben Fuders Zehentwein aus Wasserburg. – Das 1497 in Immenstadt gegründete Spital stand unter dem Schutz der Grafen zu Montfort. – Wengers Grabplatte befindet sich an der nördlichen Außenmauer des Kreuzgangs des Brixener Domes.

Vogel, Rudolf: Konrad Wenger. In: Immenstadt im Allgäu. Landschaft, Geschichte, Wirtschaft, kulturelles und religiöses Leben im Lauf der Jahrhunderte. Hrsg. von Rudolf Vogel. Immenstadt: J. Eberl KG, 1996, 547 f.

Werdenstein (Immenstadt, Lkr. Oberallgäu). – Die Burg südlich von Eckarts wurde wohl zu Anfang des 13. Jh. erbaut, 1525 von den Bauern geplündert (geschildert in der „Werdensteiner Chronik“, hrsg. von F. L. Baumann, Kempten 1888). – 1785 wurde W. an die Grafen von Königsegg-Rothenfels verkauft, die das Schloß verfallen ließen. 1821 verkaufte dann schließlich der bayerische Staat die Ruine. – Erhalten ist nur noch der mächtige Torturm mit einer rundbogigen Durchfahrt und kleinen Schießscharten.

Werdensteiner Moos Nördlich von Eckarts (Immenstadt) erstreckt sich eine 86 ha umfassende Moorfläche, deren bald zehnjährige Renaturierung dem südlichen Allgäu eine landschaftliche Besonderheit zurückgeben wird. – Um die Mitte des 19. Jh. wurden hier Entwässerungsgräben gezogen, um möglichst viel Torf als Brennmaterial für die Lokomotiven auf der Bahnstrecke München-Lindau zu gewinnen. Nunmehr aber hofft man, den ursprünglichen ökologischen Zustand weitgehend wieder herzustellen. Auch könnte das W.M. bis zu 2,5 Mio. cbm Wasser speichern und so die Hochwassergefahr durch die nahe Iller verringern. – Inzwischen sind hier auch gefährdete Vogel- und Libellenarten wieder heimisch geworden.

Werkmeister, Benedikt Maria von O. S. B. Professor, Hofprediger und Aufklärer, geb. 1745 in Füssen, gest. 1823 in Stuttgart. – Der Sohn eines Metzgers besuchte die Lateinschule in Füssen, war dann kurz in Schongau, bevor er 1756 in das Gymnasium der Benediktinerabtei Neresheim kam. Mit 20 Jahren trat er dort als Novize ein und wurde 1769 zum Priester geweiht. – Von 1771 bis 1774 lehrt er am Lyceum Freising Philosophie und Theologie. Dann war er in Neresheim Bibliothekar, Archivar und Sekretär des Abtes. – Von 1778 bis 1782 war er an der Freisinger Hochschule Professor für Philosophie, Physik, Mathematik und Astronomie. 1782 erhielt er in Neresheim die Leitung aller Lehranstalten übertragen. 1783 übernahm er eine Professur für Kirchenrecht, und 1784 wurde er als Hofprediger an die katholische Hofkapelle in Stuttgart berufen. W. war ein gern gehörter Prediger und ein eifriger Schriftsteller, der über 40 wissenschaftliche Bücher und Schriften verfaßte. Er wurde aber auch zu einem typischen Vertreter der radikalen Richtung der katholischen Aufklärung. Wegen dieser Einstellung kam er wiederholt mit der Kirche in Konflikt. – 1790 legte er das Ordenskleid ab und wurde Weltpriester. – Nach seiner Pensionierung übernahm W. eine Pfarrstelle bei Stuttgart. 1808 wurde er zum Mitglied des geistlichen Rats in Stuttgart ernannt und im selben Jahr wegen seiner Verdienste um die neue Schul- und Kirchenordnung geadelt. 1817 erhielt er die Titel Oberkirchenrat und Oberstudienrat.

Wertach Markt, Lkr. Oberallgäu, 2350 E. – Der Ortsname geht auf den gleichnamigen Fluß zurück, an dem W. liegt, und ist im 12. Jh. erstmals bezeugt. – Die Nachricht, Bischof Ulrich von Augsburg habe im Allgäu eine Kirche geweiht, wird mit W. in Verbindung gebracht. – 1311 hat Heinrich von Rettenberg Patronat und Kirchensatz von W. dem Zisterzienserkloster Stams in Tirol verliehen. Bis zur Säkularisation blieb Stams Zehentherr der Pfarrei W. und wirkte auch bei der Besetzung durch Weltgeistliche mit. – 1633 brannten die Schweden W. bis auf sechs Häuser nieder. – Große Schäden verursachten die Brände der Jahre 1530, 1569, 1605 und 1893. – Die Pfarrkirche St. Ulrich, ein mächtiger Bau auf einer Anhöhe am Westrand des Ortes, wurde 1683–1685 neu errichtet von Caspar → Feichtmayr d. Ä. aus Bernried am Starnberger See. Es ist der wohl bedeutendste bisher für Caspar Feichtmayr gesicherte Kirchenbau. Vielleicht stammt von ihm auch der Stuck. – Den Rokokotabernakel hat Johann Richard → Eberhard geschnitzt, 1769/70. – Die Seitenaltäre werden Johann Georg Haggenmiller zugeschrieben. Von ihm stammt wohl auch die Kanzel. – Die Altarbilder hat der einheimische Franz Sales → Lochbihler gemalt, 1833. – Bemerkenswert ist ein schmiedeeiserner Türgriff an der Sakristeitüre mit einem eingravierten Fratzenkopf, um 1680/90. – Eine Besonderheit ist die Kapelle St. Sebastian. Sie ist eine Art Übersetzung verschiedener Details von Dominikus → Zimmermanns Lösung für den 1749 vollendeten Chor der Wieskirche. Daher gilt die Wertacher Sebastianskapelle als „kleine Wieskirche“. – Die Deckenfresken stammen von Franz Anton → Weiß, 1763/64. – Eine Rarität in dem 1931 gegründeten Heimatmuseum ist das 1840 von dem Wertacher Josef Wittwer entwickelte Dreysesche Zündnadelgewehr. Den Aufkäufern des bayerischen Kriegsministeriums aber fehlten Verständnis und Weitblick. So wanderte die Erfindung über Wien in die Hände der russischen Botschaft. – In einem der Räume befinden sich acht von ursprünglich zwölf Apostelfiguren, die bis 1887 in der Pfarrkirche standen und dem Bildhauer Johann → Erdt aus Wertach-Vorderreutte zugeschrieben werden. – Eine Besonderheit des Museums sind die Gemälde des aus W. stammenden kgl. bayer. Hofmalers Franz Sales Lochbihler. – Aus W. stammte **Winfried Georg Sebald** (1944–2001), dessen Hauptwerke, die Erzählungen „Die Ausgewanderten“, das Schicksal von vier aus ihrer europäischen Heimat vertriebenen Juden schildert, die im Alter an ihrer Untröstlichkeit zerbrechen. – S., der ab 1970 Dozent in Norwich war, schrieb auch über eine Wanderung durch die violette Heidelandschaft der Grafschaft Suffolk, über die österreichische Literatur von Stifter bis Handke, über die Melancholie bei Stendhal und Kafka, über den Konflikt zwischen Mensch und

Natur bei Grünewald, über den Alaska-Forscher Georg Wilhelm Steller und sich selbst und schließlich über die Spannung zwischen Heimat und Exil in der österreichischen Literatur des 19. und 20. Jahrhunderts.

Werz, Emil Maler, geb. 1885 in Kaufbeuren, gest. 1957 in München. – Nach einer Lehre als Glasmaler in der Zeichenabteilung der Mayer'schen kgl. Hofkunstanstalt für kirchliche Arbeiten in München absolvierte W. von 1905 bis 1911 ein Studium an der Akademie der Bildenden Künste. – Immer wieder zog es W. in seine Vaterstadt und ins Allgäu. Hier hielt er Ansichten der Blasiuskapelle, des Fünfknopfturmes, des Hexenturmes und der Kaufbeurer Stadtmauer als Radierung und Gemälde fest. – In der Beschäftigung mit der Heraldik fand W. ein zweites künstlerisches Feld. Er schuf insgesamt 14 Wappen aus dem Altlandkreis Kaufbeuren sowie Gemeindewappen für Pfronten, Roßhaupten, Lechbruck und Kraftisried.

Wiebel, Richard Pfarrer, Kunstsammler und Forscher, geb. 1869 in Lauingen, gest. 1945 in Kaufbeuren. – Der Vater war Lehrer. Die Mutter zeichnete sich durch hohe Musikalität aus. – 1871 zog die Familie nach Lindau. Hier besuchte W. die Volksschule und für zwei Jahre das Gymnasium. – Von 1881 bis 1886 besuchte er das Gymnasium in Neuburg a. d. Donau und von 1886 bis 1888 das Gymnasium in Kempten, an dem er sein Abitur machte. – Anschließend studierte er in Dillingen Theologie und wurde dort 1892 zum Priester geweiht. – Die Kaplansjahre verbrachte W. in Ettenbeuren (Lkr. Günzburg) und in Heimenkirch (Lkr. Lindau (Bodensee)). – Pfarrvikar war W. in Unterbleichen (Lkr. Günzburg). – 1904 kam er als Pfarrer nach Irsee, wo er bis 1936 blieb. – Während dieser Jahre wurde 1911 in der ehemaligen Klosterkirche Irsee der Tabernakelaltar nach Entwürfen W.s neu errichtet und 1913 die Kirche selbst renoviert. – 1923 entwarf W. das Kriegerdenkmal in Irsee, das 1936 eingeweiht wurde. – 1936 übernahm die Stadt Kaufbeuren die Kunstsammlung W.s, zu der vor allem eine bedeutende Kruzifixsammlung gehört. – Im selben Jahr wurde W. zum Ehrenbürger von Irsee ernannt. Schließlich resignierte W. 1936 auf die Pfarrei Irsee. – Deren richtige Schreibweise lag W. stets am Herzen. Als das Ordinariat einen Brief an W. nach „*Irr*see“ schrieb, richtete W. seine Antwort an das „Ordi*narr*iat“! – W. war auch sonst nicht verlegen: seine Rezension einer Veröffentlichung des damaligen Domkapitulars Domm lautet: „Domm's dommes zum Dom“! – W. war vielseitig begabt. Er zeichnete, malte, musizierte und veröffentlichte. Seine Bibliographie umfaßt 70

Titel. – In Irsee gibt es ein Richard-Wiebel-Gäßchen. Und an der Südseite der Friedhofskirche erinnert eine Gedenkplatte an den Seelsorger und Ehrenbürger.

Müller, Ulrich: Richard Wiebel (1869–1945). Pfarrer, Kunstsammler, Forscher. Dem ehemaligen Irseer Pfarrer zum 120. Geburtstag (= Kaufbeurer Geschichtsblätter, Sonderheft 5). 1989

Wiggensbach Markt, Lkr. Oberallgäu, 4510 E., 1184 erstmals genannt. – Von der spätgotischen Anlage der Pfarrkirche sind noch der Turm, der Chor und Teile der östlichen Langhauswand erhalten. – Die durchgreifende Erweiterung erfolgte 1770/71 durch Johann Georg → Specht. Durch ihn wurde die Kirche in W. der bedeutendste Bau des späten Rokoko im Stiftkemptischen, der das Hauptwerk Spechts in Wiblingen vorbereitet hat. – Die prunkvolle Ausstattung stammt hauptsächlich von stiftkemptischen Künstlern. – Über dem Chorbogen befindet sich das Wappen des Kemptener Fürstabtes Honorius Roth von Schreckenstein (1760–1785). – Die Fresken gleichen einem barocken „theatrum sacrum" und sind die bedeutendste Arbeit von Franz Joseph → Hermann, 1771/72. – Das Hochaltarbild hat Johann Michael → Koneberg gemalt. – Zu W. gehört auch die Kapelle in **Unterkürnach**, errichtet und ausgestattet um 1780 durch Fürstabt Honorius Roth von Schrekkenstein. Die Fresken stammen auch hier von Franz Joseph → Hermann. – Eine Gedenktafel erinnert an Karl → Krumbacher (1856–1909), den Begründer der Byzantinistik. – Das nahe Herrschaftshaus diente dem Sommeraufenthalt und der Jagd der Kemptener Fürstäbte, erbaut 1709 durch Fürstabt Rupert von Bodman (1678–1728). – Vor der Brücke gegenüber der Kapelle steht eine Sandsteinfigur des Hlg. Johann Nepomuk, am Sockel mit einem Wappen des Fürstabtes Anselm von Reichlin-Meldegg (1728–1747). – Auf dem Marktplatz steht seit dem Oktober 2000 der „Ratschkathl-Brunnen" des Bildhauers Josef Michael Neustifter aus Eggenfelden in Oberbayern, angeregt durch eine Zeichnung des aus W. stammenden Franz Xaver → Knoll (1859–1930), der am Polytechnikum in München unterrichtete und wie auch Adolf → Hengeler für die „Fliegenden Blätter" gearbeitet hat. – Für die Erforschung der römischen Zeit nimmt W. einen besonderen Platz ein durch den 1888 von weidendem Vieh freigescharrten Wiggensbacher Schatzfund aus der Zeit nach 150 n. Chr., vergraben wohl vor dem Einfall der Alemannen 233 n. Chr., ausgestellt im Römischen Museum (Zumsteinhaus) in Kempten.

Geiss, Rudolf: Kirchen der Pfarrei Wiggensbach (= Schnell, Kunstführer Nr. 1499),

München und Zürich: Schnell & Steiner, 1984

Wigratzbad (Opfenbach, Lkr. Lindau (Bodensee)). – Die 1976 geweihte Gebetsstätte „Maria vom Sieg" ist sicher ein Meilenstein im Kirchenbau des 20. Jh., Architekt ist Gottfried Böhm, geb. 1920 in Offenbach am Main. Grund- und Aufriß bestehen aus 12 um einen Altarmittelpunkt gruppierten gleichmäßigen Sechsecken, je 6 m breit und 6 m hoch. Über dem 13. Sechseck erhebt sich ein doppelt so hoher Spitzturm. In schiefem Winkel vorgelagert sind sechs weitere Sechsecke mit halb so hohen Wandhöhen, offen und unverglast, geöffnet und einladend. – Dieses „Zelt Gottes unter den Menschen" steht auf einer sanften Kuppe und öffnet den Blick weit in die umgebende Landschaft des Allgäus und des Bodenseeraumes. Es ist ein Zentralbau, dessen Kuben auch an Bienenwaben erinnern. Stahlfiligran und Glas werden mit Farbgebung und Lichteinfall zu architektonischer und liturgischer Einheit.

Schnell, Hugo: Gottfried Böhms neue Architektur in Wigratzbad im Allgäu. Ein Zeichen im gegenwärtigen Kirchenbau. In: Das Münster, 30. Jg., 1977,1–9

Wilde-Männle-Tanz in Oberstdorf. In fünfjährigem Turnus führen an einer Reihe von Samstagen und an einigen Sonntagen von Ende Mai bis Mitte September 12 Wilde Männer und ihr König, alle von Kopf bis Fuß in „Tannenbart" gehüllt, auf einer einfachen Kulissenbühne, die einer Naturbühne nachgeahmt ist, ein Tanzspiel auf, wobei sie zur Darbietung der 25 einzelnen Figuren mit ungewöhnlichen Sprungschritten rückwärts von der Bühne abtanzen. Das Ein- und Austanzen ist gebunden an den Takt zweier einfacher und kurzer Melodien. Die Wucht der Sprungschritte bringt die Bühnenbretter zum Dröhnen und fetzt Stücke des Tannenbarts vom Körper der Tanzenden. Diese Bartflechte suchen die Spieler im Frühjahr in höheren Berglagen an den Ästen von Fichten und Tannen. – Alte Kleidungsstücke und eine Kapuze werden ganz dicht mit der Bartflechte benäht, so daß die ganze Gestalt des Tänzers verhüllt ist. Nur Augen, Nase, Mund und Hände bleiben frei. Um die Taille ist frischgrünes Reisig geflochten, und auf dem Kopf wird Stechpalmenlaub getragen, im Allgäu „Stechholder" genannt. – Veranstalter ist der 1901 gegründete Gebirgstrachten- und Heimatschutzverein Oberstdorf e. V. – Es gilt nach wie vor als eine Ehre, in die Gruppe der Tänzer aufgenommen zu werden, die aus alteingesessenen Familien stammen müssen. – Die bisher älteste Nachricht in einer Schöllanger Chronik stammt aus dem Jahr 1793, als Churfürst Clemens Wenzeslaus nach Oberstdorf kam. –

Zwei Felsspitzen in den Oberstdorfer Bergen wurden nach den W. M. benannt. – Die Annahme von Vegetationsdämonen und die Verbindung mit germanisch-heidnischen Kulten sind abwegig. Es liegt eher nahe, daß im Wilde-Männle-Tanz verschiedene Spiel- und Tanzelemente mit jeweils hohem Alter und eine Variante mythischer Vorstellungen von Wald- und Bergwesen, weltweit verbreitet, zu etwas Neuem zusammengefügt wurden. – Auf dem Bahnhofsplatz in Oberstdorf stehen seit 1979 drei W. M., eine Bronze-Plastik von Maximilian → Rueß. – Im Alpenraum gibt es bis heute manchen Gasthof „Zum Wilden Mann“, so etwa in Lans, oberhalb von Innsbruck.

Hillmayer, Leonhard: Wilde-Männle-Tanz in Oberstdorf. In: Kapfhammer, Günther: Brauchtum in den Alpenländern. Ein lexikalischer Führer durch den Jahreslauf. München: Callwey, o.J. (1977), 306–309 – Funkenhex' und Wilde Männle: Allgäuer Brauchtum im Jahreskreis. Hrsg. von Wolfgang Petz, o.O.: Verlag für Heimatpflege, o.J. (1991)

Wildpoldsried Landkreis Oberallgäu, 2382 E., 1394 erstmals genannt. – Neben dem romanischen Turm mit mittelalterlichen Fratzenköpfen steht die 1881 neugotisch umgestaltete und einheitlich ausgestattete Pfarrkirche. – Berühmt ist der Geweihleuchter von Jörg → Lederer, 1516/17, mit einer Doppelbüste der Kaiser Maximilian I. und dessen Enkel Karl V. – Eine Besonderheit ist die Cyprianskapelle am Ortsausgang mit spätem Rokokoschmuck. Der Hochaltar wurde von Johann Martin → Zick erneuert. – Von der erstmals 1262 erwähnten Burg Wolkenberg sind nur noch Teile der Außenmauern des Hauptgebäudes mit einem Treppenturm an der Westseite und im Inneren zwei Säulenstümpfe erhalten. Vier Holzreliefs des spätgotischen Altars der Burgkapelle (Wolkenberger Altar) befinden sich im Allgäu-Museum in Kempten.

Nieberle, Sophie: Wildpoldsried. Chronik einer Allgäuer Gemeinde o.O. (Kempten): 1974

Willerazhofen (Leutkirch, Landkr. Ravensburg). – Nach der Niederlage der Bauern bei Leubas am 14. Juni 1525, die den Bauernkrieg in Oberschwaben und im Allgäu beendete, ließ Truchseß Georg III. von Waldburg, der Bauernjörg, den aus Martinszell stammenden Matthias Waibel, Pfarrvikar zu St. Lorenz in Kempten und evangelischer Prediger, einen der Anführer der Bauern, ohne Gerichtsurteil an der Buche auf dem sog. Schwarzen Berg bei W. aufhängen. Zunächst von zwei Leutkircher Bürgern in der Wolfgangkapelle bei Reichenhofen beigesetzt, wurde Waibel 1610 unter der Hinrichtungsbuche begraben.

Willofs (Markt Obergünzburg, Lkr. Ostallgäu). – Die heutige Pfarrkirche ist ein Neubau um 1700. – Nur der Satteldachturm aus unverputzten Tuffquadern stammt noch aus der Mitte des 15. Jh. – Der neubarocke Hochaltar ist 1928 aufgestellt worden, die Seitenaltäre schon 1701/02. – Die großen Figuren der Muttergottes und des Ev. Johannes bilden mit dem Kruzifix im Chorbogen eine Kreuzigungsgruppe, die Hans Ludwig → Ertinger zugeschrieben wird. – In einer Nische befindet sich eine Johannesschüssel aus der Zeit um 1430/40. – Bei Grabungsarbeiten südöstlich von W. fand der Obergünzburger Benefiziat Dr. → Eberl die Fundamente eines römischen Gutshofes.

Wilm, Hubert Künstler, Sammler und Kunsthistoriker, geb. 1887 in Kaufbeuren, gest. 1953 in München. – Seine Eltern weckten frühzeitig das Verständnis für die Kunst. 1891 zogen sie nach Kempten und dann nach München. – Durch einen Freund wurde W. auf die Schönheit und den Wert der bayerischen Rokokoplastik hingewiesen, die damals noch abschätzig beurteilt wurde. – W. besuchte verschiedene Schulen in München, besonders gefiel ihm das Zeichnen im Bayerischen Nationalmuseum. Es war die Zeit, von der Thomas Mann sagte: „München leuchtet!“ – W. mußte für die Familie sorgen. Für seine Federzeichnungen in der Wochenschrift „Jugendblätter“ bekam er pro Stück fünf Mark. – W. verdiente auch durch seine Exlibris, vor allem, als er in Paris durch zwei Monate Anregungen sammeln konnte. Als er dort alte japanische Holzschnitte entdeckte und diese für seine Sammlung kaufte, half ihm der befreundete Dichter Waldemar Bonsels (1880–1952), der Schöpfer der „Biene Maja“. – Bis 1919 hatte W. ein Exlibris-Werk mit nahezu 200 Nummern geschaffen. Sammlern ist sein Name noch heute ein Begriff. – Schließlich gründete W. einen Künstlerstammtisch mit dem Namen „Neues Krokodil“. – Der bayerische Kunstgewerbeverein veranstaltete noch vor dem Ersten Weltkrieg eine Ausstellung von Elfenbeinmalereien W.s. – Als das Interesse an der Exlibris-Sammlung erlahmte, begann W. Zinn und Porzellan und bald auch romanische und gotische und vor allem Rokoko-Plastiken zu sammeln. – Im Münchner Altertumsverein führte ihn der Kunsthistoriker Adolf Feulner (1884–1945) ein. W. konnte nicht ahnen, daß er eines Tages die Leitung dieses Vereins übernehmen sollte. – 1925 zeichnete W. das Signet für die Löwenbrauerei, das seitdem millionenfach die Runde um den Erdball macht. – 1922 hatte W. sein erstes Buch veröffentlicht: „Mittelalterliche Plastik im Germanischen Nationalmuseum zu Nürnberg". Und ein Jahr später erschien „Die gotische Holzfigur". Dieses Buch wurde der Grundstock seiner Dissertation. – 1924 bis 1928 studierte W. in Bonn und München. Vorher mußte er allerdings noch das kleine Latinum machen. 1928 wurde W. „summa cum laude" promoviert. Sein Versuch, eine Professur an der Technischen Hochschule zu bekommen, scheiterte 1932. – In Kempten stellte W. im Weidle-Haus aus und sprach hier über die Schnitzer- und Malerwerkstätten der Spätgotik. – 1937 trat W. zwar in die NSDAP ein, aber an seinem Widerwillen änderte sich nichts, zumal er sich auch der „entarteten Kunst" zuwandte. – 1949 versuchte W. nochmals, an die Universität zu kommen, aber auch diese Hoffnung zerschlug sich. – Enttäuscht über die Münchner Behörden wurde 1952 seine Sammlung durch Lempertz in Köln versteigert, bis auf eine kleine Christophorus-Figur, die W. immer in den Luftschutzkeller mitnahm, und eine Hausmadonna von Leinberger. – Nach der Auktion erschien sein letztes Buch „Madonnen, Engel, Sterne. Erinnerungen eines Kunstsammlers". Es ist ein melancholisch-nachdenklicher Epilog.

Müller, Ulrich: Hubert Wilm 1887–1953 Künstler, Sammler, Kunsthistoriker. In: Lebensbilder aus dem Bayerischen Schwaben 14, 1993, 325–351

Winkel (Markt Oberstdorf, Lkr. Oberallgäu). – Die Kapelle St. Martin ist im 17. Jh. erbaut worden. – Das Altarblatt des späteren 17. Jh. zeigt den bereits gestorbenen Christus, der ans Kreuz genagelt wird, umgeben von Personifikationen der Hoffart, des Neides und der Unmäßigkeit und von Engeln mit den Leidenswerkzeugen. Ein Engel zerbricht als Zeichen der Trauer eine Geige. – Ein Votivbild von 1685 stellt den Hlg. Wendelin mit Pferd in einer Landschaft mit Stadt dar. – Eine bäuerliche Skulptur der Anna Selbdritt stammt aus der zweiten Hälfte des 17. Jh.

Wirlings (Markt Buchenberg, Lkr. Oberallgäu). Der Turm der Kirche ist wohl noch spätromanisch, die Kirche selbst wurde 1518 neu errichtet und um 1680/90 durch den Kemptener Fürstabt Rupert von → Bodman (1678–1728) umgestaltet. Sein Wappen befindet sich am Hochaltar. – Am südöstlichen Langhauseck sind drei Fratzenköpfe angebracht. – Die Schnitzarbeiten des Hochaltars stammen vermutlich von Hans Ludwig und Franz Ferdinand → Ertinger. – Besonders wertvoll ist am rechten Seitenaltar eine Schnitzgruppe des sogenannten Ursulaschiffs, vom Meister des Imberger Altars (→ Imberg) um 1470 gearbeitet. – Im Friedhof steht ein altes Beinhaus.

Wohmbrechts (Hergatz, Lkr. Lindau (Bodensee)). – Der Ort wird 860 erstmals urkundlich genannt. – Wie Kirche, Schloß und Schloßmühle ausgesehen haben, überliefert die Landtafel von Andreas Rauch, 1617, im Rathaus in Wangen. – Die heutige Kirche ist ein Neubau des Jahres 1952. Alt ist wohl noch das Untergeschoß des Turmes. – Das Vortragkreuz stammt aus dem 17. Jh., das Vesperbild aus der Zeit nach 1702. – Eine stilistische Überraschung im Ortsbild ist der nach einem Brand 1904 fertiggestellte Gasthof „Zum Adler", dessen Vorbild wohl die Pustet-Villa in Regensburg war, ein Bau der Gründerzeit, der heute unter Denkmalschutz steht.

Wolfegg Lkr. Ravensburg, 3316 E. – Die vierflügelige Anlage des Renaissance-Schlosses stammt aus den Jahren 1578 bis 1580. Besonders sehenswert ist der 52 m lange Rittersaal mit 24 überlebensgroßen Ahnenfiguren. Über den Kaminen hat Johann Martin → Zick aus Martinszell die „Vier Jahreszeiten" dargestellt. – Mit Sophie von Waldburg-Wolfegg, die 1860 den Erbgrafen Franz zu Waldburg-Wolfegg geheiratet hatte, zog auf Schloß W. die Neugotik ein. Auch wurde W. in diesen Jahren ein Hort unabdingbarer katholischer Haltung gegen Bismarcks Kulturkampf. – Berühmt ist die Bibliothek, deren Kupferstichkabinett vor allem das einzige bekannte, 1903 gefundene Exemplar jener zwiebelförmigen Weltkarte von 1507 enthält, auf welcher erstmals der Name „America" erscheint. Diese Karte stammt von dem aus Radolfzell kommenden Kartographen Martin Waldseemüller (1470–1521), der aus 12 Holzschnitt-Tafeln ein fast drei qm großes Blatt hergestellt hat. Gedruckt wurde die Karte in St. Dié in den Vogesen, einem Mittelpunkt des Humanismus in Lothringen. Den Namen „America" hat Waldseemüller von dem Florentiner Kaufmann Amerigo Vespucci (gest. 1512) abgeleitet, der auf der Karte mit Ptolemäus abgebildet ist. Die Karte steht auf der deutschen „Kulturgüterliste", wurde aber dennoch im Sommer 2001 an die Kongreß-Bibliothek in Washington verkauft. – Die Pfarrkirche von W. hat Johann Georg → Fischer aus Füssen 1733 errichtet. Es ist eine Wandpfeilerhalle nach dem Muster der Vorarlberger Schule mit einem Emporenumgang. – Die Fresken stammen von Franz Joseph → Spiegler, die Stukkaturen von Johannes → Schütz, einem Schüler von Dominikus → Zimmermann. – Am linken Wandaltar befinden sich die „Wolfegger Blumenschmecker", zwei Engel, die an einer Blume riechen. – Zwischen Schloß und Kirche steht eine um 1720 von Johann Georg → Fischer entworfene Mariensäule.

Waldburg-Wolfegg, Johannes Graf von: Schloß Wolfegg. München – Zürich: Schnell & Steiner, o.J. (1983) – Mayr, Bernd M.: „Was 'gothisch', wird von ihr ja nur beachtet". Fürstin Sophie von Waldburg-Wolfegg und der Einzug der Neugothik in Wolfegg. In: Im Oberland, 2001, Heft 2, 20–28

Wolfertschwenden Lkr. Unterallgäu, 1744 E., erstmals urkundlich genannt 1152, gehörte von 1699 bis zur Säkularisation dem Reichsstift Ottobeuren. – Josef Zink, Postbote von W., konstruierte 1861 aus Holz einen dreirädrigen Selbstfahrer, eine Art „Holländer", den man heute im Deutschen Museum in München betrachten kann. – Der Pfarrhof stammt aus dem mittleren 18. Jh. – Am Ostgiebel im Fachwerk befindet sich ein Medaillon mit dem Wappen des Ottobeurer Abtes Anselm Erb (1740–1767). – Die im Kern gotische Anlage der Pfarrkirche ist 1713 umgestaltet worden. – Sehenswert ist im Ortsteil **Dietratsried** der Zehentstadel, ein Halbwalmdachbau des mittleren 18. Jh. mit korbbogiger Einfahrt unter einem pultförmigen Vordach. – An der Südostecke des Langhauses der Filialkirche befindet sich ein rätselhafter Tuffsteinkopf aus dem 14. Jh.

Wollmuths s. Memhölz

Woringen Landkreis Unterallgäu, 1628 E. – Nach mehrfachem Besitzerwechsel kam W. 1547 an das Unterhospital Memmingen, bei dem W. bis zur Säkularisation blieb. – Die ev. Pfarrkirche ist ein unverputzter Nagelfluhbau. An der nördlichen Chorwand befinden sich Malereien, die eine ehemalige Sakramentsnische umrahmen, aus der Zeit um 1490/1500, dem Umkreis von Bernhard → Strigel zugewiesen, 1961/62 freigelegt. Es sind volkstümliche Andachtsbilder in der Art einer „biblia pauperum". – Die Kanzel stammt von Friedrich → Sichelbein I. – Das sogenannte Vogelhaus ist der Überrest einer Turmburg mit Ringgraben. – Am einstigen Pfarrhof ist über dem Eingang ein Wappenstein des Kemptener Fürstabtes Honorius Roth von Schreckenstein angebracht. – Noch vorhanden ist der unter Fürstabt Anselm von Reichlin-Meldegg (1728–1747) errichtete Zehentstadel mit drei Sandsteinreliefs: eine Muttergottes, das stiftkemptische Wappen und das Wappen des Fürstabtes Anselm von Reichlin-Meldegg. – In den Einöden der Woringer Wälder steht in **Untersteinbühl** noch ein Blockbau-Kornkasten von 1681.

Wurzach s. Bad Wurzach

Z

Zeämann, Georg ev. Theologe, 1580–1638. – Z. wurde in Hornbach im Herzogtum Zweibrücken geboren. Von dort zog die Familie nach Einführung des calvinistischen Bekenntnisses in das protestantische Herzogtum Pfalz-Neuburg. Z. wurde Stipendiat am Gymnasium Lauingen und studierte in Wittenberg, 1603 übernahm er eine Predigerstelle und unterrichtete am Lauinger Gymnasium. Schon damals erwies sich Z. als leidenschaftlicher und polemischer Disputant. – Nach der Konversion von Pfalzgraf Wolfgang Wilhelm vom Pfalz-Neuburg zum katholischen Glauben 1613/14 verlor Z. seine Anstellungen und wurde vom Rat der Reichststadt Kempten als Prediger an die dortige St. Mang-Kirche gerufen. Hier setzte sich Z. vor allem für die städtische Lateinschule bei St. Anna ein und schrieb weiterhin seine Streitschriften. – Als Kempten 1621 die Mitgliedschaft in der protestantischen Union löste und sich unter den Schutz Kaiser Ferdinands II. begab, verzichtete dieser zwar auf die Rekatholisierung der Reichsstadt, forderte aber 1628 die Auslieferung des evangelischen Predigers. Wegen Majestätsbeleidigung wurde Z. auf der Feste → Ehrenberg bei Reutte in Tirol durch 14 Monate gefangengehalten. 1630 kam er zwar frei, mußte sich aber verpflichten, nicht mehr im Reich zu predigen. Durch Vermittlung König Gustav Adolfs von Schweden wurde Z. in das schwedisch besetzte Stralsund als Superintendent berufen. Hier wirkte er bis zu seinem Tod. – Sein Bild, Ulrich Mauch zugeschrieben, 1630, hängt in der Sakristei der St. Mang-Kirche in Kempten.

Bürgerfleiß und Fürstenglanz, 141 f

Zeil (Leutkirch, Lkr. Ravensburg). – 1123 wird die Burg Zeil erstmals erwähnt. Im Besitz der Waldburger befindet sie sich seit 1337. – Der 1599 von Truchseß Froben von Waldburg-Zeil begonnene Schloßbau, durch viele Kriege mehrfach unterbrochen, wurde erst nach etwa 300 Jahren 1888 vollendet. Es ist eine vierflügelige Anlage, die in hervorragender Weise die Schloßbaukunst der Renaissance spiegelt. – 1612 wurde die Stiftskirche geweiht. Nach der klassizistischen Erneuerung blieben von der alten Einrichtung nur das reich geschnitzte und bemalte Chorgestühl des Bildhauers Jakob Bendel aus Waldsee, 1611, und der Choraltar von Joseph Anton → Feuchtmayr aus Mimmenhausen (Salem), 1763. – Das weitläufige Schloß bewahrt nicht nur schöne Kachelöfen und Möbel des 17. und 18. Jh., sondern vor allem umfangreiche Sammlungen, eine große Bibliothek und das fürstliche Archiv. – Die Kassettendecke des Truchseßsaales stammt wohl von einem Meister aus Isny. – An dem 1988 im Innenhof aufgestellten Brunnen hat Maximilian → Rueß, gest. 1990, sechs Jahre gearbeitet. – Weit und einzigartig ist die Aussicht, vor allem bei Föhn.

Rauh, Rudolf: Zeil b. Leutkirch. Schloß Zeil. Regensburg: Schnell & Steiner, 1962

Zeiler, Gallus O. S. B. Abt, Komponist und Organist, geb. 1705 in Stockers, südwestlich von Kempten, gest. 1755 in Füssen. – Z. besuchte die Klosterschulen in Ochsenhausen und Ottobeuren und studierte an der Universität Innsbruck. In den Benediktinerorden trat er 1721 ein, legte 1722 im Kloster St. Mang in Füssen die Profeß ab und feierte 1729 seine Primiz. Sieben Jahre war er bei St. Mang Organist und lehrte an der Klosterschule Musik und Latein. Zeitweilig wirkte Z. als Vikar in Pinswang und war Administrator der Weingüter des Klosters in Gagers in Südtirol. 1750 wählten ihn seine Mitbrüder einstimmig zum Abt. Während seiner kurzen Regierungszeit ließ Z. von dem Füssener Orgelbauer Andreas → Jäger in der Klosterkirche eine neue Orgel mit 34 Registern errichten. – Z. war ein vorzüglicher Organist und ein fruchtbarer Klosterkomponist, der zwischen 1732 und 1740 Jahr um Jahr ein kirchenmusikalisches Werk herausbrachte. Meist waren diese Kompositionen für vier Stimmen und Instrumente geschrieben. In seiner Abtei gehörte Z. zu den großen Förderern der Musikpflege, und in der Forschung wird Z. zu den besten Kirchenkomponisten seiner Zeit gerechnet.

Zeiller Malerfamilie der Barockzeit in Reutte

Zeiller, Franz Anton geb. 1716 in Reutte, dort gest. 1794. Er war zunächst bei seinem Onkel → Paul Z. in der Lehre, der 1721 den früh verwaisten Buben zu seinen eigenen zehn Kindern in seine Familie aufgenommen hatte. 1738 ging F. A. nach Augsburg, wo er bei seinem Südtiroler Landsmann Johann Evangelist Holzer (1709–1740) und bei dem Deutsch-Böhmen Gottfried Bernhard Göz (1708–1774) arbeitete. – 1742 bis 1749 hielt er sich in Italien auf, zuerst zwei Jahre in Rom, dann in Venedig, wo ihn vor allem G. B. Tiepolo (1696–1770) beeinflußte. – Nach seiner Heimkehr war er zunächst zwei Jahre in Birnau bei Göz tätig und erhielt dann Aufträge im Allgäu für Böhen (Lkr. Unterallgäu), Füssen, hier gefördert durch den mit ihm verwandten Abt Gallus Zeiller, für Haslach (Oy-Mittelberg, Lkr. Oberallgäu), Maria-Rain, Ottobeuren (wo er zusammen mit → Johann Jakob Z. malte), Rieden (Lkr. Ostallgäu) und Schlingen (Bad Wörishofen). – 1766 berief ihn Fürstbischof Leopold Graf Spaur nach Brixen. Hier wurde er 1768 zum Hofmaler ernannt. – 1783 wieder in Reutte, arbeitete er im Außerfern für Bichlbach, Wängle und Grän. – Die Malereien am Zeiller-Haus in Reutte, um 1770, stammen großenteils von F. A. – Sein Selbstbildnis, um 1762, hängt im Museum der Abtei Ottobeuren. – F. A. ist *„der* Rokokomaler Tirols" (Egg II, 198).

Zeiller, Johann Jakob geb. 1708 in Reutte, dort an seinem 75. Geburtstag 1783 gestorben. – J. J. ging nach erster Ausbildung bei seinem Vater Paul mit 16 Jahren nach Italien, wo er durch fünf Jahre bei Sebastiano Conca in Rom das Freskieren lernte und dann bei Francesco Solimena in Neapel arbeitete. – 1732 kam er nach Wien, wo er der bedeutendste Schüler von Paul Troger wurde. In Wien besuchte J. J. auch die 1726 errichtete Kaiserliche Akademie. Bis 1756 lebte er in Wien als Akademieprofessor und Hofmaler. Große Fresken schuf er für die Stiftskirchen in Fürstenzell, Aldersbach, Ettal, Benediktbeuren, Ottobeuren, Suben und Asbach. Die gewaltige Kuppel in Ettal (Durchmesser 36 m) füllte er mit einem riesigen Himmelsfresko und Figurengruppen von 400 Heiligen. Dies ist der Höhepunkt der barocken Freskomalerei im deutschsprachigen Raum. – Nach seiner Rückkehr in die Heimat malte J. J. in Breitenwang, Elbigenalp, Bichlbach, Hinterhornbach, Stockach und Stanzach. – In Ottobeuren hängt im Museum der Abtei ein Selbstbildnis, um 1764. – In Reutte hat J. J. die Fassade am Haus Untermarkt 25 gemalt, 1779.

Zeiller, Paul geb. 1658 in Reutte, dort auch gest. 1738. – P. war zwar für den geistlichen Stand bestimmt, entschied sich aber für die Kunst. Als „praeceptor" am großherzoglichen Hof Cosimos III. in Florenz, wohin vielleicht noch Beziehungen durch Erzherzogin Claudia bestanden, freundete er sich mit dem Hofmaler und dessen Lehrer Pietro da Cortona an. Nach sechs Lehrjahren zog er nach Rom, wo Cosimo III. eine eigene Kunstakademie unterhielt. Hier wurde er vor allem mit Carlo Maratti bekannt. – 1692 kehrte er wieder nach Reutte zurück, wo er zweimal geheiratet hat. Sein siebter Sohn war der berühmte → Johann Jakob Z. Eine seiner Töchter hat den in Kempten geborenen Maler Johann Balthasar → Riepp geheiratet. – P. war auch Bürgermeister von Reutte, erschien aber nie zu einer Sitzung, sondern zahlte lieber Strafgeld. – Abgesehen von den Fresken der Zunftkirche in Bichlbach und in der Auferstehungskapelle in Breitenwang hat P. nur Tafelbilder gemalt. Im Allgäu arbeitete er in Fischen (Frauenkapelle), Füssen (Kapitelsaal, Spitalkirche, Franziskanerinnenkloster), Maria-Rain, Ottobeuren (Ovalbilder als Supraporten), Rückholz, St. Alban (Aitrang, Lkr. Ostallgäu), Schöllang (Burgkirche) und Weißensee. – Im Außerfern malte P. für die Kirchen in Biberwier, Rinnen bei Berwang, Kelmen (Namlos), Vils, Wängle, Lechaschau, Reutte, Holzgau, Breitenwang, Tannheim, Berwang, Elbigenalp und Stockach

Ausstellung zum 200. Todesjahr von Johann Jakob Zeiller. Paul – Johann Jakob – Franz Anton Zeiller. Reutte: Raiffeisen-Galerie. 23. Juni bis 17. Juli 1983 – Ausstellung der Marktgemeinde Reutte zum 200. Todesjahr von Franz Anton Zeiller (1716–1794). Maler aus Reutte. Heimatmuseum Reutte, Grünes Haus, 10. Juni bis 31. Juli 1994

Zell (Eisenberg, Lkr. Ostallgäu). – Seit dem 16. Jh. ist Z. der kirchliche Mittelpunkt der Gemeinde Eisenberg. – Die Ausstattung der Pfarrkirche stammt aus dem 17. und 18. Jh., die Fresken großenteils von Joseph → Keller, 1775. – Aus Z. stammt der Pädagoge P.Gregor → Lang, O. S. B.

Zell (Markt Oberstaufen, Lkr. Oberallgäu). – 1863 hat man im Chor der Filialkirche St. Bartholomäus umfangreiche, die Wände vollständig bedeckende Malereien freigelegt, die der Werkstatt von Hans → Strigel, um 1450, zugeschrieben werden. An der Nordwand und der nordöstlichen Schrägwand sind 16 Szenen aus dem Marienleben zu sehen, an der Südwand und der südöstlichen Schrägwand Apostelmartyrien, an der Ostseite des Chorbogens ein Jüngstes Gericht, in der Chorbogenleibung die klugen und törichten Jungfrauen. – Der Hochaltar von 1442 gilt als einziger durch Signatur für Hans → Strigel d. Ä. gesicherter Altar. – Der nördliche Seitenaltar kommt aus einer Allgäuer Werkstatt um 1500. – Schrein und Figuren des südlichen Seitenaltars sind dem Umkreis von Ivo → Strigel zuzuordnen. – Die Sakramentsnische im Chor stammt aus der Zeit um 1440.

Zick, Johannes Maler, geb. 1702 in Lachen (Lkr. Unterallgäu), gest. 1762 in Würzburg. – Z. lernte bei dem Konstanzer Hofmaler Carl Stauder in Ottobeuren. Hier begegnete er auch Franz Georg → Hermann aus Kempten, Arbogast → Thalheimer aus Ottobeuren und Jacopo Amigoni aus Venedig. – 1723 freskierte Z. in München die Maria-Hilf-Kirche in der Au, 1738/39 die Zisterzienserklosterkirche in Raitenhaslach, 1745 die Klosterkirche in Schussenried und 1746/49 die Pfarrkirche in Biberach. 1749 erhielt Z. den großen Auftrag für den Gartensaal der Würzburger Residenz. – 1751 bis 1758 entstanden seine Fresken in der fürstbischöflichen Residenz in Bruchsal. Hier arbeitete sein Sohn Januarius (1730–1797) mit. Die Deckenmalereien der Festsäle in Bruchsal wurden durch einen Luftangriff 1945 zerstört und 1968/69 von Wolfram Köberl, Innsbruck, neu aufgeführt. Köberl begegnet vielfach im Lechtal. – Johannes und Januarius Z. gehören zu den berühmtesten schwäbischen Malern des 18. Jh.

Zick, Johann Martin Maler, geb. 1684 in See Kurzberg bei Martinszell, gest. 1753 in Maria-Pfarr bei Mauterndorf im Lungau (Salzburg). – In der Pfarrkirche von Altusried malte Z. 1728 das Gemälde des linken Seitenaltars. – In Heiligkreuz (Kempten) stammen die Langhausfresken, um 1733, vielleicht von Z. – In Kempten im Thronsaal der Residenz werden die Putten mit den Attributen der stiftischen Erbämter und den Wappen ihrer Träger in den Supraporten Z. zugeschrieben. – Z.s Deckenbild im Sitzungssaal des Landhauses ist verlorengegangen. – Die Fresken der Wallfahrtskirche in Lehenbühl (Legau), um 1715/20, werden Z. zugeschrieben. – In der Pfarrkirche von Martinszell stammen die Gemälde der Seitenaltäre, um 1730/40, von Z. – In der Pfarrkirche von Leuterschach (Marktoberdorf) hat Z. die Fresken im Langhaus gemalt. Von ihm stammen dort wohl auch die Seitenaltarblätter, um 1737. – In der Pfarrkirche von Missen hat Z. das Gemälde für den Hochaltar geschaffen. – In der Cyprianskapelle in Wildpoldsried stammt das Hochaltargemälde, 1741, von Z. – Gearbeitet hat Z. auch in Berchtesgaden und bei den Ursulinen in Salzburg.

Zimmermann, Dominikus Baumeister und Stukkator, geb. 1685 in Gaispoint bei Wessobrunn, gest. 1766 in seinem Haus neben der Wieskirche. – Die Hauptwerke von Z. sind die Wallfahrtskirche in Steinhausen (Oberschwaben), die Frauenkirche in Günzburg a. d. Donau und die Wies. – Im Bereich der „Euregio via salina“ war Z. tätig in Buxheim (Bau der Pfarrkirche, Lettneraltäre der Klosterkirche und Annakapelle in der Nordwestecke des Großen Kreuzgangs), Füssen (Schlafzimmer des Abtes und Hochaltar der Krippkirche), Kempten (Altar in der östlichen Rundkapelle der Stiftskirche St. Lorenz), Ottobeuren (nicht ausgeführte Entwürfe und Stuckmarmoraltäre der Vorhalle), Rückholz (Scagliola-Antependium des Hochaltars), Speiden (Scagliolasockel in der Gnadenkapelle), Volkratshofen (Altar der evangelischen Pfarrkirche) und Weißensee (Hochaltar der Pfarrkirche).

Schnell, Hugo: Die Wies. Wallfahrtskirche zum gegeißelten Heiland. Ihr Baumeister Dominikus Zimmermann. Leben und Werk. Zürich – München: Schnell & Steiner, o.J. (1979) – Dominikus Zimmermann (1685–1766) (Zu Ausstellungen in Landsberg a. Lech, Wessobrunn, Schongau und Augsburg). Aus Anlaß der 300. Wiederkehr des Geburtsjahres von Dominikus Zimmermann. München – Zürich: Schnell & Steiner, o.J. (1985)

Zink, Burkard Kaufmann und Chronist, geb. um 1396 in Memmingen, gest. 1474/75 in Augsburg. – Der Vater war ein unternehmender Krämer, der viel unterwegs war. Mit vier Jahren verlor der Bub seine Mutter, mit sieben Jahren kam er in die Memminger Lateinschule, mit elf Jahren wanderte er zu einem Onkel, der Pfarrer in Gottschee (heute Slowenien) war. Dort ging es Z. sehr gut, doch das Heimweh trieb Z. wieder nach Memmingen, wo sich inzwischen vieles verändert hatte. Schließlich zog er nach Augsburg, wo er zeitweise in städtischen Diensten stand. Der Rat sandte Z. als Boten zu König Siegmund nach Ungarn und zum Augsburger Prokurator nach Rom sowie als Unterhändler nach Venedig. – Z. wurde Waagemeister, ab 1459 Zinsmeister. – Eine Handelsreise führte ihn bis nach Rhodos. – Mit der Zeit wohlhabend geworden gab Z. seine Geschäfte auf und begann, wohl nach 1450, eine deutsche Chronik in vier Büchern zu schreiben. Er behandelte die Geschichte der Stadt Augsburg von 1369 bis 1468. – Sehr lebendig ist seine Selbstbiographie, die erste deutsche. – Z. wird gelegentlich als der erste Übersee-Kaufmann der deutschen Wirtschaftsgeschichte bezeichnet – 1862 ist für Z. am Königsgraben in Memmingen ein Standbild von Johann Leeb errichtet worden. – Aus Buch III seiner Chronik sind die Seiten 182 a und b in Weitnauers Allgäuer Chronik, Bilder und Dokumente auf S. 165 faksimiliert wiedergegeben.

Schnith, Karl: Zink, Burkhard. In: Lexikon des Mittelalters IX, o.J. (1998), Sp. 619f.

Zöblen Bezirk Reutte, Haufendorf westlich von Tannheim mit 235 E. – 1340 wird ein „Zobelgut“ genannt. Der Eigenname „Zobl“, der noch immer häufig im Außerfern vorkommt, ist auf den Ort übergegangen. – Bis 1835 gehörte Z. zu Tannheim. Das ganze Tannheimer Tal kam erst 1458 bzw. 1531 von den Grafen von Montfort an Tirol. – Die 1785 gebaute Kirche brannte 1832 ab, wurde wiederhergestellt und im späten 19. Jh. neu ausgestattet. Aus der alten Kirche stammt noch der „Christus an der Geißelsäule“ des Allgäuer Künstlers Johann Sigismund → Hitzelberger.

Zölch, Heinrich Rechtsrat, geb. 1913 in Aach, gest. 1950 in Kempten.

– Z. machte 1932 sein Abitur am Humanistischen Gymnasium in Kempten und studierte dann in München und Königsberg Rechtswissenschaften. 1935 machte er sein Referendarexamen und 1940 nach juristischem Vorbereitungsdienst in München und Immenstadt die große juristische Staatsprüfung. – Am ersten Tag des Rußland-Feldzuges, dem 22. Juni 1941, wurde Z. als Batterieführer durch ein Explosivgeschoß an der Hüfte schwer verwundet. Über ein Jahr war er in Lazarettbehandlung. – 1942 wurde Z. Rechtsrat der Stadt Kempten, berufen auf 12 Jahre, gemäß der damaligen Deutschen Gemeindeordnung. Zunächst unterstand ihm das Polizeireferat, dann auch das Wohnungs- und Grundstücksreferat. Vom 1. Dezember 1942 bis April 1945 war Z. der einzige juristisch vorgebildete Beamte der Stadt Kempten. Am 18. März 1945 wurde Z. mit der ständigen Vertretung des Oberbürgermeisters beauftragt. Nach der spektakulären Flucht des damaligen Oberbürgermeisters Anton Brändle übernahm Z. die Leitung der Stadt. – Am Nachmittag des 27. April 1945 übergab Z. nahe der Keckkapelle die Stadt den amerikanischen Truppen. – Mit Bescheid der Militärregierung vom 19. 6. 1945 wurde Z. zum 7. 7. 1945 entlassen. – Bis 1947 war er im Internierunglager Dachau, 1947 Maler- und Keramikhilfsarbeiter und 1947/48 Brauerei-Hilfsarbeiter und Angestellter. Am 7. 5. 1948 wurde Z. im Entnazifizierungsverfahren als Mitläufer eingestuft. Am 28. 6. 1948 wurde dieses Urteil aber durch den Kassationshof im Bayerischen Staatsministerium für Sonderaufgaben aufgehoben. – Dreimal bewarb sich Z. vergeblich um Wiedereinstellung als Rechtsrat. – Am 4. Oktober 1950 ist Z. mit 37 Jahren an spinaler Kinderlähmung gestorben. – Sein Leben war denkbar bitter. Nur wenige Berufsjahre waren dem zu 70 % Kriegsbeschädigten möglich. Fünf Jahre bangte Z. um seine Existenz und das Fortkommen seiner Frau und seiner drei Kinder. – Die Stadt Kempten hat Z. in zugespitzter Situation aus Verantwortung und Vernunft vor nicht auszuschließender Vernichtung bewahrt. – 1979 wurde in Kempten eine Straße nach Z. benannt.

Zör, Dr. Bernhard Landgerichtsphysikus, geb. 1778 in Sonthofen, gest. 1855 in Immenstadt. – Z. war der Sohn eines Hochfürstl.-Augsburgischen Bergwerksverwalters. Nach der Volksschule in Sonthofen und der Lateinschule des Kapuzinerklosters in Immenstadt besuchte er das Gymnasium in Lauingen. 1796 begann er sein Medizinstudium an der Universität Innsbruck. 1799 ging er an die Universität Wien, wo er ein Jahr später promoviert wurde. – Seine erste

Anstellung erhielt er als Landschaftsarzt in Füssen. 1818 wurde er als Kreisphysikus nach Immenstadt versetzt. – Schon in Innsbruck lernte er einen Franziskanerpater kennen, der ihn in die Altertumsforschung einführte. – Auf vielen Wanderungen suchte Z. alle Burgen und Burgställe im oberen Allgäu auf, vermaß und beschrieb sie. In den Gemeinde- und Pfarrarchiven und in den Bauern- und Bürgerhäusern forschte er nach alten Schriften und Urkunden. Doch dem großen Brand in Immenstadt, 1844, fielen seine Aufzeichnungen zum Opfer. – 1811 drang Z. auf seinen Wanderungen bis zum Mädelegabelferner vor. – 1829 stieß er im Agathazeller Moor auf einen vorgeschichtlichen Bohlenweg, der in die Zeit um 1360 v. Chr. datiert werden konnte. – 1832 veröffentlichte er in der Zeitschrift „Beiträge für Kunst und Altertum“ einen Aufsatz über die Allgäuer Burgen und Burgställe in den Landgerichten Sonthofen, Immenstadt und Weiler. – 1849 und 1851 brachte er in der Zeitschrift des Historischen Vereins für Schwaben und Neuburg die „Urkundenregesten zur Geschichte des adeligen Geschlechts derer von Heimenhofen“. 1854 und 1855 folgen die „Urkundenauszüge zur Geschichte des Adelsgeschlechtes von Laubenberg“. – 1809/10 bekämpfte Z. energisch eine im Oberallgäu grassierende Epidemie. Und 1827 schrieb er eine Denkschrift über die Verbesserung der Trinkwasserversorgung in Immenstadt. – Seine ca. 530 Bände umfassende Bibliothek und die noch vorhandenen Manuskripte und Aufzeichnungen wurden nach seinem Tod vom Historischen Verein für Schwaben und Neuburg erworben. – Z. war der eigentliche Begründer der Allgäuer Heimatforschung.

Bußjäger, Albert: Dr. Bernhard Zör. In: Heimatbuch der Stadt Immenstadt i. Allgäu 1360–1960. Hrsg. von der Stadt Immenstadt i. Allgäu zur 600-Jahrfeier der Stadterhebung. Immenstadt: Eberl. o. J. (1960), 230 f.

Zollhaus s. Oy

Zollhoefer, Friedrich Stadtarchivar, geb. 1897 in Thalkirchdorf, gest. 1975 in Kempten. – Z. absolvierte das Humanistische Gymnasium in Kempten, wurde 1916 Soldat, studierte nach dem Krieg an der Universität München Deutsch, Geschichte und Kunstgeschichte, wandte sich aber dann dem Verlagswesen zu (Dumont und Reclam). Im Zweiten Weltkrieg wurde er nochmals Soldat, 1947 aber wurde ihm das Archiv der Stadt Kempten anvertraut. Bald war er auch Schriftleiter des AGF und der „Nachrichten des Vereins ehemaliger Kempter Gymnasiasten“. – Bis ins 72. Lebensjahr leitete Z. das Stadtarchiv Kempten. – Sein besonderes Interesse galt der

Heraldik und der Historischen Kartographie. Er bearbeitete das Kempter Wappenbuch und gab die älteste Karte des Allgäus von Christoph → Hurter, 1619, heraus. Ohne Zäsur lebte in ihm die Geschichte der einstigen Reichsstadt fort. Bereits als 15jähriger Gymnasiast hatte er die Kirchenstuhl-Marken der St. Mang-Kirche in Kempten aufgenommen. – Später schrieb er dann über die noch heute übertünchten Fresken der St. Mang-Kirche, die zerstörten frühromanischen Fresken in der 1857 abgebrochenen Michaelskapelle, das Ponickau-Haus, das Stadttheater, das Haubenschloß und das Weidachschlößle. Nicht zuletzt schrieb Z. die umfangreiche historische Einleitung zum Kunstinventarband des einstigen Landkreises Sonthofen sowie 65 Beiträge im „Handbuch der historischen Stätten Deutschlands, Bayern", 1961. – Z. besaß auch den Mut, in der Bayerischen Staatszeitung über die zweite Zerstörung von Cambodunum auf dem Lindenberg zu schreiben. – Z. war ein ausgezeichneter Stilist und zugleich ein liebevoller und begabter Zeichner und Illustrator. – Mit Z. schließt zunächst eine Reihe von Forschern, die mit → Haggenmüller, → Karrer und → Baumann beginnt und heraufreicht zu → Rottenkolber, → Knussert und → Weitnauer.

Haberl, Wolfgang: Einem Mann der Stille und der Unbeirrbarkeit. Friedrich Zollhoefer zum Gedenken. Mit Bibliographie. In: AGF 1976, 5–11

Zorn, Dr. Rudolf Staatsminister, Präsident des Sparkassen- und Giroverbandes, geb. 1893 in Kempten, gest. 1966 in München. – Z. stammte aus einer alten Kemptener Familie, besuchte nach der Volksschule von 1903 bis 1912 das Humanistische Gymnasium und studierte dann an der Universität München Rechtswissenschaft und Volkswirtschaft. – Am Ersten Weltkrieg nahm er als Artillerist teil, wurde schwer verwundet und erhielt das Eiserne Kreuz 1. und 2. Klasse. – 1919 beendete er sein Studium. – Von 1922 bis 1925 war er Assessor bei der Regierung von Oberbayern in München. – Ende 1925 wurde er zum Bezirksamtmann in Lichtenfels (Oberfranken) ernannt. Hier blieb Z. bis zu seiner Wahl zum rechtskundigen Bürgermeister der Stadt Oppau in der Rheinpfalz. – Bei der Machtergreifung durch die Nationalsozialisten bewies Z. außerordentlichen Mut, indem er die auf dem Rathaus gehißte Hakenkreuzfahne eigenhändig herunterholte. Z. wurde verhaftet, war durch mehrere Wochen im Gefängnis, verlor seine Stellung und wurde, zunächst ohne Pension, aus dem öffentlichen Dienst ausgeschlossen. Es gelang ihm jedoch, bei der Zigarettenfabrik Lande in Dresden unterzukommen. Bald hatte er sich bis zum geschäftsführenden Direktor emporgearbeitet. In Dresden blieb Z. bis zu seiner Rückkehr nach Bayern im Herbst 1946. – Hier war er dann kurze Zeit Präsident des Landesamtes für Vermögensverwaltung, bis er Ende 1946 Wirtschaftsminister wurde. Aber schon nach etwa dreiviertel Jahren zog die Sozialdemokratische Partei, der Z. angehörte, infolge einer Kabinettskrise ihre Mitarbeiter aus der Regierung zurück. – Z. betätigte sich als Rechtsanwalt, bis er 1949 zum Präsidenten des Bayerischen Sparkassen- und Giroverbandes gewählt wurde. – 1950 war Z. für ein halbes Jahr Finanzminister. 1964 trat er in den Ruhestand. In diesem Jahr unternahm er noch im Auftrag des Deutschen Goethe-Instituts eine Reise nach Südamerika, auf der er Vorträge über Goethes wirtschaftliche Vorstellungen hielt. – Im Januar 1966 erkranke Z. an einer Lungenentzündung und starb in München. Beerdigt wurde er auf dem altstädtischen Friedhof in Kempten am Fuß der Burghalde. – Trotz mehr als aufreibender Pflichten fand Z. die Zeit zu schriftstellerischer Tätigkeit. Unter dem Pseudonym „Rudolf Wrede“ schrieb er 1935 „Germaine“, eine reizende Liebesgeschichte aus dem Ersten Weltkrieg, 1940 „Der Vollendete“ und 1943 „Unvergessene Gestalten“, worin er auch zweien seiner ehemaligen Lehrer ein schönes Denkmal setzte. Hervorragend sind seine Werke über Machiavelli. – 1958 erhielt Z. das Große Bundesverdienstkreuz mit Stern und 1959 den Bayerischen Verdienstorden. – Kempten und seiner Allgäuer Heimat war Z. stets treu verbunden. – Der Wunsch, seinen Lebensabend in seinem Haus in Ermengerst zu verbringen, blieb unerfüllt. – Sein Portrait von Helmut Ullrich, 1961, hängt im Treppenhaus der Orangerie, der Stadtbibliothek Kempten.

Zumstein Verlag, s. Grünenbach

Zwischentoren Diese Teillandschaft des Außerfern erstreckt sich von der Ehrenberger Klause bis zum Fernpaß. Der Fremdenverkehr, vor allem der Wintersport, hat hier eine längere Tradition als im übrigen Außerfern. Ehrwald, Lermoos und Berwang erreichten schon in der Zwischenkriegszeit hohe Nächtigungsziffern. Eine negative Begleiterscheinung ist allerdings eine bedenklich hohe Sozialbrache im Lermooser Becken.

Allgemeine Literatur

Allgäuer Leut'. Allgäuer und Nichtallgäuer, die man kennen soll. Gesammelt und herausgegeben von Erich Günther. München – Oberjoch: Bergverlag Rudolf Rother, o. J. (1949)

Allgemeines Lexikon der bildenden Künstler von der Antike bis zur Gegenwart. Begr. von Ulrich Thieme und Felix Becker, hrsg. von Ulrich Thieme/ Felix Becker und Hans Vollmer. – Studienausgabe. Unveränderter Nachdruck der Originalausgaben Leipzig 1907 und 1908. Leipzig: E. A. Seemann, o. J. (1999)

Allgemeines Lexikon der bildenden Künstler des 20. Jahrhunderts. Hrsg. von Hans Vollmer. – Studienausgabe. Leipzig: E. A. Seemann, 1999

Alpenländer mit Südtirol. Hrsg. von DDr. Franz Huter. 2. überarbeitete Auflage (= Handbuch der historischen Stätten Österreichs, Zweiter Band). Stuttgart: Kröner, o. J. (1978)

Ammann, Gert: Das Tiroler Oberland. Die Bezirke Imst, Landeck und Reutte. Seine Kunstwerke, Historischen Lebens- und Siedlungsformen (= Österreichische Kunstmonographie, Band IX). Salzburg: Verlag St. Peter, o. J. (1978)

Andrian-Werburg, Klaus Frh. von: Das Territorium des vormaligen fürstlichen Benediktinerstifts Kempten im Allgäu (= Familiengeschichtlicher Wegweiser durch Stadt und Land, Heft 19). Neustadt a. d. Aisch: Degener & Co., 1966

Baden-Württemberg. Bearbeitet von Friedrich Piel (= Georg Dehio Handbuch der Deutschen Kunstdenkmäler). o. O. (München): Deutscher Kunstverlag, o. J. (1964)

Baden-Württemberg (= Handbuch der historischen Stätten Deutschlands, Bd. 6). Hrsg. v. Max Miller (†) und Gerhard Taddey. 2. verb. u. erw. Aufl., Stuttgart: Kröner, o. J. (1965)

Bayern. Hrsg von Dr. Karl Bosl (= Handbuch der historischen Stätten Deutschlands, 7. Bd.). 2. Aufl., Stuttgart: Kröner, o. J. (1965)

Beck, Otto/Buck, Ingeborg Maria: Oberschwäbische Barockstraße. Ein Reisebegleiter für Kunstfreunde. München – Zürich: Schnell & Steiner, o. J. (1987)

Bewahrte Kostbarkeiten in Tirol. Die Denkmalpflege der Messerschmitt-Stiftung in Nord- und Südtirol. Beschrieben von Cornelia Srbik. Einführungen von Franz Caramelle und Helmut Stampfer. Innsbruck – Wien: Tyrolia und Bozen: Athesia, o. J. (1993)

„Bürgerfleiß und Fürstenglanz“ Reichsstadt und Fürstabtei Kempten. Katalog zur Ausstellung in der Kemptener Residenz 16. Juni bis 8. November 1998. Hrsg. von Wolfgang Jahn, Josef Kirmeier, Wolfgang Petz und Evamaria Brockhoff (= Veröffentlichungen zur Bayerischen Geschichte und Kultur 38/39). o. O. (Augsburg): Haus der Bayerischen Geschichte, o. J. (1998), hrsg. vom Haus der Bayerischen Geschichte.

Crämer, Ulrich: Das Allgäu. Werden und Wesen eines Landschaftsbegriffs (= Forschungen zur deutschen Landeskunde, Bd. 84). Remagen: Verlag der Bundesanstalt für Landeskunde, 1954)

Die Geschichte der Stadt Memmingen. Von den Anfängen bis zum Ende der Reichsstadt. Mit Beiträgen von Peter Blickle, Michael Dapper, Peer Frieß, Rita Huber-Sperl, Joachim Jahn (†), Rolf Kießling, Philip L. Kintner, Hannes Lambacher, Adalbert Mischlewski, Thomas Wolf, Hartmut Zückert. – Im Auftrag der Stadt Memmingen hrsg. von Joachim Jahn (†), fortgeführt von Hans-Wolfgang Bayer in Verbindung mit Uli Braun. o. O. (Stuttgart): Theiss, o. J. (1997)

Die Kunstdenkmäler des ehemaligen Kreises Wangen. Bearbeitet von Adolf Schahl, Werner Matthey, Peter Strieder und Georg Sigmund Graf Adelmann von Adelmannsfelden. Stuttgart: Deutsche Verlags-Anstalt, o. J. (1954)

Die Musik in Geschichte und Gegenwart. Allgemeine Enzyklopädie der Musik unter Mitarbeit führender Spezialisten auf allen Gebieten der Musikforschung im In- und Ausland. Hrsg. v. Friedrich Blume, 13 Bände. Kassel – Basel – Paris – London – New York. Bärenreiter, 1949 bis 1968

Die Stadt Kaufbeuren, Band I: Politische Geschichte und Gegenwart einer Stadt. Hrsg. von Jürgen Kraus und Stefan Fischer unter Mitarbeit von Stefan Dieter. o. O. (Thalhofen): Bauer, o. J. (1999)

Die Stadt Kaufbeuren, Band II: Kunstgeschichte, Bürgerkultur und religiöses Leben. Hrsg. von Jürgen Kraus und Stefan Dieter. o. O. (Thalhofen): Bauer, o. J. (2001)

Fischer, Hermann/Wohnhaas, Theodor: Historische Orgeln in Schwaben. München – Zürich: Schnell & Steiner, o. J.: (1982)

Focht, Josef/Gurski, Hans: Das Gloria der Engel im Fürststift Kempten. Musikdarstellungen in der Basilika St. Lorenz und der Residenz. Passau: Peda, o. J. (1998)

Funkenhex' und Wilde Männle. Allgäuer Brauchtum im Jahreskreis. Hrsg. v. Wolfgang Petz. o. O. (Kempten): Verlag für Heimatpflege, o. J. (1991)

Gelehrtes Schwaben. Wissenschaftler aus und in Bayerisch-Schwaben vom Mittelalter bis ins 19. Jahrhundert. Ausstellung in der Zentralbibliothek der Universität Augsburg. 20. Dezember 1990 bis 2. Februar 1991

Geschichte der Allgäuer Milchwirtschaft. 100 Jahre Allgäuer Milch im Dienste der Ernährung. Hrsg. vom Milchwirtschaftlichen Verein im Allgäu und in dessen Auftrag bearbeitet von Karl Lindner. Kempten: Milchwirtschaftlicher Verein im Allgäu e. V., 1955

Geschichte der Stadt Kempten. Im Auftrag der Stadt Kempten (Allgäu). Hrsg. v. Volker Dotterweich, Karl Filser, Pankraz Fried, Gunther Gottlieb, Wolfgang Haberl und Gerhard Weber. Kempten: Dannheimer, 1989

Geschichte Schwabens bis zum Ausgang des 18. Jahrhunderts. Begründet von Max Spindler, neu hrsg. von Andreas Kraus (= Handbuch der bayerischen Geschichte, Dritter Band, zweiter Teilband). Dritte neu bearbeitete Auflage. München: Beck, o. J. (2001)

Guggemos, Egon: kaufbeurer abc. Projekt Junior Mädchen-Realschule Kaufbeuren. o. O. (Kaufbeuren), o. J. (1997)

Hoser, Paul: Die Geschichte der Stadt Memmingen. Vom Neubeginn im Königreich Bayern bis 1945. Hrsg. im Auftrag der Stadt Memmingen von Hans-Wolfgang Bayer in Verbindung mit Uli Braun (= Geschichte der Stadt Memmingen Band 2). o. O. (Stuttgart): Theiss, o. J. (2001)

Kasper, Alfons: Kunstwanderungen. Band I: 1962, Band II: 1963, Band III: 1964, Band IV: 1965, Band V: 1966, Band VI: 1967, Band VII: 1969, Band VIII: 1970. Bad Schussenried: Verlag Dr. Alfons Kasper

Kempten und das Allgäu. Bearbeitet von Wolfgang Czysk, Hanns Dietrich und Gerhard Weber (= Führer zu archäologischen Denkmälern in Deutschland, Band 30). o. O. (Stuttgart): Theiss, o. J. (1995)

Kempter Wappen und Zeichen umfassend den Stadt- und Landkreis Kempten mit den angrenzenden Gebieten des oberen Allgäus, zusammengetragen von Eduard Zimmermann, ergänzt und herausgegeben von Friedrich Zollhoefer (= Allgäuer Heimatbücher, 60. Band). Kempten: Verlag für Heimatpflege, 1963

Kirchenführer der Verlage Fink (Lindenberg), Peda (Passau) und Schnell & Steiner (Regensburg)

Künstler Händler Handwerker. Tiroler Schwaben in Europa. Tiroler Landesausstellung Reutte: Grünes Haus, Breitenwang: Auferstehungskapelle. 6. Mai bis 29. Oktober 1989

Landkreis Unterallgäu. Band I und II. Herausgeber: Landkreis Unterallgäu, Landrat Dr. Hermann Haisch. o. O. (Mindelheim), o. J. (1987)

Layer, Adolf: Die Allgäuer Lauten- und Geigenmacher. Ein Kapitel schwäbischer Kulturleistung für Europa. (= Veröffentlichungen der Schwäbischen Forschungsgemeinschaft bei der Kommission für bayerische Landesgeschichte. Reihe 1, Studien zur Geschichte des bayerischen Schwabens, Band 15). Augsburg: Verlag der Schwäbischen Forschungsgemeinschaft, 1978

Layer, Adolf: Musikgeschichte der Fürstabtei Kempten (= Allgäuer Heimatbücher, 76. Band). Kempten (Allgäu): Verlag für Heimatpflege, 1975

Lebensbilder aus dem Bayerischen Schwaben (Schwäbische Forschungsgemeinschaft bei der Kommission für Bayerische Landesgeschichte, Veröffentlichungen Reihe 3) Band 1 (1952) ff.

Lebensbilder. Geschichte und Kunst in Bildnissen aus Schwaben. Hrsg. von Hans Frei und Barbara Beck. Katalog zur Ausstellung des Forums für Schwäbische Geschichte im Schloß Höchstätt vom 30. April bis 13. Oktober 2002 (= Schriftenreihe der Museen des Bezirks Schwaben. Hrsg. von Hans Frei, Band 30). Oberschönenfeld: Museumsdirektion des Bezirks Schwaben, 2002

Literatur in Bayerisch Schwaben. Von der althochdeutschen Zeit bis zur Gegenwart. Text von Hans Pörnbacher unter Mitarbeit von Josef Bellot, Hans Frei, Josef Heinle (= Beiträge zur Landeskunde von Schwaben. Hrsg. von Dr. Hans Frei, Heimatpfleger von Schwaben, Band 6). o. O. (Weißenhorn): Konrad, o. J. (1979)

Mader, Ernst T.: Literarische Landschaft bayerisches Allgäu. Grundzüge einer regionalen Literaturgeschichte. o. O. (Blöcktach): Verlag an der Säge, o. J. (1994)

Miller, Albrecht: Allgäuer Bildschnitzer der Spätgotik (= Allgäuer Heimatbücher, Band 74). Kempten/Allgäu: Verlag für Heimatpflege, 1969

Molsner, Michael und Wiartalla, Elke: Wer wenn nicht Goethe? Prominente im Allgäu. Ein Kulturführer. o. O. (Köln): Zebulon. o. J. (1998)

Museen in Schwaben. Ein Führer zu 190 Sammlungen, Schlössern und Gedenkstätten zwischen Bodensee und Ries. Hrsg. von Hans Frei. o. O. (Lindenberg): Josef Fink, o. J. (3. Aufl. 2001)

Museums-Führer. Bezirk Reutte und bayerische Nachbarschaft. o. O., o. J. (1995)

Ostallgäu. Einst und Jetzt. Hrsg.: Aegidius Kolb OSB und Ewald Kohler im Auftrag des Landkreises Ostallgäu. Zwei Bände. Kempten: Allgäuer Zeitungsverlag. o. J. (1984)

Petz, Wolfgang: Reichsstädte zur Blütezeit 1350 bis 1550. Alltag und Kultur im Allgäu und in Oberschwaben. o.O.(Kempten): Verlag für Heimatpflege, o. J. (1989)

Petzet, Michael: Die Kunstdenkmäler von Schwaben VIII. Landkreis Sonthofen. München: Oldenbourg, 1964

Petzet, Michael: Stadt und Landkreis Kempten (= Bayerische Kunstdenkmale V Kurzinventar). München: Deutscher Kunstverlag, o. J. (1959)

Pfaundler, Gertrud: Tirol Lexikon. Ein Nachschlagewerk über Menschen und Orte des Bundeslandes Tirol. o. O. (Innsbruck): Rauchdruck, o. J. (1983)

Rottenkolber, Josef: Kemptener Wanderbuch. München – Kempten: Kösel, o. J. (1951)

Schädler, Alfred: Allgäu. Aufnahmen von Lala Aufsberg. o. O. (München – Berlin): Deutscher Kunstverlag, o. J. (1959)

Schnell, Hugo: Der Landkreis Lindau. Landschaft – Geschichte – Kunst. München und Zürich: Schnell & Steiner, o. J. (1971)

Schnell, Hugo/Schedler, Uta: Lexikon der Wessobrunner Künstler und Handwerker. Vorwort von Hermann Bauer. Mit Beiträgen von Alexandra Fesseler, Norbert Jocher, Ulrich Knapp und Eva Christina Vollmer. Redaktion: Heinz Jürgen Sauermost. München – Zürich. Schnell & Steiner, o. J. (1988)

Schwaben. Bearbeitet von Bruno Bushart und Georg Paula (= Georg Dehio-Handbuch der Deutschen Kunstdenkmäler Bayern III: Schwaben). o. O. München: Deutscher Kunstverlag, 1989

Schwaben Tirol. Historische Beziehungen zwischen Schwaben und Tirol von der Römerzeit bis zur Gegenwart. Ausstellung der Stadt Augsburg und des Bezirks Schwaben. Augsburg Zeughaus, Toskanische Säulenhalle. 7. Juli – 15. Oktober 1989. Zwei Bände: Katalog und Beiträge. Rosenheimer Verlagshaus

Tirol. Bearbeitet von Gert Amman, Erich Egg, Johanna Felmayer, Josef Franckenstein, Wolfram Helke, Horst R. Huber, Herta Öttl, Meinrad Pizzinini mit Beiträgen von Martin Bitschnau, Lois Ebner, Hans Gschnitzer, Gerard Kaltenhauser, Helmut Krajicek, Elisabeth Scheicher, Hannsjörg Ubl, Liselotte Zemmer-Plank (= Dehio-Handbuch. Die Kunstdenkmäler Österreichs). Wien: Anton Schroll & Co., o. J. (1980)

Tripps, Manfred: Hans Multscher Meister der Spätgotik. Sein Werk, Seine Schule, Seine Zeit. Ausstellung „Hans Multscher" in Leutkirch im Allgäu anläßlich des Jubiläums „700 Jahre Reichsstadt, 1200 Jahre Leutekirche". Leutkirch im Allgäu, Museum Bock, 27. März – 2. Mai 1993

Vorarlberg. Bearbeitet von Gert Ammann, Martin Bitschnau, Paul Rachbauer, Helmut Swozilek. (= Dehio-Handbuch. Die Kunstdenkmäler Österreichs). Wien: Schroll, o. J. (1983)

Walter, Maximilian: Das Fürststift Kempten im Zeitalter des Merkantilismus. – Wirtschaftspolitik und Realentwicklung (1648 – 1802/03) (= Beiträge zur Wirtschafts- und Sozialgeschichte, Band 68). Stuttgart: Steiner, 1995

Weitnauer, Alfred: Allgäuer Chronik. Bilder und Dokumente, 1962 – Daten und Ereignisse I, 1969 – Daten und Ereignisse II, 1971 – Daten und Ereignisse III, 1972, alle erschienen in Kempten: Verlag für Heimatpflege. – Registerband. Bearbeitet von Else Fröscher. Kempten: Allgäuer Zeitungsverlag, o. J. (1984)

Württemberg, Alexander Herzog von: Stadt Kempten. Ensembles – Baudenkmäler – Archäologische Geländedenkmäler mit Beiträgen von Wolfgang Haberl, Gerhard Weber und Michael Petzet. Aufnahmen von Werner Sienz (= Denkmäler in Bayern, Band VII, 85) München – Zürich: Schnell Steiner, o. J. (1990)

Zeune, Joachim: Burgenführer Ostallgäu und Außerfern/Tirol. Herausgeber: Tourismusverband Ostallgäu e. V., o. O., o. J. Gefördert durch die Europäische Union 1998

Hinweise für den Benutzer

Dem Inhalt entsprechend wurde die alte Rechtschreibung respektiert.

Die Stichwörter folgen einander nach dem Abc. Für das Einordnen gelten alle fettgedruckten Buchstaben, auch wenn das Stichwort aus mehreren Wörtern besteht. Die Titel Dr. und P. bleiben jedoch unberücksichtigt.
Die Umlaute ä, ö, ü werden wie ae, oe, ue behandelt, der Buchstabe ß wird nach ss eingeordnet.

Der Verweisungspfeil → fordert auf, das dahinterstehende Wort nachzuschlagen, um weitere Auskunft zu finden.

Die Einwohnerzahlen beziehen sich für den Bezirk Reutte auf den 31. Dezember 1998, für den Lkr. Lindau (Bodensee), den Lkr. Ostallgäu, den Lkr. Ravensburg und den Lkr. Unterallgäu auf den 31. Dezember 1999, für den Lkr. Oberallgäu auf den 31. März 2000 für die Stadt Kempten (Allgäu) auf den 30. Juni 2001, für die Stadt Kaufbeuren auf den 28. Juni 2002 und für die Stadt Memmingen auf den 30. Juni 2002 und die Gemeinden des Bregenzerwaldes auf den 30. Juni 2002.

Unter den Stichwörtern verkürzte Literaturangaben finden sich in vollständiger Form im Verzeichnis der allgemeinen Literatur ab Seite 419.

Abkürzungen:

AGF	Allgäuer Geschichtsfreund, Blätter für Heimatforschung und Heimatpflege, Kempten
bez.	bezeichnet
BH	Bezirkshauptmannschaft
d. Ä.	der Ältere
d. J.	der Jüngere
DSA	Das schöne Allgäu, Zeitschrift für Heimatpflege und Fremdenwerbung. Kempten
E.	Einwohner
geb.	geboren
gegr.	gegründet
gen.	genannt
gest.	gestorben
Hlg.	Heilige, Heiliger
Hrsg.	Herausgeber
Hrsg. v. hrsg. v.	Herausgegeben von
Jh.	Jahrhundert/Jahrhunderts
Lex. d. MA.	Lexikon des Mittelalters
Lkr.	Landkreis
M.	Mater
o. J.	ohne Jahr
O. F. M.	Ordinis Fratrum Minorum
o. O.	ohne Ort
Opraem	Ordinis Praemonstratensis
O. S. B. OSB	Ordinis Sancti Benedicti
P.	Pater
rd.	rund
s.	siehe unter
SOCist	Sacri Ordinis Cisterciensis
ZBLG	Zeitschrift für Bayerische Landesgeschichte

„Euregio via salina“

Nach dreijähriger Vorbereitung wurde am 20. März 1997 in Sonthofen die „Euregio – Außerfern – Kleinwalsertal/Bregenzerwald“ gegründet. Die deutschen Mitglieder, zusammengefaßt im Verein „Regio Allgäu“, sind die Landkreise Ostallgäu und Oberallgäu, die Stadt Kempten, eine Reihe weiterer Kommunen, der regionale Planungsverband und die Volkshochschule Kempten. Die Stadt Kaufbeuren ist über die Mitgliedschaft der Allgäu-Initiative GbR in die Euregio eingebunden. Die IHK für Augsburg und Schwaben ist durch die Aufnahme von Vizepräsident Wachter im Präsidium der Euregio mit vertreten. Der Landkreis Lindau/Westallgäu wurden im Jahre 1999 durch die Mitgliedschaft im Regio Allgäu e.V. mit in die Euregio aufgenommen. Damit sind alle Landkreise des Allgäus, die an die Staatsgrenze zu Österreich angrenzen, Mitglied geworden. Am 11. 12. 1997 wurde der Geschäftsführer der Regionalgeschäftsstelle der Industrie- und Handelskammer für Augsburg und Schwaben, Alexander Gundling, zum Geschäftsführer der Euregio bestellt. Dieser schlug dem Euregio Rat am selben Tag ein Logo und die Verwendung des Kunstnamens „Euregio via salina“ vor. Sowohl das Logo als auch der neue Name wurden von der Vollversammlung der Euregio bestätigt.

Seitdem stehen der „Euregio via salina“ sämtliche Felder eines regionalen bzw. bilateralen Engagement zur Verfügung. Die finanzielle Basis wird zum einen durch das europäische Programm Intereg II und dessen Nachfolgeprogramme gesichert, zum anderen haben sich die Träger der „Euregio via salina“ verpflichtet, projektbezogene Finanzierungen im Wege der Umlage zur Verfügung zu stellen. In der Folge organisiert die „Euregio via salina“ das sogenannte Euregio Musikfestival in Sonthofen, das mein Wort als erster Präsident der „Euregio via salina“, aufnimmt: „Bringt die Menschen zusammen“. Eines der wichtigsten Projekte der „Euregio via salina“ ist das sogenannte „Vitale Land“, das 1999 gegründet, Tourismusgemeinden und Liftgesellschaften des Oberallgäus, des südlichen Ostallgäus und des Bezirks Reutte unter dieser Marke zusammenfaßt. Dieses wegweisende grenzüberschreitende Projekt hat in seiner Beispielhaftigkeit während seines Bestehens wichtige Impulse für die Tourismuswirtschaft der Region gegeben.

Mit dem erheblichen Engagement der Mitglieder der „Euregio via salina“ für die Außerfernbahn konnte eine wichtige Infrastruktur in der Region aufrecht erhalten werden. Die oben gezeigten Beispiele machen deutlich, daß eine Vielzahl von Problemstellungen von der grenzüberschreitenden Zusammenarbeit der „Euregio via salina“ aufgenommen wurden und auch in Zukunft aufgenommen werden.

Der vom Autor des vorliegenden Werkes stammende Gedanke, ein Kulturlexikon für das Allgäu und seine angrenzenden Räume zu erstellen, wurde von der „Euregio via salina“ gerne aufgegriffen und durch die Beteiligung an den Kosten ermöglicht. Das Lexikon stellt die bis zum Erscheinungsdatum einzige Publikation dieser Art für den in der „Euregio via salina“ vertretenen Raum und für eine Euregio überhaupt dar.

Gebhard Kaiser
Landrat des Oberallgäus
Präsident der „Euregio via salina“

Euregio
via salina